涟水年鉴

2022

涟水县地方志办公室　编

方志出版社
Publishing House of Local Records

图书在版编目（CIP）数据

涟水年鉴. 2022 / 涟水县地方志办公室编. —北京：方志出版社，2022.12

ISBN 978-7-5144-5403-1

Ⅰ. ①涟… Ⅱ. ①涟… Ⅲ. ①涟水县－2022－年鉴 Ⅳ. ①Z525.34

中国版本图书馆CIP数据核字(2022)第238881号

责任编辑　刘方圆
责任校对　刘玉霞
责任印制　梅中英
出 版 者　方志出版社
地　　址　北京市朝阳区潘家园东里9号（国家方志馆4层）
邮　　编　100021
网　　址　http://www.zgfzcb.cn
发　　行　方志出版社图书营销中心（010-67110500）
印　　刷　江苏农垦机关印刷厂有限公司
开　　本　889毫米×1194毫米　1/16
印　　张　21.75
字　　数　925千字
版　　次　2022年12月第1版
印　　次　2022年12月第1次印刷
定　　价　198.00元

记录涟水

解读涟水

涟水县地方志编纂委员会

《涟水年鉴（2022）》编辑人员

城市荣誉

- ◇ 全国营商环境百强县
- ◇ 国家卫生县城
- ◇ 中国曲艺之乡
- ◇ 中华诗词之乡
- ◇ 中国矿泉水之乡
- ◇ 国家级生态家园富民工程示范县
- ◇ 全国生态旅游示范县
- ◇ 全国平原绿化先进县
- ◇ 中国低碳旅游示范县
- ◇ 全国农业科技现代化先行县
- ◇ 全国基本实现主要农作物生产全程机械化示范县
- ◇ 省级农村电子商务示范县
- ◇ 省级文明城市
- ◇ 省级园林城市
- ◇ 省级生态县
- ◇ 省双拥模范县
- ◇ 省级全域旅游示范区

2021 数字涟水

◇ 建县史	2138年
◇ 区位（北纬）	33° 39′ ～34° 07′
◇ 区位（东经）	118° 59′ ～119° 46′
◇ 总面积	1677.47平方千米
◇ 下辖镇（街道）	16个
◇ 年末总人口	109.85万人
◇ 城镇人口	46.6万人
◇ 城市化率	56.5%
◇ 平均气温	16℃
◇ 年降水量	1106.9毫米
◇ 日照时数	2080.4小时
◇ 空气质量良好天数	306天
◇ 森林覆盖率	24.23%
◇ 地区生产总值	650.48亿元
◇ 公共财政预算收入	26.49亿元
◇ 规上工业应税开票销售收入	282.54亿元
◇ 规上工业利税	69.8亿元

地区生产总值

单位：年、亿元

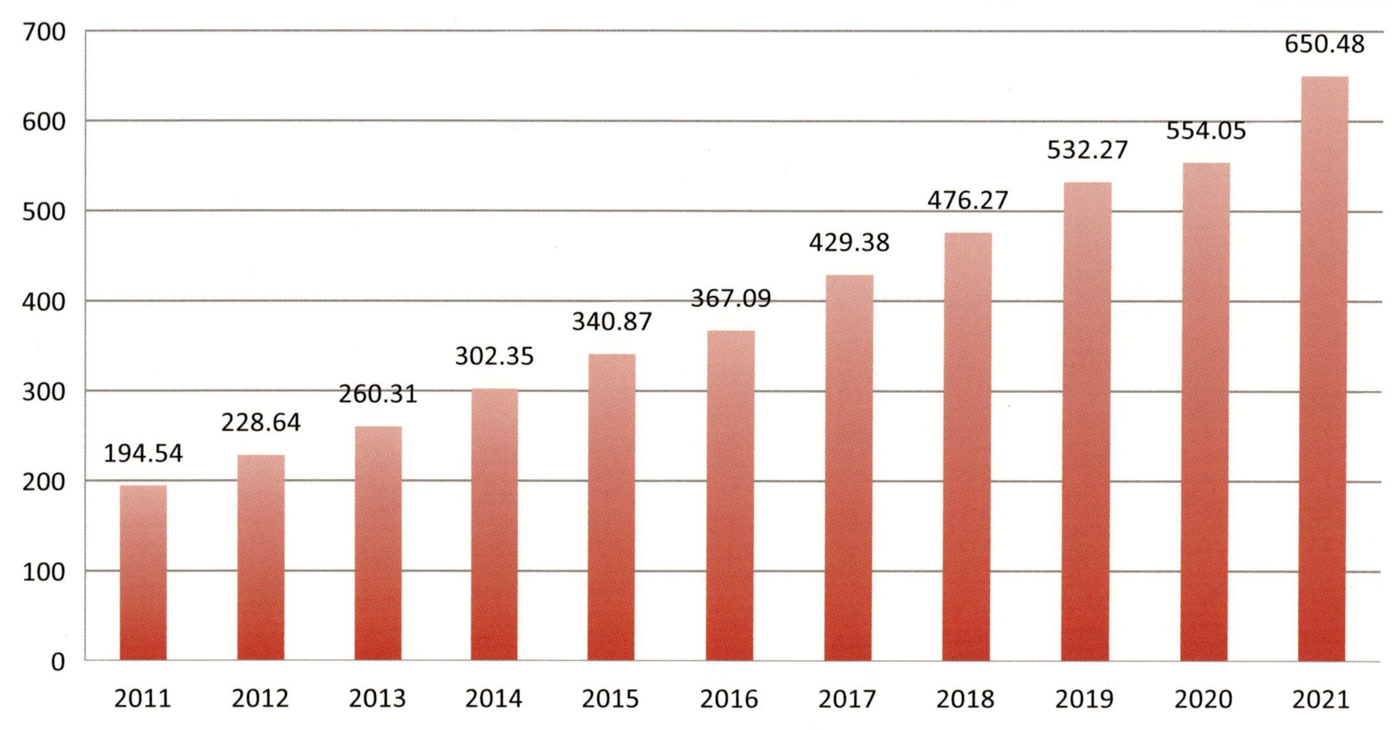

社会消费品零售总额

单位：年、亿元

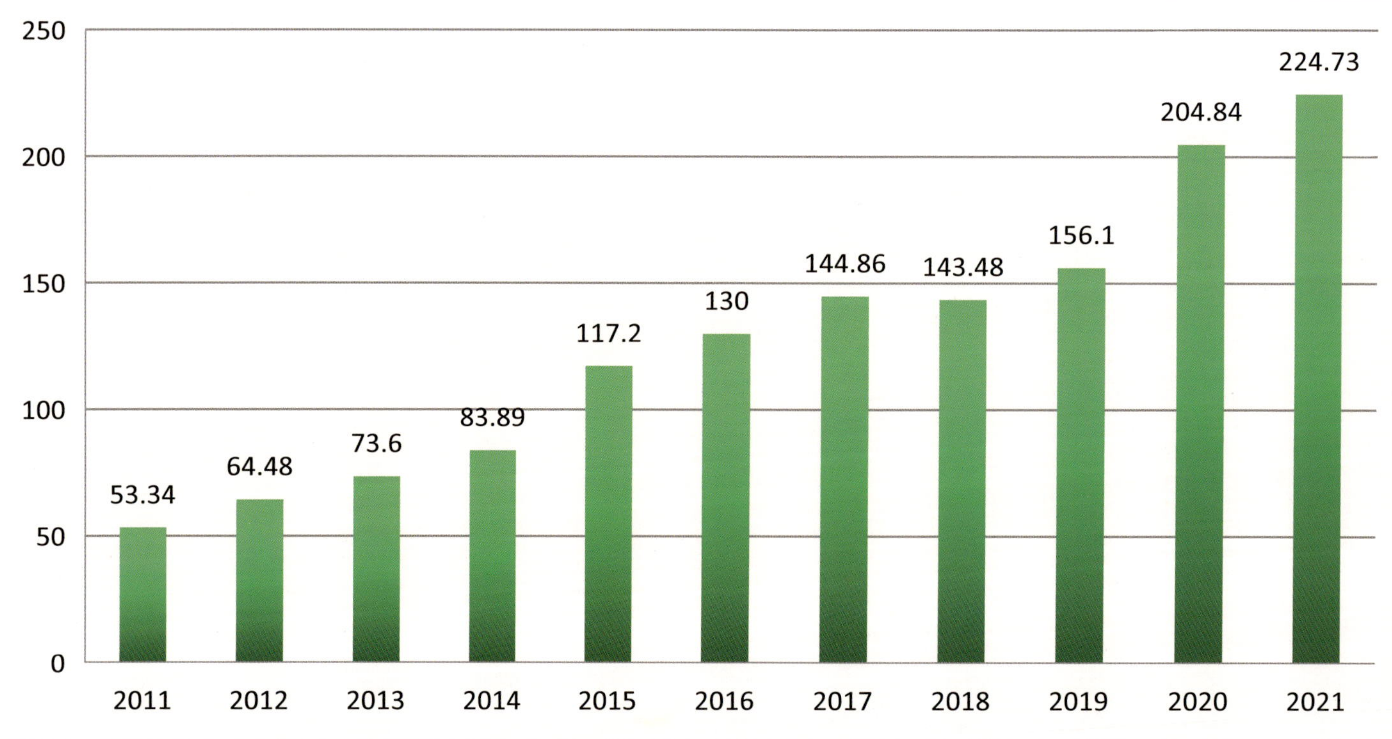

城镇居民人均可支配收入

单位：年、元

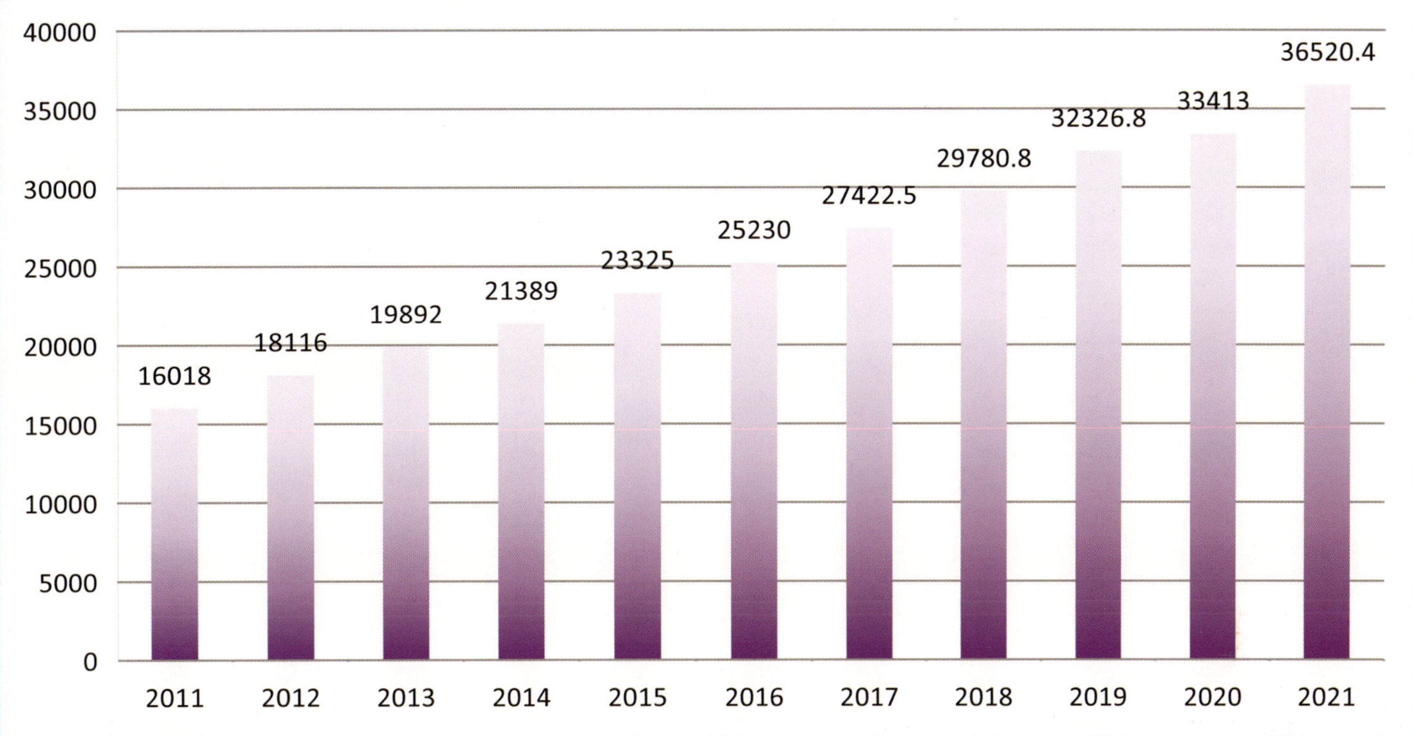

农民人均纯收入

单位：年、元

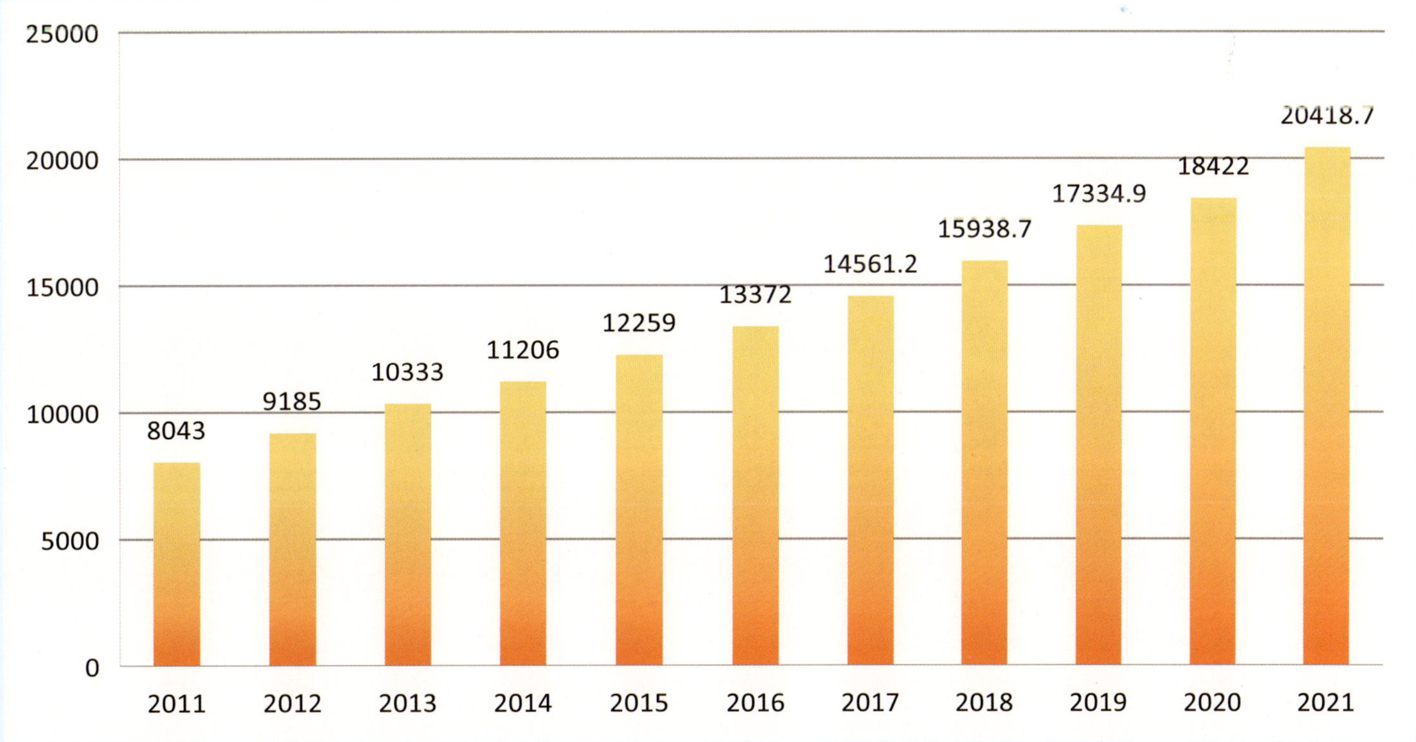

2022年6月7日，全县领导干部大会召开，宣布省市委决定：洪然同志任中共涟水县委书记，不再担任涟水县县长职务。提名朱永兴同志为涟水县县长候选人。受市委书记陈之常委托，市委常委、组织部部长孙虎出席会议并讲话。市委组织部副部长罗高阳主持会议并宣读省市委决定。洪然、朱永兴分别发言

（嵇永新　吴燹　摄）

2022年8月12日，中国共产党涟水县第十二届委员会第四次全体会议召开。全会由县委常委会主持。县委书记洪然代表县委常委会作报告。朱永兴、李义翠、王道峰、李金平、刘永军、滕金霞、王伟、刘双喜、郎跃明、吴芳剑、张锦辉等县委领导出席会议并在主席台就座

（嵇永新　吴燹　摄）

2022年9月5日，市委书记陈之常到涟水开展专题调研，推动深入贯彻落实省委工作会议和市委八届四次全会精神，强调要全面落实“疫情要防住、经济要稳住、发展要安全”重大要求，锚定目标，奋勇争先，勇挑大梁，加快建成全国百强县，以实际行动迎接党的二十大胜利召开　（嵇永新　吴燹　摄）

2022年11月26日，市委副书记、市长史志军到涟水县宣讲党的二十大精神，强调要紧紧围绕习近平总书记提出的“五个牢牢把握”“三个全面”重要指示，按照中央和省委、市委统一部署，持续掀起学习宣传贯彻热潮，切实把思想和行动统一到党的二十大精神上来　（嵇永新　吴燹　摄）

2021年2月18日，涟水县召开全县"苦干新五年、冲刺百强县"动员部署暨2020年度高质量跨越发展考核总结大会（嵇永新　吴燹　摄）

2021年9月23日，涟水县召开招商引资百日竞赛动员大会（嵇永新　吴燹　摄）

2022年6月17日，“市监护航·助力发展”——助力涟水县创建全国百强县合作协议签约仪式

（嵇永新　吴燹　摄）

2022年7月2日，县委常委会集体调研今世缘酒业工作会议召开　　（嵇永新　吴燹　摄）

2022年8月13日，县委常委会集体调研经济开发区工作会议召开　　（嵇永新　吴燹　摄）

2022年8月20日，县委书记洪然主持召开全县招商引资工作领导小组会议　　（嵇永新　吴燹　摄）

2022年9月14日，全县"锚定百强目标 主攻重大项目"百日攻坚行动动员部署会召开 （嵇永新 吴燚 摄）

2022年9月19日，全县农业重大项目建设招引推进会召开 （嵇永新 吴燚 摄）

2022年10月8日，总投资约130亿元的海南钧达新能源科技股份有限公司高效太阳能电池片项目成功签约
（嵇永新　吴燚　摄）

2022年10月9日，全县优化营商环境工作推进会议召开　（嵇永新　吴燚　摄）

2022年10月14日，县委常委会集体调研高沟镇工作会议召开　　（嵇永新　吴燚　摄）

总投资120亿元的今世缘南厂区技改重大项目　　（今世缘　供稿）

涟水县旅游发展暨省级全域旅游示范区创建动员大会

高溝酒非遺保護區

①	②	
③	④	⑤

①2021年3月21日，涟水县旅游发展暨省级全域旅游示范区创建动员大会召开　（嵇永新　吴燹　摄）
②五岛湖畔秋意浓　（李从玉　摄）
③高沟酒非遗保护区　（凌泰　摄）
④苏北小延安　（嵇永新　吴燹　摄）
⑤金鸡坨生态农庄　（庞桂玲　摄）

2021年3月21日，涟水县召开全县党史学习教育动员会议　　（嵇永新　吴燹　摄）

2021年6月28日，涟水县庆祝中国共产党成立100周年主题文艺晚会在涟水大剧院举行
（嵇永新　吴燹　摄）

庆祝建党100周年涟水县百人广场

2021年7月1日，涟水县庆祝中国共产党成立100周年座谈会暨“两优一先”表彰大会在涟水大剧院举行。
（嵇永新　吴燹　摄）

（嵇永新　吴燹　摄）

2021年6月30日，“奋斗百年路 启航新征程”涟水县庆祝中国共产党成立100周年红歌展演活动在一品梅广场隆重举行
（嵇永新　吴燹　摄）

2022年7月18日，涟水县创建全国文明城市“夏日大会战”启动仪式在红日广场举行　（嵇永新　吴燮　摄）

夜色初临红日路　（陈虹　摄）

生态家园

璀璨涟城　　（罗亮　摄）

（贺敬华　摄）

家门口的乐园　　（纪明珠　摄）

致富路上欢乐多　　（林林　摄）

青芦笋香脆好美食

（贺敬华　摄）

笋乡丽影　　（杨洪雷　摄）

涟水红窑中国芦笋之乡　　（庞桂玲　摄）

一图读懂县委十二届四次全会报告

主要任务

坚持以习近平新时代中国特色社会主义思想为指导，深入贯彻党的十九大、十九届历次全会精神，深刻领会习近平总书记在省部级主要领导干部“学习习近平总书记重要讲话精神，迎接党的二十大”专题研讨班上的重要讲话精神，全面落实省委工作会议、市委八届四次全会要求，回顾总结今年以来工作，研究部署下一阶段任务，动员全县上下以“干就干一流，走就走前列”的昂扬姿态，奋力爬坡过坎，全力冲刺百强，以实际行动迎接党的二十大胜利召开。

稳字当头抓发展，冲在一线快落实，高质量跨越发展保持良好态势

今年以来，面对复杂严峻的外部形势和跌宕反复的新冠肺炎疫情，县委深入贯彻“疫情要防住、经济要稳住、发展要安全”重大要求，高效统筹疫情防控和经济社会发展，统筹发展和安全，交出了一份逆势前行、克难求进、亮点纷呈的发展答卷。上半年市已公布排名的10项主要经济指标，我县有9项增幅全市前三、4项增幅全市第一，其中规上工业增加值增长12.1%，是全市唯一实现两位数增长的县区。农民群众住房条件改善、县级公立医院综合改革、殡葬服务设施建设、交通建设、政府督查5项工作获省政府真抓实干督查激励，连续两年全市第一；高分创成省级全域旅游示范区。

- 一是疫情防控精准有效
- 二是经济运行平稳向好
- 三是发展动能不断增强
- 四是城乡面貌明显改观
- 五是群众生活持续改善
- 六是党的建设坚强有力

学字为先明方向，悟在深处聚共识，信心满怀开启涟水高质量跨越发展新征程

做好下一阶段工作

- 一要充分认识到涟水仍处于爬坡过坎的关键阶段，必须切实增强居安思危的危机意识
- 二要充分认识到涟水已拥有跨越赶超的诸多优势，必须更加坚定志在必得的发展信心
- 三要充分认识到涟水正呈现稳中向好的良好态势，必须始终保持一往无前的奋进姿态

下一阶段全县工作的基本思路

“133”

紧扣“一条主线”

迎接党的二十大、学习宣传贯彻党的二十大精神

聚焦“三个目标”

全市走前列　全省多出彩　全国争进位

做到“三个坚持”

坚持领导带头作表率　坚持工作落实在一线　坚持勇挑大梁当先锋

干字开路求突破，拼在当下赢未来，向着全面完成年度目标任务全力冲刺

做好下半年工作

全县上下要坚决贯彻习近平总书记重要指示精神，认真落实中央和省委、市委决策部署，坚持稳中求进工作总基调，全面落实“疫情要防住、经济要稳住、发展要安全”重大要求，高效统筹疫情防控和经济社会发展，更好统筹发展和安全，主动扛起责任，努力多作贡献，扎实有效做好各项工作，奋力完成全年目标任务，着力保持平稳健康的经济环境、国泰民安的社会环境、风清气正的政治环境，以实际行动迎接党的二十大胜利召开。

突出抓好七个方面工作

构建现代化产业体系，夯实实体经济基本盘

- 要跑出项目建设“加速度”
- 要打好企业培育“组合拳”
- 要强化科技创新“驱动力”

推动全方位改革开放，激发跨越赶超动力源

- 要深化重点改革
- 要扩大对外开放
- 要优化营商环境

坚持系统化治理理念，打好文明创建攻坚战

- 要加快城市功能优化
- 要强化城市精细管理
- 要塑造城市文明风尚

做实新时代三农工作，绘就乡村振兴美图景

- 要增强农业产业竞争力
- 要展示乡村建设新魅力
- 要激发集体经济内生力

实行最严格环境保护，厚植绿色生态新优势

- 要打造“集约高效”空间格局
- 要保护“天蓝水清”生态根基
- 要发展“低碳循环”绿色经济

答好高品质民生答卷，增强人民群众幸福感

- 要扩大公共服务供给
- 要兜牢基本民生底线
- 要提升社会治理水平

构建大安全工作格局，唱响和谐稳定主旋律

- 要科学精准做好疫情防控
- 要毫不松懈抓好安全生产
- 要全力以赴维护社会稳定
- 要持之以恒防范化解风险

严字领航强党建，重在担当作表率，纵深推进全面从严治党

- 一要坚定“举旗帜、把方向”的政治自觉
- 二要筑牢“最坚强、最硬核”的战斗堡垒
- 三要锻造“敢担当、善作为”的过硬队伍
- 四要营造“风气正、作风实”的干事环境

编 辑 说 明

一、《涟水年鉴》出版宗旨是为国内外各界人士及时提供全面、准确的涟水县情资料，为全县各级领导提供科学决策的依据，为广大读者提供全面的地情信息，也为地方史志保存真实的历史资料。

二、《涟水年鉴(2022)》为第二十四卷，以马克思列宁主义、毛泽东思想、邓小平理论、“三个代表”重要思想、科学发展观、习近平新时代中国特色社会主义思想为指导，坚持辩证唯物主义和历史唯物主义的立场、观点和方法。主要记载2021年1月1日至12月31日全县各行各业的新情况、新成就、大事、要事、新事、特事。组织机构与领导人名录收录时间截至2022年9月。

三、本年鉴结构为类目、分目(有色块方框)、条目(方括号)三个层次，类目按大类设置，分目按门类或行业部门设置，条目为基本记述单位。

四、本年鉴图文并茂，文前彩图及随文刊插彩色照片158幅。另有表格25个。

五、本年鉴中所涉及的数据，凡县统计局有统计的，以其公布的为准；县统计局未作统计的，以各组稿单位提供的为准。量和单位的使用，执行国家标准。

六、本年鉴稿件由本县各部门、各镇(街道、园区)撰写(亦有少数为编者自撰)，单位负责人审稿，在条目后署撰稿人姓名(一个分目内同一作者的连续几个条目，署名在最后一个条目)。所有稿件经过县地方志办公室编辑加工，并经过县地方志编委会审定。

七、本年鉴使用阿拉伯数字，凡不具有统计意义且超过四位数的，一律以万为单位，有小数的一般保留两位小数，百分数一般保留两位小数。党政社团组织机构名称用作标题时用全称，其余一般用简称。

八、本年鉴检索系统：卷首设详细目录与英文要目，卷末置按汉语拼音字母顺序排列的主题分析索引，书眉有类目标题，在目录前设有总目。

涟水县部分单位全称、简称对照表

全　　称	简　　称	全　　称	简　　称
中共涟水县委员会	县委	涟水县总工会	县总工会
涟水县人民代表大会常务委员会	县人大常委会	中国共产主义青年团涟水县委员会	团县委
涟水县人民政府	县政府	涟水县妇女联合会	县妇联
中国人民政治协商会议涟水县委员会	县政协	涟水县工商业联合会	县工商联
中共涟水县纪律检查委员会	县纪委	涟水县科学技术协会	县科协
涟水县监察委员会	县监委	涟水县残疾人联合会	县残联
涟水县人民武装部	县人武部	涟水县归国华侨联合会	县侨联
涟水县人民法院	县法院	涟水县关心下一代工作委员会	县关工委
涟水县人民检察院	县检察院	涟水县文学艺术界联合会	县文联
中共涟水县委组织部	县委组织部	涟水县哲学社会科学界联合会	县社科联
中共涟水县委宣传部	县委宣传部	涟水县红十字会	县红十字会
中共涟水县委办公室	县委办	涟水县公安局	县公安局
中共涟水县委统一战线工作部	县委统战部	涟水县司法局	县司法局
中共涟水县委政法委员会	县委政法委	涟水县工业和信息化局	县工信局
中共涟水县委老干部局	县委老干部局	江苏涟水经济开发区管理委员会	县经济开发区
中共涟水县委党史工作委员会	县委党史委	江苏今世缘酒业股份有限公司	今世缘酒业
中共涟水县委党校	县委党校	涟水县商务局	县商务局
中共涟水县委台湾工作办公室 涟水县人民政府台湾事务办公室	县台办	涟水县行政审批局	县行政审批局
涟水县国家保密局	县保密局	涟水县农业农村局	县农业农村局
涟水县人民政府办公室	县政府办	涟水县自然资源和规划局	县资规局
涟水县人民防空办公室	县人防办	涟水县卫生健康委员会	县卫生健康委

涟水县部分单位全称、简称对照表

全　　称	简　　称	全　　称	简　　称
涟水县爱国卫生运动委员会办公室	县爱卫办	涟水县地方志办公室	县地方志办
涟水县医疗保障局	县医保局	涟水县档案馆	县档案馆
涟水县水利局	县水利局	涟水县住房和城乡建设局	县住建局
涟水县扶贫工作办公室	县扶贫办	涟水县城市管理局	县城管局
涟水县供销合作总社	县供销社	涟水县住房公积金管理中心	县公积金中心
涟水县盐业有限公司	县盐业公司	涟水县交通运输局	县交通运输局
涟水县烟草专卖局（分公司）	县烟草局（分公司）	国网涟水县供电公司	县供电公司
涟水县财政局	县财政局	中国邮政集团公司江苏涟水县邮政分公司	县邮政分公司
国家税务总局涟水县税务局	县税务局	涟水县民政局	县民政局
涟水县发展和改革委员会	县发改委	涟水县退役军人事务局	县退役军人事务局
涟水县统计局	县统计局	涟水县信访局	县信访局
国家统计局涟水调查队	县国调队	涟水县人力资源和社会保障局	县人社局
涟水县审计局	县审计局	中共涟水县委机构编制委员会办公室	县委编办
涟水县市场监督管理局	县市场监管局	涟水县慈善总会	县慈善总会
涟水县地方金融监督管理局	县地方金融监管局	涟水县应急管理局	县应急管理局
中国人民银行涟水县支行	县人行	涟水县民族宗教事务局	县民宗局
涟水县教育体育局	县教体局	涟水县生态环境局	县生态环境局
涟水县文化广电和旅游局	县文广旅游局	涟水县科学技术局	县科技局
涟水县融媒体中心	县融媒体中心	涟水县气象局	县气象局

总　　目

特 载

醉 美 涟 水

大 事 记

中共涟水县委员会

涟水县人民代表大会

涟水县人民政府

政协涟水县委员会

纪 委 监 委

群 众 团 体

法　　治

军　事

交通运输

城乡建设

农　业

工业·建筑业

今世缘酒业

服　务　业

开放型经济

经 济 管 理

科学技术

教　育

文　化

卫生·体育

社 会 生 活

公 共 安 全

生 态 环 境

镇 街

附　录

索　引

CONTENTS

特　载

FEATURE

编辑：彭亚君

项目为王！书写高质量跨越发展“涟水故事”

截至2021年底，全县累计新招引、新开工、新竣工亿元以上项目分别达75个、54个、45个，分别占全市的12.96%、17.1%、21.6%，连续三个季度获得“重特大项目攻坚优胜县区”流动红旗，规上固定资产投资增幅、项目投资增幅位列全市第一……

2021年以来，涟水县以“起步就是冲刺、开局就是决战”的昂扬姿态，聚焦市委、市政府赋予的“申创国家级经开区，加快建成全国百强县”使命任务，牢固树立“项目为王，环境是金”理念，全力招大引强，筑牢产业发展根基，为全县经济发展夯实了“稳”的基础、积累了“进”的因素、增添了“新”的动能。

大招商　招大商　“涟水担当”在高质量发展中闯出新路

“苦干新五年，冲刺百强县”，是涟水县“十四五”全新追求。

如何把百强县蓝图变为现实？2月18日春节后上班第一天，县委书记时勇在“新春第一会”上发出号召：拼字当头、抢字当先，一个节点一个节点抓，一个项目一个项目盯，一项指标一项指标拼；9月23日，全县招商引资百日竞赛活动动员大会召开，一时间，“大招项目，招大项目”“一把手抓，抓一把手”“精准招商，项目为王”等词汇频频溢出，释放出涟水对待发展有一种“等不起”的使命感、“慢不得”的危机感、“坐不住”的紧迫感的强烈信号。

方向既定，阔步前行。至此，自上而下，各级领导干部斗志昂扬、奋勇直上，以决战决胜的姿态、克难攻坚的意志、务实担当的作风，全面掀起争先恐后、你追我赶招商引资新热潮。2021年以来，涟水县坚持“链式思维”招大引强，探索推行县领导挂帅“链长制”，高质量编制与产业发展高度匹配的目标客户库、项目数据库、合作载体库，严格把好安全关、环保关、效益关，有针对性地招引一批产业链延伸项目、枢纽偏好型项目、高端服务业项目和新基建项目。同时，健全专业化、市场化招商体系，优选170名招商骨干成立以县经济开发区、镇街机关两支招商引资队伍，20个招商小分队深入长三角、珠三角等地开展驻点招商，完善“月过堂、季评比、半年观摩”机制，落实招商“AB”岗制度，用好项目建设“四色销号图”，抓好问题“双会办”和“1+4”项目长等制度落实，推动项目快开工、快建设、快达效。

一系列行之有效的强劲措施，带来了一个个项目：计划投资31亿元的波司登产业项目，计划投资12亿元的显示功能材料及智能终端项目，计划投资10.8亿元的锂电池生产项目，计划投资10.5亿元的鹿茸菇智能化生产加工项目等“高大上”项目的落户让全县产业链招商脚步更快、步子更大、足音更强。

2021年4月26日，2021涟水(无锡)招商说明会在无锡举行　　(嵇永新　吴　燮　摄)

项目为王　精准施策　“涟水智慧”为安东水城蓄势赋能

走进位于县经济开发区的江苏中信华电子科技有限公司，只见近百台全自动数控钻孔机正高效生产，机械臂灵活翻转，冲击声不时在车间回响。“去年开票收入2亿多元，今年妥妥超4亿元。”公司副总经理吴柯平介绍。公司主营照明器材、仪器仪表等电路板生产，2019年投产后快速发展，现在产品基本供不应求。“我们刚刚又拿下277亩土地，新的生产线上马后，产能将大幅度提升，产品的技术含量也将更高。”吴柯平表示，公司之所以敢于迈大步、放长线，主要是看好涟水良好的营商环境。“到涟水后，我们办理证照、拿地等基本没烦过神，都是政府部门上门服务，这让我们对未来发展很有信心。”

产业是发展之基，项目是产业支撑。抓住高质量的项目，才能抓住推动高质量发展的“牛鼻子”、夯牢发展的“压舱石”。2021年以来，涟水县坚持“一链一策”，围绕四大主导产业，进一步细化每一链条的发展规划，广泛延伸产业链、提升价值链、融通供应链，大力推动产业链式布局、专业化配套、集群化发展。除此之外，涟水县加快培优育强，实施骨干企业、上市企业培育工程，鼓励锦纶化纤等企业触“网”融合，借“数”转型，推动从一家居加快主板上市，积极培植一批具有“链主”地位的引领型企业和拥有“撒手锏”产品的专精特新企业。

“原来要用10个人工，现在自动化生产线投入使用后只需要2个人工，我们正在组织工人全力完成订单任务，今年预计在去年的基础上提升50%的生产量。”江苏从一家居股份有限公司生产负责人孙贵府说。总投资10亿元的江苏从一家居股份有限公司，投产以来不断加大技改力度，年初企业上马自动化生产线，对老旧设备进行智能化升级改造，提高了生产效率和产品品质，预计2021年实现开票销售10亿元。

用户思维　客户体验　“涟水服务”让企业家安心舒心

“我们决定将特创的版图在涟水打开并让其变为现实，这主要是因为涟水有独特的交通优势和优质高效的营商环境。”特创相关负责人表示。在项目帮办服务当中，县经济开发区针对具体项目制定“个性化”服务方案，秉承全员服务、全员帮办的理念，坚持主动上门、靠前服务，在前期的项目技改立项等手续帮办服务中，县经济开发区积极与上级相关部门对接、衔接，做好沟通工作，为项目发展壮大赢得了时间，赢得了机遇。

服务围着项目转，一切围着项目干。为推动重大项目落子涟水，涟水县始终坚持营造良好的营商环境，全面拓展“一站式、全科式”“一件事、一次办”服务内涵，推动“招商突破”和“企业服务”有机结合、招引“前台”和服务“后台”紧密衔接，以一流的营商环境吸引更多的优质企业落户。持续深化“放管服”改革，在全省率先出台工业项目快落地“涟七条”，推进“拿地即开工”，落实“涟七条”工业项目审批新机制，打造“四模化”工业项目发展新生态，推行空间规划“多规合一”、土地“带方案”挂牌出让、施工图审查告知承诺、工业项目模拟审批等硬核举措，解决优化营商环境中的堵点、痛点、难点问题，打通政策落实“最后一公里”。

为了让红利直抵基层、直抵企业。涟水县还组建了营商环境监督员队伍，组织开展“营商环境再优化　企业群众替你问”电视问政活动，全面推行“双随机、一公开”执法检查，不断完善“红色代办”“一次办成”等服务机制，始终秉承“店小二”精神和101%服务理念，建立“一企一档”代办服务机制，提供“一对一”代办服务模式，持续开展“红色代办助企行”活动，定期走访，对企业提出的合理诉求，即知即办、及时回复，做到“无事不扰、有求必应”，真正用一流服务赢得更多投资者的青睐。

一业一证专区　　（县行政审批局　供稿）

改革创新　绘就高质量发展新篇章

唯改革者进，唯创新者强，唯改革创新者胜。2021年以来，涟水县坚持以改革创新作为“冲刺百强县”的“金钥匙”，不等不靠，主动作为，一批有利于推动高质量发展的改革举措落地实施，一批有利于惠民生解民忧的改革方案取得实效，一批具有地方特色的改革经验做法转化为制度成果，不仅让涟水县荣登“全国营商环境百强榜”，更为跨越赶超注入了新动能。

提升政务服务水平　打造一流营商环境

实行多规合一、推行土地“带方案”挂牌出让、优化施工图审查方式、开展项目模拟审批、优化环评与排污许可审批模式、推行竣工验收告知承诺、实现全流程全事项网上办理……为切实解决项目落地时间长、开工率低等问题，涟水县借鉴国内先进经验，在省内率先推出工业项目快落地“涟七条”，这也是涟水县深入推进“放管服”改革的一个缩影。

2021年以来,涟水县坚持"项目为王、环境是金"工作导向,制定出台《深化"放管服"改革优化营商环境行动方案》,打响"无事不扰、有求必应"营商环境品牌,成立重大项目服务专班,完善"双随机、一公开"监管实施细则,推动工业项目"拿地即开工",确保工业项目落地建设、企业运营全程"快车道""无障碍","放管服"改革获得省政府真抓实干督查激励。

企业感受是营商环境好坏的唯一标准。"真的太感谢涟水县投资项目代办服务中心为我们配备专属红色代办员。仅仅2天时间,就为我们办理好了建设用地规划许可证、不动产权证、建设工程规划许可证、图审合格证和施工许可证、'红色代办'监管服务书,简直是'飞'一般的速度,这也增强了我们企业在涟发展的信心和决心。"11月3日,投资1.2亿元的江苏保达消防器材项目法人陈菊梅在接过"五证一书"时,喜悦之情溢于言表。

在得知该项目确定土地意向后,县投资项目代办服务中心紧抓一个"早"和一个"快",协调各涉审窗口第一时间启动"一企一策"代办机制,明确专门红色代办员为企业提供全流程、全事项、免打扰式帮办代办服务,让企业"零感知"办成了所有审批手续。

推进体制机制改革 激发干事创业活力

"以后没有科长这个叫法了,要叫'主办''部长'。"10月5日,在县经济开发区全员聘用大会上,薛猛、刘东升、姚彩霞、李冲等竞岗人员正式受聘上任,这标志着园区体制机制改革又迈出重要一步。

县经济开发区作为全县经济社会发展的"排头兵""主阵地",多年来为全县经济社会发展作出了巨大贡献。为进一步激发内生动力,早日实现"申创国家级经开区"的使命任务,全县大力推进开发区去行政化、薪酬制度等改革,构建了"管委会+公司"管理模式,取消"科室"设置,实行全员聘任,探索实施末位淘汰机制,全面实行"干部能上能下、人员能进能出、待遇能高能低"的良性机制;全面落实"放管服"改革,实现"区内事区内办",进一步提高企业办事效率;在全市首家成立产业招商公司并实体化运作,推动园区80%以上人员投身招商,80%以上精力聚焦招商。

涟水县"拿地即开工"项目审批再提速 (县行政审批局 供稿)

新招引项目亿元以上项目32个,协议总投资167.602亿元,其中10亿元以上项目6个;新开工项目23个,竣工项目12个……通过"回归本位+瘦身强体+激励竞争",县经济开发区交出了一份满意的答卷。

同时,涟水县还深入推进国企改革三年行动,制订一企一档改革方案,理顺体制机制关系,推动政府平台企业转型发展,优化国有经济布局和结构。到2021年底,已全面完成82家全民所有制企业公司制改革。

大力推动惠企政策 构筑创新发展高地

问渠那得清如许?为有源头活水来。金融就是活水。2021年以来,涟水县加大对企业的扶持力度,在全市率先推行低压以及1000米高压电力接入工程免审批,在县、镇(街道)工业园区试点打造"开门接电"示范区,惠及20多家企业,为企业节省成本700余万元;致力惠企便民政策一体化集成、一站式宣传、一杆子兑现,系统梳理、优化完善系列政策,创新研发"贴管家"财政集成奖补平台,集成涉企政策7类93项、惠民政策4类32项,兑现惠企奖励资金3.5亿余元;在全市率先建立"金融管家"机制,为290余家企业发放贷款4.5亿元。

此外,涟水县研究制定符合全县企业实际的就业创业促进政策,积极落实《涟水县关于进一步做好就业创业工作实施细则》《涟水县就业创业优惠政策实施细则》等政策措施,加大创新创业平台载体培育,新创建"涟水县东城商贸市场"市级创业孵化基地和"淮安市东城蔬菜批发市场"县级创业孵化基地,鼓励引导各镇街、园区积极利用现有的工业集中区、创业点开展创业孵化基地建设,通过挖掘发展潜力,扩大发展规模,最大限度地为各类型创业者提供实践和发展的平台。

聚焦群众急难愁盼 持续释放民生"红利"

9月13日16时,县政务服务中心"一件事"专窗工作人员接到在苏州工作的刘先生来电,咨询是否可以一次性办理新生儿户口本、医保和社保卡。在工作人员的帮助下,17时40分,刘先生申请的新生儿出生"一件事"套餐服务完成办理,户口页和社保卡均制作完成。9月14日9时,收到刘先生邮寄来的材料后，仅用20分钟就帮其办理好医保费用报销并激活社保卡、开通异地就医。“这真的是不见面就审批了！”刘先生激动地说道。

“民有所呼，我有所应。”老百姓关心什么、期盼什么，改革就抓住什么、推进什么。为此，涟水县全面聚焦“关键小事”，创新开展“百优”政务品牌创建，在退休、医疗、救助、就业等领域实现“一件事一次办”，打造形成适老化“红色驿站”、新生儿出生“一件事”等20余项政务服务品牌，其中新生儿出生“一件事”代表淮安市在全省作经验交流，真正用改革的思路、创新的举措，破解民生难题，让老百姓既感受到改革发展的速度，更感受到改革发展的温度。

新生儿出生“一件事”　　（县行政审批局　供稿）

营造服务最优环境　积蓄发展最新动能

2021年底，寒意虽浓，在县经济开发区部分重点项目建设现场，却是处处人头攒动、热火朝天，塔吊林立、大型机械轰鸣运转，工程车往来穿梭，工人们正抓紧时间抢进度、赶工期……一个个前景广阔、带动力强、效益明显的大项目、好项目，令人应接不暇、惊喜连连，安东大地处处积攒着因项目而生的新动能，洋溢着全新的发展活力。

不忘初心，砥砺前行。2021年以来，全县上下瞄准“冲刺百强县”奋斗目标，牢固树立“项目为王、环境是金”理念，下大力招项目、谋项目、抢项目，不断优化营商环境，加快产业转型升级，努力打造政策最优、成本最低、服务最好、办事最快的最优营商环境，汇商脉、聚智力、集人气，强化底线思维，把牢高质量发展新内涵，新项目不断落地，新动能不断积蓄，新业态蓬勃发展，奋力谱写新时代涟水高质量跨越发展新篇章。

高品质项目　争当产业发展先锋

或正在进行产品制造，或正在进行产品检验……在县经济开发区中信华电子产业园的标准现代化厂房内，一派企业繁忙的生产景象让人想不到，仅仅8个月的时间企业就完成了产能的发展壮大、提速升级。

“县委、县政府大力支持新一代电子智能制造产业实现率先突破，这也给了我们足够的信心。目前，我们正在按照时间节点，加快推进项目建设，新的生产线已经开始生产，效能提升了好多倍。”在中信华电子产业园，企业负责人告诉记者，年产200万平方米刚性线路板自动化生产线技术改造项目由江苏中信华电子科技有限公司投资建设，位于2号厂房，总投资1.8亿元，规划建筑面积1.2万平方米，项目于2021年8月

2021年6月11日，涟水县党政亲商会举行　　（县委办　供稿）

份竣工投产，购置了PCB六轴钻孔机、六轴成型机、高速飞针测试机及数控钻铣机等国产设备505台(套)，项目全部建成后预计年可实现开票销售收入1.8亿元，税收500万元。

在县经济开发区双创园内的波司登智能服装项目建设现场，同样也是热火朝天的施工景象。由波司登集团和涟水县签约的这个项目总投资额达6亿元，项目一期投资5000万元，租用县经济开发区双创园厂房，二期投资5.5亿元，注册资本5000万元，主要生产高端精品羽绒服，年产量200万件。县经济开发区循环经济产业园发展服务中心主任杨士军告诉记者："这两天我们正在加快机器设备安装调试，有信心、有决心在最短时间内将服装生产线安装到位，确保企业早日投入生产。"

涟水县始终把招商引资和项目建设作为"头号工程"，统筹推进"放管服"改革，创新实施经济网格化服务管理、"党政亲商会"等多项举措，全力以赴为项目落地生根打造最优营商环境。县营商办率先为全县38个骨干经济网格、615个小微网格分别配备41名"金融管家"和98名"法律顾问"，到2021年底，"金融管家"走访企业460余户，为290家企业发放贷款4.5亿元；"法律顾问"为企业进行法治体检130余次，提供法律咨询服务150余件次，为企业节约各类资金60余万元。

全方位服务　打造一流营商品牌

以高品质项目为"大熔炉"，炼出高质量发展"新成色"，中信华电子、波司登智能服装这两个项目，正是涟水县强化底线思维、强力提升高品质内涵的具体体现。

2022年1月5日，涟水县第一次重大产业项目集中开工活动举行　（嵇永新　吴　燹　摄）

"一定要让更多企业、项目和人才钟情涟水、向往涟水，愿意来涟水投资兴业，让企业家认为在涟水发展会更好。"秉承着这样的理念，涟水县坚持主动对接、靠前服务，超前研判解决影响项目开工建设的因素，开辟绿色通道，当好"店小二"，为企业多帮真帮实帮，与企业同心同向同行，千方百计为加快重点项目建设保驾护航。

立创电子科技(江苏)有限公司由深圳市立创电子商务有限公司投资建设，项目总投资50亿元，占地30公顷，规划总建筑面积33万平方米。项目分两期实施，其中一期占地15.47公顷，总建筑面积12.29万平方米，包括6万平方米的现代化智能物流仓储中心、4栋元器件制造厂房及配套的餐厅、宿舍、综合楼，目前主体工程已全部完工，智能物流仓储中心完成装修并部分投入使用。企业负责人告诉记者："项目全部投入运营后，年可实现开票销售50亿元，入库税收2.5亿元，将成为华东地区乃至全国最大的集电子元器件研发、制造、销售于一体的电子信息产业基地，我们对企业未来的发展充满信心。"

项目建设要加快，做好各项保障工作是关键。每个项目成功落地、投产见效的背后，都凝聚着"店小二"式的优质服务，都闪动着一线帮办人员辛勤忙碌的身影。各镇(街道)和县直部门主动作为，争当服务重点项目的"店小二"，全县项目建设呈现出数量多、质量高、推进快、储备足等显著特点，为推动经济社会高质量跨越发展注入了不竭动力。

淮安特创电子科技有限公司的印制线路板扩产增效技改项目位于新港电子产业园内，总投资1.5亿元，厂房面积1.4万平方米，购置UV机、内层冲孔机、冲孔机、放板机、清洗机等295台(套)，目前已竣工投产。企业负责人对在涟水投资兴业非常满意："技改项目建成投产后，企业将年产HDI、LCD等线路板60万平方米，产品广泛应用于通信设备、照明、电脑、汽车电子、医疗器械、仪器仪表等领域，未来发展形势一片红火。所有项目投产后，预计年可实现开票销售收入2亿元，税收将达到500万元。"

诗意栖居　孵化梦想

2021年以来，涟水县始终遵循新发展理念，牢固树立系统化思维，扎实推进城乡环境综合整治，加快基础设施改造提升，狠抓城市精细化管理，全面推进秀美乡村建设，大手笔、高起点、高标准描绘城乡发展蓝图，让城市功能品质持续升级，城乡颜值不断刷新，不断满足人民群众对美好生活的向往。放眼安东大地，现代城乡风采尽收眼底，城市已踏上“时代快车”，农村也悄然“蜕变成蝶”，一处处亮丽精致高品质住宅小区、一条条宽敞明亮的柏油马路、一辆辆平稳前行的家用轿车，构筑了一幅幅动人的新时代画卷，叙说着涟水人富足幸福的生活。

整治后的朝阳河　（县水利局　供稿）

“破旧+立新”　城市品质提档升级

“原来的小区又旧又乱，电线乱扯乱挂，车辆随意停放。现在小区生活舒适、出行方便，环境也都得到了全面改善，马上还要通上燃气，我们住着别提多满意了！”家住涟城街道湖滨花苑的梁女士话语中洋溢着幸福。

有品、有质，是城市高质量发展的归宿，也是居民对美好生活的追求。近年来，涟水县坚持以规划为引领，以更高标准建设新城区，滨河新城建设再提速，清水路、站后路、明月路等市政道路加快建设，海西路建设如期完工，打通入淮第二通道，科技文化中心被评为省级共建共享试点项目，应急备用水源地建成投用。高标准改造老旧小区10个，新开工棚户区改造1200套，交付安置房4390套、47.53万平方米，新建城市“绿色小客厅”项目6个，对郑梁梅大道、金城路段实施人行道改造，主城颜值气质再提升。城镇污水处理提质增效工作进展显著，城北大沟、邮电中沟等4条主要黑臭水体整治按时完工，建成区污水管网空白区全面消除。高效实施老淮涟路整治提升，327省道南环建成通车，高标准完成327省道绿化提升三期、长深高速机场出入口及进场路环境整治提升项目，城市对外形象持续优化。

“改革+创新”　城市管理提质增效

一座有品质的城市，要做到“内外兼修”。2021年以来，涟水县以“美丽涟水”建设为抓手，围绕全国文明城市创建要求，积极推进城市管理和执法体制机制改革，创新抓好城市精细化管理，着力清除盲点、打通堵点、攻破难点，城建领域以绣花功夫打造品质生活、以工匠精神建设美丽家园。

推进“智慧城市”建设，强化数字城管应用，扎实推进市容环境秩序专项治理，治理城市顽疾，开展违建治理专项行动，对违规建房问题扭住不放、寸步不让，2021年累计拆除违建面积6700平方米。全方位开展深度“洗城行动”，全面清除积存垃圾，提升城市的洁净度、清爽度，真正做到“路见底色、墙见本色”。新建智能化诱导停车位100个，着力解决出行难、停车难等民生关注问题，坚决取缔主次干道占道堆放、出店经营现象，制定临时摊点管理规范，城乡环境卫生、市容市貌、交通秩序得到持续改善。

探索“街道社区、业委会、物业公司”三位一体党建引领物业管理工作模式，坚决整治乱停乱放、乱搭乱建等住宅小区“顽疾”，试点开展“物业管理执法进小区”集中攻坚行动，创成4家省级示范物业管理小区，营造整洁有序的小区环境。规范住宅小区公建配套设施建设管理移交工作，完善小区服务功能，提升居住品质。同时聚焦问题楼盘处置化解，召开中心城区指挥部例会、专题推进会议共计36次，对符合条件楼盘实行集体研究会办，销号问题楼盘12个，有力解决了民生“老大难”问题。同时，征收搬迁扫尾取得突破性进展，在把握好政策口径的基础上，集中力量开展攻坚，完成425户常规房屋征收工作，突破性完成了185户攻坚扫尾任务，6个历史存量地块2021年实现搬迁清零，中山西路棚改三期半个月内实现清零，创造了涟水征收新速度。

“建设+治理” 城乡面貌日新月异

2021年是“十四五”规划的开局之年，也是涟水县建设交通强县的关键之年。今年以来，涟水县持续优化立体交通体系建设，充分做好涟水机场三期改扩建工程属地保障工作，依托空港产业园区定位，着力打造航空货运枢纽；聚焦滨河新城高铁商务中心建设，积极引进产业项目进驻，发挥高铁站带动引领作用；总投资2.3亿元涟水港二期已具备运营条件，即将通过验收，进一步提升全县水路货运产能；长深高速、京沪高速改造扩建工作全面启动实施，总投资15.23亿元、51个城建交通项目建设有序推进，清涟大道已验收通车，清水路、南京路进展顺利。高质量实施农路改造15千米，新建农桥14座，推进城乡客运一体化建设，实现镇村公交全面覆盖，深化交邮融合发展成果，创成全省农村物流示范县，全县“空铁水公”立体交通优势充分彰显，枢纽城市定位不断突出。

走进唐集镇各个村居，房前绿树掩映，院落窗明几净，休闲广场笑声连连……“这几年村容村貌发生了翻天覆地的变化，出门就有超市、学校、卫生院，生活真是越来越有奔头了。”美丽乡村建设让村民们有了更多的获得感。2021年以来，涟水县持续以秀美乡村建设和农村人居环境整治为抓手，坚持治理与建设同步推进，不断刷新新时代城镇的“颜值”和“气质”。与此同时，涟水县将抓好安全生产作为践行“两个维护”的重要标尺，定期开展安全生产隐患排查整治，2021年以来，深入开展住建交通领域安全生产常规督查370余次，召开专委会例会16次，及时整改存在问题隐患1500余条，夯实了城建条线本质安全生产基础，实现了持续“双下降”阶段性目标。

村民新居 （胡　湖　摄）

如今，涟水这座充满精气神的城市，正迸发出前所未有的奋进力量，城市功能不断完善、人居环境明显优化、城乡居民幸福指数不断攀升。未来，涟水必将展现更多活力和魅力，让每一个生活在这座城市的人诗意栖居、孵化梦想。

增进民生福祉　绘就幸福底色

民之所望，行之所向。2021年以来，涟水县始终坚持以人民为中心的发展思想，把群众根本利益作为一切工作的出发点和落脚点，从老百姓最关心、最直接、最现实的问题入手，更加注重补齐民生领域短板，高标准完成10类36项为民办实事项目，加大教育、医疗、文化等社会民生领域的投入力度，持续保障和改善民生，不断增强群众的获得感和幸福感。

办好群众满意教育　夯实民生基石

学生们朗朗的读书声、装备完善的教室、标准化的体育场、拔地而起的教学楼……漫步涟水县城乡校园，看到的是日臻完备的教学设施，感受到的是翰墨书香的文化氛围。

百年大计，教育为本。近年来，涟水县以“重塑教育辉煌”为目标，以办好人民满意的教育为宗旨，倾力打造教育民生工程，积极擦亮“涟校连家”“涟享学”“涟尚名师”“涟心有光”四“涟”品牌，促进教育公平和谐发展，全县教育事业呈现出一派欣欣向荣的喜人景象。

涟水县先后投入5.41亿元，实施郑梁梅小学教学楼等7个项目，启动高沟二小建设，“涟校连家”寄宿制试点学校如期开学，提供120名留守儿童寄宿需求保障。优化整合实验小学和涟城中心小学资源，解决城西片区小学学位分布不均衡问题。全市率先出台普通高中高质量发展和县中振兴方案，大幅提高教师待遇，提升教师荣誉感，破解制约普通高中高质量发展瓶颈，涟水中学2021年高考一本率比上年提高11%，获得社会广泛认可。实施“涟享学”助学工程，改善小规模学校“条件差、师资弱、质量低”现状。加强教师队伍建设，启动“涟尚名师”评选工程，开展师德师风主题教育活动，在全县营造出一线教师教志昂扬、全心投入的良好局面。认真落实“双减”政策，全面开展义务教育“5+2”课后服务，引导学科类校外培训机构规范发展。大力实施“涟心有光”

2021年6月，“涟校连家”时码学校建成　（县教育体育局　供稿）

心理健康工程，全力推进“明眸工程”和“食品安全工程”，为学生提供健康安全的学习环境。

完善社会保障体系　筑牢民生之本

涟水县把社会保障作为民生之本，坚持突出重点、统筹兼顾，加快完善社保体系，以社会兜底保障精准有效落实为抓手，推动民生事业高质量发展。组织开展新一轮低收入人口认定，加强低收入人口动态监测和救助帮扶，实现兜底保障应保尽保。出台《涟水县防返贫保险试行方案》，切实降低群众因病因灾费用支出。围绕统筹救助资源、增强兜底功能、提升服务能力，改革完善社会救助制度，建立健全分层分类救助体系，构建综合救助格局。

随着老龄社会的到来，让“老有所养”变为现实，还需要在社会养老服务体系建设上发力。涟水县在全市范围内先行先试，新建、改建朱码、大东、黄营3个集住养、医养、康养为一体的区域性养老服务中心，新增护理床位440张，成为全省区域性养老服务工作的新亮点、新模式。除此以外，还为全县80岁以上困难老人进行适老化改造，对全县镇（街）敬老院进行提升改造，80周岁以上高龄老人上门服务实现新突破。

就业是民生之本，涟水县积极支持就业创业工作，进一步完善就业创业政策，并加以推进落实，不断稳定和扩大就业。全年城镇新增就业5400余人，实现再就业4623人，开展技能培训1.24万人次，新增发放创业贷款1.51亿元、稳岗补贴389.41万元，惠及企业职工2.82万人。

加快发展医疗事业　补齐民生短板

“没想到有了‘涟康保’，还能进行二次报销，这极大地减轻了我们老百姓的家庭负担！”55岁的李长美是石湖镇果园村人，因患重病先后4次入院，经新型农村合作医疗正常报销后，又经“涟康保”二次报销赔付8万余元。

涟水县率先推出公益性全民健康补充医疗保险制度——“涟康保”，全县共27.68万人参保，仅1—9月受益9998人次，人均赔付1.1万元，单人最高赔付14.9万元，切实解决了重特大病患者医疗费负担，有效阻断因病致贫、因病返贫现象。

涟水县坚持创新引领，健康事业服务力保障力持续提升。围绕打造苏北区域医疗高地目标，完善“一核三极五中心”医疗格局，全市率先试点“总额付费、结余留用”医保支付方式改革，成功入选省级公立医院综合改革示范县创建名单。在全市首推“涟歧健康”中医建设工程，促进中医医疗、康复、保健、文化“四位一体”全面发展。建立平急结合常态化防控体系，大力推动新冠疫苗接种，实现常住人口“应接尽接”。积极推进医保公共服务向镇村延伸，红窑镇医保服务站点入选首批省级“15分钟医保服务圈”示范点，真正让群众“进一扇门、办所有事”。

推进文化惠民工程　点亮民生之魂

县城居民夜晚在五岛湖景区的广场上健身娱乐；农村群众闲暇之余就能欣赏到电影大片；隔三差五还有文艺节目送到村里；遍布全县的农家书屋让村民们享受到了阅读的乐趣……

涟水县坚持把丰富群众文化生活作为提升幸福指数的突破口，不断完善公共服务体系建设，全面加强城乡文化阵地建设。实施文化惠民工程，积极开展送戏下乡、文化惠民演出等文化活动。建成镇街公益放映厅17个、智慧广电乡镇1个，新建24小时自助图书馆1座，实现市县城区公共图书馆借阅一卡通、通借通还。加快省级全域旅游示范区创建，新建全域旅游集散中心和智慧旅游指挥中心，五岛湖景区通过AAAA级景区复核验收，苏北“小延安”军旅小镇也已建成开放。

一项项民生工程、一件件民生实事，正不断为民生“加码”、为幸福“加速”、为生活“加温”，让人民群众实实在在享受到了改革发展的红利。

醉美涟水

INTOXICATINGLY BEAUTIFUL LIANSHUI

- 自然环境
- 历史人文
- 经济社会发展

编辑：彭亚君

自然环境

【区域面积】 涟水县地处江苏省域北部，黄淮平原东部，淮河下游，位于北纬33°39′—34°07′、东经118°59′—119°46′之间，东与盐城市阜宁、滨海、响水三县为邻，西与淮安市淮阴区、宿迁市沭阳县接壤，南与淮安经济技术开发区、淮安市淮安区隔古淮河相望，北与连云港市灌南县毗连。东西长60千米，南北宽51.5千米，县域面积1677.47平方千米。下辖12个镇、4个街道、1个省级经济开发区、1个工业园区。

【地质地貌】 涟水县境内地层为第四系覆盖。隐伏基岩以淮阴—响水断裂为界，东西部有较大差别。西部广泛隐伏中元古界海州群，仅在靠近断裂线的陈师一带，有部分上元古界震旦系地层分布，其他地层全部缺失。东部广泛分布新生界第三系地层，厚度自西向东迅速增大，从几十米到几千米。中生界侏罗系下中统和白垩系浦口组也有零星分布。地质构造属扬子准地台苏北凹陷的北部边缘区，在漫长的地质历史中，又发育一系列低序次的隆起和凹陷，有高沟—梁岔古隆起，涟北凹陷，涟水—大东凸起，涟南凹陷。断裂构造以北东向为主，常被北西向断裂错断。

涟水县境内属黄泛冲积平原，地势为西南高东北低，地貌由西南向东北依次分为沿河高滩地、平原坡地、湖荡洼地。受新构造运动控制，在中新生代不断凹陷的基底上，沉积大量河湖相及海陆交互碎屑沉积物。后期又受黄泛影响，地表普遍覆盖一层厚1—5米微碱性、冲积相的土黄色粉沙和亚黏土，构成典型的平原地貌类型。长期的沉积和黄泛冲击淤垫，形成西南高、东北低的地势，其中以流经县境南部和东部边缘的古淮河堤内滩地地势最高，真高一般都在10—15米，最高点位于涟城街道谷嘴附近，最高20.7米，比堤外平原相对高出15—18米。堤外平原由西南向东北渐低，至石湖境内降至10米左右。县境东北和西北各有1个盆状洼地，真高一般在5米以下，最低点位于石湖镇十七堡村松林唐松河口附近，真高只有2.7米。境内无湖泊，自然河流多发源于古淮河滩地北侧，自西南流向东北，最后汇入灌河流入黄海。

【气候】 涟水县属暖温带季风气候，四季分明，光照充足，雨水充沛，无霜期长，气候条件较为优越，但年际间降水、温度变化较大。2021年，平均气温16.0℃，日照时数2080.4小时，风速每秒2.0米，降水量1106.9毫米，相对湿度75%。

蓝天绿水映五岛　　（黄培喜　摄）

【自然资源】 土地资源　涟水县行政区域面积167849.65公顷，其中耕地面积103233.98公顷，园地面积430.97公顷，林地面积1652.69公顷，草地23.59公顷，城镇村及工矿用地29074.11公顷，交通运输用地面积5866.46公顷，水域及水利设施用地面积25019.05公顷，其他土地2548.80公顷。

水资源　涟水县境内水资源主要来源于大气降水，其余为盐河，古淮河，南、北六塘河过境水及地下水。多年降水平均径流深250毫米，年径流量4.19亿立方米。由于受季风影响，降水量的季节分配差别显著，一半左右的降水量集中于6—9月，新产径流排泄多，利用少。其他月份则水量不足。过境水与县内降水同步，量大而集中。境内地下水储量丰富。第一含水层（浅层地下水）地表水补给量约4.5亿立方米，第二含水岩组（中层地下水）每年可采水量约0.5亿立方米，第三含水岩组（深层地下水）每年可采水量0.3亿立方米。盐河以东浅层地下水矿化度较高，不宜直接灌溉，盐河以西为淡水，可以直接灌溉和饮用。梁岔、涟城一带深层地下水含水层为一古河道，水质好，储量丰富，可作大型供水水源。

林业资源　涟水县林业用地面积29990公顷，其中林地面积28220公顷，灌木林地面积100公顷，未成林地面积630公顷，苗圃地面积920公顷，其他林地面积120公顷。全县活立木蓄积410万立方米，其中：乔木林蓄积300万立方米，散生木蓄积35万立方米，“四旁”树蓄积75万立方米；全县活立木总株4400万株，年可采伐量26万立方米，林木覆盖率24.23%。

历史人文

【建置沿革】 涟水县境在夏、商、西周时期，为淮夷聚居之地。东周春秋时属吴；战国时，公元前473年，越灭吴，属越；公元前306年，楚灭越，属楚。

秦时，县境属东海郡。

汉元狩六年（前117），置淮浦县，属临淮郡，此为涟水建县之始。新莽时，改淮浦县为淮敬县。东汉时，复称淮浦县，属东海郡。

三国时，淮浦属魏，划归广陵郡，西

晋因之;东晋初元帝时侨置江南。

南北朝时,南朝齐建元二年(480),以东海郡属冀州,称北东海郡,侨治连口(现涟城街道),并于北境置襄贲县,此为襄贲侨置涟水之始。建武二年(495),省淮浦县,自此淮浦之名不存。梁时,襄贲仍隶北东海郡。东魏武定七年(549),改北东海郡为海安郡,襄贲属海安郡。

隋开皇三年(583),罢郡为州,以襄贲县属海州;开皇五年(585),改襄贲县为涟水县,因境内有涟河而得名,涟水之名始见。大业三年(607),改州为郡,涟水属东海郡。

唐初,改郡为州,武德四年(621),置涟州,在县境北15千米分置金城县(城址在现红窑金城村),州治涟水城,辖涟水、金城二县。贞观元年(627)废涟州,并省金城县,以涟水县属泗州。总章元年(668)改属楚州,咸亨五年(674)还属泗州。乾宁二年(895),杨行密袭取滨淮诸州,涟水属杨吴,后属南唐。后周显德四年(957),涟水属后周。

北宋初,涟水县属泗州,太平兴国三年(978),置涟水军,属淮南东路;熙宁五年(1072)废,仍为涟水县,隶淮南东路楚州;元祐二年(1087),复为军。南宋时,涟水成为宋、金相争要地,时而属宋,时而属金。景定三年(1262),涟水军改为安东州。

元至元十二年(1275),安东州归附元,改立涟州,旋复称安东州,至元二十七年(1290)归山东路,至元二十九年(1292)改隶淮安路。

明洪武二年(1369),降安东州为安东县,属淮安府。

清因明制,仍称安东县,属淮安府。

民国3年(1914)1月,废府存道,因与奉天省安东县同名,复称涟水县,属淮扬道。民国16年(1927)废道,由省直接管辖。民国22年(1933),江苏实行行政督察专员制,全省分13个区,涟水属十一区(淮阴区),此后,全省行政督察区多次变更调整,涟水先后属第八区、第七区、第六区、第七区,除第八区为东海区外,余属伪江苏省公署徐州办事处、伪苏北行政专员公署、伪淮海省淮阴督察区。

民国29年(1940)8月,中国共产党领导下的涟水县抗日民主政府成立。是年10月,成立河东办事处(亦称河东行署、涟东行署),辖原涟水县盐河以东的四区、六区和七区。民国30年(1941)1月,河东办事处与涟灌阜办事处合并成立涟东县,划归盐阜区。是年5月撤淮阴、涟水两县建制,成立淮涟办事处,12月撤销,恢复涟水县建制,属淮海区。

1950年6月,涟水、涟东两县合并为涟水县,属淮阴专区。1970年,淮阴专区改为淮阴地区,涟水隶属淮阴地区。1983年1月,江苏省实行市管县体制,涟水县隶属淮阴市。2001年1月,淮阴市更名为淮安市,涟水县隶属淮安市。

【人口民族】 人口 2021年末,全县总户数为31.64万户,户籍总人口为109.85万人;男女人口性别比为109.2。全年人口出生率为5.44‰,人口死亡率为9.31‰,人口自然增长率为-3.87‰。2021年末常住人口82.47万人,其中城镇人口46.60万人,乡村人口35.87万人,城市化率为56.50%,比上年上升0.45个百分点。

民族 涟水县属少数民族散杂居地区,有汉族、回族、藏族、蒙古族、满族、维吾尔族、朝鲜族、哈尼族、苗族、彝族、拉祜族、白族、傈僳族、侗族、土家族、壮族、布依族、景颇族、畲族、瑶族、黎族、普米族、佤族、纳西族、土族、傣族、德昂族、独龙族28个民族,2021年,汉族人口109.55万人,少数民族3009人。全县各镇(街道)都有少数民族居住,回族是全县人数较多的少数民族,相对集中聚住在黄营镇朱桥村和唐集镇丰河村顾庄组,人口1506人,约占少数民族总人口的50.05%,其他少数民族大都是20世纪80年代至90年代从云南、贵州、广西、四川、湖南等省区婚进,居住分散。

【历史名人】 涟水人杰地灵,英才辈出。东汉、三国时期,有"陈氏三杰":永乐少府陈球、沛相陈珪(陈球侄)、伏波将军陈登(陈珪子)。南朝著名诗人鲍照,与颜延之、谢灵运合称"元嘉三大家",其七言歌行对后世李白、岑参、高适、杜甫有较大影响,杜甫曾以"俊逸鲍参军"来赞誉李白。唐代侍御史王义方,不畏权贵,犯颜直谏上书弹劾当朝宰相,被贬海南吉安后,开堂讲学,开当地文明之先,被尊为海南的文化先师。司仆少卿徐有功,刚正不阿,秉公执法,深得民众敬佩。北宋时,有备受三朝皇帝礼遇的能仁寺高僧证因大师。南宋时,涟水地处宋、金分界处,战事不绝,兵匪为患,嵇安挺身而出,聚集义兵,筑寨防匪,保卫乡里,官封沿海巡检使。明代,迁居山阳的小说名家吴承恩留有不朽巨著《西游记》。清代,医学名家石寿棠(字芾南)著有《医源》(上、下卷)、《温病合编》,其医学思想对后世医学有很大影响。清末民国初,书画名家程西池、程小池父子的"程氏兰花"和陆海岑的芦雁、茹宗陵的白菜、徐六泉的大字被时人称为"涟水四绝"。鲁一同(字兰岑)著有《通甫类稿》《清河县志》等,其次子鲁蕡(字仲实)总纂《安东县志》,著有《仲实类稿》等。

【文化遗存】 涟水历史悠久、文脉厚重,拥有2100多年的建县史,留下了蔚为丰富、弥足珍贵的历史文化遗产。新中国成立后,全县境内共发现和发掘出土包括石器、陶器、瓷器、青铜器、字画、革命文物等10个门类文物近400件。南京博物院收藏的涟水县三里墩西汉墓出土的战国错金银立鸟几何纹铜壶、嵌绿松石铜鹿、西汉错金银铜牺尊、裸体铜舞俑等国家一级文物11件,均具有极高的文化、艺术、历史价值,在国内外享有盛誉,亦是南博镇院之宝。淮安博物馆收藏涟水县境内出土的各时期等级文物30余件,如玉石器有镞、斧、璧,陶瓷器有鬲、罐、鼎、瓶,铜器有鼎等,均具有较高的历史艺术价值。涟水县博物馆现有各类藏品296件,其中等级文物43件(组),尤以1998年5月宋妙通塔地宫出土的石函、金棺、银椁、青白瓷舍利瓶、六角口玻璃瓶银质骨灰盒、凤首龙身金簪、佛牙、舍利、水晶等16件佛门圣物最为珍贵。

涟水境内已发掘新石器时代、战国时代、南北朝、唐、宋、元、明、清时等38处遗址,集中分布在涟城、蒋庵、浅集、小李集、朱码、东胡集、灰墩、河网、红窑境内,沿盐河一线排列。已发现斗墩战国墓群、凤凰墩汉墓群、嵇安墓等27处古墓葬，主要是战国时期、汉代、宋代、元代、明代、清代的墓葬。

涟水县共有国家级文物保护单位月塔1处，市级文物保护单位11处，县级文物保护单位12处。据光绪本《安东县志》记载，历史上涟水县遗存的文物古迹多处，其中古城址3处，即涟城、金城、古月城；古塔3座，即妙通塔、月塔、小塔；亭、寺、庵多处；井、泉5眼，即琉璃井、州井、龙潭泉等；墩2座，即凤凰墩、状元墩；古墓5座，即贤母墓（王义方母墓）、张万户墓、蛮王墓、尚太尉墓、杨珊墓；其他9处。

涟水是革命老区，境内发生过大小战斗数百次，其中著名的战斗有鲁渡战斗、洪码战斗、高杨战斗、郑潭口战斗、佃湖战斗等。在长期的革命斗争中，先后有2590多名优秀的涟水儿女，献出他们年轻而宝贵的生命。以张大卓、贾伯谊、吴长来、潘洪烈、王道明、朱启勋、朱启杰、王秉同、朱洪滨等烈士最为著名。在可歌可泣的斗争事迹中，留下众多的遗迹遗物。从抗日民主政府建立以后，涟水人民在全县范围内先后建立涟水战役烈士纪念碑（原涟水烈士陵园）、高杨战役纪念碑、成集烈士陵园、灰墩烈士陵园、五港烈士公墓、杨口烈士陵园等烈士陵园（公墓）、碑亭等革命纪念建筑20多处，这些革命纪念建筑以及革命旧址（纪念地），忠实地记录着革命战争的历史，是革命传统教育和爱国主义教育的重要基地。

【地方特产】 涟水红皮花生　主要分布在陈师、成集、梁岔、高沟等镇（街道），种植历史悠久，规模大，是涟水县的特色产业。该片区域是有一定肥力又较疏松的砂壤土，这种土壤通气性、透水性好，能保证果针顺利入土，富含磷、钾养分，适宜红皮花生种植，生长的红皮花生荚果表面光洁，壳薄，籽仁饱满、红衣艳丽，品质好且收获方便。红皮花生含有大量的蛋白质和脂肪，可预防心脑血管疾病，是全世界公认的健康食品。花生红衣能抑制纤维蛋白的溶解，增加血小板的含量，改善血小板的质量，改善凝血因子的缺陷，加强毛细血管的收缩机能，促进骨髓造血机能。红皮花生富含铁元素，因而颜色较传统花生更加鲜红。红皮花生有助于延年益寿，所以民间又称"长生果"，与黄豆一样被誉为"植物肉""素中之荤"。涟水素有种植红皮花生的传统，过年时或炒或炸或煮，用来款待亲朋好友。醋泡花生味道更香醇可口，以酸性促进红皮中的铁元素吸收，达到补血益气、生津促食的效果。

涟水黄桃　主要分布在保滩、涟城、南集、石湖等镇（街道）。该地域处于涟水县西南部，为古淮河入海走廊，属暖温带季风气候，光照充足，雨水充沛，无霜期长，气候条件优越，土地肥沃，种植面积大，为黄桃的生长提供充足的土地资源、气候资源。黄桃又称黄肉桃，属于蔷薇科桃属，因肉为黄色而得名。黄桃果实硕大，色如黄金，艳丽诱人；果形圆整，果顶圆平，肉质柔韧、甜多酸少、香味浓郁、圆润清甜，风味口感俱佳，主要表现为"甜、大、圆、黄、香"。黄桃的营养十分丰富，含有丰富的抗氧化剂α-胡萝卜素、β-胡萝卜素、番茄黄素、番茄红素及维生素C、膳食纤维、铁钙及多种微量元素，其中硒、锌等含量明显高于其他水果，常吃可起到助消化吸收、降血糖血脂、抗自由基、祛除黑斑、延缓衰老、提高免疫力等作用，也能促进食欲，堪称养生保健水果。

涟水杨回庄羊肉　黄营镇有杨姓回民居住的村庄，得名"杨回庄"，村内建有清真寺，因民族习俗，这个村庄家家户户自古就养羊烧羊肉，因其羊肉的做法特殊、滋味特别、美味可口而深受大众喜爱，发展成当地的特色产业。杨回庄的羊肉取自当地放养的土羊，杨回庄临近古淮河，该地域为古淮河入海走廊，属暖温带季风气候，光照充足，雨水充沛。当地土羊都是散放，性情温顺，自身洁净，其肉美味可口，富含蛋白质、脂肪、维生素及钙、磷、铁等矿物质。经常食用羊肉，可以开胃健力，散寒助阳，益肾补虚。烹制羊肉时，将宰杀好的羊均分为七大块，放入冷水中反复浸泡，取出血水，依次往大锅中放入2扇肋条、2条前腿、2条后腿及脖子，加入调料包及足量的清水进行蒸煮。羊肉烹制成功最大的秘诀就在于由白果、生姜、花椒、孜然等10多种香料搭配而成的调料包。如此烹饪出的羊肉汤头醇厚，味道香浓，口感细腻、鲜嫩，营养丰富。

涟水水糕　主要产于涟城、高沟、红窑、岔庙、梁岔、陈师等镇（街道），是一种具有地方特色的经典食品。早在明初，县境内就有制作，到清代水糕样式由原来单一的柞角形增加圆锥体形。后来，为让食客携带方便，又在水糕中间做成小孔，这样既在蒸制时利于通气，又可用麻绳或棉绳串起来携带。涟水水糕是一种没有任何添加成分、纯粹的绿色食品，在大米中掺入一些糯米、在清水中淘洗干净后，再用石磨研磨成细细碎碎的粒状，稍微风干即可。具体做法：先将米粉放入盆内加适量温水浸泡3小时，标准是手握不溢水、手松

朱桥新貌　（胡　湖　摄）

不成团,将这样状态下的米粉填入木制的模具内,不需摁实,让米粉间有足够的孔隙利于蒸汽进入。将下粗上细的水吊放于炉子上,水吊有一个高出上平面圆筒状的口,筒口利于不断安放和更换模子,待水吊内水沸且冒蒸汽时,往糕模内扫入米粉安放于水吊口,20秒即蒸熟。水糕可以干吃也可以和着吃,尤其是和着吃更加美味,先将糕放在碗内,倒上开水,将碗盖上焖一分钟时间,打开盖子的瞬间放入适量白糖,用筷子迅速搅和即可。

涟水鸡糕　又名"素鸡""酥鸡",是淮扬菜十大名菜之一,发源、主产于涟水。清朝中期开始在涟水民间出现,相传清乾隆年间,乾隆皇帝南巡时路过安东(涟水),用膳前对县令说:"朕之饮食素饥即可。"皇帝的本意是素食充饥,未料县令把"素饥"误解为"素鸡",即令当地名厨姚师傅奉旨办理。姚师傅也不知道"素鸡"是什么,但又不敢相问,便灵机一动,弄些鸡、鱼、肉、虾、蟹、蛋等原料,取其精华,按照自己的想象进行加工,没想到乾隆食后赞不绝口。从此,"素鸡"便在涟水民间逐渐流行开来,成为民间婚丧嫁娶、逢年过节时的必备菜肴。因其烹制时需先像蒸糕一样蒸制出笼,且状如蒸糕,入口酥滑,民间又称"鸡糕""酥鸡",又以称"鸡糕"最为普遍。制作鸡糕的主料采用当地特有的草鸡鸡脯肉,辅料有肥膘肉、桂鱼肉、豌豆粉、蛋清、葱姜汁、精盐、绍酒等。制作工艺是将鸡脯肉、肥膘肉、桂鱼肉洗净,分别斩成细茸,同放盆内,加辅料搅拌成糊,取瓷盆1只,内抹熟猪油,将糊倒入盆中抹平,上面抹上一层1.5毫米厚的鸡蛋黄,入笼蒸15分钟至熟取出。鸡糕一般都制作成长方形,其规格大致为长25—30厘米、宽5—10厘米、厚3—4厘米,分上、中、下三层,上层为蛋黄色表层,中层为乳白色实质层,底层为灰白色油质层。色泽黄白相间,晶莹透明,入口嫩滑韧香。既可当主菜,又可当配料,烧、烤、炒、扣均可。鸡糕营养丰富,每100克鸡糕中含蛋白质19—22克、脂肪9—11克、碳水化合物1—2克;还含有大量的维生素A、C、E、尼克酸、钙、磷、钾、赖氨酸等。鸡糕粉嫩如酥,细腻上口,口味清雅、色泽鲜明,营养丰富,作为涟水城乡独创的传统名菜,已有200多年的历史。逢年过节,各地朋友到涟水,必然要尝一尝涟水鸡糕。特别是涟水的海外游子们,不惜迢迢千里,或返乡,或捎信,以"食之为幸",大有"鲈鱼堪脍"之奇情。20世纪80年代中期,客居台湾的涟水籍名人顾祝同曾托人回家乡捎两样特产,其中之一就是涟水鸡糕。1998年,涟水鸡糕被评为淮阴市(今淮安市)十大名菜之一。2019年,涟水鸡糕省级地方标准出台,并成为中国地标美食,江苏名菜,第二届中国(淮安)国际食品博览会指定产品。

涟水草鸡蛋　广泛分布在涟水镇(街道)。涟水草鸡在经历125日龄的育雏期进入育成期,体内鸡蛋卵子经历9—10天接近性成熟,此时草鸡需要高蛋白的食物来补充鸡蛋卵子发育所需营养。涟水草鸡散养于境内的果园、草地中,常常捕食生长区的蚂蚱、蟋蟀、蚯蚓等原生态的小昆虫,草鸡捉食后汲取食材中的高蛋白分子经体内器官转化形成卵黄蛋白质,使得涟水草鸡蛋内的粗蛋白含量较高。同时,生长区内的樱桃、葡萄、柑橘、石榴等果树的落叶均作为涟水草鸡的食材,由于绿叶中富含胡萝卜素,涟水草鸡觅食后经消化吸收沉淀在蛋黄中使得涟水草鸡蛋的蛋黄为独特的橙红色。涟水草鸡历经300日龄进入预产期,早晚需要补充精料来促进体内鸡蛋的发育,涟水地处苏北平原腹地,境内地势平坦,土地肥沃,多为沙壤土质,非常适宜粮食作物的生长,境内所产小麦、玉米、水稻秸秆和籽粒均作为涟水草鸡早晚饲补的精料使用,本地粗粮中富含不可溶非发酵性纤维,可促进涟水草鸡肠道健康,使涟水草鸡蛋在草鸡体内健康发育,且煮后口感香嫩无腥味。此外,涟水草鸡长期进行原生态的散养,草鸡群整天在当地草地、果园、河边自由觅食,频繁地运动增强体内细胞活跃度,加快卵磷脂的形成,促进草鸡体内胆固醇的代谢,使得产出的涟水鸡蛋卵磷脂含量较高,脂肪含量较低。每年9—10月涟水草鸡进入产蛋高峰期,此时境内月均温为14℃,光照时长达253.5小时以上,充足的光照有利于涟水草鸡对钙的吸收,使其生长迅速,骨骼健康,活动力强,从而加速鸡蛋内钙元素的累积。适宜的温度保证涟水草鸡全年各时期的生理功能旺盛和新陈代谢的正常调节,从而使涟水草鸡蛋蛋壳比较细腻、硬度较大,且富含高含量的钙元素。涟水县位于淮河流域下游,河流纵横,水资源丰富,地表水补给量约5.3亿立方米,年平均降水量达991.3毫米,涟漪湖、东湖、茵湖三湖相连,其中梁岔、涟城一带深层地下水含水层为一古河道,水质清澈、纯净,境内广泛分布的优质水资源充分保障涟水草鸡在整个生长期的饮水需求,涟水草鸡饮水后通过吸收水中矿物质经体内有效合成后沉淀至鸡蛋内,使得涟水草鸡蛋蛋清清澈黏稠,味道鲜美。涟水草鸡蛋个头较小,蛋壳泛白色,细腻、硬度较大,蛋黄为橙红色,蛋清清澈黏稠,蛋黄和蛋清比例为6:4。其中粗蛋白≥16.3克/100克,脂肪≤3.6克/100克,钙≥203毫克/100克,卵磷脂≥0.76克/100克,高蛋白、低脂肪、营养丰富,是其独特品质。

涟水芦笋　主要分布在红窑镇。芦笋享有"蔬菜之王"美誉,含有丰富的维生素B、维生素A以及叶酸、硒、铁、锰、锌等微量元素,尤其是含硒量高于一般蔬菜,与含硒丰富的蘑菇接近,甚至可与海鱼、海虾等的含硒量媲美,具有"一抗三降"功效。此外,芦笋具有人体所必需的各种氨基酸。芦笋属直立草本,高可达1米。根粗2—3毫米。茎平滑,上部在后期常俯垂,分枝较柔弱。叶状枝每3—6株成簇,近扁的圆柱形,略有钝棱,纤细,常稍弧曲,长5—30毫米,粗0.3—0.5毫米;鳞片状叶基部有刺状短距或近无距。花每1—4朵腋生,绿黄色;花梗长8—14毫米,关节位于上部或近中部;雄花:花被长5—6毫米;花丝中部以下贴生于花被片上;雌花较小,花被长约3毫米。浆果直径7—8毫米,熟时红色,有2—3颗种子。花期5—6月,果期9—10月。芦笋的茎分为地下根状茎、鳞芽和地上茎三部分。地下根状茎是短缩的变态茎,多水平生长。当分枝密集后,新生分枝向上生长,使根盘上升。肉质贮藏根着生在根状茎上。根状茎有许多节,节上的芽被鳞片包着,故称鳞芽。根状茎的先端鳞芽多聚生，形成鳞芽群，鳞芽萌发形成鳞茎产品器官或地上植株。地上茎是肉质茎，其嫩茎就是产品。芦笋的吃法有很多，凉拌、清炒、白灼，抑或是搭配虾仁、牛肉等爆炒均可食用，口味鲜香，爽口、开胃，深受大众喜爱。2019年4月，红窑镇启动建设涟水特色芦笋科技园，总占地面积666.67公顷，累计总投入2亿元，分为“春雨芦笋、春华芦笋、春竺芦笋、春晖芦笋、春禾芦笋”5个基地。根据生产、市场等因素，筛选优势品种，引进达宝莉、特利龙等高产优质芦笋新品种，亩均产量2000千克，亩产值超2万元，采摘周期达15年。全面推广大棚早熟栽培技术，延长芦笋收获期，实现四季生产，稳步提高亩均产量。推广生物有机肥、水肥一体化及病虫害绿色防控等技术，有效提升芦笋品质。涟水特色芦笋科技园于2019年成功创成国家级设施化芦笋标准化示范区，2020年被省农业农村厅评为江苏省特色农产品优势区，2021年举办首届涟水芦笋节，成为江苏省最大的设施化芦笋种植基地。

经济社会发展

【经济发展】 2021年，经济总量稳定提升，全年实现地区生产总值650.48亿元，按可比价格计算比上年增长13.2%。其中，第一产业实现增加值74.37亿元，增长4.3%；第二产业实现增加值278.66亿元，增长13.9%；第三产业实现增加值297.45亿元，增长15.1%。实现农林牧渔业总产值128.56亿元，比上年增加5.66亿元，增长5.8%。工业经济高位运行。规模以上工业企业实现总产值391.84亿元，比上年增长41.6%。规模以上工业增加值增长27.2%；规模以上工业实现应税开票销售收入282.54亿元，增长31.8%；全部工业用电量12.71亿千瓦时，增长21.7%；工业入库税金21.67亿元，增长23.7%。全年新培育规模以上工业企业48户，累计214户。全年产值超亿元企业82户，比上年增加19户；开票销售收入超亿元企业62户，比上年增加8户。规模以上工业企业实现营业收入388.08亿元，比上年增长43.5%；实现利润42.43亿元，比上年增长40.4%。完成建筑业总产值255.64亿元，比上年增长11.9%。房屋建筑施工面积469.25万平方米，其中住宅建筑施工面积395.40万平方米，比上年增长7.0%。房屋建筑竣工面积146.19万平方米，比上年增长386.9%；其中住宅建筑竣工面积111.31万平方米，比上年增长335.6%。全年实施500万元以上固定资产投资项目467个，其中5000万元以上投资项目242个。完成规模以上固定资产投资205.32亿元，比上年增长14.4%。其中完成工业投资130.62亿元，增长34.7%。全年实现社会消费品零售总额224.73亿元，比上年增长9.7%。新增限额以上批零住餐企业64户，限额以上贸易企业及大个体总数达到215户。实现销售收入242.00亿元，比上年增长47.6%。其中，限额以上批发业、零售业、住宿业和餐饮业分别增长47.7%、43.9%、70.9%和74.7%。注册外资实际到账1.53亿美元，比上年增加14.2%。完成进出口总额3.82亿美元，比上年增长43.8%，其中出口3.24亿美元，增长41.0%。全年实现财政总收入53.52亿元，比上年增长13.5%。其中公共财政预算收入26.49亿元，增长10.5%；税收收入21.98亿元，税收收入占公共财政预算收入比重为83.0%。全年财政支出109.75亿元，其中一般预算支出74.22亿元。金融机构人民币存款余额543.18亿元，比上年增长11.4%，其中住户存款322.12亿元，比年初增加41.07亿元。金融机构人民币贷款余额451.30亿元，比上年增长20.1%。其中短期贷款90.95亿元，比年初增加11.81亿元；中长期贷款168.09亿元，比年初增加26.05亿元。

【社会发展】 2021年，全县拥有普通中等专业学校2所，普通中学46所，小学56所。在校学生分别为1.29万人、5.71万人和6.86万人。学龄儿童入学率达99.17%。拥有幼儿园116所，其中公办幼儿园44所，普惠性民办幼儿园72所。在园幼儿数26931人，幼儿专任教师1932人。普惠性幼儿园覆盖率达99.8%，比上年提高2个百分点。率先试点医保支付方式改革，成功入选省级公立医院综合改革示范县创建名单，五港卫生院创成省级农村区域性医疗卫生中心。新建“乡贤名医”工作室5个，建成标准化发热门诊8个。拥有卫生机构数481个，比上年末增加8个。全县拥有图书馆总馆1个，分馆18个，淮安书房1座。图书馆藏书39.33万册，其中总馆藏书28.50万册，分馆藏书10.83万册。新建体育公园2个、健身步道15千米；拥有各类运动员共计137人，其中武术运动员26人，花式篮球运动员84人，自行车运动员27人。全年实现专利授权1698件，新增注册商标企业439户，新培育国家高新技术企业17家，新认定省级企业研发机构3家，获批市级“科创综合体”1家，今世缘酒业被评为省重点工业互联网平台企业，11家企业通过国家级“两化融合”贯标评定，5人入选省“双创计划”创新创业领军人才。全年新改建公厕6个；提标改造红窑、黄营2个污水处理厂；完成74个行政村、447个自然村生活污水治理，建成农村生态河道45条。新创国家卫生镇1个，建成省级健康镇1个、卫生镇2个、特色田园乡村3个、绿美村庄8个。建成省级垃圾分类示范小区32个，全县垃圾分类集中处理率达86.0%。全县企业职工基本养老保险参保人数7.79万人，失业保险参保缴费人数6.23万人，工伤保险参保缴费人数7.48万人；城乡居民基本养老保险参保人数为25.65万人，城乡居民基本养老保障覆盖率为99.7%；城乡居民医疗保险参保人数84.94万人，实现应保尽保。城乡居民人均可支配收入为28470.5元，比上年增加2650.4元，增长10.3%。其中城镇居民人均可支配收入36520.4元，比上年增加3107.43元，增长9.3%；农村居民人均可支配收入20418.7元，比上年增加1996.91元，增长10.8%。居民人均消费性支出17218元，比上年增加3023.8元，增长21.3%。其中城镇居民人均消费性支出21877.2元，比上年增加3595.2元，增长19.7%；农村居民人均消费性支出12557.7元，比上年增加2346.7元，增长23.0%。

大事记

CHRONICLE OF MAJOR EVENTS

编辑:王梦真

1月

1日　县委书记时勇深入涟水高铁站、大润发超市、超越工贸有限公司以及东胡集镇等地，实地调研疫情防控、市场供应、农村人居环境整治等工作。县领导吴芳剑、姜井旭参加调研。

2日　县委副书记、代县长洪然带队深入县经济开发区部分企业，就安全生产和常态化疫情防控等工作进行调研。县委常委、县经济开发区党工委书记吴从荣参加调研。

4日　市委召开全市领导干部警示教育大会。市委书记蔡丽新在大会上讲话，市委副书记、市长陈之常主持会议。市领导戚寿余、张国梁、赵正兰、周凤琴、赵洪权、李森、周毅、徐建松、顾坤、孙虎、唐道伦等参加会议。会议采用电视电话会议形式召开，县委书记时勇在市主会场参加会议。洪然、张超、姜杰等县四套班子领导在涟水分会场参加会议。

5日　全市宣传思想文化工作北片区调研考评会在涟水召开。市委常委、宣传部部长周毅，市委宣传部常务副部长、文明办主任杨恒忠，市委宣传部副部长、网信办主任曾亚桃，县委书记时勇，县委常委、宣传部部长郎跃明，以及淮安经济技术开发区和相关县（区）领导参加会议。

7日　县委副书记、代县长洪然率队深入今世缘酒业股份有限公司酒糟堆场、酒业机器人酿酒车间和今世缘度假村等地，专题调研今世缘酒业大气污染防治工作。副县长李阔参加调研。

8日　全县采取先观摩、后开会的形式，深入开展农村人居环境整治观摩推进活动，先后观摩朱码街道笪巷村、胡楼社区、王二庄村、樊卜村和韩陈村。县委书记时勇，县委副书记、代县长洪然，县委副书记李义翠，副县长马荣出席活动。李义翠主持全县农村人居环境整治观摩推进会。

9日　县委书记时勇率队奔赴一线，深入南集镇和黄营镇全稳康源项目现场，实地查看项目建设情况，研究会办解决具体问题，全力助推全县重大项目加快实施建设。县领导姜杰、李阔参加调研。

10日　政协涟水县十届五次会议在涟水大剧院隆重开幕。县委书记时勇，县委副书记、代县长洪然，县政协领导姜杰、鲁家宁、冯建华、杨春燕、朱金文和秘书长庞峰在主席台前排就座。县委、县人大、县政府全体领导和曾担任过县级领导职务的老干部，县法院、县检察院、县人武部主要负责人出席会议；省、市委驻涟水帮扶工作队队员，县委各部委办、县各直属机构主要负责人，各镇（街道、园区）党（工）委书记，驻涟市八届政协委员以及县政协各专委会特聘成员列席会议。

11日　涟水县第十六届人民代表大会第五次会议在涟水大剧院开幕。大会执行主席时勇、张超、刘泽年、吴建峰、孙辉、朱太伟、周宏昌在主席台前排就座。吴建峰主持大会。大会应到代表316名，实到代表293名，符合法定人数。

12日　省委统战部到陈师街道举行援建水连村卫生室揭牌仪式。省委统战部常务副部长李国华，市委常委、统战部部长赵正兰共同为水连村卫生室揭牌。省委统战部二级巡视员封志成，省委统战部办公室主任陆彦昭，市委统战部常务副部长、市社会主义学院院长王子政，县委副书记李义翠，县委常委、统战部部长王伟出席揭牌仪式。

13日　聚力助推今世缘酒业“十四五”高质量发展汇报座谈会在今世缘酒业举行，县委书记时勇在会上强调，要把举全县之力支持今世缘酒业做大做强的思路厘得更清、责任压得更实，促使今世缘酒业尽快实现“销售一百五十亿、市值一千五百亿”的发展目标，为涟水向“全国百强县”迈进提供更强动力。县委副书记、县长洪然主持会议，县人大常委会主任张超，县政协主席姜杰，今世缘酒业党委书记、董事长周素明，今世缘酒业党委副书记、副董事长、总经理顾祥悦，县领导李义翠、吴从荣、吴建峰、姜井旭、朱金文出席会议。

15日　淮安市第八届人民代表大会第五次会议开幕。下午，涟水代表团召开全体会议，审议市《政府工作报告》。市委常委、淮安军分区司令员徐建松参加涟水县代表团审议，听取代表们对报告的意见和建议，并对涟水县2021年的工作提出希望和要求。县委书记时勇主持会议。张超、李金平、刘永军、孙以东等县领导参加审议，市有关部门负责人到会听取意见和建议。

17日　县委副书记、县长洪然主持召开县长办公会。李阔、马荣、姜井旭、马仁慧、吴勇等县领导参加会议。吴从荣、朱金文等县领导列席会议。与会领导汇报“首季开门红”工作举措和全年工作目标。会议还研究其他事项。

18日　省委召开全省领导干部警示教育大会。省委副书记、省长吴政隆主持会议，省政协主席黄莉新出席会议。大会采用视频会议形式召开。时勇、洪然、张超、姜杰等县四套班子领导在涟水分会场参加会议。

19日　县政府召开全体（扩大）会议，聚焦新一年政府各项重点工作，细化责任要求，落实工作举措，奋力实现首季“开门红”。县委副书记、县长洪然，县领导李金平、刘腾、李阔、马荣、姜井旭、吴勇、张川、朱金文参加会议。县委常委、常务副县长李金平主持会议。

20日　全省农村工作会议在宁举行。省委书记娄勤俭出席会议并讲话。省委副书记、省长吴政隆主持会议。会议以电视电话会议形式召开。县领导时勇、洪然、李义翠、李阔在涟水分会场参加会议。

21日　江苏“最美基层干部”顾金凤新闻发布会在县城举行。县委书记时勇，省委宣传部宣教处三级调研员胡红忠，市新闻出版局副局长、市委宣传部二级调研员周广峰，县委副书记李义翠，县委常委、宣传部部长郎跃明，县委常委、政法委书记、涟城街道党工委书记吴芳剑出席发布会。李义翠主持发布会。

22日　全市安全生产工作会议召开。市委书记蔡丽新出席会议并讲话。市长陈之常主持会议。市领导李森、顾坤、赵权、周达清、韩文军出席会议。会议以电视电话会议形式召开。县领导时勇、洪然、李金平、吴芳剑、朱金文在涟水分会场参加会议。

23日　县委书记时勇调研大气污染防治工作。县委常委、县经济开发区党工委书记吴从荣，副县长李阔参加调研。

27日　县委副书记、县长洪然主持召开县政府第十六届第74次常务会议。县政府领导李金平、李阔、马荣、姜井旭、马仁慧、吴勇、张川等出席会议。县人大常委会副主任周宏昌、县政协副主席朱金文应邀出席会议，部分县人大代表、县政协委员和县政府法律顾问团成员列席会议。

28日　2021年涟水（昆山）先进制造业招商说明会在昆山举行。市政府副秘书长、淮昆台资合作产业园指挥长石颖，涟水经济开发区管委会主任张溧翔等领导，久恩金属制品（昆山）有限公司、昆山聚达电子有限公司、昆山百亨光电科技有限公司、苏州易昌光电科技有限公司、昆山统万微生物科技有限公司和苏州淮安商会等10余家企业和单位负责人参加招商会。

29日　全县项目集中签约活动举行。县委书记时勇，县委副书记、县长洪然，县人大常委会主任张超，县政协主席姜杰等县四套班子领导出席活动。

30日　县委书记时勇深入高沟镇扁担村和许庄村，现场督查基层一线疫情防控工作，详细了解返乡人员信息登记和疫情监测等举措，强调要坚持问题导向，切实抓好疫情防控各项工作，确保农民群众欢度快乐祥和的新春佳节。县领导李金平、马荣、朱金文参加督查。

2月

1日　淮安市举行2021年全市第一次重大产业项目集中开工活动。市委书记蔡丽新，市委副书记、市长陈之常在今世缘南厂区智能化酿酒陈贮中心项目开工现场参加集中开工活动。市领导戚寿余、张国梁、周凤琴、赵洪权、李森、周毅、顾坤、孙虎、唐道伦，县领导时勇、洪然、张超、姜杰和今世缘酒业董事长周素明、总经理顾祥悦等参加活动。

△　市委副书记、市长陈之常到涟水，深入梁岔镇士流村和陈师街道柿园村、朱楼村等地，调研农村人居环境改善工作，检查农村疫情防控工作。县委书记时勇，县委副书记、县长洪然参加调研。

2日　全县招商引资工作动员会召开。县委书记时勇在会上强调，要始终把招商引资工作作为各项工作的“头版头条”，把“项目为王”导向树得更牢、“招商为先”战鼓擂得更响，在全县上下掀起招商引资新热潮、开启冲刺百强竞赛跑。县委副书记、县长洪然主持会议，县人大常委会主任张超、县政协主席姜杰等县四套班子领导出席会议。

2—3日　省委书记娄勤俭到淮安，深入农村、社区、企业检查指导基层疫情防控工作。省委常委、秘书长郭元强参加调研检查，市领导蔡丽新、陈之常、李森参加调研。在涟水期间，县委书记时勇参加调研。

3日　市委常委、组织部部长孙虎到涟水专题调研指导镇村换届工作，县委书记时勇，县委常委、组织部部长孙以东参加调研。

△　全县召开2020年以来签约项目推进会。县委副书记、县长洪然出席会议并讲话。县委常委、县经济开发区党工委书记吴从荣，副县长姜井旭，县政协副主席朱金文参加会议。

4日　全县房地产工作座谈会召开。县委书记时勇，县委副书记、县长洪然，县委常委、常务副县长李金平，副县长吴勇出席会议。县政府办、住建局、发改委、自然资源和规划局等相关部门负责人，以及新城控股、飞翔集团、元润集团等房地产企业代表参加座谈会。

5日　县委常委会召开2020年度民主生活会。县委书记时勇主持会议并讲话。市委组织部副部长、市公务员局局长姜筱卉到会指导，市委组织部、市纪委监委有关人员参加会议。

6日　市委副书记、市长陈之常到涟水开展春节走访慰问活动，市领导周凤琴、刘华、吉子俊参加慰问。

7日　县委书记时勇，县委副书记、县长洪然分别带队，亲切看望慰问坚守岗位的一线干部职工，向他们送去新春的问候和祝福，对他们过去一年为全县经济社会发展所做出的积极贡献表示感谢，希望他们在新的一年里，再接再厉，勇于担当，为全县“苦干新五年，冲刺百强县”做出新的贡献。张超、姜杰、李义翠、李金平、郎跃明、吴芳剑、马荣、马仁慧、吴勇等县领导参加慰问。

8日　国能涟水绿色低碳综合能源服务项目签约仪式在宁举行。国家能源集团江苏电力有限公司党委书记、董事长李巍，党委委员、总会计师王芯芳，副总经理蔡元宗，县委书记时勇，县委常委、常务副县长李金平，县委常委、县经济开发区党工委书记吴从荣等领导出席签约仪式。

9日　县委书记时勇赴县人武部、武警涟水中队看望慰问坚守岗位的一线官兵，向他们送去新春的问候和祝福，对他们过去一年为全县经济社会发展所做出的积极贡献表示感谢。县委副书记李义翠，县委常委、县人武部政委滕金霞，副县长李阔参加慰问活动。

10日　县委常委会召开会议，传达省十三届人大四次会议精神，传达十九届中央纪委五次全会和省、市纪委全会精神，听取全县“苦干新五年，冲刺百强县”动员部署暨2020年度高质量跨越发展考核总结大会建议方案汇报。县委书记时勇主持会议。

11日　县委副书记、县长洪然深入县内部分小区，检查春节期间小区禁燃禁爆和疫情防控工作。副县长马荣、马仁慧参加检查。

12日　县委书记时勇，县委副书记、县长洪然，带领相关部门负责人，深入政府机关、企业车间、警务工作站、住宅小区、商场超市、环卫执勤点等地，调研节日值班值守情况，看望慰问在岗干部职工，代表县委、县政府向他们致以美好的新春祝福和诚挚的节日问候。县领导李金平、吴从荣、吴芳剑、马仁慧、吴勇、朱金文参加调研。

15日　县委书记时勇带领县委办和县卫生健康委、疾控中心负责人，先后深入朱码街道、梁岔镇、成集镇和保滩街道，专题检查春节期间基层疫情防控和应急值守工作。

18日　全县“苦干新五年，冲刺百强县”动员部署暨2020年度高质量跨越发展考核总结大会召开。县委书记时勇出席会议，强调全县上下要进一步攻坚克难、锐意进取，苦干新五年，冲刺百强县，奋力谱写“强富美高”新涟水新篇章。县委副书记、县长洪然主持会议，县人大常委会主任张超、县政协主席姜杰等县四套班子全体领导出席会议。

19日　县委书记时勇带领相关部门负责人开展河长制巡查工作，强调要严格落实河长制有关要求，高度重视水环境治理，科学保护、综合施治，及时发现问题、解决问题，切实增强河湖治理实效，不断改善河道环境面貌。县领导李义翠、吴芳剑参加巡查。

20日　今世缘高沟镇产镇融合工作推进会召开，听取相关情况汇报，分析面临的机遇挑战，对下一阶段工作提出明确要求。县委书记时勇，县领导李义翠、李阔、朱金文，今世缘酒业董事长周素明、总经理顾祥悦出席会议。县委副书记李义翠主持会议。

22日　县委副书记、县长洪然调研“12345”民生服务和投资项目代办服务等工作。县委常委、常务副县长李金平参加调研。县政府办、发改委、自然资源和规划局、营商办、住建局、生态环境局等部门相关负责人参加该项活动。

23日　县委书记时勇专题调研滨河新城建设工作。县委常委、常务副县长李金平，副县长吴勇参加调研。时勇一行先后来到总部经济园、高铁商务区、涟水湖应急备用水源地、清水湖片区、征收搬迁地块、河滨新城等项目建设现场，全面了解滨河新城在功能配套完善、产业规划布局、重点项目建设等方面的情况。

24日　全县政法暨信访稳定工作会议召开。县委书记时勇出席会议并讲话，县委副书记、县长洪然主持会议。县领导李义翠、刘永军、孙以东、吴芳剑、马仁慧及县法院院长刘洋出席会议。

25日　县委书记时勇和县委常委、常务副县长李金平，县委常委、县经济开发区党工委书记吴从荣，县人大常委会副主任周宏昌，县政协副主席朱金文等县领导，先后到县经济开发区建壹城家居、同顺光学材料、中信华产业园、苏杭科技、和创包装、品星电机、弘晟包装等企业生产现场和涟水中专、县科技文化中心项目建设现场。

25—26日　县委书记时勇，县委副书记、县长洪然，县人大常委会主任张超，县政协主席姜杰等县四套班子领导，分别带队深入全县部分重点项目、重大工程施工现场，开展“送元宵·慰问一线劳动者”活动，慰问奋战在一线的建设者。

26日　县委副书记、县长洪然主持召开县长办公会，总结交流近期工作，进一步厘清思路、细化举措，推动各项任务高质量落地落实落细。李金平、刘腾、李阔、马荣、姜井旭、马仁慧、吴勇等县领导参加会议。

27日　县委常委会召开扩大会议，传达学习省委书记娄勤俭到涟水调研讲话精神，传达学习全国“两会”安全防范工作会议精神，听取重要事项、重大工程、重点项目情况汇报。县委书记时勇主持会议。

△　全县项目集中签约活动举行。县委书记时勇，县委副书记、县长洪然，县人大常委会主任张超，县政协主席姜杰等县四套班子领导出席活动。

3月

1日　市委副书记张国梁到涟水，深入江苏今世缘酒业股份有限公司开展专题调研活动，对今世缘酒业未来发展进行分析研判。县委书记时勇，县领导吴从荣、吴建峰、朱金文，今世缘酒业董事长周素明、总经理顾祥悦陪同调研或参加座谈。

2日　全省党史学习教育动员会议召开。省委书记、省委党史学习教育领导小组组长娄勤俭作动员讲话。省委副书记、省长吴政隆主持会议。会议以视频形式召开。县委书记时勇、县人大常委会主任张超等县四套班子领导在涟水分会场收听收看。

3日　市第六安全生产巡查督导组巡查督导涟水县工作动员汇报会召开。市第六安全生产巡查督导组组长徐成东对即将开展的巡查工作作动员讲话，县委书记时勇主持会议并作表态发言，市第六安全生产巡查督导组副组长王育专、王向东和全体成员出席会议。

△　县委书记时勇主持召开县委书记专题会议，听取县委第十三轮巡察情况汇报，研究部署下阶段县委巡察工作。强调要坚守初心使命、不负群众所托，以永不懈怠的精神状态和一往无前的奋斗姿态，推动新时代巡察工作再上新台阶，为全县开启全面建设社会主义现代化新征程提供坚强政治保障。县领导李义翠、刘永军、孙以东出席会议。

4日　县组织开展3月重点项目拉练活动，深入亚琦物流和润泰吉纺织等5个拟一季度开工的工业项目现场查看进度，并通过座谈会形式听取各有关单位项目推进安排和需要协调解决的事项。县领导时勇、姜杰、刘永军、吴从荣、孙以东、李阔、姜井旭、鲁家宁、朱金文参加活动。

5日　省工信厅办公室主任涂家飞带领办公室党支部和装备处党支部相关人员一行到涟水开展支部党建活动。县委书记时勇，县领导吴从荣、姜井旭、朱金文参加活动。

6日　全县深入打好污染防治攻坚战暨推进河长制工作会议召开，县委书记时勇出席会议并强调，全县上下要坚持以习近平生态文明思想为指导，深入打好污染防治攻坚战，全面提升河长制工作水平。县委副书记、县长洪然主持会议，县领导李金平、李阔、姜井旭、吴勇出席会议。

7日　县委副书记、县长洪然采取实地调研和召开座谈会的方式，将办公地点“搬到”项目一线，就做好安置房建设管理工作进行安排部署，研究解决工作推进中存在的困难和问题。县委常委、常务副县长李金平，副县长吴勇参加活动。

8日　县委书记时勇、县人大常委会主任张超、县政协主席姜杰等县四套班子领导带领部分县直机关干部职工，到滨河新城应急备用水源地西北侧地块开展义务植树活动，共同为全县生态文明建设增绿添彩。

9日　市委常委、常务副市长顾坤率市政府办、发改委、生态环境局、自然资源和规划局、行政审批局负责人到涟水会办推进省重大项目建设。县委书记时勇，县委常委、常务副县长李金平，今世缘酒业副董事长、总经理顾祥悦参加活动。

10日　总投资5000万美元的久恩金属制品项目，通过远程视频连线方式，成功实现云签约。久恩金属制品(昆山)有限公司董事长杨锡儒、总经理吕宗宪，昆山市台协常务副会长黄彦荣，淮安市台湾事务办公室主任龚晓琴，淮安市人民政府副秘书长、淮昆台资合作产业园指挥部指挥长石颖，县委书记时勇，县委常委、县经济开发区党工委书记吴从荣等领导分别在台湾、涟水两地出席签约仪式并见证签约。

11日　县委常委会召开会议，研究全县党建工作暨作风建设大会有关事宜，听取全县党史学习教育有关方案汇报，研究全县县镇领导班子换届工作，传达市政法队伍教育整顿领导小组第一次全体(扩大)会议精神并听取县政法队伍教育整顿实施方案汇报，听取县政府关于2020年度法治政府建设情况汇报。县委书记时勇主持会议。

12日　县召开党建工作暨作风建设大会。县委书记时勇在会上强调，要动员全县上下进一步把精神和干劲汇聚到党建引领发展、作风引领突破上来，为“苦干新五年，冲刺百强县”提供坚强保障。县人大常委会主任张超、县政协主席姜杰等县四套班子领导出席会议。县委副书记李义翠主持会议。

13日　县委审计委员会举行第三次会议，总结2020年全县审计工作，研究部署2021年审计任务。县委书记、县委审计委员会主任时勇主持会议并讲话。县委副书记、县长、县委审计委员会副主任洪然传达省委书记娄勤俭在省委常委会上关于审计工作的讲话和省长吴政隆在2021年1月对审计工作的批示精神。县委常委、县委审计委员会副主任李金平、刘永军、孙以东出席会议。

14日　全县一季度经济指标分析暨重大项目推进会召开。县委副书记、县长洪然出席会议并讲话。县领导李金平、吴芳剑、李阔、马荣、姜井旭、吴勇、朱金文参加会议或陪同调研。县委常委、常务副县长李金平主持会议。

15日　县委书记时勇深入县部分小区、社区、农贸市场和背街小巷等地，实地调研文明城市创建工作。县委常委、宣传部部长郎跃明，县委常委、县委政法委书记、涟城街道党工委书记吴芳剑参加调研。

16日　县委书记时勇主持召开县委理论学习中心组(扩大)学习会，传达学习贯彻全国“两会”精神。会议邀请全国人大代表、江苏今世缘酒业股份有限公司董事长周素明作学习全国“两会”精神专题辅导。

17日　县委书记时勇率领相关部门负责人深入县部分镇街，督查推进古淮河沿岸林长制和造林绿化工作。县委常委、常务副县长李金平，县委常委、政法委书记、涟城街道党工委书记吴芳剑参加督查。

18日　涟水(深圳)电子信息产业招商说明会在深圳举行。县委书记时勇，县委常委、县经济开发区党工委书记吴从荣，副县长姜井旭，县政协副主席、县工信局局长朱金文，中信华集团董事长丁会、执行董事丁会响，惠州市特创电子科技有限公司董事长张远礼，洲旭集团董事长郭峰，深圳市业丰科技有限公司董事长董自亮，深圳立创电子商务有限公司CEO杨林杰等领导和嘉宾出席招商说明会。姜井旭主持说明会。

19日　2021涟水(广州)先进制造业招商说明会在广州举行。县委书记时勇，县领导吴从荣、王伟、吴芳剑、姜井旭、朱金文，广东省政府原副秘书长、计生委主任张枫，原南方医院副院长施长泰，广东涟水商会会长、广州海天塑胶有限公司董事长刘水彦，广州康钰生物科技有限公司总经理肖小峰等领导和嘉宾出席招商说明会。县委常委、统战部部长王伟主持说明会。

20日　县委副书记、县长洪然主持召开县政府十六届第77次常务会议。县政府领导李金平、李阔、马仁慧、吴勇出席会议。县人大常委会副主任周宏昌、县政协副主席鲁家宁、县人武部部长毛占忠应邀出席会议，部分县人大代表、县政协委员列席会议。

21日　县召开旅游发展暨省级全域旅游示范区创建动员大会，县委书记时勇在会上要求全县上下不负春光、主动作为、合力攻坚，奋力夺取省级全域旅游示范区“金字招牌”。市文广旅游局局长许长坡对涟水全域旅游创建工作提出明确要求。县委副书记、县长洪然，县人大常委会主任张超，县政协主席姜杰等县四套班子领导出席会议。洪然主持会议。

22日　县委书记时勇赴红窑镇、高沟镇、成集镇督导农房改善和人居环境整治工作。县委副书记李义翠参加督导。

23日　2021涟水(厦门)交流恳谈会在厦门举行。县委书记时勇，县委常委、县经济开发区党工委书记吴从荣，县委常委、统战部部长王伟，县政协副主席、工信局局长朱金文，全国台企联产业发展工作委员会主委、厦门市台商协会会长、佳好集团(厦门)有限公司董事长吴家莹，厦门市台商协会常务副会长、厦门元保运动器材有限公司总经理赖怡全等领导和嘉宾出席恳谈会。

25日　县委书记时勇会见到涟水考察的昆山羿冠电子科技有限公司执行总经理彭人恺、昆山维盛精密五金有限公司执行总经理邱佳豪、昆山普盛五金科技有限公司董事长周建忠等客商，就投资合作相关事宜进行深入交流。

25—26日　县庆祝中国共产党成立100周年主题活动暨涟水县文旅惠民演出在大剧院举行，县淮剧团编排的大型现代淮剧《村里来了花喜鹊》和《留守村长留守鹅》在这里隆重上演。省文化和旅游厅艺术处主任科员沈旭东，南京师范大学文学院教授、博导孙书磊，省文化馆原馆长金恩渠，市委宣传部副部长、网信办主任曾业桃，县委常委、宣传部部长郎跃明，盐城市文广旅局剧目工作室原主任徐新华等领导、专家观看演出。

26日　县委常委会召开扩大会议，传达中共中央办公厅《关于加强巡视巡察上下联动的意见》文件精神和全市对台工作会议暨淮安台资集聚示范区建设推进会精神；通报全县1—2月主要经济指标完成情况；听取各大指挥部工作情况、《关于全面推进乡村振兴加快农业农村现代化的实施意见(讨论稿)》起草情况和全国文明城市创建动员大会相关方案汇报。县委书记时勇主持会议。

27日　县召开县经济开发区基础设施项目建设会办会，全面盘点县经济开发区基础设施项目建设情况，以更高标准、更快速度推进基础设施项目建设，确保各项工作任务圆满如期完成。县委副书记、县长洪然，县委常委、常务副县长李金平，县委常委、县经济开发区党工委书记吴从荣，副县长吴勇出席会议。

27—28日　县委理论学习中心组（扩大）举行党史学习教育专题培训。县委书记时勇，县委副书记、县长洪然，县人大常委会主任张超，县政协主席姜杰等县四套班子领导出席培训会。会议邀请淮阴师范学院教授金钊、淮安市委党校教授孙义永、县委党校副校长支伯生等专家学者进行授课。

29日　县召开以“青春勇担当，冲刺我先上”为主题的优秀年轻干部座谈会。县委书记时勇出席会议。来自全县各条战线的年轻干部代表与县领导面对面畅谈自己的经历感悟、工作思考和今后打算。县委常委、组织部部长孙以东主持会议。

30日　省委、省政府召开全省2020年度高质量发展总结表彰大会。省委书记娄勤俭出席会议并讲话。省委副书记、省长吴政隆主持会议，省政协主席黄莉新出席会议。县委书记时勇、县人大常委会主任张超、县政协主席姜杰等县四套班子领导在涟水分会场参加会议。

30—31日　全市人大财经工作座谈会在涟水召开。市人大常委会常务副主任、党组副书记唐道伦，市人大常委会副主任肖进方，县人大常委会主任张超，县委副书记李义翠，县人大常委会副主任朱太伟出席座谈或参加观摩。市人大财经委、预算工委全体人员，市直有关部门分管负责人、各县区人大常委会分管领导及相关部门负责人参加会议。市人大常委会副秘书长陈灼主持会议。

31日　全市2021年第一次重特大产业项目攻坚拉练举行。市委副书记、市长陈之常率队深入涟水特创线路板技改、立创电子元器件生产一期项目现场，观摩指导重特大产业项目建设。市领导戚寿余、张国梁、赵洪权、李森、周毅、顾坤、孙虎、唐道伦、王向红参加观摩，县委书记时勇汇报涟水重大项目建设情况，县领导李金平、吴从荣、孙以东参加观摩。

4月

1日　市委、市政府召开全市2021年第一次重特大产业项目攻坚推进会。市委副书记、市长陈之常出席会议并讲话，市领导戚寿余、张国梁、赵正兰、赵洪权、李森、徐建松、顾坤、孙虎、唐道伦参加会议。县委书记时勇代表涟水接受“淮安市重特大项目攻坚季度优胜县区”流动红旗颁奖。

△　旺旺集团生产研发群、生产运营中心副总处长陆健一行到涟水，深入今世缘酒业参观考察，就合作项目进行洽谈交流。副市长王向红，市台办主任龚晓琴，县委书记时勇，县领导吴从荣、姜井旭，今世缘酒业党委书记、董事长周素明，今世缘酒业党委副书记、副董事长、总经理顾祥悦等参加考察。

2日　淮安乡贤孙凤武一行到涟水考察，县委书记时勇，县委常委、常务副县长李金平参加活动。在涟期间，孙凤武一行参观考察县规划展示馆、五岛湖公园、滨河新城、今世缘酒业等地，对涟水经济社会发展给予高度评价。

3日　县委副书记、县长洪然主持召开县政府十六届第78次常务会议。县政府领导李金平、马荣、姜井旭、马仁慧、吴勇出席会议。县人大常委会副主任周宏昌、县政协副主席朱金文应邀出席会议，部分县人大代表、县政协委员列席会议。

6日　县委书记时勇带领相关部门负责人，进企业、入车间、到工地、听汇报、看现场，开展安全生产专项大检查活动。县领导李金平、吴勇、朱金文参加活动。

7日　县组织开展4月份重点项目拉练活动，通过现场查看、会议通报、评优评差、交流表态、汇报会办等多种形式晒成绩、查不足、解难题。县委书记时勇出席活动并讲话。县人大常委会主任张超、县政协主席姜杰等县四套班子领导参加推进会或调研。

8日　全市乡村建设行动月度观摩推进会在涟水召开。市委副书记张国梁出席会议并讲话。市委副秘书长、市农房办主任马乃骏主持会议。县委书记时勇参加会议并致辞，县委副书记李义翠、副县长李阔参加会议。

9日　全市“对标找差、补短强特、创新实干”高质量跨越发展总结动员大会召开。市委副书记、市长陈之常出席会议并讲话。大会采用云视讯视频会议系统召开，县委书记时勇在主会场参加会议，县人大常委会主任张超、县政协主席姜杰等县四套班子领导在涟水分会场参加会议。

10日　县召开创建省级安全发展示范城市动员会。县委书记时勇，县委副书记、县长洪然，县人大常委会主任张超、县政协主席姜杰等县四套班子领导出席会议。

11日　县委副书记、县长洪然主持召开县经济开发区已签约项目实质性开工推进会。县领导李金平、吴从荣、李阔、朱金文出席会议。

12—13日　县委书记时勇赴福建省厦门市，通过拜访企业、实地考察、座谈推介等方式，开展招商活动。县委常委、县经济开发区党工委书记吴从荣参加活动。

13日　全国人大常委会委员、全国人大农业与农村委员会副主任委员王宪魁，全国人大农业与农村委员会委员张烈英率队到涟水，调研粮食生产和农村集体产权制度改革工作。省人大常委会委员、农委主任刘大旺，市委副书记张国梁，市人大常委会常务副主任唐道伦、副主任肖进方、秘书长陈步公，县人大常委会主任张超，县委副书记李义翠，县人大常委会副主任周宏昌等参加调研。

14日　市委常委、组织部部长孙虎到涟水专题调研市领导挂钩的基层党建工作联系点。县委书记时勇，市委党建办副主任赵进，县委常委、组织部部长孙以东等参加调研。

15日　全县政法队伍教育整顿集体谈心谈话会议召开。县委书记时勇出席会议并讲话。县委常委、政法委书记吴芳剑，副县长、公安局局长马仁慧及县法院、检察院、司法局等政法单位负责人参加会议。

16日 县委书记、县级总河长、古淮河河长时勇先后深入五港镇、石湖镇和县经济开发区,开展河长制巡查工作,听取相关情况汇报,现场会办解决存在问题。县委常委、县经济开发区党工委书记、公兴河河长吴从荣,副县长、县级副总河长、南六塘河河长李阔参加巡查。

△ 省农科院亚夫科技服务“涟水高沟工作站”揭牌仪式举行。农业农村部科教司副司长张振华,省农业农村厅二级巡视员俞卫东,省农科院副院长孙洪武,县委书记时勇,县领导李义翠、吴建峰、李阔出席揭牌仪式。仪式上,张振华和时勇共同为省农科院亚夫科技服务“涟水高沟工作站”揭牌,孙洪武与副县长李阔签订“涟水高沟工作站”共建协议。

17日 县委副书记、县长洪然主持召开县政府十六届第79次常务会议。县政府领导李金平、李阔、马荣、姜井旭出席会议。县人大常委会副主任朱太伟、县政协副主席冯建华,部分县人大代表、政协委员列席会议。

17—18日 全县村(社区)干部培训班在县大剧院举办。县委书记时勇作开班动员讲话并以《答好“三问”、干出辉煌》为题讲授第一课。市民政局党组书记、二级巡视员沈在宏,市委党建办副主任赵进,市农业农村局一级调研员严继林,淮阴师范学院工会主席金钊,沭阳县颜集镇堰下村党总支书记、村委会主任李彦春应邀授课。县领导李义翠、刘永军、孙以东、李阔出席相关课程培训活动。

18日 涟水县国土空间规划委员会举行2021年度第1次会议,分别讨论审议了规划编制及选址项目和部分重点项目、基础项目建筑方案。县委书记时勇,县委副书记、县长洪然,县领导李金平、吴从荣、李阔、吴勇出席会议。县委常委、常务副县长李金平主持会议。

19日 华东师范大学涟水实验学校开工典礼举行。县委书记时勇出席仪式并宣布项目开工。华东师范大学教育集团专家委员会主任、原副校长庄辉明,宝楠教育集团董事长苗庭余、总校长张元,县政协主席姜杰,县委常委、宣传部部长郎跃明,副县长马荣出席活动并共同为项目开工培土奠基。马荣主持开工典礼。

20日 县委书记时勇深入城北大沟黑臭水体整治二期、县中医院迁建、涟水湖备用水源地、祥国二期、空港污水处理厂、机场进场路等项目点,督查推进重点项目建设,认真听取项目进展等情况汇报,对存在的困难和问题进行现场会办。县领导李金平、吴从荣、吴勇参加活动。

21日 2021涟水(苏州)先进制造业招商推介会在苏州举行,现场签约10个项目,总投资额43.4亿元。县委书记时勇,县领导吴从荣、孙以东、姜井旭、朱金文,县工商联主席薛芹,太仓食品协会会长、江苏联盈科技有限公司董事长倪晓飞,博尊动力科技有限公司董事长许可,惠通集团有限公司董事长赵国满,汇思集团总裁刘峰等领导和嘉宾出席推介会。副县长姜井旭主持推介会。

23日 市委副书记、市长陈之常到涟水,开展党史学习教育调研,推进为群众办实事工作,在县政务服务中心了解新生儿出生“一件事”改革进展,推进“淮上关爱一件事”改革工作;在县信访接待中心接待信访群众,开展“一线三包”接访活动;在朱码街道笪巷村了解党史学习教育开展情况,指导基层党建工作开展,入户走访群众听取民声。县委书记时勇,县委副书记、县长洪然,县委常委、政法委书记吴芳剑,副县长、县公安局局长马仁慧参加调研。

24日 县委常委会召开会议,听取《县委常委会成员、县政府领导班子成员2021年安全生产重点工作清单(讨论稿)》《2021年各镇(街道)、经济开发区、循环经济产业园和县安委会成员单位履行安全生产工作责任考核评价指标(讨论稿)》起草情况和县文联第四次代表大会建议方案汇报。县委书记时勇主持会议。

25日 全县创建全国文明城市动员大会召开。县委书记时勇出席会议并讲话。县人大常委会主任张超、县政协主席姜杰等县四套班子领导参加会议。县委副书记李义翠主持会议。

26日 县委常委会召开扩大会议,传达中央巡视组组长薛利在江苏巡视指导督导工作专题培训会议上的讲话和省委书记娄勤俭的讲话精神;传达市纪委《关于七起违反中央八项规定精神典型案例的通报》;听取《2021年县委理论学习中心组专题学习计划(讨论稿)》起草情况汇报;通报全县1—3月主要经济指标完成情况、听取各大指挥部工作开展情况汇报。县委书记时勇主持会议。

27—29日 县委书记时勇先后深入常熟波司登集团总部和上海喃嵘水产、上海爱普华顿等企业开展招商活动,拜访新老客商,宣传推介涟水,强化合作共识,诚邀客商到涟水考察、投资兴业。副县长姜井旭参加活动。

28日 2021淮安·长三角台资产业合作促进会在上海举行。省台办主任练月琴,上海市台办副主任李骁东,市领导陈之常、顾坤、王向红,县委书记时勇出席会议。全国台企联会长、上海冠龙阀门节能设备有限公司董事长李政宏,全国台企联荣誉会长、锡山家具集团总裁王屏生,全国台企联常务副会长、上海市台协会长、竞衡集团董事长张简珍,淮安市台协会长、敏实控股集团董事会主席秦荣华等出席活动。

29日 县召开以“绽放劳动美 建功新五年”为主题的庆祝“五一”国际劳动节大会。县委书记时勇出席会议并讲话。市总工会党组书记、副主席金珂,县人大常委会主任张超,县政协主席姜杰,县领导李义翠、孙以东、马荣等参加会议。县委副书记李义翠主持会议。

30日 县委书记时勇带队深入县部分镇街,现场观摩盘点农村人居环境整治工作,实地检视检验镇街农村人居环境整治成效,全力推动全县农村人居环境整治由“颜值美”向“内涵美”转变。县委副书记李义翠,副县长李阔、马荣参加观摩。

5月

1日 县委副书记、县长洪然带队,采取现场调研和召开调度会的形式,专题调研推进滨河新城建设工作。县领导李金平、吴从荣、马荣、吴勇参加调研或座谈。

2日　县委副书记、县长洪然先后深入朱码街道、红窑镇和县城区部分区域,察看强对流天气灾害受损情况。副县长李阔、马荣、吴勇参加。

3日　县委书记时勇深入汽车客运站、建筑工地、疾控中心、生产企业、重点项目现场,检查疫情防控和安全生产工作,慰问坚守在工作一线的广大劳动者,向他们送上节日的问候和祝福。县政协副主席、县工信局局长朱金文参加活动。

5日　县召开招商引资队伍建设会议。县委副书记、县长洪然出席会议并讲话,县领导李金平、吴从荣、姜井旭、朱金文参加会议。姜井旭主持会议。

7日　市委党史学习教育第一巡回指导组到涟水开展巡回指导。市民政局党组书记、二级巡视员、市委党史学习教育第一巡回指导组组长沈在宏出席会议并讲话,县委书记时勇主持会议并汇报涟水党史学习教育开展情况,县领导李义翠、郎跃明、孙以东出席会议。

8—9日　县组织开展5月份重点项目拉练活动,对宝楠幼儿园、南城上院、康养中心、哈灵教育装备、汉桥智能设备、合创包装、嘉瑞智能装备、润泰吉纺织、农贸大市场冷鲜城等全县重点项目进行集中拉练检查,看现场、比进度、晒成绩、找差距,推动项目建设提速提效。县委书记时勇,县委副书记、县长洪然,县人大常委会主任张超,县政协主席姜杰等县四套班子领导参加活动。

10日　县委常委会召开会议,传达全省深入学习贯彻习近平法治思想推动地方人大工作实现新发展座谈会精神,听取关于建立县委常委镇领导班子换届工作联系点情况汇报。县委书记时勇主持会议。

12日　县委常委会召开会议,听取"我为群众办实事"实践活动实施方案和项目清单起草情况汇报。县委书记时勇主持会议。

13日　上海均和集团副总裁赵凯南一行到涟水参观考察,并就相关产业项目进行深入交流和洽谈,共谋合作发展。县委书记时勇,县委常委、组织部部长孙以东参加考察。

△　涟水县文学艺术界联合会第四次代表大会开幕。县委书记时勇、市文联副主席沈军出席会议并讲话。市作协主席龚正,县领导张超、马荣、冯建华等出席会议。县委常委、宣传部部长郎跃明主持会议。

14日　2021涟水(上海)现代服务业招商推介会在沪举行。县委副书记、县长洪然出席活动并致辞,副县长吴勇主持推介会。新城控股集团副总裁刘源满,新城控股集团战略投资中心总经理许庞,宋都基业投资股份有限公司副总裁郑涛,绿地控股集团江苏事业部总经理顾敏琦等嘉宾出席活动。

15日　县委书记时勇主持召开县委党的建设工作领导小组会议,全面落实市委党建工作领导小组会议部署要求,研究部署2021年党建工作任务,推动全县党的建设高质量发展。县领导李义翠、刘永军、吴从荣、郎跃明、孙以东参加会议。

△　县委书记时勇主持召开县委全面深化改革委员会2021年第一次会议,全面学习贯彻中央和省市委深改委会议精神,研究审议有关改革事项,安排部署下阶段改革创新工作,推动各项改革任务尽快落地见效。县领导李义翠、刘永军、吴从荣、郎跃明、孙以东、吴芳剑、刘泽年、姜井旭、马仁慧、朱金文出席会议。

17日　市行政审批局党组书记、局长吴苏带队到涟水调研。县委书记时勇,县委副书记、县长洪然,县委常委、常务副县长李金平参加调研。

△　县召开庆祝中国共产党成立100周年安保维稳动员部署暨国家安全重点工作推进会。县委书记时勇出席会议并讲话。县委副书记、县长洪然主持会议。

18日　市市场监督管理局和县人民政府推进高质量发展合作协议签约仪式在涟水举行。市市场监督管理局局长、市知识产权局局长徐亚平,县委书记时勇,县委副书记、县长洪然,副县长姜井旭,以及市县相关单位和部门负责人出席仪式。徐亚平与洪然分别代表市市监局和县政府在协议上签字。姜井旭主持签约仪式。

19日　县委书记时勇先后深入4处老旧小区改造和3处城市小客厅建设现场,专题调研"我为群众办实事"项目推进情况。副县长吴勇参加调研。

20日　中共涟水县委十一届十二次全会召开。全会审议通过《关于召开中国共产党涟水县第十二次代表大会的决议(草案)》。全会由县委常委会主持。县委书记时勇宣读《关于召开中国共产党涟水县第十二次代表大会的决议(草案)的说明》。县委委员出席会议、县纪委委员列席会议。

21日　县委副书记、县长洪然带队,深入五港镇调研相关重点工作。县政府办、生态环境局、自然资源和规划局、水利局、征收办等相关部门负责人参加调研活动。

21—22日　县委书记时勇在苏州和无锡开展精准招商和项目推进活动,通过快节奏拜访、意向式洽谈、针对性推介等方式,先后拜访和考察了羿冠电子、莱捷有色金属、东晟铝业、合亿电子、实益达电子等企业,与企业负责人进行座谈,推进洽谈项目进展事宜,持续造浓招商氛围。县委常委、县经济开发区党工委书记吴从荣,县政协副主席、县工信局局长朱金文参加活动。

22日　县委副书记、县长洪然主持召开县政府十六届第80次常务会议。县政府领导李金平、李阔、马荣、马仁慧、吴勇、张川出席会议。县人大常委会副主任朱太伟、县政协副主席鲁家宁,部分县人大代表、政协委员列席会议。

24日　县委书记时勇先后深入备用水源建设现场和高沟镇,调研"我为群众办实事"项目,听取相关项目推进情况汇报,对下一步工作提出明确要求。县委副书记李义翠,县委常委、宣传部部长郎跃明参加活动。

25日　县开展农村人居环境整治观摩推进活动,县委书记时勇要求全县上下以"开局就要起好步、决战决胜新面貌"的精神状态,坚决打好打赢农村人居环境整治五年提升行动的开局之战。县委副书记李义翠参加活动并主持会议,副县长马荣参加会议。

26—27日　县委书记时勇在上海开展招商活动。县领导孙以东、姜井旭、朱金文参加活动或出席恳谈会。在沪期间,时勇一行先后深入弘辉集团总部、切沃过滤和均和集团,拜访客商、座谈交流、洽谈对接,诚挚邀请各位企业家到涟水参观考察、投资兴业、共赢发展。

27日 省教育厅副厅长顾月华一行到涟水督查高考考前安全工作。副市长王红红,县委副书记、县长洪然,县领导郎跃明、孙辉、马荣参加督查。

28日 省举行省市县三级中心组安全生产学习交流会。会议以视频会议形式召开。县委书记时勇,县领导李金平、刘永军、王伟、郎跃明、吴芳剑、姜井旭、吴勇、张川在涟水分会场收听收看。

29日 由县为庆祝中国共产党成立100周年而创排打造的2020年度淮安市"双名工程"资助项目——淮剧《哎呦,我的憨哥哥》在县大剧院成功首演。省委宣传部副部长、省文明办主任葛莱,省文化和旅游厅二级巡视员官天涛,市委常委、宣传部部长周毅,市委宣传部副部长、市委网信办主任曾业桃,市文化广电和旅游局副局长徐克,县委书记时勇,县人大常委会主任张超,县政协主席姜杰,县委常委、宣传部部长郎跃明等省市县领导和观众共同观看演出。

31日 县委常委会召开扩大会议,传达学习市委全面依法治市工作会议精神;听取全县政法队伍教育整顿查纠整改工作情况汇报;听取全县党史学习教育工作开展情况汇报;听取《全县"永远跟党走"群众性主题宣传教育活动方案(讨论稿)》起草情况汇报;听取《2021年度落实意识形态工作责任制考评实施方案(讨论稿)》起草情况汇报;通报全县1—4月份主要经济指标完成情况、听取各大指挥部工作开展情况汇报。县委书记时勇主持会议。

6月

1日 涟水(上海)现代农业暨绿色食品产业招商推介会在沪举行。县政协主席姜杰出席活动并致辞,县委副书记、唐集镇党委书记李义翠主持推介会。中国(上海)自贸区企业联盟常务主席、上海市浦东新区工商联原党组书记、浦东企业家联合会原执行会长李人俊,上海市浦东新区工商联原党组成员、浦东企业家联合会原秘书长周龙娣,上海市农业农村委市场与信息化处二级调研员舒学军,上海市特种养殖业行业协会会长周志强,上海国森食品有限公司董事长滕兆前,涟水(上海)商会会长、上海胜努马国际贸易有限公司董事长张德万,上海绿魁农业有限公司董事长石大永等嘉宾出席活动。

2日 县召开会议专题研究部署高考工作。县委副书记、县长洪然在会上对2021年高考工作提出明确要求,县人大常委会副主任、涟水中学校长孙辉,副县长马荣出席会议。

2—4日 市委副书记、市长陈之常轻车简从,到黄营镇、县经济开发区、今世缘酒业等地,围绕乡村振兴、民生实事、开发园区转型升级、重大项目攻坚、生态建设、安全生产等主题,进田入户、进园入企,深入了解群众、企业、基层所思所盼,共同谋划发展思路和发展举措,推动党史学习教育"我为群众办实事"实践走深走实。县委书记时勇,县委副书记、县长洪然,县领导吴从荣、姜井旭参加活动或座谈会。

4日 县委书记时勇主持召开县委理论学习中心组(扩大)学习会,传达学习习近平总书记给江苏省淮安市新安小学五(8)中队少先队员的回信精神、省委书记娄勤俭在新安小学座谈会上的讲话要求以及市委副书记、市长陈之常在市委常委会(扩大)会议上的讲话精神。

5日 县举行招商引资培训会。县委书记时勇出席培训会并作动员讲话,县委副书记、县长洪然作培训总结,县人大常委会主任张超、县政协主席姜杰等县四套班子领导参加培训会。会议邀请原苏州工业园区招商局副局长、唯亭镇党委书记张震苏,江苏省经济和信息化研究院产业研究室主任郭永海专题授课。

6日 县委书记时勇,县委副书记、县长洪然,县人大常委会主任张超,县政协主席姜杰,县委常委、宣传部部长郎跃明,县人大常委会副主任、涟水中学校长孙辉,副县长马荣,县政协副主席、县工信局局长朱金文等县四套班子领导,分成两组先后深入涟水中学、涟水一中、县级指挥中心、郑梁梅高中、滨河高中,检查全县高考准备工作。

7—8日 县开展6月重点项目建设调度推进活动。县委书记时勇对全县重点项目建设提出明确要求。县委副书记、县长洪然,县人大常委会主任张超,县政协主席姜杰等县四套班子领导参加活动。

8日 县召开农房改善工作推进会。县委书记时勇,县委副书记李义翠,县委常委、常务副县长李金平出席会议。李义翠主持会议。

8—10日 县委副书记、县长洪然率队赴浙江湖州和江苏苏州等地招商考察。县政府办、经济开发区、市场监督管理局、循环经济产业园等相关单位负责人参加招商考察活动。

9日 中国·淮安首届淮河华商大会——淮河生态经济带食品产业链联盟峰会在涟水举行。省委统战部副部长、省工商联党组书记顾万峰,市委副书记张国梁,市工商联主席、市总商会会长毕丰书,市委统战部副部长、市工商联党组书记张玉和,县委书记时勇,县领导李义翠、王伟、姜井旭、杨春燕、朱金文以及淮河流域知名食品企业负责人、淮河沿线5个省28个市相关代表、嘉宾出席峰会。

10日 "奋斗百年路 启航新征程"涟水县庆祝中国共产党成立100周年合唱比赛决赛在县大剧院举行。县委书记时勇,县委副书记、县长洪然,县人大常委会主任张超,县政协主席姜杰等县四套班子领导出席并观看比赛。

11日 县"光荣在党50年"纪念章颁发仪式在县文化馆小剧场举行。县委书记时勇致辞,并为老党员代表颁发"光荣在党50年"纪念章。此次为全市首批"光荣在党50年"纪念章颁发。县委副书记李义翠,县委常委、组织部部长孙以东参加仪式。孙以东主持仪式。

12日 县委副书记、县长洪然主持召开第9次县长办公会议,听取相关重点工作情况汇报,研究部署推进当前重点工作。县领导李金平、李阔、马荣、姜井旭、马仁慧、吴勇出席会议。

13日　县委书记时勇以“四不两直”方式深入涟城街道、五港镇、东胡集镇、红窑镇、岔庙镇、朱码街道等地，围绕安全稳定、应急值守、秸秆“两禁一用”、水环境治理等“课题”，进田入户、进园入企开展调研。县委常委、组织部部长孙以东，副县长吴勇参加活动。

16日　市政协原主席陈从亮一行到涟水调研考察。县委书记时勇，县委常委、常务副县长李金平，县委常委、县经济开发区党工委书记吴从荣参加调研。

17日　以“学党史 传精神 跟党走”为主题的涟水县“中国曲艺之乡”授牌仪式暨“艺道馨声”曲艺名家名作专场演出在县大剧院隆重举行。中国曲协分党组成员、副秘书长黄群，省文联党组成员、副主席、书记处书记刘旭东，省曲协驻会副主席、秘书长孙志兵，市文联党组书记、主席王维国，县委书记时勇，县委副书记、县长洪然，县人大常委会主任张超，县政协主席姜杰等共同见证授牌仪式并观看演出。

18日　副市长、市委政法委副书记、市公安局局长周达清带队深入涟水调研督导中国共产党成立100周年安保维稳工作。县委书记时勇，县委常委、政法委书记吴芳剑，副县长、县公安局局长马仁慧参加调研。

△　县作家协会第二次代表大会在县大剧院举行。会议听取《涟水县作协工作报告》；审议通过《涟水县作家协会章程（草案）》《涟水县作协理事选举办法》；选举产生县作家协会第二届理事会及主席团成员。省作协书记处书记、副主席、《钟山》主编贾梦玮，市作协主席龚正出席会议并讲话，县委书记时勇讲话并为顾问颁发聘书，县委常委、宣传部部长郎跃明主持会议并致开幕词。

19日　县委副书记、县长洪然主持召开县政府十六届第81次常务会议。县政府领导李金平、李阔、马荣、姜井旭、马仁慧、吴勇出席会议。县人大常委会副主任朱太伟、县政协副主席朱金文，部分县人大代表、政协委员列席会议。

21日　县召开问题楼盘处置化解推进会，对全县问题楼盘进一步分析研判、部署推进。县委书记时勇在会上强调，要凝聚共识、压实责任、严格督考，确保如期圆满完成任务。县委副书记、县长洪然主持会议。县领导吴芳剑、马仁慧、吴勇，县法院院长刘洋参加会议。

22日　市委常委、市纪委书记、市监委主任周凤琴到涟水开展“七一”慰问活动，走访慰问优秀共产党员、老党员和困难党员，向他们送去党的关怀和温暖，并向他们致以节日的问候。县委书记时勇，县委常委、县纪委书记、县监委主任刘永军，县委常委、组织部部长孙以东参加活动。

23日　中国青年企业家协会常务副会长许华平、会员部部长许琦，省企业团工委书记、省青年商会秘书长薛保刚，以及中青企协、省青年商会、市青年商会的代表共60余人齐聚涟水，开展经贸考察活动。县委书记时勇，县委副书记、唐集镇党委书记李义翠，县委常委、组织部部长孙以东参加考察或参加交流会。

25日　2021年度全县国土空间规划委员会第2次会议召开，讨论审议县经济开发区电子电气产业园控制性详细规划、中心城区控制性详细规划局部调整方案等规划编制及选址项目。县委书记时勇，县委副书记、县长洪然，县领导李金平、吴从荣、朱金文参加会议。

26日　县举行党史学习教育暨庆祝中国共产党成立100周年专场音乐会。淮阴师范学院党委书记朱汉清，县委书记时勇，县委副书记、县长洪然，县人大常委会主任张超等县四套班子领导，今世缘酒业党委书记、董事长周素明以及500余名观众一起观看演出。

28日　“苏北小延安”军旅小镇开园仪式盛大举行。省老促会副会长严宏生，市老促会会长魏玉龙，市旅游协会会长朱友冬，县委书记时勇，县委副书记、县长洪然，县人大常委会主任张超，县政协主席姜杰，县委常委、宣传部部长郎跃明，副县长马荣，江苏华旅发现旅游有限公司董事长苗雪飞等出席仪式。郎跃明主持仪式。开园仪式上，严宏生、魏玉龙、朱友冬、时勇、洪然、苗雪飞共同推杆启动，为“苏北小延安”军旅小镇开园。严宏生、时勇为“苏北小延安”纪念馆揭牌。

30日　县委书记时勇先后深入县经济开发区和高沟镇等地，专题调研督导大气和水污染防治工作。县委常委、县经济开发区党工委书记吴从荣，副县长李阔参加调研。

7月

1日　庆祝中国共产党成立100周年大会在北京天安门广场隆重举行，中共中央总书记、国家主席、中央军委主席习近平发表重要讲话。县委书记时勇，县委副书记、县长洪然，县人大常委会主任张超，县政协主席姜杰等县四套班子领导在县政府会议室集中收听收看大会实况直播。

△　县召开庆祝中国共产党成立100周年座谈会暨“两优一先”表彰会议。县委书记时勇出席会议并讲话。县委副书记、县长洪然主持会议，县人大常委会主任张超、县政协主席姜杰等县四套班子领导出席会议。

2日　县委理论学习中心组（扩大）专题学习会召开。县委书记时勇主持会议，领学习近平总书记在庆祝中国共产党成立100周年大会上的重要讲话精神。市委党史学习教育第一巡回指导组副组长张安雷到会指导。会上，县委书记时勇，县委副书记、县长洪然，县领导刘永军、滕金霞围绕学习内容分别作交流发言。

3日　县政府党组理论学习中心组（扩大）专题学习会召开，深入学习贯彻习近平总书记在庆祝中国共产党成立100周年大会上、庆祝中国共产党成立100周年“七一勋章”颁授仪式上和中央政治局第三十一次集体学习时的重要讲话精神。县委副书记、县长洪然主持会议，县领导李金平、李阔、马荣、马仁慧、吴勇、张川、朱金文参加会议。

4日　中国三峡新能源（集团）股份有限公司华东公司副总经理杨力一行到涟水考察，双方就拟合作项目进行交流洽谈。县委副书记、县长洪然，县政协副主席、县工信局局长朱金文出席座谈会。

6日　县委书记时勇带队开展“我为群众办实事”项目拉练活动，深入一线看现场、查问题、找对策、解难题。县委副书记、县长洪然，县人大常委会主任张超，县政协主席姜杰等县四套班子领导参加活动。

7日　县委书记时勇采取“四不两直”方式，冒雨深入县部分小区、城乡接合部、背街小巷和农贸市场，实地调研文明城市创建工作。县委常委、宣传部部长郎跃明，副县长吴勇参加调研。

8日　2021年度涟水县“五方挂钩”帮扶协调工作会议在涟水召开。省交通运输厅厅长、党组书记兼省铁路办主任陆永泉，省交通运输厅党组成员、副厅长丁峰，省乡村振兴局副局长刘文俊等出席会议。副市长赵权，县领导时勇、洪然、李义翠、储春祥、李阔参加会议。丁峰主持会议。

9日　县召开全国文明城市创建工作专题会议。县委副书记、县长洪然在会上强调，要坚持需求导向和问题导向相结合，从群众实际需求出发，结合“我为群众办实事”实践活动，用心用情补好民生“短板”。县委副书记、唐集镇党委书记李义翠，县委常委、宣传部部长郎跃明参加会议。

9—10日　县委书记时勇到上海和苏州开展招商引资和项目推进活动，先后拜访和考察上海江丰家具、昆山百亨光电和昆山京群焊材等企业，与企业负责人进行座谈交流，详细介绍涟水县优越的区位优势和良好的营商环境，推动在谈项目落地，持续造浓招商引商氛围。

10日　县委副书记、县长洪然主持召开2021年第12次县长办公会议。李金平、李阔、马荣、姜井旭、马仁慧、吴勇等县领导参加会议。

14日　江苏省高级人民法院服务乡村振兴(涟水)实践基地揭牌仪式在涟水举行。省高院副院长、人民法庭工作指导委员会主任李玉生，市委常委、政法委书记赵洪权，市中院党组书记、院长章润，县委书记时勇出席揭牌仪式并共同揭牌。县委常委、政法委书记吴芳剑主持揭牌仪式。

16日　全市2021年第二次重特大产业项目攻坚拉练举行。市委书记陈之常率队深入涟水“苏北小延安”军旅体验基地项目，观摩指导重特大产业项目建设。市政协主席戚寿余进行现场点评，县委书记时勇汇报涟水重特大产业项目建设情况，县领导洪然、李金平、郎跃明、孙以东参加观摩。

17日　在全市2021年第二次重特大项目攻坚拉练点评会议与市委财经委员会第四次会议上，涟水再次获得“淮安市重特大项目攻坚季度优胜县区”流动红旗。县委书记时勇代表涟水接受流动红旗颁奖。县委副书记、县长洪然参加会议。

19日　县开展7月重点项目拉练推进活动。县委书记时勇，县委副书记、县长洪然率队赴园区(镇街)，用一整天时间，实地观摩推进25个项目。县人大常委会主任张超，县政协主席姜杰等县四套班子相关领导参加活动。

20日　县委书记时勇主持召开全县7月份重点项目建设调度推进会，传达学习市委书记陈之常在全市2021年第二次重特大项目攻坚拉练点评暨市委财经委第四次会议上讲话精神，部署安排下一阶段工作。县领导洪然、张超、姜杰、李义翠、李金平、刘永军、王伟、孙以东、姜井旭、吉海、朱金文出席会议。

21日　县委书记时勇主持召开县委报告征求意见座谈会，就《党代会报告(征求意见稿)》向老干部征求意见和建议。县委副书记、唐集镇党委书记李义翠，县委常委、组织部部长孙以东出席座谈会。

22日　县委常委会暨县疫情防控指挥部工作会议召开，传达学习省委常委会暨省委应对疫情工作领导小组会议精神、省疫情防控工作领导小组暨涉外联防联控指挥部紧急电视电话会议精神、市委书记陈之常关于疫情防控讲话精神；听取全县疫情防控工作情况汇报，研究部署全县疫情防控工作。县委书记时勇主持会议。

23日　中共涟水县委十一届十三次全会召开。全会由县委常委会主持。全会传达全市县区党委换届选举工作责任压实会精神；研究通过县第十二次党代会大会日程(草案)、代表团划分及大会人事安排等事项；表决确定出席淮安市第八次党代会代表候选人预备人选名单；审议通过县委报告(讨论稿)和县纪委工作报告(讨论稿)。

△　县委副书记、县长洪然主持召开2021年第13次县长办公会议。县领导李金平、刘腾、马荣、马仁慧、吴勇、张川参加会议。

24日　中国新城市集团总裁施南路一行到涟水考察洽谈合作项目。县委书记时勇，县委副书记、县长洪然，县领导李金平、王伟、朱金文出席洽谈会。

26日　中国共产党涟水县第十二次代表大会在县大剧院举行预备会议。时勇主持会议。会议以举手表决的方式，通过由31人组成的大会主席团成员名单；通过李义翠为大会秘书长；通过9人组成的代表资格审查委员会成员名单；宣布主席团常务委员会成员名单、大会副秘书长名单、列席事项、秘书处工作机构、各次大会执行主席。会议还通过中国共产党涟水县第十二次代表大会的议程。会议听取孙以东所作的县第十二次党代会代表资格审查委员会关于代表资格的审查报告。

27日　中共涟水县第十二次代表大会在县大剧院开幕，时勇代表中国共产党涟水县第十一届委员会向大会作报告。在主席台前排就座的大会主席团常务委员会成员有时勇、洪然、李义翠、李金平、刘永军、滕金霞、王伟、刘双喜、郎跃明、孙以东、吴芳剑。列席大会的有：原县四套班子领导，不是代表的第十一届县委委员、候补委员，不是代表的上届县纪委委员，不是代表的县政府党员领导干部，不是代表的县直属单位和下一级党组织的主要负责人，不是代表的条管单位负责人，民主党派主要负责人和有一定影响的无党派代表人士，省委驻涟水帮扶工作队队员。大会由洪然主持。中共涟水县第十二次代表大会应出席代表273人，实到265人，符合规定人数。

28日　中国共产党涟水县第十二次代表大会在涟水大剧院胜利闭幕。大会选举产生新一届县委和县纪律检查委员会，通过关于县委报告的决议、关于县纪律检查委员会工作报告的决议。时勇主持会议并发表讲话。

△　中共涟水县第十二届委员会

第一次全体会议举行，选举本届县委常务委员会委员和书记、副书记。时勇受中共涟水县第十二次代表大会主席团的委托，主持会议。新当选的29名县委委员和6名候补委员出席会议。县纪委委员列席会议。市县区党委换届工作督导组到场指导。会议选举时勇为中共涟水县委书记，选举洪然、李义翠为中共涟水县委副书记。会议通过了中共涟水县纪律检查委员会第一次全体会议关于县纪委常务委员会委员和书记、副书记选举结果的报告。选举结束后，时勇代表新选出的县委常委会讲话。

30日　县委书记时勇，县委副书记、县长洪然一行到长深高速涟水机场出入口和涟水出入口，涟水高铁站，县公安局疫情防控信息研判专班等地督查疫情防控工作。县领导郎跃明、马荣、马仁慧参加活动。

△　县委书记时勇，县委副书记、县长洪然，县人大常委会主任张超，县政协主席姜杰一行带着慰问品和慰问金，到县人武部、县武警中队看望慰问人民子弟兵，并走访慰问伤残军人、现役军人代表，向他们致以节日问候和美好祝福。县领导李义翠、滕金霞、吉海参加慰问活动。

31日　县委书记时勇采取“四不两直”（不发通知、不打招呼、不听汇报、不用陪同接待、直奔基层、直插现场）方式，深入涟水县商超、菜场、小区、集中隔离点、疫苗接种点等地，实地督查疫情防控工作。县领导郎跃明、马荣参加督查。

8月

1日　县委书记时勇采取“四不两直”方式赴保滩街道和陈师街道，深入部分超市、临街商铺、药店等人员密集性重点场所，督查基层疫情防控工作。他强调，要严密细致、科学精准落实好各项防控举措，群策群力守护好人民群众的生命安全。县领导郎跃明、马荣参加督查。

2日　县委书记时勇，县委副书记、县长洪然到全季酒店集中隔离点、汉坤酒店集中隔离点、党校宾馆集中隔离点、长深高速涟水机场出入口和涟水出入口看望慰问疫情防控一线人员，对他们的坚守和付出表示由衷感谢，并向他们送去慰问品。县领导郎跃明、马荣、马仁慧参加慰问。

3日　县委书记时勇带队深入部分企业，就疫情防控和生产经营情况进行实地调研。县委常委、县经济开发区党工委书记王伟，副县长、县公安局局长马仁慧，县政协副主席、县工信局局长朱金文参加调研活动。

4日　县委书记时勇以“四不两直”方式，实地督查全县面上疫情防控工作，强调要严格落实疫情防控各项措施，加大督查指导力度，进一步织紧织密织牢疫情防控网络，坚决守护好人民群众生命安全和身体健康。县委常委、宣传部部长郎跃明参加督查。

5日　县委常委会暨县疫情防控指挥部工作会议召开，传达学习习近平总书记对当前疫情防控工作的重要批示精神以及近期国务院、省、市疫情防控工作会议精神；听取全县疫情防控工作情况汇报，研究部署全县疫情防控工作。县委书记时勇主持会议。

6日　县开展8月份重点项目拉练推进活动，县委书记时勇，县委副书记、县长洪然率队赴园区（镇、街道），实地观摩推进34个项目，为重点项目推进助力加劲。县人大常委会主任张超，县政协主席姜杰，县领导李义翠、李金平、刘永军、王伟、孙以东、姜井旭、吉海、朱金文等参加活动。

7日　县委书记时勇主持召开全县8月份重点项目建设调度推进会。县领导洪然、张超、姜杰、李义翠、李金平、刘永军、王伟、孙以东、姜井旭、吉海、朱金文出席会议。

8日　市委市政府召开疫情防控视频调度会。县委书记时勇在涟水分会场汇报全县相关情况。县委副书记、县长洪然，县领导李金平、刘永军、郎跃明、孙以东、马荣、姜井旭、马仁慧、吴勇、吉海、朱金文在涟水分会场参加会议。

9日　市委副书记、代市长史志军到涟水调研重点企业发展情况并督导疫情防控工作。市委常委、常务副市长顾坤，县委书记时勇，县委副书记、县长洪然，县委常委、县经济开发区党工委书记王伟，今世缘酒业董事长周素明、总经理顾祥悦等参加督导。

10日　副市长董国喜一行到涟水，先后深入陈师街道甜憩现代农业园、红窑镇裕淮菇业和春雨芦笋园，调研农产品销售流通和农村地区疫情防控工作。县委书记时勇、县领导吉海参加调研。

11日　县召开经济开发区去行政化改革工作推进会，听取相关情况汇报，安排部署下一阶段工作。县委副书记、县长洪然，县领导李金平、王伟、孙以东、姜井旭、朱金文出席会议。

12日　县委书记时勇主持召开县委常委会（扩大）会议，传达学习市委七届十四次全会精神和省委《关于纪检监察监督与巡视巡察监督统筹衔接的工作办法（试行）》文件精神。县委副书记、县长洪然，县人大常委会主任张超，县政协主席姜杰等县四套班子领导出席会议。

13日　县委副书记、县长洪然主持召开县政府十六届第83次常务会议。县领导李金平、刘腾、马荣、姜井旭、马仁慧、吴勇、张川出席会议。县人大常委会副主任朱太伟、县政协副主席朱金文，部分县人大代表、政协委员列席会议。

14日　市委书记陈之常到涟水调研，强调涟水在淮安发展大局中具有举足轻重的作用，要认真落实“对标找差、补短强特、创新实干”要求，决战决胜全国百强县，为全市建设“绿色高地、枢纽新城”和长三角北部重要中心城市做出贡献。市委常委、市委秘书长李森，市委常委、常务副市长顾坤，县委书记时勇，县委副书记、县长洪然，县人大常委会主任张超，县政协主席姜杰等市县领导参加调研或座谈。

15日　县委书记时勇主持召开县委常委会（扩大）会议，传达学习市委书记陈之常14日到涟水调研讲话精神。县委副书记、县长洪然，县人大常委会主任张超，县政协主席姜杰等县四套班子领导出席会议。

16日　县委副书记、县长洪然深入长深高速涟水机场出入口和进场路沿线，调研环境整治提升工作,现场查看环境情况,听取整治方案介绍,对存在问题进行现场会办。副县长吴勇参加调研。

17日　县委书记时勇带队,实地督查推进全县城建交通类项目建设。县领导李金平、王伟、吴勇参加督查。

18日　县委书记时勇带队,专题调研文明城市和全域旅游示范区创建工作。县委常委、宣传部部长郎跃明,副县长马荣参加调研。

19日　县委书记时勇先后深入清涟大道健身步道,桃园小区西区改造,郑梁梅高中食堂改造、综合楼新建、排水系统升级改造,城东路背街小巷,深圳路美食街,朱码街道笪巷湿地乡村,涟水县健依植保专业合作社和大件垃圾分拣处理中心等项目现场,专题调研推进为民办实事项目。县领导李金平、吴勇、吉海参加调研。

20日　市委副书记张国梁带队调研涟水深化交邮融合推进城乡物流一体化发展工作。县委书记时勇,县委副书记、唐集镇党委书记李义翠,副县长吴勇参加调研。

22日　市政府召开疫情防控视频调度会,代市长史志军出席会议并讲话。县委副书记、县长洪然在涟水分会场汇报了全县疫苗接种工作情况,县领导马荣、朱金文在涟水分会场参加会议。

23日　县委书记时勇主持召开座谈会,专题研究推进高中教育高质量发展工作。县领导李金平、郎跃明、孙辉、马荣参加会议。

△　县委副书记、县长洪然主持召开全县土地征收成片开发方案编制情况汇报会,听取相关情况汇报,对下一阶段工作提出明确要求。县委常委、县经济开发区党工委书记王伟出席会议。

24日　全县争创省第十二届"双拥模范县"推进会召开,对创建工作进行再动员、再部署、再推进,确保争创省第十二届"双拥模范县"目标顺利实现。县委书记时勇出席会议并讲话。县领导李义翠、李金平、滕金霞、郎跃明、孙以东、吴芳剑、吉海参加会议。县委副书记李义翠主持会议。

25日　县委书记时勇专题调研人大工作,与县人大机关和镇街人大的同志座谈交流,共同谋划推动全县人大工作高质量发展,为涟水早日跻身全国百强县作出人大贡献。县人大常委会主任张超,县人大常委会副主任刘泽年、孙辉、朱太伟、周宏昌参加调研或座谈。

26日　县委副书记、县长洪然会见江苏鼎坤建设集团有限公司总经理李玉冲一行,共叙友谊、共商合作、共话未来,就拟合作项目有关问题和事项进行初步探讨。副县长马荣参加会见。

27日　县委副书记、县长洪然先后深入1808人防工程、海西路施工现场、科技文化中心和县污水处理厂,专题调研推进住建重点项目建设,听取项目进展情况汇报。副县长吴勇、吉海参加调研。

28日　县委书记时勇带队,冒雨深入县部分学校调研指导秋季开学前疫情防控工作。他强调,要深入贯彻习近平总书记关于疫情防控的重要指示精神,科学精准落实各项防控措施,不断提高学校疫情防控和应急处置能力,确保学校秋季学期平稳顺利开学。副县长马荣参加调研。

30日　县委常委会召开会议,传达学习全市组织部部长座谈会精神,听取《中共涟水县委2021年全面从严治党主体责任清单(讨论稿)》起草情况汇报,听取《县委常委意识形态工作责任清单(讨论稿)》起草情况汇报,听取《2021年全县高质量跨越发展考核办法(讨论稿)》《2021年度经济开发区高质量跨越发展考核办法(讨论稿)》《2021年度镇街、经济开发区党的建设考核办法(讨论稿)》《2021年度县直单位党的建设考核办法(讨论稿)》起草情况汇报。县委书记时勇主持会议。

31日　县委书记时勇以普通党员身份参加县委办党支部党史学习教育专题组织生活会,深入学习贯彻习近平总书记"七一"重要讲话精神,围绕"学党史、悟思想、办实事、开新局",与支部党员一起讨论交流。县委副书记、唐集镇党委书记李义翠参加会议。

9月

1日　市委副书记、代市长史志军到涟水调研推进农业农村工作。副市长董国喜,县委书记时勇,县委副书记、县长洪然参加调研。

2日　县委书记时勇专题调研政协工作。县政协主席姜杰,县委常委、统战部部长、县政协党组副书记刘双喜,县政协副主席鲁家宁、冯建华、杨春燕、朱金文参加调研或座谈。

4日　县委副书记、县长洪然主持召开2021年第16次县长办公会议。县领导李金平、马荣、姜井旭、马仁慧、吴勇、吉海、朱金文参加会议。

7日　县开展9月重点项目建设调度推进活动。县委书记时勇,县委副书记、县长洪然率队赴部分园区(镇街),对全县重点项目建设进行又一次集中检阅,持续掀起重特大项目攻坚热潮。县人大常委会主任张超、县政协主席姜杰等县四套班子领导参加活动。

8日　县委书记时勇,县委副书记、县长洪然分别带队,深入县部分学校开展走访慰问活动,向辛勤耕耘在教育一线的广大教师和教育工作者致以节日问候和诚挚祝福。县委常委、宣传部部长郎跃明,副县长马荣参加活动。

9日　全市城乡物流服务一体化工作推进会在涟水召开。会议以先观摩、后开会的形式举行,副市长赵权出席会议并讲话,县委书记时勇参加观摩,副县长吴勇参加会议。

10日　省委统战部常务副部长李国华一行到涟水,深入成集镇苏北小延安军旅小镇开展调研活动。市委常委、统战部部长赵正兰,县委副书记、县长洪然,县委常委、统战部部长刘双喜,县领导徐勇参加调研活动。

10—11日　县委书记时勇率队赴苏州开展招商引资活动,先后拜访和考察了中南高科常熟现代智造产业园、昆山欧德斯电子科技有限公司和昆山骏鼎达电子科技有限公司,宣传推介涟水,洽谈项目合作,谋求共赢发展。市政府副秘书长、淮昆台资合作产业园建设指挥部指挥长石颖,县委常委、县经济开发区党工委书记王伟参加活动。

12日　县委副书记、县长洪然深入县经济开发区专题调研改革创新工作。县领导王伟、孙以东、姜井旭、吉海、朱金文参加调研。

13日　县委书记时勇调研指导东

胡集镇工作，强调要找准发展定位，科学系统规划，负重奋进、迎头赶上，以高度的责任感和使命感，加快东胡集镇各项工作提标、提档、提速、提效，确保实现争先进位。县领导朱太伟、朱金文参加调研。

14日 县委书记时勇带队，深入高沟镇调研指导工作，为该镇加快推进经济社会高质量发展出谋划策。县领导吴建峰、马仁慧、朱金文参加调研。

15日 市委、市政府召开全市高质量发展和重特大项目"百日攻坚"动员大会。市委书记陈之常出席会议并讲话。代市长史志军主持动员大会。会议以视频形式召开，县委书记时勇，县委副书记、县长洪然在市主会场参加会议。张超等县四套班子领导在涟水分会场参加会议。

16日 省政协党组副书记、副主席阎立率部分省政协委员和农业科技专家到涟水开展"送科技下乡"活动。省政协科技委副主任、南京邮电大学党委书记刘陈，省政协科技委副主任顾汉德，市政协党组书记、主席戚寿余，市政协副主席、党组成员吉子俊，县委书记时勇，县政协党组书记、主席姜杰参加活动。

17日 县委副书记、县长洪然先后深入金陵广场项目建设工地、吾悦广场、东商城和新星旺燃气公司，专题开展安全生产大检查。

17—18日 江苏省委党史学习教育第四巡回指导组来涟水开展巡回指导工作，并召开汇报会，听取涟水县党史学习教育开展情况。省委党史学习教育第四巡回指导组副组长，省文联事业部主任万来存出席会议并讲话；市委常委、宣传部部长周毅，市委宣传部副部长、市社科联主席赵志鹏，市委党史学习教育领导小组办公室综合组副组长马新文出席会议；县委书记时勇主持会议并汇报涟水党史学习教育开展情况；县委副书记、县长洪然，县人大常委会主任张超，县政协主席姜杰等县委理论学习中心组党员领导参加会议。

18日 县召开防违治违工作专题推进会议，分析研判当前面临形势，深入剖析原因，强化整改措施，压紧压实责任，以高度的责任感、使命感和紧迫感，齐心协力打好防违治违攻坚战。县委副书记、县长洪然，副县长吴勇出席会议。

19日 县召开全域旅游标志标识体系规划评审会。县委副书记、县长洪然，县领导郎跃明、马荣、吴勇参加会议。

20日 县召开首届涟水芦笋节乡贤座谈会。县领导李义翠、刘双喜、姜井旭、杨春燕，上海胜努马国际贸易有限公司董事长、上海淮安商会副会长、上海涟水商会会长张德万，江苏亚欧建设有限公司董事长、无锡涟水商会会长范加胜，江苏中郡建设有限公司董事长、南京涟水商会会长孙立坤等领导和乡贤参加座谈会。

23日 2021中国农民丰收节江苏分会场暨首届涟水芦笋节在县红窑镇金鸡坨生态农庄开幕。中国农科院原院长翟虎渠，农业农村部科教司副司长孙法军，国家发改委农经司原巡视员胡恒洋，省委原副秘书长、省农村经济学会会长胥爱贵，省供销社一级巡视员、江苏苏合集团党委书记兼集团董事长徐筱棣，省农业农村厅二级巡视员张学平，省农业科学院副院长孙洪武，市委常委、常务副市长顾坤，中国园艺学会芦笋分会理事长陈光宇，县委书记时勇，县委副书记、县长洪然，县人大常委会主任张超，县政协主席姜杰等领导和嘉宾出席活动。

△ 全县招商引资百日竞赛活动动员大会在县大剧院召开。县委书记时勇出席会议并讲话。县委副书记、县长洪然主持会议，张超、姜杰等县四套班子领导出席会议。

24日 县委书记时勇主持召开县委书记专题会议，听取县委第十五轮巡察工作汇报，研究部署下一阶段县委巡察工作。县委副书记、县长洪然，县领导李义翠、刘永军、孙以东参加会议。

25日 中国共产党淮安市第八次代表大会开幕。会议以现场直播方式举行，县委书记时勇，县委副书记、县长洪然，县人大常委会主任张超在市主会场参加会议，县政协主席姜杰等县四套班子领导在涟水分会场参加会议。

27—28日 县委副书记、县长洪然在泰州兴化和扬州等地开展招商推介。县政府办等相关单位负责人参加招商考察活动。

28日 县委书记时勇主持召开县委常委会(扩大)会议。传达学习市第八次党代会、市委八届一次全会和市纪委八届一次全会精神；传达学习全市高质量发展和重特大项目"百日攻坚"动员大会精神；传达学习国家监委《中华人民共和国监察法实施条例》精神；传达学习省、市政法领域全面深化改革推进会精神；听取《涟水县生态环境保护责任清单(讨论稿)》起草情况汇报；听取《巡察整改"三述两评一公开"实施方案(讨论稿)》起草情况汇报；通报全县1—8月主要经济指标完成情况，听取四大指挥部工作开展情况汇报。

29日 县委书记时勇带队赴镇江、南京等地，先后考察蜂巢易创产业园、南京启联钢结构工程有限公司和新铭精密机械有限公司，面对面宣传推介涟水，点对点了解企业动态，马不停蹄开展精准招商，争分夺秒推动项目落地。县委常委、县经济开发区党工委书记王伟参加考察。

30日 县在县烈士陵园纪念碑前纪念广场举行烈士纪念日公祭活动。县委书记时勇，县委副书记、县长洪然，县人大常委会主任张超，县政协主席姜杰等县四套班子领导和烈属代表、复退军人代表以及社会各界代表出席公祭活动。副县长吉海主持公祭活动。

10月

1日 县委副书记、县长洪然先后深入陈师街道、成集镇、梁岔镇和高沟镇，调研安全生产、农房改善项目、街道环境、河道环境整治等工作。县政协副主席、县工信局局长朱金文参加活动。

5日 县委书记时勇带队督查指导大气污染防治工作。副县长吉海参加督查。

8日 县委书记时勇深入县部分镇街，专题调研特色田园乡村创建工作。县领导李义翠、吉海参加调研。

8—9日 晶澳科技高级副总裁孙广彬、东风保安集团董事长王智勇、双元教育集团董事长张兴雷一行到涟水考察洽谈。兴业银行淮安分行行长陈磊,县委书记时勇,县委副书记、县长洪然,县委常委、县经济开发区党工委书记王伟,副县长马荣参加活动。

10日　县委书记时勇会见到涟水考察的吴江区中茂织造有限公司董事长吴忠一行,双方就拟合作项目进行座谈交流。副县长吉海主持座谈会。

10—11日　县委副书记、县长洪然率队赴上海和南通等地开展招商活动。县政府办、财政局等相关单位负责人参加活动。

11日　县委书记时勇,县委副书记、县长洪然一行赴常熟市考察波司登控股集团,见证签约投资31亿元的波司登重大工业项目。波司登控股集团董事局主席兼总裁高德康,波司登控股集团执行总裁刘卫,县领导姜井旭、朱金文参加签约。

12日　2021涟水(苏州)先进制造业招商推介会在苏州市吴江区举行。县委书记时勇出席推介会并致辞。苏州市淮安商会会长吴晓涛,江苏大图正元数控设备有限公司董事长王玉林,苏州市青草巷有限公司董事长周轶,副县长姜井旭,县政协副主席、县工信局局长朱金文等领导和嘉宾参加推介会。朱金文主持推介会。

12—13日　县委书记时勇率队赴苏州、湖州、杭州开展招商考察活动。县领导姜井旭、朱金文参加活动。

13—14日　全国人大代表,省人大常委会副主任、党组副书记陈震宁率队到涟水调研考察。市人大常委会常务副主任、党组副书记唐道伦,市人大常委会秘书长陈步公,县委书记时勇,县人大常委会主任、党组书记张超,副县长、红窑镇党委书记吉海参加调研活动。

14日　省政府副秘书长、办公厅主任谢润盛一行到涟水调研。市政府副秘书长、办公室主任黄克清,市政府副秘书长张伟,县委书记时勇,县领导储春祥、吉海参加调研。

△　县委书记时勇,县委副书记、县长洪然分别带队开展老年节慰问活动,走访慰问县部分养老机构老人、百岁老人、新中国成立前老党员和军转干部,向他们致以节日问候和美好祝福。副县长吉海参加慰问活动。

15日　全市安全生产工作暨危险化学品安全生产排查整治专项行动紧急会议召开。市委副书记、代市长史志军出席会议并讲话。市委常委、常务副市长顾坤主持会议。县委副书记、县长洪然,县委常委、常务副县长李金平,县政协副主席、工信局局长朱金文在涟水分会场参加会议。

18日　县委书记时勇主持召开县委统一战线工作领导小组会议。会议传达学习《中国共产党统一战线工作条例》相关精神,听取《关于进一步健全完善县委统一战线工作领导小组职责任务和运行机制的意见(讨论稿)》起草情况汇报。县领导李义翠、李金平出席会议。

△　县召开全县国企改革三年行动推进会,县委副书记、县长洪然出席会议并讲话。县委常委、常务副县长李金平,县政协副主席、县工信局局长朱金文出席会议。李金平主持会议。

19日　县举办纪法专题宣讲暨纪法宣讲“千百万”行动专题党课。县委书记时勇以《讲政治 严纪律 强作风 以深化全面从严治党护航“冲刺百强县”新征程》为题,为全县党政机关领导干部上一堂廉政党课。洪然、张超、姜杰等县四套班子领导聆听党课。

20—21日　县委书记时勇率队赴上海、浙江开展招商考察活动,通过洽谈磋商、实地考察等方式与企业精准对接,推进项目尽快落地。县领导王伟、姜井旭、朱金文参加活动。

22日　县政协十届二十三次常委会会议召开,会议专题协商电子信息产业发展工作。会议由县政协主席姜杰主持,县政协副主席鲁家宁、冯建华和秘书长庞峰等参加会议。

24日　通鼎集团董事长沈小平一行到涟水考察。副市长王向红,县委书记时勇,县委常委、县经济开发区党工委书记王伟参加活动。

25日　县委书记时勇带队先后深入唐集镇镇区、月塔村、沈费村、大桥村、周程村和南集镇范荡村、王圩村、皂角村、南集居委会等地,通过听取汇报、实地查看、入户走访等方式,详细了解村容村貌提升、特色田园乡村打造等工作开展情况。县委副书记、县长洪然,县委副书记、唐集镇党委书记李义翠,副县长、红窑镇党委书记吉海参加观摩。

26日　县委书记时勇深入“两在两同”建新功行动基层党建联系点开展走访调研活动。县委常委、组织部部长孙以东参加调研。

27日　县委书记时勇专题推进大运河“百里画廊”专项规划编制工作。县委副书记、县长洪然,县委常委、宣传部部长郎跃明参加活动。

28日　涟水县绿色食品产业推介会在今世缘酒业举行。县委副书记、县长洪然,县政协副主席、县工信局局长朱金文,海口市商务局副局长陈人生,海南椰树集团有限公司区域总监刘兆敏等领导和嘉宾出席推介会。朱金文主持会议。

29日　2021年三季度全市宣传思想文化工作交流现场会在涟水举行。市委常委、秘书长、宣传部部长李森,市委宣传部常务副部长杨恒忠,副部长赵志鹏、杨静、张建闯、曾业桃,县委书记时勇,县委常委、宣传部部长郎跃明和其他县区、园区相关负责人出席活动。

30日　县召开党外干部座谈会。县委书记时勇出席会议并讲话。县领导刘双喜、孙以东、孙辉、马荣、杨春燕、朱金文参加会议。县委常委、组织部部长孙以东主持会议。

11月

1日　市委、市政府举行全市开发园区改革创新拉练暨当前经济形势分析会。县委书记时勇汇报相关情况并代表涟水接受“淮安市重特大项目攻坚季度优胜县区”流动红旗颁奖。县委副书记、县长洪然,县委常委、县经济开发区党工委书记王伟参加活动。

3日　市委副书记、代市长史志军到涟水,为全县党员干部作纪法宣讲“千百万”行动专题党课。县委书记时勇主持党课,县人大常委会主任张超等县四套班子领导参加党课。

3—4日　县委副书记、县长洪然深入苏州市、安徽省黄山市开展项目招引和推进活动，先后考察昆山市春阳集团、京群焊材和黄山市博蓝特半导体三家企业，详细了解所考察企业的发展历程、主营产品优势和产业布局，在前期精准对接洽谈的基础上，就双方即将合作项目进行深度交流。县委常委、县经济开发区党工委书记王伟参加活动。

5日　淮安市落实2021年省政府民生实事"建设45个家庭教育指导服务示范社区"工作现场观摩推进会在涟水召开。市政府副秘书长张柏，市政府妇儿工委副主任、市妇联主席王娟，各县区政府（园区管委会、管理办）分管负责人、妇联相关负责人等参加活动。县领导孙以东、徐勇出席相关活动。

6日　县委书记时勇主持召开市对县考核指标过堂推进会。县委副书记、县长洪然，县人大常委会主任张超，县政协主席姜杰等县四套班子领导参加会议。

8日　县开展重点项目拉练推进活动。县委书记时勇，县委副书记、县长洪然率队，利用一天时间，现场推进32个重点项目建设，进一步传导压力、增强动力、激发活力，促进形成"比、学、赶、超"的浓厚发展氛围。县人大常委会主任张超、县政协主席姜杰等县领导参加活动。

9日　县委书记时勇主持召开全县11月份重点项目建设调度推进会。县委副书记、县长洪然，县人大常委会主任张超，县政协主席姜杰等县四套班子领导出席会议。

10日　涟沭接合部片区整体帮促工作会议在涟水召开。副省长潘贤掌出席会议并讲话。省政府副秘书长、办公厅（参事室）主任谢润盛，省政府副秘书长诸纪录，省农业农村厅厅长杨时云，省乡村振兴局局长朱国兵出席会议。市委副书记、代市长史志军，市委副书记赵正兰，县委书记时勇，县委副书记李义翠，县委副书记、省委驻涟帮促工作队队长储春祥，以及省市县相关部门负责人参加会议。谢润盛主持会议。

11日　2021年度全县国土空间规划委员会第3次会议召开。县委书记时勇，县委副书记、县长洪然，县委常委、常务副县长李金平参加会议。

12日　全国台企联常务副会长陈锦龙、全国台企联副会长孙佳钧等客商到涟水参观考察。县委书记时勇，市台办副主任王睿，县委常委、县经济开发区党工委书记王伟，县委常委、统战部部长刘双喜参加活动。刘双喜主持考察座谈会。

13日　县委副书记、县长洪然亲切会见到涟水参观考察的深圳城市产业发展集团董事长刘宁、深圳城市产业发展集团首席战略官李忠宏等客商，并就双方合作事宜进行座谈交流。副县长马荣参加活动。

14日　淮安海关关长董钧、副关长李琰等一行到涟水开展调研工作，深入涟水红日港，详细了解港口运营情况，并召开座谈会，对涟水外贸进出口工作进行业务指导。县委副书记、县长洪然，副县长姜井旭、吴勇参加活动。

15日　县委书记时勇到大东镇调研后进党委整顿转化工作。县委常委、组织部部长孙以东，县政协副主席冯建华参加调研。

16日　市委常委、政法委书记周青带队，到涟水调研推进政法工作。县委书记时勇，县委常委、政法委书记吴芳剑，副县长、县公安局局长马仁慧参加调研。

17日　县委书记、县选举委员会主任时勇先后深入高沟镇、朱码街道和涟城街道，实地查看选民榜、了解选民登记、选区划分及初步候选人公示等情况，并听取换届选举工作情况汇报。县人大常委会主任、县选举委员会副主任张超，县人大常委会副主任、县选举委员会副主任刘泽年参加调研。

18日　省生态环境厅党组成员、副厅长潘良宝带队到涟水，调研指导生态环境保护工作。市政府副秘书长张伟，县委副书记、县长洪然，副县长吉海参加调研。

19日　县委常委会召开会议，传达学习省委常委、省纪委书记、省监委主任王常松到淮安调研座谈会讲话精神；传达学习全省纪检监察信息化工作现场推进会精神；传达学习市委《关于加强对"一把手"和领导班子监督的实施办法》文件精神；听取涟水县第十届工商联（总商会）和红十字会第二届理事会换届工作情况汇报。县委书记时勇主持会议。

20日　县召开十二届县委党的建设工作领导小组第一次会议暨基层党（工）委书记项目推进会。县委书记时勇出席会议并讲话。县领导李义翠、刘永军、王伟、郎跃明、孙以东、吉海参加会议。

21日　县委书记时勇主持召开县委常委会（扩大）会议，学习传达省委十三届十一次全会精神，传达市委、市政府《关于支持涟水县加快建设全国百强县的意见》精神。

22日　全县征收扫尾工作推进会召开。县委副书记、县长洪然出席会议并讲话。副县长吴勇主持会议并对下一阶段工作提出具体要求。

27日　县委副书记、县长洪然主持召开2021年第19次县长办公会议。县领导李金平、马荣、姜井旭、马仁慧、吴勇、吉海、朱金文参加会议。

28日　县召开县镇两级人大换届投票选举阶段工作会议。县委书记、县选举委员会主任时勇，县人大常委会主任、县选举委员会副主任张超，县委常委、组织部部长孙以东，县人大常委会副主任、县选举委员会副主任刘泽年出席会议。

29日　县委召开全县领导干部会议，传达学习省第十四次党代会精神和许昆林等领导参加淮安代表团审议时的讲话等精神。县委书记时勇强调，全县上下要认真学习贯彻落实省党代会精神。县委副书记、县长洪然，县人大常委会主任张超，县政协主席姜杰等县四套班子领导参加会议。

30日　县委书记时勇带队深入石湖镇，现场观摩农村人居环境整治工作，总结工作成效，查摆问题不足，进一步明确工作方向，持续巩固拓展整治成效，全力推动全县农村人居环境整治迈上新台阶。县委副书记、唐集镇党委书记李义翠参加观摩活动。

△　"淮安书房"涟水中央城店正式建成开业。市委宣传部副部长、市新闻出版局（版权局）局长杨静，河北省作家协会副主席胡学文，江苏凤凰新华书

店集团有限公司淮安市分公司党支部书记、总经理、市发行协会会长王伟,市委宣传部出版发行处处长陈冬梅,县委常委、宣传部部长郎跃明参加活动。

12月

1日 由省委组织部组织二处二级调研员余祥明率领的省对市党管武装和双拥工作延伸考核组一行到涟水,通过听取汇报、查看台账、现场了解等方式,对涟水相关工作进行考核。市委组织部副部长赵进,淮安军分区政治工作处主任朱立军,县委副书记、县长洪然,县委常委、县人武部政委滕金霞,县委常委、组织部部长孙以东等参加活动。

1—2日 县委书记时勇赴常州市、黄山市等地开展招商考察,宣传推介涟水,对接洽谈项目,拓展合作空间,为涟水冲刺百强县蓄势赋能。县委常委、县经济开发区党工委书记王伟参加活动。

3日 县举办县镇两级人大代表换届选举投票。县委书记时勇,县委副书记、县长洪然,县人大常委会主任张超,县政协主席姜杰等县四套班子领导分别以普通选民的身份到所在选区投票站参加投票。

8日 县委书记时勇主持召开市对县考核指标过堂推进会,对各项考核指标进行再研究、再推进、再督促。县委副书记、县长洪然,县人大常委会主任张超,县政协主席姜杰等县四套班子领导参加会议。

9日 新疆生产建设兵团第七师一二七团党委书记、政委辛建华一行到涟水考察。县委书记时勇,县领导李金平、孙以东出席考察座谈会。

11—13日 市委举办学习贯彻中共十九届六中全会精神暨"学党史 开新局"专题读书班。市领导陈之常、史志军、戚寿余、赵正兰、李森、吴晓丹、顾坤、孙虎、王逍霄、张立军、唐道伦等出席。会议以视频会议形式召开。县委书记时勇,县委副书记、县长洪然,县人大常委会主任张超,县政协主席姜杰等县四套班子领导在涟水县分会场参加会议。

13日 县委副书记、县长洪然主持召开县政府十六届第89次常务会议。县政府领导李金平、马荣、姜井旭、马仁慧、吴勇、徐勇出席会议。县人大常委会副主任周宏昌、县政协副主席朱金文应邀出席会议,部分县人大代表、县政协委员列席会议。

14日 县委书记、县级总河长时勇先后深入陈师街道、朱码街道、岔庙镇等地,开展河长制巡查工作。副县长吉海参加巡查。

15日 县召开2021年度综合考核工作汇报会。市考核组组长、市发改委党组书记、市发改委主任、市粮食和物资储备局局长蒋继贵,市委组织部综合考核处处长付浩,时勇、洪然、张超等县四套班子领导出席会议。时勇主持会议。

17日 县召开国土空间总体规划和历史建筑普查方案编制工作汇报会。县委书记时勇,县委副书记、县长洪然,县领导马荣、吴勇出席会议。

17—19日 县举办2021年度乡科级党政正职领导干部综合能力提升班。县委书记时勇,县委常委、组织部部长孙以东出席。

18日 县委书记时勇到县委党校进行专题调研。县委常委、组织部部长、县委党校校长孙以东参加调研。

20日 县召开"学党史 开新局"专题研讨会。县委书记时勇主持会议并讲话。洪然、张超、姜杰等县四套班子领导参加会议。

23日 县委书记时勇主持召开全县督查激励事项争创申报工作推进会。县委副书记、县长洪然,县委常委、常务副县长李金平,副县长马荣、姜井旭、吴勇、吉海参加会议。

25日 县委书记时勇主持召开县委常委会(扩大)会议,传达学习中央经济工作会议、省委经济工作会议精神;传达全国宗教工作会议精神;传达省委人才工作会议精神;听取《关于大力开展富民强村帮促行动接续推进乡村全面振兴的实施意见(讨论稿)》起草情况汇报;听取2022年政府工程类项目投资计划编排工作情况汇报;通报全县主要经济指标完成情况;听取四大指挥部工作开展情况汇报。

27日 市委常委、统战部部长吴晓丹到涟水调研统战工作。市委统战部常务副部长、市社会主义学院院长王子政,县委书记时勇,县领导刘双喜、徐勇参加调研。

28日 中国共产党淮安市第八届委员会第二次全体会议召开。会议采取视频会议形式召开。县委书记时勇,县委副书记、县长洪然在市主会场参加会议。县人大常委会主任张超,县政协主席姜杰等县四套班子领导在涟水分会场收听收看。

29日 市委常委、淮安军分区政委张立军率队到涟水考察人武部党委第一书记党管武装工作。县委书记、县人武部党委第一书记时勇作述职报告。市委组织部副部长罗高阳,军分区动员处处长刘波,军分区政治工作处主任朱立军,县领导滕金霞、孙以东,县人武部部长李广栋参加会议。

30日 中国共产党涟水县第十二届委员会第二次全体会议召开。会议高举习近平新时代中国特色社会主义思想伟大旗帜,深入学习贯彻中共十九大和十九届历次全会精神,按照中央经济工作会议、省第十四次党代会、省委经济工作会议、市第八次党代会、市委八届二次全会部署要求,回顾总结2021年工作,研究部署2022年任务。全会由县委常委会主持。在上午举行的第一次全体会议上,县委书记时勇代表县委常委会作题为《勇担光荣使命 奋力跨越赶超 以优异成绩迎接中共二十大胜利召开》的工作报告。县委委员、候补委员出席会议。

31日 县委副书记、县长洪然主持召开座谈会,就《政府工作报告(征求意见稿)》征求县部分人大代表、政协委员意见。县人大常委会副主任周宏昌、县政协副主席杨春燕出席会议。

中共涟水县委员会

LIANSHUI COUNTY COMMITTEE OF THE COMMUNIST PARTY OF CHINA

- 重要会议
- 重大决策
- 重要活动
- 组织工作
- 宣传工作
- 统战工作
- 巡察监督
- 机构编制
- 老干部工作
- 党史研究
- 党校教育
- 对台事务
- 保密工作

编辑:彭亚君

重 要 会 议

【全县“苦干新五年，冲刺百强县”动员部署暨2020年度高质量跨越发展考核总结大会】 2021年2月18日在县委政法委六楼会议室召开。县委书记时勇出席会议并发表讲话。县委副书记、县长洪然主持会议，县人大常委会主任张超、县政协主席姜杰等县四套班子全体领导出席会议。县人民法院院长、检察院检察长；县委各部委办、县各委办局、县各企事业单位、县各人民团体主要负责人；相关受表彰代表，会议交流发言单位主要负责人在主会场参会。经济开发区、各镇（街道）副科级以上干部，各村（居）、社区党组织书记在各镇街分会场听会。时勇指出，2020年，全县上下坚持以习近平新时代中国特色社会主义思想为指导，全面贯彻落实中央和省市各项决策部署，扎实做好“六稳”工作，全面落实“六保”任务，统筹推进疫情防控和经济社会发展，交出一份难能可贵的成绩单，全面小康取得决定性胜利，项目建设取得突破性进展，城乡融合迈出关键性步伐，改革开放走出创造性路子，民生福祉实现稳定性提升，全县政治生态持续向好，干群精神面貌持续向上，高质量发展动能持续增强，社会和谐稳定局面持续巩固。时勇强调，要把“苦干新五年，冲刺百强县”作为担当使命的政治任务，切实增强“从全局谋划一域，以一域服务全局”意识，致力在奋进新征程的道路上争当表率、争做示范、走在前列，确保在全市率先迈入全国百强县行列。要深入推进信息化和工业化“两化融合”，大力发展“云上服务”“线上消费”“夜间经济”，统筹做好农业+休闲观光+精深加工+农村电商融合文章，进一步做大做强特色优势产业，力争创成更多国家和省级园区。要全力以赴攻坚重大项目，更加注重“定点”“定链”“定向”招商，用好项目建设“四色销号图”，抓好“1+4”项目长和“月过堂、季评比、半年观摩”等制度落实，强化项目产出刚性约束，全面提升招引项目投入产出率、亩均贡献率、规上企业转化率。要大力拓展城镇发展空间，打好全国文明城市创建攻坚战、持久战，抓好棚户区、老旧小区和背街小巷等薄弱环节“微整治”。要持续打好蓝天、碧水、净土三大保卫战，持续抓好农房改善工作，统筹推进农村“垃圾革命”“污水革命”“厕所革命”和“屋顶革命”，充分挖掘涟水自然资源、红色资源、文化资源，积极创建省级全域旅游示范区。要认真抓好各项民生工程、各类惠民实事，全面提升教育文化、医疗就业、社保养老等公共服务水平，全力巩固脱贫攻坚成果，毫不松懈抓好常态化疫情防控，巩固深化扫黑除恶专项斗争成果。县委副书记李义翠宣读全县高质量跨越发展考核工作表彰决定，通报2020年度考核实绩较差单位；县委常委、常务副县长李金平解读《涟水县“发展高质量、冲刺百强县”三年行动方案（2021—2023年）》；县经济开发区、高沟镇、工信局、发改委、农业农村局作交流发言，岔庙镇、大东镇、县委统战部、政法委、县民政局、人社局、残联、住建局作表态发言。

2021年2月18日，全县“苦干新五年，冲刺百强县”动员部署暨2020年度高质量跨越发展考核总结会召开　　（嵇永新　吴　燮　摄）

【庆祝中国共产党成立100周年座谈会暨“两优一先”表彰会议】 2021年7月1日召开。县委书记时勇出席会议并讲话。时勇强调，要深入学习贯彻习近平总书记在庆祝中国共产党成立100周年大会上的重要讲话精神，进一步动员和激励全县广大党员干部传承红色基因，赓续百年精神，在全面建设社会主义现代化的目标引领下接续奋斗，为“苦干新五年，冲刺百强县”汇聚磅礴力量。县委副书记、县长洪然主持会议，县人大常委会主任张超、县政协主席姜杰等县四套班子领导出席会议。会上，时勇、洪然、张超、姜杰等县领导为优秀共产党员、优秀党务工作者和先进基层党组织代表颁发证书、奖牌，县委副书记、唐集镇党委书记李义翠宣读《中共涟水县委关于表彰优秀共产党员、优秀党务工作者和先进基层党组织的决定》，受表彰代表进行发言。

【中国共产党涟水县第十二次代表大会】 2021年7月27—28日，中共涟水县第十二次代表大会在涟水大剧院举行。大会应出席代表273人，实到265人。时勇、洪然、李义翠、李金平、刘永军、滕金霞、王伟、刘双喜、郎跃明、孙以东、吴芳剑等大会主席团常务委员会成员在主席台前排就座。原县四套班子领导，不是代表的第十一届县委委员、候补委员，不是代表的上届县纪委委员、县政府党员领导干部、条管单位负责人、县直属单位和下一级党组织的主要负责人，民主党派主要负责人和有一定影响的无党派代表人士，省委驻涟帮扶工作队队员列席大会。7月27日上午9时，会议正式开始。全场起立，高唱《义勇军进行曲》。县委副书记、县长洪然主持会议。县委书记时勇代表中共涟水县第十一届委员会向大会作题为《启航新征程 建功新时代 朝着全国百强县目标阔步前行》的报告。中共涟水县纪律检查委员会向大会作题为《聚焦高质量 聚力促发展 为涟水早日跻身全国百强县提供坚强保障》的书面工作报告。时勇指出，会议的主要任务是高举习近平新时代中国特色社会主义思想伟大旗帜，深入贯彻中共十九大和十九届二中、三中、四中、五中全会精神，全面落实习近平总书记系列重要讲话特别是视察江苏重要讲话指示精神，回顾总结过去五年工作，研究部署未来五年任务，选举产生中国共产党涟水县第十二届委员会和纪律检查委员会，动员全县各级党组织和广大党员干部，启航新征程，建功新时代，朝着全国百强县目标阔步前行，奋力开创涟水高质量跨越发展新局面。时勇强调，围绕未来五年总体部署和奋斗目标，要始终保持“归零”心态、“冲刺”姿态、“赶考”状态，突出重点、扭住关键、精准发力，在更高层次上推动涟水经济社会高质量跨越发展。要坚持转型升级不动摇，铸强工业支柱、彰显农业特色、做优服务业品质，全面提升产业发展质效；要坚持扩大开放不动摇，狠抓招商引资、强化项目建设、建优载体平台，着力增创区域竞争优势；要坚持改革创新不动摇，深化综合改革、推进科技创新、优化营商环境，充分激发经济发展活力；要坚持城乡统筹不动摇，完善城市综合功能、加快建设美丽乡村、打造绿色生态环境，全面彰显美丽涟水魅力；要坚持富民惠民不动摇，大力度促进居民增收、广覆盖完善社会保障、高水平发展社会事业，持续增进人民群众福祉。

7月28日上午，中国共产党涟水县第十二次代表大会在雄壮的《国际歌》声中胜利闭幕。大会选举产生新一届县委和县纪律检查委员会，通过关于县委报告的决议、关于县纪律检查委员会工作报告的决议。时勇主持会议并发表讲话。

2021年7月27日，中国共产党涟水县第十二次代表大会举行 （县委办 供稿）

【县委十二届二次全会】 2021年12月30日在县交通局三楼会议室召开。全会由县委常委会主持。12月30日上午，举行第一次全体会议，县委书记时勇代表县委常委会作题为《勇担光荣使命 奋力跨越赶超 以优异成绩迎接中共二十大胜利召开》的工作报告。县委委员、候补委员出席会议。时勇提出，2022年是中共二十大召开之年，也是全面落实省市党代会精神的关键之年，做好明年工作，事关全局、事关长远、意义重大。要坚持以习近平新时代中国特色社会主义思想为指导，深入学习贯彻中共十九大和十九届历次全会精神，全面落实中央经济工作会议、省第十四次党代会、省委经济工作会议、市第八次党代会、市委八届二次全会决策部署，深刻把握“稳字当头、稳中求进”要求，聚焦“申创国家级经开区，加快建成全国百强县”奋斗目标，用好“对标找差、补短强特”科学方法，秉持“见第一就争、见奖杯就夺、见红旗就扛、见红榜就上”的“四见”精神，统筹疫情防控和经济社会发展，统筹发展和安全，扎实抓好稳增长、调结构、推改革、惠民生等各项工作，努力以优异成绩迎接中共二十大胜利召开。时勇强调，2022年要坚定不移打造产业集群，突出工业主导，放大农业特色，提升服务业品质，加快构建战略性新兴产业引领、先进制造业主导、现代服务业驱动的现代产业体系。要内外兼修推进城乡融合，坚持一体化导向，发挥规划引领作用、完善城市综合功能、提升美丽乡村内涵、打造绿色生态环境，统筹推进城市、镇街和乡村建设，打造和谐宜居、充满活力的美丽涟水。要用心用情增进民生福祉，健全高水平社会保障体系、高品质公共服务体系、高效能社会治理体系，大力兴办民生实事，加快补齐民生短板。要牢牢守住安全发展底线，全面贯彻落实总体国家安全观，科学精准做好疫情防控工作，毫不松懈抓好安全生产整治，着力防范化解各类金融风险，坚决打好防范化解风险挑战的主动仗、主攻仗。要认真落实新时代党的建设总要求，大力弘扬伟大中国共产党成立精神，纵深推进全面从严治党，突出立根铸魂，夯实理想信念根基，持续正风肃纪，营造良好政治生态，不断提升党的建设质量和水平。与会同志认真讨论、审议县委工作报告和《中国共产党涟水县第十二届委员会第二次全体会议决议（草案）》。

12月30日下午，举行第二次全体会议，县经济开发区、高沟镇、县工信局、县交通运输局、县教体局等镇街（园区）、部门作大会发言。会议通过《中国共产党涟水县第十二届委员会第二次全体会议决议》。就贯彻落实全会精神，时勇强调，要深入学习宣传贯彻全会精神，把学习宣传贯彻全会精神作为一项重要政治任务，精心组织、周密安排，引导全县上下把思想和行动统一到中央和省市委各项要求上来，把智慧和力量凝聚到“申创国家级经开区、加快建成全国百强县”光荣使命上来，进一步造浓凝心聚力谋跨越、众志成城促赶超的氛围。不是县委委员、候补委员的县人大、县政府、县政协领导人;县法院、县检察院主要负责人;其他在职县处级领导人;部分原担任过县处级领导

2021年12月30日,中国共产党涟水县第十二届委员会第二次全体会议召开

(县委办　供稿)

职务的老干部;县纪委委员;省市委驻涟水帮促工作队队员;县经济开发区管委会主要负责人,各镇(街道)党政主要负责人,循环经济产业园发展服务中心主要负责人;县委各部委办、县各委办局、县各企事业单位、县各人民团体主要负责人列席会议。　(陈　雷)

重大决策

【经济发展】 2021年,县委在经济发展方面的主要决策有:牢牢抓住项目"牛鼻子",努力挺起产业"硬脊梁",发展后劲不断增强,县域经济综合竞争力上升到全国132名、进位38名。全年实现地区生产总值625亿元、比上年增长10.5%,一般公共预算收入26.5亿元、增长10.5%,规上固定资产投资206.4亿元、增长15%,社会消费品零售总额234亿元、增长14%,城乡居民人均可支配收入分别达36580元、20448元,增长9.5%、11%。规上工业总产值、规上工业增加值、规上工业投资、规上工业应税开票销售收入、全部工业入库税金分别增长38%、25%、35%、31%、22%,其中四大工业主导产业产值增长40%、占比56%,新培育规上工业企业45户、销售超亿元企业6户、税收超千万元企业4户;新增土地流转面积15万亩、高标准农田10万亩,创成中央农作物秸秆综合利用重点县,入选全国农业科技现代化先行县共建名单,红窑镇跻身国家级农业产业强镇,高沟胡窑获评全国"一村一品"示范村;五岛湖文旅区通过国家AAAA级景区复核验收,"苏北小延安"军旅小镇建成开园,滨河吾悦广场开工建设,实现服务业增加值151.3亿元,入选国家级电子商务进农村综合示范县创建名录。深入开展重特大项目攻坚拉练,按季评选"红旗单位""红旗项目"和"蜗牛单位""蜗牛项目",新招引亿元以上项目75个,新开工、新竣工亿元以上项目均超60个,波司登智能服装生产等项目签约落地,今世缘智能化酿酒陈贮中心等项目进展顺利,国中芯封测等项目建成投产,连续3次荣获全市"重特大项目攻坚季度优胜县区"流动红旗。

【改革开放】 2021年,县委在改革开放方面的主要决策有:坚持以改革破解难题,以创新集聚优势,以开放激发活力,发展动能加速释放。持续深化"放管服"改革,新生儿出生"一件事"改革实现跨县域通办,财政奖补集成服务改革事项上线率、业务受理量和办结率全市第一;深入推进国企改革三年行动,国资监管制度及内控体系不断完善;稳步推进开发区去行政化和赋权制度改革,在全市首家成立产业招商公司并实体化运作;稳妥推进农村集体经营性建设用地入市试点,完成首宗土地挂牌交易。深入开展外资招商,注册外资实际到账1.4亿美元,其中台资7181万美元、连续6年位居全市第一;着力推动外经外贸稳定增长,完成货物贸易进出口总额3.68亿美元、增长38.3%,增速排名全市第二;充分激发园区活力,县经济开发区在全省考核中连续三年实现进

2021年3月10日,新生儿出生"一件事"服务套餐超1000件新闻发布会召开

(县委办　供稿)

位。完成研发投入10.8亿元、增长21.9%，新培育国家高新技术企业17户，新认定省级工程技术研究中心1个、市级工程技术研究中心8个，实现专利授权1698件，新增注册商标企业439户，高新技术产业产值占比达20.1%，汉门电子等11户企业获得国家“两化融合”贯标；入选省“双创计划”5人，引进“名校优生”51人。创新推出重大产业项目快落地“涟7条”，打造“企速立”等政务服务品牌30余个，“双随机、一公开”部门参与数、跨部门联合检查对象数等指标全市第一，首次荣登全国营商环境百强榜、全市唯一；认真落实国家减税降费政策，新增减税降费1.72亿元，兑现实体经济奖励资金4800万元；在全市率先建立“金融管家”机制，为290余家企业发放贷款4.5亿元。

【城乡建设】 2021年，县委在城乡建设方面的主要决策有：围绕淮安中心城市副中心定位，积极开展全国文明城市创建，精心描绘城乡“美景图”。实施重点城建交通项目51个，新建绿色小客厅6个，整治背街小巷5条，改造老旧小区10个，现代名流、银杏花园2个小区被评为省级宜居示范居住区；整治黑臭水体4条，全面消除建成区污水管网空白区；新开工棚户区改造1882套，交付安置房5400套，6个历史存量地块实现搬迁清零；涟水湖应急备用水源地通过验收，清水路等市政道路加快建设，科技文化中心入选省级美丽宜居城市建设试点项目，长深高速机场出口与进场路环境整治高标准完成；327省道涟水南环段建成通车，老淮涟路改造主体完工，涟水港二期即将投运，朱码节制闸拆建工程完成通水验收，城乡交通运输一体化发展水平获得全省5A等次，创成全省农村物流示范县。滚动实施农房改善项目45个，惠及农户1.75万户，综合绩效全市第一；累计创成黄营朱桥、红窑苗戴等省级特色田园乡村5个，高沟大胡、五港前营等市级特色田园乡村9个，数量全市最多；建成朱码韩陈、高沟墩南、成集法华等绿美村庄8个、美丽宜居村庄85个，唐集月塔入选第四批省传统村落名录。大气污染防治综合考核全市第一，$PM_{2.5}$浓度下降15.8%，空气质量优良天数上升6.7%；水污染防治超额完成任务，农村生活污水治理行政村、自然村、农户覆盖率分别达82.5%、38.8%、35.5%，6个国省考察断面水体优Ⅲ比例达67%，其中幸福大桥断面首达Ⅱ类水体标准。

【社会保障】 2021年，县委在社会保障方面的主要决策有：坚持以人民为中心的发展思想，统筹做好保障和改善民生工作，人民群众获得感幸福感安全感持续提升。全面落实援企稳岗政策，开展技能培训1.24万人次，发放创业贷款1.51亿元、稳岗补贴389.4万元；稳步推动社保提标扩面，城乡低保标准、城乡居民基础养老金标准实现“十连增”；不断加大困难家庭救助力度，支出型困难家庭临时救助纳入全省社会救助领域创新实践试点；新建各类养老服务中心9个、市级普惠托育机构1所，创成全国示范型退役军人服务中心11个。投入6.1亿元实施教育建设项目72个，在全市率先出台普通高中高质量发展和县中振兴方案，认真落实“双减”政策，规范治理民办义务教育，中高考提优率、保优率位居全市前列；在全省率先试点全民健康补充医疗保险“涟康保”，入选省级公立医院综合改革示范县创建名单，县医院三级乙等医院创建完成省级评审，县中医院新院区投入使用，五港中心卫生院创成省农村区域医疗中心；“中国作家·红日文学奖”在南京举行新闻发布暨签约仪式，淮剧新作《哎呦，我的憨哥哥》荣获2021年江苏紫金文化艺术节优秀剧目奖，县淮剧团荣获全国文化和旅游系统先进集体称号，创成“中国曲艺之乡”；开展新时代文明实践活动400余场次，1人当选全国“新时代好少年”，2人当选“江苏好人”，6人当选“淮安好人”。全县大局和谐稳定，越级进京访批次、人次与2019年相比分别下降83.5%、86.8%，综合考核全市第一，信访工作“五项机制”经验做法被省信访联席办专刊推广；安全风险有效管控，生产安全事故起数、死亡人数分别比上年下降31.3%、16.7%；法治涟水、平安涟水建设高质量推进，社会治安满意度达99.8%，县检察院荣获全国检察机关扫黑除恶专项斗争优秀集体称号，高沟司法所获评全国模范示范所，涟城街道东门社区创成全国民主法治示范社区。

【党的建设】 2021年，县委在党的建设方面的主要决策有：深入学习宣传贯彻习近平新时代中国特色社会主义思想和中共十九届六中全会精神，举办庆祝中国共产党成立百年系列活动，不断增强捍卫“两个确立”、做到“两个维护”的思想自觉、政治自觉、行动自觉。精心组织党史学习教育，分层分类实施“我为群众办实事”项目1621件，帮助群众解决“急难愁盼”问题326个、代办各类事项4万多件。全面落实意识形态工作责任制，创新实施“网络‘涟’心”工程，“打造云课堂·开展e学习”获评全省社科工作创新案例。牢固树立大抓基层导向，实施基层党组织建设“五个高质量”行动，推行村（社区）党组织“三色”分类定级管理，强化村（社区）干部队伍“双专”建设，启动“乡村振兴领跑者”培育计划，整顿转化后进党委1个、软弱涣散村（社区）党组织17个。胜利召开县第十二次党代会，顺利完成县镇党委和村（社区）“两委”换届，形成政通人和、心齐气顺的生动局面。全面压实“两个责任”，一体推进“三不”机制建设，扎实做好涉粮问题专项巡视巡察整改，集中整治形式主义、官僚主义，严肃查处群众身边腐败问题和作风问题，风清气正的政治生态得到新优化。积极支持人大、政府、政协履职尽责，全面加强党管武装、党校、史志、老干部、工会、共青团、妇联等工作，团结奋进的良好局面不断巩固。

重要活动

【淮河生态经济带食品产业链联盟峰会】 2021年6月9日，首届淮河华商大会——淮河生态经济带食品产业链联盟峰会在涟水召开。淮安市委副书记张国梁致辞，江苏省委统战部副部长、江苏省工商联党组书记顾万峰讲话。淮安市工商联主席毕丰书介绍联盟的组建情况，淮河生态经济带食品产业链联盟峰会新任理事长、益海嘉里集团泰州企业群总经理孙志刚代表联盟理事会发言，涟水县委书记时勇作产业投资推介，中国食品工业协会、阿里巴巴战略发展部与涟水县签订“共建食品名县”三方合作协议，经济带食品企业现场签订供应链合作项目5个。会前，与会人员共同考察今世缘酒业集团厂区和联盟企业特色产品展区。在淮河食品产业发展圆桌论坛期间，农业农村部农业品牌专家工作委员会委员、元一智库农研中心主任铁丁作《双循环背景下

2021年6月9日，“淮河生态经济带食品产业链联盟”峰会在涟水召开 (县委办 供稿)

淮河生态经济带食品产业创新之道》主题分享，并发布《淮河生态经济带食品产业发展报告》。中国食品工业杂志社社长、中国食品工业协会经销商工作委员会常务副会长兼秘书长李葆华，中粮集团投资部总经理赵福平，江苏今世缘酒业股份有限公司董事长周素明，江苏食品药品职业技术学院副院长、昆山科腾生物科技有限公司鲁茂龙等嘉宾进行论坛对话。

【涟水成为全省第十个“中国曲艺之乡”】 2021年6月17日，以“学党史 传精神 跟党走”为主题的涟水县“中国曲艺之乡”授牌仪式暨“艺道馨声”曲艺名家名作专场演出在县大剧院举行。中国曲协分党组成员、副秘书长黄群，省文联党组成员、副主席、书记处书记刘旭东，中国曲协曲艺之乡(名城)建设委员会秘书长芦明，省曲协副主席、秘书长孙志兵，市文联党组书记、主席王维国，县委书记时勇，县委副书记、县长洪然，县人大常委会主任张超，县政协主席姜杰等共同见证授牌仪式并观看演出。仪式上，黄群为涟水县颁授“中国曲艺之乡”牌匾，时勇接牌，刘旭东、洪然分别致辞。授牌仪式后，曲艺艺术家们联袂登台，带来融合相声、苏州评弹、苏北琴书、快板、小品等观众喜闻乐见的精彩节目，为观众献上一场高质量曲艺盛宴。

【庆祝中国共产党成立100周年大会实况直播】 2021年7月1日上午8时，庆祝中国共产党成立100周年大会在北京天安门广场隆重举行，中共中央总书记、国家主席、中央军委主席习近平发表重要讲话。县委书记时勇，县委副书记、县长洪然，县人大常委会主任张超，县政协主席姜杰等县四套班子领导在县政府会议室集中收听收看大会实况直播。认真聆听习近平总书记发表的重要讲话，纷纷表示，回望过往的奋斗路，眺望前方的奋进路，为党领导全国人民取得的辉煌成就而倍感自豪。作为涟水的一分子，在新的伟大征程上，将更加紧密地团结在以习近平同志为核心的党中央周围，坚持以习近平新时代中国特色社会主义思想为指导，增强“四个意识”、坚定“四个自信”、做到“两个维护”，赓续共产党人的精神血脉，结合当前正在开展的党史学习教育，从红色资源中汲取前行力量，干好每一天、打好每一仗，汇聚起建设“一地一港一区一城”的磅礴力量，为“苦干新五年，冲刺百强县”而不懈奋斗。

【首届涟水芦笋节】 2021年9月23日，2021中国农民丰收节江苏分会场暨首届涟水芦笋节在红窑镇金鸡坨生态农庄开幕。中国农科院原院长翟虎渠，农业农村部科教司副司长孙法军，国家发改委农经司原巡视员胡恒洋，省委原副秘书长、省农村经济学会会长胥爱贵，省供销社一级巡视员、江苏苏合集团党委书记兼集团董事长徐筱棣，省农业农村厅二级巡视员张学平，省农业科学院副院长孙洪武，市委常委、常务副市长顾坤，中国园艺学会芦笋分会理事长陈

2021年9月23日，首届涟水芦笋节启动 (县农业农村局 供稿)

光宇，县委书记时勇，县委副书记、县长洪然，县人大常委会主任张超，县政协主席姜杰等领导和嘉宾出席活动。开幕式上，播放芦笋产业发展宣传片。孙法军、张学平、顾坤、时勇分别致辞。洪然主持开幕式。活动邀请中国园艺学会芦笋分会专家作主旨演讲。活动中，涟水县签订全国农业科技现代化先行县共建协议；涟水县系列农产品“源头采购”和涟水县优质农产品展销战略合作成功签约，来自北京、南京、上海的6家企业与涟水种植大户签订1万吨芦笋大额购销协议；现场签约总投资15.2亿元的芦笋和食用菌等农业项目6个。开幕式上，歌舞《庆丰收》、情景说唱《万亩芦笋说丰年》、小淮戏《一只口罩》等精彩文艺节目赢得阵阵掌声。活动期间，涟水县为一批芦笋种植大户发放芦笋产业发展补助资金，现场还举行芦笋美食厨艺大赛、乡村振兴主题摄影大赛颁奖仪式和芦笋产业联盟成立揭牌仪式、芦笋协会党支部成立仪式。开幕式结束后，与会领导及嘉宾还实地观摩红窑镇金鸡坨生态农庄、夏楼社区、芦笋种植基地等项目。

【全国首个红色文学大奖“中国作家·红日文学奖”】 2021年12月26日，由县委、县政府与中国作协、《中国作家》联合设立，以涟水籍著名作家吴强长篇小说《红日》命名的“中国作家·红日文学奖”，在南京举行新闻发布暨签约仪式，标志着全国首个红色文学大奖正式诞生。中国作协《中国作家》主编程绍武，省作家协会书记处书记、副主席贾梦玮，《新华日报》副总编辑顾新东，《扬子晚报》原总编辑、省记协原副主席朱铭佐，上海同济大学艺术传媒学院教授、吴强之子吴小庆，作家、省作家协会原副主席赵本夫，作家、资深编剧、省作家协会原副主席储福金，著名作家、《江海诗词》主编子川，省政协刊物编辑室主任姚顺忠，市委宣传部副部长、网信办主任曾业桃，市作家协会主席龚正，县委副书记李义翠，县政协原副主席、县作家协会主席李亚夫，江苏今世缘酒业副总经理、南京大区总经理陈玖权，以及《新华日报》《扬子晚报》、新华网、江苏省电视台等媒体记者出席新闻发布暨签约仪式。县委常委、宣传部部长郎跃明主持发布会。县委副书记李义翠致辞，县政协原副主席、县作协主席李亚夫介绍红日文学奖的相关评选细则，市委宣传部副部长、网信办主任曾业桃致辞，省作协副主席、书记处书记贾梦玮、《中国作家》主编程绍武分别讲话，曾为《鸦片战争》《康熙王朝》《朱元璋》《我的兄弟叫顺溜》《三国》《铁血红安》等影视剧担任编剧的涟水籍作家朱苏进以视频形式，向红日文学奖的设立表示祝贺。《中国作家》主编程绍武与县委副书记李义翠在合作协议上签字。“中国作家·红日文学奖”即日开启作品征集，首届颁奖日期为2023年10月，评奖周期为五年两届，作品征集评选工作分为全国奖和区域奖两类，由中国作协、国内期刊界有影响力的作家和文化名人出任评委。 （陈　雷）

2021年12月26日，“中国作家·红日文学奖”新闻发布暨签约仪式在南京举行

（县委办　供稿）

组织工作

【概况】 2021年，县委组织部以习近平新时代中国特色社会主义思想为指导，以新时代党的组织路线和《中国共产党组织工作条例》为遵循，围绕庆祝中国共产党成立100周年这一主线，突出党史学习教育、集中换届和综合考核三项重点任务，强化问题导向，坚持精准化施策、高标准推进，完成年初各项目标任务。围绕“苦干新五年，冲刺百强县”奋斗目标，组织开展创新创优工作，按季度调研项目实施情况。全年共申报项目81个，其中，经济建设类39个、公共管理类24个、党建和精神文明类18个，27个项目在《人民法院报》《检察日报》《中国组织人事报》《新华日报》等省级以上媒体宣传推介，15个项目获得市级以上领导批示肯定。县委组织部“乡村振兴领跑者”培育计划获得全市创新创优项目一等奖，县委老干部局“离退休党员中心户+”获全省老干部工作创新最佳项目。年末，全县共有基层党组织2435个，其中，党委49个，党总支385个，党支部2001个；党员44185人，其中，女党员7746人，占17.53%。“两新”组织中，非公企业党组织105个，党员1346人；社会组织党组织13个，党员683人。全县科级干部666人。其中：党外干部12人，占1.8%；女干部87人，占13.1%；大学及以上学历干部550人，占82.6%。

涟水县2021年基层党组织情况一览表

表1

<table>
<tr><td rowspan="10">党员概况
(人)</td><td colspan="8">总　　数</td></tr>
<tr><td colspan="4">基本情况</td><td colspan="4">职业分布</td></tr>
<tr><td>正式党员</td><td colspan="3">43375</td><td colspan="2">在职职工</td><td colspan="2">15537</td></tr>
<tr><td>预备党员</td><td colspan="3">810</td><td colspan="2">乡镇企业劳动者</td><td colspan="2">—</td></tr>
<tr><td>男</td><td colspan="3">35629</td><td colspan="2">农牧渔民</td><td colspan="2">20018</td></tr>
<tr><td>女</td><td colspan="3">7746</td><td colspan="2">学生</td><td colspan="2">0</td></tr>
<tr><td>35岁以下</td><td colspan="3">7206</td><td colspan="2">退离休人员</td><td colspan="2">6401</td></tr>
<tr><td>高中以上</td><td colspan="3">26318</td><td colspan="2">城镇个体劳动者</td><td colspan="2">—</td></tr>
<tr><td>汉族</td><td colspan="3">43293</td><td colspan="2">其他</td><td colspan="2">1419</td></tr>
<tr><td>少数民族</td><td colspan="3">82</td><td colspan="4" rowspan="2">—</td></tr>
<tr><td></td><td>乡镇党员</td><td colspan="3">29804</td></tr>
<tr><td rowspan="2">党组织设置
(个)</td><td>党委</td><td colspan="2">乡镇党委</td><td>党组</td><td>总支</td><td>支部</td><td colspan="2">小组</td></tr>
<tr><td>49</td><td colspan="2">12</td><td>20</td><td>385</td><td>2001</td><td colspan="2"></td></tr>
<tr><td rowspan="3">发展党员
(人)</td><td>总数</td><td colspan="7">其　　中</td></tr>
<tr><td rowspan="2">810</td><td>男</td><td>女</td><td>汉族</td><td>企业农村生产一线</td><td>在职职工</td><td>农牧渔民</td><td>学生</td></tr>
<tr><td>544</td><td>266</td><td>810</td><td>392</td><td>352</td><td>202</td><td>0</td></tr>
</table>

【干部选拔任用】 2021年,县委组织部紧扣县镇换届,强化分析研判,统筹人事安排,不断提升班子整体功能。突出政治标准,坚持因岗择人、合理搭配,顺利完成镇领导班子换届人事工作,班子整体功能进一步增强。围绕高质量跨越发展和专业化干部队伍建设需要,在公安、教育、卫生、交通等部门选拔一批专业型领导干部,加大副职干部交流力度、补充年轻干部,进一步提升班子的活力和战斗力。全年全县共调整干部4批次396人,其中提拔141人、进一步使用18人、交流139人、机构更名和兼免职等98人。另有试用期满正式任职、挂职干部等43人。

【年轻干部培养】 2021年,县委组织部聚焦事业发展需要,加大选拔力度,切实加强干部队伍梯队建设。以县镇领导班子换届为契机,将年轻干部培养选拔纳入整个干部队伍建设统筹谋划,实施年轻干部培养计划,着力完善选管用育全链条。选派34名优秀年轻干部到招商一线挂职锻炼,直接参与全县重点中心工作,不断提升"七种能力"。全方位近距离掌握年轻干部现实表现、成长状况,召开年轻干部座谈会,先后有109名年轻干部参加座谈。新提拔35岁以下年轻干部60名,占提拔总人数的43%。

【干部教育培训】 2021年,县委组织部聚焦素质能力提升,加大培训针对性,紧抓"关键少数",围绕新思想新精神、宏观经济、招商引资、基层社会治理等主题,举办乡科级党政正职领导干部综合能力提升班,培训92人,邀请县委主要领导、省市专家领导专题授课,进一步增强干部素质能力。统筹抓好各条线干部专训,围绕县域经济发展、乡村振兴、安全生产等主题,推动各条线部门开展专题培训1800余人次,进一步提升干部专业能力素养。充分发挥中国干部网络学院、涟水党建微信公众号等线上学习平台作用,结合固定学习日,每月推送"建强红色阵地""乡村建设""壮大村集体经济"等网络课程,推动全县党员干部及时学、跟进学。

【干部监督管理】 2021年,县委组织部根据中央和省市委统一部署,结合涟水实际,认真贯彻落实关于加强换届风气监督的工作要求,坚持预防教育在先,成立县镇领导班子换届工作领导小组,建立"县委常委+乡镇"联系点、县镇换届期间违反换届纪律问题快查快办等制度,组建换届风气督导组,对换届风气监督工作进行巡回督查,完善来电、来信、来访和网络"四位一体"的综合举报受理平台,确保监督渠道24小时畅通,着力营造风清气正的换届环境,换届期间未发生违反换届纪律的事件。加强干部日常管理监督,做好领导干部个人有关事项报告工作,组织2名省管干部、39名市管干部开展填报;开展选人用人专项检查2次,提出整改意见6条;受理信访举报62件,其中,市部转办19件,"12380"举报受理9件,均已查核办理,并予以回复,扎紧干部监督制度笼子。

【公务员管理】 2021年,县委组织部坚持和加强党对公务员工作的集中统一领导,统筹推进公务员考录、考核、奖惩、职级晋升等各项工作。围绕县域发展需要,加大对金融财经、城镇规划、安全生产等紧缺型专业公务员的招录力度,公开招考录用公务员(参公管理人员）127人。坚持将鼓励激励融入日常，为连续三年年度考核优秀等次的80人记三等功，按规定颁发证书、奖章。深入落实带薪年休假、关爱困难公务员、乡镇补贴提标等政策，以组织温情激发干部干事创业热情。常态化开展公务员职级晋升工作，注重向在疫情防控、项目引建、乡村振兴等一线中做出贡献的干部倾斜，先后为72名干部晋升职级。

【人才引进培养】 2021年，县委组织部围绕发展需求，立足产业发展实际，加快人才引进培育，实现全县人才数量质量“双提升”。全年共入选省“双创计划”5人，其中“双创人才”3人、“双创博士”2人，入选率100%；入选市“淮上英才计划”创业团队1个、创业人才1人；申报省第六期“333工程”培养对象31名，14人入选“第三层次”；申报入选“苏北发展急需人才引进计划”7人，招录“名校优生”51人。围绕县重点产业、重点企业人才需求，先后赴南京、合肥、成都、重庆等地高校开展“名企优才”招聘活动，共引进本科及以上学历人才152人。深化校地、校企人才合作，推动淮安中顺环保科技有限公司投资400万元与兰州大学合作共建“纳米金属材料联合实验室”“研究生联合培养和大学生实践实习基地”。加大人才投入，抓好政策配套，累计发放各类人才奖补资金398.85万元，为1701名优秀人才办理“人才服务卡”。

【农村基层党组织建设】 2021年，县委组织部围绕省“五聚焦五落实”三年行动计划，聚焦基层党建品质提升，对标找差、补短强特、创新实干，推动基层党建工作全面进步、全面过硬。持续深化村干部队伍“双专”建设，举办“村书记发展论坛”“领跑者座谈会”等活动，启动村书记“轮挂”工程，依托江苏开放大学等高校，持续实施“村干部学历提升计划”，相关经验做法全省推广。推行专职村干入额管理“七步流程法”（分析研判、组织动议、调整备案、联审联查、县镇考察、讨论决定、公示任职），高质量完成村“两委”换届工作，平均年龄降低15.2岁、大专以上学历占比提升30.6%、女性干部占比提升17.6%，“一肩挑”比例、村干部持证率均达98.4%。开展“开门七件事”（上好一堂初心党课、举行一场集体亮相、开展一次发展调研、组织一次网格走亲、领办一项攻坚项目、举办一场同台竞技、完善一批档案管理）活动，集中展示村干部“上任100天”最佳实绩案例，制定村（社区）党组织书记履职清单、村干部监督管理实施办法，规范“一人一档”，相关做法被《新华日报》介绍。实行村干部基本报酬定期调增，确保村书记基本报酬不低于上年度农村人均纯收入2.3倍，按照村干部岗位类别实行专职七级管理，级差核算基本报酬，村干部年基本报酬平均达4万元。建立“双挂双增”（村干部报酬与村集体经济增收、集体资产增值相挂钩）利益联结机制，明确村集体经济净收入增值部分提取不少于20%的资金奖励村干部，其中村党组织书记奖励占40%。引入标准化建设体系理念，出台基层党组织高质量建设实施意见，构建基层党组织建设“1+7+6+N”（1个高质量建设意见，农村、社区、机关、“两新”组织、中小学校等7个领域党组织建设标准，6个共性标准和N个个性标准）标准化体系。实施村（社区）党组织“三色”（红色、黄色、绿色）分类定级管理，推行质量管理PDCA（计划、执行、检查、处理）闭环控制模式。推进基层党建网络与基层治理网格“双网融合”，构建“镇街党（工）委—村（社区）党总支—网格党支部—网格党小组”一贯到底的四级组织体系，实现基层党建融入社会治理各领域、全过程。按照“先试点、后推广，强功能、聚人心，提服务、聚人气”的工作思路，新建和改扩建村级党群服务中心27个、提档升级22个，培育五港前营、岔庙洪滨村党群服务中心等一批标杆型基层党建阵地示范点。

2021年4月17日，全县村（社区）干部培训班举办　　（县委组织部　供稿）

【党员教育管理】 2021年，县委组织部紧盯党员发展中的薄弱环节，通过修订《发展党员工作规范性材料参考》、实施党员发展对象政治审查“三级联动”机制等，促进党员发展更加科学规范。深化党员中心户制度，依托中心户打造1497个党史学习“红驿站”，相关做法被学习强国、交汇点、江苏先锋等媒体报道。深化党员积分管理制度，在全县372个村（社区）设立党员积分“储蓄所”，激发党员投身乡村振兴、社会治理等工作的积极性和主动性。组织开展“两在两同”建新功行动涟水党员先锋评选活动，推动广大党员见贤思齐、担当作为，推动“两在两同”建新功行动走深走实。积极做好中国共产党成立100周年庆祝活动，率先在全市举行“光荣在党50年”纪念章颁发仪式，共为党龄达到50周年、一贯表现良好的党员发放纪念章6030枚。扎实做好党内关爱工作，全年共向529名党员发放党内关爱资金97.59万余元。

【机关党组织建设】 2021年，县委组织部坚持“书记抓、抓书记”，逐项梳理机关党建工作任务,先后制定《2021年度县直单位党的建设考核办法》《全县机关党组织书记党建工作任务清单(修订)》等规范性文件,指导县直机关党委实施党建书记项目25个。按期订制机关党组织专属学习"套餐",统筹抓好县级机关党史学习教育工作,组织机关党员参加党史知识网络竞赛、《童年周恩来》观影、"红动涟水"党史图片展等活动。颁发"光荣在党50年"纪念章954枚,43名机关党员、37名党务工作者、27个基层党组织获得市县"两优一先"表彰。召开县级机关单位基层党组织建设推进会,规范党组织换届选举,建立党务工作者调整报备制度。对72个机关单位进行调研走访,按季度开展组织生活调阅反馈。开展机关"星级党支部"创建工作,明确32条评分标准评定星级党支部14个。扎实开展"两在两同"建新功行动,建立领导干部基层联系点324个,排查突出问题78个,成立机关党员突击队114支。

【"两新"组织党组织建设】 2021年,县委组织部深入实施县委书记党建项目"'红心涟台'——构筑台资党建新高地",从县检察院、县工信局、县商务局等单位选派16名副科职以上党员干部担任台资企业党建指导员,组织开展"税企共建""巾帼助企""就创青春"等系列主题活动。批复成立社会组织综合党委,组建"红色益+"党建联盟。扎实推进"两新"(新经济组织和新社会组织)组织党务工作者专职化专业化建设,认证初级34名,中级15名,高级1名,面向社会公开招聘6名党建专员。开展"双报到双联系"活动,引导"两新"党组织积极参与结对共建、疫情防控、文明城市创建等志愿服务活动。建立"两新"组织党建工作联席会议制度,出台《涟水县支持企业党建十条措施》,开展"两新"组织党组织星级评定工作,评选五星级党组织2个、四星级6个、三星级15个。淮安源通制帽有限公司党委被列为市委常委联系点,市委书记陈之常、市长史志军先后到该企业开展调研并给予充分肯定。

(县委组织部)

宣传工作

【概况】 2021年,涟水宣传思想文化战线紧扣全市宣传思想文化工作目标任务,强化互联网思维,强化对标对表、坚持苦干实干、奋力创新创优,各项工作迈上新台阶、实现新跨越。精心举办群众性主题宣教活动620余场,积极开展"大党伟业 百年辉煌"全媒体行动、"奋斗百年路 启航新征程"网上主题宣传;全面开展"记录小康工程""影像涟水红色记忆"纪录行动,在全社会营造浓厚的庆祝氛围。坚持每天推送"党史天天学"微视频,开设"党史百年天天读"专栏,扎实推进"我为群众办实事"活动;探索"互联网+党史学习教育",相关做法被市简报刊登。创新实施"'网络+网格'让冬训工作走新走心"项目,《"打造云课堂 开展e学习"的路径探索》获评全省社科"工作创新案例"。创新开展"创文进行时"现场直播和文明创建"云监督",创建成效日益凸显。成功举办江苏"最美基层干部"电视发布会,先后开展新时代文明实践活动400余场次。县淮剧团获评"全国文化和旅游系统先进集体",是全国获此殊荣的唯一县级剧团;《村里来了花喜鹊》荣获省文华大奖,主演许晴获文华优秀表演奖;《哎哟,我的憨哥哥》荣获2021年省紫金艺术节优秀剧目奖;2部作品入选省庆祝中国共产党成立100周年50部舞台艺术精品创作工程,小戏《一只袖章》名列华东六省一市小戏大赛金奖榜首。新入库"三上"文化企业10户,新招引文化企业8户,超额完成全年任务。全国首例红色文学大奖"中国作家·红日文学奖"成功发布,全市全民阅读"春风行动"启动仪式、第六届阿累读书节隆重热烈,全民阅读宣传推广季广受好评,涟水"淮安书房"建成开放并成为城区文化新景观。

【思想理论建设】 2021年,县委宣传部多次举办专题培训班、读书班,县委中心组集中学习19次,研讨10次。项目化推进党员冬训,"网络+网格"让冬训工作"走新"更"走心"获评全市基层党员冬训工作创新项目。深化学习创传中心建设,创作通俗理论作品60余件,县淮剧团获评"全国文化和旅游系统先进集体",是全国唯一获此殊荣的县级剧团。常态化开展"六进"宣讲,"理"响安东百姓名嘴宣讲团在省志交会上交流展示。"学习强国"学习平台党员覆盖率90%以上,活跃度90%以上,全年平台用稿230余篇,位居全市县区第一。

【意识形态工作】 2021年,县委常委会3次专题研究意识形态工作,并相继召开全面从严治党主体责任述职评议会、

2021年10月30日,2021紫金文化艺术节颁奖仪式暨昆剧《瞿秋白》演出在江苏大剧院举行

(县委宣传部 供稿)

意识形态领域分析研判联席会议。县委宣传部制定下发《2021年度全县意识形态工作考评实施方案》《2021年全县意识形态工作要点》《县委常委意识形态工作责任清单》等文件。开展十二届县委第一轮意识形态专项检查。深化阵地建设管理，对讲座、论坛、报告会等审批29次，组织"扫黄打非"联合行动，立案查处违规经营网吧、非法出版物等执法案件40起。严格规范宗教场所活动，强化网上违法违规信息管控，先后约谈违法违规网站新媒体负责人3人，关停网站2个，下架应用软件3个。

【新闻宣传报道】 2021年，县委宣传部始终坚持正确舆论导向，进一步强化经济宣传、典型宣传、成就宣传，进一步提振信心、凝聚人心。坚持用互联网思维推动工作，通过融媒体、新媒体、部门（镇街）三方面力量，不断壮大覆盖村居微信群，人数超15万人，建立发布、转发、通报等机制，相关做法被中共中央党校"理论网"、新华日报《思想周刊》、《群众》杂志、"淮安通讯"等平台推介。中宣部新闻局领导到江苏调研县级融媒体中心建设工作，涟水经验获得肯定。积极开展"大党伟业 百年辉煌"全媒体行动、"奋斗百年路 启航新征程"网上主题宣传，在新华日报头版头条用稿3篇，全市各县区第一，持续放大"涟音嘹亮"外宣品牌，全年在市级以上主流媒体用稿2000篇以上。

【文明单位评选】 2021年，县委宣传部持续深化文明系列创建，指导全县各创建单位积极申报省、市级文明单位、文明村镇、文明社区、文明家庭、文明校园，其中31个单位、6个镇街、12个村居、4个校园被评为省级文明单位（乡镇、村居、校园），57个单位、12个镇街、131个村居、42个校园被评为市级文明单位（乡镇、村居、校园），获评数量全市领先，实现35%的村达到市级文明村标准，不断推动文明系列创建常态长效开展。强化对文明单位的动态管理，组织文明单位积极履行社区责任，开展"城乡结对 文明共建"，关爱困难群体、无偿献血等服务活动。在媒体开设文明系列创建专栏，展示文明单位、镇村、家庭风采，组织文明单位、镇村风采展示活动各2场，文明家庭展示5场。

【道德模范选树宣传】 2021年，涟水县成功举办江苏"最美基层干部"电视发布会。江苏好人刘玉庆家庭获"全国最美家庭"称号。县委宣传部按季度评选"涟水好人"，向市推荐省、市道德模范、省市好人候选人共计55人，其中左长年当选"省道德模范提名"，罗时悦、刘建同当选"江苏好人"，水燕平、汪洋等8人当选"淮安好人"，顾金凤、张又今等5人当选市道德模范（提名）。《党史学习教育"四堂课"放大好人效应》在中国文明网"地方经验"栏目刊登。在全国文明镇高沟镇、全国文明村东门村等6家文明单位（街道、村）打造道德讲堂示范活动6场。在红窑镇、供电公司等组织道德模范、身边好人等先进模范宣讲11场，在文化馆、图书馆组织专题展览2场，故事汇巡演2场。

【未成年人思想道德建设】 2021年，县委宣传部深化"扣好人生第一粒扣子"主题教育实践活动，组织"学雷锋""祭英烈""劳动美""核心价值观主题教育"等活动40余场。按季推选发布"新时代好少年"，陈师中学学生郝茜米当选"全国新时代好少年"（全省唯一），1人当选"省新时代好少年"，2人当选"市新时代好少年"。开展文明礼仪教育养成实践活动，在朱码外国语学校开展县级示范观摩活动1场，滨河高中、初中，淮文学校开展"成人仪式""青春仪式"等校级教育示范活动4场。结合中国共产党成立100周年，开展"童心向党"系列活动82场，组织学生积极参与"童心向党"江苏省青少年征文大赛、第十届"童声里的中国"少儿歌谣创作大赛、第三届"童真里的色彩"儿童画创作大赛，共收到征文、歌谣、绘画作品500余件，《百年风华》《送你一朵小红花》《小红船》《颂党庆》《童声里的中国》等作品分获市一、二、三等奖，外国语小学鲁婧获评市优秀指导教师，滨河中学10篇稿件被主办方专题推荐。组织情暖留守儿童、阅读伴我成长等"七彩夏日""缤纷冬日"活动12场。依托成长指导中心，常态化开展心理健康教育辅导，其中在6月心理健康月，开展"珍爱生命 润心成长"心理健康活动10场。深入实施乡村学校少年宫服务能力提升工程，在陈师、红窑、唐集、高沟、东胡集10个乡村少年宫打造"一宫一品"特色项目。

【社会志愿服务】 2021年，县委宣传部广泛开展"德润涟水 志愿有我"主题活动，开展10类志愿服务活动200余场。在诚信示范街区上海路打造志愿服务驿站。打造理响安东、稚绘梦想、电力课堂等15个新时代文明实践志愿服务精品项目，"理响安东"项目在省志交会展示，"电力课堂""蓝焰守护"等4个项目在市志交会展示。围绕庆祝中国共产党成立100周年，在博物馆、成集小延安纪念地、党性教育馆等红色文化场所建设志愿服务站点，开展主题宣讲志愿服务活动12场。在"3·5"学雷锋日，组织"文明庭院 你我共享"志愿服务集中行动，全国人大代表周素明话雷锋精神被中国文明网"共产党人的精神谱系"专栏推介。 （县委宣传部）

统战工作

【概况】 2021年，县委统战部坚持把习近平总书记关于加强和改进新时代统一战线工作的重要思想作为推进统战工作的科学指南，把学习宣传《中国共产党统一战线工作条例》作为全年重要政治任务，列入县委统一战线工作领导小组会议议程，纳入各单位党委（党组）理论学习中心组学习内容。在全县开展《条例》专题讲座30余场次，发放政策解读海报千余份。切实履职尽责，参政议政提案数1条，全国两会期间向市委统战部报送建议类信息、反映类信息共16条。《新时代基层统战工作清单式管理的探索与实践》调研报告获江苏省委统战部开展的"新发展阶段统一战线的新变化新趋势新布局研究"主题征文活动三等奖。全面落实"坚持标准、严格程序、认真考察、凡进必评"的要求，重点培养思想政治强、行业代表性强、参政议政能力强、社会信誉度好的党外人士32人。更新全县党外干部数据库，筛选优秀重点培养对象30人。召开全县党外干部座谈会2次,推荐党外干部2人任政府部门领导职务,全县政府部门党外干部共计6人。

【党外知识分子工作】 2021年,县委统战部引导党外知识分子参与社会管理,围绕全县中心工作,探索丰富多彩的活动形式,引导党外代表人士深入基层、深入一线,参与社会服务活动,大力开展调查研究。组织涟水县党外知识分子联谊会(简称县知联会)开展送医、送药、送教、送科技下乡等活动,积极参与乡村振兴工作。年内,县知联会参与实施"同心"主题实践活动3项,分别是:组织知联会会员20人参观盱眙黄花塘新四军军部纪念馆,详细了解抗战时期统一战线在抗战时期发挥的巨大作用,增进会员们对中国共产党领导的政治认同、思想认同、情感认同;参加全县统战系统"学四史"知识竞赛,6支获奖代表队中,知联会占2个,分别获得一等奖和二等奖;参加"涟水统战·同心讲堂"签约仪式及首场专题讲座,参学人数50人。

【党外代表人士队伍建设】 2021年,县委统战部坚持把教育培训贯穿于党外干部队伍建设的全过程,举办党外干部培训研讨班3次,组织党外干部赴市内外考察学习,并深入农村、企业、社区开展调查、视察。支持党外干部参加上级部门组织的各种培训班,通过推荐选送到省市级党校和社会主义学院,提高党外干部的综合素质。主动深入镇(街)和各县直部门物色一批工作能力强和政治表现好的党外干部,将其纳入党外后备干部人才库。立足县情,认真贯彻落实中央、省委、市委培养选拔党外干部的相关要求,探索培养、选拔、使用党外干部的新途径、新措施。全年,全县党外干部调整晋升3人,6个职能部门配备党外干部。

【新社会阶层人士统战】 2021年,县委统战部完善新阶层统战工作机制,出台《新联会会长轮值制度》《涟水县新的社会阶层人士统战工作协调机制暨联席会议制度实施办法》,从涟水县新的社会阶层人士联合会自身建设和机制保障两个方面促进工作提质。涟水县新的社会阶层人士联合会党支部顺利成立,更好发挥党建引领作用。新建新联会分会基地4个,丰富活动载体。以"同心向党 砥砺奋进"百米画卷作品歌颂党恩、献礼中国共产党成立百年。全年常态化开展教育培训、主题活动等特色活动20余场次。

【非公经济领域统战】 2021年,县委统战部出台《关于加强民营经济统战工作的实施方案》《涟水县关于应对新冠肺炎疫情助力企业发展的意见》《涟水县民营经济协调机制实施方案》,完善政策保障。实现全县规上民营企业统战委员全覆盖,镇(街)基层商会全覆盖,商会党组织全覆盖。完成132名市县工商联委员候选人非公经济评价工作,顺利完成县第十届工商联(总商会)换届及会员大会,工商联组织焕发新活力。开展"民营经济服务月"活动,走访各镇街商会及工商联执委以上人员所属企业11家,收集产业发展、服务诉求等方面问题的意见建议31条,从法律、金融、科技方面,提供政策服务,将企业急需解决的问题全方位化解到位。

【港澳台及海外统战】 2021年,县委统战部与县工商联共同承办淮河生态经济带食品产业链联盟峰会,省、市、县领导以及淮河流域知名食品企业负责人、淮河沿线5省28市相关代表等200余名嘉宾出席峰会。活动期间,成功签约项目2个。接待省委统战部领导及江苏香港籍企业家代表团40余人到涟水参观考察,开展国情调研活动。积极推进香港同乡会建设。成立涟水县驻新加坡海外侨务工作联络站,加强与海外联系,更好发挥侨胞侨商优势资源。结合本地特色,开展中医惠侨、中餐繁荣等服务活动,弘扬中华传统文化。开展侨务"进三区"工作,创建郑梁梅学校侨之家示范基地,进一步凝聚侨心、汇聚侨力。维护江苏省政务服务侨务管理事项和侨务工作行政许可事项清单,办理好"三侨考生" 身份认定工作,落实好惠侨政策。 (王 敏)

巡察监督

【概况】 2021年,县委巡察机构累计完成巡察3轮,顺利实现一届县委巡察全覆盖。其中,对2个镇(街道)、158个村(社区)开展常规巡察,对3个县直单位党组织、24个村(社区)开展巡察"回头看",对11个县直单位党组织、28个村(社区)开展回访督查,市县联动对县供销合作总社和县公安局开展回访督查。开展专项巡察4个,其中,对基层卫生院和涉粮问题属于市县联动专项巡察。截至年底,交办立行立改问题24

2021年11月6日,江苏香港籍企业家代表团参观考察今世缘酒业 (县委统战部 供稿)

个、立查立处问题线索13个，累计向县纪委监委移交问题线索101个，立案78件，其中科级干部7人(含“一把手”2人)，留置4人，撰写并受到县委主要领导批示《巡察工作专报》8期，印发通报3期。出台《巡察专业人才库人员使用管理办法》，加强业务培训，初步解决有人用、有人可用问题。组织全体人员开展“巡察经验我来分享”活动，学习中央和省市巡视巡察工作最新要求，谈身边榜样和自己巡察实践中经验做法，主动找短板补弱项。出台《巡察组巡察质效考核办法》，实施一轮一考核，比成绩、赛成果，持续激发内生动力，加强巡察队伍建设。

【巡察工作动员部署会】 2021年，涟水县委召开巡察工作动员部署会3次。

十一届县委第十四轮巡察工作动员部署会 3月8日召开。县委常委、县纪委书记、县监委主任、县委巡察工作领导小组组长刘永军出席会议并讲话，县委常委、组织部部长、县委巡察工作领导小组副组长孙以东出席会议。刘永军要求，要认清形势、坚守担当，充分认识做好本轮巡察工作的重要意义；要把握重点、分类施策，全面提升巡察监督质效；要加强领导、注重规范，扎实高效完成本轮巡察任务；要不断厚植忠诚干净担当的底色，为涟水奋力开启全面建设社会主义现代化新征程提供坚强的纪律保障。会上，孙以东宣读《关于十一届县委第十四轮巡察工作巡察组组长、副组长授权任职和任务分工的决定》。3月11日开始，县委第二至第五巡察组分别对朱码街道28个村(社区)、红窑镇24个村(社区)、涟城街道28个村(社区)、高沟镇27个村(社区)开展常规巡察，县委第六巡察组对县供销合作总社党委开展市县联动巡察“回头看”，县委第七巡察组对全县殡葬改革情况开展专项巡察。县委第一巡察组本轮巡察不授权，配合市委巡察组提级对基层卫生院突出问题开展专项巡察。5月30日全部撤点。

十一届县委第十五轮巡察工作动员部署会 6月11日召开。县委常委、县纪委书记、县监委主任、县委巡察工作领导小组组长刘永军出席会议并讲话，县委常委、县委组织部部长、县委巡察工作领导小组副组长孙以东出席会议。刘永军要求，要扛牢政治责任，高站位认识巡察工作；要准确把握节奏，高标准实施巡察工作；要强化责任担当，高质量完成巡察工作；要认真贯彻落实中央和省、市、县委部署要求，为涟水“十四五”开局之年起好步、奋力冲刺百强县营造良好的政治生态。会上，孙以东宣读《关于十一届县委第十五轮巡察工作巡察组组长、副组长授权任职和任务分工的决定》。6月16日开始，县委第一巡察组对全县农房改善情况开展专项巡察，县委第二巡察组、第三巡察组、第六巡察组分别对县农业农村局、县水利局、县城管局，大东镇11个村(社区)，唐集镇13个村(社区)开展巡察“回头看”，县委第四巡察组、第五巡察组分别对五港镇、东胡集镇共36个村(社区)开展常规巡察。7月30日全部撤点。

十二届县委第一轮巡察工作动员部署会 10月15日召开。县委常委、县纪委书记、县监委主任、县委巡察工作领导小组组长刘永军出席会议并讲话，县委常委、县委组织部部长、县委巡察工作领导小组副组长孙以东出席会议。刘永军要求，要提升政治站位，准确把握巡察工作标准要求；要加强统筹部署，协力推动巡察工作提质增效，要严肃纪律规定，培养锤炼巡察人才队伍；要始终绷紧安全这根弦，积极做好疫情防护等安全工作。会上，孙以东宣读《关于十二届县委第一轮巡察工作巡察组组长、副组长授权任职和任务分工的决定》。10月18日开始，县委第一巡察组、第二巡察组分别对保滩街道党工委、成集镇党委开展常规巡察；第三巡察组在市委第五巡察组指导督导下，对岔庙镇15个村(社区)开展常规巡察。11月30日全部撤点。

【巡察整改落实】 2021年，县委巡察机构建立巡察意见同步向被巡察单位及分管县领导“双反馈”机制，从更高层面压实责任。撰写关于体制机制存在突出问题的专题报告8篇，得到县委主要领导批示。印发《“整改好不好，群众说了算”村(社区)巡察整改评价机制(试行)》，4个步骤20个环节48项流程，列出涉及民生实事、基层13个监督要点的65个表现形式，探索贯通融合群众监督评价机制。先后对全县高标准农田建设项目红窑防渗斗渠修复、大东王老庄村一鱼塘引水致周边农田及道路受淹、陈师街道水连村出行要道铺设等6个典型的民生项目整改情况开展现场评价，得到当地群众积极响应和公正评价。联合监察员办公室、派驻纪检组，对书记专题会点人点事和巡察整改情况开展专项督查；组织巡察机构对巡察满一年的县财政局、县医保局、县交通局、县自然资源和规划局等11个县级机关企事业单位和28个村(社区)整改落实情况开展回访督查，及时将督查发现问题

2021年3月8日，十一届县委第十四轮巡察动员部署会召开　　（县委巡察办　供稿）

逐一反馈各单位,要求整改落实到位,并提醒相关派驻组、监察员办公室进行跟踪问效。下发督办函12件,巡察反馈满一年问题整改率达99.52%,问题线索移交超一年办结率为99.42%。

【“三述两评一公开”评价机制】 2021年,县委巡察机构打造“三述两评一公开”工作机制,对被巡察党组织压实整改责任再发力。要求巡察反馈满一年的4家被巡察党组织主要负责人“述履职、述成效、述不足”,以PPT形式汇报落实主体责任,展示巡察整改质效,自我剖析存在问题及需要完善提升的地方,参会的巡察工作领导小组、组织部、宣传部等人员对“三述”内容“点评”、参与听取汇报的人员对整改质效“测评”、巡察办将整改效果向社会“公开”,责成综合评价排名靠后的单位党组织主要负责人向县委书记专题会议或县委常委会(扩大)会议作专题汇报,县纪委监委对评价结果和社会反响情况较差的单位进行剖析,开展追责问责等流程,有力夯实巡察整改责任、保障巡察质效。

【“巡察撤点服务不打烊”机制】 2021年,县委巡察机构探索试行“巡察撤点服务不打烊”机制,解决巡察撤点后,信息不对称、仍有部分群众拨打巡察接访电话的问题,实现“接力巡察”。截至年底,协调推动解决东胡集镇胡南村排水渠疏浚、张衡组渡槽修建等群众“最急”的事6件,获得群众真心点赞。

(殷　春)

机构编制

【概况】 2021年,县委编办严格落实党管机构编制原则,将加强党的领导贯彻到机构编制工作的各方面和全过程,推进机构编制法定化,提升机构编制工作水平。根据省市部署,持续深化基层行政管理体制改革,有序推进开发区“去行政化”改革,稳步推进综合执法改革,高效完成权力清单调整,不断推动涟水县基层治理体系和治理能力现代化。强化事业单位规范管理,开展事业单位信用等级评价,进一步加强事业单位信用体系建设。围绕保障民生服务,持续优化机构编制资源配置。实行教师编制“县管校聘”管理体制,动态调整教职工编制总数,增核教师编制263名。设立县实验幼儿园等48所幼儿园,推动全县学前教育事业发展,补齐学前教育领域短板。公办幼儿园教师实行“备案制”管理,已备案人员27名,另有135名正在定向培养中。建立“高层次人才编制周转池”,2021年引进名校优生50名。

【事业单位登记管理】 2021年,县委编办贯彻执行《事业单位登记管理暂行条例》及实施细则,以机构改革、事业单位改革、区域优化为契机,认真分析全县事业单位登记管理现状,制定、修改登记管理工作配套制度、事业单位精细化管理与服务措施、印章管理办法等,确保事业单位登记管理的每项工作都有据可依、有章可循。重点清理应销未销单位,共清理注销单位15家,其中疑难杂症4家,有效解决注销难问题。部署开展2020年度事业单位法人年度报告公示工作,结合江苏省事业单位登记业务操作流程,修订《事业单位登记材料填报规范》,制作《2020年度报告填写流程及示范》,共完成208家单位年报公示工作。

【权力清单调整】 2021年,县委编办根据省市关于行政权力调整有关要求,对全县部门权力清单进行动态调整,调整涉及9个部门,共承接省政府委托、下放12项行政权力事项,取消事项13项。经过各部门通力协作,全县权力清单调整工作顺利完成,调整后全县权力清单共涉及承担行政管理职能的31个部门6248项权力事项(不含子项),并以《关于公布涟水县县级部门权力清单的通知》(涟编办发〔2021〕5号)文件形式公布。镇街权力清单调整通过司法局合法性审查。8月,县级行政许可事项清单、行政备案事项清单通过司法局合法性审查在县政府网站公示,同步报市委编办备案。

【基层行政管理体制改革】 2021年,县委编办围绕新发展格局,推进关键领域改革向纵深发展。持续推进基层“三整合”(整合审批、服务、执法力量)改革。红窑镇和五港镇成功申报市“三整合”改革示范镇街创建,两个镇的硬件设施基本配备到位,“一办六局两中心”[党政办公室(人大常委会办公室)、党群工作局(党建工作办公室)、政法和社会事业局(退役军人服务站)、财政和资产管理局、经济发展和建设局、农村工作局、综合行政执法局(安全生产监督管理办公室)、社会治理指挥中心(网格化服务管理中心)、为民服务中心]运行机制落实到位。10月,市委编办对红窑镇、五港镇的创建进行验收。开展镇街赋权工作,印发《涟水县镇(街道)法定权力事项清单》与《涟水县赋予镇(街道)经济社会管理权限目录(第一批)》的通知(涟政发〔2021〕98号),涉及镇(街道)法定权力事项80项,赋予镇(街道)经济社会管理权限共78项,其中处罚类事项65项,许可和公共服务类事项13项。有序推进开发区“去行政化”改革,制定印发开发区“三定”规定,将职能机构优化调整为“一办一部五局”[党政办公室、党群工作部、经济发展局、财政局、规划建设局、投资促进局、安全生产监督管理局(挂“安全生产委员会办公室”牌子)]7个职能机构,最大限度减少管理层级。按照“特色定位、错位竞争、联动发展”的原则,对“空港产业园、食品产业园、循环经济产业园”重新定位,将原隶属于县政府办公室的淮安(薛行)循环经济产业发展服务中心调整为县开发区下属单位,促进“一区三园”(江苏涟水经济开发区、空港产业园、食品产业园、循环经济产业园)融合发展。

【综合行政执法体制改革】 2021年,县委编办稳步推进综合执法改革。在现有县级综合执法大队的基础上,稳步推进交通领域综合执法改革。优化整合综合行政执法队伍,实现“一个领域一支队伍管执法”。结合“三整合”改革,各镇街设综合行政执法局,并规范人员配置、执法装备和场地建设等,实现“一个区域一支队伍管执法”。指导镇街社会治理指挥中心积极有序运行,为镇街经济发展提供有力支持。

(陆周旋)

老干部工作

【概况】 2021年，全县有离休干部94人，其中：行政机关21人，事业单位36人，企业单位37人；抗战时期参加革命工作的16人，解放战争时期参加工作的78人。县委老干部局组织引导各离退休干部党支部结合党史学习教育、“回望百年路　助力新征程”等主题党日，开展座谈讨论、实践实干等各类活动60余次，参加活动2200余人。组织开展中国共产党成立百年书画摄影与征文等活动，老干部们广泛参与，讴歌百年巨变、抒发爱党情怀。聚焦项目创新，打造“离退休干部党员中心户+”党建品牌，持续推动离退休干部党建工作高质量发展。

【老干部“两项待遇”落实】 2021年，县委老干部局积极落实老干部“两项待遇”（政治待遇和生活待遇）工作，开展离休干部暑期、重点节日大走访慰问活动。持续开展“送书上门、送学上门”活动，将《论中国共产党历史》《中国共产党简史》等学习书籍送到离休干部手中，确保离休干部党史学习“不掉队”“不褪色”。组织县四套班子老领导参加县委全体会、党代会、人代会、重点企业观摩会等多项重要会议活动，老领导们纷纷为涟水冲刺全国百强县建言献策、加油鼓劲。成立春节慰问小组，投入资金40余万元，对全县90余名离休干部采取逐户上门的方式进行慰问，听取老干部的意见和建议，帮助解决实际困难，及时将县委县政府的关爱送到每一位老干部的心坎中。

【离休干部服务保障】 2021年，县委老干部局在做好离休干部“三有一落实”（有一条就医绿色通道、有一名家庭签约医生、有一套自付医疗费补助办法，落实好离休干部享受医疗待遇的相关政策规定）服务保障的基础上，不断推动离休干部服务保障的精准化。通过日常走访、座谈访谈，进一步掌握离休干部基本情况、健康状况、家庭情况、主要需求等信息，建立离休干部电子信息档案，完善更新94名离休干部“一人一档”服务档案。完善“家庭医生”考评机制，通过问卷调查、电话了解及查阅走访笔记等方式评定服务等次，并与补助资金、评先评优挂钩。建立健全离休干部医疗特困帮扶机制，对身患重病、家庭有特殊困难且自付医药费负担较重的离休干部给予帮扶，解决实际困难。全年共帮助困难离休干部23人次，帮扶资金6万余元。落实离休干部就医范围内实报实销制度，保障离休干部人年均医药费7万余元。

【老干部党组织建设】 2021年，县委老干部局制定下发《全县离退休干部党支部“六有一提升”达标复核评审说明》，研究制定离退休干部党建考核的指标说明和计分规则，细化考核指标，明确目标任务，进一步做好离退休干部党支部“六有一提升”（有党的组织、有领导班子、有组织活动、有作用发挥、有工作制度、有工作保障，着力提升离退休干部党组织的组织力）达标创建成果巩固深化工作。县住建局离退休干部党支部获评“江苏省百佳离退休干部党支部”。县民政局、县政协秘书处、县住建局等离退休干部党支部获评全市“六有一提升”示范党支部。县交通局、陈师街道等7个离退休干部党支部获评“淮安市五十佳离退休干部党支部”。积极响应省市县“两在两同”建新功号召，下发《关于在全县离退休干部党员中开展“两在两同”建新功行动的实施方案》，组织引导老干部争做传承红色基因的先锋、助力经济发展的先锋、参与基层治理的先锋、培育时代新人的先锋，刘立生、张学银等老干部入选淮安“两在两同”先锋榜。开展重特大项目攻坚“四个一”活动，引导全县广大离退休干部充分发挥自身经验、威望、人脉等优势特长，助力重特大项目攻坚。全年共收到有价值招商引资信息11条，营商环境发展合理化建议13条，离退休干部结对青年招商干部或青年企业人才15对，张学银招引淮安科领公司投资1.2亿元的科领种养加一体化项目落户唐集镇。

【“离退休干部党员中心户+”党建品牌建设】 2021年，县委老干部局打造“离退休干部党员中心户+”党建品牌，构建“离退休干部党支部+离退休干部党员中心户+党员+群众”的互动机制，引导广大老干部参与基层治理、开展志愿服务、贡献“银发”力量。选聘推荐离退休干部党员中心户428户（其中示范中心户42户），联系党员2448人、党员联系群众1.33万余户。开展“离退休干部党员中心户+网格员”大走访活动，积极参与疫情防控、矛盾调处、治安巡逻等，激发广大党员群众参与社会治理的内生动力。全县离退休干部“党员中心户”共开展政策宣讲3200余次、收集民情需求2800余件、民生服务1600余次。10月29日，《新华日报》刊登涟水离退休干部“党员中心户”专题调研文章，并作特约评论，建议在全省范围学习推广。11月12日，全市“离退休干部党员中心户+”党建创新项目观摩会暨创新创优工作座谈会在涟水召开。12月底，该项目被评为2021年度全省老干部工作创新最佳项目。　（茹志坚）

党史研究

【概况】 2021年，县委党史委牢固树立“党史姓党”，坚持规定动作和自选动作相结合，履行好党史部门职责使命，以中国共产党成立100周年庆祝活动为总纲，大力宣传党的历史和革命传统，积极发挥职能优势、求真务实、扎实工作，高质量完成各项工作任务。聚焦涟水佃湖保卫战，主动对接中央电视台七套《战旗》栏目组拍摄纪录片《百战百胜第三营》；通过《等着我》栏目，主动发现线索，多次帮助新四军老兵后人到涟水寻恩，并成功在梁岔胜利村举办代父还愿立碑仪式，为涟水红色资源的挖掘做出应有贡献；在“学习强国”江苏学习平台上发表文章1篇，省市党史工办报送信息5条，在《涟水信息》发布调研信息2篇，完成县委约稿4篇，被市委办信息处采用2条。

【党史征集研究】 2021年，县委党史委以推进涟水地方党史基本著作编写为重点,在完成涟水地方党史一卷本与二卷本出版发行的基础上,完成《中共涟水地方史》第三卷(1978—2002)的资料收集工作,并有序推进编写工作。配合县政协文史委《千古涟漪佳绝地》编纂工作,完成相关文稿。

【党史宣传教育】 2021年,县委党史委深入开展"永远跟党走"群众性主题宣教活动,组织开展"党史'七进'""送你一套'小红书'""主题团日""党史学习教育宣讲团"等形式多样的活动,掀起重温百年党史、传承革命精神的热潮。积极参与组建县委党史宣讲团,深入全县各地各单位各部门和机关、学校、社区、企业、农村、军营,以及广大党员干部、群众中进行广泛深入的宣讲,共宣讲28次,惠及党员干部2150余人。

【"红动涟水"大型党史图片展】 2021年6月,在县文化馆举办,图片展由县委党史委主办,以庆祝中国共产党成立百年华诞为主题,以传承红色基因为主调,由党组织在涟水的建立、发展、壮大等多个内容组成,共展出图片100余幅。再现涟水各个历史时期共产党人不忘初心、砥砺前行的伟大实践,描绘出一幅沧桑巨变的涟水百年党史画卷。县四套班子领导和全县78家单位党员干部3000余人次现场观展。

(戴梦璇)

2021年6月,"红动涟水"图片展举办 (县委党史委 供稿)

党校教育

【概况】 2021年,县委党校健全干部教育培训工作机制,完善教学质量评估体系,不断改进培训管理方式,修订完善后勤服务管理制度,对学员住宿、就餐等环境进行亮化美化,致力营造温馨、安全、整洁的学习生活环境。以"启航新征程 助力百强梦"创品牌攻坚活动为统领,积极构建以教学为中心、科研为基础、后勤为保障的有机统一、良性互动的干部教育培训格局,高标准完成全县党政正职培训班、全县宣传思想文化工作培训班等主体班、部门委托班17期,通过"六进"渠道累计完成基层送课60余场,办学质量、课题开发、理论研究、宣传推介等取得明显成效,全市县区党校综合考评排名第一,开创党校教育培训工作新局面。

【课程体系建设】 2021年,县委党校坚持将马克思主义基本理论、习近平新时代中国特色社会主义思想作为党校教育培训的中心任务和首选课题,组织骨干教师集中学习、研发党史学习教育、中共十九届六中全会等专题课程8个。打造具有涟水特色的矩阵式党性教育课程,形成以"镌刻在红色热土上的永恒记忆——中共涟水地方史撷英"为主阵,以苏北小延安、高杨战役、涟水保卫战为支点的"1+3"特色专题党性精品课程,《追寻"苏北小延安"的红色印记》党课视频被人民网党史学习教育官网和"学习强国"平台采用,实现理论宣传历史性突破。

【科研工作】 2021年,县委党校建立"实践出题目、科研做文章、成果进课堂"的教研咨三位一体运行机制,先后完成以周恩来精神、新型城镇化、涟水革命史等具有地方特色的科研成果10余篇,其中1篇科研文章入选第十届江苏党的建设高层论坛文集,全市仅有2篇入选,县区党校唯一;2篇调研课题在省委党校系统评比中分别被评为优秀和良好等次,2篇征文在全市党校系统征文评比中获奖,科研工作走在全市前列。

【宣讲活动】 2021年,县委党校统筹组建中层骨干、青年教师、退休老党员三支队伍,全面启动多层次宣讲活动。选派4名教学骨干全程参与全县党史学习教育,完成全县面上专题宣讲40余场。通过启动"青蓝工程"、创设"校园讲堂"、举办"读书会"等形式,促进青年教师快速成长,并依托"苏北小延安"、涟水党性教育馆等实境教学点,组织年轻教师对机关干部、基层党员、社区工作者等开展党性教育10余场次。组建"离退休党员志愿宣讲服务队",深入基层社区宣讲党史和文明城市创建知识,受到社区干部群众的一致好评,相关做法在《扬子晚报》等媒体报道。 (李 雯)

对台事务

【概况】 2021年,县台办持续强化"项目为王、环境是金"的核心意识,以台资重特大项目招引为主抓手,以扩大对台经贸交流联络为着力点,全力丰富101%服务品牌内涵,不断开创对台工作新局面。全年签约台资项目7个、内资项目2个,达成意向项目4个,新设及增资台资项目5个,到账台资7181.56万美元。通过市盘新开工考核台资项目5个、内资项目2个,通过市盘竣工验收台资项目4个、内资项目1个。荣获2021年度全市重特大项目攻坚先进单位称号，“以高质量党建引领台企高质量发展”荣获2021年度全省台办系统创新创优项目入围奖。

【涟台交流】 2021年，县台办充分释放台商服务中心“涟台一家亲”的品牌效应，先后举办春节“团圆如故、留涟大吉”、端午“好戏涟台粽关情、此心安处是吾乡”、中秋“金秋涟水缘 两岸共明月”等联谊活动。县台商联谊会向高沟镇杨口小学捐赠一批价值10万余元的空调，连续多年开展“寒冬送温暖 涟台一家亲”爱心助学活动，累计捐款捐物50余万元；积极对接并组织旺旺集团、宏保运动、颖益机械等多家台企开展爱心捐赠活动，累计捐赠物资百余万元，为加强涟台交流、履行社会责任搭建有效平台。

【台商服务】 2021年，县台办以“红心涟台”县委书记项目为载体，举办“税企共建”“巾帼助企”“送法进企”等服务台企活动近10场。召开台商服务工作座谈会，研究会办相关台企生产经营中面临的问题。开展“律心向党、法润台企”活动，常态化走访问需、普法宣传、法律体检。举办“可以家乡、何必远方”台资企业线上直播专场招聘会，结合高校毕业季校招活动，为全稳康源、大量科技等企业招聘本科毕业生23人，硕士研究生2人。为在涟水的台商台胞开通接种新冠疫苗接种绿色通道，全县90余名台胞完成接种，为6000余名台企员工提供上门接种服务。10月21日，在全省率先组织符合接种条件的台胞接种新冠疫苗加强针，相关做法在省市媒体平台宣传报道。协调解决台企供电保障、疫情防控、子女入学、换取驾照等一般性求助事项55件。常态化开展台胞台属慰问活动，共计为31名台胞台属送去1.86万元慰问金。

2021年9月26日，涟水县第七届“金秋涟水缘 两岸共明月”台胞台属中秋联谊晚会在涟水德润酒店举行 （县台办 供稿）

【台资项目招引】 2021年，县台办赴厦门、苏州等台资密集地区开展招商活动23次，拜访企业50余家，累计在外招商91天。牵头组织举办产业专题招商说明会4场，配合参与长三角台资产业合作促进会、第十六届台商论坛等涉台经贸活动。先后邀请旺旺集团、全国台企联江苏区青委会、全国台企联常务副会长等30批次210余名客商到涟水考察投资环境。持续加大基础设施投入力度，稳步推进涟水片区建设。积极承接昆山产业转移，先后多次陪同县主要领导、分管领导等赴昆山考察，洽谈项目合作，举办2021涟水(苏州)先进制造业招商推介会、淮安(昆山)台资产业合作说明会，推介涟水优越的营商环境。先后接待定颖电子、京群焊材、圆裕电子等20多家昆山台资企业到涟水考察，3月10日，久恩金属制品项目通过云签约方式成功落户淮昆台资合作产业园涟水片区。 （陈 璐）

保密工作

【概况】 2021年，县保密局深入贯彻落实中央省市县关于保密工作的决策部署，切实做好保密组织领导、检查查处、监督管理、宣传教育等各项工作，全县保密工作水平不断提高，为维护国家的安全和利益，推动全县经济社会发展发挥保密“服务保障”作用。对全县79家单位开展保密自查自评工作，着重检查涉密载体、防范措施的管理情况，确保各单位保密工作万无一失。配合县委机要局，做好上级涉密文件收取、传递和清退，密码电报按规定做好核对、移交和销毁，涉密文件按要求做好立卷、归档等工作。对涉密文件实行专人负责、统一登记管理，同时对秘密级以上文件资料实行起草单位全流程负责制。

【保密宣传教育】 2021年，县保密局紧密结合庆祝中国共产党成立100周年开展丰富多彩的保密宣传教育。组织全县各机关单位参加庆祝中国共产党成立100周年保密知识竞赛活动，采取印发通知、转发链接等方式，依托“保密观”微信公众号和“保密观”APP，发动全县干部职工及社会公众积极参与保密知识竞赛，全县4958人参加庆祝中国共产党成立100周年保密知识竞赛，实现机关工作人员参与保密知识竞赛全覆盖，切实增强全县干部职工及社会公众安全保密意识。 （娄 阳）

涟水县人民代表大会

THE PEOPLE´S CONGRESS OF LIANSHUI COUNTY

- 重要会议
- 重要活动
- 人大监督
- 代表工作

编辑:彭亚君

重要会议

【县十六届人大五次会议】 2021年1月11日至12日在涟水大剧院举行。大会应到代表316名,实到代表293名,符合法定人数。列席大会的有出席县政协十届五次会议的全体委员,部分省人大代表,省、市委驻涟帮扶工作队员,县直各部委办局、各条管单位、各人民团体负责人,各镇(街道)负责人。会议听取并审议涟水县人民政府代县长洪然代表县政府向大会作的《政府工作报告》、县人大常委会副主任朱太伟作的《涟水县人大常委会工作报告》、县人民法院代理院长刘洋作的《涟水县人民法院工作报告》、县检察院代理检察长龚怀军作的《涟水县人民检察院工作报告》。会议通过关于《涟水县人民政府工作报告》的决议、关于《涟水县国民经济和社会发展第十四个五年规划和二〇三五年远景目标纲要(草案)》的决议、关于《涟水县2020年国民经济和社会发展计划执行情况与2021年国民经济和社会发展计划(草案)的报告》的决议、关于《涟水县2020年财政预算执行情况和2021年财政预算(草案)的报告》的决议、关于《涟水县人大常委会工作报告》的决议、关于《涟水县人民法院工作报告》的决议、关于《涟水县人民检察院工作报告》的决议、关于"进一步推动全县工业经济高质量发展的议案"的决议。大会补选张超为县人大常委会主任,刘泽年为县人大常委会副主任,洪然为县人民政府县长,刘永军为县监察委员会主任,刘洋为县人民法院院长,龚怀军为县人民检察院检察长。县委书记时勇在大会闭幕前发表题为《奋进新时代 开启新征程 向着"全国百强县"目标阔步前行》的讲话。

2021年1月11日,涟水县第十六届人民代表大会第五次会议在涟水大剧院开幕

(县人大办 供稿)

【县人大常委会会议】 2021年,县十六届人大常委会共召开常委会会议9次。

县十六届人大常委会第二十九次会议 1月9日在县人大常委会会议室召开。县人大常委会主任张超主持会议,副主任刘泽年、孙辉、朱太伟、周宏昌出席会议。会议讨论并作出召开县十六届人大五次会议的决定,通过县十六届人大五次会议相关事项。会议通过人事任免有关事项,被任命人员进行供职发言及宪法宣誓。

县十六届人大常委会第三十次会议 2月9日在县人大常委会会议室召开。县人大常委会主任张超主持会议,副主任刘泽年、孙辉、朱太伟、周宏昌出席会议。县委常委、常务副县长李金平列席会议。会议传达学习省、市人民代表大会精神。会议通过人事任免有关事项,并举行颁发任命书仪式和宪法宣誓仪式。

县十六届人大常委会第三十一次会议 2月25日在县人大常委会会议室召开。县人大常委会主任张超主持会议,副主任刘泽年、孙辉、朱太伟出席会议。会议传达学习全县"苦干新五年,冲刺百强县"动员部署暨2020年度高质量跨越发展考核总结大会和2021年度全县实体经济发展会议精神,讨论县人大常委会2021年工作要点。

县十六届人大常委会第三十二次会议 4月30日在县人大常委会会议室召开。县人大常委会主任张超主持会议,副主任孙辉、朱太伟出席会议。县委常委、常务副县长李金平,县法院院长刘洋,县检察院检察长龚怀军列席会议。会议传达学习全国人民代表大会精神,听取和审议县政府关于《中华人民共和国残疾人保障法》贯彻实施情况的报告,听取和审议全县2020年度环境状况及环境保护目标完成情况和依法打好污染防治攻坚战情况的报告,听取县人民检察院关于未成年人检察工作情况的报告。会议通过人事任免有关事项,并举行颁发任命书仪式和宪法宣誓仪式。

县十六届人大常委会第三十三次会议 6月29日在县人大常委会会议室召开。县人大常委会主任张超主持会议,副主任刘泽年、吴建峰、孙辉、朱太伟、周宏昌出席会议。县政府副县长吴勇,县法院院长刘洋,县检察院检察长龚怀军列席会议。会议听取县政府关于自然资源领域国有资产管理情况的报告,听取县政府关于退役军人保障工作情况的报告,听取县政府关于问题楼盘化解工作情况的报告,听取《江苏省动物防疫条例》执法检查建议落实情况的报告,听取县法院"一站式"诉讼服务体系建设情况工作的报告。

县十六届人大常委会第三十四次会议 8月20日在县人大常委会会议室召开。县人大常委会主任张超主持会议,副主任刘泽年、吴建峰、孙辉、朱太伟、周宏昌出席会议。县委常委、常务副县长李金平,副县长、县公安局局长马仁慧,县法院院长刘洋,县检察院检察长龚怀军列席会议。会议通报专项工作报告及常委会任命"一府两院"工作人员履职评价满意度测评情况。会议通过县人大常委会关于批准涟水县2020年县级财政决算的决议(草案),通过县人大常委会关于涟水县2020年县级预算执行和其他财政收支审计工作报告的决议(草案)。会议传达市委书记、市人大常委会党组书记陈之常专题调研人大工作讲话精神。会议通过人事任免有关事项,并举行颁发任命书仪式和宪法宣誓仪式。

县十六届人大常委会第三十五次会议 9月29日在县人大常委会会议室召开。县人大常委会主任张超主持会议,副主任刘泽年、朱太伟、周宏昌出席会议。县委常委、常务副县长李金平列席会议。会议通过《关于全县县镇两级人大换届选举有关问题的决定(草案)》《关于涟水县新一届人民代表大会代表名额分配的决定(草案)》《关于确定涟水县各镇新一届人民代表大会代表名额的决定(草案)》《关于任命涟水县选举委员会组成人员的决定(草案)》《关于任命涟水县各镇选举委员会组成人员的决定(草案)》等5个决定草案。举行"人民满意学校"授牌仪式。会议通过人事任免有关事项,并举行颁发任命书仪式和宪法宣誓仪式。

县十六届人大常委会第三十六次会议 10月28日在县政府三楼第三会议室召开。县人大常委会主任张超主持会议,副主任刘泽年、孙辉、周宏昌出席会议,副县长、县公安局局长马仁慧,县法院院长刘洋,县检察院检察长龚怀军列席会议。会议听取县政府关于行政复议和行政应诉工作开展情况的报告;听取县政府关于涉农诈骗案件预防打击工作情况的报告;听取县政府关于"八五"普法规划编制情况的报告,作出关于开展第八个五年法治宣传教育的决议;听取和审议县政府关于2021年县人大代表建议办理情况的报告;听取县政府关于"进一步推动全县工业经济高质量发展议案"的决议执行情况的报告,财政局局长王庆山代表县政府作关于2021年财政预算调整的报告。会议通过人事任免有关事项,并举行颁发任命书仪式和宪法宣誓仪式。

县十六届人大常委会第三十七次会议 12月25日在县纪委801会议室召开。县人大常委会主任张超主持会议,副主任刘泽年、孙辉、朱太伟、周宏昌出席会议,副县长、县公安局局长马仁慧,县法院院长刘洋,县检察院检察长龚怀军列席会议。会议听取和审查2021年涟水县县本级地方政府新增债务限额及县本级预算调整方案(草案)报告,县财政局局长王庆山代表县政府作2021年财政预算调整的报告;听取县政府关于2020年度县本级预算执行和其他财政收支审计发现问题整改情况的报告,县人大常委会财经委主任卢建农作关于2021年县本级地方政府新增债务限额及县本级预算调整方案(草案)的审查报告。会议通过人事任免有关事项,并举行颁发任命书仪式和宪法宣誓仪式。

【全县人大工作推进会】 2021年3月10日,县人大常委会召开全县人大工作推进会。县人大常委会主任张超,副主任刘泽年、朱太伟出席会议。会议就做好人大工作提出要求。会议通报2020年度先进集体和先进个人名单,对2021年度代表工作和镇(街)人大工作进行部署,县人大常委会财经委、涟城街道人大工委、红窑镇人大、大东镇人大作交流发言。

【全市人大财经工作座谈会】 2021年3月30—31日,全市人大财经工作座谈会在涟水召开。市人大常委会常务副主任、党组副书记唐道伦,市人大常委会副主任肖进方,县人大常委会主任张超,县委副书记李义翠,县人大常委会副主任朱太伟出席座谈或参加观摩。市人大财经委、预算工委全体人员,市直有关部门分管负责人、各县区人大常委会分管领导及相关部门负责人参加会议。市人大常委会副秘书长陈灼主持会议。会议传达学习全省人大财经工作座谈会精神,回顾总结2020年市人大财经工作,部署2021年工作安排;各县区人大就财经工作进行交流发言。会上,唐道伦就进一步做好全市人大财经工作提出要求。在涟水期间,与会人员实地观摩红窑芦笋产业园、江苏今世缘酒业股份有限公司。

【全县镇街人大工作座谈会】 2021年6月8日,县人大常委会召开全县镇街人大工作座谈会,县人大常委会主任张超,副主任刘泽年、朱太伟、周宏昌出席会议。会前,与会人员先后实地视察保滩街道、红窑镇、五港镇等镇街的人大代表之家或人大代表联络点。通过查看台账资料、办公场所建设、了解活动开展频次与实效深入现场,耳闻目睹、深切感受各地基层人大紧紧围绕党委政府中心工作,服务大局、服务民生,开展的各具特色、卓有成效的人大工作。座谈会上,各镇街人大负责人从发展大局,积极依法履职,推进涟水县人大工作持续健康发展作交流发言。会上,张超就2021年人大工作提出要求。

2021年6月8日,全县镇街人大工作座谈会召开 (县人大办 供稿)

【"巩固脱贫成果 助力乡村振兴"人大代表座谈会】 2021年8月25日，县人大常委会召开"巩固脱贫成果 助力乡村振兴"人大代表座谈会。市人大常委会副主任周茂萱，县人大常委会主任张超，县人大常委会副主任刘泽年、朱太伟、周宏昌出席会议。周茂萱对涟水县人大"千百万扶贫济困大行动"工作开展情况予以充分肯定，张超就贯彻落实好会议精神提出要求。会上，周茂萱、张超分别为市、县、镇人大代表颁发"人大代表千百万扶贫济困大行动突出贡献留念"奖牌，与会人大代表作交流发言。

【全市人大代表主题活动座谈会】 2021年12月8日，全市人大代表主题活动座谈会在涟水召开。市人大常委会副主任肖进方、周茂萱，市人大常委会农经委主任张晓红、人代联委主任徐鹏，县人大常委会主任张超，各县区人大相关人员出席会议。市人大常委会副秘书长蔡绍忠主持会议。肖进方对如何把握、谋划、开展好代表主题活动提出要求，周茂萱对各县区人大提出的想法思路给予充分肯定，张超在会上致辞，市人大常委会相关委办、市农业农村局、各县区相关人员作交流发言。

（杨　耀）

重要活动

【全国人大农业与农村委员会到涟水调研】 2021年4月13日，全国人大常委会委员、全国人大农业与农村委员会副主任委员王宪魁，全国人大农业与农村委员会委员张烈英率队到涟水，就粮食生产和农村集体产权制度改革开展调研。省人大常委会委员、农委主任刘大旺，市委副书记张国梁，市人大常委会常务副主任唐道伦，市人大常委会副主任肖进方，市人大常委会秘书长陈步公，县人大常委会主任张超，县委副书记李义翠，县人大常委会副主任周宏昌等陪同调研。王宪魁一行先后到成集镇条河村，实地查看农房改善工作进展和村级经营性资产果蔬大棚、香菇大棚生产情况，详细了解涟水县农村土地制度改革与农村集体产权制度改革的主要做法和取得的成效，到涟城街道亚夫农业科技有限公司和涟水现代农业产业示范园，听取涟水县粮食生产和现代农业发展情况汇报。

【省人大调研组到涟水开展"乡风文明提升"专题调研】 2021年7月14—15日，省人大常委会教科文卫委委员顾建军，省人大常委会教科文卫委委员、江苏第二师范学院和省教育科学研究院党委书记王仁雷一行到涟水开展"乡风文明提升"专题调研。市人大常委会副主任肖进方，市人大常委会党组成员、秘书长陈步公，县人大常委会主任张超，县人大常委会副主任朱太伟，副县长马荣陪同调研或参加座谈。座谈会上，顾建军听取县委宣传部、县农业农村局、县教体局、县民政局、县文广旅局、县妇联、高沟镇、陈师街道、朱码街道等单位（镇街）关于乡风文明提升情况的汇报，对涟水县乡风文明建设工作给予肯定。在涟水期间，顾建军一行先后到成集镇条河村、黄营镇朱桥村开展实地调研，通过实地查看，听取汇报等方式，详细了解移风易俗、人情减负、乡风文明传承等情况。

2021年7月15日，省人大调研组到涟水开展"乡风文明提升"专题调研（县人大办　供稿）

【县领导专题调研人大工作】 2021年8月25日，县委书记时勇专题调研人大工

2021年8月25日，县委书记时勇专题调研人大工作（县人大办　供稿）

作，与县人大常委会机关和镇街人大的负责人座谈交流，共同谋划推动全县人大工作高质量发展，为涟水早日跻身全国百强县作出人大贡献。会前，时勇一行深入红窑镇和陈师街道人大代表之家调研指导工作。座谈会上，县人大常委会主任张超汇报县人大工作情况，时勇对全县人大工作给予充分肯定，从坚定维护党的领导、聚焦服务中心大局、积极为民发声发力、全面加强自身建设等方面对人大工作提出要求。

【省人大常委会领导到涟水调研考察】 2021年10月13—14日，全国人大代表、省人大常委会副主任、党组副书记陈震宁率队到涟水调研考察。市人大常委会常务副主任、党组副书记唐道伦，市人大常委会秘书长陈步公，县委书记时勇，县人大常委会主任、党组书记张超，副县长、红窑镇党委书记吉海参加调研。在今世缘酒业股份有限公司，陈震宁一行先后参观今世缘展示中心、中国白酒智能化酿酒示范车间、“今世缘·等着我”展示馆、今世缘美酒银行，详细了解今世缘的发展历程、企业文化建设、智能化酿造过程等情况，陈震宁充分肯定今世缘近年来的发展成绩。在春竺芦笋产业园，陈震宁听取涟水县芦笋产业发展情况汇报，详细了解芦笋产业的投入、田间管理、品质和产量、市场效益等情况，充分肯定涟水县芦笋产业的创新发展思路，希望涟水县积极发展芦笋深加工，延长产业链、提升价值链，进一步做大做强芦笋产业，带动周边群众增收致富。 (杨　耀)

人大监督

【经济领域监督】 2021年，县人大常委会定期听取和审议国民经济计划等报告，聘任部分财经领域专业人士，提出意见建议。完成人大预算联网监督平台建设，制定出台《预决算审查监督专家库管理办法》，依法审查批准财政预算调整方案和政府债务限额，加大对政府投资资金、专项资金的审查监督力度。制定《审计查出突出问题整改工作监督办法》，跟踪督办“屡审屡犯”审计查出问题整改情况，刚性推动难题破解。连续五年开展重大项目视察活动，对“十三五”期间重大工业项目、“315”工业企业培育等工作进行调研视察。就营商环境问题进行质询，连续两年跟踪质询办理情况。围绕优化营商环境主题，举办“人大代表来问政”活动2期。

【民生事业监督】 2021年，县人大常委会先后听取和审议县政府关于学前教育、农村义务教育保障情况等报告，创新开展“人民满意学校”评议活动。及时听取县政府关于疫情防控工作报告，视察调研全县农房改善、城区防洪排涝、重点水利工程建设等工作，连续三年听取县政府年度环境状况及环境保护目标完成情况报告，选聘人大代表担任“河长制”监督员，助力打好“蓝天碧水净土”三大保卫战。

【法律监督】 2021年，县人大常委会先后听取和审议县政府扫黑除恶专项斗争、社区矫正、行政复议和行政应诉、县法院“基本解决执行难”、县检察院公益诉讼等工作开展情况报告，作出《关于健全和完善执行联动工作机制的决定》，深化千名代表评庭审、千名代表助执行“双千”活动，相关做法被《新华日报》刊载推介。听取县政府“七五”普法工作报告，跟踪检查“七五”普法规划中各项目标任务完成情况，批准县政府“八五”普法规划，作出“八五”普法决议。开展执法检查，推动相关法律法规的刚性执行。配合做好上级人大立法工作，涟水县提出的相关建议得到采纳，推动出台的《淮安市古淮河保护条例》，有力保障涟水饮用水源地安全。

(杨　耀)

2021年10月13日，省人大常委会副主任、党组副书记陈震宁到涟水调研

(县人大办　供稿)

代表工作

【概况】 2021年，县人大常委会始终坚持优化服务、凝聚民心，把人民至上、为民服务作为代表履职的活力源泉，推动阵地建设、代表服务向一线延伸，奋力书写代表履职行权的新答卷。积极探索代表履职的方式和路径，实现代表工作和常委会工作深度融合，构建代表工作新格局。经过新一轮换届换举后，选出新一届市人大代表73名，县人大代表325名。

【代表联系】 2021年，县人大常委会开展“人大代表进网格”活动，将全县1150余名县镇两级代表编入979个网格，引导代表在网格内察民情、知民意、聚民心。创新开展人大代表“三进四问五坚持”(“三进”：进企业、进村居、进农户；“四问”：问发展、问难题、问和谐、问民生；“五坚持”：坚持做到接待群众真心、调查研究用心、提出建议尽心、办好实事暖心、撰写报告走心）活动，连续两年实行人大代表中的县镇领导干部接待群众日制度，走访企业、村居、农户，提供技术咨询、就业信息，帮助解决老百姓衣食住行、就医就学等实际问题。坚持开展主任接待代表日活动，将群众反映强烈的民生问题作为接待议题进行研讨，邀请问题涉及部门领导共同参与接待，共走访代表之家5个，接待代表19人，收集解决22条建议，及时有效解决群众反映的热点难点问题。全面贯彻落实全市人大代表“千百万扶贫济困大行动”，组织开展“发挥代表作用，做实代表项目”“助推脱贫攻坚，助力乡村振兴”系列主题活动，新建人大代表讲习所26个，实施代表壮村项目59个，扶持入户项目226个，累计投入资金4000余万元。全市新一届人大主题活动座谈会在涟水召开，会上对2021年全市人大代表“千百万扶贫济困大行动”进行总结表彰，涟水获奖数量居全市第一。

【代表议案建议办理】 2021年，县人大常委会坚持县政府领导领办、县人大常委会领导督办、人大各委办跟踪办理机制，强化推进力度，提升办理实效。在《涟水日报》开设代表建议办理专栏，主动回应民生关切，让代表的“好声音”成为部门的“真行动”。五年来，县十六届人大代表在人代会上提交的议案、建议分别为3件、966件，数量和质量逐年提升，内容涉及涟水改革发展等大事和“人行道建设与管理”等百姓身边的小事。截至12月底，全部办理完成，答复率100%，满意率达95%以上。涟水人大关于《抓住“四个重点”做实代表工作》被全国人大《联络动态》编发推广，《回应民生关切确保督办实效》在《新华日报》刊登报道。

【代表履职平台建设】 2021年，县人大常委会始终把加强平台建设作为夯实基层人大工作的有效抓手，制定出台《关于镇街人大工作规范化建设的实施意见》《关于进一步优化人大代表履职活动平台建设的意见》，不断推动代表联络平台触角向下延伸。建成人大代表之家17个，人大代表联络站76个，实现人大代表联络点372个村居全覆盖，形成“家—站—点”的三级网络。制定《涟水县镇级民生实事项目人大代表票决制指导意见》，推动实施民生实事人大代表票决制工作镇街全覆盖，实现民生实事从“为民作主”向“由民作主”转变。全市率先在法院设立人大代表联络站，邀请代表参加庭审、执行等活动，具体做法被《新华日报》刊登。全县首个全国人大代表工作室挂牌成立，代表以专业优势精准对接群众需求，让人大工作更加接近选民、贴近民众。

【代表述职评议】 2021年，县人大常委会将履职评价活动作为县人大常委会任命人员任后监督的主抓手，通过“听看评测”的模式，采取“提前调研、现场测评、会后反馈、约谈整改”的闭环监督形式，促进“一府两院”依法行政、改进工作，推动人大代表主动履职、积极作为。出台《县人大及其常委会选举和任命人员履职评价暂行办法》，通过听取报告、现场评议等方式，实现本届任期内常委会选举和任命人员向常委会报告履职情况并接受评议全覆盖。届内累计开展履职评价工作5次，5名县政府副县长、19名政府组成部门负责人、65名员额制法官、检察官接受履职评价，352名市县人大代表向常委会、选民述职，具体做法被《人民日报》、中国人大网等媒体报道肯定。

【代表选举】 2021年，县人大常委会根据《中华人民共和国全国人民代表大会和地方各级人民大会选举法》和《江苏省各级人民代表大会选举实施细则》，按照县委统一部署，以高度的政治责任感，依法依规，严明纪律，周密安排，认真研究部署，成立工作机构，加强督查指导，深入宣传动员，科学划分选区，严把登记关口，精心组织安排，圆满完成县镇两级人大换届选举任务。县镇两级人大代表选举日统一安排在2021年12月3日，2021年9月上旬全面启动县镇两级人大代表换届选举工作，11月13日前（不含当日）公布选民名单，11月18日前（不含当日）公布初提代表候选人名单，11月26日前（不含当日）公布正式代表候选人名单，12月7日（含7日）前选出县镇两级新一届人大代表，县镇两级新一届人民代表大会第一次会议在2022年1月底前召开。全县共划分146个县人大代表选区、411个镇人大代表选区，登记选民803217人，选举产生新一届县人大代表325名、镇人大代表970名。确保市九届人大一次和县十七届人大一次会议的顺利召开。

【代表活动】 2021年，县人大常委会深化“千百万扶贫济困大行动”，打造“三进四问五坚持”代表活动品牌，各级人大代表走访企业、村居、农户，提供技术咨询、提供就业信息、帮助解决实际难题。开展“人大工作季季谈”活动。围绕提升人大干部能力素质和人大代表履职水平，围绕“百强县”指标、招商引资、营商环境、信访条例、党史学习教育、民法典等开展4期讲座。选聘13名人大代表担任“河长制监督员”。按照个人自荐、主席团考察、常委会筛选的方式，选聘熟悉区域河流体系、了解河长制政策、群众基础好的人大代表担任“河长制监督员”，负责对辖区内12个重要水体的整治工作开展监督。制定《涟水县人大常委会“人大代表河长制监督员”实施办法（试行）》，充分发挥人大代表的监督作用，促进全县水环境持续改善。开展“人大代表来问政”活动2期。围绕“环境是金”理念，深入县镇工业园区开展调研，宣传县委县政府惠企政策，搜集企业主、投资人等群体的意见建议，围绕优化营商环境，开展人大代表电视问政活动，先后有6家政府部门接受问政，问政视频在电视台、微信公众号等媒体播出，群众反响较好。

（杨　耀）

涟水县人民政府

THE PEOPLE´S GOVERNMENT OF LIANSHUI COUNTY

- 重要会议
- 重要活动
- 政务服务
- 人事管理
- 信访工作
- 机关事务
- 信息化建设
- 电子政务

编辑:彭亚君

重要会议

【全县新冠肺炎疫情防控工作调度会】 2021年1月18日召开。县委副书记、县长洪然，县委常委、宣传部部长郎跃明，副县长马荣，县政协副主席、县工信局局长朱金文等县领导出席会议。洪然强调，各地各部门要提高站位、深化认识，进一步完善疫情防控工作体制机制，拿出务实管用措施，确保疫情防控各项政策措施落实落地落细。要严格落实外防输入工作要求，切实做好境外和国内中高风险地区返涟人员的排查和管控，坚决防范境外物品的疫情输入。要全力做好农村地区的疫情防控工作，加强社会防控，建立县镇村三级指挥体系，强化闭环管控，组织人员开展全面摸排，做到分类管理，精准防控。要落实首诊负责制和预检分诊制，做到"早发现、早报告"，同时充分发挥农村县镇村三级网络和医联体医共体作用，实行"村报告、镇采样、县检测"。要加强宣传引导，倡导节庆文明新风，深入开展爱国卫生运动，降低疫情传播风险。要以村和家庭为单位储备基本防护物资，切实做好应对疫情准备。要加强核酸检测、流调溯源、隔离点保障能力建设，建立专班，切实做好大规模核酸检测、密切接触者流调溯源、集中隔离服务保障等工作。要全面加强重点场所防控指导，加强对学校、养老及托幼机构、小微企业等疫情防控工作指导，全面做好商场超市、宾馆饭店等重点场所和"两站一场"、公共交通等场所人员管理，严格落实测温、查验健康码等措施，强化健康监测。要结合实际，拿出加强自身防控的具体举措，不断完善规范工作流程，制定切实可行的应急预案，加强督查、督导、督办工作力度，推动疫情防控工作取得实效。要强化组织领导，各工作组、各相关部门要进一步压紧压实工作责任，层层落实分解，做到人人肩上有担子、人人身上有压力。要严格落实疫情防控24小时值班值守工作制度，全力做好物资和经费保障工作，强化部门联动协作，形成合力，全力以赴守牢守好疫情防控工作底线，确保全县人民过一个欢乐、祥和、安定的春节。

【县政府全体(扩大)会议】 2021年1月19日召开。聚焦新一年政府各项重点工作，细化责任要求，落实工作举措，奋力实现首季"开门红"。县委副书记、县长洪然，县委常委、常务副县长李金平，县委常委、县政府党组成员刘腾，副县长李阔、马荣、张川、姜井旭、吴勇，县政协副主席、县工信局局长朱金文等县领导参加会议。县委常委、常务副县长李金平主持会议。洪然在会上强调，要坚持务实苦干，尽职尽责推动进位争先，以"开局就是决战、起步就要冲刺"的劲头，抓铁有痕、踏石留印，以各项工作的创新创优，夯实冲刺百强县的基层基础。要紧扣重点难点，突出招商引资、项目建设、产业发展、园区平台升级等工作，办好人民满意教育，同步推进乡村振兴、提升城市能级、改善民生福祉等工作。要强化载体建设，带动更多项目落户南京经开区涟水特别合作区、淮昆台资合作产业园涟水片区。要推动现代农业快提质，做好首届涟水芦笋节、"涟水好大米"品牌论坛前期准备工作。要常态化抓好疫情防控，春节期间要减少人员流动和聚集，避免前往中高风险地区。要全身心维护安全稳定，深入推进冬季空气质量改善六大专项行动，对农民工工资、问题楼盘、劳动纠纷等问题，提前做好教育稳控工作。要全方位保障基本民生，组织好对城乡困难群众慰问和救助工作，积极组织货源满足群众消费需求，切实保障群众正常生产生活。要严格做好廉洁自律，严格执行中央八项规定和省市县委关于作风建设的各项规定，严禁用公款相互走访、送礼、宴请、吃喝，努力营造风清气正的良好氛围。会上，李金平对当前工作提出具体要求，县经济开发区、涟城街道和县住建局作发言。

2021年1月19日，县政府全体(扩大)会议召开 （县政府办 供稿）

【2020年以来签约项目推进会】 2021年2月3日召开。县委副书记、县长洪然，县委常委、县经济开发区党工委书记吴从荣，副县长姜井旭，县政协副主席、县工信局局长朱金文等县领导出席会议。会议逐一听取相关部门、各镇街、经济开发区2020年以来签约项目进展情况汇报，详细分析项目推进中遇到的困难和问题，找准症结原因，制定工作措施。就做好下一步工作，洪然指出，项目建设是高质量发展的重要载体，各地各部门要提高思想站位，牢固树立"项目为王"理念，把项目建设摆在突出位置，切实增强紧迫感和危机感，进一步突出重点，制定项目推进流程图，明确时间节点，优化工作方案，挂图作战，提高效率，加强过程性推动；要切实把招商引资和项目建设摆在更加突出的位置，坚定不移地把抓发展落脚到抓项目上，在全县形成全员抓招商、人人抓项目的浓厚氛围；要紧紧抓住"实

质性开工”这一关键，拿硬招、出实招，进一步加强现场督办力度，分管县领导要带头干、带领干，深入一线发现问题、会办问题、解决问题，强力推动项目建设；要持续优化营商环境，坚持实行全程服务、保姆式服务，全县上下要牢固树立“一盘棋”思想，围绕同一方向、统一目标，发挥好各自的职能优势，通力合作、协力配合，及时帮助企业研究解决项目在落地建设过程中遇到的各种问题，努力形成“引进一个、建好一个、带来一批”的联动效应。

【全县房屋征收攻坚扫尾工作会议】 2021年3月5日召开。县委副书记、县长洪然，县委常委、常务副县长李金平，副县长、县公安局党委书记、局长马仁慧，副县长吴勇等县领导出席会议。县委常委、常务副县长李金平主持会议并对下一阶段工作提出具体要求。洪然指出，做好征收扫尾工作是加快提升城市形象的需要，对于提升涟水城市品位有着重要意义。相关单位要集中精力，拿出攻坚举措，全力攻坚征收扫尾工作进度，确保6月底前征收搬迁到位。要依法强力推进，组织开展房屋征收相关法律法规专题学习，全面提升工作人员理论水平和行政能力，坚持依法办事，充分保障群众的知情权、参与权和监督权，提高征收搬迁工作的透明度。要注重人文关怀，注重灵活性和原则性相结合，坚持超前安排，优先规划、建设、分配好安置房，尽量减少群众在外“过渡期”。要强化发展思维，进一步细化五年征收计划，积极打造涟水的景点和亮点，提高城市品质，提升城市品位。要严控违章建筑，相关部门和属地要密切配合，协同发力，坚决把违章建设制止在萌芽状态。要强化组织领导，适时会商会办，借鉴周边的好经验好做法，主要负责同志要亲自指挥、靠前攻坚，做到情况掌握在一线、协调指挥在一线、问题解决在一线。要严格督查督办，县征收办要深入实地抓督查、紧盯紧逼抓督查、动真碰硬抓督查，对先进典型加大宣传力度，对作风散漫加强曝光力度。要严肃工作纪律，始终保持清醒头脑，自觉筑牢拒腐防变的思想底线和道德防线，全力维护征收工作人员的良好形象。会议通报全县征收工作具体情况，县征收办、涟城街道、保滩街道、县工信局、县商务局作交流发言。

2021年3月5日，全县房屋征收攻坚扫尾工作会议召开　　（县政府办　供稿）

【县安委会全体(扩大)会议】 2021年，县安委会共召开会议两次。

4月17日召开。县委副书记、县长洪然，县委常委、常务副县长李金平，副县长李阔、姜井旭、吴勇，副县长、县公安局党委书记、局长马仁慧，县政协副主席、县工信局局长朱金文等县领导出席会议。洪然强调，要正视问题，警钟长鸣，始终绷紧安全生产“思想弦”。安全生产重于泰山，全县上下要把安全生产工作紧紧抓在手中，在全力以赴抓好各项工作的同时，常态化抓牢安全生产防控措施，压紧压实各方责任，坚决扛起维护社会安全稳定的政治责任，坚决防范遏制各类安全生产事故发生，切实维护广大人民群众生命和财产安全。要突出重点，把握关键，切实筑牢安全生产“防火墙”。各镇街、经济开发区、各相关部门要认真落实《涟水县安全生产委员会2021年工作要点》，深入谋划“百日攻坚”，重点抓实风险管控，对标对表“三年大灶”2个专题和8个专项整治要求，全面提升安全风险管理水平，持续开展道路交通、建筑施工、消防安全、特种设备、危化品等方面专项整治，扎实做好问题整改，积极推进创建工作，巩固提升基层基础，进一步聚焦重点领域、重点部位、重点环节，再排查、再整改、再提升。要严实作风，严督实考，压紧压实安全生产“责任链”。强化责任落实，县政府班子成员要履行“一岗双责”，县安委办要牵头抓总，安委会成员单位要强化监管责任，各镇街、经济开发区要落实属地责任，进一步压实企业主体责任。规范执法检查，相关部门要指导督促企业防控风险、整改隐患、落实责任。强化追责问责，县纪委监委要坚持全过程嵌入式“贴身”监督，加强成果运用，从严从重严肃问责追责。会议听取并原则同意《涟水县安全生产约谈实施办法(试行)(讨论稿)》《涟水县安全生产委员会2021年工作要点(讨论稿)》等相关文件。会议通报全县一季度工作及督导巡察反馈问题整改销号情况。县住建局、县公安局、循环经济产业园和高沟镇作会议发言。

11月10日召开。县委副书记、县长洪然，县委常委、常务副县长李金平，副县长马荣、吴勇，县政协副主席、县工信局局长朱金文出席会议。会议全面总结2021年以来全县安全生产工作，安排部署下一阶段安全生产重点任务，动员全县上下进一步强化安全理念，压实安全责任，硬化安全举措，筑牢安全底线，为“苦干新五年，冲刺百强县”提供坚实安全保障。洪然指出，思想认识务必要更加到位，始终绷紧安全生产这根弦。安全生产必须久久为功、常抓不懈，必须牢固树立“人民至上、生命至上”理念，时刻不放松安全生产这根弦，不留死角、不留空白，全力保障好人民群众生命财产安全，为全县营造更加安全稳定的发展环境。措施落实务必要严格细致，牢牢把握安全生产主动权。要坚持问题导向，扎实推进巡查督导问题整改，全力深化省“三项重点工作”，对危化品使用安全治理要常态长效抓好管控，对省级安全发展示范城市创建工作要加大督查力度；要持续开展安全风险隐患排查，切实按照“横到边、纵到底、全覆盖、零容忍”的要求，开展全覆盖、拉网式大检查；要紧盯重点领域，全流程、全过程加强危险化学品生产、经营、储存、运输、使用等各环节的安全监管工作。要全面排查整治液化气充装、农贸市场、老旧小区、人员密集场所风险隐患，进一步加大居民小区电动自行车上楼、电线私拉乱接等顽疾整治力度。要突出软硬兼顾，加强应急值守，严格执行领导干部到岗带班和关键岗位24小时值班制度；要全力推动县级、高沟镇消防救援指挥中心建设，积极推进乡镇工业集中区消防站建设。要加强应急演练，提高事故处置能力，提前做好应对低温雨雪冰冻天气的各项准备工作。要压实三方责任，发挥好“大数据+网格化+铁脚板”作用，提升精准发现问题、精细解决问题的能力，从源头遏制安全生产事故发生；要健全制度体系，认真抓好落实，进一步加强协调联动，切实推动安全监管责任无缝隙、全覆盖；要严肃追责问责，对企业主体责任落不实、隐患整改不到位的经营业主要予以严处重罚，并追究当事人的法律责任。会上，县领导对分管行业安全生产工作提出具体要求，县安委会通报2021年度全县安全生产工作情况，涟城街道、县住建局作交流发言，县商务局、县卫生健康委作表态发言。

【全县招商队伍建设会议】 2021年5月5日召开。县委副书记、县长洪然，县委常委、常务副县长李金平，县委常委、县经济开发区党工委书记吴从荣，副县长姜井旭，县政协副主席、县工信局局长朱金文等县领导出席会议。姜井旭主持会议。洪然强调，要进一步增强工作的压力感、紧迫感和责任感，加强招商信息的科学精准研判，积极走出去拜访一批符合涟水产业定位的大企业、好企业，县领导要坚持率先垂范、敢于担当，带头冲在招商引资的第一线，干在服务项目的最前沿，发挥好“传帮带”作用；各镇街、县各主要经济部门要积极创造条件，要调整优化招商队伍，选优配强招商人员，将更多愿招商、想招商、能招商的人员充实到招商一线，组建招商小分队，开展驻点招商；县经济开发区要发挥好招商公司作用，进一步充实完善专业招商人员，激励更多干部投身招商工作，以招商队伍建设的高质量保障项目招引的高质量，确保顺利实现“双过半”。要发挥好招商顾问队伍作用，撬动挖掘更多招商资源，通过他们开展以商招商、以商暖商，引进产业链上下游及关联企业，真正让已落户企业成为涟水宣传员、招商员。县工信局要牵头县农业农村局、县发改委、县台办、县商务局等部门，编制完善涟水招商投资指南手册，便于招商人员系统性学习招商实务，有针对性推介涟水。会上，与会县领导对下一步招商引资工作提出要求；相关单位、镇街、经济开发区围绕各自职责，汇报招商队伍建设、招商引资工作开展情况。

2021年5月5日，全县招商队伍建设会议召开 （县政府办 供稿）

【完善招商引资工作机制专题推进会】 2021年6月22日召开。县委副书记、县长洪然，县委常委、常务副县长李金平，县委常委、县经济开发区党工委书记吴从荣，副县长李阔、姜井旭，县政协副主席、县工信局局长朱金文等县领导出席会议。在听取县招商办《关于进一步完善招商引资工作机制的通知》起草情况汇报后，洪然指出，要进一步梳理、优化招商引资工作机制，引导各地各部门从信息收集到项目签约再到实质性开工更加规范、高效。县招商办要拿出推动落实的切实举措，积极通过驻点招商、乡贤招商、以商招商、中介招商等方式收集招商信息。县招商办和各地各部门要形成双向对接，精准获取有价值信息，对于重大信息线索要及时向县领导直接报送；要积极参与研判，引导各地各部门重点主攻工业项目；要做好条块结合，组织有关人员前往投资方进行高效实地考察，详细了解企业基本情况，提高招商引资工作精准化、专业化和市场化；要进一步规范工作流程，提高工作效率；要加快推进，细化合作条款，形成明确的投资合作协议。县招商办在指导、协调、推动、督查招商引资工作的同时，要全员参与招商引资工作，争做合格优秀的招商员，并借助各方资源、调动各方力量，形成工作合力，共同推进涟水招商引资工作再上新台阶。

【2021年度耕地保护普法培训会】 2021年7月3日举办。县委副书记、县长洪然，县委副书记、唐集镇党委书记李义翠，县委常委、常务副县长李金平，副县长李阔等县领导出席培训会。培训会邀请省自然资源厅执法局副局长、

省土地学会土地法学分会副主任委员、省稳评促进会评审专家李强到涟水作专题培训,培训会上,李强围绕土地管理法规及当前政策解读,从土地利用省情及耕地保护形势、耕地保护政策要求、土地违法行为特点监管及法律责任、设施农业用地管理等4个方面作专题授课,授课内容丰富、条理清晰、深入浅出、引人入胜。洪然指出,要提高政治站位,把思想和行动统一到党中央、国务院和省委、省政府对耕地保护工作的决策部署上来,坚决做到政治上坚定、态度上坚决、工作上迅速、措施上有力,坚决遏制耕地"非农化"、防止耕地"非粮化";要强化工作举措,坚持规划引领,加快编制《国土空间规划》,进一步修订完善《土地征收成片开发方案》,提升土地利用效益;要加快问题整改,对2020年土地例行督察和卫片执法检查中发现的未整改部分要严格按照整改要求,依法拆除违建,加快恢复耕地;要强化用地管控,聚焦"以设施农业为名占用耕地违法违规建设与农业发展无关的设施、在农业大棚内违法违规建设非农设施、农业大棚看护房建设面积严重超标"等三类重点问题,彻底排查整治违法违规问题。要凝聚保障合力,履职尽责,坚持"守土有责",精心组织,统筹安排,进一步健全镇街和部门联动机制,切实加大违法用地查处力度,做到违法用地发现一起、督办一起、曝光一起、查处一起;要常态长效,认真做好城乡增减挂钩、耕地占补平衡、省市投土地整治、永久基本农田保护、国家和省级卫片执法检查等工作,健全农地非农化"早发现、早制止、严查处"的常态化监管机制,进一步健全核查整改机制,全流程跟踪、项目化整改,确保闭环销号;要宣传引导,加强农地管理政策宣传解读,增强群众保护耕地意识,坚持正反两面典型同步宣传,及时向社会通报、媒体曝光,切实发挥威慑、震慑作用。培训会采取视频方式进行,在县城设立主会场,在县经济开发区和各镇(街)设立分会场。

【全县招商引资项目信息研判会议】 2021年8月3日召开。县委副书记、县长洪然,县委常委、涟水经济开发区党工委书记王伟,副县长姜井旭,县政协副主席、县工信局局长朱金文等县领导出席会议。洪然指出,项目招引事关县域经济科学健康发展,是推动全县高质量跨越发展的头号工程,是实现"冲刺百强县"目标的重要途径。各地各部门要进一步提高政治站位,创新工作思路,切实增强"坐不住"的责任感、"慢不得"的危机感、"等不起"的紧迫感,工作中始终充满热情、激情、豪情,紧盯上市公司、龙头企业,开动脑筋、想足办法,力促更多大项目、好项目签约落地涟水。要科学分析研判面临形势,紧盯国家最新政策,结合涟水特色产业,主动外出推介,强化精准沟通对接,做到项目谋划既"搭天线"又"接地气"。要仔细梳理涟水在外乡贤资源,进一步加强沟通交流,引导乡贤主动为家乡发展出谋出力、献计献策,助推家乡更好更快发展。要进一步拓宽项目信息来源渠道,营造浓厚招商氛围,巩固已有产业规模,保持良好发展势头,不断开创招商引资工作新局面。要把握政策导向,加强项目信息甄别研判,对已签约项目要盯紧不放,尽快完成选址、实现开工建设;对正在洽谈项目,要全面细致了解拟投资项目基本情况,确保引进一批科技含量高、发展前景好、税收贡献大的大项目、好项目;对洽谈成熟项目,要积极争取早日签约。各单位负责人要深入分析在手项目信息动态,抽出更多时间外出招商,紧紧围绕建链、强链、补链、延链开展招商引资、招才引智。要进一步抓好招商队伍建设,配足配齐专职人员,加强专业知识培训,努力做到信息搜集更加精准、项目对接更加精确、帮办服务更加精致,确保全县招商工作保持良好势头、走在全市前列。会上,县领导对下一阶段工作提出具体要求,县工信局通报近期全县招商引资项目信息研判情况,招商信息研判小组成员及相关项目信息单位就在谈项目进展情况分别发言。

【全县农房改善工作推进会】 2021年9月2日召开。县委副书记、县长洪然,县委副书记、唐集镇党委书记李义翠,副县长吉海出席会议。洪然强调,2021年是省实施农房改善"三年行动"的收官之年,全县上下要充分认识到加快推进农房改善工作的紧迫性、严峻性,以高度的政治责任感和自觉性,进一步明确工作重点,以更大决心、更大力度、更实举措,全力推动农房改善工作,确保不折不扣高质量完成"三年行动"各项目标任务。要进一步深化思想认识,坚持目标导向、问题导向,压实工作责任,着力解决好当前项目建设中存在的困难和问题。要抢抓当前施工黄金季节,倒排序时、挂图作战,在保证质量和安全的前提下,全力以赴加快项目建设。要按照分配要求,抓紧组织动员分配已建成房屋,并引导群众尽快装修入住,让农民群众早受惠早得益。要强化工作保障,县农房办要加强业务指导,县财政局、安东控股要统筹资金调拨,各相关镇街要主动对接,及时安排未付改善资金。要注重产业培育,在做强产业上持续发力,依据各地资源禀赋、区位条件、产业基础等,深入谋划配套产业布局规划,着力壮大现有优势产业,促进村集体经济发展、带动农民群众增收致富。要强化新型社区综合治理,积极探索新型社区党建引领基层治理的有效途径,不断提高新型社区治理能力和服务水平,全力做好农房改善"后半篇"文章,切实增强农民群众获得感、幸福感、安全感。要超前谋划好下一步工作,突出重点、分清主次,排细排实工作计划,确保农房改善各项工作稳步推进,努力让农民群众真正过上与时代同步的现代城镇生活。会前,洪然一行先后实地查看成集镇初心社区、六塘村、余圩社区等项目进展情况,现场研究解决项目建设中存在的困难和问题。会上,与会县领导对农房改善项目建设、特色田园乡村创建等工作提出具体要求;县农房办汇报需要提请解决的问题;县自然资源和规划局汇报特色田园乡村方案编制情况;各镇、街道汇报相关项目推进情况;与会部门作补充发言。

【企业家代表座谈会】 2021年10月22日召开。县委副书记、县长洪然主持会议并讲话。县委常委、涟水经济开发区党工委书记王伟,县政协副主席、县工信局局长朱金文出席会议。座谈会上,各位企业家畅所欲言,分别围绕自身企业近期经营状况、发展面临的困难问题和下一步企业发展作发言。洪然指出，当前全省能源短缺，给企业生产带来一定的影响，要立足当前、着眼长远，进一步研判形势、强化措施，加强运行调节，提升能源供给保障能力，切实保证经济社会平稳运行。县经济开发区和企业属地要进一步加强沟通协调，经常深入企业一线，掌握企业运行情况，认真梳理企业存在的共性和个性问题，用心用情为企业办实事、解难题，全力保障企业生产经营。各企业要进一步笃定发展信心，立足主责主业，深入研判能源供应形势，在科学合理安排生产的同时推进技术创新、市场创新，切实提高企业核心竞争力和可持续发展能力。各位企业家要继续大力弘扬企业家精神，切实把履行社会责任、彰显社会担当作为价值追求，坚决扛起环保责任、安全责任、社会责任，为维护全县发展稳定大局做出积极贡献。各职能部门要围绕企业提出的意见建议，定期研究部署，进一步增强服务保障意识，加快审批办事效率，强化要素保障，力求为企业提供更加优质的服务，为企业发展营造良好的营商环境，以更扎实、更有效的措施，全力支持企业在涟水发展壮大，推动县域经济高质量发展。会上，县供电公司汇报电力供应形势，供气企业汇报相关情况，各相关部门分别作补充发言，与会县领导就企业存在的问题和困难提出意见建议。

2021年10月22日，涟水县企业家代表座谈会召开　　（县政府办　供稿）

【拟落户县经济开发区项目进展情况汇报会】 2021年12月14日召开。县委副书记、县长洪然，县委常委、涟水经济开发区党工委书记王伟，副县长姜井旭，县政协副主席、县工信局局长朱金文等县领导出席会议。洪然强调，要进一步健全完善机制，高效运转重大项目服务专班、实行每周一次项目推进会等机制，切实解决项目推进过程中的难点、痛点、堵点；要进一步细化项目实地考察，特别是针对重特大项目，县领导要亲自带队，全面细致地了解企业的生产经营、产业布局和投资意向等情况，深入与企业沟通交流，促进优质项目早日落地；要进一步强化产业推介，县经济开发区和各镇街、职能部门要围绕四大工业主导产业产业链招商图谱，开展全产业链招商，力争在50亿元级、百亿元级重特大项目上取得新的突破；要进一步深化优惠政策，落细落实重大项目快落地"涟七条"等政策，吸引更多的优质企业来涟投资兴业。要进一步优化营商环境，县领导要主动靠前，及时会办、解决企业遇到的实际问题。县经济开发区和各镇街、职能部门要全力做好帮办服务工作，优化项目审批流程，压缩审批时间，想方设法破解项目落地瓶颈障碍，真正做到"拿地即开工"。会上，县工信局汇报2021年度已签约项目情况。

【县政府常务会议】 2021年，县十六届人民政府举行常务会议17次。

县政府十六届第74次常务会议　1月27日召开，会议传达全省财政工作会议精神，并分别就《进一步深化安全生产三年专项整治工作实施方案（讨论稿）》、春节期间部分重点工作安排、2021年《政府工作报告》主要目标任务分解方案（讨论稿）、全县"发展高质量，冲刺百强县"三年行动方案（2021—2023年）（讨论稿）、县经济开发区招商引资、机关事业单位人员退休一次性补贴、农业产业化项目建设、2021年春节慰问活动计划安排、全县农房改善第十批拟实施项目、2020年支持学前教育发展中央和省补资金分配方案、编外卫技人员招聘、拨付相关资金等十一个议题进行讨论研究。县委副书记、县长洪然主持会议。县政府领导李金平、李阔、马荣、姜井旭、马仁慧、吴勇、张川等出席会议。县人大常委会副主任周宏昌、县政协副主席朱金文应邀出席会议，部分县人大代表、县政协委员和县政府法律顾问团成员列席会议。

县政府十六届第75次常务会议　2月4日召开，会议传达中央农村工作会议、省十三届人大四次会议、省政协十二届四次会议、市八届人大五次会议、市政协八届五次会议和市第七次党代会第五次会议精神，并分别就2021年招商工作、全县镇街弱电杆线入地整治提升工程、省级养老服务体系建设资金使用分配方案、兑现2020年度降低实体经济企业成本奖励资金、拨付相关资金等5个议题进行讨论研究。县委副书记、县长洪然主持会议。县政府领导李金平、李阔、马荣、姜井旭、马仁慧、吴勇等出席会议。县人大常委会副主任周宏昌、县政协副主席朱金文应邀出席会议，部分县人大代表、县政协委员和县政府法律顾问团成员列席会议。

县政府十六届第76次常务会议　3月6日召开，会议分别就《涟水县促进工业经济高质量发展五年行动计划（讨论稿）》、招商引资工作、《2021年度全市经济发展暨重特大项目攻坚目标责任状任务分解方案（讨论稿）》、2020年度全县法治政府建设情况以及《2021年度县政府重大行政决策事项目录（讨论稿）》《2021年度县政府规范性文件制定计划

(讨论稿)》等文件、县"12345"民生服务工作运行、《涟水县县级新增耕地项目补助经费管理和耕地保护激励暂行办法(讨论稿)》《涟水县集体经营性建设用地入市管理办法(讨论稿)》《涟水县集体经营性建设用地入市收益调节金征收和使用管理暂行办法(讨论稿)》《涟水县集体经营性建设用地入市试点工作方案(讨论稿)》等文件、2020年度全县质量工作情况和县长质量奖及其提名奖评审、《进一步规范涟水县房地产市场管理的实施意见(讨论稿)》、县民兵训练基地建设、《涟水县红十字会改革实施方案(讨论稿)》、研究拨付相关资金等11个议题进行讨论研究。县委副书记、县长洪然主持会议。县政府领导李金平、李阔、马荣、姜井旭、马仁慧、吴勇、张川等出席会议。县人大常委会副主任周宏昌、县政协副主席朱金文、县人武部部长毛占忠应邀出席会议,部分县人大代表、县政协委员列席会议。

县政府十六届第77次常务会议 3月20日召开,会议分别就安全生产相关工作、《进一步强化当前经济运行保障具体政策措施的通知(讨论稿)》《全面推进乡村振兴加快农业农村现代化的实施意见(讨论稿)》《2021年全县重特大项目攻坚实施方案(讨论稿)》《培育十亿级工业企业行动方案(讨论稿)》《2021年涟水县深化"放管服"改革优化营商环境工作行动方案(讨论稿)》等文件、招商引资有关工作、全县2021年医保重点工作、省级全域旅游示范区创建、2019年度政府履行教育职责市反馈主要问题整改、公务员公务交通补贴政策口径、申请将县法院建筑物改造项目纳入2021年政府工程类项目投资计划、研究拨付相关资金等11个议题进行讨论研究。县委副书记、县长洪然主持会议。县政府领导李金平、李阔、马仁慧、吴勇出席会议。县人大常委会副主任周宏昌、县政协副主席鲁家宁、县人武部部长毛占忠应邀出席会议,部分县人大代表、县政协委员列席会议。

县政府十六届第78次常务会议 4月3日召开,会议传达学习全国扫黑除恶专项斗争总结表彰大会精神有关情况,并分别就法治政府建设、全县乡村振兴工作、《全面落实国务院安委会深化江苏安全生产专项整治涟水实施方案(讨论稿)》《涟水县创建省级安全发展示范城市实施方案(讨论稿)》、招商引资工作、全县一季度经济指标运行、全县一季度生态环境、全县新冠疫苗接种、部分单位相关人员基本养老保险补缴经费、消防救援指挥中心、高沟派出所、机场中路投资计划变更、全县国有企业改革、研究拨付相关资金等议题进行讨论研究。县委副书记、县长洪然主持会议。县政府领导李金平、马荣、姜井旭、马仁慧、吴勇出席会议。县人大常委会副主任周宏昌、县政协副主席朱金文应邀出席会议,部分县人大代表、县政协委员列席会议。

县政府十六届第79次常务会议 4月17日召开,会议分别就《2021年各镇街、经济开发区、循环经济产业园和县安委会成员单位履行安全生产工作责任考核评价指标(讨论稿)》、贯彻落实《中华人民共和国残疾人保障法》、2020年度环境状况、环境保护目标完成和依法打好污染防治攻坚战、招商引资工作、《深化工业项目行政审批制度改革的若干措施(试行)(讨论稿)》、2020年省以上现代农业发展项目、2021年提升村级集体经济发展项目拟立项、中央及省补教育资金分配方案、进一步做大做强财富融资担保公司、《县委常委会成员、县政府领导班子成员2021年安全生产重点工作清单(讨论稿)》等议题进行讨论研究。县委副书记、县长洪然主持会议。县政府领导李金平、李阔、马荣、姜井旭出席会议。县人大常委会副主任朱太伟、县政协副主席冯建华,部分县人大代表、政协委员列席会议。

县政府十六届第80次常务会议 5月22日召开,会议传达学习《政府督查工作条例》《省政府办公厅关于贯彻实施〈政府督查工作条例〉进一步加强和规范政府督查工作的通知》有关精神,并分别就全县信访工作、招商引资工作、《涟水县全民健康补充医疗保险试行方案(讨论稿)》、教育工作、2021年公立医院综合改革补助资金安排计划、养老服务体系专项资金使用分配方案、申请增加民兵训练基地、交通劝导站等投资计划、申请招聘工作人员、组建江苏省农业融资担保公司涟水分公司、研究拨付相关资金等议题进行讨论研究。县委副书记、县长洪然主持会议。县政府领导李金平、李阔、马荣、马仁慧、吴勇、张川出席会议。县人大常委会副主任朱太伟、县政协副主席鲁家宁,部分县人大代表、政协委员列席会议。

县政府十六届第81次常务会议 6月19日召开,会议传达学习习近平总书记关于安全生产工作重要指示和全国安全生产电视电话会议、省安委会会议精神和省、市防范化解近期突出风险维护社会稳定会议精神,并分别对全县退役军人保障、招商引资、《江苏省动物防疫条例》执法检查建议落实、2021年村集体经济项目收益分配调整、《涟水县预算绩效管理实施细则》起草、全县自然资源领域国有资产管理、问题楼盘处置化解、拨付2021年第四批新增债券资金、研究拨付相关资金等议题进行讨论研究。县委副书记、县长洪然主持会议。县政府领导李金平、李阔、马荣、姜井旭、马仁慧、吴勇出席会议。县人大常委会副主任朱太伟、县政协副主席朱金文,部分县人大代表、政协委员列席会议。

县政府十六届第82次常务会议 7月31日召开,会议传达学习《江苏省纪检监察机关开展生产安全责任事故追责问责审查调查工作若干规定(试行)》《省委办公厅省政府办公厅关于进一步规范村庄撤并工作的通知》有关内容,并分别就现行县镇财政体制管理、对上争取工作进展、招商引资、新冠疫情防控、防汛防台、未达进度民生实事项目、《关于解决工业厂房"不动产权证"办理遗留问题的指导意见(讨论稿)》、《涟水县存量土地资源盘活利用实施方案(讨论稿)》、一事一议财政奖补项目资金安排、申请将"涟校连家"项目与开发区规划展示馆改造提升布展服务项目追加为2021年政府投资项目、研究拨付相关资金等议题进行讨论研究。县委副书记、县长洪然主持会议。县政府领导李金平、刘腾、马荣、姜井旭、马仁慧、吴勇、吉海、张川出席会议。县人大常委会副主任周宏昌、县政协副主席朱金文,部分县人大代表、政协委员列席会议。

县政府十六届第83次常务会议 8月13日召开，会议传达学习市委七届十四次全会精神，并分别就招商引资、对上争取、法治政府建设、上半年"12345"政府热线运行、相关专项工作、《涟水县国企改革三年行动实施方案(2020—2022)》起草、研究拨付相关资金等议题进行讨论研究。县委副书记、县长洪然主持会议。县政府领导李金平、刘腾、马荣、姜井旭、马仁慧、吴勇、张川出席会议。县人大常委会副主任朱太伟、县政协副主席朱金文，部分县人大代表、政协委员列席会议。

县政府十六届第84次常务会议 8月28日召开，会议传达学习省委十三届十次全会精神，并分别就招商引资、对上争取、《涟水县改革完善医疗卫生行业综合监管制度实施方案》、2021年中央财政衔接推进乡村振兴补助资金和项目安排、公安基层派出所营房建设优化提升、教育工作、进一步完善经济开发区财政管理体制、机关事业单位年休假执行、交通补贴发放、研究拨付相关资金等议题进行讨论研究。县委副书记、县长洪然主持会议。县政府领导李金平、马荣、姜井旭、马仁慧、吴勇、吉海出席会议。县人大常委会副主任周宏昌、县政协副主席朱金文，部分县人大代表、政协委员应邀列席会议。

县政府十六届第85次常务会议 9月16日召开，会议传达学习全市高质量发展和重特大项目"百日攻坚"动员大会精神，并分别就安全生产、生态环保、增加南集派出所营房建设工程等项目投资计划、调整2021年度农村道路安全生命防护工程计划、生猪恢复生产奖补资金发放、委托安东控股集团招聘财务、审计人员、研究拨付相关资金等议题进行讨论研究。县委副书记、县长洪然主持会议。县政府领导李金平、刘腾、马荣、姜井旭、马仁慧、吉海、徐勇出席会议。县人大常委会副主任周宏昌、县政协副主席朱金文应邀出席会议，部分县人大代表、县政协委员列席会议。

县政府十六届第86次常务会议 9月30日召开，会议传达学习中国共产党淮安市第八次代表大会精神、学习《中华人民共和国安全生产法》《省政府关于进一步深化预算管理制度改革的实施意见》，并分别就招商引资、对上争取、常态化疫情防控、研究拨付相关资金等4个议题进行讨论研究。县委副书记、县长洪然主持会议。县政府领导李金平、吴勇、吉海、徐勇出席会议。县人大常委会副主任朱太伟、县政协副主席朱金文应邀出席会议，部分县人大代表、县政协委员列席会议。

县政府十六届第87次常务会议 10月30日召开，会议传达学习习近平总书记关于粮食工作重要批示指示精神、孙春兰副总理在全国新冠肺炎疫情防控工作电视电话会议上的讲话精神、省委第十一巡视组对淮安市开展涉粮问题专项巡视工作动员会精神、省政府季度工作会议精神，并分别就《涟水县林长制工作方案(讨论稿)》、《涟水县防返贫保险试行方案(讨论稿)》、今世缘酒业股权激励计划、回购股份、研究拨付相关资金等议题进行讨论研究。县委副书记、县长洪然主持会议。县政府领导李金平、马荣、姜井旭、马仁慧、吴勇出席会议。县人大常委会副主任周宏昌、县政协副主席朱金文应邀出席会议，部分县人大代表、县政协委员列席会议。

县政府十六届第88次常务会议 11月13日召开，会议传达学习习近平总书记在中央政治局第三十四次集体学习、陕西榆林考察期间的重要讲话精神，并分别就招商引资、县"12345"政府热线第三季度运行、平安涟水建设、《涟水县应急救援队伍建设管理暂行办法》、清理规范公务员工资津贴补贴、2021年退役士兵安置、县公安局建设电子数据勘验取证分析实验室、研究拨付相关资金等议题进行讨论研究。县委副书记、县长洪然主持会议。县政府领导李金平、姜井旭、马仁慧、吴勇、吉海出席会议。县人大常委会副主任朱太伟、县政协副主席朱金文应邀出席会议，部分县人大代表、县政协委员列席会议。

县政府十六届第89次常务会议 12月13日召开，会议传达学习李克强总理在研究分析当前经济形势和部署下一步经济工作时的讲话、省委十三届十一次全会、省十四次党代会精神，传达学习黄明、吴政隆、许昆林在江苏安全生产和应急管理工作座谈会上的讲话精神，并分别就涟水县2022年政府工程类项目投资计划编排、《关于大力开展富民强村帮促行动接续推进乡村全面振兴的实施意见》、县司法局相关工作、审计相关工作、县经济开发区薪酬改革方案、《关于涟水县2021年县本级地方政府新增债务限额及县本级财政预算调整方案(草案)的报告》、研究拨付相关资金等议题进行讨论研究。县委副书记、县长洪然主持会议。县政府领导李金平、马荣、姜井旭、马仁慧、吴勇、徐勇出席会议。县人大常委会副主任周宏昌、县政协副主席朱金文应邀出席会议，部分县人大代表、县政协委员列席会议。

县政府十六届第90次常务会议 12月25日召开，会议传达学习中央经济工作会议、省委经济工作会议精神，并分别就开展元旦春节期间安全生产大检查、《改革完善社会救助制度的若干措施(讨论稿)》、《落实健康中国行动推进健康涟水建设实施方案(讨论稿)》、《涟水县计划生育协会改革实施方案(讨论稿)》、全县信访工作、2021年省市县财政衔接推进乡村振兴补助资金项目安排、《涟水县关于进一步减轻义务教育阶段学生作业负担和校外培训负担实施方案(讨论稿)》、《涟水县关于规范民办义务教育发展的实施方案(讨论稿)》、增加公租房小区加装电梯项目投资计划、2021年省农业发展项目拟立项、财政相关工作等议题进行讨论研究。县委副书记、县长洪然主持会议。县政府领导李金平、马荣、姜井旭、马仁慧、吴勇、吉海、徐勇出席会议。县人大常委会副主任朱太伟、县政协副主席朱金文应邀出席会议，部分县人大代表、县政协委员列席会议。 (葛 浩)

重要活动

【2021涟水(上海)现代服务业招商推介会】 2021年5月14日在上海举行。县委副书记、县长洪然出席活动并致辞，副县长吴勇主持推介会。新城控股集团副总裁刘源满、战略投资中心总经理

许庞,宋都基业投资股份有限公司副总裁郑涛,绿地控股集团江苏事业部总经理顾敏琦等嘉宾出席活动。洪然表示,当前涟水正处在高质量跨越发展的黄金机遇期,在全市率先提出"苦干新五年,冲刺百强县"的全新追求,积极策应"淮洪涟都市区一体化"发展,大力实施城市建设更新行动,加快提升城市综合承载力,规划到2023年常住人口城镇化率达60%,新增城镇人口约4万人。对于作为县域发展重点片区的滨河新城,涟水将秉持新城建设理念,强化内涵提升,统筹教育、医疗、文体、养老等公共服务布局,积极推动更多优质房地产企业进驻,开发建设高品质小区,不断满足人民群众对高品质生活的新期待。洪然诚挚邀请各位企业家到涟水参观考察、投资兴业,与涟水一道共享机遇、共享优势、共享成功,相信涟水城市发展的高质量一定会为投资者带来丰厚回报,涟水也一定会因各位投资者而更美。

【淮安(昆山)台资产业合作说明会】 2021年11月3日在昆山举行。淮安市政府副秘书长、淮昆台资合作产业园建设指挥部指挥长石颖应邀重点介绍淮昆台资合作产业园的发展情况和最新合作成果。县委副书记、县长洪然,市台办主任周海滨,县委常委、县经济开发区党工委书记王伟,以及县政府办、县台办等部门负责人参加活动。洪然在致辞中用"内涵""梦想""温度"三个词,向大家深情介绍涟水。他说,涟水底蕴深厚,是一座富有内涵的城市。涟水历史悠久、文脉厚重、风光秀丽、美酒飘香,是中华诗词之乡、中国曲艺之乡、全国最大的云锦生产基地,是全国文明城市提名城市、国家卫生县城、省级园林城市和省级生态县,是江苏唯一的"中国矿泉水之乡",今世缘美酒连续多年位居中国白酒"十强"。涟水优势明显,是一座成就梦想的城市。涟水拥有"空、铁、水、公"四位一体的立体交通体系,聚焦发展绿色食品、新一代信息技术、高端装备制造、纺织服装四大优势特色产业,在涟水运营台资企业37家,总投资10亿美元,连续5年台资利用位居淮安县区首位,拥有省级经济开发区、空港产业园、食品产业园、循环经济产业园"一区三园",占地3.99平方千米的淮昆台资合作产业园全力承接昆山台资电子信息、精密机械等优势产业。涟水亲商爱商,是一座充满温度的城市。始终秉持"亲商爱商、富商安商"的理念,精心打造"101%服务"品牌,深化推进"放管服"改革,充分发挥"省台商服务工作示范点"品牌效应和"涟水县台湾同胞投资企业联谊会"平台优势,全心全意为台商、台胞多做实事、多办好事,加快打造投资更加多元、建设更富成效的台资产业新高地。 (葛 浩)

政务服务

【概况】 2021年,县行政审批局围绕办事群众所思所想所需,深入开展政务服务品牌创建活动,化解群众难题,满足群众需求。规范政务服务体系。建立县镇村三级政务服务体系,全县16个镇(街)和经济开发区全部挂牌运行为民服务中心、378个村(社区)建设便民服务点,在重点中心镇高沟镇成立行政审批局,依法下放审批权,实现民政、残联、医保、社保、卫健等部门事项就近办、网上办。完善政务服务平台。依托江苏政务服务网,上线全市首家县级综合服务旗舰店,开发在线预约、排队信息、上传文书、在线出具证明等平台功能,全面梳理镇村三级政务大厅"应进必进"事项清单,镇街108项和村居36项事项纳入网上办。提高群众满意度评价率。正式建立运行"12345"政府热线"诉接速办、每月一看"、不满意工单"四堂会审"等工作机制,加大问题工单实地会办力度。全年,累计办理群众诉求4.5万余件,政府热线工单办理响应率、办结率均100%、群众满意率达98%以上。县营商办对标省市营商环境评价指标体系,牢固树立"项目为王、环境是金"工作导向,大力倡导"101%服务"理念,大力优化营商环境,持续释放改革红利,不断激发市场主体活力。在全县建立营商环境宣传工作组织,建立"涟水营商环境"公众号平台,细化分解宣传工作任务。截至年底,营商环境宣传稿件共计224篇,公众号采用56篇,"学习强国""营商环境101"等省市级以上媒体采用13篇。县营商环境建设在2021年度省市综合考核中位列优秀档次,成功入选中国社会科学院2021年全国营商环境百强县,位列69位。

(张 浩 马 可)

【政务服务中心规范化管理】 2021年,县行政审批局加强政务服务中心规范化管理。对照上级疫情防控最新要求,严把政务服务中心各道关口,强化防控宣传,做好应急处置,发挥全县1190余名红色代办员特有优势,疫情最严峻时期,实行政务服务"门改窗"机制,红色代办员前往社区防疫一线,在防疫中代办,在代办中防疫,实现疫情防控和为民服务两手抓、两不误。研究印发领导带班巡查、"两午"清零等工作机制,针对业务量较多的窗口,安排文明引导员为群众提供引导指导、代办服务等工作,切实做到让老百姓"少跑腿"。紧抓文明城市创建,推行"三亲"服务机制,每天组织12人参与大厅文明志愿服务,窗口工作人员接待办事群众做到礼貌热情、专业周到,将服务质量、审批效率、投诉情况、工作纪律与日常考核挂钩,定期考核通报。

【"12345"民生服务】 2021年,县行政审批局不断提升政务热线服务质量,加强知识库系统建设,全年更新900条信息,推动知识库建设层次化、结构化、有序化,维护热线的公信力和实效性,提高话务平台案件办理质量和效率。召开"12345"政府热线工作培训会,全县62家成员单位180余人参加,提高县"12345"政府服务热线业务人员操作能力和业务水平。涟水县"12345"政府热线平台建立快速响应机制,上报涟水24小时紧急联系电话,确保及时解决紧急事件和突发事件。截至年底,共接听各类应急电话1100余个,均在第一时间得到交办处置,切实做好"民有所呼,我有所应"。全年平台共受理群众有效诉求49338件,其中镇街14161件,县直部门35177件。在县平台工单中,及时办结率98.78%,群众满意率99.62%,综合响应率99.99%。

【政务服务“品牌化”建设】 2021年，县行政审批局贯彻落实国家及省市县“十四五”规划部署要求，制定政务服务“百优”品牌创建“十四五”规划，对民生服务高频事项、投资创业重点事项、工程建设项目审批事项等三大领域的各类事项进行全面梳理、优化整合、集中联办。成功创建适老化“红色驿站”，到院办理身份证的“警捷办”，半天完成注册登记、刻章开户、企业备案的“企速立”，集水电气视讯户籍等13个事项随二手房交易一次完成的“融易登”等深受企业和群众欢迎，公众耳熟能详的政务服务品牌30余个。截至年底，各业务类品牌月平均办件量近200件，逐月剧增的办件量，有力推动“放管服”改革措施落地落实。

【工程建设项目审批改革】 2021年，县行政审批局聚焦重大项目建设审批难点堵点，创新实施工业项目快落地“涟七条”等政策机制，助力营商环境持续提升。简化规划设计方案审查流程，实行施工图审查告知承诺制，对低风险建设工程图纸免于审查，在项目负责人承诺后直接办理施工许可，审批耗时缩减超过80%。对通过事中、事后监管能够纠正且不会造成重大影响的事项，推行企业承诺制模拟审批，建设单位一次性提供相关资料，各涉审部门提前介入模拟预审，统一制作出具部门互认、数据共享的模拟证照，达到法定条件后，换发正式证照。变“串联办理”为“并联审批”，在安监、规划条件核实和消防验收后，先行验收使用主体工程或单体建筑，末期验收时同步办理综合竣工验收和不动产登记，实现“验登合一”，构建“宽进严管”闭环模式，缩短审批流程。涟水县在项目招引与建设方面，连续三个季度获得“淮安市重特大项目攻坚季度优胜县区”流动红旗。

【“贴管家”财政奖补集成服务】 2021年，县行政审批局以“一窗受理、集成服务”为原则，推行“贴管家”财政奖补集成服务，积极做到送策上门，实现奖补资金一键到账。采取“一张表单、一个窗口、分类审核、一键支付、闭环管理”运行机制，大幅压减事项环节、申报材料和办结时间。在2020年惠企政策集成奖补的基础上，起底全县涉及民政、退役军人事务及农业农村等22个部门的各类财政奖补政策101条，全部纳入财政奖补“贴管家”平台。截至年底，全县已纳入财政奖补“贴管家”平台的惠企惠民业务127项，受理业务3211件，发放奖补资金4.1亿余元，审批环节、申报材料、发放时限三项指标分别降低58%、35%和58%。全县财政奖补事项由县财政部门统一扎口管理，未集成进平台的不予发放，确保惠企惠民奖补政策应补不漏、全部上线。

【红色代办】 2021年，全县1190名红色代办员县域全覆盖，免费为“老弱病残盲”等特殊群体和企业提供帮办代办、上门服务。县行政审批局全面梳理特殊群体常需的42个事项清单和101个民生补贴清单，全县378个村(社区)的红色代办员以村便民服务中心和政务服务网为依托，排查辖区内符合清单条件对象，建立底册，明确责任，到时必办，累计为群众代办各类事项13余万件。制定《涟水县“红色代办”服务实施方案》《涟水县“红色代办助企行”工作方案》等工作机制，细化工作流程、明确目标责任，为全县125个重点企业结对固定部门作为“娘家人”，组建315人规模的助企平台，随时响应企业咨询诉求。“红色代办”被评为淮安党建创新创优项目一等奖，“红色代办”经验全省推介，省内外90余批次千余人到涟水考察学习，《新华日报》头版头条、《智库周刊》等多家媒体专门报道，逐步成长为涟水党建工作品牌、项目快批金牌、政务服务头牌、社会治理名牌。

【“一业一证”富民超市建设】 2021年，县行政审批局积极推行“一业一证”集成审批服务新模式，加快小微创业行业“准入准营”，打造乡村振兴“新引擎”。建设“一业一证”富民超市，县行政审批局、县市场监管局、县城管局、县乡村振兴局等单位进驻专区，将烘焙、小餐饮等10个行业领域户外广告设置、食品经营许可证等多个证件统一包含在综合许可证内，集成办理。印发《涟水县行业综合许可“一业一证”改革实施方案》《涟水县富民超市建设方案》，明确“一业一证”申办条件、申报材料、办理流程等办理要素，全年办件量达720余件。配套“贴管家”、就业创业、金融扶持等政策补贴的咨询指导服务，将富民超市拓展成为乡村振兴的审批超市、政策超市、补贴超市。

【“一件事”改革】 2021年，县行政审批局根据省市“一件事”改革要求，推动将跨部门跨领域跨行业“一揽子”单个事项整合成“一件事”(已成熟的“一件事”包括出生“一件事”、婚育无忧“一件事”等20余项“一件事”)。上线运行新生儿出生“一件事”、困境儿童上学“一件事”、退休“一件事”、收养“一件事”、身后“一件事”、军人退役“一件事”等10件自然人“一件事”。创新打造“一业一证”富民超市专区，上线包括小餐饮“一件事”、书店“一件事”、农药种子店“一件事”、洗车店“一件事”等10个创业者“一件事”，全年办件量600余件。实施中介诚信度评价管理机制，对项目涉及环评、稳评、安监等第三方中介机构进行跟踪评价、量化考核，将优质中介编制成册，供企业自愿选择，赋能项目开工投产“加速度”，落实兴业者“一件事”。 (张 浩)

【经济网格化服务管理】 2021年，县营商办深入实施经济网格化服务管理，完善全县经济网格化服务管理工作考核办法，编制经济网格化服务管理工作手册，规范工单办理流程，召开推进会、培训会15次。收集流转各类市场主体诉求工单202个，办结风险监管、帮办服务、市场主体诉求等各类工单4700余条。创新网格设置，对经济网格内的重点企业实行“一企一员”帮办服务，从PCB(印制线路板)企业、建筑企业、开发企业中筛选部分优质企业，建立专门网格，配置专业对口人员进行结对帮办。借助经济网格化管理平台，在全县创新开展“金融管家”和“法律顾问”专项服务行动。全年“金融管家”走访企业460余户，为290家企业发放贷款4.5亿元，“法律顾问”为企业进行法治体检130余次,提供法律咨询服务150余件次。编制“涟心服务助企行”惠企政策汇编2万余份赠送企业,汇编涉及产业扶持、税收减免等7个方面,共132条,依托市级经济网格化业务平台,实现惠企政策“一键直达、精准推送”。

【“放管服”改革】 2021年,县营商办坚持改革创新,进一步优化政务环境、市场环境。制定“放管服”改革优化营商环境行动方案和考核办法、梳理30类60项改革任务,实行任务清单化推进,按季考核通报。创新推出重大产业项目快落地“涟七条”,新生儿出生“一件事”改革实现跨县域通办;打造适老化“红色驿站”等30余项政务服务品牌;退休、医疗、救助、就业等领域的服务事项,实现“一件事一次办”;市场准入更加便利,企业开办线上线下常态化0.5个工作日完成,全年新登记市场主体11845户;“证照分离”改革深入推进,建成“一业一证”富民超市,烘焙、小餐饮等10个行业实现“准入即准营”,企业登记实现“一照多址”。

【项目帮办】 2021年,县营商办建立重点项目推进会、协调会工作机制,适时走访督查项目现场,会办项目推进过程中存在的堵点难点问题。先后3次对全县进度缓慢的42个重大项目和波司登、洲旭电路等重点项目进行督查,共帮助项目单位解决厂房租赁、施工图审、征地补偿等各类问题20余个。按照企业问题所属产业类型、部门职能、行政区域等动员镇街、县直部门自行组织开展“党政亲商会”,切实解决和部门职责有关的企业问题和系统内部问题。召开各级“党政亲商会”8期,共解决52家企业提出的涉及土地审批、不动产证办理、用工、融资等各类问题58个,60家工业企业“不动产权证”办理遗留问题得到解决。编印《涟心服务助企行》政策汇编,发布惠企政策237条,通过经济网格平台实现政策“一键直达、精准推送”,让政策红利充分惠及企业。

2021年11月10日,全县经济网格“金融管家”工作推进会召开　　（县营商办　供稿）

【营商环境治理】 2021年,县营商办及时查处一批破坏营商环境建设的违规问题以及不作为、乱作为、慢作为等作风问题。查处违反营商环境的案件4件次,问责处理4人,比上年分别减少32%、12%。聚焦“黄牌警告”问题,集中排查整治,累计向7家单位交办问题29个,有效防范类似问题的再次发生。坚持过程督导,稳步推进营商便利度。坚持周督查、月调度、季考核,建立营商环境问题交办、督办、约谈、会办等一系列营商环境工作机制。全年向9家单位下发问题督办函29个,召开营商环境建设推进会4次,开展工作调研5次,围绕企业开办、办理破产满意度评价等7项指标先后6次召开专题会办会,对7家营商环境指标落后单位进行约谈。

（马　可）

人事管理

【概况】 2021年,县人社局坚持以优化服务为主要抓手,以政策落实为重点举措,不断加强涟水各类人才队伍建设,深化人事管理工作,努力为经济社会发展提供坚强的人才保障。全年完成50名名校优生,444名教育、卫计等系统事业单位工作人员招聘工作。截至年底,全县事业单位共有人员13935人,其中编外聘用人员2841人,在编工作人员11094人(管理岗位980人、专技岗位9211人、工勤岗位903人)。扎实做好事业单位工资日常管理,按时完成全县1万余名事业单位工作人员薪级工资调整工作。

【事业单位人员管理】 2021年,县人社局进一步规范事业人员和编外人员招录,认真做好资格审核、笔试、面试、政审等环节,参加集中招聘或自行组织招聘活动9次525人。招聘教育系统人才336人、卫计系统专业技术人才108人、名校优生50人。适时开展全县人才需求调研,有序组织今世缘、涟缘水务、全稳康源等单位赴省内外重点高校参加校园招聘活动,新引进本科学历人才582人,硕士及以上人才78人,留学回国人员4人。扎实做好县内人才政策宣传、申请受理、补贴发放等工作。全年受理并审核“名校优生”一次性就业补贴申请32人,发放补贴107万元;受理并审核人才购房补贴申请25人,发放人才购房补贴81万元;受理并审核高校毕业生生活补贴和探亲交通补贴申请106人。为全县申报市有突出贡献中青年专家2人,市乡村振兴特聘农业专家7人。

【专业技术人员职称评审】 2021年,县人社局突出实绩导向,不断完善评价标准和评价机制。注重评价专业技术人才职业道德、能力素质和业绩贡献。同时加大对学术不端行为的查处力度,实行学术造假“一票否决制”,健全异地同行专家评审制度,增加评审透明度。全年完成中高级职称审核342人。在省一体化办公平台上完成助理级、员级职称初定受理工作，评审通过212人。拟定全县教育系统中级职称评审文件并组织实施，评审通过105人。（袁国丽）

信访工作

【概况】 2021年，县信访局把维护中国共产党成立100周年期间和谐稳定作为重大政治任务抓落实，超前研究部署，制定工作方案，跟踪抓好落实，深入基层接访下访，推动各镇街、县直部门滚动开展矛盾纠纷排查化解活动，及时就地化解矛盾，从源头上控减各类矛盾越级上行，圆满完成信访保障工作目标任务。严格落实领导包案化解责任制度，依照“五个一”（一名领导、一套班子、一个方案、一段时限、一抓到底）工作机制、“三个亲自”（亲自接待信访群众、亲自牵头协调会办、亲自推动问题解决）工作要求，全面落实“五包”（包接访见面、包掌握情况、包解决问题、包教育疏导、包人员稳定）责任制，实现交办案件任务落实、责任落实、目标落实。接待来县反映问题的信访群众，承办中央、省、市、县领导批示交办的信访事项。查办或协调处理紧急重大信访问题和跨地区、跨部门信访问题。综合分析、调查研究人民群众来信来访反映的情况和问题，及时向县委、县政府领导汇报，并提出问题处理的意见或建议。全年接待群众来访637批2646人次，受理群众函访610件、电子网络信访1226件，问题均按期办结，及时受理率、按期办结率、群众满意率等指标在全市排名靠前。

【社会矛盾化解】 2021年，县信访局重视基层基础和源头防范，常态化执行矛盾纠纷排查化解工作制度，在全县范围内开展全面深入的矛盾纠纷排查化解活动，把可能发生的矛盾纠纷和苗头隐患全部纳入视野，在第一时间发现问题、化解矛盾。全年全县共排查出各类矛盾纠纷188件，全部化解。

【领导接访下访】 2021年，县信访局认真履行县信访联席办公室职责，严格落实县党政领导信访接待日制度，协调组织县党政领导信访接待日活动205次，累计接待群众来访143批248人次，现场答复处理，县领导批示交办信访事项135件，全部按期办结。县党政主要领导率先垂范，积极参与“百县千案”化解活动，带头开展接访约访下访工作，全年开展信访接待活动22次，协调推动36件疑难复杂信访事项攻坚化解。

【“五项机制”工作】 2021年，涟水县着力打造“五项机制”，推动各项措施落细落实。县委、县政府分管领导每周定期开展信访研判，确保信访问题早发现、早介入、早化解，打造齐抓共管的联动工作机制；分类施策化解，根据难易程度，将358件信访积案分为A、B、C三类，因案施策、因人施策，对“三跨三分离”（“三跨”：跨地区、跨部门、跨行业；“三分离”：人事分离、人户分离、人事户分离）信访事项，县信访联席办主动与相关县区沟通联系，组织协调会办，防止两不管、两不问，打造人人争先的案件化解机制。健全完善县镇村三级纵向联通、镇街部门横向联动的社会矛盾排查、处理、反馈工作制度，坚持信访为民的工作理念，确保反映问题有人应、处理问题有结果，打造高质高效的矛盾化解处理机制。坚持“三到位一处理”（群众诉求合理的解决问题到位、诉求无理的思想教育到位、生活困难的帮扶救助到位、行为违法的依法处理）总要求，对信访活动中的违法行为坚决依法处理，规范信访秩序，印发《致全县信访群众的一封信》，向来访群众点对点送达《依法信访告知书》《关于依法处理信访活动中违法犯罪行为的通告》，引导信访群众逐级走访反映诉求，依法就地化解矛盾，共同维护规范有序的信访环境，营造依法依规的法治信访工作机制。对信访事项处理实行每日跟踪、每月通报、每季考评，及时通报情况，督促责任镇街和部门落实责任与措施，做好源头排查，积案攻坚等工作，县信访联席办跟踪督察督办，推动“案结事了”“事心双结”打造环环相扣的跟踪管理机制。全年全县进京访批次、人次较2019年分别下降83.5%和86.8%，规范越级进京访秩序专项整治工作排名全省第二，获省信访联席会议通报表扬，被评为全市“规范越级进京访秩序专项整治工作先进县区”。在年底考核中，综合考核被评为全省先进县区、全市先进县区。

（杨 琦 李 森）

机关事务

【概况】 2021年，全县机关事务管理工作认真贯彻县委县政府决策部署，突出重点，务实推进，机关事务管理能力和水平得到全面提升，为实现“苦干新五年，冲刺百强县”提供有力的后勤保障。严格落实疫情防控措施，加强县政府集中办公区内人员管控，全面开展疫苗接种情况督查，做到“应接尽接”，筑牢常态防疫“防火墙”。狠抓卫生保洁，划分保洁区域，落实保洁责任，加强保洁督查，明确专职督导员，持续保障卫生区域“无死角”，努力营造干净舒适的办公环境。严控安保消防，实行全覆盖巡查，铆紧安全防范“责任链”，全年安全无事故。加强会务软硬件建设，完成会议室综合改造，及时增补各类会议桌椅、设备，会务服务质量不断提升。围绕“六有一提升”目标，加强离退休干部支部建设，组织开展“传承红色基因，致敬中国共产党成立百年”“光荣在党50年纪念章颁发”“弘扬敬老爱老，欢度重阳佳节”等主题党日活动，丰富老干部们的业余生活，增强老干部的荣誉感、归属感，离退休党员支部被县委表彰为“先进党支部”。

【公共机构节能】 2021年，县机关事务管理中心完成全县300余家公共机构能耗数据上报工作，各类能耗数据准确、口径统一。开展线上线下相结合的公共机构节能宣传周和低碳日活动，举办“垃圾分类 资源回收 绿色兑换”和“垃圾分类进校园”主题活动。示范创建成果丰硕，28家单位创成全国第一批节约型机关，其中驻楼单位17家，县政府办公大楼创成省级节能示范单位。建成“公共机构建筑能耗能源监测平台”，县政府办公大楼等5个单位建筑能耗纳入平台监测,为推进“碳达峰、碳中和”提供数据支撑。

【公务用车管理】 2021年,县机关事务管理中心规范公务用车管理,完成全县党政机关及事业单位公务用车管理系统数据填报工作。出台《涟水县党政机关公务车辆用油管理暂行办法》,降低车辆油耗,节约行政成本。按规定更新公务用车20辆,其中新能源汽车1辆;加强租车管理,公开招标3家定点租车公司;全年累计调度车辆8000多辆次、行程210万千米,无一起交通事故。荣获“淮安市公务用车管理主题征文”一等奖、“淮安市公务用车驾驶业务技能竞赛”团体三等奖。

【办公用房管理】 2021年,县机关事务管理中心召开党政机关办公用房权属统一登记工作推进会暨办公用房管理工作培训会,完成全县党政机关办公用房数据填报工作。认真梳理统计全县党政机关办公用房管理使用情况,动态建立副科级以上领导干部办公室档案。组织专人通过现场测量和查阅台账等方式,开展办公用房“回头看”,未发现超标准使用办公用房、违规配备卫生间等问题。 (葛 浩)

信息化建设

【概况】 2021年,县工信局始终把“两化融合”作为增强企业核心竞争力、加快企业转型升级、高质量发展的重要引擎,“两化融合”工作取得明显成效,为全县工业企业高质量发展奠定基础。全年共有12家企业通过“两化融合”管理体系贯标评定,企业通过发挥技术的基础性作用,优化业务流程,规范新的业务流程和组织结构,促成传统企业转型升级,实现可持续发展。

【信息产业开发】 2021年,全县共有汉门电子、特创科技、通威饲料等12家企业通过两化融合管理体系贯标评定。县工信局成功申报弘晟包装、嘉立创电子科技等6家省四星级上云企业,推动企业加快信息化、数字化、智能化转型,提升企业的业务创新能力。认真贯彻落实国家、省、市有关文件精神,加速推进5G基站建设和5G网络普及,移动、电信、联通等公司大力开展基站扩容、网络建设工作,已累计建成5G基站560个,县内主城区、开发区、镇街等均实现5G网络覆盖。 (蒋梦琴)

电子政务

【概况】 2021年,县政府办在电子政务外网建设、政府门户网站内容保障、县政府门户网站运维、政府信息公开、网络舆情监控及政务新媒体监管等方面取得一定成绩。新增VPN(虚拟专用网络)设备2台,实现互联网和电子政务外网逻辑隔离,全县新增VPN用户1952人。认真落实网络安全主体责任,对照网络信息系统安全等级保护相关要求,开展政务信息系统等级保护定级、备案和测评整改工作,确保政务信息系统和电子政务外网安全。为县级机关协同办公系统、县政府门户网站、江苏政务服务网、江苏省综治信息系统等应用提供安全可靠的电子政务外网网络,安全水平显著提高。

【政府门户网站】 2021年,县政府办对县政府门户网站进行升级和改版,加强移动新媒体板块,有效增强与网民的互动功能。全年县政府门户网站访问量达1607212次,发布信息8023条,概况类信息349条,政务动态信息3519条,政府信息公开更新3902条。专栏数量10个,新开设专栏1个。政策解读发布29条,解读材料数量22条,解读产品数量3个,回应热点及舆情数量7次。办事服务注册用户数达65966户,政务服务事项数量1533项,可全程在线办理政务服务事项数量1529项,办件量总数115993件。收到留言数量765条,有效办理765条,平均办理时间在4天内,公开答复数量765条;征集调查5期,结果公布5期;在线访谈开办6期,收到网民留言43条,回复43条。移动新媒体中,微博信息发布量449条,关注量3832个;微信信息发布量2920条,订阅数381896个。

【政府信息公开】 2021年,涟水县扎实有序推动政府信息公开工作纵深开展。主动公开各类政府信息7064条,其中政务动态信息2970条,信息公开目录信息3616条,“涟水发布”政务微博发布信息436条、全县发布重大政策解读29件、举办新闻发布会7场、制作在线访谈6期,“县长信箱”共受理有效信件765件,已办结765件,办结率100%。及时完成市政府门户网站内容保障工作任务,上传县区动态类信息306件。继续将政务公开工作纳入全县高质量跨越发展考核体系,分上下半年对纳入考核范围的政府部门和镇街、开发区进行评分和排序。加强日常指导检查,对信息更新不及时、处理依申请不规范、群众反映不满意等现象进行限期整改,强化监督检查,进一步将政府信息公开工作落到实处。 (葛 浩)

政协涟水县委员会

CPPCC LIANSHUI COUNTY COMMITTEE

- 重要会议
- 重要活动
- 建言献策

编辑：彭亚君

重要会议

【县政协十届五次会议】 2021年1月10—11日在涟水大剧院召开，大会应到委员292人，实到委员267人，符合法定人数。县委书记时勇，县委副书记、代县长洪然，县政协领导姜杰、鲁家宁、冯建华、杨春燕、朱金文和秘书长庞峰在主席台前排就座。县委、县人大、县政府全体领导和曾担任过县级领导职务的老同志，县法院、县检察院、县人武部主要负责出席会议；省、市委驻涟水帮扶工作队队员，县委各部委办、县各直属机构主要负责人，各镇(街道、园区)党(工)委书记，驻涟市八届政协委员以及县政协各专委会特聘成员列席会议。大会由县政协副主席冯建华主持，时勇发表题为《冲刺百强县 聚力谱新篇》的讲话，县政协副主席鲁家宁代表政协涟水县第十届委员会常务委员会作工作报告，县政协副主席杨春燕作提案工作报告，郑志梅、刘小聪、韩峰、徐爱中、翟长颖、苗雪飞、薛玉春、胡艳艳8位委员分别作大会发言，刘伯晓等16位委员作书面发言。

2021年1月10日，县政协十届五次会议在涟水大剧院举行　　（县政协秘书处　供稿）

1月11日，政协涟水县第十届委员会第五次会议圆满完成各项议程，在涟水大剧院胜利闭幕。闭幕大会应到委员292人，实到委员261人，符合政协章程的规定。县委、县政府、县人大领导时勇、洪然、张超、李义翠出席闭幕大会并和县政协领导姜杰、鲁家宁、冯建华、杨春燕、朱金文以及秘书长庞峰在主席台前排就座。杨春燕主持大会。大会选举姜杰为涟水县政协主席，增选朱金文为涟水县政协副主席。会议协商通过《中国人民政治协商会议涟水县第十届委员会第五次会议决议》和《锚定圆梦百强不放松 开创全域旅游新局面——关于加快推进省级全域旅游示范区创建的建议案》以及鲁家宁关于县政协十届五次会议期间提案审查情况的说明。姜杰在大会上发表讲话。会议认真听取并协商讨论县政府代县长洪然所作的《政府工作报告》和其他工作报告，听取并审议《县政协常委会工作报告》《提案工作报告》，通过委员发言、撰写提案、协商讨论等民主形式，就全县经济社会发展和人民群众关心的问题发表意见和建议。

【县政协常委会会议】 2021年，县政协共召开常委会会议3次。

县政协召开十届二十一次常委会会议 3月15日在县政府三楼第三会议室召开。县政协主席姜杰，副主席鲁家宁、冯建华、杨春燕、朱金文，秘书长庞峰出席会议。姜杰主持会议。会议传达学习省政协十二届四次会议精神、市政协八届五次会议精神，协商通过《县政协2021年工作要点》。

县政协十届二十二次常委会会议 7月15日，在县政府三楼第三会议室召开。会议就提升涟水县物业管理水平开展专题协商。会议由县政协副主席冯建华主持，县政协主席会议成员、县政府分管领导、县政协全体常委和相关部门领导等80人参加会议。会议听取县政府副县长吴勇关于涟水县城区“物业管理工作总体情况”通报；听取县政协法制委关于“提升物业管理水平”调研报告情况说明；相关政协委员围绕“提升物业管理水平”进行交流发言；县委宣传部常务副部长顾云华、住建局局长朱彦清、经济开发区管委会副主任别同文、涟城街道办主任季智、朱码街道办主任蔡志峰、县城管局副局长季成俊、县公安局交警大队大队长刘亚然作互动交流。

县政协十届二十三次常委会会议 10月22日，在县政府三楼第三会议室召开。会议围绕“加快我县电子信息产业园建设”进行专题协商。会议由县政协主席姜杰主持，县政协副主席鲁家宁、冯建华和秘书长庞峰等参加会议。会议通报涟水县电子信息产业发展情况，讨论并协商通过《关于加快推进电子信息产业发展建议案(草案)》《政协涟水县委员会协商工作规则(征求意见稿)》《政协涟水县委员会专门委员会工作通则(征求意见稿)》。

【主席会议】 2021年，县政协召开主席会议2次。

7月22日，县政协召开主席会议，专题协商提升农村人居环境工作。县政协主席姜杰等出席会议。会议充分肯定各相关单位、镇(街)在提升农村人居环境所做的工作，就进一步提升全县农村人居环境工作，会议要求，要谋划好，全方位做好顶层设计，把与群众生产生活息息相关的工作统筹贯穿到人居环境整治工作全过程，全面提升工作标准，确保群众切身利益；要消化好，对标找差确保圆满完成各项既定目标任务，坚持目标导向、问题导向和结果导向，全面对标对表，找准问题短板，制定措施办法，狠抓落实见效；要管控好，着力构建农村人居环境整治长效机制。

10月28日，县政协召开主席会议，专题协商“苏北小延安”文旅融合发展工作。县政协主席姜杰等出席会议。会上,县文旅局汇报“苏北小延安”前期工作开展情况及下一步打算。会议提出,“苏北小延安”是涟水宝贵的红色资源,成功开园对红色文化旅游的发展有着重要意义,要深度挖掘红色故事,增强吸引力;要按照AAAA级景区标准来创建,提升景区档次;要加强团队精神,注重员工能力、水平、素养的培养;要增强产品生命力,多围绕小延安和涟水抗战场景设计;要传承红色基因,讲好小延安故事,成为党员干部的红色教育基地。 (王荣荣)

重 要 活 动

【市政协调研农业园区】 2021年4月13日,市政协副主席、市总工会主席张志勇,市政协副主席、民建淮安市委主委、市自然资源和规划局局长韩文军一行到涟水调研省级以上农业园区规范化建设工作,县政协主席姜杰参加调研。张志勇、韩文军一行先后参观红窑镇裕淮菇业、红窑镇春雨芦笋产业园、南集镇现代农业示范园豆文化主题展馆和全稳集团循环农业产业园,认真听取相关工作介绍,仔细询问产业园的产品结构、生产销售、规模效益和发展前景。张志勇表示,涟水依托得天独厚的自然生态优势,统筹规划布局,借助现代智能技术,成功打造多个具有涟水特色的现代化农业产业园,值得学习和推广。张志勇要求,农业示范园区要突出品牌展示的示范效应,高点定位,致力集群;产业园区要壮大现代农业经营主体,加强品牌建设,打造一批高端农产品,不断提高产品的市场核心竞争力。

【市政协绿色食品产业发展调研座谈会】 2021年4月21日在涟水召开,会议邀请淮安市部分食品企业参加,旨在集思广益,共谋发展。市政协副主席陶光辉,市政协经科委主任王守祥、副主任潘万林,县政协主席姜杰,县政府副县长马荣等出席会议。陶光辉指出,绿色食品产业是淮安主导产业、优势产业、富民产业,对推动淮安高质量发展具有重要意义。马荣汇报涟水县绿色食品及纺织服装产业发展情况,今世缘、苏盐井神、双汇食品、苏食肉品、拾分味道、白玫糖业、旺旺食品、百斯特、紫山生物、万香科技等企业负责人作交流发言。

【市政协领导到涟水开展“有事好商量”协商议事活动】 2021年4月29日,市政协副主席、党组成员吉子俊到涟水县涟城街道“有事好商量”协商议事室参加“聚力乡村发展 共推道路升级”协商议事活动。县政协主席姜杰参加活动。政协委员在前期走访调研中发现,涟城街道徐集居委会集东小学门前道路下雨天泥泞不堪、无法行走,影响居民正常出行,经过议题报送审定、备案等规定流程后,政协委员、群众代表、县住建局、交通局、城管局、涟城街道等相关单位负责人共同围绕门前道路修建问题进行协商议事、建言献策。截至年底,道路已修葺一新。

【庆祝县政协成立40周年系列活动】 2021年是县政协成立40周年。5月20日,县政协举办“翰墨丹青颂党恩·光影溢彩歌盛世”庆祝县政协成立40周年书画摄影展、“忆历程·聚合力·促发展”主题座谈交流及“风雨同舟歌壮志·肝胆相照咏豪情”主题诗词刊登等系列活动,县四套班子主要领导,县政协退休老同志以及委员代表参加活动。书画摄影展共展出书法、美术、摄影作品120幅,全景展现县政协走过的40年光辉历程。作品立意高远、清新高雅、恢宏大气,具有强烈的视觉冲击力和震撼力,既有全国、省、市政协等领导到涟水视察的历史瞬间和定格记忆,也有县政协事业发展和政协委员履职尽责的时代光影和珍贵画面,彰显县政协组织和广大政协委员心系大局、凝聚共识、助推发展的使命担当,展示涟水经济社会发展取得的辉煌成就。在座谈交流会议上,县委书记时勇充分肯定县政协工作所取得的成绩,并对做好新时代县政协工作提出殷切希望和明确要求。县政协主席姜杰介绍近年来涟水政协工作开展情况,县政协退休老干部以及委员代表进行交流发言。同时,县政协和县诗词协会开展“同心向党——庆祝县政协成立40周年”主题诗词征集活动,征集高水平的诗作40首,真情谱写党领导下县政协走过的光辉历程和取得的重要成就,热情讴歌涟水经济社会发展的丰硕成果。

【南宁市政协到涟水考察中医药健康旅游工作】 2021年5月19日,广西壮族自治区南宁市政协副主席潘永钟一行到涟水考察。市政协副主席邱华康、市政协教卫体和人资环委主任杨斌,县政协主席姜杰、副主席冯建华等陪同考察。潘永钟一行实地考察涟水陈师百药园、陈师街道中药材加工区,听取相关负责人关于涟水中药材产业的介绍,详细了解涟水中药材种植、加工、销售等产业链打造及远景规划等情况。通过实地考察交流,考察团成员对涟水便捷的交通条件、优越的投资环境、巨大的发展空间留下深刻印象。潘永钟认为,陈师街道围绕中药材产业建链补链,积极引进中药材加工项目,全力把陈师百药园打造成网红打卡地和文旅集散地,带动更多群众就业增收,中药材产业取得显著成绩。考察团将进一步加强与涟水的沟通交流,促进双方工作更好地开展。

【漯河市政协到涟水调研考察食品产业发展工作】 2021年5月20日,河南省漯河市政协副主席、市工商联主席黄耀春一行到涟水调研考察食品产业发展工作。黄耀春一行参观今世缘酒业有限公司展示中心、智能化酿酒车间、美酒银行等。黄耀春表示,今世缘在行业深度调整的背景下,能够积极转变发展方式,创新商业运作模式,致力缘文化与酒文化的融合,做足缘文章,激发酒活力,在高质量、可持续的发展态势上取得新成效,非常值得学习。

【省政协常委郑丽敏到涟水调研农业产业园发展工作】 2021年5月21日,省政协常委、农工党江苏省委副主委、南京大学教授郑丽敏到涟水调研农业产业园发展工作。市政协常委、市政协副秘书长、研究室主任刘一红,市政协常委、市政协教卫体和人资环委主任杨斌,市政协常委、农工党淮安市委主委、市司法局副局长郑劲松、县政协主席姜杰参加调研。郑丽敏一行实地调研涟水特色芦笋科技园、全稳集团循环农业产业园和涟水现代农业产业示范园。座谈会上,调研组指出,涟水的现代农业发展潜力很大,要进一步扩大稻米种植规模,加大宣传力度,把品牌打响;要继续加大研究院的建设规模,大力支持技术创新和产研融合,对有关品种进行进一步改良,做强做优农业产业园;要依据自身优势和特色,打造出具有本土乡村味道的生态农业休闲旅游项目,进一步增加影响力。

【市政协副主席吉子俊到涟水视察】 2021年5月25日,市政协副主席吉子俊一行到涟水视察重点工业企业和乡村旅游建设、人居环境整治、农村集中居住等工作,县政协主席姜杰等参加视察。吉子俊一行先后视察弘晟包装、柯德展示道具、红窑社区、红窑云锦产业园、红窑镇春竺芦笋产业园、红窑金城村、红窑夏楼村和金鸡坨生态农庄。吉子俊表示,企业要注重品牌建设,做大产业规模,完善产业链条,组织好群众参与产业发展,带动群众持续稳定增收;农房改善要坚持规划引领、因地制宜,突出乡村特色,高标准建设新农居,不断完善基础设施配套和产业配套,帮助留守村民实现就地、就近就业,让广大农民不仅住上好房子,而且要过上好日子,切实增强农民群众获得感和满意度。

【辽宁省辽阳市政协到涟水考察】 2021年6月7日,辽宁省辽阳市政协副主席隋锡君带队到涟水考察。市政协副主席邱华康、县政协主席姜杰等参加考察。隋锡君一行先后实地考察涟水县公共卫生服务中心、政务服务中心、医保局、人民医院,听取涟水县医疗保障工作情况的相关介绍,并围绕医保政策、医共体等问题进行深入交流。隋锡君对涟水县的医疗保障工作给予高度评价,指出涟水县在医疗保障工作中创新思路、主动作为、勇于实践,医疗保障工作特色明显、举措得力,成效显著。隋锡君表示,涟水县在医疗保障工作中的很多做法和经验值得辽阳市学习,对辽阳市医疗保障发展具有借鉴意义。希望两地今后多加强交流、增进友谊。

【"百年党史·委员说"讲党史大赛】 2021年6月23日举办。县政协主席姜杰出席活动,全体县政协委员观看比赛。演讲比赛活动现场,来自全县政协各界别的15名县政协委员结合自身工作、生活实际,用质朴的语言、生动的实例,讲述中国共产党百年历史上革命先辈、英模烈士的光辉事迹和涟水的党史故事、先进典型和感人事例,充分认识"学党史、善议政、办实事 "的深刻含义,展示新时代政协人"学史明理、学史增信、学史崇德、学史力行"的坚定信念和积极向上、奋发有为的精神风貌。比赛采取评委现场打分的方式,评选出一等奖2人、二等奖4人、三等奖8人及界别优秀组织奖3人。

【全国"最美基层政协委员"刘伯晓事迹交流会】 2021年7月23日召开,县政协机关全体人员参加。2004年,刘伯晓创办金城外国语学校,办校以来,累计减免、捐助各类贫困生和残疾家庭学生费用6800余万元,并积极为民办教育发展建言,为残疾人事业献策,为困难群众呼吁,先后提交《关于低保政策要做到应保尽保》《关于加大对民办学校帮扶力度的建议》《关于加强对教师队伍管理的建议》等优秀提案。2019年,县政协委员刘伯晓获全国"最美基层政协委员"称号,2021年7月20日,在北京参加颁奖仪式,全国共有20人获此殊荣。

【"县委书记政协活动周"活动】 2021年9月3日,县委书记时勇到高沟镇大胡社区议事室,以省政协委员身份与社区干部、老党员代表、村民代表一起,参加"'码'上来参加 '四美'到农家"协商议事活动。县政协主席姜杰参加活动。协商议事活动采取"线上+线下"的形式开展。协商现场气氛热烈,大家围绕庭院美、家风美、人情美、日子美的"四美"农家如何建、基层社会治理如何加强、乡风文明如何培树等议题,畅所欲言、各抒已见,统一思想,凝聚共识,形成协商成果。时勇认真听取并记录大家的意见和建议,对协商议事活动给予高度评价。时勇表示,希望县政协和广大政协委员围绕全面推进乡村振兴,积极参政议政、协商建言、视察督查,为县委县政府决策提供科学依据和重要参考;县政协继续用好"有事好商量——'码'上议"平台,积极开展协商议事活动,精选议题、完善程序,抓好协商成果转化和问效工作,真正推进基层协商与社会治理有效衔接,汇聚基层治理强大合力。

【县长现场督办县政协第188号重点提案】 2021年10月19日,县长现场督办县政协第188号重点提案座谈会召开,

2021年10月19日,县长现场督办县政协第188号重点提案座谈会召开

(县政协秘书处　供稿)

听取《关于推进“一区三园”融合发展 加强平台载体建设的建议》提案办理进展情况。县委副书记、县长洪然，县政协主席姜杰出席会议。就做好提案办理工作，洪然强调，要切实增强做好提案办理工作的责任感和使命感。县经济开发区要牢固确立项目为王理念，统一思想、形成共识，全力破除制约高质量发展的体制机制障碍，整合各类资源，推动融合发展。要瞄准创成国家级开发园区目标，集结力量、集成资源，在“一区三园”基础要素保障上持续发力，在项目招引上久久为功，为冲刺全国百强县提供重要平台支撑。希望县政协和广大政协委员一如既往支持党委、政府工作，主动发挥人才荟萃、资源广泛优势，介绍更多客商到涟水考察、投资兴业，共同推动涟水县经济社会高质量跨越发展。会上，第188号重点提案办理单位、协办单位汇报相关情况，重点提案提案人、部分县政协委员分别对重点提案办理落实情况提出意见和建议。

【《千古涟漪佳绝地》书稿座谈会】 2021年11月25日召开。邀请原县四套班子领导参加，县政协主席姜杰出席会议。《千古涟漪佳绝地》通过文、图、视频等多种形式，全媒体、全景式地集中展示涟水县的古今风貌，包括历史沿革、文化积淀、风物菁华、新时代风采，力求成为了解县情的记录本、传承文明的文史库、招商引资的代言册、观光旅游的导览图。会议从不同角度进行探讨，对书稿的完善提出意见和建议，认为书稿要深挖历史性、完善系统性、增强故事性、突出趣味性，同时做好统筹协调、修改图片资料、材料补充等方面的工作。

【市政协淮台产业融合发展座谈会】 2021年11月26日在涟水召开，市政协副主席肖天奉出席会议。市政协港澳台侨(外事)委、市工商联、市台办、市台协相关负责人及20余名淮商、台商代表出席会议。会上，市工商联主席毕丰书介绍市工商联服务民营经济发展及全市商会组织体系建设情况，市台办副主任王睿汇报淮安市台资集聚示范区建设情况。会议采取“面对面、一对一”的方式，通过信息共享、资源共用、优势互补、市场互动，促进共同发展，搭建淮商与台商精准沟通交流的桥梁，加强台湾企业家与淮安企业家之间的交流。肖天奉指出，淮安获批全国唯一台资企业产业转移集聚服务示范区，台商台企已成为促进淮安发展的重要力量。肖天奉强调，要携起手来，抢抓“十四五”时期淮安发展机遇，按照市委市政府提出的“项目为王、环境是金”要求，共同助力淮安打造“绿色高地、枢纽新城”，建设长三角北部现代化中心城市；要广泛开展多种形式的交流活动，搭建平台，建立机制，促进淮商和台商的沟通，增进友谊，取得更多的合作成果；要积极为台商在淮创业发展提供优质服务，急企业所急、想企业所想，协调帮助台商台企解决实际困难和问题，为台商台企创造良好的发展环境。

【市政协领导到涟水开展重特大项目攻坚及城市规划建设调研】 2021年11月30日，市政协副主席陶光辉一行到涟水县开展重特大项目攻坚及城市规划建设调研。县政协主席姜杰等参加调研。陶光辉一行先后考察涟水县图书馆、科技文化中心、公共卫生服务中心等项目建设情况，听取相关负责人的情况介绍，对涟水县项目建设及城市规划建设所取得的成绩给予充分肯定。陶光辉指出，要进一步强化主攻重特大项目建设的意识，全力推进重特大项目建设高质量，为涟水县乃至全市高质量跨越发展作贡献。坚持人民城市为人民，尊重城市发展规律，不断提高城市规划和建设水平，建设宜居、绿色、智慧、人文城市。 (王荣荣)

建言献策

【视察调研】 2021年，县政协紧盯扫黑除恶、教育卫生等重点领域，集中视察县法院、县检察院、县公安局等部门工作开展情况，形成《视察建议书》10篇，并反馈至相关单位。围绕“冲刺百强县中的商会作用”“电子信息产业发展”等课题，开展市县联动调研、县内专题调研，形成高质量调研报告30余篇，并得到主要领导批示肯定，其中《聚焦富民促增收，提高居民获得感》调研报告被纳入县委十一届三次会议文件。

【提案工作】 2021年，县政协共收到提案210件，其中建议案1件，立案192件。2021年4月初，县政协与县政府联合召开提案交办会，将192件提案交41个单位办理，至10月底，所有提案都已办复。县政协全年召开重点提案协商督办会5次、提案会办会4次，县委、县政府领导现场督办《关于进一步扶持今世缘做大做强的建议》《关于推进“一区三园”融合发展 加强平台载体建设的建议》等重点提案16件。向市政协提交《关于加速推进义务教育优质均衡发展的建议》等提案9件，其中《关于注重脱贫攻坚成果与乡村振兴战略深度衔接的建议》被列入市政协督办重点提案。

(王荣荣)

纪委监委

COMMISSION OF SUPERVISION

- 重要会议
- 纪检监察体制建设
- 党风廉政建设及反腐败工作

编辑：彭亚君

重要会议

【全县党建工作暨作风建设大会】 2021年3月12日召开。县委书记时勇出席会议并讲话，县委副书记李义翠主持会议并对贯彻落实会议精神提出明确要求。县人大常委会主任张超、县政协主席姜杰等县四套班子领导出席会议。县委各部委办、县各委办局、县各企事业单位、县各人民团体主要负责人，县纪委监委、县委组织部、县委宣传部、县委统战部领导班子成员以及县委各巡察组组长参加会议。会前，与会人员共同观看警示教育片《尺度》。会上，县领导刘永军、王伟、郎跃明、孙以东分别围绕各自分管的工作作工作报告。时勇要求，全县上下要进一步把精神和干劲汇聚到党建引领发展、作风引领突破上来，为“苦干新五年，冲刺百强县”提供坚强保障。时勇强调，要坚定政治自觉，始终把牢党建工作正确方向；要坚持政治为本，让党的领导贯穿到方方面面；要坚持创新为要，在打造特色品牌上全面发力；要坚持实效为先，把党建优势转化为发展优势；要突出工作重点，着力点燃冲刺百强红色引擎。时勇指出，组织工作要突出抓基础、强队伍，激发冲刺百强县的“源动力”；纪检工作要突出守规矩、增效能，营造冲刺百强县的“好生态”；宣传工作要突出展形象、造氛围，汇聚冲刺百强县的“正能量”；统战工作要突出聚人心、汇合力，画好冲刺百强县的“同心圆”。时勇强调，要强化担当作为，努力锤炼从严从实优良作风；要突出一个“争”字，突出一个“干”字，突出一个“实”字；要聚焦主责主业，坚决扛起管党治党政治责任；要压实党建责任，要破解党建难题，要建强党建队伍，加快打造忠诚干净担当的高素质党务干部队伍，努力成为各条战线上让组织放心、群众信服的行家里手。刘永军在会上表示，要自觉践行“两个维护”，做深做细做实政治监督；要坚定不移正风反腐，一体推进“三不”机制建设；要毫不松懈纠治“四风”，巩固拓展作风建设成效；要紧盯维护民生民利，持续整治群众身边腐败和不正之风；要坚持高标准严要求，淬炼素质过硬纪检监察铁军。

2021年3月12日，全县党建工作暨作风建设大会与会人员观看警示教育片《尺度》

（县纪委监委机关　供稿）

【江苏智慧纪委监委建设指引征求意见座谈会】 2021年4月2日，省监委委员葛夕芳、省纪委监委监督审查技术室副主任陈海鹰等一行10人到涟水召开座谈会并调研县纪委监委大数据研剖中心及农村集体“三资”监管平台建设应用情况，听取淮安市所辖县区纪委监委对《江苏智慧纪委监委建设指引》的意见建议。淮安市纪委监委及所辖县区纪委监委信息化建设分管领导及牵头部门负责人参加活动。

【市纪委监委主要领导调研涟水县经济社会发展和纪检监察工作】 2021年9月1日，市委常委、市纪委书记、市监委代主任王道霄到涟水调研经济社会发展和纪检监察工作，参观涟水嘉立创电子科技有限公司、红窑镇夏楼新型农村社区、红窑镇芦笋产业项目，实地查看涟水县“廉池”省级廉政教育示范基地以及涟水县纪委监委审查调查技术查询区。王道霄强调，涟水县要立足“决战决胜全国百强县”目标定位，紧紧围绕经济发展稳中有进、城乡建设提质增效、生态建设常抓不懈、民生保障尽力

2021年7月8日，省纪委监委调研组到涟水调研乡村振兴工作　（县纪委监委机关　供稿）

而为、社会治理务实高效、管党治党全面从严等方面,科学统筹、系统谋划,强化履职担当,筑牢发展根基。王道霄要求,县纪委监委要持续强化政治监督,牢牢把握政治方向,坚决保障政令畅通,确保上级重大决策部署落地见效。要一体推进“三不”机制建设,坚持有腐必反、有案必查,做好案后文章,深化源头治理,打造“铁案工程”;要切实维护人民群众切身利益,推进干部作风转变,紧盯群众身边的突出问题开展专项监督,深化基层“微腐败”治理,同时科学运用好容错纠错机制,真正为担当者担当,为负责者负责;要综合发挥政治巡察“利剑”作用,制订好新一轮巡察工作规划,做细做实巡察“后半篇”文章,推进巡察规范化建设;要全面锻造过硬纪检监察铁军,着力打造一支讲政治、有能力、素质强的纪检监察队伍;要强力支撑党委政府中心工作,围绕中心、服务大局,强化监督、精准问责,不断营造风清气正的良好政治生态。

(谈法成)

纪检监察体制建设

【概况】 2021年,全县纪检监察机关聚焦主责主业,履职尽责,反腐倡廉建设取得新的成效。围绕上级纪检监察工作新要求新部署,聚焦县委“苦干新五年,冲刺百强县”各项重大决策部署落地落实。协助县委制定《加强党内同级监督责任清单》《中共涟水县委关于推进“廉洁涟水”建设的实施意见》,督促全县各单位落实全面从严治党主体责任。制定出台《强化对下级“一把手”和领导班子监督的工作方案》,督促推进各级党委落实主体责任,各级纪检机关落实监督责任,推动全面从严治党向纵深发展。在全市率先出台《关于建立“室组地”联合办案工作机制的实施办法(试行)》,深化运用“室组地”联合办案机制,组建5个办案团队和70人审查调查专业人才库,成功办理全市首例监督条线留置案件及粮食购销领域留置案件,相关工作在《中国纪检监察报》宣传推介。推动出台《涟水县党政机关公务车辆用油管理暂行办法》,规范公务用车加油卡管理。制发《涟水县纪检监察干部日常行为规范》,为纪检监察干部规范监督执纪提供遵循,《新华日报》等媒体宣介。推动纪律监督、监察监督、派驻监督、巡察监督“四项监督”统筹衔接、贯通融合,监督针对性和实效性显著提升。

【纪检监察队伍建设】 2021年,县纪委监委深入推进“打铁必须自身硬”专项行动,把讲政治作为第一位要求,加强思想淬炼、政治历练、实践锻炼、专业训练,全面系统打造纪检监察铁军队伍。高标准、多渠道选人进人,全年择优调进19人,公开招录8人;新设直属事业单位县反腐倡廉教育服务中心,选聘2人;加大选任力度,38人提任或重用,4人晋升职级,18人轮岗交流,15人理顺职务,6名公务员转正定级,全系统干部干事创业积极性得到充分调动。开设“清涟”大讲堂,围绕监督执纪、审查调查业务知识开展实务培训,邀请党史、法律、礼仪专家到涟水授课,全面提升纪检监察干部的综合素质,全年组织各类培训101场次,累计参学5805人次。持续扩展培训对象,把镇街纪检干部、村级“三合一”人员纳入全员培训范畴,组织开展“三合一”培训17场次,发放小微权力手册1200余册,履职纪实簿400余册。组织参观纪念周恩来同志诞辰123周年专题展,参观“苏北小延安”红色旧址、金湖家风教育馆和“红动涟水”图片展,引导干部涵养忠诚、锤炼党性、争先进位。不断拓宽内部监督路径,对36名受处分人员进行监督回访,对留置案件办理做到“一案一回访”。开展“明规守纪、规范用权”专题警示教育,排查权力运行风险点109个,组织分层分类“一对一”谈心谈话175人次,敦促纪检监察干部担当作为。

【监察员办公室规范化建设】 2021年,县纪委监委立足规范运作、示范引领,健全完善监察员办公室目标管理、考勤考核系列制度,实施“日纪实、周例会、月总结”工作方法,重点升级优化打造2个监察员办公室、4个村级监督力量“三合一”双示范点,推进监察员办公室工作有力有序有效开展。围绕“助推乡村振兴,建设美丽涟水”项目监督重点,按照“一室一专项”原则,排定违规占用耕地、村级集体经济组织规范运行、公墓领域、“散乱污”企业整治、农房改善“进城入镇”政策落实等群众关切,开展专项监督检查226次,发现问题179条,立案62人。围绕村居小微权力制度规定,清仓起底近年来镇村群众反映强烈的信访举报以及巡察发现的问题线索,深挖彻查职业技能培训补贴落实、疫情防控等群众身边“微腐败”问题。全年共处置问题线索86件,政务立案135人,向县监委及其他有权机关提出问责建议72个,居全市前列。不断巩固拓展村(社区)级监督体系效能,对纪检委员、监察信息员、村务监督委员会主任“三合一”模式提档升级,将“监督哨”架到群众家门口,有效推动村级党务、村务、财务规范运行,赋能村级监督提质增效。

【“清涟”大讲堂】 2021年10月11日开讲。县纪委监委邀请淮安日报社摄影部副主任、淮安市首批“文化名家工作室”名师曹政,淮安市清江浦区妇联执委委员、淮安市新生代企业商会秘书长、淮安市素爱文化传播有限公司总经理周素到涟水授课。全县各级纪检监察机关、巡察机构100余人参加学习。县纪委常务副书记、监委副主任张保军主持活动并讲话。两位专家分别就新闻摄影和公务礼仪对全县纪检监察干部进行培训。张保军指出,打铁必须自身硬,全县纪检监察干部要用好学习讲堂,对照所学的内容,在具体工作中要求自己、检验自己、磨砺自己;要时刻保持紧迫感,提前学习,抓紧学习,学以致用,在工作中要勇于担当、开动脑筋,创造性开展工作;要时刻保持清醒头脑,常修从政之德,常怀律己之心,常思贪欲之害,常戒非分之想,涵养过硬作风,为全县纪检监察工作高质量发展提供坚强保障。

【纪法宣讲“千百万”行动专题党课】 2021年10月18日召开。县委常委、县纪委书记、县监委主任刘永军讲授纪法宣讲“千百万”行动专题党课,委机关、派驻、巡察全体人员、各镇(街道)纪(工)委书记、内设机构党风廉政负责人参加学习。围绕"充分认清加强纪检监察干部队伍监督管理的重要意义""正确认识加强纪检监察干部队伍监督管理的现实必要性""努力争做忠诚干净担当、敢于善于斗争的纪检监察干部"三个方面,刘永军指出,纪检监察干部在监督别人的同时,在遵规守纪上要有高人一等的要求。刘永军强调,要强化忠诚坚定的党性意识,把对党绝对忠诚内化为政治基因,确保上级重大决策部署到哪儿,纪检监察工作就跟进到哪儿;要强化敢于亮剑的担当意识,坚定不移正风肃纪反腐,把该打的板子毫不犹豫打下去,坚决整治群众身边的腐败问题和不正之风;要强化争先进位的标杆意识,始终保持高昂的斗志,迎着困难走,顶着压力干,每年抓出几件叫得响、数得着的工作,创出特色、创出品牌;要强化慎独慎微的自律意识,时刻不忘纪检监察干部身份,自觉用党纪政纪和法律法规约束自己,扣好人生每一粒扣子;要强化严谨规范的程序意识,依规依纪依法开展监督执纪工作,进一步学懂弄通监察法、监督执纪工作规则等相关法规制度,不断提高运用法治思维和法治方式开展监督执纪工作的能力和水平。 (谈法成)

党风廉政建设及反腐败工作

【概况】 2021年,全县纪检监察干部立足岗位职责,忠诚履职、实干担当,坚决做到党中央和省、市、县委决策部署到哪里,监督检查就跟进到哪里,党风廉政建设和反腐败工作持续向上向好。围绕中心大局,强化政治监督。开展"助推乡村振兴 建设美丽涟水"监督行动,明确任务、细化措施,推动主体责任、监管责任落实,全年查处群众身边腐败和作风问题101起,全市第一。严格落实《加强党内同级监督责任清单》《强化对下级"一把手"和领导班子监督的工作方案》《中共涟水县委关于推进"廉洁涟水"建设的实施意见》等文件要求,针对巡视巡察整改、安全生产、乡村振兴、脱贫攻坚、信访稳定等重点工作开展监督检查,问责党员干部55人次,11家单位党组织。针对在重点工作中存在苗头性、倾向性问题,运用"第一种形态"1273人次。紧盯防疫措施落实情况以及疫苗接种工作中履责不力、弄虚作假的单位和个人,成立6个督查组开展监督检查156次,下发通报16期,处分51人。深化以案促改,完善制度体系。围绕津贴补贴、公务差旅、公务用车等共性问题,深入剖析制度方面存在的模糊地带、监管盲区,督促县公安局、财政局等单位对交办问题立行立改、追根溯源,建立健全《涟水县公安局财务管理规定(试行)》《关于进一步明确差旅费报销有关事项的通知》等制度文件,筑牢廉政风险第一道防线。聚焦责任落实,涵养干事氛围。呈请县委及领导班子履行管党治党责任,给予提醒、诫勉处理71人次,履职纪实全市排名靠前。加强换届风气监督,会同组织部门开展巡回督查,累计完成廉政鉴定75批次6007人次,否定35人。严格执行澄清正名、容错纠错、处后回访等制度,对一心为公、主动担当者合理运用容错纠错机制,对恶意中伤、诬告陷害、打击报复等行为依纪依法查处,第一时间为干事者澄清正名、撑腰鼓劲。全年实施容错39人,澄清正名13人,典型案例、相关做法被省市委组织部组工信息采用3次。

【作风建设】 2021年,县纪委监委把锲而不舍监督落实中央八项规定及其实施细则精神作为一项重要政治任务,以常抓的韧劲、严抓的耐心,统筹监督力量,系统施治、标本兼治,推动作风建设走深走实。紧盯重要节点,组织专项督查。深入开展违规接受宴请、违规收送礼品礼金等专项整治,查处违反中央八项规定精神案件91件次,批评教育帮助和处理165人,印发典型案例通报43期120起,排名全市前列。聚焦"大事小情",推动系统施治。针对"车轮腐败",开展"公务用车加油卡"专项治理,发现疑似问题87个,立案14人。顺应群众期待,会同派驻纪检监察组"小切口"对物业、公共停车领域问题排查摸底,立案查处5人。对苗头性、倾向性问题督促职能部门主动查纠、系统施治。建立快处渠道,护航营商环境。围绕项目建设、帮办服务、行政审批、"放管服"改革等方面,建立营商环境违纪违法问题信访绿色通道和快速核查机制,下发交办函34份,督查通报6期,问责4人。全县项目建设连续三季度排名全市第一,涟水县入选中国社科院2021年全国营商环境百强县第69位,系全市唯一。

【专项监督】 2021年,县纪委监委紧盯群众身边的腐败和不正之风,充分调研、靶向施策,对工作落实不力、搞形式走过场的,严查快处、追责问责。聚焦农村集体资产资源违规处置,对涉及农村集体资产资源问题大起底,发现问题917个,明确整改时限和整改要求。开展监督检查21次,严肃查处整改过程中的不深入、走过场、敷衍应付等形式主义、官僚主义问题,党纪政务处分10人,印发典型案例通报2期。聚焦农房改善"进城入镇"拆迁补偿,调取全县享受"进城入镇"拆迁补偿政策农户共计1135户资料,对3个镇街223户农户资料逐一核查,查询相关通讯记录143人,调取银行记录67份,分析比对数据7980条。发现问题线索4个,对拆迁补偿过程中索要贿赂问题党纪政务处分2人;发现涉嫌诈骗问题线索移交公安机关立案并对1人取保候审;下发交办函、督办函12份,运用第一种形态处理8人次,并在全县范围内通报。聚焦公墓领域乱象,联合多部门全面起底公墓领域存在问题,共计排查问题98个,其中发现非法占用基本农田建设公墓问题5个。同时,对县委巡察组移交的62条公墓领域问题线索进行深挖细查,已立案26人,运用第一种形态处理7人,下发交办函1份,挽回经济损失260余万元。聚焦粮食购销领域腐败,积极配合市委巡察组开展工作,通过数据筛查和信息汇总梳理涉及粮食收购、销售、存储的信访举报和问题线索44条、案件40件,截至年底,制发典型案例通报4期,立案审查调查11人,其中采取留置措施2人。聚焦深化污染防治,依托污染防治监管平台,统筹"室组地"监督力量,紧盯环保问题线索办理、平台预警等重点环节,梳理存疑问题22个,立案处理8人,其中,责任倒查2名镇分管领导。聚焦医保基金安全,将超标准收费、套用项目收费等7类问题作为整治检查重点。线上利用大数据平台比对,线下梳理监督重点事项,发现1家民营医院存在串换药品、乱收费,涉及医保基金148万元,直接责任人被党纪处分,并在全市曝光。

【廉政宣传教育】 2021年,县纪委监委坚持廉政宣传教育常态化,同步探索分层分类警示教育新路径,持续增强廉政教育影响力。提请县委召开"以案示警、以案促改"专题组织生活会2次,"一把手"上廉政教育专题党课106次,开展纪法专题宣讲110余场次。牵头拍摄分层分类警示教育片3部,《鉴往铸今》《医者镜鉴》等"镜鉴"微视频8部,"廉池"VR(虚拟现实)入驻省纪委清风扬帆网上展厅,"苏北小延安"获"淮安市廉政教育示范基地"称号。开展宣讲、送学、观影等各类主题活动20余场次,督促国企、政法、住建等系统开展警示教育大会120余场次,组织城管等系统现场旁听庭审8场次,推动廉政教育入脑入心、触及心灵。承办全市纪检监察系统"纪念周恩来同志诞辰123周年主题专题展",布展优秀作品68幅,1幅廉洁主题书画作品获得全省"传家风书画故事大赛"特等奖,全省唯一。牵头组织开展全县"忆百年党史·传勤廉家风"主题演讲比赛,线上线下6万余人参与互动。积极组织"学恩来精神、守初心使命"主题征文评比,1篇调研论文获得省二等奖,3篇分获市特等奖、二等奖、三等奖。高水平推进清廉涟水建设,召开清廉学校、清廉医院推进会,在全县范围内投放《清风盈淮》廉洁主题视频,4人在高压震慑和政策感召下主动向纪检监察机关说清问题。

【案件审查调查】 2021年,县纪委监委把案件查办工作融入全县经济社会发展大局综合考虑,在查处腐败问题的同时,重点查处阻碍全县社会经济发展和侵害群众利益的人和事,全年共立案493件495人,其中乡科级46人、留置15人、移送司法机关12人,挽回经济损失2530余万元,各项指标均排名全市前列。在全市率先建立"室组地"联合办案工作机制,划分11个案件查办协作区,明确审查室指导联系派驻组、监督室指导联系镇街纪(工)委办案,并对案件数量、质量实行捆绑考核,做到案件同办、人员同用。监督推动政法队伍教育整顿走深走实,优先高效办结政法系统线索,立案42人。注重挖掘个案背后的深层次问题,有针对地制发纪检监察建议24件,推动发案单位以案促教、以案促改、以案促建。

【"助推乡村振兴 建设美丽涟水"专项行动】 2021年,县纪委监委牢固树立巩固拓展脱贫攻坚成果、有效衔接乡村振兴工作导向,开展"助推乡村振兴,建设美丽涟水"专项行动,从巩固"四个不摘"政策成果、构建防返贫机制、强化惠民资金监管等15个方面,细化监督检查具体内容、评价标准和进度要求。先后围绕惠民资金、农机购置补贴以及"四个不摘"决策部署贯彻落实情况开展监督检查97次,督促职能部门强化动态监测,着力查处侵占、挪用、截留扶贫资金及收益问题,立案查处37人。针对监督检查中发现的村(社区)发展资金后劲不足、个别村民存在返贫隐患等问题,探索构建"扶贫资产+保险"模式,督促有关部门出台阳光贷、防贫保、涟康保等一系列防返贫管理配套制度。《人民日报》《中国纪检监察报》报道相关做法。

【"智慧纪委监委"建设】 2021年,县纪委监委持续强化"智慧纪委监委"建设,在全市率先建设大数据查询研判中心,协调公安部门安排专职技术人员驻点指导,对房产、汽车、银行等账户实现一站式查询。安排专人参与留置案件办理,建立信息查询模型,助力案件查办提质增效。全年运用省纪委大数据分析研判平台及9条查询专线等渠道,为各监督审查部门提供数据查询19966人次,研判82次,出具查询报告9000余份,查办案件占比位居全市第一。4月,省监委委员葛夕芳带队到涟水召开全省"智慧纪委监委"座谈会,对涟水大数据研判中心的建设应用给予高度评价。11月,全省纪检监察信息化工作现场推进会上,对涟水数据查询总量位列全省100多家县区第9名成绩通报表扬。

【供销系统专项整治】 2021年,县纪委监委针对十八大以来反映供销合作社系统党员干部和公职人员违纪违法问题及各类信访举报,梳理出问题线索及信访举报47件,其中涉及供销系统干部职工的问题线索9件,信访举报2件,给予1人书面检查,1人提醒谈话,1人开除党籍、行政开除,2人开除党籍,5人警告处分。对已办结的8件问题线索组织"回头看",全面掌握案件调查、处分及组织处理落实情况。协调县审计局对供销系统资产资源经营和相关专项资金使用情况等开展专项审计,并优先将县供销系统纳入巡察工作"回头看"对象,着力发现供销系统存在问题与不足。针对专项审计和巡察工作发现的财务管理不够规范、专项资金绩效不高、资产界限不够清晰问题,及时向县供销合作总社党委下发纪检监察建议书,责成县供销合作总社党委切实履行党委主体责任,对交办的问题即知即改、立行立改,专项整治工作取得预期效果。

【公共停车收费管理专项整治】 2021年,县纪委监委推动出台公共停车收费管理专项整治行动工作方案,组成专项督查组,对县内5个公共停车场所开展实地监督检查。建立与专项整治工作领导小组线索互移、资源共享、结果共用机制,发挥信访部门"窗口"作用和专项督查组"一线督查"作用。组织明察暗访8次,调取3家停车场财务账册,立案调查1人、提醒谈话4人。针对存在问题,向城管部门下发监察建议1份,督促出台《鼓励机关事业单位停车停泊位错时对外开放的指导意见》,完成全县停车设施专项规划、全县10个停车场进行项目评审、备案,新增680个高铁站枢纽公共停车泊位。推进智慧停车系统建设,将全县20个公共停车场3990个泊位、2条道路115个道路泊位停车泊位信息接入全市智能停车诱导系统。

(谈法成)

群众团体

MASS ORGANIZATION

- 涟水县总工会
- 共青团涟水县委员会
- 涟水县妇女联合会
- 涟水县归国华侨联合会
- 涟水县工商业联合会
- 涟水县文学艺术界联合会
- 涟水县残疾人联合会
- 涟水县红十字会
- 涟水县哲学社会科学界联合会
- 涟水县关心下一代工作委员会

编辑：彭亚君

涟水县总工会

【概况】 2021年,县总工会以中共十九大和十九届历次全会精神为指导,以"学党史、悟思想、办实事、开新局"为主线,以新时代产业工人队伍建设改革为动力,坚持"政治为先、大局为重、创新为要、服务为本"的工作思路,聚焦主责主业,强化责任担当,注重真抓实干,着力推动涟水工运事业高质量发展。全年新组建基层工会11个,全县基层工会总数累计818个,其中独立基层工会754个,联合工会64个。工会覆盖各类企业和新经济组织2337个,共吸纳会员118393人,其中女职工会员53976人,农民工会员49125人。建立企事业职代会1001个,建会率95.6%,其中公有制(含国有控股)企业职代会20个,非公企业职代会692个,镇、街道不足50人的企业以集群职代会的形式进行覆盖。全县获评省劳动模范4人、省先进工作者1人;获评市"工人先锋号"集体10个、市"五一劳动奖状"单位5个、市"五一奖章"10人;获评县"五一巾帼标兵岗"集体26个、县"五一巾帼标兵"87人。县总工会财务工作获省总工会一等奖,工运理论课题研究获市总工会二等奖。

【产业工人队伍建设改革】 2021年,县总工会贯彻落实中央和省、市关于新时代产业工人队伍建设改革方案精神及各个阶段的工作部署,按照政治上保证、制度上落实、素质上提高、权益上维护的总体思路,着力改革不适应产业工人队伍建设要求的体制机制,提高全县产业工人队伍规模适应发展需要、综合素质,保护产业工人合法权益,营造劳动光荣、技能宝贵、创造伟大的时代风尚,努力造就一支有理想守信念、懂技术会创新、敢担当讲奉献的高素质产业工人队伍,更好发挥产业工人的主力军作用。印发《新时代涟水产业工人队伍建设改革实施方案》,明确产改的指导思想、基本原则、总体要求、推进措施和职责分工,涉改单位28个。建立县产改工作联席会议制度,共有成员单位9个,联席会议下设办公室(县总工会),具体负责上传下达、统筹协调、业务指导和督导推进。落实产改第一批试点单位2个,第二批试点单位4个。县委将产改工作纳入常委会年度工作要点,纳入党建工作、党管人才总盘子。县委常委、组织部部长、县总工会主席孙以东定期向县委常委会汇报产改推进情况,部署指导全县产改工作,确保高度突出、高位谋划、高水平高标准高质量实施。先后召开产改联席会议3次,组织联席会议成员单位到试点单位走访调研4次,组织产改涉及单位负责人到外地参观学习3次,举办全县产改联络员、观察员业务培训和工作交流10次,组织试点单位经验交流5次、成果展示2次。开展"工会进万家"活动,服务职工5300余人,走访慰问劳动模范、高技能人才、环卫工、快递员、交巡警、城镇困难职工、困难农民工等共计179人。着力打造产业工人"赋能+赋岗+赋薪"特色项目,拓宽成长通道,促进全面发展,增强获得感、幸福感和安全感。相关工作先后被《江苏工人报》、"江苏工人"微信公众号、"学习强国"、《淮安日报》、《涟水日报》等媒体报道。

【职工文化建设】 2021年,县总工会组织开展职工"四史"学习教育,向23家重点非公企业送书送教送学,指导基层工会干部上好"四史"辅导课,深入社区、工地、车间、班组宣讲。在全县职工中开展"中国梦·劳动美·幸福路"主题宣教活动,通过橱窗板报、宣传宣讲、集中学习、征文演讲、知识竞赛等形式,推动中共十九大和十九届历次全会精神进机关、进企业、进校园,用"伟大思想"引领人、"伟大梦想"鼓舞人、"伟大精神"激励人,引导广大职工坚定不移听党话、跟党走。组织职工参加市总工会"永远跟党走"系列活动,其中演讲比赛获得优秀奖,1个情景剧获得优秀表演奖。持续推进书香工会、书香企业、书香三八、职工书屋建设,推行网上阅读,鼓励职工多读书多学习。开展丰富多彩的文体活动,举办插花艺术和"品味生活 焙感幸福"等才艺展示,陶冶职工思想情操。

【强基提素行动】 2021年,县总工会坚持抓基层导向,重心向基层倾斜,资源向基层聚集,力量向基层投放。开展基层工会组织"强基固本"行动,围绕"五大领域"(开发区和工业园区、建筑项目、物流和快递业、家庭服务业、农民专业合作组织)、"八大群体"(货车司机、快递员、护工护理员、家政服务员、商场信息员、网约送餐员、房产中介员、保安员),推行"重点建、行业建、兜底建"立体化组建模式,实现工会组织覆盖和工作覆盖双提升。深化"基层工会规范化建设年"活动,制订实施方案,实行"建会建家建制建队伍建平台"五同步。出台奖补政策鼓励基层单位对"职工之家"提档升级,争创"星级工会""模范职工之家""模范职工小家"。有序推进工会会员实名制数据库建设,做好工会组织与工会会员信息采集录入工作,录入会员59965人。对23家非公企业工会干部给予每月200—400元津贴,每月预发100元,年底统一考核,视考核结果,按200元、300元、400元三个档次,一次性补齐,激发其工作积极性。对标"两争一前列"新要求,聚焦县委县政府"苦干新五年 冲刺百强县"新目标,围绕建设"产业集聚新高地、综合枢纽物流城、城乡融合示范区、美丽宜居幸福城"新追求,组织赋能提素、技能竞赛、劳动竞赛、争先创优、建功立业等群众性主题实践。实施"农民工求学圆梦行动",有198名一线职工和农民工报名参加学历提升,考试录取后享受学费补贴。指导企业开展岗前培训、在岗培训、轮岗培训、业务培训、委培代培、专题讲座、以师带徒、结对共进等活动,全面提升职工素质。会同县人社局、县卫生健康委、县供电公司、今世缘酒业等单位,举办职工技能大赛5次,设置8个大项、23个小项,参赛职工8620人次。发挥劳模、工匠、大师的"头雁作用",新建示范性劳模创新工作室2个,在原有基础上提档升级8个,并围绕生产经营管理重点难点,实施科研攻关、技术革新、工艺改进、流程再造,取得多项发明专利和科研成果。

【职工权益维护】 2021年,县总工会把构建和谐劳动关系、维护职工合法权益摆在突出位置。推行以职代会为主要形式的民主管理、厂务公开。实施“春季集体协商要约”行动，由工会代表职工同企业行政方签订集体合同及职工劳动安全卫生、女职工特殊权益保护2个专项合同，其中涉及女职工权益保护的专项合同208份，覆盖企业698个，签订率98.1%。选派18名企业集体协商谈判员、劳动关系协调员、人力资源管理员参加市业务培训和省资格考试。开展职工队伍稳定风险、企业劳动用工监督评估、工会法律援助和信访工作调研。举办企业班组长劳动安全保护培训，80人参加培训。开展职业病防治宣传周、“3·15”普法宣传日、“安全生产月”、“安康杯”竞赛、安全生产知识竞答、“网上安康课堂”在线学习和“安全隐患随手拍”活动，向上报送职业健康传播作品4件、“随手拍”作品41件。组织“与法治同行·为劳动护航”和“尊法守法·携手筑梦”法治宣传、“浏”动“红”集市、网上答题闯关等活动，全县印发宣传材料11860份、法律维权读本1320册，制作普法宣传短视频7个，举办网上公益直播3场、专题讲座6场，援助律师巡回小讲堂6场，设立咨询服务站（点）17处，开展走基层志愿服务15次，深入企业、社区、园区及各类市场服务职工2420人次。组织企业法律体检3次，纠正违法用工1人次，发出劳动法律监督意见书3份，建议书2份。

【职工扶贫帮困】 2021年，县总工会按照规定用足用好中央财政和省财政、省总下拨资金，对建档特困职工给予重点帮扶，对其他各类困难职工采取工会党员干部结对帮扶、专项帮扶、适时帮扶等形式，因人制宜、精准施策，全年累计帮扶289人，为31名农民劳模缴纳互助基金，为21名困难职工参保“涟康保”并购买淮安市职工医疗互助保障金。做好职工互助基金会入会工作，加大宣传力度，印发政策解读手册，强化各环节、全流程服务，吸引职工自愿参与，截至年底，全县新入会职工9671人。安排工会经费30余万元，开展夏季“送清凉”、冬季“送温暖”、“金秋助学”和节日慰问活动。办好管好用好城区户外劳动者“爱心驿站”，新建3个，升级3个。推行女职工“康乃馨633服务计划”，新建女职工康乃馨服务站6个。开展女职工“两癌”筛查，惠及3100余人。组织“520关爱女职工”活动，邀请妇幼保健专家为企业女职工讲授健康知识、提供体检咨询服务。向60名特殊群体女职工（快递员、外卖员、家政服务员、网约车司机、环卫工人）赠送“爱心礼包”。

【惠民助企稳岗实事】 2021年，县总工会切实履行社会责任，开展“三联三促”活动，助力乡村振兴。挂钩联系东胡集镇镇北村和小野木业、唐集镇周程村、江苏今世缘酒业股份有限公司，因地制宜、力所能及提供支持，促进集体经济发展和农民增收。会同有关部门在县经济开发区举办“引人才送岗位”宣传推介活动，帮助企业化解招工引人难题，为待业求职人员提供机会。借助县职工服务中心等平台，及时发布企业用人信息和岗位技能要求。元旦、春节期间，在全县开展以“情暖职工 稳岗留工”为主题的专项行动，引导企业为就地过节的职工和农民工提供特色服务，派送“暖心礼包”“抗疫红包”，通过留人留心达到稳岗稳工。认真落实小微企业工会经费返还政策，在按照程序、坚持标准、严格把关、反复核实的基础上，及时办理。全年分4次向符合条件的304家小微企业返还工会经费72.19万元，返还率100%，推动企业稳产达效。 （桂华成）

共青团涟水县委员会

【概况】 2021年，团县委下辖基层团委33个、团工委7个，团总支12个，团支部1181个，新发展团员2600人，累计2.5万人。团县委以建设服务型团组织为目标，紧紧围绕“凝聚青年，服务大局，当好桥梁，从严治团”四维工作格局，紧密联系青年，服务县委县政府中心工作。按照“安全至上、就近就便、设施完善”的原则，联合县民政局、县关工委和当地政府，建设“爱心暑托班”班点4家，为240余名事实无人抚养儿童和留守儿童提供服务。开展“梦想改造+”关爱计划、“暖冬行动”、疫情志愿服务、“涟爱有家”、希望工程“圆梦行动”、团干部培训等活动，举办青年联谊会2场。

【青年志愿服务】 2021年，团县委积极动员全县团员青年、志愿者发挥青年先锋作用，助力全国文明城市、法制宣传、“双百”禁毒、关爱留守儿童、“河小青”净滩活动、疫情防控等多种形式的志愿服务工作，总计参与人数达4850人。9月，带领30名苏北计划志愿者参与中国农民丰收节暨涟水芦笋节活动，为活动提供志愿者服务。疫情期间，团县委积极响应县政府要求，充分发挥先进青年作用，推动成立志愿服务组织、协助社

2021年6月10日，团县委在涟水县幸福里小学开展“学回信，听党话，跟党走”活动

（团县委　供稿）

区摸排来涟返涟人员，对进入小区的人员做好查验双码、信息登记、测量体温等事宜，助力社区构建疫情防控“铜墙铁壁”。

【思想政治教育】 2021年，团县委强化青年思想政治引领，引导青年与党的价值追求同心同向。有力建设思想理论，以“青年大学习”为抓手，加强党史学习教育，让理论学习触角延伸到基层团组织的“神经末梢”，平均学习率80%；开展青年学习社路线学习活动5场，带领团员青年学习红日精神和苏北小延安精神，引导广大青年听党话感党恩跟党走；开展“我把青春献给党”主题诵读学传2场；开展“庆祝中国共产党成立100周年”系列活动，开展学习习近平总书记“七一”讲话系列活动“请党放心，强国有我”等3场。深入培育和践行社会主义核心价值观，开展青少年禁毒“双百计划”活动3场，开展微队课评选活动，开展两红两优评选，开展“学回信听党话跟党走”主题少先队活动，县委主要领导出席活动，相关报道在学习强国平台和共青团中央新闻联播平台推送。全县各级团组织在常态化开展团队日活动的基础上，突出重要时间节点、重点领域场所，大力唱响爱国爱党主旋律，形成青少年广泛参与的整体声势。全县各级团组织开展线上线下各类主题团日活动1080余场。制作青创宣传片《奔赴热爱》，作品在“学习强国”平台上推送。

【青少年权益保障】 2021年，团县委以多方向、多形式开展“法治自护”系列主题教育活动，在国家法定节假日、寒暑假以及国家法律相关节日期间深入开展青少年自护宣传教育活动，联合县检察院“小雨滴”普法项目组织和全县多个社会公益组织，共同打造多个面向全县青少年的法治自护活动。寒暑假、中高考期间开展“青春自护，把爱送回家”“青春自护·暑期安全”“中高考减压阳光行动”等活动50余场，与在校教师和家长合作，普及安全与法律知识，做好监督工作，共同维护青少年身心安全、释放压力。开展中等职业学校在校生模拟法庭大赛，获得淮安市团体二等奖；西游乐园志愿者走进涟水县淮文外国语小学和幸福里小学，开展法治教育宣讲活动；县检察院志愿者开展送法进校园活动，给偏远的村小上法治公开课10余场；联合微力公益协会成立涟水县未成年人司法社会服务中心，免费为未成年人提供司法服务。深入开展共青团与人大面对面活动，积极与人大代表、政协委员沟通交流，反映青年发展诉求；联合“联青服务站”，每月开展一次“共青团倾听日”活动；在青少年中广泛开展模拟政协提案活动，累计在团中央权益部平台上提交提案41个。

【青年就业创业服务】 2021年，团县委以高质量发展为抓手，主动谋划、积极作为，坚决扛起涟水青年的时代担当，培育优秀农村青年人才，助力乡村振兴。开展青年交友联谊活动2场，推动引导青年人才“爱涟、留涟”；面向全县各机关、国有企业、金融机构征集暑期社会实践岗位67个，为大学生累积工作经验。组织开展第二届青年创新创业大赛，被《中国青年报》推送报道；组织开展全县青年电商培训班1场；推广“新农菁英贷”，帮助农业青年解决筹资难问题，截至年底，发放2963万元；组织开展中国青年企业家协会到涟水经贸考察和推介活动。

【暖冬行动】 2021年，团县委开展“温暖回家路”志愿活动，组织苏北计划志愿者以及县内青年志愿者20余人在涟水汽车客运站开展志愿服务，辅助疫情防控人员对车站进行室内外环境消杀，对进站旅客进行检测验证，面向候车旅客进行防护知识普及，为需要帮助的旅客搬运行李等服务，给广大旅客营造平安、温馨的环境。常态化开展“倾情相伴·点亮梦想”活动。联合南京市秦淮团区委走访慰问10余名事实无人抚养儿童，为孩子们带去学习用具和实用性的生活用品，给予他们精神的鼓励和关心。

【“梦想改造+”关爱计划】 2021年，团县委开展“梦想改造+”关爱计划，广泛筹措资金170余万元，按照“三面改造六物到位”(对顶面、墙面、地面进行改造，配备床、书桌、衣柜、窗帘、台灯、小书架等家具和生活用品)的原则，为168名以事实孤儿为主体的困境青少年建设“梦想小屋”171间，在小屋建设的基础上，常态化对困境青少年实施“1+3+6”(建设1间“梦想小屋”、落实3项结对机制、打造6个关爱项目)关爱服务，相关报道登上共青团中央网站。与县委统战部一同开展“涟爱有家”精准帮扶光彩行活动，企业家以“一对一，一对多，多对一”的方式，结对帮扶困境儿童。

【希望工程】 2021年，团县委组织希望工程圆梦行动，为贫困高考新生提供公

2021年2月8日，淮安团市委、市希望办在涟水县召开“梦想改造+”关爱计划启动仪式暨现场观摩推进会

(团县委　供稿)

益救助。活动开展以来，获得社会各界人士和企业的关注和支持，让贫困高考新生切身感受到社会给予的关爱和帮助。全年筹集资金16.5余万元，帮助33名困难大学生圆梦。受助贫困高考新生向团县委以及社会表示感谢，并表示会通过努力学习在未来回报社会。

（曹壮壮）

涟水县妇女联合会

【概况】 2021年，全县有镇（街道）妇联17个，村（社区）妇联372个，机关、企事业妇联63个，新经济组织妇联9个。县妇联紧紧围绕“冲刺百强县”目标，切实履行组织妇女、引导妇女、服务妇女和维护妇女儿童合法权益的职责，引领各级妇联组织奋进新征程、谱写新篇章。全面完成村（社区）妇联换届工作，共选出妇联主席372名，兼职副主席1170名，执委2652名。动员常执委立足自身岗位，联系服务妇女儿童，领办家庭教育、妇儿维权、妇女发展等执委项目，精准服务妇女儿童。举办全县妇联干部培训班，邀请省妇联融媒体中心资深老师、经验丰富的基层妇联干部进行业务交流、经验分享。党史学习教育、“三全”社区家庭教育指导服务等特色做法被《中国妇女报》、“学习强国”“中国江苏网”“江苏女性”等媒体平台报道，县妇联荣获“第三届江苏女性融媒体创意大赛全国邀请赛”优秀组织奖，《“诵红色经典 展巾帼芳华”红色经典诵读大赛》获评2021年全省妇联优秀融媒体工作案例。

2021年5月13日，县妇联开展“5·15”国际家庭日普法宣传活动 （县妇联 供稿）

【妇女儿童权益维护】 2021年，县妇联推出线上普法宣传专栏，通过“以案说法”“视频展播”等形式，生动呈现《中华人民共和国民法典》《中华人民共和国反家庭暴力法》等法律规范。联合帼彤之家维权协会、巾帼志愿者等，结合重要节点，深入田间地头、群众集聚的广场、女职工较多的台资企业等积极开展“幸福婚姻 爱在家庭”等普法宣传活动。依托陆云惠、华姐、张述金家事调解工作室等专业资源优势，认真处理好初始接待，化解矛盾纠纷。关注扬州在涟水隔离观察妇女儿童心理健康，为3名隔离人员提供心理疏导，为31名儿童送去图书、画本、食品等。

【宣传教育活动】 2021年，县妇联深入贯彻落实习近平总书记关于妇女儿童和妇联工作的重要论述，以培育和践行社会主义核心价值观为根本，广泛动员妇联干部、巾帼讲师、三八红旗手等优秀妇女代表，深入基层、田间地头、学校课堂，与妇女群众面对面宣讲，开展大宣讲活动56场，覆盖妇女群众4600余人。通过微信公众号展播“学女性典范 为‘百强县’助力”最美巾帼人物风采，鼓励全县妇女姐妹立足岗位，争奉献、建新功。打造四个省、市三八红旗工作室，充分发挥引领带动作用。创新开展党史学习教育，开辟“巾帼学党史”专栏，推送党史故事。在“我为群众办实事——涟水县女性社会组织公益服务月”启动仪式上，发布党史学习倡议书，掀起党史学习高潮。举办“诵红色经典 展巾帼芳华”诵读比赛，网络点击量近10万人次，增强党史学习的影响力。

【妇女创业技能培训】 2021年，县妇联开展线上“春风送岗”女性专场招聘会2场，发布企业招工信息78条。举办“金凤凰”妇女创业就业技能培训班，采取“点单式”服务将培训送至妇女家门口，为大东镇60余名留守妇女开展为期3天的养老护理培训。举办“春暖花开 美好如你”女性职场礼仪提升专题讲座。苏垦慧创·苏北农村留守妇女创业就业项目10个示范点顺利通过省妇联专家组评估验收，获得90万元扶持资金。成功组织推荐省级巾帼示范基地2个，市级巾帼文明岗3个、巾帼建功标兵4名。联合县民政局开展“留守妇女优秀典型”评选活动，推荐薛玉华等2名留守妇女获得表彰。

【家庭教育】 2021年，县妇联开展寻找“最美家庭”“书香家庭”等家庭文明评选活动，累计参选家庭130余户，评选出涟水县“最美家庭”25户、“抗疫最美家庭”23户；成功推荐全国最美家庭1户、省级最美家庭2户，市级最美家庭10户、五好家庭5户、家庭工作先进集体2个、先进个人3人。联合县纪委监委举办“忆百年党史·传勤廉家风”主题演讲比赛。联合文明办开展文明典范评选活动，共推选“文明典范庭院”30户。线上推出“父母高能量 孩子有力量”等家庭教育主题视频课20期，线下联合家庭教育协会举办《新时代女性如何持家育儿》等系列“金种子”家庭教育公益讲座，组织家庭教育志愿者走进社区、企业等，宣传科学育儿理念、传播家风故事、缓解家庭矛盾。高标准落实“三全”（社区全域、父母全程、家庭全类型）社区家庭教育支持行动试点工作，以点单式服务、节目巡演、“空中课堂”、宣传手册为经线，立足需求，实现“三全”社区家庭教育工作精准高效。以规范组织建设、创新宣传方式、精准活动内涵为纬线，串点成线，助力“三全”社区家庭教育服务同心同行。大东镇、涟城街道6个试点村（社区）“三全”社区家庭教育支持行动全面落地落实，省市妇联领导及专家多次指导。11月5日，全市“三全”现场会在涟水召开。

【妇儿民生实事】 2021年，县妇联持续实施“爱德助孤”“温暖多一度”“今世缘春蕾班”等关爱项目，筹措资金35万元，366名困难儿童获得资助。为288名单亲特困母亲争取发放28.8万元帮扶款，为6名贫困“两癌”妇女争取6万元救助金。组织女童保护志愿者，开展儿童防性侵课程213场，受教育儿童1.3万余人。联合县医院专家开展女性健康知识公益讲座，邀请县妇幼保健院医生录制“关爱女性 为爱护航”女性健康知识视频，在“涟水妇联”微信公众号推送。委托南京师范大学专业团队，编制出台涟水县“十四五”妇女儿童发展规划。

（孙　莉）

2021年11月12日，女童保护志愿者走进幸福里实验小学开展防性侵宣讲（县妇联　供稿）

涟水县归国华侨联合会

【概况】 2021年，县侨联开展侨情调查工作，更新侨情信息，据不完全统计，目前全县有海外侨胞、归侨以及各类侨界人士170余人。海外人士主要分布在美国、加拿大、日本、英国、澳大利亚、阿联酋等国家。全年累计接待海内外人士80余人次，利用春节、中秋等传统节日和华侨回乡探亲的有利时机，慰问15人次。

【服务侨界群众】 2021年，县侨联以“侨胞之家”为阵地，组织海内外侨胞侨属侨眷等侨界人士开展学习中央和省市县重要会议精神、党史学习教育活动座谈会、养生讲座等联谊交流活动，加强情感沟通。设立侨康驿站，为留守侨界空巢老人进行康复理疗，并争取到市侨联补助2万元，为侨康驿站配置电动车等服务侨界人士的物品。经常走访和慰问侨界人士，了解现实情况，解决实际困难，真正把侨联组织建设成为党和政府联系海内外侨胞的桥梁和纽带。

（沈　昀）

涟水县工商业联合会

【概况】 2021年，县工商联以服务促进民营经济高质量发展为主线，创新落实各项工作任务，在团结非公经济人士、助力企业发展等方面取得积极成效，连续5年被评为“五好”县级工商联。截至年底，县工商联所属商会24个，其中镇（街道）商会16个、开发区商会1个、行业商会6个、异地商会1个；共有团体会员3个，企业会员826个，个人会员526个。

【非公经济服务】 2021年，县工商联通过企业微信群及时传递惠企政策，加强与异地商会联络，积极为县内外经贸交流牵线搭桥。举办2021涟水（广州）先进制造业招商说明会，县委书记时勇和80余位领导和嘉宾出席活动，现场签约项目2个，总投资5亿元。成功举办2021涟水（无锡）招商说明会，县委书记时勇和90余家企业负责人出席活动。承办淮河生态经济带食品产业链联盟峰会，160余家淮河沿线知名企业到涟水考察，县委书记时勇作专题推介，助力中国食品工业协会、阿里巴巴战略发展部与涟水签订“共建中国食品名县”三方合作协议。举办涟水县工商联优化营商环境银企对接洽谈会，协调企业融资4000余万元。推动落实“万所联万会”工作，为8家商会与律所建立联系合作机制；指导3家企业创建淮安市放心消费先进单位；指导帮助互联网商会完成注册登记，现代农业产业商会即将完成注册登记；召开镇街商会注册登记推进会，加强指导推动。中秋假期邀请50名在外乡贤返乡考察座谈，积极为全县招商引资工作牵线搭桥。广泛收集项目信息，赴苏州常熟考察纺织项目。组织10家企业参加全市产业工人队伍建设改革专题培训班，组织10名企业家参加“惠淮商助发展”企业服务专场活动，组织3名企业家赴南通参加全省民营经济代表人士集中培训。

【涟水县工商联换届工作】 2021年11月19日，县工商联（总商会）圆满完成换届工作，91名有经济实力、有政治影响、热心工商联工作的非公经济人士进入工商联执委队伍。积极配合县政协、人大换届工作，严格把握原则和要求，积极按程序和标准向上推荐工商联和经济界别政协委员17人；协助做好工商联、政协、人大换届之年的34名非公有制经济代表人士综合评价工作。

【营商环境优化】 2021年，县工商联密切联系企业，开展调查研究，推动惠企政策落实，为经济发展和营商环境改善建言献策。组织工商联界别委员积极参政议政，12件提案被立案，1篇调研报告被市民营经济研究会评为优秀调研文章。完成区域营商环境问卷调查，助力涟水营商环境排名进位，主动听取企业心声，为营商环境优化升级建言献策。常态化开展走访企业活动，帮助企业反映合理诉求；协助营商办开展党政亲商会，做好企业诉求办理情况的回访工作；建言献策，其中社情民意信息《用好新媒体，为招商引资开辟新路径》中所提若干建议得到县政府充分采纳。7月，联合县政协赴上海、南京、无锡三地涟水商会调研，形成《冲刺百强县中的商会作用》等调研报告2篇。密切与企业联系，上报《部分企业反映疫情防控持续收紧影响经营》社情民意信息，助力企业解决实际困难。 （杨　锐）

涟水县文学艺术界联合会

【概况】 县文联成立于1962年2月，是由县级文艺家协会、县辖文学艺术界联合会、产业（行业）文学艺术联合会组成的团体，辖县作家协会、书法协会、诗词协会、曲艺家协会、美术家协会、音乐舞蹈家协会、摄影家协会团体会员7个，有国家级会员32人，省级会员186人，市级会员528人。2021年，县文联工作在县委、县政府的坚强领导下，克服疫情不利影响，进一步提高政治站位、拓展工作思路，推进场馆建设、开展专题创作和惠民活动，实现疫情防控和文化惠民等工作两不误、两促进、两发展。

【群众文化活动】 2021年，县文联组织开展群众文化活动。组织美术工作者举办“善行助学、大爱无疆”绘画作品专场拍卖会，累计拍卖作品91幅，拍卖所得35万元，全部捐出。围绕庆祝中国共产党成立100周年，举办“庆祝中国共产党成立一百周年”主题诗词征集活动、“百年初心中国梦　盛世扬帆新征程”庆祝中国共产党成立100周年诗词书画摄影展，县直机关及镇街组织人员前往观展3600余人次。精心创作《永远跟党走》《苦干新五年　冲刺百强县》等文艺节目，巡回演出百余次。探索实施“传承经典　共享文艺”文艺名家名师大讲堂18期；举办“农房改善杯”摄影大赛；举办“芦笋产业助发展　乡村振兴谱新篇”农民丰收节摄影大赛；首次举办“红日文学高端发展论坛”。协助中国曲协在涟水大剧院举办“艺道馨声”曲艺名家名作专场演出。成立“中国作家·红日文学奖”，标志着全国首个红色文学大奖正式诞生。推进非遗工坊建设，以一个非遗传承人、一个非遗项目、一个展示场所、一套运作模式、一个统一标牌“五个一”标准，试点建设柳编、云锦等非遗工坊，带动部分人群就业，提高非遗文化的经济效益和社会效益。

【文艺精品创作】 2021年，县文联组织引导广大文艺工作者围绕“中国共产党成立100周年”“周恩来精神”“大运河文化”等创排“五个一工程”评奖艺术门类作品15部，并择优推介出3类9部作品申报“淮安文化奖”。《村里来了花喜鹊》荣获省文华大奖，主演许晴获文华优秀表演奖；《哎呦，我的憨哥哥》荣获2021年省紫金艺术节优秀剧目奖；2部作品入选省庆祝中国共产党成立100周年50部舞台艺术精品创作工程，小戏《一只袖章》位居华东六省一市小戏大赛金奖榜首。 （县文联）

涟水县残疾人联合会

【概况】 2021年，县残联围绕省市政府民生实事项目和市残联《提升残疾人基本公共服务水平实施方案》，创新创优工作方法，重点对27个残疾人服务机构进行优化升级，着力解决重度残疾人居家照护服务存在的达标率偏低、虚假工单率偏高等难题，为3009名低收入残疾人提供托养照护、辅助性就业、康复训练、文体活动等基本公共服务，不断提升残疾人基本公共服务水平，助推残疾人生活品质提升。全面完成托养中心改造和40名托养任务，其中2021年新增托养人员18人；2个辅助性就业基地就业人数120人，其中红窑基地70人，北集基地50人；优化提升“残疾人之家”24个，其中创城市级示范点2个，县级示范点1个，通过“残疾人之家”为459名残疾人提供日间照料、辅助性就业、康复医疗等基本公共服务。100名褥疮患者康复率达100%；多个“残疾人之家”遵照已签订的《融合服务协议》，开展融合服务活动达500余人次。截至年底，全县共有持证残疾人22550人，其中：重度残疾人8682人，轻度残疾人13868人；肢体残疾12824人，精神残疾1867人，智力残疾3351人，视力残疾2366

《哎呦，我的憨哥哥》剧照 （县委宣传部　供稿）

人，听力残疾1077人，言语残疾607人，多重残疾458人。

【残疾评定】 2021年，县残联共开展残疾评定5次，共计评残1138人，其中49人未定级。3月，新增残疾220人；5月，新增残疾208人；7月，新增残疾230人；9月，新增残疾205人，跨省通办3人；11月，新增残疾226人，跨省通办4人。评残过程中邀请县纪委监委派驻纪检组参加，保证残疾评定的公平、公正、公开。

【残疾人服务机构建设】 2021年，县残联积极开展残疾人服务机构建设工作。在原有2个残疾人示范点（涟水县蚕种场社区残疾人康复示范点和涟水县引北社区残疾人康复示范点）的基础上，新增建立2个康复示范点（涟水县红窑镇残疾人康复示范点和涟水县黄营镇北集残疾人康复示范点），配备可调式磨砂板、平衡杠、多功能训练器、下肢功率车、股四头肌训练椅、放松按摩器、训练阶梯、坐式扩胸训练器等设备，兼顾手功能康复训练、下肢功能康复训练、平衡功能康复训练、步行及步态康复训练、心肺功能康复训练等。4个残疾人康复示范点均实现高质量运行，为周边残疾人提供康复服务，与县医院康复医生签约定期在示范点为残疾人提供体格检查、功能评估和康复指导。

【残疾人社会保障服务】 2021年，县残联为全县轻度持证残疾人购买意外伤害保险13490人370776万元，将10312名重残人员纳入医疗救助范围；全年发放生活补贴5732人4157.77万元，护理补贴8801人1832.85万元，低保内生活补贴3705人次907.92万元；为高中及以上在校残疾学生发放教育补贴61人8.1万元。

【残疾人康复服务】 2021年，县残联完成0—14岁残疾儿童康复转介418人；实施白内障免费复明手术1160例；精神残疾人基本用药救助671人；辅具评估适配服务1036人，免费配置辅具1385件。

【残疾人就业培训】 2021年，县残联开展残疾人就业培训工作。工作人员走访调查按比例录用残疾人就业企业，与企业人事部门对接，了解残疾人工作和业余情况，开发工作岗位，促进按比例就业。通过购买第三方服务，为企业和残疾人搭建用工交流平台，多渠道提升就业服务水平。搭建"一对一培训"平台，促进残疾人就业创业。在县电商产业园江苏畅易购商贸有限公司挂牌成立"涟水县残疾人电商孵化基地"，开展残疾人电商就业创业培训。组织参加淮安市"一键创业"培训，406名残疾人参加线上培训。11月12日，开展为期5天的生活病员护理培训班；12月7日联合淮安市思蒙职业培训学校举行为期5天的残疾人花卉栽培技术培训班，提高残疾人就业能力。截至年底，新增就业人数66人。加强辅助性就业项目开发，全年共开发稳定辅助性就业项目20个，提升辅助性就业基地运营质效。

2021年8月25日，笔芯动漫科技与涟水听障残疾人士在县残疾人电商孵化基地"希望之家"签订劳动合同，并颁发证书 （县残联 供稿）

【扶残助残活动】 2021年，县残联开展新时代文明实践助残志愿服务。组织县清晨之雨助残服务社在全县各镇（街道）多次开展扶残助残活动，实施残疾人文化进家庭"五个一"项目，帮助有文化需求的贫困、重度残疾人家庭每年读一本书、看一次电影、游一次园、参观一次展览、参加一次文化活动。着力补齐残疾人基本公共服务短板，提升残疾人家庭的幸福感和社会融入感。全年组织各类助残志愿服务30余场次，帮助残疾人群众解决难题90余件。举行县第二届助残嘉年华活动，唤起社会各界对残疾人工作的关注、促进扶残助残良好风尚的形成。

【残疾人文体活动】 2021年，县残联在残疾人文化服务阵地开展活动，打造残疾人精品文艺节目。开展残疾人文化周活动，建立残疾人文化体育人才库，筛选残疾人运动员120人，开展群众性体育活动20次。

【重度残疾人居家照护服务】 2021年，县残联大力推进重度残疾人居家照护服务工作。依托智慧助残服务平台，投入211.65万元，为全县2244名重度残疾人提供每人每月不低于3次、每次不低于1小时的居家照护服务，形成"线下服务，线上监督"的智能化服务特色，不断提高助残服务的能力和水平。全年已开展居家照护服务69536人次，服务满意度达98%以上。

【涟水县残疾人电商孵化基地】 2021年，县残联和江苏畅易购商贸有限公司联合发起的涟水县残疾人电商孵化基地在涟水县电商产业园有序运行。按照"江苏畅易购商贸有限公司"管理、运营模式，开展残疾人电商就业创业培训。根据残疾人的能力、水平、意愿，或扶持开办网店或实体店，或安排进公司上班。从店铺选址、租赁、装修、铺货、营销等方面，对开办实体店的残疾人"一对一"进行全程跟踪指导和再培训，确保其能独立经营；对进公司上班的残疾人，同样进行“一对一”指导服务，确保其能独立工作。截至年底，帮助3名残疾人开办实体店，2名残疾人开办网店，5名残疾人入职“畅易购”，成效十分显著。电商孵化基地还在县托养中心和县脊髓损伤者希望之家新增教学培训点2个，就近就便进行“一对一”精准培训，分批次邀请县内知名“网红”举办残疾人专场抖音直播培训。全年电商孵化基地共为30余名残疾人进行系统培训，深受残疾人朋友的欢迎。县脊髓损伤者希望之家负责人、县肢残协会主席、重度脊髓损伤者吴春宝通过学习培训，成功创办“淮安宝哥网络科技有限公司”，开辟一条全新的抖音直播创业路径。（樊正中　崔海峰）

涟水县红十字会

【概况】 2021年，县红十字会认真开展“博爱送万家”活动。中秋、春节期间，走访慰问贫困户1200余户，送去生活物资、慰问金共计31万元。针对全县白内障患者开展“博爱光明行”专项补助，受益群众50人。在全县24个点位安装自动体外除颤仪（AED），打造社区“博爱家园”11家和市级红十字示范学校2所。筹资523.9万元，全部用于抗击疫情。完成初级救护员培训1105人，普及性培训11212人。

【红十字会宣传】 2021年，县红十字会依托“博爱家园”，利用宣传展板在社区植入红十字文化，通过应急救护培训、养老照护培训、造血干细胞捐献宣传红十字工作。以宣传“2021年红十字博爱周”为契机，围绕“关爱生命——红十字救在身边”主题，集中开展“5·8”世界红十字日大型主题宣传、《中华人民共和国红十字会法》进机关普法百人答题活动及全民卫生应急自救互救能力普及进校园、进企业活动，参与人员达千余人。围绕“5·12”防灾减灾日，开展防灾减灾知识试卷答题进学校、进社区等系列活动，通过设立宣传展板、条幅，发放宣传单，免费义诊以及答题等形式开展宣传，共发放宣传单2万余份，千余人参加义诊，弘扬人道博爱奉献精神，扩大红十字精神的传播及影响。

【救护培训】 2021年，县红十字会高标准、严要求，组织社区、企业、单位、机关、学校开展应救护培训工作。通过制定应急救护培训方案，按照“三有”（要有完整的培训课件、要有一套完成的操作流程、要有一颗热爱红十字事业的心）要求，建立红十字培训师资群，及时发布培训信息，合理调度培训课程，提高授课质量。全年完成初级救护员培训1105人，普及性培训11212人。10月底提前完成全年目标任务。

【无偿献血与器官、遗体捐献】 2021年，县红十字会认真做好造血干细胞捐献宣传工作，开展无偿献血表彰活动，提高市民无偿捐献积极性。5月8日，组织开展“世界红十字日”活动，采集血样73份，完成中华骨髓库入库任务。完成器官捐献2例，遗体捐献1例，完成遗体捐献登记23例。全年无偿献血936人次，总采血量37万毫升。

【社区养老服务】 2021年，县红十字会将志愿服务和养老照护相结合，积极参与社区养老服务。以社区养老基地为基础，为社区老年人群普及养老照护、健康养老、慢性病防治、科学饮食等知识。根据老年人的基本需求，为125位老人开展健康体检、慢性病随访、上门家政、康复保健、心理疏导等志愿服务，受到社区老人及亲属的热烈欢迎。全年为600位老人及老人亲属提供养老照护知识培训，完成普及性培训7012人。

（张雪林）

涟水县哲学社会科学界联合会

【概况】 涟水县社科联，全称涟水县哲学社会科学界联合会，成立于2008年。2021年，县社科联指导、联络和协调全县社会科学类学会、研究会、协会的工作，组织开展各学术理论研究活动、社会科学的宣传普及活动、社会科学成果的评奖活动。主管涟水县安东文化研究会，定期出版会刊《安东文化研究》，打造涟水历史文化研究的名片。积极组织开展社科普及宣传活动20场，提高社科知识普及率。

【社科普及宣传】 2021年，县社科联制定3类12项的全县社科普及计划活动安排，组织开展习近平总书记“七一”讲话、市第八次党代会精神、中共十九届六中全会精神等宣讲110余场，围绕疫情防控、法律咨询、民生政策等方面开展社科普及活动20场，提升社科知识的普及率。组织开展党的十八届社科普及周活动，全县138657人参加竞答活动，参与人数全省第三、全市第一。

【社科奖项组织申报】 2021年，涟水县博物馆“青少年文物修复文物知识体验活动”获得江苏省2021年度社科普及基地项目资助。加强社科理论研究和宣传阐释，县社科联获评《江苏省社会科学普及促进条例》实施工作成绩显著单位，“‘打造云课堂　开展e学习’的路径探索”获评全省社科“工作创新案例”。

【安东文化研究会】 2021年，由涟水县热心于涟水历史文化，有志于弘扬涟水文化的社会各界人士组成，属于民间社会团体，由涟水县社会科学哲学联合会主管，会长王双华。以主办刊物《安东文化研究》为平台，团结县内外有关人员搜集、整理和挖掘涟水历史文化，十余年来已出版20余期、160万字，多篇文章被市省刊物选用，成为涟水历史文化研究的名片。该会积极参与地方文化建设，打造涟水红色文化产业，出版《盐河两岸战旗扬——纪念涟水抗日战争胜利70周年征文集》《涟水地名志》《涟水图像志》《涟水要览》等书籍。

（县社科联）

涟水县关心下一代工作委员会

【概况】 2021年，全县有镇（街道）关工委组织32个，村（社区）关工委354个，县部门关工委8个,中小学关工委89个,规模以上民营企业关工委164个,全县共有关工委组织647个。从事关工工作的“五老”及志愿者4420人。县关工委认真学习习近平总书记对关心下一代工作作出重要指示,积极开展大讨论,深化对总书记重要指示的理解和把握。传达落实习近平总书记给淮安新安小学少先队员作出的重要回信。习近平总书记在庆祝中国共产党成立100周年大会上发表重要讲话后,县关工委召开镇(街道)关工委常务副主任会议,举办培训班,交流领悟中共十九届六中全会精神,进一步增强为党育人、为国育才的责任感。全县各级关工委、“五老”在媒体上发表的信息248篇,其中:《中国火炬》微信公众号198篇,《薪火》3篇,《江苏少年网》73篇,《淮安关工》47篇。在中央文明办、教育部、共青团中央、全国妇联、中国关工委联合在央视少儿频道举办的2021年度“新时代好少年”先进事迹发布活动中,陈师中学八年级学生郝茜米荣获“全国新时代好少年”称号,系江苏省唯一。

【校外教育辅导站】 2021年,全县共开办校外教育辅导站126个,入站学生9800余人,辅导员660多人,其中参与的“五老”130多人,在职老师520多人。辅导站的内涵质量、办站水平均有较大提高,育人效果进一步增强。县关工委、县教体局联合下发《关于全面推进全县校外教育辅导站“强内涵、提质量、上水平”的意见》,意见以习近平新时代中国特色社会主义思想为指导。坚持党建引领,坚持“校站结合”,坚持部门联动,形成党政主导、关工委主抓、教育部门主力、有关部门协力的工作格局。坚持公益、自愿、义务、安全的办站原则。把服务留守儿童、困难家庭学生以及失教、失足、失管青少年作为 教育和帮助的工作重点。根据新时代“立德树人”新要求,帮助青少年扣好人生的第一粒扣子。通过辅导站组织多种形式的教育活动,用社会主义核心价值观引导青少年,帮助青少年树立正确的世界观、人生观、价值观,养成爱学习、爱劳动、爱祖国的好品格,引导青少年在家当好孩子,在学校当好学生,在社会当好公民。7月5日,淮安市关工委在红窑实验学校召开“淮安市关工委2021年暑期工作观摩培训会”,市关工委对涟水“校站结合”工作所取得的成绩给予充分肯定和表扬。针对《关于进一步减轻义务教育阶段学生作业负担和校外培训负担的意见》要求,组织工作人员,调研城区七所中小学、部分镇(街道)中小学关工委的工作和“校站结合”工作情况,了解校外教育辅导站工作面临新情况、新问题、新挑战,化解困惑,破除困扰,引导全县各级辅导站适应形势、乘势前进。

【预防青少年违法犯罪】 2021年,全县各级关工委和“五老”认真学习《中华人民共和国未成年人保护法》《中华人民共和国预防未成年人犯罪法》和《中华人民共和国家庭教育促进法》,以深化未成年人“零犯罪”社区(村)建设为抓手,德法并举,配合相关部门不断提升法治宣传、帮扶帮教的实效。县政法系统基层关工委打防结合,开展多种活动关爱青少年健康成长。县公安局关工委积极开展基层派出所关爱工作站建设,全县20个派出所全部建立关爱工作站,完成关爱工作站全覆盖。陈师派出所“防范体验中心”,让青少年身临其境,教育效果显著。淮浦路派出所和红窑镇派出所关爱工作站聚焦问题少年群体,开展“春雷计划、护蕾行动”,密切关注单亲留守、家境困难的青少年,开展行之有效的关爱活动。县检察院关工委,发挥检察职能,落实少年司法特殊制度,积极参与未成年人司法保护全过程,探索推进涉未成年人家庭教育、社会治理的方式方法,多层面维护青少年合法权益,取得了显著成效。县法院关工委开展“蓝天工程”,走进校园、社区开展法制宣讲,多形式加强对青少年的引导、教育。通过县法院微信公众号等平台定期发布青少年维权工作动态,通过留言、讨论等方式以及“法官来了”网络直播活动,积极有效地引导青少年知法、守法,树立正确三观。全年全县青少年“零犯罪”社区(村)95%以上,未成年人“零犯罪”社区(村)98%以上,全县青少年犯罪率逐年走低。

【“代理家长”工作】 2021年,县关工委认真贯彻落实《中华人民共和国家庭教育促进法》,多举措强化家庭教育和“代理家长”工作。9月,召开全县代理家长工作培训会,会后,各镇(街道)关工委陆续召开代理家长培训会,通过以会代训的形式,提高工作水平。“五老”对辖区内需要帮扶留守儿童情况开展“一口清”调查摸底,并建立代理家长工作档案,制定代理家长工作制度,推动工作有序进行。对被帮扶留守儿童进行动态跟踪管理,发现问题及时调整解决,确保“代理家长”工作落到实处。截至年底,全县共有代理家长250名,帮扶留守儿童、单亲病残儿童362人次。作为“代理家长”的“五老”做到使儿童生活、学习、就医有保障,帮助儿童能健康成长。

【关爱帮扶助学活动】 2021年,县关工委对全县8—25周岁的青少年进行排查,因人而异,有针对性地选派“五老”志愿者进行“一帮一”或“多帮一”实现精准帮扶,参与帮扶的五老志愿者1560人,帮助留守儿童及困难儿童800余名,捐助资金、衣物、学习用品等约2万元。确保需要帮助的留守儿童一个不漏。县烟草专卖局(公司)关工委与县关工委分别为陈师中心小学、前进中心小学的贫困儿童赠送价值1万元的学习用品。9月9日,县关工委、教体局关工委为20名品学兼优贫困大学生资助每人2000元资助款。

(谢观湖　陈鑫霞　严安荣)

法　治

RULE OF LAW

- 综　述
- 法治政府建设
- 公　安
- 检　察
- 法　院
- 司法行政

编辑：彭亚君

综 述

【概况】 2021年,县委、县政府高度重视社会治理工作,深化推动"枫桥经验"落地开花,做实"大数据+网格化+铁脚板""警网融合",组建"淮浦义警""石湖警英""乡音调解队"等志愿者团队,全面推动警务基础提档升级。成功侦破14年前云南命案隐案、21年前涟水梁岔境内命案积案、"4·18"组织领导传销案和涉案10亿余元的特大帮助信息网络犯罪等大案要案。融合创新,实现网格服务一体化。利用大数据分析研判,实现精准管理,县社会治理指挥中心打造"1+16+379+N"模式建强纵横实战平台,完善"六步闭环"处置流程,全年共防范化解各类事件143316起,化解成功率100%。秉持"铁脚板"务实作风,推动"三官一律"进网格活动,整合政法力量下沉村(社区)网格主动服务,打通政法服务群众"最后一千米",全县网格员累计入户走访慰问57万人次,发放便民服务卡45万余张,网格宣传单33万张,解决群众法律问题2000多件。扎实开展政法队伍教育整顿,灵活运用理论学习中心组学习会、专题党课、组织生活会、走进实境课堂等方式,开展系列学习教育活动,组织观看《周恩来的四个昼夜》《丰碑》等影片,不断筑牢政法干警政治忠诚。采取多轮个人自查与组织排查相结合的方式,深入开展"6+1+N"顽瘴痼疾整治,推动政法部门窗口单位"四不"问题整改,在全市率先制定顽疾清单和整改方案,整治成效全面提升。开展"我为政法做贡献"集中调研月活动,形成调研成果28篇。线上线下开展两轮政法队伍教育整顿问卷调查,参与人数达12.46万人次,政法队伍满意度指标比上年增长3.34%,涟水县勇救落水女子的"凡人英雄"王兵,当选为6月全国"平安卫士"。

【社会治安综合治理】 2021年,县委政法委大力推动乡村治理"五治"(政治为统领,自治为基础,法治为保障,德治为引领,智治为支撑)工程,涟城街道东门居委会、黄营镇徐跳村、高沟镇许庄村、红窑镇金城村、五港镇港南村等已率先建成"五治示范村"。全力推进新一代雪亮技防工程建设,新增前端总点位1500个、高清摄像头3000个,其中人脸抓拍相机1100个,监控点位在线率达95%,经纬度信息标注达100%。累计投入1000万元,建成使用面积1200平方米的智慧矫正中心,将50余名社区矫正严管对象嵌入雪亮工程视频分析系统,实时定位、及时预警,受到省厅领导高度肯定。开展学校"心防"服务站(心理疏导室)建设工作。截至年底,完成涟水中学、郑梁梅高级中学、滨河高级中学、县第四中学等4个试点学校建设,共有专兼职教师13人,邀请专家讲座4次,学校开展讲座12次,接受心理咨询61人次,心理辅导18人次。开展"援法议事",涟城街道东门社区构建"网格+法治"的议事治理模式,成功获批第一批省级"援法议事"示范社区。朱码街道韩陈村、成集镇条河村"援法议事"示范社区,顺利通过市级考核验收。黄营镇创新打造"石榴籽"少数民族调解工作室特色调解品牌。在全省群众安全感测评中,涟水县数值为99.43%,在全市排名第二。

【网格化社会治理】 2021年,县委政法委、县社会治理指挥中心重抓县域社会治理现代化建设,升级打造镇级社会治理指挥中心4个,村级社会治理工作站32个和网格党建工作站示范点80个,形成"县级管难事、镇级处繁事、格中办小事"的社会治理新格局。全县各网格在淮安市社会治理一体化智能平台上报采集信息数量31.36万条,平台绩效考核各项月指标均达100%,上报事件15.68万件,办结率100%,网格化社会治理质态全面提升。全县专兼职网格员配备率均达100%,成立县网格化服务管理培训中心,累计培训专职网格员200余名。制定镇街社会治理指挥中心和网格员考核办法,对专职网格员实行"五星级"绩效管理。评选出全县"最美网格员""最美网格员"提名奖各10人,网格员队伍专业化职业化建设再上新台阶。通过"两在两同建新功,网格在行动""疫情防控,网格送温暖"等活动,加强网格员走访,密切联系群众取得实效,网格化服务满意率达98.4%,位列全市第二,网格服务知晓率较上一年度提升16%。县域社会治理现代化工作迈向新的征程。

【执法监督】 2021年,县委政法委围绕品质政法建设,以推进政法队伍教育整顿顽瘴痼疾查纠整改为突破口,紧盯执法司法突出问题,深入开展社会矛盾化解,全力维护社会稳定,切实履行监督职责,不断开创执法监督工作新局面。扎实开展执法监督评议,以落实民事行政执行案件专项评查和听评活动为抓手,对群众反映强烈的信访案件、影响民生的重要领域案件,通过专项检查、

2021年10月8日,全县执法监督"百百千"自评活动在县法院举行 (县委政法委 供稿)

案件评查，把执法监督落到实处。全年对基层政法单位实地督查4次，对存在问题短板的三个单位进行通报。“百百千”活动质效明显提升，市级评查通报案件瑕疵比上年下降20%，一件案件入围全市优秀案件行列。规范办理涉法涉诉信访案件，坚持把开展“我为群众办实事”实践活动贯彻于涉诉信访工作全过程，做到全面梳理、逐一评查、逐案确认、全力化解，不断提高人民群众的满意度和获得感。积极开展司法救助，县财政每年预算100万元专项资金，并建立逐年递增动态调整机制，向省争取资金约80万元，全年救助案件40件，救助资金135万元，超额完成两个70%的目标。

【政法队伍建设】 2021年，县委政法委深入开展政法队伍教育整顿，灵活运用理论中心组学习会、专题党课、走进实境课堂等方式，扎实开展系列学习教育活动。联合县淮剧团，根据典型案例，编排《训子》《守不住的防线》等节目，通过“送戏下乡”形式开展宣传，现场设立举报箱，广泛征集政法干警违纪违法线索，并全部交办整改到位。全县累计收到各类线索359件，立案给予相应处分32件。累计排查顽瘴痼疾601个，全部整改到位。开展“百篇征文、百部视频”“诉辩对抗、岗位练兵”“我为政法作贡献”主题演讲暨英模选树发布等活动，持续掀起学英模、作表率、树新风活动。开展政法集中调研月活动，根据深入基层走访调研情况，撰写调研报告并汇编成册，结合理论学习中心组学习开展调研成果交流。实施“三查合一”(政治督查、纪律作风巡查、执法监督检查)工程，联合县纪委监委、县委组织部、县委宣传部深入政法各单位开展队伍建设督查。在全市率先制定政法干警交流挂职实施意见，截至年底，首批13名政法干警开展挂职锻炼。

【智慧政法】 2021年，新一代雪亮技防建设积极应对新时期违法犯罪活动新特点，有效运用覆盖全县的技防图像网，广泛调取案件现场周边图像资源，开展全天候视频追踪，精准锁定违法犯罪嫌疑人，并实现定点布防、精准伏击，做到高效快速打击。县委政法委加快智慧安防小区、“村村通”工程、升级版技防城的建设，完善全县新一代雪亮技防建设体系，在全县打造更多平安小区、平安村居，有力提升广大群众的获得感，赢得百姓的口碑赞誉。为全县167名接处警民警配备高清执法记录装备，对全县61辆接处警、巡逻、守卡、押解制式警车进行改造，全部配备4G无线图像传输系统，在公安机关内部全面建成音视频监管终端，用技术手段、硬件倒逼，从严规范一线民警执法活动，全程录音录像、全程规范应用，实现对执法活动的全流程监管、常态化监管。充分发挥党政机关、旅馆车站等前端技防设备功能，落实24小时视频巡逻值守制度，对重点区域、重点目标实行不间断视频巡查，及时发现群体聚集、人员活动轨迹等重要信息，第一时间上传现场视频图像，第一时间服务处置决策，确保突发事件得到及时高效处置。通过技防视频系统，妥善发现并处置县内群体性聚集事件202起，圆满完成重点时期各项安保维稳任务。

2021年3月26日，县委书记时勇为政法干警上专题党课　　（县委政法委　供稿）

【扫黑除恶专项斗争】 2021年，县委政法委以三年扫黑除恶专项斗争丰硕成果为基础，以常态化开展扫黑除恶专项斗争为主线，通过线索排查，案件办理，行业治理，基层组织建设和“打伞破网”等举措，显著提升县域社会治理现代化水平，切实维护社会和谐稳定，不断增强人民群众获得感、幸福感、安全感。全年县扫黑办印发《扫黑除恶斗争常态化宣传卡》30万份，发放至全县每家每户；县法院审结诈骗、掩饰隐瞒犯罪所得、帮助信息网络犯罪活动上下游案件62件，判处罪犯117人，为相关被害人挽回经济损失500余万元；县公安局抓获“两卡”涉案人员70余人，配合外地公安机关抓获犯罪嫌疑人120余人，为群众追赃挽损3000余万元；政法机关查处恶势力犯罪团伙2个4人；县扫黑办先后参与县委组织部对全县党员发展对象、村(社区)“两委”换届相关人选的政治审查8次；县纪委监委、县法院、县检察院、县公安局向全县重点行业领域发出“三书一函”106件；县扫黑办接听举报电话、接受举报线索114人次，办理市级交办线索11件，县级线索4件。

（龙　翔）

法治政府建设

【概况】 2021年，县政府收到行政复议申请56件，办结53件(维持34件、撤销1件、确认违法4件、自行撤回申请10件、驳回申请2件、不予受理2件)，在审3件。全年全县共发生行政诉讼案件153件。县政府与相关县直机关以及镇政府(街道办)共同作为被告20件，县直机关以及镇街办单独作为被告133件。已审结128件,被告行政机关胜诉或以撤诉等方式结案114件,败诉14件。被诉事项主要集中在人力资源、房屋征补、政府信息公开等行政管理领域。

【行政复议】 2021年,涟水县顺利完成行政复议体制改革工作。县司法局组织“庭审观摩季季看”活动6场。9月29日,县委副书记、县长洪然会同县委编办、县机关事务管理部门、县委组织部、县市场监督等部门审议《涟水县行政复议体制改革实施方案(建议稿)》,通过该实施方案。县政府向社会发文公告,集中全县行政复议案件管辖。12月28日,县委编办作出《关于行政复议体制改革有关机构编制事项调整的通知》,划转2名司法政法专项编制至县司法局,推动涟水行政复议体制改革工作。县机关事务管理局拨付200平方米房屋作为复议机构业务用房,满足人民群众申请行政复议和复议机构办案需要。江苏省司法厅通报表扬涟水县司法局(行政复议工作)为“全省行政复议应诉工作先进集体”。县司法局行政复议应诉科获评“2021年度推进高质量跨越发展特别贡献单位”。

【行政执法监督】 2021年,县司法局全面落实行政执法“三项制度”,建立以《涟水县行政裁量权基准制度和实施标准的暂行办法》《涟水县轻微违法违规行为免罚清单实施意见》《涟水县重大行政执法决定法制审核办法》为核心的行政执法“三项制度”考评体系。全面推行“互联网+”监管,大力整治行政执法不作为乱作为、执法不严格不规范不文明不透明等突出问题,全年共开展专项督查4次,执法卷宗评查2次,注销执法证56本,纠正执法不规范现象14起。 (史秋月)

2021年10月13日,全县重点领域行政执法工作督察汇报会召开 (县司法局 供稿)

公　　安

【概况】 2021年,县公安局紧扣“116”年度工作主线(“一条主线”,就是中国共产党成立100周年安保维稳;“一个核心”,就是全员考核考评;“六大重点”,就是维护稳定、打击破案、基层基础、智慧警务、规范执法、队伍管理),以中国共产党成立100周年安保维稳为主线,以政法队伍教育整顿为抓手,务实苦干,奋勇争先,全力推进公安工作高质量发展,为“苦干新五年,冲刺百强县”营造安全稳定的社会环境。截至年底,全县户籍316350户,户籍人口1098451人,全年迁出23473人,迁入13392人,人口呈现负增长,比上年下降0.98%。全县公安机关共接报警95964起,比上年上升16.77%,报立刑事案件3547起,破案920起,破案率25.94%。八类重大刑事案件共68起,已侦破办结66起,破案率97.06%,其中杀人案件3起,抢劫案件6起,强奸案件20起、故意伤害案件39起。受理各类经济犯罪案件47起,立案30起,破案24起,避免和挽回经济损失1000余万元。年内成功侦破14年前云南命案隐案、21年前涟水梁岔境内命案积案、“4·18”组织领导传销案和涉案10亿余元的特大帮助信息网络犯罪等大案要案,全局共有81人次、11个集体受县级以上表彰,涌现出全省“百优刑警”闫双磊等一大批先进个人。

【刑事犯罪侦查】 2021年,县公安局围绕“116”年度工作主线,以中国共产党成立一百周年安保维稳为重点,以扫黑除恶专项斗争、传统侵财案件打处、反诈中心建设、八大类案件侦破等民生重点项目为抓手,常态化开展扫黑除恶专项斗争,深入开展“大干一百天、实现开门红”“断卡”“断流”等严打专项行动,大力实施“安东无诈”工程,通过线上、线下多方位、多角度开展反诈宣传,推广“金钟罩”“国家反诈中心”等反诈程序,严厉惩治电信网络诈骗、“黄赌毒”等突出违法犯罪。全年共抓获各类犯罪嫌疑人2304人,其中侵财犯罪嫌疑人714人,公诉246人,超额46.8%完成任务,为全市第一;涉黑涉恶犯罪嫌疑人193人,移送起诉79人,已判决165人,涉网黑恶案件破案数和抓获数全市第一。成功侦办省厅挂牌督办的跨境裸聊敲诈恶势力犯罪集团案,实现中央、部、省交办涉黑涉恶线索全清零,市、县级线索“动态清零”。

【社会治安管理】 2021年,县公安局围绕国家“122”机制办对打击跨境网赌“打外围、断链条、挖核心、查内幕”的目标要求,以打击开设赌场,兼顾打击非法经营、虚假广告、妨害信用卡管理等跨境网络赌博延伸犯罪为辅线,重拳出击、快速推进,在省市内外乃至全国办理一批有影响的案件,取得较好的法律效益、社会效益、经济效益。全年共移送起诉15人、公诉6人,罚没金额6700余万元。坚持问题导向,精心组织,迅速行动,重拳打击黄娼赌违法犯罪,全力净化社会治安环境。全年共查处各类涉黄涉赌案件5起,打掉黄娼赌犯罪团伙1个,抓获犯罪嫌疑人18人,其中刑事拘留2人，取保候审1人，罚款9人、行政拘留6人。共处罚未按规定查验登记信息的行业单位32家，查处责令洗浴娱乐场所停业整顿4家，责令限期改正14家，共处罚寄递企业逾期未整改案件7起，有效保障全县治安稳定。

【社会维稳】 2021年，县公安局充分发挥公安维稳主力军作用，打造"基层共治式维稳"新机制，做强共治维稳指挥架构，实施人力情报"织网行动"，常态化分析掌控社会面稳定形势，全面做细情报信息收集预警、核查处置，圆满完成中国共产党成立100周年、全国"两会"等重大活动安保维稳任务，累计训诫教育328人次，化解不稳定隐患42起，确保全县社会大局和谐稳定。

【出入境管理】 2021年，县公安局以窗口服务、涉外管理和案件查处为重点，严格规范出入境各类申请审核工作，积极探索涉外安全动态管理服务机制，不断加强涉外安全管理和情报信息收集工作，坚持管理与服务并重，将深化队伍教育整顿工作和"我为群众办实事"贯穿于工作始终，大力加强出入境民警业务知识培训，提高素质养成，提升执法水平，实现涉外管控更严密、服务更到位、执法更规范、保障更有力的工作目标。全年共受理、审核各类出国(境)申请947人次，比上年下降17.9%。办理境外人员临时住宿登记579人，比上年上升24.5%。查处涉外案件17起(行政案件6起，刑事案件11起)，比上年上升4.67倍。常住涟水境外人员共有106人。录入法定不批准出境人员数据1284条，录入国家工作备案人员数据156条。全年共收集上报市、县局出入境工作信息245期，被上级采用158期，信息采用量位居全市第一。各类申请业务全部办结，准确率100%，窗口规范度在全市位于第一。

【禁毒】 2021年，县公安局深化推进全省"净边2021"专项行动，深入排查管控本地的制毒重点关注对象，切实提高案前在控率；认真梳理在本地活动的制毒嫌疑重点人员并强化预警管控，加强重点部位摸底排查，提高发现制毒犯罪线索能力；建立健全案件联动机制，加强跨区域协作配合，积极联合其他省、市对制毒案件实施全链条打击；不断强化情报研判，整合线索资源，通过追溯毒品和制毒物品的来源去向，对制毒案件线索开展延伸侦查。加强对化工园区、物流基地和化工企业的监督检查，整顿化工产品市场和中药材市场经营秩序；加强对生物医药基地和化工企业的摸底排查，及时发现查处研发、生产新精神活性物质的企业和个人；强化毒品预防宣传教育，利用"6·26"国际禁毒日的契机，联合禁毒办相关单位积极落实禁毒宣传教育工作，采取"进社区""进学校""进企业"的宣传途径，充分利用摆放展牌、发放宣传单、主题宣讲、播放禁毒电影等方式向广大人民群众及青少年介绍毒品的种类、危害及防范方式。全年共铲除毒品原植物罂粟3万余株，刑事处罚22人。

2021年1月10日，县公安局在县政务服务中心门前开展禁毒宣传活动

（县公安局 供稿）

【户政管理】 2021年，县公安局对疫情防控工作开展常态化管控，共核实疫情地区来涟返涟人员电话13473条，平均每月核实疫情电话1700条。8月、9月，淮安被列为中风险地区期间，共核实疫情电话6520条，录入涉疫人员数据32151条，为疫情防控指挥决策作出应用贡献。截至年底，全县共办理新生婴儿入户5976人，死亡注销7469人，办理市外户口迁入1641人，办理迁出市外7325人；全县办理无户口人员98人，其中无户口人员28人，外省婚嫁妇女30人，无出生医学证明婴儿34人，私自抱养领养6人；全县核对疑似重复户口线索3156条涉及人员4589人，注销重复户口676人。全县办理第二代居民身份证66019张，第二代临时身份证7311张，办理省内异地身份证430张，办理省外异地身份证478张，办理港澳台居民居住证15张。全县累计受理变更出生日期142人，累计受理变更其他主项895人。

【流动人口管理】 2021年，县公安局采取每月电话回访、每月实地检查、修改考核办法、交叉互查四项工作措施推进流动人口、房屋出租户管理。全年登记录入流动人口15377人、注销17746人、更新流动人口数据18320人；登记录入房屋出租户6998户、注销19994户、更新房主5437户，办理居住证1609张；新增排查群租房3户，关闭群租房20户，全县群租房无治安安全隐患，消防、住建安全隐患排查95处，均已将安全隐患录入居住证系统。

【网络安全管理】 2021年，县公安局围绕案件侦办攻坚克难，积极发挥优势作用，主动进攻，成功侦破"4·18"组织领导传销活动案、"11·8"破坏计算机信息系统案等多起重大案件，共抓获犯罪嫌疑人68人，其中采取刑事强制措施51人，公诉32人，查扣各类涉案财物7亿余元。办理行政案件17起，行政处罚18人，并被省公安厅网安局评为精品案例。持续推进网吧管理和无线网安全审计设备安装率，共明察暗访网吧51家次，处罚违规网吧3家，处罚网络运营者不履行网络安全保护义务的单位和个人89人。

【“乡音调解队”】 涟水县经济开发区有工业企业200余家，外来务工人员8000余人。2020年以来，受国际贸易环境及新冠肺炎疫情影响，一些涉企、涉及外来人员的矛盾纠纷逐渐增多，调处难度大。2021年，县经济开发区派出所创新发展新时代“枫桥经验”，组建“乡音调解队”，以外调外，打通外来务工人员调解“最后一米”。截至年底，“乡音调解队”共有成员30余人，主要承担外来务工人员在涟水日常矛盾纠纷调处，如工伤索赔、交通事故、人身损害等案件。全年共化解矛盾纠纷147起，成功率100%；协助派出所调解劳资劳务纠纷41起，涉及资金462万元。

【“靓警工程”建设】 按照“政府主导、公安实施、结合实际、全面推进”的思路，举全局之力，集全警之智，2021年—2023年涟水县拟投入资金2亿余元，大力打造全县公安机关“靓警工程”，新建警体训练中心，对高沟、红窑、涟城、朱码、保滩、成集、梁岔、石湖、唐集、南集、大东、东胡集等12个派出所营房进行新建改建，确保在2023年前实现基层派出所营房建设达标领先，全省有影响、全市创一流。截至2021年底，淮浦路、陈师、经济开发区、黄营、五港、岔庙等6个派出所已完成新建改建，基本满足现代化公安执法办案办公需要。

【暴力传销案侦破】 2021年，县公安局成功侦破“4·18”组织领导传销案。经查，2018年初，犯罪嫌疑人杨某某先后吸收杨某某、江某某等为主要成员，形成以杨某某为首的传销组织。以提供增值服务为名，通过精英训、讲师训、馆主训、年会等线下推介活动及微信、互联网等线上媒介进行宣传推广，要求会员间按照推荐发展的加入顺序组成上下级层级关系，形成以杨某某为塔尖、各级会员为结点的金字塔形网络结构，以发展人员数量作为会员计酬和返利的依据，用拉人头的方式发展壮大传销组织，引诱参加者继续发展他人参加传销组织。注册会员数达20余万人，层级达40余层。截至12月底，抓获犯罪嫌疑人34人，并依法追究刑事责任。

【14年前云南命案侦破】 2007年11月的一天，在千里之外的云南省昭通市昭阳区一座小山的树林内，有人发现一具无名尸体，尸体已高度腐烂，面部无法辨识，无法确认死者身份。警方在当地开展调查，却始终没有获得任何线索。与此同时，涟水县公安局接到报案称，成集镇条河村西南组的蒋氏家族成员蒋某走失。县公安局展开调查，经过多方努力，终于在2008年3月确定在云南昭通的死者，就是涟水县成集镇村民蒋某。随后，警方针对蒋某的情况开展走访，发现蒋某与该村贵州籍女子王某有不正当男女关系，而王某自2007年抛下家中2个孩子出走后至今未归。警方判定，本案与王某有重大关系。2021年1月8日，在收集相关外围材料后，县公安局对王某展开强大的审讯攻势，在事实和证据面前，王某终于交代犯罪事实，14年前千里之外的杀人案告破。

2021年12月22日，省公安厅党委副书记、常务副厅长尚建荣(左三)实地查看高沟派出所营房建设情况 (县公安局 供稿)

【抓获21年前命案嫌犯】 2000年6月，涟水县梁岔镇陈溪村境内东张河发现一具高度腐烂的女尸，经勘查和尸检确认，被害人系他杀。淮安市、涟水县两级公安机关迅速抽调警力成立专案组，通过现场勘验、调查走访和重点摸排，得知2个月前，当地王竹园村的王某与刘某亭将受害人吴某从重庆带回涟水，案发后，刘、王2人不知去向，有重大作案嫌疑。21年来，涟水县公安局10余次安排追逃小组，先后赴四川、重庆、陕西、福建、广东、浙江、安徽等地工作，采集数据5万余条，发放悬赏通告近万份，2021年1月11日，涟水警方获悉藏匿在四川成都市郫都区古城镇某地、法名叫“广静师”的女子可能是悬赏通告上的刘某亭，随即派员赶赴四川，并于1月15日在绵阳将刘某亭成功抓获归案。

【破获特大帮助信息网络犯罪活动案】 2020年以来，县公安局民警在工作中发现，一起网络赌博案件赌博网站中的资金流转使用的银行卡存在高度重叠，同一人有多张银行卡用于赌博网站资金流转，收支频繁且金额巨大，多疑点与帮助信息网络犯罪特征相符。县公安局迅速成立专案组，围绕案件梳理出有效证据。通过对调取的资金流水往来、资金数据等信息的梳理，调取资金流及相关证据，从而锁定欧某某、陶某等13名犯罪嫌疑人。经前期大量的侦查工作，专案组在完成证据固定工作的同时，经过反复商讨研究制定周密的抓捕方案。因本案涉案地分散、涉案人员众多，在摸清犯罪嫌疑人情况后，2021年3月，县公安局专案组民警长途奔赴广东、广西、山东、辽宁等多省开展抓捕，在一个月时间内不停不休，克服种种困难，果断出击，精准实施抓捕，一举将13名犯罪嫌疑人抓获归案。在大量证据和办案民警的强大攻势下，13名犯罪嫌疑人均对犯罪事实供认不讳。经查，犯罪嫌疑人内心贪财，明知他人收购银行卡可能用于网络犯罪活动的情况下，为获取非法利益，仍将个人名下的银行卡以700—800元不等的价格卖给他人，13名嫌疑人卖出的银行卡，合计40张。12月底，涉案犯罪嫌疑人均已被县公安局采取刑事强制措施，并依法移送至县检察院审查起诉。 （赖华军）

检 察

【概况】 2021年，县检察院在市检察院和县委的领导下，紧紧围绕“全市走前列，全省争先进”工作目标，坚持问题导向，迎难而上，尽心履职，锐意打造符合检察工作规律、彰显涟水地域特色的检察工作品牌，全面推动涟水检察工作持续稳步健康发展。全面从严治检，严格落实“一岗双责”，层层签订党风廉政建设责任书，压紧压实“两个责任”。抓好“三个规定”制度落实，提高重大事项填报质量，全年共登记100项。作为意识形态工作第一责任人，旗帜鲜明地站在意识形态工作第一线，将意识形态工作纳入目标责任状，建立党组议事理论学习第一议题制度，开展党组中心组学习12次。坚持民主集中制，凡重大部署、重大疑难案件、干部任免以及涉及干警利益的重大事项，均发扬民主，依程序规范，形成集体决策。扎实开展政法队伍教育整顿工作，排查整改司法不规范问题261个。结合办案开展案件反向检视，做法获省教育整顿指导组高度肯定。规范离职离任检察人员职业行为，向离职人员执业集中的律师事务所发函，协同推进教育整顿。先后获得“全国检察机关扫黑除恶专项斗争优秀集体”“全省优秀办案检察官”“守正有为检察人”“市五一劳动奖章”等荣誉。

【刑事检察】 2021年，县检察院充分发挥检察办案诉前把关、引导取证作用，依法打击严重刑事犯罪。先后五次提前介入社会广泛关注的21年前陈师僧尼杀人抛尸案等故意杀人案；对侦查受阻的涉案资金高达3000亿元的“凤凰娱乐”特大跨境网络赌博案，引导侦查机关调整侦查方向，克服取证难题，对2名在逃外籍主犯批准逮捕。精准办理群众关注热点“小案”，结合行为社会危害性和群众普遍感受，综合评估起诉必要性，不在慎捕慎诉与依法起诉之间搞“一刀切”，依法对全市首例高空抛物案提起公诉，获有罪判决。全年共受理移送审查起诉案件573件907人，提起公诉451件651人；受理审查逮捕案件123件182人，批准逮捕88件112人。

【刑事检察监督】 2021年，县检察院加强监督办案机制平台建设，建成派驻公安执法办案中心监督服务站，检察工作网接入服务站和法庭；实行与行政执法部门定期会商，前移监督关口，监督行政机关向公安机关移送案件3件6人，做法被省检察院一部转发。刑事检察不断做优，立案监督65件，侦查纠违41件，审判纠违32件，纠正漏捕漏诉29人，主要指标较上年均有大幅提升；刑事执行检察稳步推进，监督纠正不当行为55件，自行侦查办理的2名员额法官“民事枉法裁判案”被评为全省检察机关优秀“一案一总结”案件。

【民事行政检察】 2021年，县检察院扎实开展民事行政检察工作，民事生效裁判监督、民事行政审判违法、执行违法监督数，均位于全市前列，联合市院化解一起60年前行政争议案件，通过释法说理、公开听证等方式，合力解决历史遗留问题。民事裁判结果监督改判3件，发出再审检察建议3件，发出执行监督检察建议24件。

【公益诉讼检察】 2021年，县检察院有效拓展公益诉讼检察工作，注重优化监督办案组织机制，进一步推进刑民融合一体化，推行跨部门检察官联席会议，民控、未检部门结合刑检办案发出诉前检察建议59件、提起附带民事公益诉讼3件，助力公益诉讼工作稳步增长。受理行政公益诉讼线索57件，立案53件，发出诉前检察建议53件；受理民事公益诉讼线索6件，立案3件，提起刑事附带民事诉讼2件。

【未成年人检察】 2021年，县检察院持续打造“小雨滴”品牌，坚持一校一策精准普法，结合在线教育平台，实现法治进校园全覆盖，制作精品课件13份，开展宣讲活动31次，受众3万余人。办理全省首例涉未成年人文身支持起诉案、全省首例针对酒吧违法招用接纳未成年人民事公益诉讼案中，发现并引导公安机关侦破全省首例负有照护职责人员性侵案，对3名从业人员适用职业禁止。主动放大办案影响，拍摄《孩子，请远离文身》公益广告，联合县教体局对全县教职人员开展入职查询，对积极落实强制报告职责的老师予以奖励。着力加强未成年人保护社会支持体系建设，推动建成涟水县未成年人司法社会服务中心、大东检察法治惠民服务中心未成年人保护站。受帮教少年协助捣毁制假窝点案，被评为国家市场监督管理总局典型案例和省优秀帮教案例，徐某某遗弃案被评为省未成年人家庭教育指导工作典型案例。

【检察队伍建设】 2021年，县检察院突出思想政治建设，深入开展党史学习教育，通过专题讲座、检察长上党课、“清风·夜读”、参观党史教育馆等形式，推动学习教育走深走实。狠抓队伍素能提升，着力加强班子建设，入额院领导带头办理案件196件，人均办案数位居全市前列。实施人才培养“薪火”工程，通过小课堂、公诉论辩、与淮师共建人才培育基地等方式，开展研学活动35次，打造业务尖兵。全力推进综合工作，检察信息保持前列，6篇信息引起省院、市委领导重视；检察宣传稳步提升，在省级以上媒体发稿174篇，1篇稿件首次在《检察日报》头版头条采用；检察研究奋力追赶，6篇论文通过市法学会课题结项,全市最多。

【推动社会治理】 2021年,县检察院用好检察建议推动相关部门履职,先后对农田防渗渠断裂塌陷、成集镇160公顷农田非粮化种植草皮等存在基层治理缺位问题的案件发出检察建议,推动相关问题解决。刑检部门联合公安机关开展电动三轮车交通乱象专项整治,维护交通秩序与安全。8月,组织代表委员对部分检察建议落实情况开展视察,助推强化检察建议刚性。加强追赃挽损工作,全年追赃700余万元,为谷某某非法吸收公众存款案中的500名群众挽回损失86万元,助力化解社会矛盾。充分运用司法救助助力脱贫攻坚,共向52名刑事案件被害人或其近亲属发放司法救助金89万元,防止因案致贫返贫。深入开展风险研判,为党委政府决策提供参考,针对防渗渠质量、非法集资、未成年人文身等问题撰写的4篇情况反映被领导批示11次,推动全市专项行动3次。

【服务高质量发展】 2021年,县检察院围绕县委争创全国百强县目标,立足保护涟水龙头企业和特色农业,研究出台检察服务"名特优"企业和服务农业发展两项意见。明确"护企助农"工作主线,重点推进企业刑事合规改革、企业涉法风险"问诊""守护小康"三个专项行动。全年共办理涉企案件6件24人,对2家企业开展刑事合规工作,走访调研企业18次,排查法律风险40余条,发出法律风险提示函12份。办理侵害农民人身财产利益案件34件45人,联合公安机关为农民挽回损失141万余元;针对损害"三农"利益行为,发出检察建议11份,支持起诉76件。4件案件入选全市案例讲述会。 (唐夏蕾)

2021年12月10日,淮安市、涟水县两级检察院联合开展保障饮用水安全专项行动

(县检察院 供稿)

法 院

【概况】 2021年,县法院围绕县委"苦干新五年,冲刺百强县"的发展目标,制定实施《依法服务保障"一地一港一区一城"建设的十六条措施》。在县全域旅游集散中心、五岛湖公园景区等设立旅游巡回法庭和巡回审判点4个,出台《创建"N+1"示范人民法庭助力乡村振兴三年规划》,获省高院领导批示肯定,省高院在涟水挂牌成立苏北首家"服务乡村振兴实践基地"。深化司法责任制改革,将16个内设机构整合为10个。遴选增补员额法官15人、退出10人。完成66名干警职务与职级并行套改,通过内外"双轨模式"聘用19名法官助理。制定《为支持企业复工复产提供司法服务保障的意见》,出台十项司法服务举措,精准服务"六稳""六保"工作。创新线上开庭模式,防疫期间敲响全市网上开庭第一锤。全年受理各类案件17548件,审执结16122件,比上年分别上升22.19%和41.82%,人均结案350.48件。速裁、快执案件比例提升至83.72%、77.53%,简易程序适用率达87.37%,实现20%的审判资源办理80%的简易案件。速裁案件平均审理天数从2017年的58.9天压降至2021年的40.8天,速裁工作经验做法被省市法院推广。邀请代表委员旁听庭审、监督执行、视察工作178场、765人次,认真办结代表建议和委员提案11件,代表、委员满意率100%。网上公布裁判文书41899件,直播庭审19485件,人民陪审员参审案件12736件。省法院考核的9项重点质效指标持续进位并全部保持在全省第一方阵,实现审判质效从全市落后到省市法院领先的跨越发展。审判质效提升工作经验做法入选《江苏法院司法改革案例选编》,被省法院《审判管理工作通报》刊登推广,被"学习强国"平台、《人民日报》新媒体、《人民法院报》整版报道。连续2年中标最高法院司法大数据课题并获奖,连续5届被授予"省级文明单位",创成省AAAAA级数字档案室,荣获"全省法院中共十九大安保维稳工作先进集体""全省法院刑事审判工作先进集体"等荣誉称号。荣获上级表彰108人次。"TPPF"云推管理平台、"司法助力乡村振兴'五个一'"等创新项目在全市法院评选中获奖。2021年,被评为"全省法院类型化纠纷诉调工作先进集体""全省法院扫黑除恶专项斗争先进集体",被省法院确定为全省聘用制法官助理改革试点单位,"分调裁审"一体化改革、"精准快"审判管理机制、青年干警"攀登者"培育计划等创新做法被省市法院推广。

【刑事审判】 2021年,县法院审结各类刑事案件2848件3989人。审结故意伤害、盗窃等危害群众人身财产安全的犯罪案件791件980人。审结生产、销售有毒有害食品等案件15件50人。审结危险驾驶等危害公共安全的犯罪案件881件906人。审结帮助电信诈骗、信息网络犯罪等上下游案件34件196人。审结贪污贿赂、渎职犯罪案件41件42

人。决战决胜扫黑除恶专项斗争工作，全年共审结涉黑恶案件33件181人，圆满实现“案件清结”目标。强化“打财断血”，判处罚金476.2万元，没收违法所得1673.5万元。强化“打伞破网”，共移送犯罪线索、涉嫌黑恶腐败问题线索73条。

【民生案件审判】 2021年，县法院妥善审理“衣食住行、业教保医”等民生案件30801件，涉案标的额41.71亿元。妥善处理婚姻、继承、赡养等案件9608件，调撤率达77.32%。审结交通事故、医疗损害赔偿等案件3135件。审结涉房屋买卖、租赁、建设工程等案件3669件。

【案件执行】 2021年，县法院执行结案19404件，执行到位38.94亿元。开展集中执行300余次，发布失信名单13693人次，拘留451人次。省法院与省广电总台联合推出《跟着法官“抓老赖”》直播栏目，县法院作为全市法院代表开展集中执行，现场直播点击率达60万人次。

【诉讼服务】 2021年，县法院新建诉讼服务中心，建成“24小时自助法院”，完成全市首例自助立案，网上立案10331件，办理跨域立案136件，为困难当事人缓减免诉讼费29.91万元，发放执行救助资金259.55万元。

【非诉解纷平台】 2021年，县法院共建成非诉解纷平台11个。近三年，诉前调解分流案件20378件，调解成功9317件。在线调解案件3269件，调解成功1222件。参与纠纷源头处理1588件。创新建立“涉农土地纠纷多元解纷机制”，涉农土地纠纷总数比上年下降60%。

【法治营商环境建设】 2021年，县法院审结商事案件12993件，标的额38.8亿元，审结买卖、加工承揽等合同纠纷案件4376件，审结破产案件82件，推动涟水新融美纺织有限公司等72家企业有序退出市场。通过重整和解帮助涟水制药、苏美食品等10家企业“重获新生”，共清理债务19.04亿元，盘活闲置土地66.67公顷、厂房21.81万平方米。

【“一法庭一品牌”建设】 2021年，县法院以挂牌省法院“服务乡村振兴实践基地”为契机，推进“一法庭一品牌”建设，系统化特色化打造大东土地资源示范法庭、陈师空港物流示范法庭、高沟生态金融示范法庭。3个法庭共受理案件11424件、审结11196件，其中涉及土地案件收案816件、审结798件。

【普法宣传】 2021年，县法院继续打造全省首档网络直播以案释法栏目剧《法官来了》，拍摄制作民法典普法微视频12部，依托“法庭直通车”开展法律宣讲、咨询等1075次，发放法律宣传资料4.35万册，制作出品《“聪明”的代价》法治微电影，4个案例被中央电视台《今日说法》采编，荣获县“谁执法谁普法”年度优秀单位称号。

【审判监督管理】 2021年，县法院出台《“六类案件”监管细则》，院庭长（含副庭长）参与办案51381件，占全院办案数的76.47%。推行“精准快”审判管理机制，分别出台强化审判管理、优化案件质量、提升审判效率等3份文件共30项措施。建立科学的审判资源调配机制和快速的审判流程调控机制，案件平均审理天数由2016年101.9天缩短至2021年的64.22天，居全省第15位，超长期案件首次实现清零，位居省市法院第一。

【智慧法院建设】 2021年，县法院建成高清科技法庭28个，司法警务“六专四室”（“六专”：专用囚车、专用囚车库、专用羁押通道、专用电梯、专用桌椅、专用卫生间；“四室”：羁押室、监控室、警用装备室、枪弹室）建设达标，成功研发“TPPF”审务云推系统，创建管理平台，为法官团队配备80台无纸化办案终端。“TPPF”审务云推系统作为创新项目在全市法院获奖，《人民法院报》整版报道。

【法治队伍建设】 2021年，县法院实行每周五政治业务集中学习制度，开展政治轮训26次，深入开展“一支部一品牌”创建，持续推进“一次办好”红色先锋站、“天平卫士”红色先锋岗等党建典型培育计划，培育“公正为民、实干创新”的涟水法院精神。创新实施“攀登者”培育计划，建成30名后备人才培育库，4名“攀登者”人员上挂省市法院学习，6名“攀登者”人员走上中层正副职领导岗位。建立“1+1+2”新型“传帮带”导师机制，3篇学术论文在全国、全省法院学术讨论会上获奖，1篇重点调研课题被市法院评为优秀课题，信息工作考核跃居全市首位，被确定为省法院调研工作基层联系点。完善“1+10+X”综合监管制度体系，扎实开展队伍教育整顿，评

2021年12月9日，县法院大东法庭党支部与大东镇施洼村开展结对共建活动

（县法院 供稿）

查重点案件623件，核查问题线索99条，制定整治措施21项，建立完善各类制度机制22项。教育整顿助推审判质效提升做法被《人民法院报》整版报道。为全院干警定制专属彩铃。

（左　晟）

司法行政

【概况】 2021年，县司法局立足司法行政为民服务宗旨，在依法治县、法治政府建设、行政复议应诉、法律服务等方面，为维护全县社会稳定，实现基层依法治理做出突出贡献。先后获得国家级荣誉2项、省级荣誉5项、市级荣誉7项，被市司法局表彰为“高质量发展先进司法局”；被县委、县政府表彰为2021年度全县高质量跨越发展先进单位。律师办理各类诉讼案件及非诉讼案件4668件，其中刑事案543件、民事案件3886件、行政案件60件、非诉讼案64件，其他115件。全县调解组织共配备专职调解员488人，人民调解组织共受理各类纠纷17143件，调解成功17143件，调解成功率100%。法律援助机构接待咨询2878人次，办理各类法律援助案件1345件，其中刑事法律援助案件394件，民事法律援助案件951件。司法鉴定6人，司法鉴定机构完成各类司法鉴定276件，其中法医类司法鉴定276件；业务收入57.2万元。

【人民调解】 2021年，县司法局按照“三室、三窗口、一中心”（“三室”：调解室、办公室、心理疏导室；“三窗口”：纾解接待窗口、律师调解窗口、行政复议窗口；“一中心”：行政争议纾解指挥中心）要求，打造涟水县行政争议纾解工作联系点，同时，在各镇（街）司法所设立行政争议纾解接待窗口。在原有的品牌调解工作室基础上，按照“成熟一个，设立一个”的思路，结合矛盾纠纷类型、人员群体等实际情况，着力推进“石榴籽”少数民族调解工作室、车站、高铁调解工作室建立，推进特色调解工作室建设工作。推广线上一站式解纷平台，涟水县司法局按照省厅、市局部署要求，全力推广“苏解纷”小程序，自推广以来，县苏解纷注册用户2万人，通过“苏解纷”小程序受理纠纷调解案件2000余起，位于全省前列。全年全县调解组织共配备专职调解员488人，共受理各类纠纷17143件，调解成功17143件，调解成功率100%，其中群体性纠纷46件，调解成功46件，制作人民调解协议书6304份，平均每个村（社区）调委会制作6份。建成2个大型司法所，其中高沟司法所被司法部表彰为“全国模范司法所”，涟城司法所被省司法厅表彰为“江苏省优秀司法所”。

【法治宣传】 2021年，县司法局制定《2021年度涟水县国家机关普法责任清单》，抓牢全县普法责任制成员单位开展法治宣传工作，11月23日召开全县“谁执法谁普法”履职评议汇报会。在全县957个网格共培育958名“法律明白人”，培训率和网格覆盖率均达100%。开展领导干部任前法律知识考试3次。建成市级法治文化阵地4个（朱码街道谈陈村民法典主题公园、涟城街道西蒋村民法典篮球场、南集镇王圩村民法典广场、朱码街道韩陈村民法典广场），新创建国家级民主法治示范社区1个（东门社区），省级民主法治示范村（社区）12个（中山社区、北集社区、前营社区、五港社区、成集社区、和平村、老堆村、六舍村、双楼村、张顾村、周程村、笪北村）；开展“书写法治、图画法典”法治作品征集活动，收到300余幅法治作品，其中有8幅作品被省司法厅录用；开展“第四届百万党员学宪法学党章考法律活动”，共有25413人参加，其中4093人取得满分成绩，活动排名全市第三；制作2部“法律明白人”历险记系列动漫普法视频，被省司法厅微信公众号和学习强国推广；全年共组织开展“农民工学法活动周”、“4·8”司法日、“防范非法集资”、“12·4”宪法日等主题活动120余场，发放法治宣传产品5万余份。

【法律援助】 2021年，县司法局实施“法援惠民生·拓展工程”，与时俱进拓展法律援助服务领域和服务范围，不断提高法律援助服务质量，为困难群众提供更大范围更高品质法律援助服务。全年共办理法律援助案件1345件，其中，刑事法律援助案件394件，民事法律援助案件951件，常住人口受援率万分之16.21。县司法局公共法律服务管理科（法律援助中心）先后被表彰为“全省法律援助工作先进集体”“全省公共法律服务工作成绩突出集体”。

【律师事务】 2021年，全县共有律师事务所数7个，其中合伙所7个；执业律师127人，其中专职律师83人、兼职律师5人、公职律师35人、公司律师3人、法律援助律师1人；业务收入2540.08万元。县司法局按照政法队伍教育整顿和律师行业突出问题专项治理有关要求，做好学习教育、自查核查、集中整治等各阶段工作。通过实地巡查、网上巡查相结合的方式及“互联网+监管”“双随机一公开”检查等方式，加强对律师事务所、律师的日常监督和管理。引导律师事务所建立健全内部管理制度，依法开展业务活动，加强对律师执业行为的监督，提高律师依法执业和律所依规管理水平。汪海雷被表彰为“全省法律援助工作先进个人”；水燕平被评为“全省三八红旗手”、市“优秀党务工作者”；中共江苏捍华律师事务所支部委员会被中共淮安市律师行业委员会表彰为“先进党支部”，获“四星级党支部”称号。

【公证事务】 2021年，县司法局办理公证8445件，内地公证8192件，涉外公证239件，涉港澳台公证14件。其中，办理遗嘱公证13件，委托公证1400件，继承类公证425件，全年业务收入121.4万元。提供咨询服务5000余次，提供上门公证服务21件。提供法律服务25次。

（史秋月）

军　事

MILITARY AFFAIRS

- 涟水县人民武装部
- 武警涟水县中队
- 人民防空

编辑：彭亚君

涟水县人民武装部

【概况】 2021年,县人武部严格贯彻落实党管武装、双重领导、双向兼职、常委议军等制度规定,开展军事日活动。积极出动民兵参与疫情防控,各镇街民兵应急分队听令而动,县民兵应急连等领导骨干积极请领任务,主动与县联防联控指挥部对接,主动参与社区、小区三方联动,担负定点值守任务。涌现出孙云超等一批先进典型,中央电视台七套、中国民兵、交汇点新闻等媒体平台先后刊发抗疫稿件30余篇。

【课题研究】 2021年,县人武部紧密结合日常战备、维稳处突、防汛抗洪等任务,深入开展重点难点问题研究,修订完善战备方案和值班手册50余份。围绕军分区赋予的作战问题研究课题,成立专班,进行研讨交流,圆满完成课题任务。

【民兵整组】 2021年,县人武部贯彻相关要求,协调全县各级各部门,扎实开展国防动员潜力调查,摸清核实适龄人员底数。按照"编训用"一致、"教训管"经常,全县编建各类专业分队多支。11月,接受江苏省军区民兵工作考评,位列全市第一,全省前20名。

【民兵军事训练】 2021年,县人武部结合战备任务,圆满完成年度民兵训练任务。坚持急用先训,5月下旬至7月中旬,先后完成3个批次训练任务,遴选民兵骨干参加其他县区承训的跨区联训。训练过程中充分发掘军地训练资源,协调防空某旅开展铁路装载联合训练、协同县红十字会开展应急救护训练、协同县交通局开展车辆驾驶与抢修训练、协同涟水机场公司开展机场防卫训练,均取得较好效果。

【兵员征集】 2021年,县人武部积极开展征兵宣传活动,累计发送征兵短信20万条、推送电子标语5000余条,各单位悬挂横幅千余条,涟水县征兵宣传片,县委常委、县人武部政治委员滕金霞征兵工作电视讲话在涟水电视台和"醉美五岛湖"微信公众号播放,实现兵役登记率100%。坚持"严"字当头贯到底,严密组织体检政考、役前训练,严肃认真票决定兵,严格执行廉洁纪律,圆满完成兵员征集任务,实现零举报、零退兵。

【国防动员】 2021年,县人武部紧盯国防动员任务,紧贴县域动员潜力底数,抓主业、谋实备。扎实开展军民通用装备预征预储工作,县国动委与13家企事业单位签署协议,举行预征预储协议签订仪式,颁发预征预储牌匾,积极推进征储管理精准化。会同县应急管理局联合印发《涟水县民兵应急力量纳入政府应急救援管理体系实施办法(试行)》,将民兵应急力量纳入政府管理体系,构建军地联建共用、相互支援、应急应战的应急救援新格局。

【双拥工作】 2021年,县人武部投入资金20万元助力村集体经济增收。出资3万元,帮助上庄小学改善教学设备;协调军分区继续帮扶复兴村,累计投入帮扶资金近300万元援建食用菌工厂、标准化口罩厂、村卫生室等项目,主要做法在中央电视台军事频道、江苏卫视等媒体报道。

【国防教育】 2021年,县人武部协调县委、县政府将国防教育写进政府工作报告,列入年度工作计划,融入日常工作,常态化开展《中华人民共和国国防法》等法规宣传,持续强化群众国防意识。结合征兵宣传和重大节日、纪念日等时间节点,开展"征兵宣传校园行"、全城"同升国旗 同唱国歌"等活动,全县国防教育面达98%以上。以高中以上青年学生为教育重点,与县委宣传部、县教体局、县退役军人事务局等部门,联合出台《涟水县学生军训实施意见》,统一宣讲教育提纲、统一军事训练科目,聘请抗美援朝老战士王修成为滨河高中校外"红色教导员",进一步提高国防教育质效。

【县委常委议军会会议】 2021年11月28日召开县委常委议军会议。会议先后听取朱码街道党工委书记李兵、保滩街道党工委书记许志武、大东镇党委书记邱加文、东胡集镇党委书记嵇晓海、成集镇党委书记杨帆、岔庙镇党委书记张建国等6名镇街党(工)委书记党管武装工作述职,其余10个镇街党(工)委书记进行书面述职。县人武部部长李广栋围绕全县国防动员和后备力量建设情况以及下步工作考虑进行汇报,并就提请会议审议的两份文件作简要说明。县人武部要联合部委办局相关职能部门,每季度组织党管武装工作落实专项检查,予以全县通报;每年底结合党建工作考核,组织党管武装工作量化考评和专武干部履职考评,排出质量座次;继续开展"双争"(争创先进基层人民武装部、争当基层党管武装好书记)评选活动,表彰一批党管武装好书记、先进基层武装部、民兵营连和专武干部。凡是工作落实不力,在省市检查考评中成绩排名靠后、造成重大影响的,要严格责任追究,该通报的通报、该约谈的约谈,切实树起从严从实的鲜明导向。 (李昱勋)

武警涟水县中队

【概况】 2021年,武警涟水中队以贯彻落实习近平总书记一系列指示精神为指导,以中国共产党成立100周年系列庆祝活动为重点,突出主题教育,针对官兵思想实际,狠抓经常性思想工作、营区政治环境建设、群众性文化体育活动和拥政爱民工作,不断打牢官兵做忠诚卫士的思想根基。始终坚持思想教育与官兵日常执勤、训练、管理相结合,发挥政治工作的服务保障作用。以《军队基层建设纲要》和《基层正规化管理规定》为依据,以建设一支听党指挥、能打胜仗、作风优良的现代化武装警察部队为目标,始终坚持依法治军、从严治军方针。全体官兵坚持把思想政治建设摆在首位,严格管理,严格训练,科学建队,圆满完成以执勤和处置突发事件为中心的各项任务。坚持服务人民的优良传统,把驻地当故乡,视人民为父母,坚持为驻

2021年，武警涟水中队组织开展抗洪抢险训练　　（武警涟水中队　供稿）

地群众做好事、办实事。全年与地方联合举办文艺演出2场，定期组织官兵到陈师镇敬老院进行慰问。

【军事训练】　2021年，武警涟水中队着眼提高官兵遂行多样化任务的整体能力，按照"能打仗、打胜仗"要求，大抓军事训练，在指挥手段、人装结合、战法研究、指挥效能上下功夫，提高任教组训能力和应对复杂局面能力。细化专勤专训和勤训轮换成果转化，加强小场地以及教材、器材等设施配套建设与管理，实现资源的优化配置和高效利用。认真贯彻《军事训练大纲》，年度军事训练总评成绩良好。

【执勤战备】　2021年，武警涟水中队严格落实《执勤规定》《执勤设施建设标准》和《中华人民共和国人民武装警察法》，做好常态执勤战备工作。坚持以从严管勤为切入点，狠抓执勤制度的落实，深化"智慧磐石"工程实践运用，确保中心任务的圆满完成。全年共出动官兵70余人次，配合公安机关和有关部门完成押解、处突和临时勤务20次，有力维护涟水社会治安的稳定。年底，被武警江苏省总队评为执勤标兵单位。

（谢亚康）

人民防空

【概况】　2021年，县住建局切实履行"战时防空、平时服务、应急支援"的使命任务。战时保障县委、县政府组织指挥全县城市人民防空斗争，组织群众防空疏散掩蔽。提供本地区部分灾害的应急求援和指挥通信保障。对在建项目的人防工程建设质量进行监督。全年累计竣工验收人防工程3个，新增人防停车位573个。

【人防宣传教育】　2021年，县住建局在省、市、县网站发表人防动态文章40余篇；开展人防"五进"（进机关、进学校、进企业、进社区、进媒体）活动。采购人防读本5000余册，并发放至相关学校。

【人防指挥通信和警报网建设】　2021年，县住建局完成人防指挥机构人员调整，完成整组专业队10支，专业队员440名，并将数据录入江苏省综合信息平台，实名率100%；组织人防专业队骨干进行为期2天的集中培训；新增4台警报器，更换5台废旧警报器。

（汪志豪）

交通运输

TRANSPORTATION

- 综　　述
- 交通设施建设
- 交通运输业务
- 交通运输管理

编辑：王梦真

综　述

【概况】 2021年，全县公路总里程2602.87千米。拥有国道3条，其中：长深高速、京沪高速境内里程41千米，G233境内里程31.11千米（二级公路）；省道6条（S235、S326、S327、S329、S346、S503），境内里程135.79千米；县道27条，总里程484.62千米；农村公路总里程1910.35千米；拥有航道10条，总里程176千米，其中盐河三级航道51.36千米。10月21日，涟水清涟大道（235省道至淮浦路）通过交工验收，标志着县城区至淮安涟水机场、高铁站的快速通道全线贯通；年内完成涟水县综合立体交通网规划（2021—2050年）、涟水县“十四五”综合交通运输体系规划编制工作；实施长深高速连云港至淮安段扩建项目前期相关工作，该项目属省政府重点交通工程，将双向四车道采用两侧拼宽方式扩建为双向八车道，淮安段全长39.4千米，其中涟水段长37千米，涉及高沟、岔庙、朱码、陈师4个镇（街），年内实施征地拆迁、林地报批等前期工作。

【长深高速涟水机场出入口环境整治】 2021年3月启动，6月竣工。项目由县交通部门牵头实施，聘请华设设计集团负责方案设计，全长约8.5千米，总投资4500万元。对道路两侧的破旧设施、彩钢瓦棚、鸡棚、广告牌、砂石、垃圾堆清理，整治机场收费站高架桥下空间；对道路两侧供电杆线全部入地处理，拆除路灯道旗广告，重新设计两侧高炮广告，对密集处多余高炮广告牌拆除；对破损路面修补、道路标线和路缘石出新，更换路灯杆，增加LED显示屏，对中分带和道路两侧绿化、道路交叉位置和重要节点景观绿化进行统一设计、统一施工，在机场出入口对面处增加景观小品、人文景观等设施。

【机构改革】 2021年3月，根据中共涟水县委机构编制委员会文件《关于县交通系统部分事业单位机构设置的通知》，撤销县地方海事处、县运输管理所、县公路管理站、县航道管理站、县乡镇交通运输管理所、县水上交通运输管理所等6家事业单位，整合行政处罚、行政强制等行政执法职能，组建县交通运输综合行政执法大队，为县交通运输局所属副科级全额拨款事业单位，核定事业编制90名，设大队长1名、副大队长4名；整合公益服务职能，组建县公路事业发展中心，为县交通运输局所属副科级全额拨款事业单位，核定事业编制35名，设主任1名、副主任3名；组建县港航事业发展中心，为县交通运输局所属副科级全额拨款事业单位，核定事业编制25名，设主任1名、副主任3名。

（胡　湖）

交通设施建设

【概况】 2021年，根据县政府工程类项目投资计划，全县共实施A类重点推进项目15个，包括续建4个项目、新建11个项目，总投资5.23亿元。其中新建11个项目取得投资立项批文，已完成前期招投标工作及合同签订；完成港口路等项目工可（项目可行性研究）、初步设计、施工图批复；清水路、327省道涟水南环路面改造、327省道连接线（郑梁梅大道至水利枢纽段）取得省政府用地批复。截至年底，327省道连接线（郑梁梅大道至水利枢纽段）顺利建成通车。

【公路建设】 2021年，县交通运输局实施327省道涟水南环路面改造，全长1千米；完成327省道涟水连接线工程，全长0.403千米。两条道路均为双向四车道，一级公路标准。在农村公路建设方面，全年新建农村公路14.54千米：红窑镇新朱线3.72千米、浅潘线0.85千米、红窑加气站路2千米、浅朱线3.65千米；南集、黄营镇全稳集团道路改造工程2千米；涟城街道石红线2.32千米。

【淮安涟水国际机场航站楼改扩建工程投运】 2021年4月1日，淮安涟水国际机场举行航站楼改扩建工程投运仪式。航站楼改扩建工程于2020年8月19日正式开工建设，于2021年3月19日顺利通过行业验收，整个工程建设历时约150天。投用后，航站楼总面积1.77万平方米，可满足年旅客吞吐量300万人次使用需求。标志着淮安涟水国际机场迈入新的发展阶段，将助力淮安进一步激活区位优势。

【惠达停车场正式投入使用】 交通控股集团惠达停车场（含交通加油加气站、城市公交首末站）项目规划用地6.4公顷，总投资约1.192亿元。2018—2020年，该项目陆续建成并通过验收，2021年正式交付使用，发挥良好的经济效益和社会效益，截至年底，实现营收189万元。

（胡　湖）

惠达停车场　　（胡　湖　摄）

【淮安涟水国际机场首条国际全货机航线开通】 2021年5月28日，淮安首条国际货运航线(淮安—河内)成功首航，标志着淮安涟水国际机场区域性航空货运枢纽建设又迈出坚实一步。此航线由中州航空公司执飞，执飞机型为B737-300。淮安涟水国际机场在严格做好国际货班疫情防控的同时，积极拓展国际货运网络，助力淮安打造“绿色高地、枢纽新城”新名片。 (戴 罗)

交通运输业务

【公路货物运输】 2021年，全县拥有道路货物运输业户3351户，共有货运企业561家，大型物件运输13家，危险货物运输4家。货物运输车辆10124辆，共计160486吨位，其中危险品车辆120辆，总吨位3100吨。全年货运量759.30万吨，货运周转量100303.75万吨千米。

【航道货物运输】 2021年，全县共有航道10条，总里程176千米，其中盐河三级航道51.36千米。全县有11家水运企业，全年共申报货运量合计487万吨，货运周转量136360万吨千米。全县共有运输船舶231艘。

【航空运输】 2021年，淮安涟水国际机场全年累计完成旅客吞吐量140.47万人次，比上年增长5.87%；货邮吞吐量1.96万吨，增长59.10%。全年通航城市39个，运营航空公司20家，周航班量约为271架次。累计各类起降31194架次，其中航班起降15164架次。运输生产稳步复苏。开通淮安⇌河内首条国际全货机航线；开通淮安经郑州空空中转至欧洲的国际业务，实现国际出港业务零的突破；恢复西安—淮安全货机航线；开通首条成都—淮安客改货大闸蟹包机航线。全年运营5条全货机航线。持续优化航线网络布局。加大港珠澳大湾区、成渝城市群等热点地区城市航班开发力度，确保国内重要省市及经济发达地区城市航线稳定运营。新增7项、修订10项安全管理制度，更新制度措施清单56项。严管空中相撞风险、机坪刮碰风险、净空安全风险，协调召开2次净空保护联席会议。开展ISO 9001质量管理体系贯标，顺利通过质量管理体系外部认证审核。针对无陪老人出行，推出“出行无忧”服务。为旅客提供多渠道遗失物品的查询方式，微信公众号增设“失物招领”服务项目。

【铁路运输】 2021年，连淮扬镇铁路涟水高铁站正常过往33班次(每季度调整一次)，全年约1.2万班次。日均上下旅客1700人，春节高峰期间，日均上下旅客4400人，全年客运量约54万人次。受新冠肺炎疫情影响，全年客运量有所下降，最低日均上下旅客16人。 (胡 湖)

涟水高铁站 (胡 湖 摄)

交通运输管理

【运政管理】 2021年，县交通运输综合行政执法大队通过常态化整治和协调市县公安联动整治相结合，开展道路非法营运专项整治、旅游包车市场专项整治、驾培市场专项整治行动。全年开展道路行政执法检查1200余次，查处道路非法营运147起，取缔驾校违规培训点5处，暂扣违规培训教练车6辆。交通运输系统各单位开展各类检查352次，检查企业(点位)700个，排查整改问题415个，共处罚金35.21万元。交通运输综合行政执法大队查处非法营运车辆144起，超限车辆1508辆，其中百吨王9辆，卸驳载货物1.4万吨，对驾驶员计分4636分。交通运输综合行政执法大队组织路政巡查790次，巡查总里程13.21万千米，拆除违法广告设施33处，清除非标、移动非标或实物招幌296件，清除摊点270处。

【公路养护管理】 2021年，县公路管理部门投入4400万元对327省道(淮涟路段)下行10.869千米进行大修；投入438万元对326省道、327省道、503省道病害严重部分进行集中维修；投入1000万元对151县道计5.05千米、201县道计4.205千米进行中修。严格日常养护管理，印发《县道小修保养管理考核办法与细则》，根据年度养护工作计划，加大检查考核力度。全年出动各类机械319台次，对全县公路路肩、边坡、桥梁、涵洞进行整治提升，定期清洗公路安保设施、修剪公路绿化。国省干线公路机械化保洁里程达6.5万千米，路面裂缝处理860平方米，路面喷油罩面7832平方米，路肩水毁修复237立方米，桥梁护坡维护4座33立方米，桥梁伸缩缝维修6座，县道铣刨修补2185平方米。完成国省道小修保养基本类支出454万元，可变类支出162万元，完成县道小修保养基本类支出545万元，可变类支出143万元，连续4个季度国省道养护考核排名全市第一。加强公路巡查，桥梁涵洞检查，及时处置公路隐患和突发性公路险情。投入27万元完成县道红浅线和涟新线水毁修复工作。在年初雨雪冰冻灾害天气、5月强对流天气中，闻险而动、科学调度、高效应对，出动人员110余人次、抛撒砂石料178吨、融雪剂32吨，及时清除路面积雪、倒伏树木和广告设施，较好保障辖区公路安全畅通。加大养护投入力度，全年投入资金6000余万元，完成327省道淮涟路段10.86千米大修工程、327省道淮涟路段中分带绿化补植工程、2021年国省干线公路路面维修工程、县道9.26千米大中修工程、304县道赵码大桥维修工程、保滩养护工区改造工程和朱码工区养护机械设备采购项目，公路养护工作持续保持良好发展态势。

【公路安全隐患专项整治】 2021年，县公路管理部门开展公路桥梁隐患专项整治，对235省道涟水大桥进行加固维修，对233国道高沟桥、326省道公兴河桥、南六塘河大桥、北六塘河大桥增设防撞设施，并对国省道3座跨盐河大桥增设通航标志。完成对304县道赵码大桥实施危桥维修施工。按照相关技术规范，合理归并235省道、346省道等公路的中分带、侧分带平交道口，投入80余万元对304县道与103县道、104县道交叉口增设交通信号灯、高清电子警察。在公路附属设施隐患专项整治过程中，先后投入近20万元对护栏、立柱、支撑架、包头、防眩板、警示桩等进行维修或增补，增设村庄等标志牌4块，拆除有安全隐患的标志牌以及非标11块。

【航政管理】 2021年，县港航事业发展中心坚持航道设施维护量质并举，收取航道赔(补)偿费20万元，航道巡航里程达2100千米，800余人次，完成辖区航道清障扫床工作，累计清障扫床里程261千米。盐河航道年通航保证率100%，航标正常率100%，发光标灯闪周期、航标遥测设备正常。对现有船艇和航标艇定期保养检查，及时更换消防救生器材和老化船艇机械部件，投入8万余元完成对307#艇的上滩维修保养工作，确保船艇正常运行。

整治后的涟水盐河航道环境优美 (胡　湖　摄)

【海事管理】 2021年，县交通运输综合行政执法大队全年上航1700余人次，出动海巡艇340余艘次，安全巡航7000余千米，检查各类船舶1200余艘次，查处和纠正违章船舶970余艘次。开展船舶碰撞桥梁隐患治理专项检查，拆除浮吊船4艘。加强航道巡航检查，及时清除碍航物，对损毁的航道护岸以及航标进行维修保养。

【客运管理】 2021年，县交通运输部门联合县文旅、公安部门严厉打击违法包车、非法载客等行为。严格长途客运安全管理，取消800千米以上(涟水至北京)省际道路客运班车经营权。深化货车超限超载治理。在235省道设置红窑治超卡点，路警联合开展24小时治超检查。更新新能源城乡客运班车24辆，178辆城乡客运车辆全部安装卫星定位装置。

【港口码头污染防治】 2021年，县交通运输部门组织环境监控点周围巡查检查，开展港口码头污染防治工作。充分利用粉尘在线监测系统功能，对全县20家港口码头，其中16家易产生扬尘港口企业进行24小时$PM_{2.5}$、PM_{10}、TSP(总悬浮微粒)在线监管。全面推广“长江干线船舶水污染联合监管与服务信息系统”，全县所有港口码头全部纳入该系统，确保监管信息系统数据的实时性、准确性、完整性、全面性。督促港口码头做好环保手续申报工作，已有12家港口企业取得环保手续，其余8家单位环保设施已全部获得认可。积极开展码头、堆场扬尘管控工作。每个工作日安排执法人员到港口、码头进行扬尘管控督查，督促码头对堆场货物进行覆盖，开启抑尘喷淋设施，大气污染严重时停止港口装卸作业。

【铁路沿线安全环境整治】 2021年，县交通运输部门联合县林业、民政、农业农村等部门，全面梳理排查铁路沿线7个镇(街道、园区)涉及群众住房改善、墓地迁移、危险源整治等影响高铁运营安全及周边环境问题，并按要求及时整改落实。全年开展督查150次，现场交办80次，完成645处点位整治，完成绿化面积98.67公顷。

(胡　湖)

城乡建设

URBAN AND RURAL CONSTRUCTION

- 城乡规划
- 城市管理
- 旧城改造与新城建设
- 乡村建设
- 市政公用事业
- 房地产开发与管理

编辑:王梦真

城乡规划

【概况】 2021年，县自然资源和规划局共召开县规委会3次，审议研究2021年度规划编制计划、国能涟水热电联产项目选址，县经济开发区电子电气产业园控制性详细规划、县城镇燃气发展规划等11项规划编制类及滨河吾悦广场商业区、欣明文锦城、康馨学府等13项建筑方案类项目规划设计方案。

【国土空间规划编制】 2021年，县自然资源和规划局根据省市决策部署，1月初启动国土空间总体规划，截至年底，已实施方案编制工作。根据县委县政府"总体稳定，局部微调"的编制方向，对各镇(街)、相关部门上报的用地需求进行整理筛选，选取部分未报批、未使用指标用于优先保障2021年列入政府投资项目用地、市县重大项目用地以及民生基础设施等，对2022年6月前拟建项目用地需求全部纳入近期实施方案，调整指标约246.67公顷、保障重大项目55个。4月，将规划修改方案上报省自然资源厅，5月24日获省自然资源厅批复，为全县成片开发方案的编制、建设项目落地提供空间保障。

【镇村规划编制】 2021年，县自然资源和规划局受16个镇街委托，启动镇级国土空间规划编制工作，4月完成招标，5月启动高沟、五港、大东3个镇的编制试点工作，10月进入全面铺开阶段，12月底完成现状调研。"新时代产镇融合发展模式创新研究——以淮安市涟水县今世缘与高沟镇融合发展为例"，被纳入江苏省自然资源厅2021年度科技计划项目任务。涟水县成集镇条河、杰勋片区村庄规划获2021年度省优秀国土空间规划二等奖，并入选自然资源部第一批国土空间规划优秀实践案例。

【规划许可与规划管理】 2021年，县自然资源和规划局加强规划许可与规划管理工作，全年共核发建设工程规划许可证323份，乡村建设规划许可证1份，总建筑面积193.9万平方米，征收城市基础设施配套费8887余万元。进一步提升审批效率，全面加强规划批后监管，强化建筑立面规划验线、过程监管、规划核实等环节管理工作，确保建设项目执行规划不走样。全年共下发违建移交函2份，规划停工通知书2份。

【规划服务】 2021年，县自然资源和规划局完成大东镇农房改善社区二期、朱码派出所等11个项目的用地预审。出具特创科技二期、红窑敬老院等项目用地勘界红线62份、规划条件61份。为切实保障全县建设项目顺利实施，做好项目用地农转用手续的办理。5月中旬起，先后2次向省自然资源厅争取挂钩指标500.8公顷。截至年底，全县有工业成片用地储备405.67公顷，主要分布在经济开发区、空港产业园、食品产业园、五港平安片区内。 （袁正鲜）

旧城改造与新城建设

【概况】 2021年，县住建局实施政府投资项目38项，续建2020年项目2项。全年总投资9.29亿元，已完成项目38项，2个项目转到2022年实施。全年共完成城市道路建设7.23千米，新铺设下水道7.23千米，绿化覆盖面积53.69万平方米，住宅小区建设63.25万平方米。完成城市房屋拆迁8.5万平方米，完成招商引资1.5亿元。

【旧城改造】 2021年，县住建局继续推动老旧小区改造，全年共投入3000万元对桃园小区西区、军民中心村一期等9个老旧小区进行提标改造，改造面积34.16万平方米，惠及居民3400余户，内外墙粉刷74841平方米，路面维修24090米、清淤雨污水管道6080米，新建停车位150个、整治管线8260米，更换路灯648盏，新建监控摄像头161个。进行棚户区改造。新开工棚户区改造1200套、基本建成2400套，顺利完成省市下达改造任务。推进背街小巷改造。项目总投资300万元，2021年4月30日开工，对二林路北侧和谐巷内背街小巷、朱码幼儿园门前道路进行道路修缮提升，增设路灯，改造雨污水管道，5月10日全部完工。对城北大沟、邮电中沟、广陵路沟、杨洼沟等4条黑臭水体进行整治，总投资约1.32亿元，2021年5月初开工。已完成对河道分段和河道沿线管道排查，清淤1.7万立方米。

【城区道路建设】 2021年，县住建局进一步完善城市功能、优化城市路网，启动亚琦物流城配套道路、明月路、海西路等5个市政道路建设工程，修建里程8745米，共投入资金约1.68亿元。其中续建项目1个，新建项目4个。截至年底，郑梁梅大道人行道、金城路侧分带改造、海西路已完工通车，亚琦物流城配套道路、明月路转为2022年政府投资项目。 （汪志豪）

【城市公共交通】 2021年，全县城市公交共14条线路，总里程198.1千米。推进道路客运转型发展，完成城区新建13个港湾式候车亭、改建46个老旧站亭项目。开通五岛湖公园AAAA级景区至今世缘AAAA级景区乡村旅游"直通车"，串联一批具有本土文化特色的乡村旅游景点。完成30辆定制客运班车发展任务，其中高沟至淮安3辆定制客运班线车辆列入2021年省级道路客运转型发展资金项目。新辟涟水汽车站至图书馆公交线路1条，完成淮涟专线公交线路优化调整。更新20辆新能源纯电动城市公交车。 （胡　湖）

【城市水利建设】 2021年，县水利局组织实施涟水湖应急水源地达标建设工程，总投资约1000万元。4月10日，《涟水县古淮河涟水湖应急备用水源地达标建设方案》在南京通过省水利厅组织的专家审查，同月完成方案修订后开始达标建设。建设内容包括：沿水源地二级保护区建设5300米隔离网，形成封闭保护圈；在二级保护区范围内实施绿化工程，在隔离防护网两侧布置"景观树+灌木"的生物隔离措施，栽种湿地松等树木9350株、撒播草坪256230平方米、新建透水混凝土道路765.5米；在涟水路、清涟大道侧设置隔离沟；设置边界警示标牌，其中：一级保护区警示标牌5块、二级保护区警示标牌7块、原水泵站

建成的涟水湖备用水源　（县水利局　供稿）

取水口附近设置水源地公示牌1组；设置道路警示牌8块、危险化学品车辆限速牌4块、航道警示牌2块。项目于2021年9月完成全部任务，10月26日通过省水利厅、住建厅、生态环境厅联合组织的达标建设技术核查，12月8日通过省水利厅、住建厅、生态环境厅联合组织的达标建设验收。

【松林荡排涝站及上下游引河工程】 松林荡排涝站工程属于县黄河故道后续工程实施内容，投资3500万元，是建县史上最大的泵站工程。该站位于涟水县石湖镇十七堡村，古淮河左岸、唐松河末端，设计排涝流量26.8立方米/秒，引古淮河灌溉水设计流量4立方米/秒，配6台1300ZLB-7立式轴流泵，装机总容量2700千瓦，自流孔尺寸为2米×2米。进水侧安装4台无障碍回转式清污机和清污机桥，出水侧穿堤涵洞3孔，洞身断面3.0米×2.5米，长35米，设3扇钢闸门，配手电两用螺杆式启闭机。架设泵站专用高压（1万伏）线路2.5千米，新建控制楼及管理房2000平方米。工程于2018年9月28日开工建设，12月10日完成基坑土方开挖，12月16日站身底板封底，2019年1月17日完成站身底板混凝土浇筑，5月5日水泵层混凝土浇筑完成，6月2日完成电机层混凝土浇筑，7月12日完成土方回填，7月31日水泵、电机安装完成。可解决松林荡圩区35.7平方千米排涝问题，区域内排涝标准将提高到10年一遇，同时引古淮河水灌溉农田7333公顷。松林荡排涝站上下游引河工程属松林荡排涝站配套工程，属于县政府投资项目，主要建设内容为开挖178米上游引河、471米下游引河，新建十七堡机耕桥（3跨、跨径13米，钻孔灌注桩基础）及2座配套涵洞，工程于2021年1月18日开工建设，10月完成建设任务并通水。　（徐　静）

新建的松林荡排涝站　（县水利局　供稿）

市政公用事业

【供电】 2021年，涟水全社会用电量24.17亿千瓦时，比上年增长18.48%；工业用电量12.71亿千瓦时，增长21.75%；城乡居民生活用电6.06亿千瓦时，增长7.77%；非居民用电量18.11亿千瓦时，增长22.53%。城市综合电压合格率99.994%，最高负荷53.42万千瓦，供电可靠率99.9325%。电网建设累计投资4.03亿元，增长66.26%。建成110千伏滨河变（含接入输电线路23.7千米），改造输电线路25.6千米。截至年底，县域内共有500千伏及以下变电站26座，变电容量274.66万千伏安（其中，500千伏变电站1座、容量36万千伏安；220千伏变电站3座、容量84千伏安；110千伏变电站13座、容量129.2万千伏安；35千伏变电站9座、容量25.46万千伏安）；35千伏及以上输电线路71条，998.3千米；10(20)千伏配电线路259条，4758.14千米；配变7450台，容量273.18万千伏安。

电力安全生产　2021年，县供电公司牢固树立安全发展理念，维护安全生产稳定局面。电网运行安全可靠。统筹优化电网控制策略和运行方式，平稳管控五至七级电网风险17项、二至五级作业风险1875项，110千伏及以上线路未发生外力破坏，配电线路故障数比上年下降27.14%。截至年底实现连续安全生产10250天，年度“八个不发生”目标顺利实现。修订24个机构、170个岗位安全责任清单和“1+29”项应急预案。推进安全风险管控平台和安全管

2021年6月16日，县供电公司在五岛湖公园广场开展安全宣传活动（县供电公司 供稿）

控中心建设，依托柔性团队查处违章138起，共处罚金17.2万元，对146人进行反违章约谈。高效完成28家外包单位和510名作业人员"准入"工作。高效应对"4·30"风灾、台风"烟花"等极端天气。高质量完成安全宣教、知识竞赛、应急演练、大庆保电、民兵点验、疫情防控、后勤管理等一系列工作任务。信访、舆情和保密管理基本保持平稳，支撑省电力公司完成"百年光辉 保密护航"网上专题展。

电网建设　2021年，县供电公司统筹推进各级电网建设，科学谋划电网发展。完成2024年高压电网系统设计和配电网单元制规划滚动修编。推动涟城东"国网标杆"网格规划落地，调整城区周围7座变电站出线负荷。建成城区"六纵四横"电缆发展通道，建立电缆图模台账库。建成110千伏滨河变，完成110千伏引北变改造和28个输变电技改大修项目。成立配农网工程管控中心，统筹项目全寿命周期管理。技改大修和配网工程项目关闭率、完成率全市领先。新港业扩配套工程获评省公司"优质工程"。建成城郊配网运检抢中心、输变配智能管控中心，打造数字化、自动化运维班组，适应电力系统转型升级要求。优化施工方案，推动自动化装置布点应用，配变停电时户数比上年下降9.76%，用户平均停电时长下降12.66%。完成110千伏振丰变综自改造，建成国网首个功能全应用型就地化保护变电站。加快经济开发区10千伏电源布点，完成4个小区公用变降压改造。对20千伏用户开展3轮用电检查，为86家企业制定降压改造方案。

供电服务　2021年，县供电公司不断提高客户满意度，优化营商环境。推动地方政府优化电力工程审批服务、发布电力领域社会信用体系建设工作方案和电力接入工程政企共担管理机制试行办法。试点打造"开门接电"示范区，业扩报装容量比上年增长33.61%。坚守电网安全和民生用电底线，配合政府完成能耗双控及有序用电实施工作，走访用户，覆盖548家工业企业制定错峰轮休和分级响应方案，最大调控负荷可达13.5万千瓦。深入开展"新涟心"优质服务行动，推动9个临代正小区用电全部"转正"，惠及住户2500余家。居民用户实现"零证办电""刷脸办电"。受理"95598"投诉工单数比上年下降87.50%、万户投诉意见率下降7.27%。投资打造红窑镇芦笋产业乡村电气化示范项目，事迹被中央电视台报道。承接省公司"公益直播+爱心助农"活动，吸引近3万人在线观看。1名职工获评"江苏好青年"乡村振兴每周一星。

电力特色工作创新　2021年，县供电公司持续优化经营策略，狠抓增收节支。提质增效持续发力。以线损治理为抓手，实现19条配电线路转经济运行。深化数据分析应用，查处4起窃电，挽回经济损失171万元。公司3次入围国网同期线损专项治理"百强县"，8个供电所12次入围"百强所"，12篇经验案例被国网公司采纳。完成公司抢修物资仓库整合，出台应急抢修物资管理办法，对579个抢修现场进行工作量排查，发现并整改64项抢修物资使用问题。加强废旧物资整治管理，对线缆类、设备类物资反复盘点，做到"心中有数、系统有账、场地有物"。撤并整合供电所至22个，实现业务精细归集和人员合理配置。有效发挥管控中心"训练营"和"指挥棒"作用，为供电所培养输送专业人才，对9类63项工作进行指导、督促、管控和评价，农电同业对标综合排名全市第2。主动承接地方重大招商引资项目和保民生农房改善项目配套电力工程。重点完善集体决策制度和作业层班组、核心分包队伍考核评价细则。红日公司被省税务局评为A级诚信纳税企业。县供电公司获评江苏省文明单位、江苏省优秀"戎耀之家"、涟水县服务实体经济发展先进单位、涟水县项目招引建设先进单位、涟水县高质量跨越发展综合考核县直单位"第一等次"和涟水县项目建设"红旗单位"等荣誉或称号。

（王　锐）

【供水】　2021年，全县生产自来水5633.6万吨，最高日供水量18.88万吨，最低日供水量11.57万吨，平均日供水量15.43万吨，平均漏损率23.4%，修正后为15.6%，水质综合合格率100%。全年新增用户15394户，其中集体户共计12户、招商引资项目4个。完成香悦澜山、滨河二期、四季江南二期、香缇花园、荣马花苑四期等小区室外供水管道；完成桃园小区、顺达小区、老检察院宿舍、涟城镇工业园区等区域管道改造4400米；维修大小管道521处，管道维修及时率达100%。生产纯净水16万桶。完成2个政府类投资项目，总投资1亿元。取水口上移项目总投资9500万元，将现有取水口上移至现有取水口上游约4000米处，位于涟水县327省道南侧肖渡村七组境内。建设内容包含：建设取水头部及取水泵房1座、加药间1座、配电房1座，铺设直径1200的输水浑水管线约7400米。工程土建部分按35万立方米/天规模建设,设备部分按20万立方米/天规模建设,12月底前完成主体,并试通水。城区二次增压泵房提升改造项目被纳入2021年度县政府投资计划,共对金色港湾、领秀花都、国子家园等20个小区的二次供水泵房进行改造,改造内容包括水质检测、门禁、监控、墙体、地面整修等。供水安全持续稳定。签订各部门和基层全年安全生产责任状合计23份。安全检查共50多次,发现并整改事项共78处,开展突发污染应急和反恐怖安全演练各1次。涟水县涟缘水务有限公司作为全县唯一地表水供水企业,实现各项收入6755万元(其中:自来水收入4633万元、安装收入2064万元、纯净水收入58万元),比上年上升15.1%;上缴各项税金483.4万元,上升29%。

【供气】 2021年,全县共有燃气经营单位13家,其中管道气企业3家,液化气企业9家,汽车加气站1家。全县用气人口近41万户,燃气普及率达98.5%。管道燃气铺设中、低压管网达410千米,覆盖县城规划区,用户8.5万余户,工商业用户300余户,日供气量10万—14万立方米;液化气日供气量约40吨。

【涟水天达燃气有限公司】 位于涟水县炎黄大道5号,占地面积为12883平方米,储存规模22万立方米,专业从事授权区域内管道燃气经营,以管道输送形式向用户输送天然气,气源为LNG(液化天然气)。2021年,覆盖城区用户8万余户,工商业用户300户,供气规模为每日5万标准立方米。

【涟水中油昆仑新星旺燃气有限公司】 位于涟水县经济开发区祥云路6号,占地面积15866.7平方米,储气规模12万立方米,专业从事授权区域内管道燃气经营,以管道输送形式向用户输送天然气,气源为LNG(液化天然气)。2021年,覆盖居民5150余户,工商业用户48户,餐饮用户2户,年均供气量3000万立方米。

(汪志豪)

城市管理

【概况】 2021年,县城管局围绕文明城市创建、市容秩序整治、环境卫生维护、垃圾分类治理、新冠肺炎疫情防控等中心工作,推动城市管理事业持续快速发展。大力开展招商引资工作,全年共签约苏州线束、金沙田环卫机械制造等2个亿元项目。推进农村生活垃圾分类省级试点街道垃圾分类先行示范引导区工作,督促陈师街道对照考核标准,继续完善垃圾分类设施,已基本完成打造工作。

【市容秩序管理】 2021年,县城管局制定各项专项整治工作方案,解决流动摊点占道经营、店外经营、违规小广告、露天烧烤、私搭乱建、噪声扰民等问题,保障通过国家卫生县城验收后能够维护整治成效。强化店外经营整治,以"门前五包"为抓手,加强对占道经营、店外经营等行为管理力度,规范商户经营行为3100余次,暂扣未履行市容责任、店外经营等占道物品286件,罚款24500元;清理各类流动摊点占道经营14000余处,处罚占道经营88起,罚款8870元;落实"门前五包"红黑榜及星级考评制度,公示红榜333户、黑榜291户。强化户外广告管理,依法拆除中央城、绿洲花园等小区"破、旧、乱"户外广告760余个、横条幅广告470余个,查处非法张贴小广告28起,罚款8440元;推进淮安涟水机场出入口及进场路35座"高炮"广告拆除工作;开展幼儿园户外围栏专项整治行动,清理违规围挡41处。全年共拆除金色港湾小区、滨河新城等处违章建筑6170平方米。加强车辆停放管理,坚持流动巡查与错时管理相结合,规范非机动车停放9682辆,处罚违停非机动车2764辆次,罚没金额14.75万元;联合交警部门,拖移暂扣各类长期占用公共停车位车辆40余辆。倡导文明养犬行为。在县城区广场、大型商超、住宅小区、主次干道等区域全天候地毯式捕捉流浪犬只,纠治不文明养犬现象,批评教育1600余人,捕捉流浪犬只及暂扣未牵绳犬69只,处罚遛狗未牵绳行为9起,罚款3300元。

【城市环境整治】 2021年,县城管局高度重视文明城市创建工作。严格定岗、定人、定车、定时间、定范围、定任务"六定"工作机制,每天道路洒水作业不少于4次,冲洗、清扫作业不少于2次。加大公共卫生间保洁力度,加强环卫设施消毒,确保"五无一净"(无冒烟、无垃圾、无扬尘、无污水、无噪声、卫生干净)。实行"两扫全保"动态管理,做到"扫地扫到边,扫净能见底,保洁无断档",实行主干道路散落垃圾停留时间不超过15分钟,次干道垃圾停留时间不超过20分钟,提高道路洁净率。县城区范围内设立30个废弃口罩收集点,经收集的废弃口罩及7个隔离点的垃圾由专人专车运往垃圾焚烧发电厂立即焚烧处理。按照"专人管理、标准保洁、按时开放、便民服务"原则,确保公厕内外整洁、清洁卫生、无异味。全县361个行政村全部实施生活垃圾集中收集,集中收集率100%;生活垃圾专业化转运和无害化处理,达到日产日清,无害化处理率100%;餐厨废弃物收运处理率100%。延长多功能抑尘车(雾炮车)作业时间,增加晚班作业时间,有效控制城区道路扬尘。不间断管理县城区11家渣土运输公司77辆新型渣土运输车,查处违规车辆33辆,罚款15万余元,道路污染现象明显改观。

【环卫设施建设与管理】 2021年,县城管局加快推进旅游区、人员集聚区等区域公厕建设和改造,老检察院宿舍、闸北社区、城南社区、种子公司等7座公厕交付使用,22座旅游公厕改造顺利完成。打造垃圾分类教育示范基地,该项目位于县城红日西大道北侧荣马花苑二期西南角,拟投资140万元,建筑面积300平方米,项目资金来源为省补专项资金。

【户外广告管理】 2021年,县城管局做好城区户外广告管理工作,清理城区中山路、北京路等破损、影响市容的各类户外广告;强制拆除中央城小区破损广告及红日西大道绿洲花苑小区"青岛一木""上好家超市""梦平凡建设工程公司”等违规设置的户外广告。拆除各类破损、存在安全隐患的户外广告760余处、横条幅广告470余处；对4处未经审批擅自设置户外广告的业主进行处罚，对朱码街道、高沟镇、成集镇、陈师镇沿途设置的户外广告进行排查。落实安全生产工作，召开涟水县广告公司安全生产集中座谈会，嘉华盛世广告、中天广告、恒秋传媒广告、星月广告、六月广告、中诚广告、天诚光电广告、荣盛广告、蓝天广告等企业参与座谈会。对城区电信公司楼顶、城市广场楼顶、文峰服饰周边楼顶、东鼎商城楼顶等多处大型户外广告进行排查，下发责令整改通知书，要求广告业主自行检查、维护、修复，排除安全隐患。对排查中发现的安东南路文峰服饰周边楼顶、炎黄大道兰欧酒店楼顶、星程酒店楼顶、汤泉一品楼顶、渠北东路墙面等存在安全隐患的大型户外广告予以拆除。提升机场路沿线环境品质，对长深高速涟水机场出入口及进场路高炮广告进行排查、登记造册。按照涟水县交通干线沿线环境综合整治五项行动工作领导小组交办单要求，对进场路现有的35座“高炮”广告进行拆除，送达责令整改通知书（交办函）11份。做好公益广告宣传工作，利用城区五岛湖北侧墙面、荣马售楼处楼顶的LED大屏，投放脱贫攻坚《摆脱贫困》、社会主义核心价值观主题微电影、巾帼力量主题微视频，以及《“七一”宣传海报》《疫情防控》《首届涟水芦笋节》《教师节微视频》等公益性宣传广告。

2021年10月12日，县城管局在进场路拆除沿途高炮广告　　（县城管局　供稿）

【垃圾分类管理】 2021年，县城管局全力推进垃圾分类治理工作。专门成立垃圾分类工作领导小组，下设垃圾分类管理办公室，由分管局长任组长，环卫科长兼任办公室主任，下设宣传组、督查组、执行组，分别明确专人负责。在每个达标小区分设小区垃圾分类工作领导小组，由物业主任兼任组长，保安负责人和保洁负责人任组员，分工明确、各尽其责。完善考核机制，针对台账资料短板，明确专人，制定规范，统一模板，并前往各小区指导相关人员完善台账资料，做到收运数量、日期时间、车辆信息、处置单位、责任人“五明确”。协商会议、培训会议、志愿者宣传等活动结束后及时总结归档。安排专职督导员，每天不间断对各小区进行监督指导，发现问题，立即整改，做到解决问题不过夜。开展宣传教育，聘请10名专职分类引导员进行先培训后上岗，派遣到各个小区开展垃圾分类指导工作，定期开展垃圾分类宣传活动。在18个省级、市级达标小区内开展党建引领、搭建舞台宣传、组织志愿者活动、垃圾分类有奖问答活动18次。在小区门口建立宣传阵地，新设宣传栏54块，楼道内投放垃圾分类指南600余块、绿化带卡通牌700余块。发放垃圾分类宣传资料2万余份，问卷调查5000余份。在吾悦广场商业区、涟水高铁站等公共区域合理开展垃圾分类宣传工作。新建垃圾分类亭54座、发放垃圾分类桶900余只，小区内建设大件垃圾、装修垃圾临时堆放点共计300余平方米，新建大件垃圾分拣中心300余平方米，解决城区大件垃圾、可回收物的回收需求，祥云路垃圾分类中心有害垃圾归集点、有机垃圾处置中心，满足垃圾分类末端处置。截至年底，已在全县101个小区投放358座垃圾分类亭4000余只垃圾分类桶。18个省垃圾分类达标小区，收运处理其他垃圾2200余吨；厨余垃圾750余吨；可回收物19吨；有毒有害垃圾35公斤。

【数字城管】 2021年，县城管局加强数字化城管信息系统运行维护，推动问题快速联动处置。截至年底，数字城管平台共上报案件32480件，立案受理案件31937件，派遣案件31863件；实际处置31801件，处置率99.81%，按期处置29663件，按期处置率93.1%，结案31688件，结案率99.46%，自行处置案件2910件。

【小散乱排水整治】 2021年6月，县城管局通过公开招标方式，确定涟水县2021年“小散乱”排查和整治方案的设计单位——南京大学环境规划设计研究院集团股份公司。6月25日至7月7日，开展小散乱排水排查，8月初，完成调查报告和排水整治方案编制。据统计，全县4个达标区内“小散乱”排水户共有251户，其中餐饮业145户、洗浴业（美容、美发、浴室）55户、洗涤业（洗衣）5户、洗车业14户、建筑工地4户、农贸市场户3户、小旅馆业13户、其他（公共厕所、小诊所等）12户。经向县政府申请后，已得到批复资金120万元，用于此项工作开展。11月23日该项目上网招标，12月7日开标。截至年底，该项目已完成。（邱　瑞）

乡村建设

【概况】 2021年，全县乡村建设主要包括特色田园乡村创建、美丽宜居乡村建设、中心镇建设、农村房屋安全隐患排查工作。全年各镇街完成农村房屋安全隐患排查行政村房屋163114户,其中用于经营的农村房屋2143户,未用作经营房屋160971户。存在安全隐患的1997户,其中用作经营的房屋5户,均已整改到位。进行集镇环境综合整治提升工作,成集镇、红窑镇、五港镇均已按要求完成建设任务,红窑镇在该项工作中达到优秀标准。黄营镇朱桥村、红窑镇夏楼村、苗戴村成功创成省级特色田园乡村。

【美丽乡村建设】 2021年,全县共建设50个美丽宜居乡村,198个规划保留村庄中已建成139个美丽宜居村庄,建成率达70.2%。全年全县共创成黄营镇朱桥村和红窑镇夏楼村、苗戴村3个省级特色田园乡村,截至年底,全县累计创成五个省级特色田园乡村,总数位居淮安市第一。 (汪志豪)

【镇村公路】 2021年,全县新建农村公路14.54千米,包括红窑镇新朱线3.72千米、浅潘线0.85千米、红窑加气站路2千米、浅朱线3.65千米;南集、黄营镇全稳集团道路改造工程2千米;涟城街道石红线2.32千米。

【镇村公交】 2021年,全县镇村公交车34部,开通28条线路,由淮安红日交通投资发展有限公司汽车客运总站统一调配运营,实现镇村全部通达公交车,覆盖全县16个镇街,覆盖率达100%。推进城乡客运班线公司化改造,完成涟水至麻垛、涟水至红窑、涟水至东胡集、涟水至苗圃4条农公班线47辆车100%国有化收购。在全县24个农村新型社区增设安装城乡公交站牌,满足城乡公交和镇村公交停靠。完成红窑、石湖2个乡镇运输服务站改扩建任务。 (胡　湖)

【农房改善】 2021年,全县共实施36个项目,其中结转项目18个,当年改善6675户。县农房办出台《涟水县农房改善项目设计与施工管理30条》,22个项目顺利通过省考评验收,受验项目全市最多。月塔社区、前营社区、大胡社区、法华社区、韩陈社区、洪滨社区、鲁渡社区、方圩社区等8个社区达到省级特色田园乡村命名标准。在2021年度苏北农房改善工作考核评估验收中,涟水县综合排名位列全市第一,连续3年领跑第一方阵。 (罗　永)

【农村人居环境整治】 2021年,县农业农村局扎实开展农村人居环境整治,生活垃圾无害化处理量15.75万吨,农村生活垃圾集中转运处理率100%;将未建有农村公共厕所的46个行政村纳入建设范围,已全部建成,行政村公共厕所覆盖率达100%,建成乡村旅游厕所1座。292个行政村建有农村生活污水处理设施,治理覆盖率82.5%%。创建国家级卫生镇1个、省级卫生镇2个、省级健康镇1个,省级卫生村22个,建设省级特色田园乡村3个、市级特色田园乡村3个,完成美丽宜居乡村创建85个,新改造提升保留村庄8个,集镇环境综合整治提升3个,新增绿美村庄8个。推行"五位一体"管护模式,"六有"长效管护水平达100%。 (宋华东)

诗画田园　　(农房办　供稿)

房地产开发与管理

【概况】 2021年,全县共有在建楼盘23个,可售楼盘58个,正常销售楼盘32家,新开发楼盘5家,共取得商品房预售面积80.55万平方米,共销售商品房面积70.1万平方米。县住建局持续加大房地产市场管控力度,严格把控交付备案、预售资金、新增商品预售等关键环节,加大监管力度,促进开发企业健康规范运转,从根本上遏制住问题楼盘的产生。截至年底,全县房地产市场商品住宅库存量90.79万平方米,去化周期下降到6个月以内,处于比较正常的范围内。

2021年全县商品房销售情况一览表

表2

小区名称	建设时间	地　址	价格(元/平方米)	法人代表	销售情况(%)
建壹城家居生活博览中心	2020-05-09	淮安市涟水县红日路16-6号	6544.34	龚礼广	50%

续表2

小区名称	建设时间	地　址	价格（元/平方米）	法人代表	销售情况（%）
泰和嘉苑	2019-12-20	淮安市涟水县状元府B14幢028室	6641.88	王忠发	60%
珑熹城小区	2019-09-30	淮安市涟水县国子家缘36幢116室	6959.82	温　泉	40%
吾悦广场	2019-04-16	淮安市涟水县国子家缘12幢113室	5979.29	唐云龙	75%
逸品馥花园	2018-12-07	淮安市涟水县国子家缘36幢110室	7441.32	李正为	90%
文澜府	2021-02-23	淮安市涟水县缘分大道北侧翠柏路东侧03号	7435.13	王凌峰	10%
金陵广场	2020-11-18	淮安市涟水县金城北路东侧，红日大道北侧，龙源国际A-1幢109室	5711.02	朱　磊	20%
安东院子	2020-09-01	淮安市涟水县涟城街道南京路西侧，上海路北侧	7567.24	李　浩	30%

2021年全县主要房地产开发企业一览表

表3

公司名称	资质	注册资金（万元）	成立时间	地　址	法定代表人	主要开发项目	2021年开发面积（万平方米）
涟水中航盈富地产开发有限公司	二级	100000.00万元	2020-05-09	淮安市涟水县红日路16-6号	龚礼广	建壹城家居生活博览中心	3.11
万郡房地产（淮安）有限公司	二级	30000.00万元	2019-12-20	淮安市涟水县状元府B14幢028室	王忠发	泰和嘉苑	7.4
涟水安骏置业有限公司	二级	100000.00万元	2019-09-30	淮安市涟水县国子家缘36幢116室	温　泉	珑熹城小区	10.59
涟水新城悦盛房地产开发有限公司	二级	81700.00万美元	2019-04-16	淮安市涟水县国子家缘12幢113室	唐云龙	吾悦广场	14.3
弘辉首馥建设开发（涟水）有限公司	二级	31000.00万美元	2018-12-07	淮安市涟水县国子家缘36幢110室	李正为	逸品馥花园	15.8
涟水鸿宏房地产开发有限公司	二级	20000.00万元	2021-02-23	淮安市涟水县缘分大道北侧翠柏路东侧03号	王凌峰	文澜府	7.2
淮安金陵房地产开发有限公司	二级	20000.00万元	2020-11-18	淮安市涟水县金城北路东侧，红日大道北侧，龙源国际A-1幢109室	朱　磊	金陵广场	2.1
淮安恒晞房地产开发有限公司	二级	139164.6268万元	2020-09-01	淮安恒晞房地产开发有限公司	李　浩	安东院子	6.5
涟水中航盈富地产开发有限公司	二级	100000.00万元	2020-05-09	淮安市涟水县红日路16-6号	龚礼广	建壹城家居生活博览中心	3.11

【房屋征收与安置】 2021年，全县完成15个镇（街道、园区）2440户35万平方米农房搬迁工作。中山西路两侧棚户区改造三期项目460户6.04万平方米房屋征收工作正在实施中。全县交付安置房4390套47.53万平方米。其中城区1009套9.42万平方米。全县各类项目的安置矛盾已经有效缓解。

【小区物业管理】 2021年，县住建部门、属地街道联合建立常态化物业服务考核机制，评选出全县“十佳小区”和“三差小区”，并在醉美五岛湖等媒体进行公示；对物业服务不到位的企业视情节情况分别记入黑、黄名单，督促物业服务企业不断提高服务标准和水平；强化党建引领，打造“红色物业”服务品牌，已成立1个物业行业党委和12个物业企业党支部，创成领秀花都、龙源国际2个市级红色物业示范点。（汪志豪）

农　业

AGRICULTURE

编辑:王梦真

综 述

【概况】 2021年，县农业农村局全力推动农业农村高质量发展，乡村振兴呈现稳中向好态势，在全市乡村振兴实绩考核中位列第一等次。全年粮食产量96.8万吨，圆满完成稳产保供任务。特色产业优势彰显，新增芦笋种植面积200公顷，获批2021年中央农作物秸秆综合利用重点县、全国主要农作物生产全程机械化示范县，入选全国农业科技现代化先行县名单，红窑镇获批国家农业产业强镇、省级绿色蔬菜产业特色镇，高沟镇胡窑村获批"一村一品"示范村，成集镇条河村获评全国脱贫攻坚先进集体。

【农村集体资产管理】 2021年，县农业农村局加快推进农村产权制度改革，探索建立多种形式的农村产权流转机制。成功组织1.39万笔标段数交易，实现交易额39.23亿元，溢价率2.4%。其中线上交易成功2028个标段数，交易金额1.79亿元，溢价率9.8%。抵押贷款365笔，抵押贷款总金额1.4896亿元。全面推开农村土地经营权抵押贷款，新增土地经营权抵押贷款4500余万元；深入开展全县村集体收益归集工作，265个重点帮促村集体平均经营性收入29.88万元；开展农村集体产权制度改革工作，对全县361个村（社区）进行农村集体经济组织赋码登记，相应成立股份经济合作社并挂牌，组织架构设置、农户成员信息等已全部导入省农村集体经济组织管理系统，全县共确定成员户数21.9万户，成员人数97.56万人，折股量化资产40120.23万元。

【农业产业化】 2021年，全县共有市级以上农业龙头企业39家，其中省级9家，建有各类基地7200公顷，三升食品建成市级农业产业化联合体；大米、草鸡等3个商标被市政府授权为淮味千年区域共用品牌。积极申创特色农业基地，红窑镇获批国家农业产业强镇和首批江苏省绿色蔬菜产业特色镇。加强芦笋种植、加工企业招引。加大奖补力度，推动芦笋扩规模，新增唐集大桥、红窑李庄、黄营朱桥等芦笋种植基地200公顷。举办首届涟水芦笋节和第二届"涟水好大米"评比活动，涟水涟心湖电子商务有限公司获得金奖；江苏益南农业发展有限公司、涟水县田丰农作物种植专业合作社获得银奖；涟水县联众植保种植专业合作社、涟水县红窑镇富怡稻麦种植家庭农场、涟水县罡情米缸家庭农场获得铜奖。加强食用菌基地建设，建设岔庙羊肚菌产业园基地面积2万平方米、珍稀食用菌生产基地面积1万平方米、闽瑞二期基地面积3万平方米，进一步扩大食用菌生产规模，完善食用菌产业链条。

【农业重大项目建设】 2021年，县农业农村局有力推进农业重大项目，全县入市盘新开工1亿元以上项目完成15个，目标任务完成率187.5%；新竣工1亿元以上项目完成15个，目标任务完成率300%；新开工0.3亿—1亿元（不含）项目12个，目标任务完成率120%；新竣工0.3亿—1亿元（不含）项目完成13个，目标任务完成率144.4%，位居全市第一。举办涟水（上海）现代农业暨绿色食品产业招商推介会等招商活动。

2021年涟水县新竣工亿元以上农业重点项目一览表

表4

项目名称	所在镇街	产业类型	总投资（万元）
涟水县35万头生猪养殖项目（二期）	黄营	特种健康养殖	120000
正邦牧业石湖牛猪养殖项目（楼庄）	石湖	特种健康养殖	85000
涟水牧原农牧有限公司涟水高沟生猪养殖项目	高沟	特种健康养殖	26000
比米农牧科技（淮安）有限公司东胡集生猪养殖项目	东胡集	特种健康养殖	20000
涟水斗灯农业发展有限公司生猪养殖项目	五港	特种健康养殖	15000
涟水县唐集镇现代农业园项目	唐集	特优高效种植	12000
利和农业发展（江苏淮安）有限公司故淮河生态农业设施化建设项目	涟城	特色生态休闲	10000
年产2万吨果蔬种植项目	成集	特优高效种植、初加工	10000
涟水牧原农牧有限公司朱码生猪养殖场项目	朱码	特种健康养殖	10000
生猪转运中心及畜禽副产物资源化处理中心	南集	其他	12000
年产15万头新合生猪育成场	南集	特种健康养殖	27425
涟水春禾农业发展有限公司春禾农业芦笋基地项目	红窑	特优高效种植、初加工	22000
淮安洪泰良种猪繁育有限公司	涟城	特优高效种植	12100
四兴二期牧畜饲养和饲料加工	石湖	特种健康养殖	16000
珍稀菌种厂及示范种植	岔庙	特优高效种植	33000

【家庭农场与农民合作社】 2021年,县农业农村局依托农业农村部家庭农场名录信息系统和省家庭农场编码名录,实行家庭农场名录和运营监测管理,推进家庭农场规范化建设。截至年底,共有规范化家庭农场1200家,其中全县示范家庭农场432家(省级37家、市级91家、县级304家)。共有合作社1157家,其中示范社171家(国家级8家、省级21家、市级72家)。

【绿色农产品生产】 2021年,县农业农村局大力推进绿色优质农产品建设,新建省级绿色优质农产品基地5966.67公顷,新获得绿色有机农产品品牌8个。截至年底,全县共有全国绿色食品原料标准化生产基地26666.67公顷,绿色食品基地2376.87公顷,省级绿色优质农产品基地37566.67公顷,有机农产品基地100公顷。 (宋华东)

2021年涟水县绿色农产品一览表

表5

产品名称	产品证书编号	基地面积(万亩)	类型	生产单位
青芦笋	LB-15-20091019051A	0.21	绿色食品	涟水县红窑镇延寿芦笋种植专业合作社
乡宝园大米	LB-03-19011004775A	0.028	绿色食品	涟水县联众植保种植专业合作社
"苏卜"葡萄	LB-18-21101012389A	0.011	绿色食品	涟水县水立方家庭农场
葡萄	LB-18-1706103564A	0.013	绿色食品	涟水县万福家庭农场
阳光玫瑰葡萄	LB-18-19101009366A	0.01344	绿色食品	涟水昀润家庭农场
怀玉香香米、怀玉香长粒米	LB-03-19101009474A LB-03-19101009475A	0.0503	绿色食品	涟水立新家庭农场
草莓	LB-15-19111010573A	0.009	绿色食品	涟水县姜建果蔬种植专业合作社
瑞米淮安大米	LB-03-1706103443A	0.2	绿色食品	淮安市瑞丰米业有限公司
晶霸月塔贡米	LB-03-18121001529A LB-03-18121001529A	0.3	绿色食品	淮安月塔米业有限公司
侬咾黄桃、侬咾大李子	LB-18-18121010747A、 LB-18-18121010748A	0.09	绿色食品	涟水县嘉天下果树种植专业合作社
国缘白酒对开、四开	LB-46-21111014617A LB-46-21111014618A	1	绿色食品	江苏今世缘酒业股份有限公司
梁岔绿富芦笋	LB-23-19041002819A	0.0308	绿色食品	涟水县绿富现代农业有限公司
粮盈满大米、粮满盈鸭稻米	LB-03-2011000191A LB-03-2011000192A	0.022	绿色食品	涟水县富怡稻麦种植家庭农场
番茄、黄瓜	LB-15-20101009994A、 LB-15-20101009995A	0.016	绿色食品	江苏奕诺农业发展有限公司
秋彤蜜桃、黄金蜜1号桃	LB-18-21061006448A LB-18-21061006449A	0.0183	绿色食品	涟水县高沟镇世纪桃缘种植专业合作社
草莓	LB-18-21031002610A	0.024	绿色食品	涟水县康园家庭农场
涟色涟香草莓	LB-15-21011000798A	0.0115	绿色食品	涟水县五丰家庭农场
南粳大米、苏卜大米	LB-03-21101012409ALB-03-2 1101012410A	0.98	绿色食品	涟水县安东米芾生态农业发展有限公司
农家稻香米、稻花香珍珠米	LB-03-21061006916A LB-03-21061006917A	0.238	绿色食品	涟水县顺兴米面厂
水稻	028OP200126	0.05	有机食品	涟水县联众植保种植专业合作社
稻谷	100OP210071	0.05	有机食品	涟水县联众植保种植专业合作社
水稻	028OP200124	0.05	有机食品	涟水县联众植保种植专业合作社

种 植 业

【概况】 2021年，县农业农村局贯彻落实粮食稳产保供任务，全县粮食种植面积14.13万公顷，其中夏粮6.51万公顷、秋粮7.62万公顷；总产量96.8万吨，其中夏粮36.9万吨，秋粮59.9万吨；各类蔬菜播种面积1.78万公顷，果树种植面积2100公顷，产量4万吨；油料作物种植面积8080公顷，油料总产量28870吨。全县种植大豆5260公顷、产量13098吨，全县共建设水稻5000亩示范片3个，分别位于高沟镇、五港镇、红窑镇。1000亩示范片5个，分别位于东胡集镇、大东镇、南集镇、涟城街道、陈师街道，带动各类新型经营主体66个，总实施面积1561公顷。示范片主要推广南粳5718、南粳9108、南粳505、南粳9308、金粳818、徐稻9号、晶两优、万象优、荃两优等优质食味品种。

【蔬菜瓜果生产】 2021年，全县园艺生产面积约为1.13万公顷，其中蔬菜播种面积1183.33公顷，总产量105.45万吨，总产值86.6亿元。其中水果面积约1567公顷，总产量4.5153万吨，产值1.289亿元；西甜瓜面积610公顷，年播种面积3226公顷，产量24018吨，9556万元；花卉全年销售量约100万枝（盆、株）；中药材种植面积636.67公顷，产量460.5吨，产值4445万元；食用菌栽培面积88万平方米，产量2.1万吨，产值1.1036亿元；集约化育苗企业2个，年育苗6500万株。

【农业科技推广与培训】 2021年，县农业农村局扎实开展农民教育培训工作，组织开展部级新型农业经营主体者培训180人、专业种养加能手培训140人、创新创业培训45人；组织开展省级高素质农民培育3798人，王利、程韦舜、吉子勇、颜刚4人获“淮安市高素质农民创新创优带头人”称号，刘吉高、乔相威、王加成、陈陶4人获“淮安市高素质农民创新创优标兵”称号；乔林中等19名学员经市人社局评审，被认定为“乡村振兴技艺师（中级）”职称。稳步推进农民学历提升工作，2021级涉农中专招生88人，“半农半读”涉农中专在校生393人，县农广校连续8年被评为全省农民教育培训先进单位。 （宋华东）

林 业

【概况】 2021年，县自然资源和规划局坚持生态优先，紧紧围绕绿美村庄、林下经济、林木种苗、古树名木、森林病虫害防治、林长制建设等重点工作，认真抓好措施落实。截至年底，全县已完成成片造林933.33公顷，新建农田林网800公顷，更新和完善农田林网控制面积6333公顷，完成四旁植树（含珍贵树种栽植）100万株，全县林木覆盖率达24.18%。创成省级绿美村庄8个，分别为：朱码街道笪巷村、韩陈村，五港镇前营居委会、五港居委会，成集镇朱庄村、法华村，高沟镇大兴村、墩南村。

【林下复合经济】 2021年，全县发展以林—药、林—经、林—禽、林—渔等模式为主体的林下经济产业，总面积达6580公顷，总产值1.96亿元，其中古淮河沿线重点以林—禽、林—经、林—渔为主，广泛开展林下复合经营，总面积达2800公顷，产值1.05亿元；全县新增市县级林下经济示范基地9个。

【林木种苗】 2021年，县自然资源和规划局认真实施省级林业科技创新与推广项目、林木良种培育项目，引进波尼、马罕、肖肖尼等薄壳山核桃新品种在朱码街道韩陈村三支堆北侧开展高效复合经营栽植试验，总面积6.67公顷；引进中科院江苏植物所新品种彩叶杨树（中山彩韵）开展培育，总面积6.67公顷；大力推广无絮雄性杨树品种，大东镇施洼村发展南林3804、南林3412无絮杨树育苗13.33公顷，培育苗木20万株。保滩街道肖渡村被省林业局评为省级苗木特色村。

【古树名木保护】 2021年，县自然资源和规划局大力开展古树名木保护，对朱码街道柴市村四组青檀古树建设围栏，疏通排水沟系，施肥治虫，开展复壮工作。对陈师街道水莲村歪倒的古桑树落实搭设支架、扶正措施。对五港镇王杨村倒伏水中的古柘树完成移植工作。完成全县古树名木普查，对已登记挂牌的63株古树名木定期开展生长量监测。8月18日，根据《江苏省古树名木保护管理规定》，县自然资源和规划局将城市建成区内的20株古树名木管理职责移交县住房和城乡建设局。

【林长制建设】 2021年，涟水县全面完成县、镇、村三级林长制体系建设，全县设立林长593名，其中县级总林长2名，副总林长1名，县级林长15名；镇级总林长32名，副总林长16名，镇级林长182名；村级林长345名。完成《涟水县林长制县级会议制度》《涟水县林长巡林制度》《涟水县林长制县级督查制度》《涟水县林长制信息报送和公开制度》等配套制度建设，开展常态化巡林管护工作。 （袁正鲜）

畜 牧 业

【概况】 2021年，全县坚持稳定畜禽生产、狠抓动物疫病防控、强化动物卫生监督管理、规范兽医队伍建设等工作。黄营稳盈、高沟牧原、朱码牧原、东胡集比米农牧、五港斗灯等生猪养殖项目竣工投产。全县畜牧业发展态势稳定，存出栏保持稳步增长。全县生猪存栏32.1万头，其中母猪存栏3.48万头，出栏50.7562万头；牛存栏1.82万头，存栏5.59万只，出栏5.22万只；家禽存栏377.2万羽，出栏1149.99万羽。规模养殖比重达90%以上，居全市前列。主推品种有三元杂交猪、苏淮猪、苏泰猪、罗斯蛋鸡、苏禽绿壳蛋鸡、海兰蛋鸡、科宝肉鸡、涟水地方草鸡、湖羊、槐山羊等。主推技术有畜禽疫病综合防控技术、非洲猪瘟防控技术、粪污资源化综合利用技术、畜禽标准化养殖技术等。

【病死动物无害化处理】 2021年，县农业农村局健全病死动物无害化收集处理体系。病死动物无害化处理中心已形成“场户送交、镇设站点、流动收集、集中处理”的动物无害化收集处理体系。全县有镇街无害化处理收集点15个,全年共处理县内病死猪7.2513万头,县内屠宰场病害猪产品合计50.67吨,病死家禽334吨。

【粪污资源化利用】 2021年,全县畜禽粪污资源化利用率96%以上。中央畜禽粪污资源化利用整县推进项目位于大东镇,占地5.2公顷。项目总投资7984万元,其中中央财政扶持3600万元,用于对全县200个畜禽养殖场粪污存放设施的建设与改造;建设1个畜禽粪污集中收集、处理体系。项目建成后,年可处理各类农作物秸秆2.8万吨、干鸡粪1.4万吨以及猪粪水9.8万吨,日产沼气4万立方米。截至年底,完成粪污资源化利用中心土建工程量的80%。 (宋华东)

渔 业

【概况】 2021年,全县水产养殖面积2673.33公顷,实现渔业总产量19146万吨,渔业总产值14.9亿元。在稳定青鱼、草鱼、鲢鱼、鳙鱼等常规养殖1199公顷基础上,发展河蟹、南美白对虾、克氏原螯虾等特色养殖达1480公顷,并重点推广水产健康养殖和生态养殖示范创建,规范发展稻渔综合种养技术,完善“合作组织+基地+农户”产业化模式,提高产业化经营水平。

【渔业设施建设】 2021年,县农业农村局积极推动养殖池塘标准化改造及尾水治理工作,做好前期推进各乡镇水环境治理和生态渔业建设宣传工作,推动现代渔业高质量发展,指导各乡镇做好养殖池塘高标准改造设备更新工作,保障养殖尾水达标排放或实现循环利用。河蟹养殖塘口采取种植水草、放养螺蛳等原位进化模式对池塘尾水进行净化,常规鱼养殖塘口采取设置占比6%以上的池塘尾水净化区。从现代农业发展资金中抽出145万元优先支持单个面积50亩以上、连片100亩以上的池塘进行尾水沉淀池、曝气池、生物净化池等方面的改造。 (宋华东)

农业园区建设

【概况】 2021年,全县建成市级以上现代农业示范园区3个,其中省级园区2个,即涟水县现代农业产业示范园(南集)、江苏省涟水现代农业产业园区;市级园区1个,即涟水百药园;每个镇(街道)都建成县级园区。截至年底,全县有农业园区16个,主要产出品种有优良稻米、芦笋、食用菌、草莓、中药材等。

【涟水县现代农业产业示范园(南集)】 2021年,涟水县现代农业产业示范园(南集)已建成“一村一带两中心两片区”(豆文化特色田园乡村、生态休闲观光带、优质水稻产业片区、精致园艺产业片区及综合管理服务中心、农产品加工物流中心)为核心,以“优质稻米基地、精致果蔬基地、种养加循环农业基地、豆制品特色产业”为重点,形成集“种养加运销游”联动发展的新型园区。园区规划总面积6113.33公顷,园内有优质高效农业业主56个,其中农业企业6家(其中省级农业龙头企业1家,市级农业龙头企业3家)。成功申报创建466.67公顷绿色食品认证,园区有农业产品公用品牌“谷怀南集”,创意品牌“缘荟稻”“豆香南集”“南小千”“桃小豆”“安东米富”“乡宝园”。2019年8月29日成功获批准于创建省级现代农业产业示范园。2021年12月,园区成功举办“南集大米”食味品鉴活动。

【江苏省涟水现代农业产业园区】 2021年,江苏省涟水现代农业产业园区持续发展芦笋主导产业,先后打造春雨、春竺、春禾、春晖、春华5个芦笋示范基地,总面积达666.67公顷,创成2021年涟水县现代农业产业园区,入选全国农村创业园区名录。红窑镇获批国家农业产业强镇、省级绿色蔬菜产业特色镇。投入2亿元,建成裕淮菇业双孢菇产业基地,年产双孢菇突破1万吨,带动群众就业近200人。荷藕产业基地面积达万亩以上,形成从盐河到省道235连线成片的发展优势,加快发展红窑万亩优质稻米基地和万亩生态林等“五个万”农业产业建设。大力发展家庭农场、农民专业合作社、农业龙头加工企业等新型农业经营主体和农业社会化服务组织,构建“品牌+基地”“品牌+标准”等模式,充分挖掘生态有机、地域文化等特色内涵,积极组织申报绿色食品、有机食品、地理标志农产品,红窑芦笋进入“淮味千年”名录。全面加快产居融合步伐,布局芦笋、荷藕、双孢菇等农业产业,放大工业集中区、云锦产业园、金鸡坨生态农庄等叠加效应,充分激发就业活力,释放就业岗位,帮

红窑芦笋饮料加工厂 (县农业农村局 供稿)

助农民实现“家门口”就业。全面加快现代农业发展,力争创成国家级现代农业产业示范园。

【涟水百药园】 是江苏省国土资源厅立项实施1200公顷高标准农田整治项目基础上建设的一项集中药材种植、加工、销售、中草药科普、旅游观光的全产业链项目。2016年下半年启动实施,投资5200万元铺设道路17817米、建桥12座、涵462座、拓宽沟渠26986米。2021年,园区内800公顷土地已签约中药材种植项目20个,种植丹参、金银花、菊花、黄蜀葵、白术、芍药、白芷、玫瑰等10余种中草药,配套建成中草药加工区,建设标准化加工厂房1万平方米的中药材加工厂房对中药材进行清洗、烘干、切片等初加工,并对经过初加工的菊花、玫瑰、金银花等进行包装、出售,相关产品已在天猫平台进行销售。涟水百药园被评为江苏省标准化示范基地,创成市级农业园区、白芍标准化种植示范基地,创立百药园省级科技星创天地。 (宋华东)

农业机械化

【概况】 2021年,全县有大中型拖拉机4209台,收割机7410台,乘坐式插秧机775台,谷物烘干机628台,自走式植保机7354台,植保无人机252台,合计20628台。全县拥有农机合作社234家,入社人员4500人,省市级示范合作社28家。拥有各类农机具5000余台套,服务面积全年累计达8万公顷,年收入3.2亿元。打造省市级全程机械化综合农事服务中心4个。耕整地环节机械化水平100%,种植环节机械化水平90.22%,植保环节机械化水平78.04%,收获环节机械化水平100%,烘干环节机械化水平72.3%,秸秆处理环节机械化水平93.2%。县农业农村局认真执行农业机械注册登记有关规定,对符合条件的农业机械严格把关,仔细查验。截至年底,全县共注册登记农业机械777台,安全技术检验农业机械1781台,报废更新农业机械174台。提高农机人才队伍建设,全年共完成农机职业技能培训2期134人,提供农机信息服务70余次和志愿者下乡服务30人。抓好农机装备提档升级,深化国家级粮食生产全程机械化示范县创建工作,涟水县获批全国第六批率先基本实现主要农作物全程机械化示范县。

【农机安全监管】 2021年,县农业农村局严格规范执法、认真履行职责,累计检查农业机械847台套;组织农机服务97次;签订各类农机安全生产责任书6000余份;组织农机安全生产知识培训班12期,培训教育农机驾驶员900余人次;开展安全生产知识宣传活动7场次,发放农机安全生产宣传资料2.2万份;组织农机驾驶员考试12期,核、换发驾驶证474本;开展“送检下乡、为民服务”活动24场次,服务群众2500余人次。

【农机购置补贴】 2021年,全县使用中央和省级财政农机购置补贴资金2855.29万元。推广各类农机补贴机具1292台(套),受益农户达1028户,主要推广有轮式拖拉机208台、收割机486台、插秧机88台、粮食烘干机40台、喷杆式喷雾机68台、旋耕播种机129台、旋耕机181台,其他各类农机具92台套,补贴资金全部兑付完毕,超额完成上级下达的各项指标。

【水稻机插秧技术推广】 2021年,县农业农村局大力推广水稻机插秧技术。分发机插秧育秧和插秧的技术资料,在东胡集镇钦工村开展水稻机插秧机械化育秧现场培训会,50余人参加会议。提高农民对水稻机插秧的认识;宣传农机购置补贴,鼓励农民集中育秧,扩大规模。在大忙期间到田间地头进行技术服务,帮助农机手解决技术难题,提高农民使用插秧机的积极性。新增乘坐式水稻插秧机88台,水稻种植机械化水平达82.5%(机插秧水平达73.5%)。 (宋华东)

农业水利

【概况】 2021年,全县组织实施淮涟灌区续建配套与现代化改造项目2021年度涟水县项目、涟水县2021年度农村生态河道工程、涟东灌区2017年度续建配套与节水改造工程节余资金增做项目、2017年度小型农田水利重点县结余资金项目等农村水利工程。具体为:实施6572万元的淮涟灌区项目,可改善灌溉面积4326.67公顷、年增粮食产能413万千克;实施1038.89万元的农村生态河道工程,共打造25条农村生态河道、提档升级20条生态河道;实施400万元的涟东灌区节余资金增做项目,可改善灌溉面积约80公顷,增加水土保持330平

农机手培训 (县农业农村局 供稿)

方米,年粮食增产14万千克;实施135万元的重点县节余资金增做项目,可改善灌溉面积约233.33公顷,年增产效益23.56万元。截至年底,全县共有有效灌溉面积9.62万公顷、旱涝保收田8.85万公顷、节水灌溉面积6.67万公顷,灌溉水利用系数为0.597。

【农村生态河道建设】 2021年,全县投资1038.89万元,累计治理河道45条长255千米,其中:建设生态河道25条,总长107千米,土方109.48万立方米;提档升级河道20条,总长148千米,对岸线边坡进行整理、绿化补植及建筑物维修等。工程于2021年2月25日发布招标公告,3月9日开标,3月22日开工建设,同年11月底完成全部建设任务。工程实施后效益显著,可恢复和改善灌溉面积5020公顷,改善排涝面积1.26万公顷,新增旱涝保收田3766.67公顷,植树20240株,治理水土流失面积5.16万平方米。

【朱码节制闸拆除重建工程】 2021年1月5日,朱码节制闸拆除重建工程完成越闸下游导流河,1月14日完成施工期围堰,4月6日完成节制闸底板,4月29日完成电站主体,5月24日完成节制闸闸门吊装,6月17日完成工作桥,6月28日完成电站闸门埋件安装及二期混凝土浇筑,6月30日完成上、下游翼墙,7月9日完成上游护坡,7月28日完成电站闸门安装,7月31日完成启闭机安装,8月25日开始控制楼灌注桩施工,9月27日完成通水验收,11月19日拆除围堰放水,预计2022年1月3日房屋屋面封顶。截至年底完成总工程量的93%,共计完成土方开挖9.5万立方米、土方回填约4.5万立方米,完成混凝土浇筑1.65万立方米,完成钢筋制作安装1400吨。工程预计2022年5月完成全部建设任务。

2021年5月4日,朱码节制闸拆建项目闸门吊装 (县水利局 供稿)

【汛期水质提升】 2021年,县水利局实施汛期(5—9月)水质提升工作。编制《涟水县2021年度汛期水质提升专项工作方案》《涟水县汛期水质提升工程运用调度方案》;开展监测断面排涝范围内河道水系调查,摸清沈三圩等重要断面支流水系,绘制断面水系图;开展管理范围内100余座涵闸站污染溯源排查,形成问题整治清单并提出汛期应急处置建议方案;编制13条重点河道的水量分配方案和调度方案,强化流域性河道重点点位水位、水量监控,在各主要闸点安装视频监控点104处,确保发现问题及时处理。配合生态环境、气象等部门建立防范汛期水质波动联合会商机制,实现雨情、水质水情、汛情、工程变动等信息共享。密切关注天气形势和水质、水情变化,发生水质异常情况时立即根据有关预案或根据生态环境等部门协商提出的方案,在确保防洪排涝安全的前提下,配合做好相关水工程调度,减轻汛期排涝对下游断面的污染冲击。配合生态环境部门做好国省考断面补水工作,开启涟西二干渠首闸、马圩退水闸,关闭马圩闸引涟西二干渠水入南六塘河,并关闭杰勋河梯级闸,改善南六塘河水质;开启北门闸、长浦退水闸、老三支退水闸,引盐河水经西官河入一帆河;开启松林荡排涝站引古淮河水经唐松河入唐响河,改善县内2个国考与4个省考断面水质。

【五岛湖保护范围划定】 2021年10月,县水利局开始实施涟水县五岛湖保护范围划定工作。划界基准线为现状湖堤线,保护范围外线为基准线外5米,共完成保护范围线(矢量数据)3.53千米,基准线测绘界桩埋设8个,告示牌埋设2个,控制点布设3个,1:2000地形图1份,五岛湖保护范围界线图1份,界桩成果表制作1份,界桩身份证制作8个。根据《江苏省河湖和水利工程管理范围划定工作验收管理办法》通知要求,在县政府网站上将有关成果向社会公示,并于12月23日通过县级验收。

(徐　静)

工业·建筑业

INDUSTRY AND CONSTRUCTION

编辑：王梦真

综　述

【概况】 2021年,全县有规模以上工业企业214户;全年实现规模以上工业总产值391.84亿元,比上年增长41.6%;规模以上工业应税开票销售收入282.54亿元,增长31.76%;工业增加值增长27.2%;实现全部工业入库税金21.67亿元,增长23.71%;工业用电量12.71亿千瓦时,增长21.75%;累计完成规模以上工业投资130.62亿元,增长39.6%;全年新增规模以上工业企业48户。县工信局积极推进供给侧结构性改革,深入贯彻落实省、市、县降低实体经济企业成本精神,持续开展"三进三帮""百企帮扶"活动,工业经济保持向上向好发展态势。全县初步形成以绿色食品、纺织服装、新一代电子信息、高端装备制造为主导产业,日化轻工、建材家居等N个特色产业的"4+N"现代产业发展格局。食品饮料、纺织服装两大产业均破百亿级,电子信息、高端装备制造等主导产业持续壮大,荣获全省"开办企业"评价先进地区、全省食品工业十强县、世界美酒特色产区。

【招商引资】 2021年,全县有市认定新招引亿元以上项目75个,其中工业项目47个(10亿元以上3个,50亿元以上1个),服务业项目16个(10亿元以上3个),农业项目12个(10亿元以上1个)。县工信局深入开展招商引资"百日竞赛"活动,研究出台《镇街机关招商队外出驻点招商管理制度(试行)》等文件,举办大型招商培训5次,在苏州、上海、广州等地召开先进制造业等专题招商推介会22次。梳理挖掘核心乡贤资源,有效推进乡贤招商。完善产业招商图谱,更新制作招商引资手册、政策汇编等宣传资料,"大招商、招大商"氛围日益浓厚。

【企业技术改造】 2021年,全县完成亿元以上技改项目30个,累计完成技改投入45亿元。中顺环保、永创化学2户企业获批省级企业技术中心;中信华电子、艾诺信电子、新宏兴能源3户企业获批市级企业技术中心;今世缘酒业、弘晟包装、中信华电子3户企业获批省级智能车间。

【重点企业培育】 2021年,涟水县紧紧围绕规模企业培育要求,强化培育举措,打造优良营商环境,做大工业总量。全年全县13户企业纳入市重点百户企业名单,新培育规模工业企业48户。对企业实行政策聚焦、要素聚焦、服务集中,优先保障重点企业融资、用工、用电、用地等要素需求。突出抓好要素供给,优化水电气等生产要素调度,及时开展银企对接、用工对接等活动,着力解决企业用地、用电、融资等突出问题,促使企业开足马力、满负荷生产,支持培育企业做大做强。

2021年度全县重点工业企业一览表

表6

单位名称	负责人	服务范围及项目(主要经营范围)	单位地址
江苏今世缘酒业股份有限公司	李维群	白酒制造	涟水县高沟镇今世缘大道
江苏华源生态农业有限公司	尹　军	复合肥料制造	江苏涟水经济开发区循环经济产业园
淮安锦纶化纤有限公司	陆志栋	锦纶帘子布	江苏涟水经济开发区炎黄大道
淮安源通制帽有限公司	费　艳	生产各种帽子	江苏涟水经济开发区炎黄大道
淮安通威饲料有限公司	丁永国	生产饲料	涟水县保滩街道工业集中区
江苏永安化工有限公司	方浙能	有机化学原料	江苏涟水经济开发区循环经济产业园
江苏从一家居股份有限公司	蒋亚芹	木门生产	江苏涟水工业经济开发区红日大道
江苏快乐电源(涟水)有限公司	马永捍	高性能动力型铅蓄电池生产销售	江苏涟水经济开发区红日大道
大量科技(涟水)有限公司	梁修陶	数控设备生产	江苏涟水经济开发区杨涟路

【工业节能减排】 2021年,全县单位GDP能耗降低率目标为2.8%,已完成年度目标任务。县工信局优化节能管理,对184户规上工业企业强化能耗监测预警,与县委办、县政府办、县发改委、县应急管理局、县环保局、县统计局等部门成立专班,走访调研各规上企业,了解企业生产生活需求及保安负荷状况,配合发改、供电公司做好《涟水县今冬明春有序用电实施方案》,压实压紧企业主体责任。其中,光大生物全年能耗总量控制在6.9万吨标准煤以内,单位产值能耗或单位工业增加值能耗不超过上年。认真梳理排查已形成的"两高"技改项目,充分挖掘存量项目节能潜力,加强能耗源头管控,全面推进重点领域节能。积极开展能效对标、节能诊断等活动,坚决守住能耗"双控"底线。引导企业绿色转型,建立完善绿色工厂培育制度,做好绿色制造名单培育和储备工作。年内,引导永丰纸业实施节能技术改造工程,投入技改资金614.6万元,节约2340吨标准煤,节能减排效果显著。

(蒋梦琴)

工业项目建设

【概况】 2021年度,全县列入市督考体系新开工工业项目36个,累计投资额100.62亿元,其中50亿元以上项目1个,为投资50亿元的今世缘智能化酿酒陈贮中心。江苏今世缘酒业股份有限公司智能成品酒包装项目投资30亿元。江苏品星防爆电机有限公司防爆电机生产项目投资3亿元。全年全县设备投入超千万元企业18户,累计投资额3.43亿元。

(蒋梦琴)

【省市重大项目】 2021年,今世缘智能化电商物流中心顺利纳入省重大项目库,25个重大项目完成投资93.94亿元,超年度投资计划7.7%;纳入市盘20个现代服务业项目完成投资74.92亿元,超年度投资计划23%。县发改委加强项目管理,对政府投资项目实行动态化管理,实行"一月一调度,一季一督查,年终一考核"机制。

(孙 洁)

绿色食品产业

【概况】 2021年,全县有规模以上食品饮料类工业企业27户,完成开票销售收入89.27亿元,比上年增长31.6%,入库税收11.57亿元,增长10.4%。骨干企业主要有江苏今世缘酒业有限公司、淮安通威饲料有限公司、淮安市超越工贸有限公司、淮安市三升食品有限公司、江苏大自然食品有限公司、江苏苏美食品有限公司等。主要产品有白酒、白条肉、酱油、香醋、大米、面粉、糕点、食用油等。

【江苏今世缘酒业股份有限公司】 坐落在高沟镇,有员工3600余人,占地面积100余万平方米,拥有"国缘""今世缘""高沟"三个品牌,年产白酒3万余吨。今世缘、国缘品牌先后成为"中国驰名商标",高沟品牌入选"中华老字号",至2008年起,公司主要经济指标位居全国白酒行业十强。2014年7月在上交所主板成功上市,成为A股主板淮安市首家上市公司。先后获中国白酒智能化酿造示范车间、全国"守合同,重信用"企业、全国质量和服务诚信优秀企业、全国"五一"劳动奖状、全国模范劳动关系和谐企业、全国文明单位、全国质量奖、新华社民族品牌工程等荣誉或称号。2021年,实现开票销售收入64.08亿元,入库税金22.79亿元。

【淮安通威饲料有限公司】 位于保滩街道工业集中区(十堡村),总投资1.15亿元,占地5.33公顷,建筑面积1.85万平方米。2011年3月破土动工,9月投产。公司有4条牧羊M600颗粒饲料生产线和1条牧羊M165膨化饲料生产线,全电脑控制生产工艺流程。有化验室3个,主要仪器有KDN-2C定氮仪、LDS-IG电脑水分测定仪、722S分光光度仪、DG5033A酶联免疫检测仪、HYP-1008八孔消化炉、PXS体视显微镜、TDZAAAA-WS低速台式离心机等。可以检测水分、粗蛋白、粗脂肪、粗灰分、粗纤维、钙、磷、盐分、砂分、酸价、过氧化值、挥发性盐基氮、水溶磷、黄曲霉毒素B1定性检测等项目。年产家禽、家畜、水产饲料20万吨,产品通过HACCP管理体系认证。2021年,实现开票销售收入608.3万元,入库税金289万元。

【江苏大自然食品有限公司】 位于涟水经济开发区西区祁六路东、纬九路南,成立于2009年7月,投资人蒋亚明。占地面积10.71公顷,建筑面积5万平方米,总投资1.1亿元,注册资金4000万元。主要从事面粉加工、挂面、方便面生产,年产精制挂面6万吨、免油炸方便面3万吨、精制面粉40万吨。产品主要销往广东、海南、浙江、上海、江苏等地,2010年被批准为淮安市农业产业化龙头企业。2021年,实现开票销售收入1.71亿元,比上年增长15.1%;入库税金111万元,下降4.5%。

(蒋梦琴)

新一代电子信息产业

【概况】 2021年,全县有规模以上电子电气类企业21户,实现开票销售收入35.79亿元,完成入库税金5053万元。骨干企业主要有江苏嘉立创电子科技有限公司、江苏快乐电源(涟水)有限公司、淮安特创科技有限公司、江苏中信华电子科技有限公司、淮安强陵照明有限公司、汉门电子(江苏)有限公司、江苏洲旭电路科技有限公司和涟水县苏杭科技有限公司等。主要产品有照明灯具、线路板、耳机及扬声器生产、光电子元器件等。

【江苏快乐电源(涟水)有限公司】 位于涟水经济开发区红日大道25号,2009年由浙江客商钱黎瑾投资兴建。总投资2亿元,固定资产投资1.5亿元,注册资金2000万元。占地面积11.07公顷,建筑面积6.3万平方米,2010年12月投产。主要生产设施设备有铅粉机、铸板机、和膏机、涂板机、固化室、精密注酸机、化成充电机等设备120余台套,主要生产储能电池、高性能动力型蓄电池等产品,年产蓄电池100万千伏安,产品主要出口东南亚、中东、东欧、非洲等地区,是具有国际领先水平的高容量密封型免维护铅酸蓄电池生产基地。2021年,实现开票销售收入2.18亿元,入库税金937万元。

【江苏洲旭电路科技有限公司】 位于涟水经济开发区兴盛路5号,总投资3亿元,项目占地3.6公顷,规划建筑面积2.3万平方米。公司于2016年2月开工建设,2017年4月竣工投产。项目购置钻孔机、成型机、电镀生产线、检测仪等设备1200余台。年产印制线路板90万平方米,产品主要销往广东、深圳等地,应用于电子产品,汽车等行业。2021年,实现开票销售收入2.35亿元,入库税金810万元。

【涟水县苏杭科技有限公司】 位于涟水经济开发区兴盛路12号,由昆山客商投资兴建。总投资10.1亿元,注册资本5000万元。占地8.67公顷,建筑面积7.5万平方米。2015年6月开工建设,2016年11月竣工投产。主要生产汽车线路板,年可生产多层线路板120万平方米,其中汽车印制线路板占65%,主要为奔驰、宝马、奥迪等汽车生产厂商提供车载线路板。2021年,实现开票销售收入1.75亿元,入库税金598万元。

(蒋梦琴)

纺织服装工业

【概况】 2021年,全县有规模以上纺织服装类工业企业24户,实现开票销售收入37.49亿元,入库税金7982万元。骨干企业主要有淮安锦纶化纤有限公司、淮安源通制帽有限公司、淮安远达服饰有限公司、虹安纺织(淮安)有限公司、江苏金典纺织有限公司、涟水国盛服装有限公司、淮安创世纪服饰有限公司、江苏瑞展纺织实业有限公司、淮安新芳杰高科服装有限公司等。主要产品有各种纱线、帘子布、色织布、各种衣帽、麻纺制品。

【淮安源通制帽有限公司】 位于涟水经济开发区炎黄大道30、32号,由亚源国际有限公司于2002年5月投资兴建,总投资3500万美元,注册资金775万美元。占地10.67公顷,建筑面积4.8万平方米。2002年12月正式投产,有工人4000人,有日本百灵达绣花机、自动裁床等设备1250台(套)。主要生产各种棒球帽、礼帽、牛仔帽等产品,主要销往美国、日本、德国等地区。2015年1月新建高档运动帽生产项目,总投资1500万美元,占地面积4.2公顷,建筑面积1.6万平方米,年产48万顶。2021年,实现开票销售收入7.31亿元,入库税金590万元。

【淮安远达服饰有限公司】 位于高沟镇工业集中区西区,由台商王顺贤投资6000万元兴建。注册资本30万美元,占地面积4万平方米,建筑面积2.1万平方米,有员工300人,2005年3月投产。有电动缝纫机100台、烫帽机6台、全自动电脑绣花机15台,全自动水洗烘干设备若干。作为PUMA、李宁、361°等品牌加工,企业主要生产各类运动休闲帽子(年产300万顶)、高中档休闲服饰(年产100万件次),产品主要销往欧美。2021年,实现开票销售收入7.02亿元,入库税金1226万元。

【虹安纺织(淮安)有限公司】 虹安纺织是天虹纺织集团(香港主板上市公司)全资子公司,位于开发区兴腾路北侧、创业路西侧、兴旺路南侧。公司租赁江苏妙通纺织有限公司设备和场地生产经营,注册资本150万美元,于2017年11月正式投产。主要生产天丝纱和环保人棉纱系列,原料由天虹集团内部子公司提供,纱主要销给天虹总公司。2021年,实现开票销售收入2.59亿元,入库税金1595万元。

【江苏金典纺织有限公司】 位于涟水经济开发区纬五路9号,由印度客商和淮安祥泰贸易有限公司于2008年合资建设,总投资1600万美元,注册资本7000万元。占地9.3公顷,建筑面积39700平方米,有员工500人,2009年3月正式投产。主要生产全棉、混纺毛毯产品,年产毛毯182万条,产品主要销往非洲、中东、日本等地区。2021年,实现开票销售收入1.49亿元,入库税金131万元。 (蒋梦琴)

高端装备制造产业

【概况】 2021年,全县有规模以上机械装备类企业22户,实现开票销售收入13.2亿元,入库税金1903万元。骨干企业主要有淮安天马纺织器材有限公司、大量科技(涟水)有限公司、江苏普耐力橡胶有限公司、淮安仲益电机有限公司、江苏意尔重工有限公司、江苏品星防爆电机有限公司和吉圣金属制品(淮安)有限公司等。主要产品有农业机械、家电机及电机原辅材料的生产、高低压配电柜组装生产、阀门、汽车配件等。

【淮安天马纺织器材有限公司】 位于涟水经济开发区兴隆路2号,由江阴客商任晓飞投资兴建,总投资8000万元,注册资金3000万元,占地2.13公顷,建筑面积1.1万平方米。2013年4月开工建设,2014年12月正式投产。有电铸槽、开关电源、烘箱等设备300台(套),主要生产印花圆网,年产5000万只,主要销往欧美等地区。2021年,实现开票销售收入1.62亿元,入库税金362万元。

【大量科技(涟水)有限公司】 位于涟水经济开发区炎黄大道16号,由台湾大量科技股份有限公司2015年投资购买原华宇科技厂房、办公楼等兴建。总投资9900万美元,注册资本3300万美元,占地11.53公顷。一期项目于2016年6月竣工投产。专业生产PCB(印制电路板)行业用高速钻针研磨机、PCB成型机、钻孔机、雕铣机等设备,其中高速钻针研磨机为世界首创。年产PCB成型机300台套,PCB钻孔机120台套。2021年,实现开票销售收入1.93亿元。

【江苏普耐力橡胶有限公司】 由江苏飞跃橡胶有限公司投资兴建,位于涟水经济开发区双拥路2号。总投资4.5亿元,注册资本4000万元,占地12.13公顷,建筑面积6万平方米,于2012年2月开工建设,2013年8月正式投产。主要生产电动车、自行车、室内装载车辆内外胎,年产9000万条,产品主要销往韩国等地区,并为英克莱、小鸟、凤凰等知名品牌车辆做产品配套。2021年,实现开票销售收入9570万元,入库税金88万元。 (蒋梦琴)

日化轻工产业

【概况】 2021年,全县有规模以上日化轻工类企业31户,实现开票销售收入56.57亿元,入库税金1.56亿元。骨干企业主要有江苏华源生态农业有限公司、江苏永安化工有限公司、涟水新源生物科技有限公司、华昌智典新材料(江苏)有限公司、江苏永创医药科技股份有限公司、江苏弘晟包装有限公司、涟水永丰纸业有限公司、江苏华宇印务有限公司和淮安中顺环保科技有限公司等。主要产品有邻氯苯胺、硝基甲苯、赤磷、磷酸、甲酸、对氯甲苯、邻氯甲苯、硫酸、三氯氧磷、碳酸氢铵、磷肥、复合肥、饲钙及各种纸制品、纸制包装品、黄板纸、瓦楞纸、纸箱、宣传画册、包装袋及各种不锈钢标牌铜牌等。

【江苏华源生态农业有限公司】 原名江苏华昌化工(涟水)有限公司,位于涟水经济开发区循环经济产业园涟新路28号，系上市公司华昌化工(股票代码002274)2012年在淮安涟水全资投资兴建的子公司。2012年2月，华昌化工投资8亿元在涟水县薛行化工园区(江苏涟水经济开发区循环经济产业园)创建江苏华昌化工(涟水)有限公司，占地面积33.2公顷，建筑面积12万平方米，建年产100万吨新型生态肥料项目，主要从事新型生态复合肥生产。2016年，公司更名为江苏华源生态农业有限公司，开工建设总投资100亿元的新材料项目，有环保型增塑剂、生物可降解塑料、环保型粉末涂料及工业涂装、芳烃加氢新材料、光固化树脂及聚酯树脂等5条产业链和1个气化中心，5条产业链均为国际尖端技术，总体规划、分步实施。项目全部建成后，年可实现300亿元销售、40亿元税收。2021年，实现开票销售收入10.47亿元，入库税金675万元。

【涟水新源生物科技有限公司】 位于涟水经济开发区循环经济产业园纬八路南侧，创建于2010年，是台湾和桐化学股份有限公司关联企业，总投资1.1亿元，注册资本3000万元，占地面积3.33公顷，建筑面积2.44万平方米，2013年10月投产。主要生产设施设备有脂肪酸甲酯磺酸盐和纺织印染助剂生产装置各1套，主要生产表面活性剂产品，年产脂肪酸甲酯磺酸盐(MES)3万吨、纺织印染助剂1.75万吨。2021年，实现开票销售收入4.39亿元，入库税金1195万元。

【江苏弘晟包装有限公司】 位于涟水空港产业园，集团规划总投资3.9亿元，注册资金5000万元，占地面积10.67公顷，总设计建筑面积6.5万平方米，设计配备国内先进的2500型300米/分钟高速五层纸板生产线1条，2200型300米/分钟高速七层纸板生产线1条，2200型250米/分钟高速两层生产线2条，2800型400米/分钟高速双刀五层纸板生产线1条，智能化无人联动线两条，是1家集生产纸板、纸器包装、原纸销售等综合性包装的专业厂家。2021年，实现开票销售收入1.48亿元。

【淮安中顺环保科技有限公司】 位于涟水经济开发区兴旺大道9号，总投资1.25亿元，占地3公顷，规划建筑总面积1.8万平方米，于2015年8月开工建设，2017年4月份竣工投产。公司购置各类主要生产设备及公辅系统设备合计95台(套)，年可处理污泥16万吨，产生废铜等有色金属1.2万吨。2021年，实现开票销售收入1.91亿元，入库税金557万元。 (蒋梦琴)

建材家居产业

【概况】 2021年，全县有规模以上建材家居类企业65户，实现开票销售收入47.72亿元，入库税金1.86亿元。骨干企业主要有江苏从一家居股份有限公司、江苏汇丰木业有限公司、淮安市汇丰木业有限公司、淮安兴港建材有限公司、江苏东辰建材有限公司、涟水县新星水泥有限公司、淮安宝优新材料科技有限公司、淮安市亚森木业有限公司、涟水新城建材科技有限公司等。主要产品有水泥、商品混凝土、胶合板、实木、复合地板、实木门、各种规格板材及家具等。

【江苏从一家居股份有限公司】 原名江苏肯帝亚森工科技股份有限公司，位于涟水经济开发区红日大道21号，由丹阳肯帝亚集团投资建设。公司总投资10亿元，注册资金6000万元，占地20公顷，建筑面积52860平方米。公司于2010年9月开工建设，2012年6月正式投产，主要生产木门及木饰面设计，年产100万套，主要销往欧美及国内各大中城市以及大型精装房地产商。2021年，实现开票销售收入5.62亿元，入库税金5059万元。

【江苏汇丰木业有限公司】 位于黄营镇工业集中区内，总投资10亿元，占地24.67公顷，规划建筑面积7万平方米。于2016年8月开工建设，2017年9月一期竣工投产，并于当年成为规模企业。公司购置削片机、德国进口刨片机、意大利进口筛选、热能中心、连续压机等各类生产及辅助设备480台(套)。全面投产后年产环保刨花板30万立方米。产品主要为瑞典宜家、国内索菲亚、欧派及金牌等知名品牌做配套，产品主要应用于室内装潢、家具制造、家居全屋定制等领域。2021年，实现开票销售收入4.24亿元，入库税金457万元。

【淮安市亚森木业有限公司】 位于涟水经济开发区西区，由南京客商刘毅于2003年12月创建。总投资2000万元，其中固定资产投资1300万元，注册资金500万元，占地面积2公顷，建筑面积1万平方米，于2003年投产。主要生产设施设备有数控车床、精密裁板器、木材防腐阻燃设备。年产各类多层胶合板4万立方米，均为出口产品，2005年8月通过欧盟专家验收拿到胶合板通往欧洲市场的质量通行证CE认证书，市场由中东地区扩展到欧洲。2021年，实现开票销售收入6271万元，入库税金213万元。 (蒋梦琴)

生物医药产业

【概况】 2021年，全县有规模以上生物医药类企业2户，实现开票销售收入8386万元，入库税金650.97万元。骨干企业主要有江苏涟水制药有限公司、淮安市恒春医疗器材有限公司。主要产品有盐酸阿比多尔颗粒、乳酸左氧氟沙星注射液、一次性使用输液器、输液针等产品。

【江苏涟水制药有限公司】 始建于1958年，2010年实施企业改制，由四川海诚投资有限公司控股，位于县经济开发区兴旺大道西侧。新厂区总投资2.5亿元，占地8.2公顷，总建筑面积3.7万平方米。2010年开工建设，2011年投入生产，主要产品有氢溴酸右美沙芬注射液、盐酸阿比多尔颗粒、乳酸左氧氟沙星注射液等，拥有小容量注射剂、片剂等多种剂型，103个化药品种批准文号，年产小容量注射剂36亿支，产能位居全国第一，产品销往全国各地医药公司。公司被认定为国家级高新技术企业、江苏省抗流感药物工程技术研究中心，公司产品获评中国行业十佳创新品牌。

2021年,实现开票销售收入7384万元,入库税金597万元。

【淮安市恒春医疗器材有限公司】 由常州客商邹小明于2003年2月投资兴建,原厂区位于涟水经济开发区炎黄大道南侧。为扩大生产规模,2011年3月搬迁至兴旺大道南首。新厂区于2012年2月开工建设,2014年1月投入使用,总投资1.1亿元,占地5.33公顷,总建筑面积为3.5万平方米。主要生产一次性使用输液器、输液针等三类医疗器械产品,拥有自毁式注射器和新型安全输液器等实用新型专利产品13项,产品全部出口,主要销往英国、意大利、俄罗斯、土耳其等20多个国家。2014年9月,被认定为国家级高新技术企业。2021年,实现开票销售收入1002万元,入库税金53.97万元。 (蒋梦琴)

建 筑 业

【概况】 2021年,全县完成建筑业总产值315亿元,完成外出施工产值196亿元,分别比上年增加6亿元、11亿元,完成全年目标数;完成人才培训5100人;完成规上企业17户,占全年目标数16个的106%;完成30亿—50亿元产值企业1户、20亿—30亿元产值企业2户、10亿—20亿元产值企业8户,占全年目标总数的100%。

【建筑市场开拓】 2021年,县住建局积极引导重点骨干企业开拓海外市场。江苏金品公司与中建美国公司合作承建的5万平方米的项目公寓与酒店工程已顺利封顶;由周大福珠宝投资的巴哈马海岛度假村二期项目已全面开工建设。奋力抢占本地市场,江苏建总成功开拓安徽市场,主要以碧桂园在安徽滁州开发的住宅项目为主,还承接连云港书香楼小区、金鹰国际春天里项目、苏州广海房地产开发有限公司、镇江启迪协信远太房地产公司等众多项目,总造价超过10亿元;江苏兴龙公司先后在哈密、乌鲁木齐、吐鲁番等地承建多项工程,合同额达13.5亿元;江苏吉禾公司在安徽明光承建台商开发项目达1.2亿元;中环科(江苏)公司在昆明宜良承建安置房工程达1.52亿元,在上海新承接中电建一期、二期及书院工程合计3.2亿元,在山东省泗水县新中标政府公共建筑3.5亿元,海南省海口市保障房项目30万平方米,造价超过7亿元;淮安安泰电气安装公司在昆明、安徽、南京等地承建的电力施工项目近2亿元;中军电力公司在湖南长沙承接电力工程,合同价9000万元;江苏愚公公司在武汉黄石市承接广大发电厂工程造价达8000万元。

【新墙材使用】 2021年,全县在建工程均已设立“建筑工程使用墙体材料公示牌”,全面实行“禁粘”。县住建局对全县建设工程和新墙材生产企业分别进行产品质量抽检2次,对抽检不合格的新墙材,已要求建设工地和新墙材生产企业立即停工并进行整改。进行“禁粘”城区回头看专项检查3次,未发现城区各项建设工程使用黏土制品墙材;全县黏土实心砖产量为零,东胡集镇成功创成省级“禁粘”示范乡镇。全年,全县共完成墙材生产0.65亿块(折标砖),新墙材产量0.65亿块,新墙材占墙体材料总量100%;新墙材竣工建筑面积约46万平方米,新墙材竣工面积占总建筑竣工面积的100%,节能建筑竣工面积46万平方米,建筑节能竣工面积占总竣工面积100%。

【散装水泥推广】 2021年,全县共完成散装水泥供应量约15.6万吨,完成商品混凝土供应量166.8万立方米,全县发展预拌砂浆供应量36.2万吨。散装水泥、商品混凝土和预拌砂浆供应量呈逐年上升趋势。 (汪志豪)

今世缘酒业

KING´S LUCK BREWEAY JOINT—STOCK.CO.,LTD

◆ 综　　述

◆ 设施设备

◆ 科技研发

◆ 产品产量与品牌建设

◆ 企业文化活动

编辑：王梦真

综　述

【概况】 江苏今世缘酒业股份有限公司是由今世缘集团有限公司控股的上市公司(股票代码:603369),坐落在涟水县高沟镇今世缘大道1号。2021年底,公司总资产144.34亿元,比上年增长21.79%;净资产92.97亿元,增长12.46%;占地面积123.59万平方米,其中公司总部占地面积122.04万平方米,总公司和子公司异地购房分摊土地面积1.55万平方米;公司总部新增土地面积12.62万平方米;公司总建筑面积86.16万平方米,其中2021年总部新增建筑面积12.42万平方米。公司共有职工3761人,拥有"国缘""今世缘""高沟"三个白酒著名品牌。全年生产白酒成品酒36536.5千升,实现营业总收入64.08亿元,比上年增长25.13%;净利润20.29亿元,增长29.50%。每股收益1.6183元;入库税金22.79亿元。连续第六次入选"中国主板上市公司价值百强企业",被评为"中国轻工业科技百强企业""中国轻工业食品行业五十强企业"。获"中国酒业科技进步优秀企业奖""中国轻工业联合会科学技术进步奖"。

【股权管理】 2021年,今世缘酒业实施上市以来第一次回购,通过集中竞价方式回购公司股份7699963股。12月31日,今世缘酒业总股本125450万股(含已回购的库存股7699963股),控股股东今世缘集团有限公司持股比例为44.72%,实际控制人为涟水县人民政府。招商基金、汇添富等基金公司成为公司重要股东,招商中证白酒指数分级证券投资基金跃居为公司第二大股东;作为"沪股通"标的股票,海外投资人通过香港中央结算有限公司通道买入成为公司第四大股东。首次荣获"金牛奖·投资者关系管理奖"。坚持以低风险、好收益为目标,常态化滚动投资固定收益类产品,并以自有资金参与部分私募股权投资,提升资产配置弹性。私募股权投资方面,2021年新增认缴出资2.1亿元参与南京基石领益股权投资基金项目,该项目聚焦高新技术产业和战略新兴产业,投资于大科技、大医药领域,包括集成电路产业链、人工智能及应用、企业服务、云计算、大数据、高端设备、ICT(信息和通信技术)产业链、生物医药、基因检测、医疗器械(微创介入器械、体外诊断)、消费医疗等,兼顾高科技在消费、泛文化领域的应用。

【市场营销】 2021年,今世缘酒业共设有淮安、南京、苏南、苏中、盐城、淮海、山东7个营销大区,包括省内6个,省外1个;有16个营销中心;有149个办事处,其中省内85个(比上年新增9个),省外64个(比上年减少9个)。推进国缘V系攻坚战、国缘K系提升战、今世缘品牌激活战、省外市场突破战"四大战役"。省内精耕持续深化,省外培育有序推进,统筹双品牌协同布局,打造样板培育板块,1000万元规模地级市场新增20个,总数达32个。喜庆家公司、文旅公司销售均有较高幅度增长。产品结构进一步优化,特A类(单价100元至300元)产品占比91.5%,其中特A+类(单价300元以上)产品占比达到63.1%。全年累计签约网点73530家(其中省内63393家,省外10137家)。年内,今世缘酒业共实现成品酒白酒类营收63.69亿元。

【省委书记娄勤俭考察今世缘酒业】 2021年2月3日,省委书记娄勤俭到江苏今世缘酒业股份有限公司考察,了解企业生产经营、技术创新、疫情防控等情况,充分肯定今世缘以新发展理念引领产业转型升级的做法,以及在高质量发展的同时履行社会责任,助力乡村振兴的担当作为。娄勤俭强调,尽管疫情防控取得明显成效,还是要保持高度警觉,定期开展抽样核酸检测,做好环境消杀。在统筹组织好旺季生产销售同时,进一步落细防控举措,节日期间要高度重视安全生产责任落实,对就地过年的外地员工,要让大家感受到大家庭的温暖。省委常委、秘书长郭元强参加考察。市委书记蔡丽新,市长陈之常,市委常委、秘书长李森,涟水县委书记时勇,今世缘酒业党委副书记、副董事长、总经理顾祥悦,党委副书记、监事会主席倪从春等陪同。

【东京奥运江苏健儿走进今世缘】 2021年11月10日,张雨霏、尤浩、呙俐、梁馨枰、孙炜等江苏籍东京奥运健儿,在江苏省政协原副主席、省发展体育基金会理事长张九汉率领下走进今世缘,传播奥运精神,畅饮庆功美酒。欢迎仪式上,张九汉向今世缘酒业赠送东京奥运江苏健儿签名的领奖服,今世缘酒业党委书记、董事长周素明向江苏奥运健儿赠送东京奥运庆功酒国缘V9。在今世缘文化活动中心,张九汉、江苏省体育局副局长王志光、奥运冠军张雨霏与今世缘党委副书记、工会主席鲁正波共

2021年2月3日,省委书记娄勤俭(右三)考察今世缘酒业　　(今世缘酒业　供稿)

2021年11月10日，张雨霏、尤浩、呙俐、梁馨枰、孙炜等江苏籍东京奥运健儿走进今世缘

（今世缘酒业　供稿）

同为“今世缘健身运动场”揭牌，并与今世缘体育运动爱好者交流互动。

（薛余超）

设施设备

【概况】 截至2021年底，今世缘酒业主厂区共有生产设备5636台套（含不锈钢酒罐等），其中，2021年新增设备927台套，报废29台套。在主厂区累计投入约2200万元，实施各类技术改造项目38项，包括酿酒三、四、五车间智能化改造收尾、以及酿酒十车间稻壳机改造、歇夏设备维修改造、沼气锅炉制作安装等项目，提升公司生产装备技术水平，优化设备资源配置，保障公司生产经营需求。

2021年今世缘酒业主要生产设备一览表

表7

设备名称	型号	单位	台数
自动化浓香型酿酒生产工艺设备系统	—	套	8
全自动装甑机器人酿酒自动化生产线设备系统	—	套	28
自动化清雅酱香型酿酒生产工艺设备系统	—	套	4
原粮粉碎及发放系统	—	套	2
曲粉钢板仓系统	—	套	2
自动化稻壳蒸煮系统	—	套	4
包装生产线	—	套	12
包装自动化生产线		套	2
电梯		台	14
电动叉车		台	53
夏朗德式蒸馏机组	—	套	1
真空蒸馏机组		套	1
圆盘式制曲及配套连续蒸煮设备	—	套	1
不锈钢储酒罐	523立方米	只	8
不锈钢储酒罐	2400立方米	只	30
不锈钢储酒罐	600立方米	只	27
不锈钢储酒罐	300立方米	只	18
不锈钢储酒罐	4立方米	只	664
空压机		台	35
不锈钢酒泵	—	台	107
酒膜处理系统	10000T/年	套	1
酒处理冷冻机组设备	-10℃，10T/H	台	7
反渗透水处理设备	50T/H	套	1
反渗透水处理设备	30T/H	套	1
循环水系统	400T/H	套	1
电动葫芦桥式起重机	QD5	台	40
散料车	20立方米	辆	2
饮用水包装生产线	—	套	1
污水处理系统	—	套	1
陶坛	1立方米	只	45000
全二维气相色谱-飞行时间质谱仪	GC×GC-TOMS	台	2
气相色谱-质谱仪	Agilent 7000C	台	1
液相色谱-质谱仪	AB Triple	台	1
四级杆轨道阱高分辨液相色谱-质谱仪	Thermofisher	台	1
电感耦合等离子体质谱仪(ICP-MS)	PerkinElmer	台	2
7890B气相色谱	Agilent	台	1
荧光定量PCR仪	ABI 7500	台	2
变性梯度电泳仪	BIO-RAD	台	2

续表 7

设备名称	型号	单位	台数	设备名称	型号	单位	台数
自动微生物鉴定仪	BIOLOG	台	2	系统显微镜	OLYMPUS	台	2
紫外分光光度计	UV-2550	台	1	自动热量测定仪	CT7000	台	1
自动核酸蛋白分离层析仪	MA99-3	台	1	离子色谱仪	E-JC-201	台	1

【工程技改】 2021年，公司占地面积123.59万平方米，建筑面积86.16万平方米。其中，南厂区新增建筑面积12.42万平方米，主要包括两幢包装车间10.93万平方米、发酵泥车间5975.97平方米、2幢不锈钢罐库8859.2平方米。12月20日，智能酿酒陈贮中心发酵泥车间主体完成；12月31日，智能化包装物流中心包装二车间主体完成；主厂区污水站技改项目竣工已投入使用。

智能化酿酒生产线 （今世缘酒业 供稿）

【智慧工厂建设】 2021年，今世缘酒业推进国缘"V享荟"项目落地，发展会员210万名。简化智慧兑奖流程，开发终端商、消费者互动奖励模型。推进营销人员信息化绩效考核，稳步实施电子印章管理。打通工业互联网二级解析节点，完成酿酒三、四、五、六车间MES系统扩展，推进能源二期项目建设。12月，江苏省工业和信息化厅认定江苏今世缘酒业股份有限公司为"江苏省工业电子商务发展示范企业"，认定江苏今世缘酒业股份有限公司智能酿酒车间为"2021江苏省智能制造示范车间"。

【淮安重大产业项目集中开工活动在今世缘举行】 2021年2月1日，在今世缘南厂区智能化酿酒陈贮中心项目现场，市委市政府举行全市2021年第一次重大产业项目集中开工活动。市委书记蔡丽新宣布"淮安市2021年第一次重大产业项目集中开工"。全市127个重大产业项目正式拉开建设帷幕。市长陈之常主持活动。县委书记时勇介绍涟水重特大项目攻坚和参加本次集中开工项目情况。今世缘酒业党委书记、董事长周素明表示，今世缘将以新发展理念为根本遵循，做创新驱动发展的排头兵；发挥示范效应，促进产镇融合，助力乡村振兴；推动工业文明与生态文明和谐共融，发展循环经济；主动担当作为，模范履行社会责任。 （薛余超）

科技研发

【概况】 2021年，今世缘酒业聚焦白酒主业，持续科技创新，获得科研奖补资金143.98万元，其中获淮安市企业研发投入奖补资金63.98万元，获江苏省科技厅补助资金80万元；规范研发费用管理，提升科技平台运营绩效，江苏省(今世缘)生物酿酒技术研究院2018—2021年3个年度运行绩效被江苏省科技厅评估为良。全年，公司科研工作获省部级荣誉5项，获市级以下荣誉1项，申请发明专利2项，获得授权1项，4人获高级

2021年2月1日，全市第一次重大产业项目集中开工在今世缘举行（嵇永新 吴 燹 摄）

工程师职称，1人获中国酒业协会“第三届中国酿酒大师”荣誉称号、“江苏省第八批产业教授”称号，1人获“江苏省劳动模范”称号，1人获“科创江苏”企业创新达人称号。1月，“国缘清雅酱香型白酒酿造工艺研发与产业化”项目获中国轻工业联合会科技进步奖三等奖，今世缘酒业被江苏省科学技术协会评为“2020年江苏省示范企业科协单位”；12月，“今世缘浓香型白酒发酵过程酒醅酵母菌群结构解析”获第五届中国白酒(国际)学术研讨会优秀论文一等奖。

【包装设计】 2021年，今世缘酒业完成32款产品开发工作，其中公司开发通销23款(新研发17款，产品升级6款)，区域产品开发9款(新研发5款，产品升级4款)。具体品牌为国缘19款，今世缘11款，高沟2款。截至年底，共有9项包装设计获国家知识产权局外观设计专利证书。

2021年今世缘酒业外观设计一览表

表8

设计名称	专利证书号	专利号	设计人	产 品	专利申请日	授权公告日
酒盒(国缘四开)	第6426745号	ZL 2020 3 0659019.3	周素明	国缘酒	2020年11月3日	2021年3月23日
酒瓶(今世缘典藏—D30)	第6431007号	ZL 2020 3 0658849.4	周素明	今世缘酒	2020年11月3日	2021年3月23日
酒壶	第6426466号	ZL 2020 3 0659018.9	周素明	酒壶	2020年11月3日	2021年3月23日
酒盒	第6422508号	ZL 2020 3 0658854.5	周素明	酒盒	2020年11月3日	2021年3月23日
酒盒(今世缘典藏—D30)	第6426744号	ZL 2020 3 0658851.1	周素明	今世缘酒	2020年11月3日	2021年3月23日
酒盒(今世缘—缘份)	第6524150号	ZL 2020 3 0719761.9	周素明	今世缘酒	2020年11月25日	2021年4月30日
酒瓶(今世缘—缘份)	第6527292号	ZL 2020 3 0717921.6	周素明	酒瓶	2020年11月25日	2021年4月30日
手提袋(国缘—V9清雅酱香)	第6879694号	ZL 2021 3 0329414.X	李维群 杨志鹏 唐 淇 刘常波 谢炜烨 邱金国 张 会	手提袋	2021年6月1日	2021年9月28日
酒瓶(国缘2.5L)	第6877896号	ZL 2021 3 0329415,4	李维群 杨志鹏 唐 淇 刘常波 谢炜烨 邱金国 张 会	国缘酒	2021年6月1日	2021年9月28日

【固态发酵智能酿造荣获省创新大赛优秀奖】 2021年9月，公司科研团队以“敢为人先，打造‘今世缘模式’，以固态发酵浓香型白酒智能酿造关键技术的研发与应用”成果为基础进行提炼，推进“中国‘白酒智造’世界首套全自动酿酒装甑机器人诞生记”项目参加第二届江苏企业(研发机构)创新大赛，获选拔赛一等奖。11月，获决赛优秀奖。

(薛余超)

产品产量与品牌建设

【概况】 2021年，今世缘酒业参与国家标准《白酒质量要求第一部分：浓香型白酒》(GB/T 10781.1-2021)修订。完成42度四开国缘、42度对开国缘绿色食品认证续展。产品主要有白酒、红酒，其中白酒分国缘、今世缘、高沟三大系列，全年产量分别为1940.99万升、1625.75万升、86.91万升，红酒年产0.18万升。白酒产品按照消费者不同习惯口味分别执行不同的标准。全年今世缘酒业共有浓香型白酒、固液法白酒标准2个国家标准和柔雅型白酒、幽雅醇厚型白酒、醇厚型白酒(高度)、醇甜型白酒、清雅酱香型白酒5个企业标准。白酒共有“国缘”“今世缘”“高沟”三大品牌。国缘V9定位为“酱香新经典”，国缘品牌定位为“中国高端中度白酒”，今世缘品牌定位为“中国人的喜酒”，高沟品牌定位为“苏派老名酒”。

【国缘品牌】 2021年，今世缘酒业升级国缘V9品牌形象，持续构建“国家平台+高速高铁+公关事件+新媒体”传播矩阵。冠名交通主动脉高铁15列，参与“中国品牌日”、第四届中国国际进口博览会；在哈佛大学俱乐部举行“国缘之夜”文化交流论坛；围绕2020东京奥运会江苏健儿庆功酒主题传播活动，策划“东京奥运江苏健儿今世缘之旅”；与吴晓波频道和天猫国潮联合打造新国货跨年直播秀，开启以“过团圆节，喝缘分酒，晒幸福味”为主题的2021辛丑年春节万瓶美酒大回馈活动。9月，“国缘V9

清雅酱香”获2021年度华樽杯“全国十大爆款新品名酒品牌”，四开国缘获2021年度华樽杯“全国十大高端商务用酒品牌”；11月，国缘对开、国缘四开通过中国绿色食品证书认证续展；“国缘V9清雅酱”香型白酒11月获“江苏精品”认证证书，12月被评为“2019—2021年中国酱酒新势力榜样品牌”。

【高沟品牌】 2021年，高沟品牌围绕“苏派老名酒”品牌定位，“老朋友一起喝的酒”的情感诉求，策划“老朋友就喝老名酒”“高沟青花走进社区、乡镇”等主题营销活动。12月，今世缘酒业以高沟老窖池群及酿酒作坊工业遗产文旅活化利用提升方案，参加江苏省委宣传部、江苏省工业和信息化厅主办的第八届2021“紫金奖·工业设计大赛”，荣获铜奖。

【今世缘品牌】 2021年，今世缘品牌围绕“中国人的喜酒”定位，持续冠名中央电视台《有你才完美》“2·14”专场直播栏目，策划“缘系万里，让爱传递——今世缘助你回家团‘缘’”“父爱缘满，情在酒中”“感恩生命中的有缘人——抖音挑战赛”“集缘卡、赢美酒”等主题活动。开展“高端缘享荟”，强化核心消费者感官体验及文化认同。3月，今世缘品牌获中国酒业金地标奖，今世缘·国缘系列产品被评为全国匠心品牌；4月，被评为2021中国酒业金樽奖最具成长潜力品牌；5月，《有你才完美》“2·14”直播专场荣获第十三届广告主峰会暨金远奖颁奖盛典“金远奖·直播营销类银奖”。 （薛余超）

企业文化活动

【概况】 2021年，今世缘酒业践行“传播缘文化，弘扬真善美”文化使命，突出缘文化在核心竞争力中的“差异化”，创新推出多个新媒体产品，创新传播品牌文化。开展“思想大解放，发展高质量，酒缘新跨越”大讨论。策划第十届职工文化节，创作大型情景歌舞《酿造未来》。编印2020版《酿美酒结善缘——今世缘文化故事》。

【创新传播品牌文化】 2021年，今世缘酒业创新推出“中国节·中国缘”品牌产品，以传统节日元宵、清明、七夕、中秋、重阳、春节为载体，呈现节日的“缘”；推出《把缘读给你听》新媒体产品，每周邀请一位知名主持人，朗诵一段和缘文化有关的文章，讲述各种缘分，与听众互动；围绕“两会”热点、企业亮点，在央视新闻、新华网、“学习强国”、《经济日报》、《新华日报》、凤凰网等媒体平台发布新闻产品20余篇、外宣稿件128篇。

【公益活动】 2021年，今世缘酒业以重点项目为抓手，在积累品牌资产的同时，积极履行社会责任。为员工办实事、办好事，招聘符合条件的53名员工子女、配偶到公司就业。全年全员增资约5000万元，发放补贴、津贴、慰问金、奖学金以及为员工购买保险等支出超过1800万元。改造员工公寓，投入近200万元新建今世缘职工运动场。向南京慈善总会捐赠1000万元，以实际行动助力社会公益。招引上下游配套企业来涟投资兴业，引导涟水玻璃制品企业扩能增量，试点酿酒原粮周边化种植，多措并举助力乡村振兴。9月，被淮安市人民政府授予“第四届淮安慈善奖最具爱心慈善捐赠企业”称号。10月，被中共江苏苏省委、江苏省人民政府评为“全省脱贫攻坚暨对口帮扶支援合作先进集体”。 （薛余超）

2021年10月28日，食博会现场 （今世缘酒业 供稿）

服务业

SERVICE INDUSTRY

- 市场建设
- 住宿与餐饮
- 粮食储备与管理
- 供销合作
- 物　　流
- 邮　　政
- 电子商务
- 食盐专卖
- 烟草专卖
- 旅　　游
- 银　　行
- 保　　险
- 信息通信

编辑:王梦真

市场建设

【概况】 2021年,县商务局对接镇(街道),提档升级部分老旧农贸市场,资金来源为镇(街道)财政及市商务局主管部门专项资金;对一些老旧加油站存在的安全隐患建议开办方申请改造;制定、推进再生资源网点规划,会同相关职能部门,借助文明城市创建契机,规范再生资源回收企业的规范经营。

【淮安福兴建材城】 位于淮安经济开发区、清河新区、淮阴区、保滩街道交汇处,是出入机场的主要通道,东临京沪高速、237省道,交通便利。占地约20公顷,建筑面积20万平方米,项目总投资额约3.8亿元。主营包括房地产开发、石材加工、建筑材料、五金配件、钢材等销售品种,是一座特大型、专业化的建材批发、加工市场。2021年,建材城入驻商户112户,实现销售收入1.86亿元,利税1945万元。

【涟水农产品批发市场】 项目紧邻235省道,距离长深高速出入口仅1.5千米左右,规划用地约23.34公顷,总投资额10亿元。该项目集农副产品全系诸多功能于一体,按照不同的功能区域要求进行规划建设。项目共分两期建设,一期规划约10.67公顷,建筑面积约8万平方米,分为十大品类交易区(蔬菜、肉类、水产、熟食、豆制品、禽蛋、粮油、干货、水果、农资农机农具、日杂百货及自由交易区),项目二期规划用地约12.67公顷,主要规划为一期补充延伸相关业态、仓储加工、订单式商业等。一期各品类可经营商铺约440间、可经营档口(大棚)约150个。2021年,市场入驻商户146户,实现销售收入约7000万元。

(崔凯程)

住宿与餐饮

【概况】 2021年,全县规模以上住宿与餐饮企业共52家。全县住宿与餐饮共计1662户(含个体工商户),全县住宿与餐饮企业积极开展各类促销费活动,整体效益相比上年明显好转。限额以上住宿业与餐饮业分别比上年增长70.9%、74.7%。

【涟水金陵国际大酒店】 位于县城红日路与金城路交叉口,2019年5月建成开业,占地面积约2万平方米,建筑面积约6万平方米,营业使用面积约5.4万平方米。酒店共有客房208间(套),餐位2000个。配有多功能会议室,面积800平方米,可以容纳500人开会,可分可合。2021年,有员工236人,实现营业额2300万元。

【涟水德润酒店】 位于县城海安路2号,占地面积7338平方米,建筑面积2.6万平方米。2014年5月正式投入运营,项目总投资2000万美元。是涟水县首家五星级标准的酒店,集旅游、观光、健体养身、休闲度假、风味品尝、商务洽谈、会议培训于一体。2021年,有员工160人,实现营业额2200万元。

【涟水宾馆】 位于县城主干道安东路南首,占地面积1.75万平方米,营业用房1.8万平方米,拥有豪华套房、普通套房、商务用房、标间180间,各种会议室6个,可接待各种会议和举办商务活动。餐饮部拥有7个各具特色的宴会大厅和50个包间,可同时接待2000人就餐。宾馆浴场营业面积2300平方米。2021年,有员工140人,接待客人约50万人次,实现营业额1680万元。

(崔凯程)

粮食储备与管理

【概况】 2021年,县粮食和物资储备局下设粮食购销总公司1个,生活类应急物资储备点1个,基层粮食所(库)31个。充分发挥粮食购销调存主渠道作用,为全县粮食安全和农民增收做出应有贡献。全年共收购粮食53.4万吨、销售粮食69.2万吨。国有粮食购销企业全年实现粮食销售收入136285万元,实现利润474万元,上缴企业所得税19万元,粮食库存36.1万吨,生活类应急储备物资价值37.7万元。根据省、市国有粮食购销领域腐败问题专项整治工作会议精神要求,成立由主要负责人任组长的涟水县粮食购销领域腐败问题专项整治工作领导小组,制订专项整治工作方案,进一步压紧压实工作责任。

【粮食收购】 2021年,县粮食和物资储备局做好粮食市场调研、粮食购销引导工作,全年共收购粮食53.4万吨,完成订单收购9万吨。销售粮食69.2万吨,销售政策性最低收购价小麦16.9万吨。国有粮食购销企业充分发挥粮食流通主渠道作用,切实保护农民利益。全县国有粮食购销企业贷款2.5亿元,收购小麦10万余吨。

【粮食仓储安全管理】 2021年,县粮食和物资储备局严格按照《粮食流通行业安全生产检查指引》要求,制定粮食进出仓、简易储粮设施、防火防爆、熏蒸作业、租仓储粮和外包作业等操作规范。开展系统化安全培训,150余人参加培训。截至年底,粮食仓储行业共组织各类检查120余次,累计发现问题隐患50多个。添置各类安全生产设备160余台(套),企业安全储粮能力进一步提升。

【粮食收购市场监督检查】 2021年,县粮食和物资储备局对国家政策性粮食进出库做好检验工作。对国有资产进行不定期巡查,发现问题及时处理解决。开展粮食市场日常监管和专项检查,采取多种形式对辖区内粮食库存实施监管,维护地方粮食购销市场秩序。全年共开展粮食收购市场监督检查8次,检查企业55户,各被查企业能严格执行收购政策,依质论价,切实保护农民利益,维护地方粮食市场秩序。

(孙　洁)

供销合作

【概况】 2021年,县供销合作总社系统有下属单位38家,其中:基层供销社31家,工业企业2家,商业性公司4家,供销职工学校1所，以及供销集团总公司和机关本部。有在职基层社职工891人、县直公司332人。县供销合作总社通过招商引资方式，引进总投资3000万元的酿酒项目，盘活原高沟轧花厂地块，年增加租赁收入30万元，社有资产保值增值工作取得初步成效。

【社会化为农服务中心】 2021年，县供销合作总社整合资源，联合在农资供应、农机服务等有一定能力的企业和专业合作社，搭建现代化农业综合服务平台。与福涟现代农业服务有限公司合作，整合县内金牌农资有限公司、金丰公社农业服务有限公司以及涟供农资有限公司资源，在红窑镇颜下庄村建成占地约1公顷，建筑面积约1100平方米的社会化服务中心，开展“水稻全程技术综合管理培训班”“小麦赤霉病防治效果展示观摩”和“优质农资供应”等活动，有效推广农业生产新品种和新技术，促进农业增产增收。

【基层社资产专项整治】 2021年，县供销合作总社按照县委关于供销社资产管理的批示精神，成立专项工作小组，结合实际制定专项整改工作方案，通过公开招标第三方审计公司对供销系统29家基层社以及8家企业资产进行全面清查审计，将固定资产、土地面积、房屋面积及危房等级进行审计和评估，进一步明确基层单位33.83公顷土地和52451.42平方米房屋的权属，重新建立台账加强管理。工作领导小组多次到各基层社开展工作，设立危房警示牌150块，拆除梁岔轧花厂、前进、东胡集等供销社危房2000余平方米，修缮改造大东、方渡等基层社房屋3000余平方米。 （嵇海林）

物　流

【概况】 2021年，全县拥有道路货物运输业户3351户，货物运输车辆10124辆，160486吨位。其中个体运输业户2864户，4321辆，65566吨位；普货运输企业483户，5706辆，92484吨位；规模以上交通运输、邮政业企业总数27户。全年实现交通运输、仓储和邮政业增加值29.82亿元，邮政局所数34处，邮政行业业务收入18711万元。

【物流基地建设】 2021年，县政府以创建省级农村物流示范县为契机，出台《涟水农村物流示范县创建实施意见》的通知，成立农村物流示范县创建工作领导小组，负责统筹领导协调全县客货邮融合发展工作。通过统筹利用交通站场、邮政服务网点、村委会等场站资源，打造4个县级农村物流服务中心、15个镇街运输服务节点、372个村（社区）农村物流服务网点，依托淮安红日交通投资发展公司客运总站、县邮政快递中心、快递物流园和电商产业园等建设，积极打造县级农村物流中心。充分发挥各行政村党群服务中心（村委会）作为物流快递投递点，确保韵达、申通、中通、圆通等主要品牌快递建制村直投率100%。全县省级农村物流示范县创建工作取得突破性进展，农村物流服务县、镇、村覆盖达100%，以高分96分通过省级验收。 （胡　湖）

邮　政

【概况】 2021年，中国邮政集团有限公司江苏省涟水县分公司有从业人员312人，基本业务为信函寄递业务、包裹快递业务、报刊图书等出版发行业务、邮票发行业务、邮政汇总业务、机要通信业务、邮政金融业务、电子商务业务、各类邮政代理业务及国家邮政批准开办的其他邮政业务。内设寄递事业部、综合办公室、市场营销部、金融业务部、渠道平台部、集邮与文化传媒部，下辖营业支局33个，有投递邮路65条，投递段道总里程2502千米。全年实现邮政业务收入1.62亿元，比上年增长6.7%。全年进口包裹、函件投递量约685万件，投递报纸累计约1240.5万份，杂志累计约12.45万份。全年普遍服务重点指标全面达标，建制村直接通邮率，县及以上党报当日见报率保持100%。普服邮件投递频次、深度、全程时限全面达标，机要通信质量达标。

【邮政基础设施建设】 2021年，涟水邮政下辖各乡镇网点33个。县邮政分公司深化交邮合作，入驻2处镇级交通服务站。开展绿色邮政，各项重点指标全部达标，省内可循环邮袋使用率100%，45毫米窄胶带封装率100%。加快构建三级物流体系建设，新建交邮融合公交线路17条，邮件进驻乡镇公交站3处。定点挂钩帮扶173户，投入帮扶资金总计3万余元。年收入万元以下纯邮网点全面清零，建成扫黄打非工作站点34个，收寄过程中成功堵截非法出版物3件。邮政用户满意98.32分。

【特色邮路建设】 2021年，县邮政分公司弘扬雷锋精神，创建特色邮路。邮政投递人员在做好投递服务工作的同时，做好义务劳动员、便民服务员、心理疏通员，全年共收到锦旗3面，来电来信表扬5次，省级交汇点新闻报道1次。与县检察院联合开展的“预防邮路”、与县人行联合开展的“反假币邮路”、与县民政局联合开展的“关爱邮路”等活动在社会上引起广泛影响，得到各界一致好评。在全县33个网点设立邮爱驿站，为环卫工人、交巡警、城管人员等户外工作者提供免费茶水、休息、手机充电、加热饭菜等志愿服务。涟水邮政学雷锋志愿服务队组织多场次全民阅读进校园、志愿服务进敬老院、金融知识宣传进企业、党员服务进社区等志愿服务活动。 （王珊珊）

电子商务

【概况】 2021年，县委、县政府重视电子商务工作，以县商务局为牵头和服务单位，相关部门密切配合，围绕“涟水特色、全省一流、全国知名”发展定位，把互联网与主导产业、特色产业、优势产业有机结合，带动大众创业，万众创新。截至年底，全县创成省级电商示范镇2个、省级电商示范村7个、省级电商示范基地1个、省级电商示范园区1个、省级电商示范企业1个、省级电商示范社区1个、省级电商示范街区1个、市级电商示范镇1个、市级电商示范村5个。涟水县创成省级电子商务进农村示范县,获省商务厅奖补资金125万元。入选国家级电子商务进农村综合示范县名单,获商务部奖补资金1000万元,全县实现电子商务年营业额50亿元。

【电子商务载体建设】 2021年,县商务局加快电子商务产业园建设。园区规划占地37.33公顷,总投资10亿元,重点发展众创空间、儿童用品电商、农产品上行、跨境电子商务等业务领域,是全县旗舰型电商平台。阿里巴巴、南京云田商城、淘金创谷、安东米芾等一大批规模电商企业陆续抢滩,园区电商企业入驻达80余家。进一步加强与淘宝、京东、苏宁、中国网库集团等国内知名电商企业合作,全县已成立集线上产品体验、农特产品展示、电商孵化、人才培训等为一体的电子商务产业园、喜庆用酒线上交易平台、苏宁易购中华特色涟水馆等一批特色平台。

【农业电商】 2021年,全县充分利用电商平台,以"网店+农户+企业+合作社""服务站点+农村代购代销+物流+交费+农资+培训"等运营模式,实现有机大米、虫草鸡蛋、花生油、红薯粉丝、南集千张、小洋梨等50余款特色农产品的网上销售,促进农民增收。苏美酱醋、高沟捆蹄、涟水鸡糕、涟水芦笋等具有地方浓郁特色的农产品,在淮安市食博会上绽放异彩,受到国内外客商的青睐。

(崔凯程)

食盐专卖

【概况】 2021年,县盐业公司销售盐产品4739吨,其中小包装2232吨,品种盐633吨(其中高端盐41.45吨),品种占比28.36%。大包装食盐1516吨,小工业盐943吨,农牧渔盐48吨,营业收入930万元。非盐销售收入123万元,实现利润总额31.27万元。县盐业公司有在岗职工14人,是涟水县域唯一具有食盐批发许可资质的省属国有企业,负责县域内的食用盐和工业生产用盐供应,维护保障全县食盐市场稳定。狠抓业务流程规范,坚持"一户一档"设立客户档案并及时更新完善,修订完善食盐配送全流程,加强监督和回访,食盐订单执行质量和客户满意度显著提升。狠抓流通渠道建设,市场基础不断压实。持续提高终端拜访频次、密切客情关系,深入市场开展品牌宣传活动,宣传食盐法律法规和食盐安全知识,不断提升居民食盐安全意识。狠抓访销分离工作,运营效率不断提升。实现全面访销分离,全面直配直送,合理安排配送线路和车辆,提高配送效率,在节约成本的同时提升客户满意度。

【食盐政府储备】 2021年10月,受疫情影响及工信部关于储备部分生活物资的号召,县内部分市场出现食盐抢购风波,县盐业公司经向上请示动用食盐政府储备应急,同时积极向产盐企业调配食盐,顺利完成保供食盐的任务,充分发挥食盐政府储备的食盐应急保供作用。食盐抢购期间,共计配送小包装食盐约350吨,其中300吨为食盐政府储备。

(何自勤)

烟草专卖

【概况】 2021年,县烟草专卖局(分公司)计销售卷烟23247箱,比上年下降2%;单条销售价格为144.93元(含税),增长9.09%;重点品牌累计销售21155箱,增长2.58%;细支烟销售2845箱,增长38.04%;低焦油卷烟销售4000箱,增长5.29%。积极推动苏果&江苏烟草线上非烟商城合作项目开展,为卷烟零售客户提供一站式非烟商品采购。加强零售加盟终端建设,提高加盟终端运行水平,扩大"金丝利零售"商业品牌影响力。截至年底,已建成加盟店8个,新现代终端65个,客户毛利率达13%以上。先后获得省文明单位、省质量信得过班组、省"安康杯"竞赛先进集体、省工会"职工书屋"示范点、市诚信单位、市行政执法规范化示范点、市放心消费创建先进单位、市工人先锋号、市无偿献血突出贡献奖、市"安康杯"优胜单位、县服务高质量跨越发展考核先进单位、县先进基层党组织、县"学习强国"推广使用先进集体、县三下乡先进集体等荣誉。

【"守护成长"专项行动】 2021年,县烟草专卖局强化中小学校、幼儿园周边重点区域监管,开展保护未成年人免受烟侵害"守护成长"专项行动,打击向未成年人售卖"散支烟"、电子烟等违法行为。积极摸排学校周边零售客户情况,向零售户宣传《中华人民共和国未成年人保护法》相关要求,张贴"禁止向未成年人销售卷烟、电子烟"警示标语,不断

2021年7月20日,县烟草专卖局开展"守护成长"专项行动　　(县烟草专卖局　供稿)

增强零售户守法意识、责任意识。共出动人次1236人次，张贴警示标语206张，宣传到户187户，切实保护未成年人身心健康。

【烟草专卖监管】 2021年，县烟草专卖局查获涉烟违法案件427起，各类违法卷烟618.12万支，卷烟案值406.48万元，拘留2人，取保候审1人，判刑2人。严格许可证管理，全年共新办证368户，新入网零售户监管及时率100%，行政许可及时率、准确率100%，行政许可申请材料规范率、归档率100%。

（薛　年）

旅　游

【概况】 2021年，全县召开全域旅游示范区创建动员大会，建立健全以县委书记、县长为组长的创建指挥决策系统，创新党政主导、部门主抓、企业主责、社会参与的创建机制，制定58类166项创建工作清单和软件清单、台账清单，建立创建微信工作群，随时解答问题，将部门职责任务制成模板，点对点上门辅导，面对面交办创建事项。今世缘旅游景区配套度假项目完工；投资360万元完成五岛湖旅游区智能化新建工程，并通过省文旅厅国家AAAA级景区复核验收；投资3.5亿元的苏北“小延安”军旅小镇一期工程建成开放，已通过市旅资委专家国家AAA级景区评审；今世缘旅游景区成功创建淮安市文明旅游典范景区。今世缘综合旅游度假区、苏北小延安军旅小镇、金鸡坨生态农庄获省文化旅游专项资金补助220万元，已全部拨付到位。总投资600万元、占地面积1800平方米涟水高铁客运站游客集散中心装修工程已完工；智慧旅游智慧中心完工。截至年底，全县拥有全国工业旅游示范点1个（今世缘旅游区），国家AAAA级景区2个（五岛湖旅游区、今世缘旅游区），淮安市乡村旅游示范基地2个（金鸡坨生态农庄、璞趣亲子研学农乐园）。

【旅游宣传推介】 2021年，县文旅局编制《全域旅游宣传画册》，组织今世缘旅游景区、苏北小延军旅小镇等重点景区参加第三届大运河文化和旅游博览会、第二届淮河生态经济带乡村旅游嘉年华；在五岛湖旅游区建立“涟水游礼”专卖店，并在金鸡坨生态农庄、苏北“小延安”军旅小镇、大型商超、星级宾馆进行布点；赴南京举办小延安军旅小镇推介活动，宣传涟水全域旅游，扩大涟水旅游影响力；拍摄《缘来涟水·忘返留“涟”》旅游专题片；设计、印制涟水全域旅游、涟水“一日游”、涟水“二日游”宣传折页约3万份；发布旅游精品线路，“五一”“十一”期间共接待游客35.8万人次。

2021年12月29日，苏北小延安通过国家AAA级旅游景区专家评审　（县文旅局　供稿）

【旅游行业管理】 2021年，县文旅局加强旅游景区景点等行业管理，不断优化旅游环境，规范服务标准化水平，提升接待能力。全县新改扩建8座旅游厕所，对20座市政厕所进行旅游化改造，完成县内120处旅游交通标识标牌更新。改造景区内部道路30余千米，制作安装各类标牌1500余块，维修古亭13座，安装停车场道闸5套，新装岗亭3座，重新划设停车位436个，安装挡车器872个；新栽品种乔木100余株、小灌木1000余株，绿化面积13万平方米。完成《涟水县“十四五”文旅产业发展规划》和《涟水县“十四五”文化事业发展规划》编制并通过专家评审。按照“管行业必须管安全”的要求，将旅游景区安全生产工作作为重点工作之一，每周由局分管领导带队，对全县所有景区、乡村旅游区进行安全生产检查，发现问题的现场交办、限期整改；重要节假日期间，加强对景区安全的检查督导，全年未发生旅游重大事故或重大投诉。

（魏　卫　翟炳钢）

【五岛湖旅游区】 位于县城中心，包括五岛湖公园、能仁寺景区、涟水县博物馆三大板块，占地总面积约65.9万平方米，其中水面约38.5万平方米，是省廉政文化教育基地，融合人文自然、历史文化、名人文化、佛禅文化于一体的复合型旅游度假区。2016年，被批准为国家AAAA级景区。其中，景区核心区——五岛湖公园建于1930年，迄今已有92年的建园史，园内夕照山被省政府批准设立“夕照山省级黄嘴白鹭自然保护区”；能仁寺始建于唐初，距今已有1300多年的历史，是集宗教朝觐、旅游休闲于一体的佛教圣地；涟水县博物馆全面展现涟水历史、文化、民族、民俗文化，是涟水标志性文化建筑。2016年4月，因五岛湖旅游区创建国家AAAA级景区需要，经县编办同意整建制划归原县旅游局管理。2019年机构改革文旅合并后整体转隶至涟水县文化广电和旅游局，10月经县编办同意更名为涟水县园林绿化管理中心。2021年，五岛湖旅游区通过AAAA级复核验收，游客中心班组被淮安市总工会授予淮安市工人先锋号称号，全年累计接待游客65.8万人次。

(孙晓东　袁育州)

【今世缘旅游区】 坐落在著名酒乡、全国文明乡镇高沟镇。该景区是唯一以“酒文化、缘文化”为主题的特色工业旅游景区,是全国工业旅游示范点,2017年被评为国家AAAA级景区。主要包括两大旅游体验板块,一是以工业旅游、缘文化、企业文化体验为主的今世缘文化广场、今世缘会展中心、中国白酒智能化酿造示范车间、今世缘美酒银行、“今世缘·等着我”展示馆等;二是高沟酒传统酿造技艺及酒文化的高沟酒非遗保护区、中国民间酿酒大师总部。今世缘旅游区是集酿酒历史文化、科普教育、休闲购物为一体的综合型文化旅游景区。2021年,接待游客38万人次,实现旅游综合收入4030万元。

【涟水云锦产业园】 位于红窑镇,是全国最大的云锦生产基地,拥有云锦品种近400种,全国80%以上云锦织造能手以及80%以上云锦产品均出自该产业园。2021年,实现旅游综合收入290.5万元。

【苏北小延安军旅小镇】 位于成集镇南部,占地面积约217.33公顷,总投资11.2亿元,分三期建设,其中一期占地53.23公顷,投资额2.2亿元,包括纪念馆、抗战医院、胜利广场、抗战兵工营、朱家大院、小红军乐园、艺术花田、真人CS基地等。项目于2020年9月20日正式开工建设,已完成项目一期建设。一期工程以“历史军事装备+高新工科技”为载体,核心打造集军备展览、军事体验、红色培训、研学教育为一体的国内一流的“军旅小镇”。开辟红色文化研学旅游胜地、国防教育培训军事装备拓展体验胜地。2021年6月28日正式开园对外营业,截至年底,共计接待游客27万人次,营收720万元。

【金鸡坨生态农庄】 位于红窑镇夏楼村,为淮安市乡村旅游示范基地,由江苏金鸡坨乡村旅游发展有限公司投资建设,于2017年2月启动,该项目紧紧抓住夏楼村紧邻国家三级航道——盐河,交通便利,生态资源良好的资源禀赋,致力打造集农耕体验,爱国主义教育,休闲垂钓于一体的特色旅游创客新农村。主要实施内容包括民宿休闲农庄、农业观光采摘园、水上休闲娱乐园、爱国主义教育基地、博物馆、农家乐、景观长廊等建设项目,项目一期、二期已完成并投入使用接待游客。2021年,接待游客20余万人次,实现旅游综合收入520万元。

【璞趣亲子研学农乐园】 位于保滩街道洪荡村88号,为淮安市乡村旅游示范基地。距淮安市主城区15千米、距涟水县城17千米、距淮安西游记乐园、龙宫大白鲸项目3千米、距淮安涟水机场16千米、距涟水高铁站12千米,景区沿线为生态景区规划带,交通十分便利。项目自2017年7月开工,已建设完成童趣沙滩世界、求知乐趣研学教室、璞食坊、艺术菜园、亲子草坪、可爱动物等景点设施,形成以无动力游戏、农事研学、自然科普、食育课堂、DIY体验为主题的特色课程,调动亲子家庭的积极性和参与性。2021年,接待游客2.8万人次。

(魏　卫　翟炳钢)

2021年6月28日,“苏北小延安”军旅小镇开园仪式举行　　(县文旅局　供稿)

银　行

【概况】 2021年,全县本外币各项存款余额544.03亿元,本外币各项贷款余额451.30亿元,住户存款余额322.12亿元,定期存款余额143.50亿元,活期存款余额153.68亿元,中长期贷款余额277.75亿元(其中个人住房贷款余额146.82亿元),金融机构不良贷款余额4.40亿元,不良贷款率0.97%,银行业营业机构数13个。

【金融实体经济服务】 2021年,县人行会同县营商办在全市率先建立经济网格“金融管家”机制,推动中小微企业金融服务提升。全县13家银行机构相关负责人、信贷专家担任经济网格“金融管家”,为网格内企业提供融资需求调查、金融政策宣讲咨询、金融知识宣传普及等金融服务。实施“中小微企业金融服务能力提升工程”,引导银行机构持续加强对中小微企业的信贷支持。截至年底,全县已经为39个骨干、615个小微网格分别配备41名“金融管家”,实现经济网格全覆盖。“金融管家”已走访企业460余户,为290家企业发放贷款4.5亿元。4月、9月分别牵头组织召开全县金融形势分析暨政银企信贷支持对接会,县13家银行机构分别与268户重点项目、重点企业、小微企业签订总额为68.1亿元意向融资协议。推动“金融服务乡村振兴示范区”创建,组织实施创建主办行制度,实行“一行一镇(街道、园区)”对接制,13家银行机构与17个镇街结对联动创建。支持和鼓励涟水农商行与13个镇街签订创建协议，开展党建业务共建方式来推进金融服务乡村振兴示范区创建。10月，在高沟镇召开全县金融服务乡村振兴示范区创建推进会暨战略合作签约仪式，与县地方金融监督管理局、高沟镇政府、涟水农村商业银行签署党建助力乡村振兴战略合作协议，同时举行银企签约仪式，高沟镇辖内农村商业银行5家支行分别与23户企业、家庭农场、种植养殖大户签订1.05亿元意向融资协议。截至年底，全县涉农贷款余额为303.31亿元，比年初增加45.23亿元，比上年增长17.40%，涉农贷款增量在四县区排名第二。积极会同县工行加大业务宣传和推介力度，让更多的今世缘酒业上游企业了解、参与应收账款线上反保理业务。全年新拓展今世缘酒业上游客户4户，办理在线供应融资业务14笔，共计4747万元。（孙铭雪）

【中国银行股份有限公司涟水支行】 位于县城常青路1号，下辖营业部、中山支行、红日支行、炎黄大道支行，内设综合管理部、个金数字业务部、公司金融部，有在岗员工77人，退休14人。2021年，实现拨备前利润19371万元，实现人均净利润261万元。本外币存款余额69.79亿元，较年初上升1.92亿元、其中人民币储蓄存款34.80亿元，比年初新增3.95亿元；公司存款34.98亿元、较年初下降2.02亿元。人民币贷款余额61.14元、较年初增长6.7亿元；其中，公司贷款24.38亿元、较年初上升4.92亿元；个人贷款余额36.76亿元、较年初上升1.78亿元。实现中间业务净收入4618万元，其中公司板块完成2480万元、个金板块完成2139万元。推动项目库建设，成功营销公司存款3.2亿元、个人存款0.6亿元；普惠金融11户、金额4580万元。实现零售贷款投放5.6亿元，增长1.78亿元。新增投放公司贷款化债业务4.2亿元（安东控股3亿元，红日交投1.2亿元）、房地产开发贷款1.7亿元（淮安新城开起房地产有限公司），民营企业江苏品星防爆电机总量批复5000万元，截至年底已投放2000万元。民营普惠新增投放超1.5亿元，表外业务投放3亿元。获得江苏省“文明单位”和淮安市“五一劳动奖状”，炎黄大道支行获淮安市总工会“工人先锋号”称号。（周义龙　王文明）

【中国工商银行涟水支行】 2021年，中国工商银行涟水支行共有在职员工69人。设有公司业务科、个人业务科、综合管理部等3个科室，下设县支行营业部以及安东、城北、高沟3个二级支行等4个综合性营业机构，并购置新的吾悦广场网点。截至年末，本外币资产总额60.76亿元，本外币各项存款余额59.15亿元。其中储蓄存款28.73亿元，较年初新增3.54亿元，活期储蓄存款余额12.46亿元，定期储蓄存款余额16.26亿元。日均存款余额54.23亿元，较年初新增7.43亿元，位列四大行第一位。本外币各项贷款余额47.13亿元，较年初新增9.91亿元，四行占比54.4%，位列第一位。其中个人客户贷款18.85亿元，较年初新增7.06亿元，增量四行占比超过66.8%，位列第一。公司贷款余额28.28亿元，位列四行第一。对公贷款量质并举，实现零不良。不良贷款余额为1217万元，不良率为0.26%，实现双降。总体拨备覆盖率252%，较同期上升42个百分点，风险抵补能力进一步增强。营业收入1.84亿元，拨备前利润1.44亿元，中间业务收入超3200万元。成功与县招商局、县台办签订战略合作协议，并与县开发区招商局成功举办“涟水经济开发区·工商银行”联合杯篮球友谊赛，为久恩金属制品（江苏）有限公司、淮安冠铭制帽有限公司提供对公结算、资本金结售汇等服务，密切银企合作关系。（皇甫东旭）

【中国农业银行股份有限公司涟水县支行】 位于县城红日大道中联壹城A2号楼，内设综合营运部、个人金融部、公司金融部、普惠金融部、风险与信用管理部等5个职能部门，下辖5个城区网点（营业部、政务服务中心支行、城北支行、涟城分理处、中山支行）和2个乡镇网点（高沟支行、红窑支行），全行在职员工115人。截至2021年末，全行本外币各项存款余额64.18亿元，比年初增加8.69亿元。各项贷款余额40.70亿元，比年初增加3.57亿元。全行实现拨备后利润1.49亿元，实现营业收入2.05亿元，中间业务收入0.26亿元。全年共发放农户贷款笔数2393笔，贷款金额3.39亿元，新建档农户690户。县支行被评为省行“三化三达标”优秀单位，涟城支行被评为总行“三化三达标”优秀网点，县支行个人金融部及城北支行被评为淮安分行先进集体，冯雅婷等6人被评为省、市分行先进个人。（戴　萌）

【中国建设银行股份有限公司涟水县支行】 2021年，全行有在册员工65人，内设综合管理部、客户部、业务管理部、营业部，下辖城中支行、商城支行、碧波楼支行。截至年末，本外币资产总额420265.63万元，本外币负债总额367971.47万元。本外币各项存款余额355464.03万元，居民储蓄存款余额192375.51万元，定期储蓄存款余额101328.91万元，活期储蓄存款余额73891.08万元。本外币各项贷款余额371001.79万元，中长期贷款余额320207.56万元（其中个人住房贷款余额228108.37万元），不良贷款余额6266.38万元，不良贷款率1.66%，商业银行拨备覆盖率227.51%，完成营业收入12544.09万元，实现拨备前利润10373.55万元。（刘爱军）

【中国农业发展银行涟水县支行】 位于县城安东南路2号，占地面积3929平方米，建筑面积1189平方米。设2个部门，有干部职工18人。截至2021年末，全行资产总额182118.25万元，负债总额为180148.68万元，账面营业利润1969.57万元。全年累计投放粮食收购贷款45274万元，投放小微企业贷款4660万元，投放项目贷款23800万元，各项贷款余额较年初增加10016万元，无不良贷款，不良贷款率为0。全行企事业单位各项存款余额35123.71万元，较年初增加5104.7万元，日均存款余额34096.3万元。实际完成国际结算量229.18万美元。（李彬彬）

【中国邮政储蓄银行涟水县支行】 位于县城海安路安东大厦22楼，下辖营业部、高沟镇支行、安东路支行；内设综合管理部、综合业务部、风险合规部，有在职员工60人。截至2021年末,全行各项存款余额28.48亿元,其中:储蓄存款余额22.50亿元,公司存款余额5.98亿元;各项贷款余额24.48亿元,其中:个人贷款余额22.03亿元(个人住房贷款余额13.27亿元),小企业贷款2.45亿元;不良贷款余额1770万元,不良贷款率0.73%。全行各项业务实现收入1.06亿元,实现利润7229.33万元。获省分行2021年不良贷款处置"春季攻坚"活动"清收铁军奖";被评为"优秀二级支行"。（王　庆）

【江苏涟水农村商业银行】 位于县城涟州路5号,内设信贷管理部、电子银行部、合规管理部、人力资源部等14个机关部门,下辖36个支行,1个营业部,2个贷款专营部,3个分理处,有在职员工400余人。截至2021年末,全行各项存款余额132.98亿元,较年初增加10.87亿元,增幅8.9%;各项贷款余额118.04亿元,信贷投放净增20.25亿元,增幅20.71%,其中普惠型涉农贷款余额66.63亿元,较年初增加11.62亿元,增幅21.12%;小微企业贷款余额81.72亿元,较年初增加15.26亿元,增幅22.96%。普惠型金融重点领域贷款余额76.14亿元,占比64.6%。脱贫人口小额贷款累计发放2.6亿元,惠及贫困户9181户。合理运用利率定价政策,贷款利息收息率5.87%,较上年同期6.36%下降0.49%,全年累计让利5000余万元。借助人行再贷款政策工具,推出2亿元新增授信优惠利率贷款额度,支持"三农"行业、小微企业、个体工商户发展,为企业节约成本2500万元。持续落实延期还本付息政策,为暂时有困难的企业提供"转续贷",累计发放转续贷1712户、2006笔、8.53亿元,延期还本付息6082笔、24.6亿元,解决4440户普惠小微企业资金周转难题。深化与县财富担保公司合作,财富担保贷款净增6185万元,总量2.2亿元。发放普惠小微企业信用贷款3622户、11.67亿元。全行涉农贷款余额为101.19亿元,较年初增加16.03亿元,增幅18.82%,占各项贷款余额比重85.75%。与县农业农村局联合推进"农户小额普惠信用贷款"投放工作。全年农户建档户数26.04万户,"农户小额普惠信用贷款"预授信户数19.16万户,预授信金额合计151.92亿元,用信户数28014户,贷款余额16.59亿元。累计发放富民创业贷1177笔、1.62亿元。走访建档新型农业经营主体1921户,走访率100%,新增授信签约107户,3326万元。截至年末,线上平台有效授信16300户、授信金额18.9亿元,用信6042户、用信余额4.6亿元。与人社系统合作创新推出社保金融超市项目,全年共发放社保卡77万张,在全县300多个行政村设置"便民通"综合金融服务站点。全年实现各项收入8.28亿元,较上年同期增加8245.41万元,增幅11.07%;各项支出6.7亿元,增加6964.91万元,增幅11.61%;利润总额1.58亿元,增加1280.50万元,增幅8.83%;净利润1.39亿元,增加2916.88万元,增幅达26.58%。获江苏省文明单位称号、江苏省银行业金融机构先进现金整点中心称号、省联社劳动竞赛一等奖、淮安市50强企业称号、涟水县高质量跨越发展考核第一等次,营业部获评"2021年度江苏银行业文明规范服务适老网点"。（李朋宇）

【江苏银行涟水支行】 位于县城红日路北侧安东中路西侧中联壹城天元商业中心A01幢101—104室、118室、201室、202室,内设综合管理部、营业部、零售业务部、公司业务部、小微企业部、乡村振兴金融部。2021年,全行本外币资产总额281682.83万元,本外币各项存款余额267397万元,本外币各项贷款余额278314万元,居民储蓄存款余额74430.88万元,定期储蓄存款余额37299.73万元,活期储蓄存款余额26626.67万元,中长期贷款余额206531万元(其中个人住房贷款余额87627.87万元),不良贷款余额560.73万元,不良贷款率0.20%,商业银行拨备覆盖率,营业机构数1个,资产总额281682.83万元、负债总额271567.36万元,账目利润额10115.47万元。打造特色扶贫,对接涉农客户40余户,成功落地6户,重点支持县域主要粮食生产、特色种殖养殖等。与高沟镇、五港镇、黄营镇等多个乡镇建立业务推广机制,后续将不断深化合作模式、强化合作力度,努力将金融活水流向实体经济。连续三年获评"涟水县2020年度高质量跨越发展考核先进单位"。（徐琳惠）

【江苏涟水太商村镇银行】 位于县城红日大道府前御景园B区40—46室,内设综合管理部、业务发展部、"三农"小微金融事业部、风险管理部、运营管理部、审计部6个职能部门。有营业部、高沟支行、城东支行、五岛湖支行4个营业网点,干部职工81人。截至2021年末,资产总额138179.15万元,负债总额126069.79万元,净利润1321.12万元。

2021年11月25日,江苏银行涟水支行在高沟镇举行业务座谈会

（江苏银行涟水支行　供稿）

各项存款余额117218.86万元,其中储蓄存款余额55517.21万元,储蓄存款活期余额13400.38万元,储蓄存款定期余额42116.83万元。各项贷款余额122187.38万元,拨备覆盖率为253.20%,贷款客户3149户,户均贷款38.80万元。中长期贷款余额20903.91万元,其中个人住房贷款余额8986.28万元。涉农贷款余额108566.54万元,占比88.85%;普惠小微贷款余额97515.32万元,占比79.8%。获市公安局"安全保卫工作先进集体"称号,被评为"2021年度淮安市文明规范服务创建工作先进单位",营业部获评"2021年度淮安市银行业文明规范服务适老网点"。（王　丹）

【江南农村商业银行股份有限公司涟水支行】 位于县城红日大道31号,内设综合办公室、营销分部及营业部,有在职员工16名。截至2021年末,各项存款余额11.56亿元,较年初增加1453万元;各项贷款余额1904亿元,较年初增加5.8亿元;完成营业收入8513.75万元。（俞　洋）

【苏州银行股份有限公司涟水分行】 位于县城常青西大道8号,占地面积302.35平方米,建筑面积1172.84平方米,共有员工20人,平均年龄27岁。截至2021年末,全行各项存款余额73900万元,较年初下降19900万元。其中储蓄存款余额62820万元,个人定期储蓄存款余额6843万元,活期储蓄存款余额18466万元,对公存款余额21688万元。各项贷款余额62643万元,其中公司类贷款余额26375万元,个私类贷款余额36268万元,个人住房贷款16230万元,不良贷款余额为322万元,实现营业收入2637万元,实现利润1552万元。（孙丽丽）

【南京银行涟水支行】 位于县城红日大道28-1号,共有员工24人,设有1室4部(行长室、综合管理部、公司金融部、零售金融部、营运部),其中公司金融部、零售金融部为前台业务拓展部门,综合管理部、营运部为后台运营支撑部门。截至2021年末,全行本外币资产总额150254万元,本外币各项存款余额130495万元,本外币各项贷款余额148906万元,居民储蓄存款余额25325.60万元,定期储蓄存款余额14956.79万元,活期储蓄存款余额10368.81万元,中长期贷款余额78422万元(其中个人住房贷款余额19237.39万元),不良贷款余额为0,不良贷款率为0,商业银行拨备覆盖率,营业机构数1个,资产总额150254万元,各项存款余额130495万元,负债总额127090.06万元,实现营业收入3988.07万元。（张璐璐）

保　险

【中国人民财产保险股份有限公司涟水支公司】 成立于1991年4月9日,隶属于中国人民财产保险公司,位于县城常青路西首开元名都10号楼,办公面积940平方米。有正式员工54人,下辖梁岔营销服务部与高沟营销服务部两个分支机构,公司内设经理室、综合部、业务管理部、直销业务部、营销业务部、车商业务部、续保业务部、商团业务部、农险部、理赔部、社保部等部门。公司在涟水县行政区划内经营财产损失保险、机动车辆保险、责任保险、信用保险、意外伤害保险、短期健康保险等200余种保险业务。先后承保涟水县大病医疗保险、城乡居民基本医疗保险经办、政策性农业保险、全民健康补充医疗保险(涟康保)等民生保险项目以及"和谐家园"综合保险、残疾人意外伤害保险、居民房屋自然灾害保险等政府保险项目。2021年,实现保费收入2亿元,支出赔款1.7亿元。（邓天甫）

【中国人寿保险股份有限公司涟水支公司】 位于县城红日大道16号,在职员工48人,营销员826人,内设机构业务部、收展发展部、营销发展部、个险培训部、综合管理部、客户服务中心,下辖14个营销职场。2021年,实现保险保费总收入28361.35万元,赔付支出5614.7万元。公司主要经营人寿保险、健康保险、意外伤害保险等各类人身保险业务,先后承保"计生全家福""女性安康""安康关爱"等民生保险项目。获淮安市老龄工作委员会办公室指导的2021年度淮安市"安康关爱行动"县区级典型单位优秀奖。（胡家楼）

【中华联合财产保险股份有限公司涟水支公司】 位于县城渠北西路,办公面积530平方米,内设经理室、综合管理部、销管部、客户服务部、农业保险部等部门,有职工30余人,镇、村协保员410人。2021年,实现保费总收入6500万元,总计支付赔款5900万元。新建成集、高沟、红窑营销服务部,与24个乡镇"三农"服务站,384个村级"三农"服务点。大力推进农业保险,为全县1677.47平方千米土地、20万农户的粮食种植、高效农业提供24亿元的风险保障。农业保险总保费收入1.2亿元,总赔款9300万余元。三大主粮参保面积12万公顷,高效农业保费1500元,生猪保费1600万元,年底考核农业保险深度达1.6%,农业保险密度590元/人,三大主粮保险覆盖面达91.5%,超额完成上级下达的农业保险高质量发展目标任务。（嵇爱菊）

信息通信

【中国电信涟水分公司】 2021年,主要经营天翼移动业务、固定电话业务、互联网(包括有线及无线宽带、光纤接入)、多媒体数据通信和电信传媒、系统集成等基础电信业务及增值电信业务。截至年底,完成4G基站建设目标,实现涟水主城区5G信号连续覆盖,所有镇街街上5G信号覆盖。通信光缆近200万皮长千米。对余圩等7个乡镇的镇区杆路进行线路整治,对唐集等镇10个老旧小区进行整治和网络优化;对县城34个老旧小区进行飞线整治;对城区主要道路的光缆交接箱全部用绿色草皮进行美化覆盖。加强线路安全整治。完成干线盐淮架空、涟灌架空局前双路由整治。完成19个乡镇之间640皮长千米的中继杆路和主干线路的隐患排查和整治;更换鸟害光缆397处约

186皮长千米,更换接头盒715个;处理倒杆、断杆290根,收紧下垂的钢绞线184千米,附挂光缆307皮长千米;高质量完成路边光交整治工作。完成今世缘等6家用户的机房整治工作;完成中高考信息化保障;完成“3·15”现场活动等支撑保障工作。落实“我为客户办实事解难题,全员服务在行动”实践活动,通过“一部一体验”主动发现并解决用户感知问题44个。开展服务明星评比,全年评出季度服务明星8人次;持续打造“银发添翼”服务品牌,在军民路营业厅组织现场活动,为40余名老年用户解决通信服务问题。公司获得2019—2021年度“江苏省文明单位”荣誉称号。 (张晓文)

2021年2月22日,服务提升专项行动启动会召开 (县电信公司 供稿)

【中国联通涟水县分公司】 2021年,重点抓好公众互联网化运营转型及产业互联网能力创新,凸显市场份额提升、经济效益提升、自主能力提升,全年完成运营收入4100万元,比上年增长12.5%,用户数超10万户。涟水分公司内设综合部、公众营服中心、政企校园中心、工维中心4个部门,有员工42人,其中党员8名。连续2年获评“江苏联通、淮安联通先进基层党组织”及“淮安联通先进集体”。 (朱智显)

【中国移动江苏涟水分公司】 2021年,服务个人用户49万人,5G手机用户17万人;有线宽带用户14万人,市场份额55%;政企用户16万人;物联网用户100万人,个人、宽带、物联网用户数均居行业第一。收入比上年增长9%,增幅领先行业,份额稳居行业第一。推动5G建设走在前列,累计建设5G基站300余座,站点规模、网络速率均居行业第一;助力数字政府建设,建设经济网格化服务管理、疫情防控、绿色智慧工地监管、新一代雪亮技防工程等市县级平台;提供千兆网络服务,完成160个小区宽带建设和优化,实现99%以上的小区具备开通和升级千兆宽带网络的能力。创新节电模式,实施5G耗能设备软、硬件智能开关,年节省电量82万千瓦时;挖潜资源配置,清退低效无效资源,年节省电量101万千瓦时。注入乡村振兴“数智化”元素。“新基建”筑牢乡村振兴“数字底座”,5G基站建设300余座,实现乡镇镇区全覆盖。数字“天眼”守护平安乡村,提升乡村治理水平,已接入用户近6000户。智慧农业助力农业转型升级,打造“大田种植(四情监测)项目”,促进传统农业向数字农业转型升级。“医疗云”助力城乡诊疗无缝衔接,接入“医疗云桌面”,实现乡村全覆盖。智慧服务擦亮乡村旅游新名片,打造“全域旅游智慧服务平台项目”,为乡村旅游推广赋能。 (支兰珍)

【江苏有线涟水分公司】 2021年,有公共电视节目套数78套,付费电视套数122套,全年不间断播出。有各类机房55个,城区前端机房23个,农村机房32个,广电信号实现村村通、组组到。截至年底,公司营业收入、完成利润大幅度提升,分别完成年度计划的111.15%、220.17%。应急广播、农房改善弱电项目、乡镇技防城等一批体量大、影响大、效益高的项目落地生根,总金额超过1.5亿元,政企业务收入占比从2017年的15%扩大到40%。数字电视用户由2017年底的49546户增加到8.3万余户,数字电视保有量全市第一。全面提升服务质量,实行网格化服务管理,配备132名网格服务员分布全县镇街村组,提供专业、快捷的数字电视和宽带服务。针对年纪较大、腿脚不便的群众,推出上门服务、预约服务,全年共开展特色服务近200次。建立“红色应急抢修队”,30分钟内赶赴现场应急抢修网络故障,保障用户需求。扎实开展“两在两同建新功,我为群众办实事”活动,全年共走访城乡用户17627户,成功进门13957户,新开通及续订增值业务1817户,高清置换1120户。投入40万元,对城区老旧小区线路进行改造。推进“低保看电视”民生工程,落实低保用户优惠补贴政策,减免低保收视费用80%。完善应急广播体系,实现应急广播体系行政村全覆盖。2021年,被省公司表彰为中国共产党成立100周年安全播出保障先进单位,江苏有线2021年度分公司先进集体。在涟水县高质量发展年度考核中获第一等次。 (马 可)

开放型经济

OPEN ECONOMY

◆ 引进外资与港澳台资

◆ 对外及港澳台贸易

◆ 江苏涟水经济开发区

◆ 江苏涟水经济开发区循环经济产业园

编辑:王梦真

引进外资与港澳台资

【概况】 2021年,全县引进外资和港澳台资工作实现首季“开门红”,上半年“双过半”,全年完成总任务。截至年底,全县到账外资与港澳台资15345万美元,占市对县全年考核指标1.3亿美元的118.03%,比上年增长14.18%,全市名列第一。到账港澳台资中,港资7149万美元,台资6457.6万美元。

【项目服务】 2021年,全县上下牢固树立“项目为王,外资优先”理念,瞄准重点区域、重点行业、重大项目,开展精准招商。既主攻工业项目,又大力引进农业、服务业项目,实现三产联动,实现外资项目优质发展。强抓项目建设。总投资15亿元的滨河吾悦广场项目、总投资3亿元的长缨大酒店项目正式开工建设;总投资6亿元的波司登智能服装项目完成厂房装修,设备陆续进场,正在组织招工、生产。对在手的华润集团光伏发电及制造业、盛升太阳能及报废汽车拆解、嵩泰汽车密封件等项目紧盯不放;对注册外资1000万美元以上的制造业项目和注册外资3000万美元以上的项目紧密跟踪,促进项目早落地,实现引资和增资新突破。重抓企业服务,扑下身子当好“店小二”,对在手信息、在建项目、在建工程,主动帮办,简化手续,全方位服务;对滨河吾悦广场、长缨大酒店、波司登智能服装等重大项目,编制线路图,明确帮办路径和完成时限,确保尽快落地,投产达效。

(崔凯程)

对外及港澳台贸易

【概况】 2021年,全县外贸进出口总额38226万美元,比上年增长43.8%。其中,进口总额5811万美元,出口总额32416万美元。不断强化稳外贸工作机制,狠抓载体培育,大力挖掘新增长点,外贸进出口工作稳中向好,全面完成目标任务。注重培育外贸出口增长点,推动电子商务产业园跨境电商开展进出口业务,利用电商平台把出口产品销往世界各地。大部分外贸企业订单情况好于2020年,源通制帽积极开展线上营销,订单增幅较大,进出口额比上年增长40%以上;永安化工订单量大幅增长,出口额上升70%以上。

【外贸资金扶持】 2021年,县商务局进一步落实有关稳外贸资金扶持政策,缓解企业困难,增强发展后劲。经过企业申报、上级审批,截至年底,共为全县40多家外贸企业争取扶持资金500万元,其中重点外贸企业源通制帽50万元、金典纺织20万元、永安化工20万元。

(崔凯程)

江苏涟水经济开发区

【概况】 江苏涟水经济开发区位于县中心城区西北侧,南侧紧邻滨河新城商业商务中心,西侧为宁连高速公路涟水入口,规划面积99平方千米,实际开发面积45.95平方千米。以开发区为主体,对空港产业园、食品产业园、循环经济产业园进行空间整合,形成“一区三园”运行体制。2021年,园区重点发展新一代电子信息、绿色食品、高端装备制造、纺织服装等主导产业和临空制造等新兴产业,入驻工业企业190余家(不包括循环经济产业园),其中规模收入以上企业78家。规上企业累计实现工业总产值111.6亿元、开票销售95.1亿元、入库税收23509万元;实现一般公共预算收入26002万元;全口径工业用电量45925万千瓦时。在全省开发区综合排名中连续三年实现进位,在全省92家省级开发区中位列第18位、苏北第4位。

【开发区体制机制改革】 2021年,县经济开发区体制机制改革走在全市前列,研究制定《涟水经济开发区体制机制改革实施方案》,率先启动去行政化改革,完成社会事务管理职能剥离,内设机构精简整合为“一办一部五局”(党政办公室、党群工作部、投资促进局、经济发展局、规划建设局、财政局、安全生产监督管理局)7个机构。构建“党工委+集团公司”管理模式,将产业招商公司4个招商部扩充至8个,形成开发区80%以上人员投身招商,80%以上精力聚焦招商。县级层面组建开发区招商队和6个区域招商局,专业化招商队伍达200人。完善考评体系,实行单独考核奖惩,建立差别化考核体系,突出围绕重点项目、经济发展和重点工作,激励导向进一步明确。积极推进“一区三园”融合发展,食品产业港、空港污水处理厂及进出口管网建设完成,具备使用条件。推进食品产业园情缘大道、广缘路,空港产业园机场中路、清水路等路

2021年4月11日,县经济开发区已签约项目实质性开工推进会召开(嵇永新　吴燹　摄)

网工程前期手续工作，进一步完善园区配套设施建设。

【招商引资】 2021年，县经济开发区创新开展委托招商、乡贤招商、基金招商，积极开展重大项目百日攻坚活动，先后举办专题推介活动7场，与14家中介机构建立常态化联系。深入开展驻点招商，全年累计外出招商5770余天，累计拜访企业（客商）1100余家，新签约亿元项目41个，协议总投资211.3亿元，其中10亿元项目7个。

【项目建设】 2021年，县经济开发区优化服务体系，提升服务效能。建立健全全生命周期帮办服务体系，推进开发区行政赋权改革，落实分解45项赋权任务，全面实行"拿地即开工"，开工项目23个，竣工项目18个。有已建项目10个，总投资额15亿元；有在建项目15个。

2021年涟水县经济开发区已建项目一览表

表9

序号	项目名称	投资单位或个人	固定资产投资额（万元）	累计完成投资额（万元）	占地面积（公顷）	竣工时间	用工人数（人）
1	淮安特创科技有限公司印制线路板技改项目	淮安特创科技有限公司	15000	13683	—	2021年3月	500
2	中信华电子产业园发展（涟水）有限公司年线路板固废处理项目	中信华电子产业园发展（涟水）有限公司	12000	10000	—	2021年6月	200
3	江苏嘉立创电子科技有限公司印刷线路板生产线技术改造项目	江苏嘉立创电子科技有限公司	15000	25000	—	2021年6月	200
4	淮安空港同方水务有限公司淮安（涟水）空港产业园污水处理厂建设项目	淮安空港同方水务有限公司	12000	12000	2	2021年6月	50
5	江苏中信华电子科技有限公司新增线路板自动化生产线项目	江苏中信华电子科技有限公司	18000	24000	—	2021年9月	200
6	淮安和创包装材料有限公司高档彩印包装项目	淮安和创包装材料有限公司	14000	10000	2.17	2021年9月	50
7	江苏洲旭电路科技有限公司印刷高精密双面多层线路板自动化及工艺提升技术改造项目	江苏洲旭电路科技有限公司	12000	12000	—	2021年12月	150
8	淮安锦纶化纤有限公司技改	淮安锦纶化纤有限公司	10000	10000	—	2021年12月	/
9	江苏艾诺信电路技术有限公司5G高频线路板自动化生产线技术改造项目	江苏艾诺信电路技术有限公司	12000	11000	—	2021年12月	80
10	江苏品星防爆电机有限公司防爆电机项目	江苏品星防爆电机有限公司	30000	13000	4.7	2021年12月	100

2021年涟水县经济开发区在建项目一览表

表10

序号	项目名称	投资单位或个人	投资总额（万元）	固定资产投资额（万元）	占地面积（公顷）	开工时间	累计完成投资（万元）
1	红星美凯龙家具商业综合体项目	深圳中盈富投资控股有限公司	150000	120000	6.67	2020年8月	50000
2	江苏联盈包装科技有限公司食品级伸缩膜项目	上海联盈实业有限公司	12000	10000	2.3	2021年6月	5600
3	江苏全恒智能装备有限公司	江苏全恒智能装备有限公司	10200	9000	1.67	2021年1月	2000
4	江苏业丰精密科技有限公司柔性线路板项目	江苏业丰精密科技有限公司	25000	22000	3.4	2021年7月	11000
5	淮安鸿瑞凯电子科技有限公司电容生产项目	淮安鸿瑞凯电子科技有限公司	10000	7000	购买扶贫产业园2#、4#厂房	2021年3月	1700

续表10

序号	项目名称	投资单位或个人	投资总额(万元)	固定资产投资额(万元)	占地面积(公顷)	开工时间	累计完成投资(万元)
6	江苏伟易通新材料纳米金属材料项目	江苏伟易通新材料有限公司	30000	28000	7.47	2021年6月	5000
7	淮安圣马科技有限公司塑料制品加工项目	淮安圣马科技有限公司	12500	10500	2.16	2021年6月	2500
8	江苏汉桥智能科技有限公司智能装备驱动系统项目	温州汉桥科技有限公司	15000	12000	3.1	2021年6月	3000
9	江苏国中芯半导体科技有限公司	江苏国中芯半导体科技有限公司	30000	25000	租用立创1#、2#厂房	2021年4月	6000
10	久恩金属制品(江苏有限公司)金属钢板网项目	久恩金属制品(江苏有限公司)金属钢板网项目	5000万美元	3000万美元	6.67	2021年9月	2600
11	淮安特创科技有限公司二期	淮安特创科技有限公司	220000	一期100000	16.87	2021年7月	13000
12	江苏茂兴盛电子有限公司东惠TEF模组及触摸屏生产项目	东莞市东惠产业园管理有限公司	18000	13000	租用厂房	2021年12月	13000
13	淮安雷华智能科技有限公司金属切割设备加工项目	淮安雷华智能科技有限公司	105000	80000	16.4	2022年1月	650
14	江苏星瑞绿能半导体有限公司(道融电子)	江苏道融电子科技有限公司	20000	15000	/	2021年12月	350
15	江苏优兴立科技有限公司智能音箱和扫地机器人项目	江苏优兴立科技有限公司	30000	20000	1.3	2021年12月	550

【江苏中信华电子科技有限公司】 位于开发区兴盛路,由深圳中信华电子集团有限公司投资兴建,总投资20亿元,注册资本5000万元,园区占地面积21.43公顷,建筑面积14.7万平方米。公司于2016年7月开工建设,2018年12月竣工投产。主要生产PCB(印制电路板)产品,年产量600万平方米,产品主要销往国内(长三角、珠三角)。公司于2020年被评为国家级高新技术企业。2021年,实现开票销售收入35812万元。

【淮安特创科技有限公司】 位于开发区兴盛路与锦纶路交叉口,由惠州市特创电子科技股份有限公司投资兴建,总投资4.2亿元,注册资本3000万元,占地面积6.8公顷,建筑面积6万平方米。公司于2018年1月开工建设,2018年6月竣工投产。二期位于江苏涟水经济开发区兴隆路北侧、淮浦路东侧,总投资22亿元,占地16.93公顷,规划面积19.4万平方米,于2021年8月开工建设,预计2022年12月竣工投产。主要生产高精密度线路板产品,项目全部建成投产后,年产高精密双面多层线路板、HDI线路板、刚挠结合印制板600万平方米,产品主要销往全国及欧洲、美国、日韩等地方。公司于2020年被评为国家级高新技术企业。2021年,实现开票销售收入36002万元,入库税收165.8万元。

【汉门电子(江苏)有限公司】 位于开发区生态路168号,由台湾汉保实业有限公司投资兴建,总投资3300万美元,注册资金1520万美元,占地2公顷,建筑面积2.4万平方米。公司于2016年9月开工建设,2018年2月正式投产。主要生产电子连接线、排线,年产排线2.4亿条,连接器1.2亿只,主要销往日本索尼、佳能、松下、韩国LG、三星等全球知名企业。2021年,实现开票销售收入17289万元,比上年增长0.1%;入库税收137.2万元,下降30.6%。

【江苏嘉立创电子科技有限公司】 位于开发区电子产业园内,由深圳市嘉立创科技发展有限公司投资兴建,总投资3亿元,注册资本5000万元,厂房面积1.2万平方米。于2018年9月开工建设,2019年4月竣工投产。2021年3月,总投资2.5亿元引进新型先进设备,对电子产业园16号厂房进行装修改造,厂房面积6000平方米,新增产能130万平方米刚性印制线路板,6月竣工投产。年产220万平方米单、双面印制线路板,产品广泛应用于通信设备、照明、电脑、汽车电子、医疗器械、仪器仪表、检测控制系统、航空及军事设备等领域,主要销往深圳、浙江等地。2021年,实现开票销售收入4.47亿元,入库税收1019万元。

【淮安锦纶化纤有限公司】 位于开发区炎黄大道11号,由浙江金轮集团投资兴建,总投资8亿元,注册资金10000万元,占地33.67公顷,建筑面积16.6万平方米,有员工1000人。公司于2003年11月开工建设,2005年3月正式投产。主要生产各种浸胶帘子布,年产5万吨,主要销往欧洲、中东、东南亚等地区,以及江苏、山东、四川、江西等省份。公司是省级高新技术企业、省级工程技术研究中心和省级企业技术中心,拥有驰名商标“金轮”牌。2021年,实现开票销售收入9.71亿元,入库税收831.5万元。

【江苏大自然食品有限公司】 位于开发区兴旺大道9号，由常州客商投资兴建。公司总投资3亿元，注册资本4000万元，占地面积10.67公顷，建筑面积4.5万平方米。公司于2009年7月开工建设，2010年10月竣工投产。主要生产“今麦缘”小麦粉等产品，年产量30万吨，产品主要销往广东、浙江、海南、上海等地，已成为省农业产业化龙头企业。2021年，实现开票销售收入17149万元，比上年增长15.1%；入库税收111万元，下降4.5%。 （王 丹）

江苏涟水经济开发区循环经济产业园

【概况】 江苏涟水经济开发区循环经济产业园前身为薛行化工集中区，2008年12月经市政府批准成立，2015年12月经淮安市人民政府批准更名为淮安（薛行）循环经济产业园，2020年11月更名为现名。园区规划面积4.11平方千米，建成区2.73平方千米。陆续完成道路建设、集中供热及管网、污水处理厂、消防站、变电所、“安环管家”项目、供水管网、污水“一企一管”、雨水明渠等配套设施建设，满足入园企业生产需求。2021年，园区有在产企业22家，其中规模以上企业16家，领取危化品安全生产许可证企业8家，领取危化品使用许可证企业2家，涉及重大危险源企业8家，涉及“两重点一重大”（政府安监部门重点监管的危险化工工艺、重点监管的危险化学品和重大危险源）企业14家。截至年底，园区实现开票销售收入40.08亿元，增幅24.21%，入库税收7729.62万元，比上年增长80.08%。

【招商引资】 2021年，产业园发展服务中心牢固树立“项目为王”理念，探索实行“以商招商”“全员招商”方式方法，全力以赴抓好招商引资。截至年底，共招引落户亿元以上项目4个，意向协议项目2个，总投资49.5亿元。其中，投资31亿元的波司登工业项目中高端智能羽绒服生产项目一期已完成营业执照办理，发改委备案，2022年2月正式投产，二期占地7.53公顷，已完成营业执照办理，发改委备案，规划设计方案计划2022年5月编制完成。总投资25亿元的环保新材料项目分别位于循环经济产业园、大东镇，均在办理相关手续。投资3.6亿元的麦特新材料项目、投资1.6亿元的正禾食品项目已进入建设施工阶段，上述三个项目均上报市盘新开工考核。投资3亿元的贝思特尔润滑油项目已完成营业执照办理，发改委备案，规划设计方案已组织专家论证，预计2022年4月底前完成，现场水电已协调好。投资3.3亿元的军工新材料技改项目，已与西北工业大学签订意向协议。投资7亿元的新型包装材料项目已签订意向协议，计划选址在盐河西区。

【污水处理设施建设】 2021年，产业园污水处理厂完成提标升级，工程总投资1300余万元，提标升级后污水处理能力保持0.25万立方米/天。本工程难降解废水（1500立方米/天）处理工艺采用“进水池+调节池+芬顿氧化进行预处理”后与其他废水（1000立方米/天）进行混合后，采用“调节池+斜板沉淀池+水解酸化池+两级A/O生化池+二沉池+三沉池+滤布滤池+活性炭吸附及再生系统+消毒池+外排及回用泵房工艺”，尾水压力排入渠西河。主要出水指标达到城镇污水处理厂一级A标准，厌氧工艺段均增加除臭工艺，污泥采用低温干化工艺含水率从80%降至40%以下，减少危废产量。

【项目建设】 2021年，产业园有已建项目22个，总投资28.59亿元；在建亿元以上项目6个，总投资15.8亿元。园区对每个项目实行全流程帮办服务，从项目研判、营业执照办理、项目立项、五证办理、项目建设和验收，全程参与服务。定期对项目进行跟踪，深入现场督促指导，及时掌握项目动态。对项目实施单位反映的问题，及时向领导进行汇报沟通并协调解决。依托“经济网格化”平台和“一人一企”制度，开展“一对一”联系走访企业活动，了解企业需求和问题，建立一企一档，及时协调解决企业生产经营过程中出现的问题，切实帮助企业破解发展难题。全年帮助协调解决各项问题30余个。

2021年江苏涟水经济开发区循环经济产业园已建项目一览表

表11

序号	项目名称	投资单位或个人	固定资产投资额（万元）	累计完成投资额（万元）	占地面积（公顷）	竣工时间	用工人数（人）
1	年产100万吨复合肥项目	江苏华源生态农业有限公司	50064.51	54064.51	32.520919	2017年8月	243
2	年产19500吨二甲戊灵项目	江苏永安化工有限公司	10687	12427	7.159578	2015年7月	208
3	年产6000吨三氟甲苯系列产品项目	江苏永创医药科技股份有限公司	9000	10700	3.179589	2010年	145
4	3万吨/年脂肪酸甲酯磺酸盐，1万吨/年表面活性剂，4万吨/年表面活性剂项目	涟水新源生物科技有限公司	13200	15800	3.335	2013年10月 2016年5月 2018年12月	50
5	年产3000吨苯甲醚、5000吨三氯乙酰氯项目	淮安德邦化工有限公司	9500	11000	2.668	2012年7月	55
6	年产38000吨三氯氧磷系列产品项目	淮安华源化工有限公司	7456.2	8500	2.57462	2012年	51

续表11

序号	项目名称	投资单位或个人	固定资产投资额(万元)	累计完成投资额(万元)	占地面积(公顷)	竣工时间	用工人数(人)
7	15000吨/年粗(废)醇回收生产线技术改造及年产10000吨烷基糖苷项目	淮安市赛利化工有限公司	8569	10000	2.001	2017年4月	50
8	年产1.75万吨纺织印染助剂系列产品项目	江苏勃仑化学有限公司	8650.8	9896.67	2.565949	2017年12月	42
9	年产21000吨涂料项目	淮安市科南新材料有限公司	9065	10683	3.326996	2016年	55
10	年产7000吨对氯氯苄项目	江苏宏兴化学有限公司	7100	8000	1.336668	2010年	50
11	年产1600吨邻氟苯甲酰氯项目	涟水鑫诺化工有限公司	3900	5500	1.212606	2013年	24
12	年产2700吨悬浮剂等项目	江苏稼穑化学有限公司	8000	10550	1.83425	2012年3月	52
13	年产120吨高纯三氯氧磷项目	淮安源通电子材料有限公司	1500	1700	1.668167	2012年	13
14	建设3.3万吨/年危险处置与综合利用能力项目	淮安华昌固废处置有限公司	15000	18000	6.514589	2018年12月	88
15	年产1000 吨磷酸二氢锰、10000吨硝酸锌、3180吨氯化锰(无水)、1000 吨氯化锌产品项目	淮安暴郭化工科技有限公司	11157.64	14867.64	3.335	2016年5月	36
16	年产3000吨三氟氯乙烯树脂、副产7500吨盐酸和2650吨氯化锌项目	淮安祥云旭升化工有限公司	10900	13800	3.335	2016年5月	70
17	年产20万吨洗衣粉、15万吨液体洗涤剂	淮安欣乐康日化有限公司	9000	10612.98	6.514589	2019年6月	62
18	年产35000吨醋酸盐、1000吨柠檬酸盐、2000吨丙酸盐及2000吨戊二醛、多聚甲醛项目	安田化学(江苏)有限公司	2500	3000	3.335	2019年3月	58
19	6000t/a橡塑助剂建设项目	江苏信守化工有限公司	9974	14288	3.335	2017年6月	96
20	淮安薛行循环经济产业发展有限公司供热及管网建设项目	淮安华昌固废处置有限公司(蒸汽站)	11000	14000	2.668	2020年6月	22
21	年产5万吨环保型成膜助剂/增塑剂项目	华昌智典新材料(江苏)有限公司	13000	15000	6.024344	2020年9月	93
22	年产2400吨橡胶防老剂KY-405、2000吨抗氧剂辛基化二苯胺、2000吨金属表面处理剂、2000吨粘胶剂项目	江苏驰硕新材料科技有限公司	12500	13500	3.401033	2020年6月	32

2021年江苏涟水经济开发区循环经济产业园在建项目一览表

表12

序号	项目名称	投资单位或个人	投资总额(万元)	固定资产投资额(万元)	占地面积(公顷)	开工时间	累计完成投资(万元)
1	伟易通含贵金属废弃物、含铜蚀刻液及废退锡液综合利用项目	江苏伟易通新材料有限公司	30000	28000	7.4704	2021年6月	5000
2	食品及饲料添加剂项目	江苏阿朗斯格生物科技有限公司	30000	25000	6.51574958	2021年7月	3200
3	30000t/a中间体表面活性剂及30000/a重醇回收等项目	淮安市麦特新材料有限公司	36000	31000	3.8019	2021年9月	3000
4	年产2.8万吨食品添加剂项目	江苏正禾食品科技有限公司	13000	12000	1.513423	2021年12月	1000
5	新增农药制剂3000吨/年悬浮剂技改建设项目	江苏稼穑化学有限公司(技改项目)	12600	12000	1.175921	2020年11月	10200
6	年产15万吨洗衣粉项目	淮安欣乐康日化有限公司(二期)	50000	50000	6.447889	2021年9月	7088

【园区管理与服务】 2021年,产业园加快园区转型升级,帮助企业获批化工监测点。共获批市化工重点监测点企业4家,分别是华源生态农业、永创医药科技、永安化工、华源化工。鼓励其通过信息化改造,依靠技术支撑实现安全风险的常态化、智慧化管控,推动围绕产业链进行延链、补链、强链技术改造,加快“机械化换人、自动化减人”,积极创

建智能车间、智能工厂和绿色工厂。推动化工企业升级转型。推动目前基本符合省化工重点监测点认定条件的2家企业(新源生物、华昌智典)积极申报2022年市化工重点监测点企业,助推其余12家依法依规保留的化工企业实施安全、环保、节能、信息化智能化改造,提升产品品质。

【园区安全管理】 2021年,产业园严守安全底线,加大源头问题整改力度,强化危化企业现场监管力度。通过与各企业签订安全生产及经济发展"一企一策"责任状,强化整改主体责任落实,累计召开安全生产例会和企业负责人安全会议17次,集中安环教育培训4次,安全生产专题宣讲会3次,督促园区企业按要求足额提取安全生产专项资金3940万元、为企业职工购买安全生产责任险1283份。借助"安环管家""安全联盟"开展安全检查,实现闭环式管理。重视源头隐患排查,派驻注册安全工程师驻场办公,对问题整改进行跟踪,督促企业加强隐患排查整改力度。成立由企业注册安全师和安全总监组成的"安全联盟",加强对企业安全生产监管,通过企业自查、日常巡查、专项检查、"安环管家"深入检查、"安全联盟"成员互查等方式,自查问题748条,组织"安全联盟"检查2次,发现隐患103条,不断提升企业本质安全水平。加强安全宣传,以"安全生产月"为契机,通过悬挂横幅、设置宣传栏、构筑安全环保文化长廊、观看教育警示视频等方式,多形式开展危化品宣传教育活动,压实企业安全生产主体责任。累计发放宣传册500余册、《涟水县常见典型生产安全事故防范指导手册》80余册,开展"珍爱生命,守护安全"承诺签名活动,累计参与签名900人次。

【江苏华源生态农业有限公司】 为江苏华昌化工股份有限公司全资子公司,位于江苏涟水经济开发区循环经济产业园,注册资本15000万元,占地面积为33.17公顷,总投资121047万元。2021年,有员工243人,实现年销售收入10.48亿元,入库税金674.88万元。公司年产100万吨新型生态肥料,是华东地区最大的复合肥生产基地。公司主营新型生态肥料生产、销售,产品包括硝基复合肥、硫酸钾复合肥、脲铵复合氮肥、氨酸法通用型复合肥、水溶性肥料等。与中国科学院南京土壤研究所、中国科学院沈阳生态应用研究所、南京农业大学、华南农业大学等高校科研机构建立长期技术合作关系。建立朱兆亮院士工作站、淮安市高效环境友好型肥料工程技术研究中心、植物营养中心等研发机构,拥有授权专利6项,推选"淮上英才""双创计划"1人。

【江苏永安化工有限公司】 成立于2005年12月,是一家专业从事农药产品研发、生产、销售的国家农药原药定点生产的高新技术企业。企业注册资本11561.56万元,厂区占地面积14.93公顷,有在职员工205人,获得授权的发明专利3项,实用新型专利22项。一期年产1.95万吨二甲戊灵生产线技改项目已投产运行,已形成二甲戊灵原药1.2万吨、乳油7000吨、悬浮剂500吨的生产能力。主导产品二甲戊灵原药产能已位于全球生产能力第二位,国内市场二甲戊灵原药市场占有率达70%。2021年,公司实现年销售收入44869.54万元,入库税金441.11万元。先后被认定为国家级高新技术企业、省级研究生工作站、省级工程技术研究中心、省级企业技术中心、省级科技"小巨人"企业、省级博士后创新实践基地、市产学研示范企业,2021年11月通过化工重点监测点认定。

【江苏永创医药科技股份有限公司】 原名"江苏永创化学有限公司",成立于2004年7月,占地面积3.2公顷,有职工132人,管理及技术人员38人,具有多年有机氟产品经验的高级技术人员4人。主要从事三氟甲苯系列产品的研发、生产和销售,有生产规模年产6000吨三氟甲苯系列产品。2021年,公司实现年销售收入19541.05万元,入库税金1015.52万元。生产基地设有氯化、氟化、硝化、还原、精馏5个车间、1个新产品研发中心。主要产品为6000吨/年三氟甲苯系列产品,其中对氯三氟甲苯3000吨/年,3,4-二氯三氟甲苯2000吨/年,2,4-二氯-3,5-二硝基三氟甲苯1000吨/年。拥有授权专利27项,其中实用新型专利24项,发明专利3项。

【涟水新源生物科技有限公司】 成立于2010年4月20日,注册资本2300万元。位于江苏涟水经济开发区循环经济产业园,占地面积为3.33公顷。有员工49人,大专及本科学历占总人数的60%,聘请技术顾问4名。公司主要从事天然油脂衍生物产品的研究、开发、生产和销售,通过与国内外专业的技术人员、和国内高校多方面合作,引进并开发了日化行业高端产品和造纸、油田化学、水处理等工业领域产品。2021年,公司实现年销售收入43986.99万元,入库税金1195.15万元。公司项目建设分为两期。一期项目:采用意大利Ballestra sulphurex连续磺化工艺,产品主要为脂肪醇醚硫酸钠(AE2S)。二期项目:1.56万吨/年表面活性剂及2000吨改性瓜尔胶粉,生产工艺包括季铵化、酰胺化、酯化,产品主要为甜菜碱(CAB等)、季铵盐(1629、1631、1831等)、氧化胺(CAO等)、脂肪酸酯(EGDS)及阳离子改性瓜尔胶粉(3-氯-2-羟丙基三甲基氯化铵瓜尔胶粉)。与江南大学展开专项合作,成功建立了省企业研究生工作站,获批国家级高新技术企业和市重点企业研发机构,省级高新技术产品无碱、高效高碳醇醚羧酸盐驱油剂获得市场认可。拥有专利13项,其中实用新型专利11项,发明专利2项。

【淮安华源化工有限公司】 始建于2004年,成立于2006年3月16日,注册资本1050万元,固定资产3000万元,位于江苏涟水经济开发区循环经济产业园纬十四路北侧,占地面积2.57公顷,员工40人,企业项目为年产3.8万吨三氯氧磷系列产品。2021年,实现年销售收入42684.77万元,入库税金2016.55万元。11月通过化工重点监测点认定。 (刑 香)

经济管理

ECONOMIC MANAGEMENT

- 宏观经济运行管理
- 财　　政
- 税　　务
- 审　　计
- 统　　计
- 社会调查
- 土地资源管理
- 市场管理
- 金融监管

编辑：彭亚君

宏观经济运行管理

【概况】 2021年，县发改委以“争创百强县”为统揽，紧紧围绕县委、县政府工作中心，立足岗位，扎实苦干，履职尽责，奋发作为，较好完成各项目标任务。牵头编制完成《涟水县国民经济和社会发展第十四个五年规划纲要和二○三五年远景目标纲要》，经人民代表大会审议通过后由县政府公开发布。全面协调推进28个重点专项规划编制工作，编制“十四五”县级专项规划，坚持以习近平新时代中国特色社会主义思想为指导，认真践行新发展理念，聚焦“苦干新五年，冲刺百强县”的目标追求，坚持“产业集聚新高地、综合枢纽物流港、城乡融合示范区、美丽宜居幸福城”的战略定位，综合考虑未来发展的趋势和条件，立足国民经济和社会发展特定领域，科学谋划，统筹安排。“十四五”县级专项规划分为五类：产业支撑类（5项），包括现代农业、工业经济和信息化、现代服务业、开放型经济、文旅产业发展等；创新驱动类（2项），包括科技创新、台资高地等；城乡发展类（4项），包括住房和城乡建设、综合交通运输体系、现代水利发展、生态文明建设及保护等；社会发展类（9项），包括人口、人力资源和社会保障、教育、卫健、文化、体育、民政、妇女儿童、乡村振兴等；社会治理类（6项），包括社会信用体系建设、社会治安综合治理、公众安全感建设、市场监管、安全生产、消防安全等。认真研究“百强县”考核体系，牵头编制涟水县冲刺“百强县”三年行动计划，并分解年度目标任务，认真研究“百强县”考核体系，主动向上对接，做好统筹协调工作。

【重点项目建设】 2021年，县发改委加强项目管理，对政府投资项目实行动态化管理，实行“一月一调度，一季一督查，年终一考核”机制。今世缘智能化电商物流中心顺利纳入省重大项目库，25个重大项目完成投资93.94亿元，超年度投资计划7.7个百分点；纳入市盘20个现代服务业项目完成投资74.92亿元，超年度投资计划23%。

【新型产业培育】 2021年，县发改委按照省产业结构调整目录，对环境准入和排放标准严格把关，禁止低质效、高污染项目的引进和落地。切实做好低碳减煤工作，协调实施资源节约和综合利用相关政策规划，促进能源消费向清洁化、低碳化转变。按照“减量化、再利用、资源化”的原则，推动开发区绿色循环化改造，持续完善供热、供气等配套功能。做好能耗双控工作，对省定18户和市定10户“两高”企业进行为期15天的停产检修，“双控办”24小时监测企业用电情况，现场督查企业落实情况，确保完成年度能耗下降指标。积极做好整县屋顶分布式屋顶光伏试点申报工作，有序推进全县屋顶光伏开发工作，全力推动做好碳达峰、碳中和，以促进涟水经济高质量发展。

【投资项目管理】 2021年，县发改委积极与项目单位沟通对接，加强业务指导，及时分析固定资产投资存在的问题、难点，抓好固定资产投资调度。紧盯进展缓慢的项目，抓进度，促投资，继续狠抓项目入库，强化项目库管理，严格核实项目进展，全面提升数据质量。认真梳理摸排固定资产投资项目，依法依规、实事求是做好投资项目统计工作，确保应统尽统。全年完成固定资产投资205.32亿元，比上年增长14.4%。

（孙　洁）

财　政

【概况】 2021年，县财政局贯彻落实中央关于财政和国有资产监督管理工作的方针政策和省、市、县委的决策部署，在履行职责过程中坚持和加强党对财政和国有资产监督管理工作的集中统一领导。深入推进财政改革，全力促进增收节支，全年完成一般公共预算收入26.5亿元，完成一般公共预算支出74.22亿元；全县政府性基金收入27.2亿元，政府性基金支出35.53亿元；全县国有资本经营收入3.78亿元，全部调入一般公共预算用于民生保障支出，财政预算执行情况总体较好，有力支持全县经济社会各项事业发展。县财政局被评为省文明单位、省财政监督工作全面先进单位、省2020年信息宣传工作优秀单位、省采购贫困地区农副产品先进单位、市重特大项目攻坚先进集体，被授予市社保基金报表编制工作二等奖。

2021年涟水县财政收支情况一览表

表13

一般公共预算收入			一般公共预算支出		
项　目	金额（万元）	增长率（%）	项　目	金额（万元）	增长率（%）
一、税收收入	219812	10.95	一、一般公共服务支出	81729	-1.75
增值税	110415	11.14	二、外交支出		
企业所得税	39010	32.59	三、国防支出	1328	690.47
个人所得税	5155	-41.69	四、公共安全支出	28162	-8.22
资源税	5	-44.44	五、教育支出	152291	13.44
城市维护建设税	16334	15.79	六、科学技术支出	3868	-8.25
房产税	5541	19.68	七、文化旅游体育与传媒支出	8922	-3.83

续表 13

一般公共预算收入			一般公共预算支出		
项　目	金额(万元)	增长率(%)	项　目	金额(万元)	增长率(%)
印花税	2257	3.44	八、社会保障和就业支出	158241	30.93
城镇土地使用税	6352	0.67	九、卫生健康支出	93701	10.65
土地增值税	10356	-2.22	十、节能环保支出	4644	-26.87
车船税	3738	9.04	十一、城乡社区支出	18923	-18.75
耕地占用税	28	-99.65	十二、农林水支出	70897	-42.84
契税	19893	93.79	十三、交通运输支出	11279	-36.64
环境保护税	643	16.27	十四、资源勘探工业信息等支出	45629	16.09
其他税收收入	85	-82.40	十五、商业服务业等支出	1672	-26.89
二、非税收入	45108	8.16	十六、金融支出	538	146.78
专项收入	16755	15.44	十七、援助其他地区支出		
行政事业性收费收入	8206	256.47	十八、自然资源海洋气象等支出	3602	-68.64
罚没收入	5355	-31.90	十九、住房保障支出	19332	-6.75
国有资源(资产)有偿使用收入	13415	-14.49	二十、粮油物资储备支出	904	-42.42
其他收入	1377	3.07	二十一、灾害防治及应急管理支出	3476	131.27
			二十二、其他支出	19807	1377.03
			二十三、债务付息支出	13226	-0.35
			二十四、债务发行费用支出	33	-54.79
合计	264920	10.47	合计	742204	1.59

【财政预算执行情况】 2021年，涟水县一般公共预算收入26.5亿元，加上地方政府一般债务转贷收入、返还性收入、一般性转移支付收入、共同财政事权转移支付收入、专项转移支付收入、上年结转收入、调入资金等59亿元后，收入总计85.5亿元。一般公共预算支出74.22亿元，加上上解上级支出、安排预算稳定调节基金、地方政府一般债务还本支出等4.94亿元后，支出总计79.16亿元。收支相抵，结转下年支出6.34亿元。全县政府性基金收入27.2亿元，加上上级补助收入、上年结转收入、地方政府专项债务转贷收入等17.85亿元后，收入总计45.05亿元。政府性基金支出35.53亿元，加上调出资金、地方政府专项债务还本支出等9.28亿元后，支出总计44.81亿元。收支相抵，结转下年支出0.24亿元。全县国有资本经营收入3.78亿元，全部调入一般公共预算，统筹用于民生保障支出。全县社会保险基金收入13.54亿元。社会保险基金支出12.04亿元。收支相抵，当年结余1.5亿元；加上上年结余9.65亿元，年末滚存结余11.15亿元。

【预算管理】 2021年，县财政局出台《涟水县预算绩效管理实施细则》《涟水县县级预算绩效运行监控管理暂行办法》，进一步完善预算绩效管理制度体系。运用预算绩效管理信息平台，开展县级单体非人员类100万元以上项目绩效目标编审、运行监控、自评价工作，对9个项目开展绩效重点评价。推动相关预算单位整改纠正绩效评价发现的问题，收回财政资金559万元。强化收支管理，完善机制抓增收，建立健全税收征管联席会议工作机制，强化政府部门间涉税信息互联互通及应用，深挖增收潜力。建立镇街收入与往来拨款挂钩机制，引导镇街增加收入，完成收入目标。多措并举促节支，坚持预算刚性约束，做到有预算不超支、无预算不开支。支出安排有保有压，突出保基本民生、保工资、保运转，保证重点项目、重大工程支出需求。全面落实上级关于严格财政支出管理的要求，严控“三公”经费等一般性支出。加大结余资金、往来款项盘活力度，盘活存量资金5480万元。

【民生事业保障】 2021年，县财政局安排4.09亿元，对参加城乡居民基本养老保险人员给予财政补助，将年满60周岁、65周岁城乡居民基础养老金分别提高到每人每月189元、199元。安排9792万元，将城乡居民最低生活保障标准提高到每人每月655元。安排6899万元，落实残疾人“两项补贴”政策。安排4650万元，将特困人员基本生活标准提高到低保标准的1.3倍。支持实施就业优先政策，安排2189万元，完善重点群体就业支持体系，开展城乡劳动者、新生代农民工技能培训。落实政府贴息927万元，向1264人发放小额担保贷款1.79亿元，助力大众创业、万众创新。支持提升医疗卫生水平，安排5.28亿元，将城乡居民基本医疗保险财政补助标准提高到每人每年610元。安排9000万元，支持县人民医院急诊楼改造、感染楼改建、核医学楼建设和县中医院异地迁建。安排3698万元，支持开展新冠肺炎疫苗接种、疫情防控工作。安排1204万元，开展全民健康补充医疗保险试点工作。支持高质量教育体系建设，投入1.46亿元，新建幼儿园3所，改扩建中小学33所、高中3所，支持涟水中专异地新建。安排1.02亿元，落实生均公用经费保障政策，完善特殊教育经费保障机制。安排7483万元，提高义务教育教学质量考核奖励标准，设立普通高中教育教学质量奖，落实义务教育阶段学校校长职级制考核奖励，推动教育优质发展。支持文旅事业繁荣发展，安排6547万元，支持科技文化活动中心建设。安排663万元，支持图书馆、文化馆、博物馆等文化活动场所免费开放，安排491万元，支持文化惠民演出等文化活动，支持县淮剧团打造精品力作，支持省级全域旅游示范区创建。支持实施乡村振兴战略，安排12.67亿元，推进农房改善工作。落实农业补贴政策，发放农业支持保护补贴、稻谷补贴、农机购置补贴1.84亿元，惠及20.2万农户。安排保费补贴6512万元，推动农业保险高质量发展，减轻农民参保负担。向9182户农户发放扶贫小额贴息贷款2.67亿元，促进低收入农户创业增收。安排9770万元，支持生态文明建设，推进"五位一体"村庄环境长效管护，完善城乡垃圾收运体系，实施农村污水治理，改善农村人居环境。安排农业产业发展资金8818万元，支持农业园区、农业大数据及产业强镇等建设。安排1.59亿元，新建高标准农田6666.67公顷。安排2680万元，实施涟沭接合部、灌溉总渠以北两个片区富民强村帮促行动，持续增强片区产业发展能力。安排1.05亿元，实施淮涟灌区改造项目、朱码节制闸拆除重建工程，提升排涝、蓄水灌溉和发电功能。

【财税体制改革】 2021年，县财政局制定《涟水县预算管理一体化系统实施方案》，有序推进预算管理一体化系统建设，充分利用信息化手段规范预算管理工作流程，构建"横向一体化、纵向集中化"预算管理体系。全县240个预算单位全部启用一体化系统完成2022年部门预算编制工作。推进县与镇街财政事权和支出责任划分改革。制定基本公共服务及教育、医疗卫生等8个领域财政事权和支出责任划分改革方案，进一步明晰县与镇街支出责任范围，提升镇街公共服务和基本民生保障能力。深化拓展财政奖补集成服务改革。精简审批环节，缩短审批时限，不断优化营商环境，发放财政奖补资金4.1亿元，资金发放率96%。深入推进国有企业改革。推进国企改革三年行动，出台《涟水县国企改革三年行动实施方案》，制定县级114项任务清单、县直职能部门113项任务清单、县属国企86项任务清单，有序推进实施。加强国有企业管理制度建设，进一步规范企业经营管理，保障国有资本安全。开展县属国有企业资产清理，优化国有资本投向和业务结构。推进全民所有制企业公司制改革，全面完成82户企业改革任务，推动建立现代企业管理制度，促进国有企业资产保值增值。

2021年，为企业办理财政奖补业务 （县财政局 供稿）

【助力企业发展】 2021年，县财政局倾力扶持企业发展，累计减税降费1.72亿元，进一步降低企业运营成本。兑现实体经济奖励资金4805万元，支持企业做优做强。争取服务业发展、化工产业安全环保整治提升奖补、工业和信息产业发展、品牌建设等项目资金3538万元，助力企业转型升级。安排失业保险支持企业稳岗返还资金389万元，惠及企业924户。落实中小微企业税收缓缴政策，缓缴税收7024万元，助力企业稳步发展。推动金融资源加大服务实体经济力度。实行银行信贷与财政间隙资金挂钩，增加实体企业信贷投放，鼓励银行发挥优势助力工业制造业项目招引。增加财富担保公司注册资本1亿元，放大担保职能，降低担保门槛，提高抵（质）押率上限，实行差别费率，降低企业融资成本。财富担保公司在保余额增长49%，为企业提供"过桥"续贷资金增长200%。安排270万元，支持9户企业在新三板和区域性股权市场挂牌。全力保障项目招引。安排招商引资专项资金850万元，支持开展重大招商推介活动，保障重点部门招商经费，确保全县招商引资工作顺利开展。

（王韦蔚）

税 务

【概况】 2021年，县税务局扎实推进全面从严治党、提升依法治税水平、强化税收治理效能、深化"放管服"改革、优化税收营商环境、深化税收征管改革、完善队伍建设机制，积极响应"苦干新五年 冲刺百强县"号召，全力服务地方经济发展，完成各项税收工作。全年共组织税费收入73.4亿元，首次突破70亿元大关，比上年增长22%。其中完成税收收入50亿元,增长13.9%,完成税收一般预算收入22.16亿元,增长11.7%。县税务局荣获“淮安市五一劳动奖状”。

【税收征管改革】 2021年,县税务局坚持问题导向,积极推动以税费服务、税务执法、税务监管、协同共治为重点的税收征管改革。在税费服务新体系方面,出台《关于推进“纳服一体化”解决纳税人“多头跑 多次跑”问题的实施方案》,将32个调查、审核事项前移至纳税服务机构,有效解决纳税人缴费人“多头跑 多次跑”问题;出台《税费服务任务及政策确定性服务管理工作方案(试行)》,系统规范税费服务行为,切实维护纳税人缴费人权益。在税务执法新体系方面,根据自身实际情况,制定《关于推进提示提醒前置新方式运行实施方案》《提示提醒团队管理办法》,组建提示提醒团队,开展分类分级执法,实施“无区域”风险应对。在税务监管新体系方面,各税费种、专业事项主管部门以政策管理为主,向扁平化、专业化、实体化监管职能转型,风险管理部门负责税务监管任务的统筹协调、集中管理,强化上级税务监管任务的实施到位。全面对标税务监管“更协同、更精准、更有力”标准要求,充分盘活调动机关业务部门征管资源。在协同共治新体系方面,推动县政府出台《涟水县税收协同共治工作实施方案》,进一步明确加强组织保障、落实协调措施等内容;推动税费共治联席会议定期召开,深化税务基础数据和外部门数据交互分析,制定《涟水县数据共享清单》,实现税务基础数据展示、多部门数据交互分析、疑点任务数据归集等功能,夯实税收征管基础工作,与县住建局等11家单位开展数据交换,全年应用第三方数据累计入库税款4177.29万元。在社保费和非税征管方面,充分利用城乡网格化服务管理资源,推进城乡居民两险缴费服务便利化。制定非税划转事项清单,加强多部门磋商协作,形成切实可行的划转方案,实现部分非税征管事项的平稳无感划转。

2021年4月28日,办税服务厅工作人员引导市民网上办税 (县税务局 供稿)

【纳税服务】 2021年,县税务局秉承以人民为中心的工作理念,精准开展纳税服务,积极营造高质量的税收营商环境。将32项调查、核实业务前置一分局“一站式”服务,实现税费服务事项“一口进,一口出”,实现高效便民服务就近办、快捷办,不断提高服务质量和水平。建立纳税人之家,开展插花烘焙、走进苏北小延安等活动,增进税企联系,畅通交流渠道。聘请“税务体验师”,开展“春风行动”“春雨润苗”专项行动,推动产品功能的完善和服务水平的提升,有力助推企业高质量发展。通过“淮税通”征纳沟通平台开展线上“微税课”解读最新税费优惠政策。组建纳税服务“专家团队”,上线“苏小税”智能解答系统,全天候、点对点解决好个性“烦心事”。依托“12366”征纳沟通平台,深化“非接触式”办税内涵,开设24小时线上智能咨询服务,并建立地域化线上服务网格16个,覆盖全县2万余户纳税人,发布培训课件20余件,推送政策类宣传提示提醒109条,阅读数达61206人次。组建16个专家团队,深入走访企业,问需求、纳建议、解难题,全年组织纳税人座谈会9场,走访企业1600余户。2021年度纳税人满意度调查全省县区局排名第二位。

【税收优惠政策落实】 2021年,县税务局深入落实减税降费利好政策,助力地方经济跨越式高质量发展。重点做好减税降费和疫情防控优惠等延续实施政策的落实,针对受疫情影响较大的行业、企业,加强政策辅导,及时解决政策落实中存在的问题,切实为企业舒缓压力,助力企业复产扩能。以“百名税干入百企业”和“青年先锋突击队”为依托,走进有代表性的重点企业、中小微企业和中介机构,有针对性地推送减税降费政策,全年全县新增减税降费2.32亿元,帮助企业纾困解难,有效激发市场主体活力。 (汤 杰)

审 计

【概况】 2021年,县审计局依托政府投资项目审计监督,全面开展全县重大项目稽查工作。依托预算执行审计全覆盖系统,实现对县本级250家预算单位预算执行情况审计全覆盖。根据县纪委监委要求,对县供销合作总社和县自然资源和规划局2019—2020年度财政财务收支情况进行审计;以企业资产安全、经营状况和管理运营等情况为重点,对淮安红日交通发展总公司总经理任中经济责任履行情况和丙辰工程养护、畅达公路养护、交通景观绿化建设养护4个公司资产负债及损益情况进行审计。审计指出相关公司在内控制度建立、执行和经营管理中存在的突出问题,并针对存在问题提出合理化建议和整改要求,进一步提升相关企业的财务管理水平。全年共完成财政财务类审计项目36个，其中，自定项目29个、市审计局交办交叉审计项目7个。向被审计单位指出各类问题214个，查出违纪违规金额10.27万元、管理不规范金额210578.47万元、损失浪费金额222.97万元；向县主要领导报送审计专报7份，均得到主要领导批示。向县纪委监委移送案件线索3条，8人受到纪律处分，1人被判处有期徒刑1年，判处罚金10万元。

【政府投资审计】 2021年，县审计局积极推进政府投资项目审计转型，不断加强对委托中介机构审计的政府投资项目审计质量进行抽查。全年共抽查115个政府投资项目，核减工程造价6084.67万元。建成涟水县政府投资项目信息化管理平台，将全县所有政府投资项目立项、审批、建设、监理、审计等信息纳入管理平台，全程接受财政、审计等部门的监督。截至12月底，管理平台注册使用人数372人，注册政府投资项目87个，有4家中介因抽查核减率超过规定，在涟水开展政府投资项目审计工作受到限制。

【审计整改】 2021年，县审计局持续推进审计整改工作，全力做好审计监督的“后半篇文章”。全年共提请县主要领导召开审计整改工作推进会7次，县委审计委员会办公室共向相关单位发出报送审计发现问题整改情况的通报4次。2019年以来，审计发现问题543个，整改421个，整改率77.53%，针对发现的问题，协同县人大财经委开展问题整改情况集中检查，对部分难整改的问题提出针对性的整改建议，进一步提升审计发现问题的整改效果。起草并提请县委办和县政府办出台《关于完善审计查出问题整改长效机制的意见》，推动审计整改工作制度化、规范化，更好发挥审计监督治已病、防未病作用。

【民生项目审计】 2021年，县审计局对涟城街道安置房建设经费、养老保险基金、基层卫生院经费等民生项目进行专项审计和审计调查。重点关注民生资金使用和管理情况，以及基层卫生院医疗保障等情况，审计指出个别医院在医疗收费、药品耗材采购管理等和安置经费使用、养老保险基金管理等方面存在的问题，及时督促相关职能部门进行整改，保障民生资金安全有效运行。

【重大政策落实跟踪审计】 2021年，县审计局以推动党中央和省市县重大决策部署贯彻落实，促进经济持续健康发展为目标，重点全县政府性债务风险防范、连云港市灌南县教育经费、清江浦区耕地保护、洪泽区农房改善等重大政策措施落实情况进行审计。审计指出教育经费保障、耕地保护以及省政府农房改善政策措施落实方面存在的突出问题，并提出相应的审计建议和整改要求。

【资源环境审计】 2021年，县审计局以贯彻落实绿色发展理念、促进领导干部认真履行自然资源资产管理和生态环境保护责任为目标，开展盱眙县马坝镇原镇长、涟水县岔庙镇原镇长自然资源资产离任审计。审计指出部分企业和集体存在违法用地、部分企业污染物排放超标、河长制相关制度执行不到位、部分被征地农民社保未落实等突出问题，并提出审计建议和整改要求。

【领导干部经济责任审计】 2021年，县审计局对14名党政领导干部开展经济责任审计。严格执行新颁布的经济责任审计规定，聚焦权力运行和责任落实，依法依规确定审计内容，促进权力规范运行。把审计发现的问题放在改革发展全局中综合分析，认真落实好“三个区分开来”要求，从促进履职尽责角度客观审慎提出管用实用的审计建议，提高领导干部履行经济管理职责的能力，增强领导干部遵守和执行国家财经纪律的自觉性。根据领导干部经济责任审计发现的问题，归纳总结并印发《党政主要领导干部履行经济责任重点风险防范清单》，发放给党政领导干部，提升领导干部履行职责过程中的风险意识。

（李青松）

统　计

【概况】 2021年，县统计局贯彻落实中央、省、市对统计工作总要求，围绕全县中心工作和省、市统计工作部署，聚焦高质量发展考核和争创“百强县”目标，紧抓数据指标监测，加强经济运行分析，狠抓“四上”企业入库，做好人口变动等各类调查，深入开展党史学习教育，推进统计基层信息化建设，加强统计法治建设，严格落实管党治党政治责任，各项工作均取得新的成效。直接执法检查单位数28家，未查出统计违法行为。实施的规下样本调查及工资、人口调查均全市领先。荣获江苏省第七次人口普查工作先进集体称号和2021年度推进高质量跨越发展“特别贡献奖”。

【统计法制宣传】 2021年，县统计局积极开展统计法制宣工作。12月6日，以《中华人民共和国统计法》颁布纪念日为契机，以“弘扬法治精神，全面依法治统”为主题，在各镇街开展统计法治户外宣传活动。12月9日，组织乡镇办基层统计工作人员开展统计法治知识专题学习，从统计工作面临形势、统计法律法规要求、统计违法行为处分处理等方面，帮助统计工作人员准确把握统计工作的新形势、新任务、新要求，学习运用法治思维，推动统计工作顺利开展。

【人口变动抽样调查】 2021年，县统计局扎实开展人口变动抽样调查。全县共抽中38个村，按照每村一名指导员，每个小区两名调查员的方式进行配备，共38名指导员，76名调查员。该次人口变动抽样调查共投入经费约21.23万元，其中：培训费4.82万元、两员补助11.4万元、宣传费1.49万元，入户礼品1.52万元、办公经费2万元。每个被抽中村发放一台掌上电脑，共计38台。9月23日，组织开展调查样本信息核实业务培训会，对人口变动抽样调查的工作流程、组织实施、报表指标解释、质量控制、调查技巧、手持终端使用方法进行培训，提高统计调查员业务水平。10月28日，召开全体指导员正式登记业务培训会，38人参会。自11月1日起，经过用时一个月的调查，经国家统计局依据调查结果测算，涟水县2021年常住人口为82.47万人，城镇化率达到56.5%。

【统计服务】 2021年,县统计局围绕经济运行、百强县评价、省市考核评价指标推进方面进一步做好统计分析工作。持续开展月度、季度经济运行分析,对全县重点行业、新兴行业及产业集群、项目投资等方面进行调研分析,提出工作建议,做好参谋助手。按月印发《统计月报》、月度统计卡片,围绕经济运行、高质量发展等方面撰写10余篇统计分析,《百强县GDP指标分析》《涟水县工业情况分析》得到县主要领导的肯定。先后举办名录库、文化产业、服务业入库、投资统计、凭证审核、工业统计、房地产开发年报等业务培训15次,提高镇(街道)统计人员业务水平。6月29日,召开建筑业规上企业统计业务培训,指导企业统计人员规范填报统计数据,完善统计台账。5月20—30日,组织统计专业人员深入基层开展固定资产投资统计业务指导,全面夯实基层固定资产投资统计业务基础,提高数据上报质量,确保应统尽统、应报尽报。10月,顺利通过省委省政府统计督察。高度重视新增列统企业申报工作,从月度申报抓起,突出"商业综合体、农业合作社、批发市场"等重点领域,加大文化产业、战新产业、高技术产业等"四上"行业企业培育力度,挖掘一个指导一个,符合一个申报一个。从指导企业准备资料、网上申报,到现场指导和省市局验收,环环相扣。全年新增"四上"企业167户,完成市下达目标的172%,排名全市前列。全力增总量、优质态,通过新增企业拉动全县指标较快增长。持续抓好规下工业、贸易、工资、人口等方面的数据上报和样本点优化,督促样本单位报足报好数据,为全县的经济社会发展提供充足的数据支撑。做好样本单位填报人员的培训工作,深入样本单位,了解样本企业生产经营情况,督促样本单位报足数据,确保调查取得的数据对主要指标增长起到足够的支撑。

【妇女儿童数据监测】 2021年,全县城镇登记失业人员中女性比例为44%,与上年持平,城镇女性就业情况有待进一步改善。乡镇(街道)正职干部中女干部的比例由10.6%提高到12.5%,村委会中女性的比例从11.4%提高到28%,村委会主任中女性占比从3.4%提高到6%,居委会成员中女性比例从21%提高到32%。涟水县逐步完善政府主导、有关部门参加、全社会参与的女性教育发展体系,提高女性受教育质量,女性受教育水平显著提高。高级专业技术人员中的女性比例由35%提高到37%。学前三年毛入园率达到99.17%,高中阶段毛入学率达到99.23%,普惠性幼儿园覆盖率为97.78%。妇女健康水平稳步提升。孕产妇死亡率由17.08/10万上升到18.06/10万,孕产妇死亡率有所上升;妇女常见病筛查率为68.84%,较上年下降17.15%。婴儿死亡率由1.96‰下降至1.08‰,婴儿死亡率进一步降低。7岁以下儿童健康(保健)管理率达到96.11%,比上年提高4%。女性生存环境逐步改善。农村无害化卫生厕所普及率进一步提高,达到99.89%,比上年增加5.6%。镇(街道)配备专兼职儿童社会工作者的比例达到100%,进一步加强儿童人身安全保护。 (王晓珍)

社会调查

【概况】 2021年,县国调队严格按国家统计局调查制度,组织开展城乡住户一体化调查、农产量调查、畜禽监测调查、工业生产者价格调查、采购经理调查和劳动力调查等各项国家统计调查项目,保证第一手调查数据的及时、真实、科学性,各项调查结果均及时审核、汇总、上报国家统计局、国家统计局江苏调查总队。主动向县委县政府报送《统计调查专报》8篇。在生猪生产、城乡收入等方面的建议和意见被县委、县政府采纳应用于实际工作。根据全年工作实绩,精心制作的微信公众号信息《"两在两同建新功" 我为记账户办实事》分别被"醉美五岛湖""江苏调查""学习强国"等官方平台采用。各项工作获得上级部门的高度赞扬,获得2021年度涟水县推进高质量跨越发展特别贡献奖。

【城乡住户一体化调查】 2021年,县国调队积极开展住户和农村调查,完成城乡住户一体化调查200户记账户,大力推广电话数据质量核查,根据上报数据,对重点户数据开展针对性的核查。畜禽调查业务人员深入基层进行数据台账检查。住户调查由队领导带队开展2次访户工作,住户调查电子记账率达68.5%。劳动力换样工作中,队领导带头调研,达到样本全覆盖。遥感测量的飞行比例由40%提升到50%。加强统计分析研判水平,全年,向江苏调查总队报送分析11篇、采用3篇;报送统计信息23篇、采用11篇;报送工作动态103篇、采用59篇。

【辅调员队伍建设】 2021年,县国调队组织青年干部参与国家统计局组织的

2021年6月4日,涟水调查队在朱码街道开展小麦测产 (县国调队 供稿)

2021年基层统计人员线上技能培训，开展各项业务培训24次，提高业务水平。对辅调员考核执行差异化补助标准，对辅调员进行月度考核，形成考核台账，年底在全县范围内开展优秀辅调员和优秀记账户评比活动，评选出20名优秀记账户和6名优秀辅调员，提升记账户的记账热情和辅调员的工作积极性，为下一步开展住户调查工作奠定坚实基础。

【统计法治建设】 2021年，县国调队制定《2021年法治工作要点》，组织全体党员干部参加时代统计大讲堂学习。严格执行《领导干部违规干预统计工作记录制度》《统计执法检查处理信息和领导干部违规干预统计工作记录调查方案》，认真保管《记录台账》和相关原始资料。规范执法检查。对涟水县市政工程公司、涟水振奔制衣有限公司、淮安市新涟纺织有限公司3家企业开展执法检查，从对3家企业执法检查情况看，检查数和上报数一致，对3家企业发出《统计执法监督检查结论书》。积极配合淮安队执法工作督导组对虹安纺织（淮安）有限公司、淮安市科南新材料有限公司、江苏华源生态农业有限公司3家企业开展统计执法工作，从对3家企业执法检查情况看，检查数和上报数一致，对3家企业发出《统计执法监督检查结论书》。同步开展业务培训和统计法治宣传，利用12月4日宪法日和12月8日统计宣传日广泛开展统计法治宣传，增强市民统计法治意识。（沈建宇）

土地资源管理

【概况】 2021年，县自然资源和规划局高效落实省市自然资源部门和县委县政府决策部署，立足新发展阶段，贯彻新发展理念，严格履行“两统一”职责，积极主动服务，严格规范管理，资源保护、要素保障、改革创新、权益维护等多项工作走在全市前列，为全县冲刺百强县提供坚实的自然资源支撑。深入推进耕地数量、质量、生态“三位一体”保护，强化耕地占补平衡管理，完成耕地保有量11.27万公顷，完成划定永久基本农田9.07万公顷，均超额完成上级下达的任务数。优化规划空间246.67公顷，争取挂钩用地计划500.8公顷、实施土地征收360.4公顷、盘活存量14.67公顷。制定年度土地储备计划，并报县政府批准实施，全年收储土地规模合计为43.1233公顷，新增储备土地33.3211公顷。政务信息公开工作获省先进单位，全市考评分第一。

【资源保护】 2021年，县自然资源和规划局认真贯彻落实中共中央关于加强耕地保护和改进占补平衡工作意见，深入推进耕地数量、质量、生态“三位一体”保护，建立耕地保护激励机制。规范省市土地整治实施，东胡集渠东、红窑李庄、梁岔费庄、东胡集小埝、黄营旗杆、红窑苗戴6个省投项目以及黄营徐跳、红窑白洼、唐集月塔、红窑颜下庄、高沟苗荡5个市投项目通过验收。强化耕地占补平衡管理，入库面积全市第一，截至年底，上级下达耕地保有量任务数为10.46万公顷，实际完成11.27万公顷；永久基本农田划定任务数为9.06万公顷，完成划定永久基本农田9.07万公顷，实现耕地保有量及永久基本农田面积稳中有升，被省自然资源厅评为“耕地保护激励单位”。

【土地资源利用】 2021年，县自然资源和规划局共优化规划空间246.67公顷，争取挂钩用地计划500.8公顷、实施土地征收360.4公顷、盘活存量14.67公顷，今世缘智能制造、特创电子等共192个省、市、县重大项目得以顺利开工建设。着力盘活闲置低效用地，完成低效用地再开发9宗、面积5.53公顷，解决吾悦广场、哈灵教育、高沟派出所、高沟消防指挥中心、五港镇中心卫生院、众力新能源等项目用地需求。对2009—2018年批准的用地逐批次进行梳理，化解批而未供用地114.07公顷，为连淮扬镇铁路、浦西福地、创威置业、乐世食品、霞客科技、圣马科技等10家项目提供用地保障。逐步规范管线规划管理，组织编制涟水县城市综合管网规划和涟水县城市综合管廊规划，完成48个项目验线工作。优化土地供应，完成11个项目预审，出具用地红线61份，审批设计方案52个，供应土地60宗，面积257.8公顷，总出让土地价款近28亿元。

2021年涟水县公开出让土地情况一览表

表14

土地坐落	受让单位（个人）	面积（平方米）	起始价（万元）	成交价（万元）
规划路北侧、淮涟一级路西侧	江苏保达消防器材有限公司	30619.07	560	560
环城东路西侧、北京路北侧	江苏今世缘房地产发展有限公司	50210.3	5240	5240
环城东路西侧、北京路北侧	江苏今世缘房地产发展有限公司	52458.88	5470	5470
环城东路西侧、北京路北侧	江苏今世缘房地产发展有限公司	55234.93	5760	5760
涟水县涟新路西侧	淮安市麦特新材料科技有限公司	37936.94	1140	1140
红窑镇工业集中区	淮安市汇丰木业有限公司	14213	260	260
丽江路东侧、长江路北侧	淮安经纬新农村建设有限公司	14085.78	1180	1180
海西路东侧、长江路南侧	淮安经纬新农村建设有限公司	19015.22	1600	1600

续表14

土地坐落	受让单位（个人）	面积（平方米）	起始价（万元）	成交价（万元）
海西路东侧、长江路北侧	淮安经纬新农村建设有限公司	25623.16	2150	2150
炎黄大道北侧	江苏今世缘房地产开发有限公司	33333.29	1600	1600
涟城街道涟水路东侧、龙腾大道北侧	新城控股集团企业管理有限公司	45388.76	13750	13750
涟城街道晨曦路东侧、朝阳路西侧	新城控股集团企业管理有限公司	34817.97	10550	10550
涟城街道涟水路东侧、龙腾大道北侧	新城控股集团企业管理有限公司	47461.02	14380	14380
涟城街道清涟大道北侧、淮浦南路西侧	新城控股集团企业管理有限公司	75515.81	11370	11370
涟城街道晨曦路东侧、龙腾大道北侧	新城控股集团企业管理有限公司	64783.67	19100	19100
涟水县龙腾大道东侧、银杏路南侧	淮安市欣明置业有限公司	51705.84	22360	26760
涟水县进场路北侧、龙腾大道东侧	淮安市欣明置业有限公司	51078.43	22000	25250
涟水县缘分大道西侧、银杏路南侧	创威(常熟)置业有限公司	60775.95	26040	27590
市空港产业园省道503西侧	淮安民用机场有限责任公司	5943.14	140	140
县经济开发区祥和路北侧、创业路西侧	涟水哈林实业发展有限公司	68673.03	1140	1140
县经济开发区中信华电子产业园北侧	中信华电子产业园发展(涟水)有限公司	30569.79	510	510
市空港产业园经六路东侧、纬一路南侧	淮安贝思特教育投资有限公司	93041.44	7800	7800
循环经济产业园经一路东侧、纬十四路南侧	江苏阿朗斯格生物科技有限公司	65124.9	1890	1890
县经济开发区双拥路南侧、创业路东侧	江苏乐世食品有限公司	43729.72	730	730
县经济开发区兴旺路北侧、科创路东侧	江苏涟瑞阀门有限公司	5908	100	100
县经济开发区兴盛路北侧	淮安圣马科技有限公司	21556.96	356	356
县经济开发区兴盛路北侧	淮安霞客科技有限公司	3047.71	51	51
大东镇工业集中区	淮安超研精密自动化设备制造有限公司	10039	181	181
五港镇中港路西侧永丰纸业南侧	淮安恒发纸业有限公司	23929	431	431
空港产业园机场中路东侧、炎黄大道南侧	淮安空港同方水务有限公司	19766.11	415	415
保滩街道盐河路东侧	淮安锐志新型建材有限公司	641.57	12	12
保滩街道盐河路东侧	淮安锐志新型建材有限公司	9208.1	166	166
涟水县五港镇中港路西侧	涟水永丰纸业有限公司	5471	99	99
县经济开发区清枫路西侧、涟兴路北侧	宿迁力达置业有限公司	66851.1	30040	30040
县经济开发区兴隆路南侧港口路西侧	江苏联盈包装科技有限公司	23345	386	386
高沟镇大胡工业区	江苏派素科技有限公司	5627.01	85	85
高沟镇大胡工业区	淮安市杭胜包装材料有限公司	5548.24	84	84
高沟镇大胡工业区	江苏茂杨木制品有限公司	5426.81	82	82
高沟镇前进工业区	淮安荣宇机械有限公司	10960.54	165	165
红窑镇境内，省道235西侧	涟水县盛达燃气有限公司	807	60	60
薛行产业园涟新路西侧、纬九路南侧	淮安欣乐康日化有限公司	2105	65	65
纬九路南侧、经二路东侧	江苏伟易通新材料有限公司(成交)	37561	1127	1127
纬十一路南侧	江苏宏兴化学有限公司(成交)	13355.8	401	401
盐河东侧、附一调河南侧	江苏华源生态农业有限公司(成交)	33768	1013	1013
纬十路南侧、经二路东侧	江苏伟易通新材料有限公司(成交)	37580	1128	1128
保滩街道缘分大道北侧、青松路西侧	温州市新华鸿房地产开发有限公司	50137.89	15050	22340

续表 14

土地坐落	受让单位（个人）	面积（平方米）	起始价（万元）	成交价（万元）
保滩街道清水路东侧、龙腾大道南侧	温州融地置业有限公司	65517.35	19660	34480
纬二路南侧(原空港经二路西侧)	淮安空港海通物流企业管理有限公司	9564	201	201
空港经二路西侧	淮安空港海通物流企业管理有限公司	4661	98	98
涟水县五港镇平安村(五港再生纸产业园内)	涟水县五平热力供应有限公司	2187	37	37
红窑镇金焱路南侧、省道235西侧	涟水县海特燃气有限公司	868	32	32
清涟大道北侧、创业路东侧	中国移动通信集团有限公司江苏分公司	9560	720	720
港口路西侧、纬一路北侧	淮安新港建设有限公司	28165.97	230	230
高沟镇张圩村	江苏卓隆建材有限公司	32360.79	590	590

【地政地籍管理】 2021年，县自然资源和规划局积极开展国土变更调查工作，融合推进地籍变更调查和卫片执法检查，对国家下发的2747个遥感监测图斑组织人员逐宗进行研究分析，外业举证、图斑上图。变更数据成果涉及变化图斑总量4700个，4月19日，变更调查数据通过省级检查报部，6月17日，国家下发检查意见涉及7个变更图斑整改，修改完善后的数据再次通过上级审核，10月，下发涟水县2020年度变更调查成果。

【测绘管理】 2021年，县自然资源和规划局按照省自然资源厅的统一部署，组织编制《涟水县"十四五"基础测绘规划》并通过省级专家组评审。开展测量标志点定期巡查与维护工作，对全县87个测量标志点定期进行巡查维护和保管，有效保障测量标志点的精度。地理信息公共服务能力不断提高，向县政府各部门提供地形图和影像图，及时保障县委、县政府和各委办局应对突发自然灾害、事故灾难、公共卫生事件、社会安全事件等突发公共事件的用图需要。完成辅助决策地图联动更新工作，为百姓日常生活提供多样化的地理信息服务，提高各类地图成果辅助政府决策能力，进一步提升测绘地理信息公共服务水平。

【不动产管理】 2021年，县自然资源和规划局深化"互联网+不动产登记"，建设不动产登记与房屋交易、缴税全业务一体化平台，推出"外网申请、内网审核、现场核对、即时领证"的"线上登记"服务，实现不动产登记"跨省通办"。积极响应营商环境改革工作，实现二手房一件事，不动产交易与水、电、气、有线电视的网络联办。积极化解问题楼盘成，中恒国际等多个楼盘发证问题得到解决，受益群众达2500余人。快速推进农房一体发证，累计收集权源资料9.07万宗，完成总量的90%，达到上级规定要求。推动工业厂房"不动产权证"历史遗留问题处理，完成发证82家，发证率102%，超过上级规定的80%的目标。全年共办理各类不动产登记交易业务4.19万件，发放不动产权证书3.5万本、不动产登记证明2.5万份、办理存量房网签备案2799件，交易面积57.43万平方米。

2021年6月18日，县不动产登记中心在香缇花苑小区开展"交房即发证"便民活动

（县自然资源和规划局　供稿）

【土地执法监察】 2021年，县自然资源和规划局建立"早发现、早报告、早制止、严查处"工作机制和新增问题巡查预警处置周报制度，签订自然资源和规划执法监管网格化责任书，按照"既查事，又查人，消除违法状态"的案件查处整改标准，做到该拆除的拆除复耕到位，该完善手续的完善手续到位，有力维护自然资源管理秩序。全年共组织巡查25次，立案22件，拆除违法用地近1.9万平方米，农村乱占耕地建房专项整治、土地例行督察问题整改、清零行动等各类专项行动稳步推进，实现"零问责、零约谈"的目标。

（袁正鲜）

市场管理

【概况】 2021年，县市场监管局紧紧围绕“步履坚定开新局，昂首奋进谱新篇”主旋律，以落实市市场监管局与县政府高质量发展战略合作协议为重要抓手，在党史学习中汲取力量，在履职尽责中担当作为，在千锤百炼中锻造铁军，精准发力服务、监管、执法主责主业，不折不扣完成各项任务，取得较好成绩。新登记法人企业数、每十亿元地区生产总值发明专利拥有量、食品安全水平指标均处在全市第一方阵。推动市市场监管局与县政府签订高质量发展战略合作协议，全市唯一。“放管服”改革工作被省政府予以督查激励。深度对接“全链通”平台，实现“一点接入、一次认证、全网通行”。组建专职帮办团队，提供“保姆式”“一对一”精准服务，开办企业平均用时压降至0.5个工作日，《新华日报》刊载经验做法。全年新设企业4090户，注册资本1524747.71万元；个体户234340户（订个活227180户），注册资本85328.5万元（订个活22.72万元）；合作社34户，注册资本4802万元。新设企业中，内资企业811户，注册资本367048.76万元；外资企业13户，注册资本92331.64万元；私营企业3266户，注册资本1065367.31万元。深入推进质量强县战略，“清雅酱香型白酒”通过“江苏精品”认证；弘晟包装荣获淮安市质量管理奖；快乐电源、永安化工分别通过江苏省质量信用AAA级、AA级企业评定。有序开展标准计量工作，对全县大型商超、农贸市场、涉及使用强检压力仪表的企事业单位的计量器具进行强制检定。推进产品质量安全监管，发放《产品质量安全告知书》，督促企业履行产品质量安全主体责任。组织开展肥料、成品油等42个批次产品质量抽检，深化校园周边三无产品、冷烟花和钢丝棉烟花等专项整治，有力保障产品质量安全。督促商超、药店、农贸市场、餐饮单位等公共场所，严格落实出入戴口罩、查验健康码等防控措施，自觉落实亮证经营、明厨亮灶、环境卫生等文明规范，不断提升服务水平和安全管理水平。聚焦护航民生，组织开展铁拳行动、农村假冒伪劣食品专项执法行动、网络餐饮专项执法检查等行动，加大对民生领域价格违法、销售假冒伪劣产品以及群众反映强烈的虚假宣传等违法行为的查处力度。全年立案800余件，其中“四个安全”（食品、药品、特种设备和产品质量安全）、“两反两保”（“两反”：反垄断和反不正当竞争监管执法；“两保”：保护知识产权和保护消费者合法权益））案件占比超过95%，查办的某口腔诊所擅自使用他人有一定影响的企业名称案、体仁堂大药房发布违法药品广告案等案件入选执法办案典型。在全省执法稽查“铁拳”行动暨“两反两保”行动案件查办工作推进视频会议上作交流发言。

【产品质量监管】 2021年，县市场监管局制定并完成县级“双随机、一公开”检查计划2个、任务2个，完成省级抽取双随机任务2个、市级抽取双随机任务1个。对工业产品生产许可证获证企业监督检查19家次，完成认证获证企业监督检查5家次、综合检验检测机构监督检查1家次。

【商标监管】 2021年，县市场监管局全面开展实施品牌工程、商标法规宣传、侵权案件查办、规范商标使用等工作。通过分类指导、重点帮扶的方式，引导无标企业申请注册商标532件，全市排名第一。推进品牌富农，指导农村合作社、农业龙头企业和农产品协会申请注册商标，提升农业品牌知名度。新增地理标志注册商标1件，“涟水草鸡蛋”高分通过省级地理标志注册保护项目验收，地理标志商标培育工作取得突破性进展。持续加大打击力度，完成专利纠纷调解案件2件，执法案件45件，切实加强知识产权保护。

【市场主体信用监管】 2021年，县市场监管局聚焦提高市场主体信用监管精准性、靶向性，全面推动“双随机、一公开”监管，全县32个部门制定双随机抽查任务330个，检查市场主体2378户，覆盖率达100%；突出跨部门联合监管，31个部门制定跨部门抽查任务71个，联合检查市场主体477户，占检查总数的20.06%，部门参与数、检查市场主体数均走在全市前列，《新华日报》登载经验做法。全县32个归集数据部门，共归集信息805926条，列全市第一，比上年增长2.43%。

【消费者权益保护】 2021年，县市场监管局深化效能建设，积极倾听民声、化解民诉，全年受理投诉举报3115件。深入开展“放心消费”创建活动，金鸡坨入选“长三角美丽乡村放心消费创建活动”示范典型，全市唯一。在吾悦广场、大润发等消费热点场所打造文明诚信示范单位和放心消费示范维权站，推行七日无理由退货，提升消费环境安全度、守法经营诚信度和放心消费满意度。（全　童）

【价格管理】 2021年，县发改委持续推进价格调控目标责任制，分解落实调控任务，完善各项调控措施。强化房地产备案管理，全年对滨河吾悦广场、安东院子、文澜府等12个住宅小区约46万平方米普通住宅商品房进行价格备案，规范开发企业的价格行为。强化价格监审工作，对光大能源、中圣能源等企业供热价格进行调整。规范城区停车收费管理，对惠达停车场、安东农贸市场停车场等7家停车场收费进行核定。（孙　洁）

【价格监督检查】 2021年，县市场监管局将反不正当竞争执法作为工作重点，聚焦食品、服装鞋帽、五金用品等重点日用商品，严厉查处仿冒混淆行为；聚焦保健市场、医药医疗、教育培训、房地产等重点领域，严厉打击虚假宣传行为。聚焦民生，开展殡葬收费、停车收费、物业服务收费、全县医疗服务收费以及普通商品房销售等专项检查。全年立案查处违反价格类、反不正当竞争类案件共45件，责令退还多收价款120余万元。

【标准化管理】 2021年，县市场监管局严格推进标准化建设工作。陈师百药园产业省级农业标准化试点项目、芦笋设施栽培市级标准化项目顺利通过考核验收。积极申报市级标准化项目及地方标准，全年共有4个市级标准化试点项目和1个地方标准获批立项，分别为农业项目2个（肉羊两年三产高繁技术标准化试点和马铃薯种植标准化试点）、战略性新兴产业项目1个（特种玻璃战略性新兴产业标准化试点）、服务业项目1个（金鸡坨乡村旅游服务业标准化试点）和地方标准立项1个（《芡实绿色栽培技术规范》）。（金　童）

金融监管

【概况】 2021年，县金融监管局持续督促财富担保公司降费让利，实行三档差别费率。对涉农主体、小微企业年度综合利率不高于1%执行。引导财富担保公司提高支小支农占比，放大担保倍数，推动财富担保公司注册资本金由2亿元增加到3亿元。组织开展政银企信贷融资对接活动，为300余户中小企业累计授信70余亿元，并跟进督促签约授信有序放款，确保重点领域资金保障有力。利用信贷融资咨询顾问组机制，积极协调银行机构、担保公司，及时解决快乐电源、一六八建材、众顺电子、爱尔华电子、华旅文化等企业共计6000余万元资金缺口，为全县经济社会高质量发展提供坚实支撑。全县本外币各项存款余额544.03亿元，本外币各项贷款余额451.3亿元，住户存款余额322.12亿元，定期存款余额143.5亿元，活期存款余额153.68亿元，中长期贷款余额277.75亿元（其中个人住房贷款余额146.82亿元）。截至年底，全县担保公司在保余额5.72亿元，比年初增加0.97亿元，增幅20.42%，其中制造业在保金额1.46亿元，占比25.44%。小贷公司贷款余额5640万元，比年初增加1170万元，增幅26.17%；典当公司典当总额4918万元，比年初增加480万元，增幅10.82%。全年，综合金融服务平台累计注册企业10049户，完成市定目标任务的113.29%，全市排名第三。平台为789户企业解决1121笔融资需求，累计授信39.12亿元，其中普惠小微贷款余额21.33亿元，全市排名第二。（张佩佩　孙铭雪）

【货币政策传导】 2021年，县人行继续落实好“两项政策工具”，支持“稳企业，保就业”。进一步加大对中小微企业贷款延期还本付息和普惠小微企业信用贷款政策的宣传和督导，特别是对法人银行金融机构继续实行领导分工和定期督查机制，让更多的普惠小微企业知悉政策、享受政策。截至年底，全县新增普惠小微企业信用贷款8.11亿元，新增额占普惠小微企业贷款新增额的33.6%；全县银行机构办理普惠小微企业贷款延期49.93亿元，普惠小微企业贷款延期率为88.48%；向两家法人金融机构发放信用支持工具3428万元，发放延期还本付息支持工具591.14万元，积极鼓励和支持法人银行机构进一步落实好“两项政策”，进一步降低普惠小微企业贷款融资成本，提高贷款的可获得性。积极协助县政府出台《关于应对新冠肺炎疫情助力企业发展的意见》，更好地统筹疫情防控和经济社会发展，进一步优化金融服务，减轻企业负担，助力企业发展。认真落实房地产贷款集中度管理政策，保持市场平稳有序。根据《关于建立银行业金融机构房地产贷款集中度管理制度的通知》要求，对辖内银行机构进行政策宣传和解读，引导银行机构持续优化信贷结构，合理控制房地产贷款增速占比，强化对辖内法人金融机构政策要求，做好宽限期内安排。截至12月底，全县房地产贷款占比35.87%，较上年下降2.33%。

【货币流通与现金管理】 2021年，县人行制定《涟水县银行业金融机构营业网点现金服务标准化建设方案》，组织召开专题会议进行部署落实，现场督查各银行机构营业网点现金服务标准化建设进度3次，督查覆盖面达100%。根据上级行《关于开展流通中人民币纸币整洁度监测工作的通知》精神和要求，在高沟镇选取样本，于5月19日进行样本监测，每个面额的监测样本均达到跑钞3次（人民币从清分机里过3遍），检测结果为89.55%，基本符合流通中人民币标准要求。召开现金服务示范区提质增效专题会议，组织一线岗位人员进行应知应会知识测试，并通过“神秘人”暗访、巡查和现金服务督导等多种方式推进示范区建设。对照中心支行下发现金服务示范区自评得分标准，进行清单式销号管理。现金收支两条线工作和机具配备相关要求取得突破性进展，5家银行机构网点全部实现现金收支两条线。创建工作得到中心支行充分肯定，创建经验交流材料在《金融时报》刊登。积极组织人员参加“淮安市反假货币培训金牌讲师评选暨点钞识假技能竞赛”活动，获得团体第2名的好成绩。

2021年3月13日，县人行开展“3·15”金融消费者权益日集中宣传活动

（县人行　供稿）

集中力量积极参加总分行反假货币岗位练兵活动,竞赛成绩均位列各县区支行首位,受到中心支行点名表扬。

【支付结算管理】 2021年,县人行积极探索云闪付"电子商务+消费扶贫"支付模式。联合省银联、银商,将涟水县政府电子商务平台"涟农优品"接入"云闪付"App,在云闪付商城上架涟水鸡糕、捆蹄、萝卜干、无抗鸡蛋等特色扶贫农副产品。组织开展消费扶贫优惠活动,积极指导广大用户下载、使用云闪付,将"涟农优品"特色扶贫农副产品通过云闪付平台推广展示。整个活动期间,助力当地农产品销售近30种,销售额达10余万元,破解扶贫农产品滞销困境。组织开展"移动支付受理环境升级年"活动,组织开展"云闪付"App拉新活动等,强力推动"云闪付"App推广。认真贯彻落实上级行关于老年人支付服务便利度的意见精神,切实解决老年人在支付结算业务中遇到的难点和堵点问题,努力提升老年人支付结算服务的满意度和获得感。深入贯彻学习习近平总书记对打击治理电信网络诈骗犯罪工作的重要指示,组织召开专题党组会,组织银行机构开展账户倒查和核查。4月、11月,分别约谈辖内相关金融机构,针对县金融机构存在履职尽责不到位现象,责令网点暂停个人银行Ⅰ类户新开立业务1个月。其中,对9家金融机构采取通报批评教育,并对相关责任人进行经济处罚。联合县公安局组织召开打击治理电信网络新型违法犯罪工作专题会。积极与公安部门对接,及时获取最新破获案件中涉案的22人信息。联合县公安局和银行机构,开展"严厉打击电信诈骗,提高识骗防骗能力"主题宣传活动。在高考服务点,对送考、陪考的学生家长开展防范电信网络诈骗、打击买卖银行卡的宣传,高考三天累计发放宣传单页近1000份,有效提升广大人民群众防电诈的能力。

【国库管理】 2021年,县人行认真落实党中央、国务院关于财税体制改革等方面的重大决策部署。安排专人,积极配合地方财政做好预算管理一体化系统测试工作,确保2022年1月1日系统能正常上线运行。上线"批量拨付前置转换系统",并直接发放劳保平台补助金9笔,金额5400元,解决专项补贴资金发放环节多、到账时间长等一系列问题,实现补助资金从国库直达收款人,拓宽国库服务范围,降低资金运行成本,提升支库服务地方经济的履职能力。

【金融监督管理】 2021年,县人行持续关注和跟踪苗头性、趋势性风险动向,强化金融风险监测。加强对重点领域、重点行业、重点企业的风险监测,及时关注疫情影响。做好对涟水农商行、太商村镇银行日常流动性风险监测工作。通过季度金融形势分析会、月度信贷股长例会等形式,对当前的金融运行情况进行分析,对有关金融风险进行提示。联合县法院建立金融巡回法庭,并在中国银行涟水支行举办首场金融巡回法庭庭审观摩活动,该次活动共有30件金融合同纠纷案件参加庭审,成功调解23件,调解率高达76%。其中,当场还款17件,当场达成调解协议6件,现场开庭审判7件,帮助银行机构化解不良贷款600余万元。

【征信体系建设】 2021年,县人行进一步推进农村信用体系建设,深入开展乡村征信宣传,提高社会公众的诚信意识。以动画形式创作"好信用好生活"征信宣传动画片,并在涟水"涟天下"平台进行发布和宣传。该征信宣传动画片被南京分行转发至分行辖内进行转载和宣传,受到中心支行好评。继续加强农村数字电影征信宣传平台建设。与县红日电影放映管理有限公司签订合作备忘录,将征信动画宣传片纳入乡村公益电影放映计划。9月10日,举行"好信用 好生活"征信动画视频首映活动,并组织在全县372个行政村巡回播放,扩大征信宣传面和影响力,打造具有涟水特色的乡村征信宣传品牌。

【普惠金融服务点建设】 2021年,县人行有序做好普惠金融服务点(通过涉农金融机构配备的具有受理银行卡、存折、条码支付等功能的金融服务终端,统一服务环境、技术规范等,为所在地农村居民提供助农取款、现金加款、转账汇款、代理缴费、查询等基础支付服务,以及有关金融管理部门许可的其他金融服务的商户或组织)建设工作。建立符合金标的站点数量为163个,建成比例高达91%,远超上级行下达的80%的任务目标。推动农商行与6个村委会签订服务点共建共享合作协议书,与农业农村局联合下发《关于进一步优化农商行金融服务助力乡村振兴的通知》,有计划地将服务点嵌入村级综合服务管理中心,全力助推乡村振兴战略实施。组织开展星级服务点评选活动,对辖内五星级服务点进行现场核查验收,对服务质量好、业务量大的服务点采取

2021年9月10日,县人行组织开展"金融知识进校园"活动 (县人行 供稿)

适当的激励措施。

【金融知识普及】 2021年，县人行与县教育体育局签订金融知识纳入国民教育体系合作协议。走进小学校园，开展生动有趣、寓教于乐的“金融知识进课堂”活动，为小学生们呈现生动的“小小金融家”知识课，达到“教育学生、带动家庭、辐射社会”的良好效果。组织制定《人民银行涟水县支行反金融知识普及月活动实施方案》，充分利用“3·5”学雷锋纪念日、“3·15”消费者权益保护日、“12·4”法制宣传日等重要节点，深入社区、广场、学校开展人民币反假、银行卡、反洗钱以及征信管理等金融基础知识宣传活动。（孙铭雪）

【地方金融从业机构监管】 2021年，全县共有地方金融机构8家，其中，小额贷款公司4家，典当行2家，融资担保公司2家。县金融监管局召开全县地方金融机构座谈会，及时向地方金融从业机构传达中央、省、市、县有关会议精神，从严守规章红线、坚守风险底线、提升服务温度线、设立目标任务线等方面提出建议，扶持机构不断做大做优做强。在重要时间节点前对地方金融从业机构开展安全生产、规范化建设等综合性现场检查。全年开展地方金融从业机构“双随机、一公开”检查2次。利用春节、国庆等重要节点，对地方金融从业机构开展安全生产、规范化建设等综合性现场检查，分别配合省市对典当公司、担保公司进行年度审计，对检查或审计有问题的机构下发工作交办单，促其合规安全经营。会同县法院、人行涟水支行联合开展“防范金融风险，护航金融安全”专题培训会，为地方金融从业机构工作人员科普金融纠纷立案、审批、执行全流程，提升金融借款合同纠纷化解效率。以月报表、会议、现场检查、定期审计等多种形式，实施实质性、穿透性监督，加强过程性监管，及时掌握各类地方金融机构运营情况。如期完成政府性融资担保机构年底前增资到3亿元的任务。截至12月底，财富担保在保余额30777万元，其中1000万元及以下在保余额19480万元，占比63.29%。新增担保30427万元，其中1000万元及以下19130万元，占比 62.87%。完成支小支农比例60%以上的目标。

【金融风险防范化解】 2021年，县金融监管局构建部门协调联动工作机制，将非法金融活动日常监测与系统排查相结合，并纳入县域网格化治理体系，全面加强风险排查，密切监测潜在风险，指导督促各镇（街道）开展风险排查40余次。联合县公安局、市场监管局等处非成员单位开展2次主城区扫楼扫街活动和2次投融资类企业“双随机、一公开”检查，切实防范并依法打击非法金融活动。联合县法院组建“流动法庭”，实施“四快工程”（快立、快审、快结、快执行），各部门密切配合，县镇村三级协调联动，精准施压，保障序时。严格落实农民资金互助社清理清退刚性任务，打好行政司法组合拳，11家互助社清退吸纳互助金近7000万元，涉及农户4000余户，获得省市金融监管部门高度认可。

【企业培育】 2021年，县金融监管局认真落实企业培育工作。兑现金之铖包装“价值板”挂牌奖补资金80万元，协助瑞丰农业、叶清源食品申领“农业板”挂牌奖补资金各20万元，争取永创医药上市扶持资金160万元，努力营造涟水良好的挂牌上市氛围。华腾运输、三升股份在江苏股权交易中心“价值板”成功挂牌；成功木业、鹰衡称重、科领生态农业三家企业在“成长板”成功挂牌；从一家居完成员工持股平台设立、董监高选聘，并通过增资扩股引入7700万元投资；中顺环保积极优化股权结构，新增3060万元股权融资，永创医药积极筹划北交所上市事宜。（张佩佩）

2021年6月29日，“学法用法护小家 防非处非靠大家”暨2021涟水县防范非法集资集中宣传活动举行（县金融监管局 供稿）

科学技术

SCIENCE AND TECHNOLOGY

- 科技创新
- 科技项目与成果
- 科学普及
- 知识产权
- 气　　象

编辑：王梦真

科技创新

【概况】 2021年，县科技局建成“行政一把手抓科技创新”全新组织框架。在全省率先建立县级高企培育库做法，并被全市推广。全年由县长、分管副县长召开督考会议分别达5次、12次，县重点办发布专题通报4期。截至年底，申报国家级高新技术企业42家，获批17家，通过率超省市平均水平；科技型小企业入库221家，超额完成市下达的155家任务。新获批省“科技副总”9人。

2021年涟水县省“科技副总”获批一览表

表15

序号	人才姓名	学位	年龄(岁)	合作企业	派出单位
1	柳　森	D2:博士	33	江苏永创医药科技股份有限公司	淮阴工学院
2	冯学良	D2:博士	33	涟水县勘察测绘有限公司	淮阴工学院
3	高　敏	D3:硕士	42	江苏万隆管业有限公司	淮阴工学院
4	祁　闯	D2:博士	30	淮安恒发纸业有限公司	南京财经大学
5	胡　光	D2:博士	34	江苏优恩服饰辅料有限公司	淮阴工学院
6	吕　艳	D3:硕士	43	江苏华夏云锦织造有限公司	淮阴工学院
7	夏　鑫	D2:博士	32	涟水思麦柯动力机械有限公司	淮阴工学院
8	杨　明	D3:硕士	43	乐工坊文化产业(江苏)有限公司	淮阴师范学院
9	张　楚	D2:博士	32	江苏蓝虹电力设备有限公司	淮阴工学院

【科技创新载体建设】 2021年，康诺克彩印获批省级工程技术研究中心。中信华电子、中顺环保、特创科技、爱尔华电子科技等8家企业申报市工程技术研究中心并获批。锦纶化纤省级工程技术研究中心绩效评估获优秀等次；今世缘省级重点企业实验室评估良好。中信华产业园获批市级“科创综合体”。

2021年涟水县市工程技术研究中心建设项目一览表

表16

序号	项目编号	项目名称	承担单位	项目负责人	起止时间	新增投入(万元)
1	HAPG202111	淮安市5G通讯印制线路板工程技术研究中心	江苏中信华电子科技有限公司	吴柯平	2021年8月至2023年7月	400
2	HAPG202112	淮安市PCB电镀污泥金属铜回收工程技术研究中心	江苏中顺环保科技有限公司	刘达标	2021年8月至2023年7月	450
3	HAPG202113	淮安市高精密多功能线路板工程技术研究中心	淮安特创科技有限公司	陈伟淇	2021年8月至2023年7月	300
4	HAPG202114	淮安市印制电路板工程技术研究中心	爱尔华电子科技(淮安)有限公司	李志耀	2021年8月至2023年7月	220
5	HAPG202115	淮安市无铅环保型光伏焊带工程技术研究中心	淮安新宏兴能源科技有限公司	贾　飞	2021年8月至2023年7月	165
6	HAPG202116	淮安市高频高速线路板工程技术研究中心	江苏艾诺信电路技术有限公司	王春华	2021年8月至2023年7月	1000
7	HAPG202117	淮安市生态环保刨花板工程技术研究中心	江苏汇丰木业有限公司	王海伟	2021年8月至2023年7月	150
8	HAPG202118	淮安市PVC管制造工程技术研究中心	江苏万隆管业有限公司	杨　玉	2021年8月至2023年7月	100

【科技宣传】 2021年,县科技局加强科技宣传工作,印发《涟水县科技惠企政策汇编》2000余册,走访企业300余家,举办大型惠企政策解读会3场;全年共发表各类稿件62篇,其中被国家级媒体采用6篇,被学习强国、新华网采用3篇。 (周丽艳)

2021年2月25日,县科技局组织召开全县规模以上企业科技统计工作培训班
(县科技局 供稿)

科技项目与成果

【概况】 2021年,县科技局深入实施创新驱动战略,全力推进以企业为主体、市场为导向、产学研相结合的技术创新体系建设。全年,新获批省产学研合作项目5个,帮助企业成功申报省苏北专项科技计划项目10项。帮助大量科技(涟水)有限公司重点科技项目超薄半导体高速测试编带封测机研发及产业化获得市重大科技成果转化专项资金立项支持,获批资金60万元。

【产学研合作】 2021年,全县新获批省产学研合作项目5个,其中技术服务项目4个,技术开发项目1个。包括:精细化工中间体的市场供求分析与风险评估、非经典光源的集成化技术开发及应用研究、基于GIS(地理信息系统)技术的地形图数据预处理与分析研究、儿童乐器产品研发设计与创新、世界非遗云锦织造工艺数字化保护研究。县科技局对涟水思麦柯动力机械有限公司等28家与国内高校科研院产学研合作的企业进行补助,共计225.5万元。

【科技项目】 2021年,县科技局指导帮助企业成功申报省苏北专项科技计划项目10项,其中富民强县项目6项,科技帮扶4项,争取省拨经费420万元。富民强县项目包括:芦笋优质高效生态设施栽培关键技术创新集成与应用、规模猪场清洁生产控制关键技术集成与示范推广、栝楼绿色高效生产技术集成示范推广、高沟捆蹄标准化生产关键技术应用与示范、田园综合体模式下果树高效栽培技术集成创新与示范、仓储牛肉低温保质技术集成及产业化。科技帮扶项目包括:淮安地方水牛架子牛育肥技术集成与示范、老卤盐水鸭标准化生产关键技术集成创新与应用、蛋鸡精准饲养管理关键技术集成与应用、健康优质肉鸡日粮配制技术应用与示范。

(周丽艳)

2021年度省政策引导类计划(苏北科技专项)立项一览表

表17

项目编号	项目名称	承担单位	省拨经费(万元)	项目类别
SZ-HA2021032	芦笋优质高效生态设施栽培关键技术创新集成与应用	涟水县螺涧农业发展有限公司	45	富民强县
SZ-HA2021033	规模猪场清洁生产控制关键技术集成与示范推广	涟水县斗灯农业发展有限公司	45	富民强县
SZ-HA2021034	栝楼绿色高效生产技术集成示范推广	涟水雨果农业发展有限公司	45	富民强县
SZ-HA2021035	高沟捆蹄标准化生产关键技术应用与示范	江苏康强食品有限公司	45	富民强县
SZ-HA2021036	田园综合体模式下果树高效栽培技术集成创新与示范	淮安乐享果玩生态农业有限公司	45	富民强县
SZ-HA2021037	仓储牛肉低温保质技术集成及产业化	江苏安华农业发展有限公司	45	富民强县
SZ-HA2021038	淮安地方水牛架子牛育肥技术集成与示范	淮安宇发牲畜养殖有限公司	37.5	科技帮扶
SZ-LS2021039	老卤盐水鸭标准化生产关键技术集成创新与应用	淮安醉摆食品有限公司	37.5	科技帮扶
SZ-LS2021040	蛋鸡精准饲养管理关键技术集成与应用	淮安田陌生态农业科技发展有限公司	37.5	科技帮扶
SZ-LS2021141	健康优质肉鸡日粮配制技术应用与示范	涟水正全养鸡场	37.5	科技帮扶

科学普及

【概况】 2021年，县科协贯彻实施《全民科学素质行动计划纲要》，完善全县街道、镇基层“4+1”科协组织体系，即科协主席由镇（街道）组织委员担任，副主席由卫生院院长、学校校长、农技站站长、科技型企业家担任；建立健全全县社区科协组织。截至年底，全县有县级学会12个，开展科技服务活动100余次、举办科技培训220余次。建立科技工作之家16个，建立4家社区科普E站。成功创建省级创新示范项目1个，市级创新示范项目1个，市级科普惠农服务站1个。

【科普宣传】 2021年，县科协积极开展“三下乡”活动，组织10个县级学会20余名科技人员深入镇村开展科普惠民活动，培训农民1265人，发放各类科普文化图书、资料1500余本（份、张），惠民用品4100份。牵头组织涟水县科普周活动，在县外国语小学举办涟水县全民科学素质知识大赛，领导小组成员单位及县级学会积极参与，城区广大干部群众近千人参加主场活动。活动现场开展科学体验、关注“科普”有惊喜、科学表演活动，并向参与活动的公众发放科普、安全、住建、扶贫、法律、金融等惠民宣传图书、资料，营造“学科学、讲科学、爱科学、用科学”的浓厚氛围。

【青少年科普教育】 2021年，县科协重视青少年科普教育工作，青少年创新教育成果显现。在金钥匙·第五届苏台青少年科技创意创新大赛中，李文斌等6名同学组成的两支代表队均获特等奖，其中陈师小学2队获得小学组团体综合季军；陈师中学郝茜米同学当选2021年度全国“新时代好少年”；陈师小学陈志鹏同学获评淮安市新时代好少年。积极培训科技辅导员创新人才。会同县教育体育局组织全县101所中小学科技辅导员，开展为期一天的科技辅导员培训。对参加青少年科技创新活动的组织、项目（作品）推荐、申报进行专题辅导。涟水县陈师街道中心小学、涟水县外国语学校、涟水县义兴中心小学被淮安市科协认定为市级科普教育基地。

【科技人员培训】 2021年，全县各级学会共开展科技服务活动100余次、举办各类科技培训220余次，培训农民1.6万人次，实现科技服务在贫困村全覆盖。9月14日，由县科协主办、县教育体育局承办的科普知识培训班，邀请国家二级心理咨询师、沭阳脑科医院院长傅坚到涟水授课，全县中小学科技辅导员和部分学生代表300余人参加。

2021年8月，涟水县科协开展科普志愿服务活动 （县科协 供稿）

【科普基地建设】 2021年，县科协加强社区科普工作室与校园科普馆等科普阵地建设，更换科普画廊内容35处，新建城区科普画廊1处，在《涟水日报》开设科普栏目20期；全县49个社区科普电子屏正常运行，城区学校两处流动科技馆共接待参观人数1.2万人次。建立科技工作之家16个，建立4家社区科普E站。成功创建省级创新示范项目1个，市级创新示范项目1个，市级科普惠农服务站1个。

【科技志愿队伍建设】 2021年，在“县科技志愿服务总队”基础上，县科技组织成立17家“镇街道科技志愿服务队”，成员由“四长”、科技专家、乡土科技人才以及科普教育基地、科普E站、农村科普示范基地、农技协、中小学校、社区等组织机构的科技工作者组成。县科协鼓励有条件的村（社区）单独成立科技志愿服务分队，壮大科技志愿力量，形成服务链条。截至年底，全县注册科普志愿者1万余人。

【学会建设】 2021年，全县有县级学会12个。县科协积极支持县级学（协）会开展学术交流、编印科技资料，凝聚科技工作者参与学术活动、提升自主创新能力。密切联系科技工作者，建设科技工作者之家，助力县域经济社会发展。开展科普惠民活动。县医学会、农学会、中医学会和中老年科协等县级学（协）会，积极争取挂靠部门支持，团结组织带领广大会员，依托文化卫生科技“三下乡”“科技周”“科技工作者日”和“全国科普日”等重点科普活动，开展科教卫生“进乡村、进社区、进校园”等惠民活动，赢得广泛好评。助推指导企业科协成立。根据企业需求，新成立淮安市新盛压缩机配件有限公司企业科协，为7家科技企业安装专利信息数据库。

（肖益忠）

知识产权

【概况】 2021年，县市场监管局以创建知识产权强省建设示范县为契机，扎实开展知识产权申报、发展、质押融资等工作，知识产权工作连续两年位居全市第一。全年实现专利授权1698件，新增有效发明专利86件，总量达到432件；新增注册商标企业532家；知识产权质押融资18件、1.1亿元；“一种高产糖化酶、酯化酶和蛋白酶的红曲霉及其分离培养方式和应用”被授予淮安市优秀专利奖。

2021年涟水县新增有效发明专利一览表

表18

序号	申请日期	申请号	专利名称	申请人
1	20210219	2019100180596	一种高效多工位上挂机	淮安娇子金属科技有限公司
2	20210528	201911415358X	一种工程用测绘仪器调整装置	涟水县勘察测绘有限公司
3	20211015	2019104093760	从二甲戊灵中脱去N-亚硝基化合物的方法	江苏永安化工有限公司
4	20211203	2020106865301	一种2-甲基-6-硝基苯甲酸与2-甲基-3-硝基苯甲酸联产的方法	江苏永安化工有限公司
5	20211221	2017106415064	一种二甲戊灵的纯化方法	江苏永安化工有限公司
6	20210409	2018109663431	一种改性氧化钙类水泥混凝土膨胀剂及其制备方法	江苏申御特种建材有限公司
7	20210917	2019105530897	具有去除电池箱内部空气中水分功能的电池包	江苏快乐电源(涟水)有限公司
8	20211228	2020102365443	一种大曲霉菌生物量的定量检测方法	江苏今世缘酒业股份有限公司
9	20210730	2019113784344	一种高效门板双面加工装置	江苏从一家居股份有限公司
10	20210730	2019113241263	一种防火性门板的制备工艺	江苏从一家居股份有限公司
11	20210312	2019114205777	一种粉碎抽水一体化泵站	江苏阿兰贝尔环保科技有限公司
12	20210330	2018103001521	一种建筑装饰工程用墙面打磨装置	淮安智品企业管理有限公司
13	20210730	2019101883531	PCB线路板固定加工设备	淮安特创科技有限公司
14	20210730	2019101883616	一种PCB线路板电镀设备	淮安特创科技有限公司
15	20211126	2019103262899	一种高效节能防焊预烤烘烤箱	淮安特创科技有限公司
16	20211207	2020112804521	线路板的激光烧油返工方法	淮安特创科技有限公司
17	20211105	2020108876758	一种防尘防水卡座	汉门电子(江苏)有限公司

【知识产权运用】 2021年，县市场监管局积极实施项目强企行动，推动企业知识产权规范管理；制定贯标、品牌计划，加快高新技术企业“贯标、商标”全覆盖进程。全年完成企业贯标备案11家，PCT国家专利5件，地理标志商标申报1件，永安化工、乐工坊通过省级知识产权绩效评价。

【知识产权保护】 2021年，县市场监管局持续加强知识产权保护体系建设，完善行政执法和司法保护两条途径优势互补、有机衔接的知识产权保护模式，组织开展跨部门“双随机、一公开”(在监管过程中随机抽取检查对象，随机选派执法检查人员，抽查情况及查处结果及时向社会公开)联合检查，依法严厉打击侵权假冒违法行为。全年查办知识产权案件47件，专利行政裁决案件2件，案值30万元。

【知识产权宣传】 2021年，县市场监管局重视知识产权宣传工作，成功承办2021年淮安市知识产权宣传周活动启动仪式。结合“4·26”知识产权宣传日活动，深入商超、企业、校园开展宣传工作，累计发放宣传资料1000余份；组织全县规模以上企业负责人进行知识产权培训。

(金　童)

气　象

【概况】 2021年，县气象局积极做好气象预警预报工作，完善气象基础设施建设，健全气象服务体系。完善与生态环境部门重污染天气会商工作机制。县气象台关注天气过程和大气颗粒物监测数据的相关性研究，提升空气质量预报能力。苏北人工影响天气专用仓库(省级人影库，全省共3家)人影服务保障辐射苏北区域。建立生态型人工影响天气工作机制，人工增雨“净空”服务获县委县政府领导充分肯定。积极参与镇级国土空间规划编制工作，参与大气和水环境整治工作，开展人影作业，改善空气质量，得到省人影办的书面表扬。在2021年度全市气象行业职业技能竞赛中，县气象局获得团体第二名。年内，业务科技人员在《中国应急管理科学》《自然科学》等核心刊物和第一届长江流域气象服务学术交流会、长三角气象科技论坛、第十一届苏皖两省大气探测、环境遥感与电子技术学术交流研讨会上发表、交流论文6篇。

【气象预警预报】 2021年，县气象局共发布重要天气报告42期，专题气象服务材料97期(其中气象为农服务材料30期，春运材料40期，重大活动保障专题材料27期)，预警信号117次；发送气象服务短信200万条次；微博上共发布信息1404条。在积极应对岁末年初低温雨雪冰冻、“4·30”强对流、汛期强降水、第6号台风“烟花”等灾害性天气过程中，县气象局结合本地天气气候特点，加强分析研判，及时报送服务材料。优化决策气象服务材料的发布方式，增加县级机关办公系统的发布途径，确保气象灾害防御指挥部成员单位、各镇街和园区能及时收取气象服务信息。落实对县主要领导、分管领导的“叫应”机制，并根据预警信息的重要和紧急程度，对各单位主要负责人进行点对点再服务。县气象灾害防御办公室启动升级解除气象灾害应急响应7次，印发《关于进一步明确和落实气象灾害信息传播职责的通知》，通过线上方式，对全县300余名气象信息员开展培训。在“涟水气象”官方微博客户端、手机短信发布、灾害性天气预警信息广播电视发布基础上，重新梳理气象预警信息接收人员，全县1000多名网格员被纳入气象预警信息发送群组。利用“世界气象日”“防灾减灾日”等开展气象科普活动，连续4年被市气象学会评为学会工作优秀集体。在专业气象服务方面，紧扣电力、交通、保险、旅游等行业需求，提供个性化、点对点信息服务。与县应急管理局进一步总结优化合作框架协议内容，提高气象服务应急管理能力；履行与县融媒体中心的合作协议，建立健全信息共享和发布机制；与县文广旅游局、有线电视等部门合作，将全县3000余个小喇叭纳入突发事件预警信息发布平台；与县水利局(防办)、县农委进一步完善雨情、水情、农情共享机制。

2021年3月23日，县气象局开展“世界气象日”活动 （县气象局 供稿）

【气象设施建设】 2021年，全县建成大气环境监测站方舱、气象观测站备份供电系统，更换备份站能见度仪。县气象局解决区域气象站观测质量问题，投入资金，更换区域自动气象站主采集器。编制上报《涟水国家气象观测站苏北人工影响天气专用仓库基础设施维修改造可行性研究报告》。

【气象为农服务】 2021年，全县现代农业气象服务体系进一步健全，创建省级气象为新农村服务示范点，推动气象服务进村入户。粮食安全气象服务能力进一步提升，春耕春播、夏收夏种、秋收秋种、汛期等气象服务保障有力，开展作物种植区划和分灾种农业气象灾害风险区划。特色优势农产品气象服务能力进一步提升，气象信息精准推送到农业经营大户和新型农业经营主体。围绕重要农事季节对气象服务的需求，对新型农业主体等开展“直通车”式的服务，根据县领导的要求，为涟水“芦笋节”的筹办提供全程精细化服务，开幕式当天上午提供逐小时的天气预报。围绕涟水特色农产品和淡水养殖开展专业气象服务，前往田间地头和塘口进行服务调研，得到种植养殖大户和合作社的好评。省气象学会支持资金，在南集镇皂角村打造气象科技服务示范点，建设气象科普宣传长廊。 （朱晓晓）

教　育

EDUCATION

- 综　述
- 基础教育
- 职业教育
- 社会教育
- 教育科研
- 教　师

编辑：王梦真

综 述

【概况】 2021年，全县教体系统科学谋划，扎实作为，较好地完成年度各项目标任务。县委县政府坚定落实教育优先发展战略，出台《涟水县普通高中高质量发展方案》《关于组织开展涟水县"涟尚名师"评选活动的通知》等支持教育高质量跨越发展的政策文件10余个；优先审批并给足教师编制招录岗位400个；开展涟水中专新校区、郑梁梅小学教学楼等项目建设72个，到年底，有多个项目建成投用。推动"双师课堂""名师空中课堂""在线开放辅导"等工程，全面建成涟水教育信息化云平台，基本实现所有学校资源共享共通，帮助乡村规模小、学科师资薄弱学校提升办学品质；实施"广德育"项目，创成市级周恩来班13所，江苏省涟水中学顺利通过省级生态文明教育实践基地现场核查，涟水中专淮扬菜制作社会培训名师工作室获评优秀社区教育省级名师工作室、创成省级"电子产品装备职业体验中心"，幸福里实验小学、郑梁梅中学等30多所学校分别获得教育部"中华优秀传统文化传承学校"、江苏省教育系统先进集体等荣誉；中小学生获得国家、省、市级学科奥林匹克竞赛、职业技能大赛、才艺大赛奖项1200余人次；实施"党建+教育教学"工作模式，持续深化"党员名师工作室"书记项目，在全县教育系统举行"新教师入职宣誓"、开展"强师德、勇担当、讲奉献，办人民满意的教育"主题教育活动。打造"尚学涟水"教育品牌，"涟校连家""涟享学"等关爱工程受到省教育厅厅长李金泉的肯定和好评，并被"学习强国"、《淮安日报》等媒体关注和报道；率先出台并实施振兴县域高中计划，实施义务教育品格提升工程，涟水中学、淮文学校、幸福里实验小学等学校深受社会认可。着力培养优质师资，与盐城高等幼儿师范学校签订协议，备案制培养45名幼儿教师；评选100名"名校长""名班主任""名教师"进行重点培养。全年获得省市级各类教学竞赛奖538人，滨河高中杜红颖等101人分别获省一、二等奖，3名教师分别获省特级教师、正高级职称，朱码外国语学校刘玉庆老师家庭获评"全国最美家庭"，幸福里实验小学校长陈云宇获评淮安市第四批"新时代淮安好人"。

【教育综合改革】 2021年，县教育体育局针对重点中心镇人口分布、学校布局等特点，结合乡村振兴战略实施实际，进一步推进实施部分学校改造和新建等工程。规划实施村小、教学点的优化调整，停止岔庙镇民主小学，朱码街道楚庄小学、王二庄小学等12所没有学生入学的小学办学，集中力量做优中心小学，农村适龄少年儿童义务教育入学率达100%。先后出台《关于进一步推进全县初中教育联盟工作的实施意见》《关于"调整小学发展联盟推进小学教育均衡发展"的实施意见》等，科学实施14个全县小学、初中教育联盟(集团)建设。按照"1+1+N"模式，以举行班主任基本功和主题班会课等活动为载体，加大结对帮扶。强化日常督查指导，对教育教学行为、教学质量进行常态化监测，督导科对规范办学行为进行专项督导，各学校在开展自我评判的基础上按时上报规范办学行为情况，保证义务教育学校办学科学、规范、优质，满足广大人民群众对优质均衡教育的需求。

【德育工作】 2021年，县教育体育局实行中小学德育工作重点任务清单管理，坚持将爱国主义、传统文化、先进文化、习惯养成教育等贯穿到全县各校思想品德教育、文化知识教育和实践活动各环节中。实行"每月一事"上报制，将主题教育系列化、活动化、常态化，并通过国旗下讲话、主题教育、社团活动、宣传橱窗等形式，一周一主题，对学生进行思想教育。组织中小学开展"我们的节日""少年传承中华传统美德"以及中华经典诵读和戏曲、书法、国画进校园等活动，促进学生了解传统文化，激励学生热爱祖国。扎实开展"追寻伟人足迹，传承红色精神"主题演讲征文、"'强国有我'——给未来的我写封信"主题征文、"新时代好少年"学习宣传、"八礼四仪"养成教育、"童"字系列美育活动等。涟水中学、实验小学等9所学校的淮安市"广德育"建设项目研究课题成功结题。组织开展中小学班主任基本功竞赛、优秀主题班会课评比、德育工作者培训以及评选和表彰县级优秀德育工作者和优秀班主任，提升德育工作者的专业化水平。开展"小手拉大手，文明一起走"系列活动，助力全国文明城市创建工作。扎实开展市、县级周恩来班创建工作，成功创成高沟中学、郑梁梅高级中学、向阳小学、安东学校等30个市级周恩来班。12月25日，2021年度全国"新时代好少年"先进事迹发布活动举行，陈师中学郝茜米同学当选"新时代好少年"，系全省唯一入选人选。

2021年10月12日，涟水县外国语学校举办"新时代好少年"宣传活动启动仪式

（县教育体育局 供稿）

【教育设施设备建设】 2021年,县教育体育局统筹规划学校建设,保障教育资源供给,有序推进教育公平进程。实施学校建设项目9个,总投资约7.8亿元,新增校舍建筑面积约17.5万平方米。其中,投入约4亿元,建设涟水中等专业学校新校区;投入约3亿元,在滨河新城建成普通高中1所;投入1080万元,为杨口、成集2个乡镇学中学新建宿舍楼;投入约2200万元,为主城区郑梁梅小学新建教学楼;投入约350万元,改造实验小学中山路校区;投入约4750万元,建成高沟中心幼儿园分园、滨河新苑幼儿园等3所幼儿园。全县中小学教育设备(设施)建设共投入2000万元。按省装备Ⅰ类标准对唐集学校、朱码外国语学校、实验中学等8所学校实施装备水平提升工程;创建省级智慧校园3所和省级示范智慧校园1所;投入资金896万元,在实验小学、安东学校、南集中学、石湖中心小学等多所学校新建计算机教室、实验室,购置教学多媒体及教学设施设备;投入资金80余万元,在全县45所学校配备疫情防控测温仪58台;投入资金129.5万元,对8所义务教育学校实施装备水平提升工程及教室照明改造工程;深入推进信息化进程,投入资金300万元在全县建设录播教室互联互通及教育信息化平台,其中教学云平台得到广泛应用,教师注册开通6400人、学生注册开通80174人、家长注册开通6774人,开展培训50余次,培训教师2300余人;涟水县电教装备室被市教育局评为年度先进集体。

【艺术教育】 2021年,县教育体育局严格执行国家课程计划,开齐开足开好艺体与健康课程。以大课间活动和社团活动为切入口,大力推进艺体运动。5月,成功承办淮安市第七届中小学体育艺术文化节开幕式并举办涟水县第六届中小学艺术节。6月,全县教体系统组织开展以"我向党来唱支歌"为主题的合唱快闪作品评比和"伟大的国,伟大的党"教职工优秀书法绘画作品评比活动,庆祝党的百年华诞。全年共有高沟中心小学等20余所学校创成淮安市艺术特色学校,幸福里实验小学的艺术实践工作坊、淮文外国语学校的《为中华之崛起》绘画作品等10余个项目分别获省一、二等奖。

2021年5月16日,淮安市第七届中小学体育艺术文化节开幕式在涟水县第一中学举办

(县教育体育局 供稿)

【红色经典诵读】 2021年,县教育体育局组织全县师生积极参加2021年"风华正茂 百年征程"红色经典诵读大赛等活动。团体组比赛有30所学校,共55个节目参赛,选出9个优秀节目代表涟水赴市参赛,获特等奖1名、一等奖3名、二等奖3名、优秀奖2名,县教育体育局获市优秀组织奖。精英组比赛共有57所中小学,57个节目录制上传至"江苏省凤凰优学驿站"微信公众号进行展示,13个节目分别获省级一、二等奖。

【健康教育】 2021年,县教育体育局做好新冠肺炎疫情防控工作,切实加强学校传染病防控工作。严格落实疫情防控各项措施,各校建立完善传染病疫情监控与报告制度,随时了解师生出勤、出行及健康情况,做到"早发现、早报告、早隔离、早治疗",提高对暴发疫情、不明原因疾病、突发事件的应急处理能力。此外,全年共创成淮安市儿童青少年近视综合防控特色学校5所。

【校园安全建设】 2021年,全县学校安全工作实现三个"显著提升",即校园安防基础显著提升、校车安全管理水平显著提升、食品安全保障能力显著提升。县委县政府拨付校园安防专项资金53.14万元,为25所学校安装50根防冲撞升降柱,为140所中小学幼儿园配备抓捕网、脚叉等安保器材140套,校园安防建设水平得到提升。县政府从10月起,每年拨付586万元作为校园保安专项资金,解决校园保安年龄老化、人数不足等问题,校园保安队伍整体素质得到提升。在校车安全管理方面,学校时刻关注天气变化,提前对浓雾、雨雪、冰冻等恶劣天气进行预警,各学校制定《应对恶劣天气校车运行应急预案》,合理安排校车运行工作,确保师生交通安全。县政府投入资金74.99万元,主动为91辆校车安装安全智能防控系统。在食品安全保障方面,全年共计投入400余万元,分别对郑高中、外国语学校等5所老旧食堂进行提档升级。充分发挥"江苏省阳光食堂监管平台"和"透明食安"作用,全天候、全时段监管学校食堂运作情况。郑梁梅高级中学、开发区实验学校、军民小学、五港中学、徐集中学、陈师中心小学6所学校被评为"淮安市平安校园建设示范校"。

【教育督导】 2021年,涟水县教育现代化建设监测综合得分93.26分,超过市下达的目标2.26分,增幅全市第一。全县选聘495名教育管理骨干、教学骨干与所有责任督学,组成49个督导组、8个问题整改回访组,形成"双随机"督导力量。下半年，累计组织“双随机”督导106校次，深入课堂随机听课1100余节，整改问题320余条；及时调整中小学、幼儿园督学责任区和责任督学，重新选聘166名中小学、幼儿园责任督学。深入开展“五项管理”（作业管理、睡眠管理、手机管理、课外读物的管理、体质健康管理）、“双减”、规范办学行为、安全工作、疫情防控工作等指导督查2324人次，并及时将督导情况上传到省信息化督导纪实平台；从下半年开始，对义务教育学校校长的绩效进行集中考核，县财政在校长原有绩效基数的基础上又增加87.6万元（人均1.2万元）。考核分优秀、良好、合格、基本合格四个档次，经过严格考核，其中优秀13人、良好25人、合格19人、基本合格6人；根据国家和省市关于推进义务教育优质均衡有关要求，结合实际情况，对义务教育优质均衡发展规划进行重新修订，计划2027年12月通过省级义务教育优质均衡督导评估认定、2028年12月通过国家级义务教育优质均衡督导评估认定。

【校外培训机构专项治理】 2021年，县教育体育局强化对校外培训机构常态化监管，做到校外培训机构监管全覆盖。全年共组织校外培训督查48次，其中多部门联合执法检查6次，单部门专项检查42次，约谈6所机构负责人，对10所违规机构下达整改通知书。强力推进“营转非”工作，截至12月20日，全县原审批的85所校外培训机构，注销43所，转型42所，学科类校外培训机构压减率100%，完成国家“大大压减学科类校外培训机构”目标。县委县政府高度重视“双减”工作，建立“双减”工作联席会议制度，将校外培训机构常态化监管纳入社区网格化治理体系，按照属地管理和“谁审批谁监管、谁主管谁监管”原则，完善监管责任体系和工作机制。依托全国和省中小学生校外培训机构管理服务系统，运用信息化手段加强日常监管和动态管理，实现“管准入”“管课程”“管信用”三位一体，稳定校外培训市场主体，促进校外培训机构规范发展。强化综合监督检查，充分发挥县联席会议议事协调职能，组织相关职能部门对校外培训机构规范办学、安全办学和疫情防控、资金监管等工作进行联合执法检查与指导，促进校外培训机构规范发展。

【乡村学校少年宫】 截至2021年底，全县所有镇（街道）中心小学已经全部建成省级以上乡村学校少年宫，其中受中央彩票公益金资助的有13所。6月，在中共涟水县委宣传部举办的庆祝中国共产党成立100周年“奋斗百年路 启航新征程”大型合唱比赛中，由青少年活动中心报送、副县长马荣参演的无伴奏合唱《不忘初心》和混声合唱《祖国颂》荣获全县一等奖。同时，作为涟水县唯一报送的参赛曲目又获淮安全市机关“颂党恩 跟党走”合唱比赛决赛一等奖。陈师中学（原陈师小学乡村少年宫科技馆）郝茜米同学继被聘为“第七届江苏省少年科学院院士”后，又先后获得“淮安市新时代好少年”和“淮安市新时代好少年”荣誉称号，2021年获得“新时代全国好少年”光荣称号（江苏省唯一）。陈师中心小学少年宫在各级各类青少年科技竞赛活动中，获得奖项14项，参与人数上百人。

【捐资助学】 2021年3月12日，南京金歌建设工程有限公司捐资助学暨助学金发放仪式在黄营中学举行。南京金歌建设工程有限公司总经理、黄营中学校友陈大金，代表公司向黄营中学捐款10万元，并现场向10名家境贫困学生每人发放500元助学金；3月16日，涟水中航盈富地产开发有限公司爱心捐赠仪式在朱码外国语学校举行，副县长马荣出席捐赠仪式。涟水中航盈富地产开发有限公司向朱码外国语学校和实验中学捐款100万元，并向朱码外国语学校22名学生发放助学金；9月11日，上海德汇公益基金会举行2021年度奖助学金发放仪式，县教育体育局局长汤胜国主持仪式，县委常委、宣传部部长郎跃明出席活动并讲话。仪式上，上海德汇公益基金会分别对2021年涟水籍高考文科、理科成绩优异的2名学生和考取重点大学的20名学生发放奖学金，还为2021年考入新高一的20名品学兼优的贫困学生每人发放1万元的助学金。毕业生薛宇代表受奖助学生发言。

【校站结合】 2021年6月，县教育体育局、县关工委联合下发《关于全面推进全县校外教育辅导站“强内涵、提质量、上水平”的意见》。6月23日，县教育体育局、县关工委在红窑实验学校召开2021年度“校站结合”工作现场推进会；7月8日，市关工委在红窑实验学校召开“淮安市关工委2021年暑期工作观摩培训会”。暑期，全县中小学共开办辅导站41所，参加学生9813人，在职教师588人。校外办站69所，参加学生3715人，五老教师81人。7月中下旬，因为新

2021年9月11日，上海德汇公益基金会在涟水举行2021年度奖助学金发放仪式

（县教育体育局　供稿）

冠肺炎疫情影响,全县范围内辅导站暂停,其间各校关工委及广大"五老"采取各种方式对学生进行辅导教育,赢得学生、家长、社会的一致好评。

(王　奔　王小成)

基础教育

【概况】 2021年,全县共有成型幼儿园116所,其中公办幼儿园44所、民办幼儿园72所,全县在园幼儿26931人,专任教师1932人,省优质园40所,市优质园20所。共有义务教育阶段学校89所(其中初中21所,九年一贯制19所,小学46所,教学点2个,特殊教育学校1所)。全县义务教育阶段公办学校教职工总数5546人(其中小学2377人,初中1357人,一贯制学校1787人,特殊教育学校25人),在校学生105437人(其中小学生68595人,初中生36766人,特殊教育学校学生76人)。普通高中6所,其中四星级高中2所,三星级高中3所,在校高中生20314人,教师总数1342人(公办)。

【学前教育】 2021年,县教育体育局持续深入推进课程游戏化项目建设,提升各幼儿园课程游戏化水平。新认定普惠幼儿园12所、创成省优质幼儿园2所,通过省优质幼儿园复审5所,以实验幼儿园为龙头的"课程游戏化"获评市级优质项目。加大幼儿园建设力度和小区配套园治理力度,推进新建幼儿园尽早投入使用。9月,朱码幼儿园、朱码柴市幼儿园、实验小学幼儿园、梁岔费庄幼儿园4所新建幼儿园全部投入使用,并举办成公办幼儿园;涟苑小区、滨河新苑、安东院子3所小区配套园已交付。新增学位数2070个,学前教育资源进一步扩大。成立幼儿园"小学化"专项治理工作领导小组,扎实开展幼儿园"小学化"专项治理督查,建立"小学化"治理长效机制。公民办幼儿园通过园务公开栏、悬挂横幅、微信公众号、橱窗、家园联系群等多种方式,对家长和社会广泛宣传"小学化"危害;各幼儿园制定治理方案,开展自查自纠,全面排查幼儿园"小学化"情况;学前办深入各级各类学前教育机构现场督查"小学化"问题;幼儿园与小学结对,共同做好幼小衔接、小幼衔接工作,实验幼儿园和外国语学校成为省级幼小衔接试点园校。

【义务教育】 2021年,县教育体育局深入贯彻落实省市关于义务教育阶段学校招生工作意见要求,出台《2021年涟水县义务教育阶段学校招生工作意见》,多次召开义务教育学校招生工作相关会议,严明招生纪律,切实规范做好义务教育招生工作。利用义务教育招生平台,满足学生报名需求。严格执行免试就近入学政策。民办义务教育学校报名人数超计划时,进行电脑公开派位摇号。强化学校督查工作,通过开展春、秋季开学检查工作,对全县学校教育教学常规工作进行系统检查,针对各校教育教学秩序、校园环境管理、政策执行情况等作详细把握,并提出跟进要求;高度重视教育质量,开足开齐国家规定课程,做好幼小衔接;小学实行"八项培育"(培育家国情怀,培育优秀品格,培育良好习惯,培育高雅情趣,培育科学精神,培育阅读素养,培育体艺技能,培育劳动本领),促进学校内涵发展和质量提升;稳步推进"四涟工程"(涟享学、涟心有光、涟校连家、涟尚名师)建设,推动教育优质均衡发展。秋季开学全面启动义务教育"5+2"课后服务(学校每周5天都要开展课后服务,每天至少开展2小时),出台课后服务方案,统一全县义务教育阶段学校作息时间,丰富课后服务内容,包括自主作业、个别辅导、社团活动、校本课程、文体科技活动等,满足学生个性化需求。对全县五年级和七年级开展学生学业水平质量监测,组织市县期末统测及高考模拟。考后实施科学评估,召开学业水平监测总结会,分析监测情况及结果,全面掌握各学校教情与学情。

【普通高中教育】 2021年,各高中校将长远发展与近期目标有效结合,在内涵发展上下功夫,在提升办学品位、创办特色学校上大做文章。涟水中学省级"国学课程基地""生态教育课程基地",郑梁梅高中省级"生命教育课程基地"育人成效显著;滨河高中"精细管理"扎实高效,涟水一中、金城高中、外国语高中积极推行"面向全体学生,着眼素质提升,尊重个性差异,追求科学施教",为提升教育教学质量奠定基础。教育质量再攀新高。涟水中学、郑梁梅高级中学、滨河高级中学均被市教育局表彰为"2020—2021学年度普通高中综合考评优秀单位"。

【特殊教育】 2021年,全县根据城镇发展规划总体布局,依托16个中心镇中心幼儿园、中小学,分三批次完成48个融合教育资源中心建设,形成涵盖全县、普及幼儿园及义务教育各学段的融合教育新格局。县特殊教育学校完成九年义务教育体制改革,发挥特殊教育学校在实施残疾儿童少年义务教育中的示范作用。坚持以"普校主体、普特融合"为原则,以普通学校随班就读为主体、以特殊教育学校为骨干、以送教进社区和送教上门及远程教育为补充,积极做好残疾儿童入学安置工作,全县义务阶段特殊儿童少年入学率达98%以上。12月22日,以南京特殊教育师范学院何侃教授为组长的省教育厅专家视导组,对涟水县特殊教育发展情况进行调研指导,肯定涟水县特殊教育取得的成绩,提出创新发展、均衡发展等宝贵建议。

【江苏省涟水中学】 创办于1928年,是一所有着90多年光荣历史和辉煌业绩的江苏名校,是国家级示范性高中、江苏省首批四星级高中,江苏省知名重点中学,是南京大学、东南大学等多所一流大学优质生源基地。2021年,学校有68个班级,学生3413人。高考连续多年取得突破性佳绩,高分段人数县内遥遥领先;保优率、提优率均居全市前列。获"淮安市普通高中综合考评优秀单位""涟水县人民满意学校"称号。连续三届荣膺"江苏省文明校园"称号,连续4年获"淮安市高中教育教学质量特等奖",2021年获"淮安市普通高中综合考评优秀单位""涟水县人民满意学校"称号。

【江苏省郑梁梅高级中学】 系涟水籍

爱国人士郑兆财(1922—2012),于1999年捐资兴建的公办学校,是全省唯一的一所捐资公办学校。学校占地面积12.4公顷,位于涟水主城区,依傍风景秀丽的古淮河畔,位置优越,交通便利,环境幽雅。学校师资力量雄厚,设施设备先进,教育教学资源丰富。2021年,在校师生近4000人,获省级以上奖项152人次,其中获国家级奖项38人次。其中,洪佳乐同学获得物理奥赛江苏省一等奖,全国二等奖(全县唯一),另有6名同学获得省二等奖,3名同学获得省三等奖;朱政旭同学获得化学奥赛省一等奖,另有14名同学获得省二等奖,24名同学获得省三等奖;鲁家屹同学获得生物奥赛全国三等奖,另有2名同学获得生物竞赛省一等奖,5名同学获得省二等奖,36名同学获得省三等奖。37名同学获得全国中学生英语能力测试国家级奖项,17名同学获得省级奖项。2名同学获得叶圣陶杯作文竞赛省一等奖,3名同学获得省二等奖,1名同学获得省三等奖。年内,学校获"江苏省关心下一代工作先进集体""淮安市五四红旗团委""淮安市普通高中综合考评优秀单位""淮安市平安校园建设示范校(园)""涟水县先进基层党组织"等称号。

【淮安外国语学校滨河校区】 是一所现代化公办民助的寄宿制学校,是以江苏名校、江苏省最具影响力初中——淮安外国语学校为模板,倾力打造的一所涵盖初中部和小学部的学校。初中部校园占地面积7.07公顷,建筑面积约2.7万平方米,投入资金约1.3亿元;小学部校园占地面积4.13公顷,建筑面积约2万平方米,投入资金约0.95亿元;2017年正式招生开学,2020年首届中考和2021年第二届中考都取得最高分、总均分、优秀率、四星高中达线率等各项指标均居全市第二名的优秀成绩。2021年,初中部有48个班、小学部有35个班,在校学生3900余人,教师员工380余人。有32名学生在中国青少年篮球公开赛(江苏赛区)、金钥匙科技竞赛、中学生英语口语比赛、"中学生与社会"作文大赛等比赛中荣获一、二、三等奖,初中部篮球队、小学部篮球队、羽毛球队在多场省、市级大赛中夺冠。有近百位老师在江苏省陶研会第十二届"行知杯"论文评审中获奖。在2021年淮安市优秀教学设计评比中,获一等奖教师8人,获二等奖教师7人,获三等奖教师6人;在2021年淮安市优秀教学论文评比中,获一等奖教师3人,获二等奖教师3人,获三等奖教师4人;在淮安市"广德育"优秀案例征集评选活动中,6名教师的7个案例入选并获奖;在江苏省第十五届"蓝天杯"优秀教学设计评选活动中,获省一等奖教师9人,获省二等奖教师33人,获省三等奖教师73人。在第五届江苏省"五四杯"初中青年教师微课评选活动中,获省一等奖教师11人,获省二等奖教师29人,获省三等奖教师3人。学校先后获得"全国青少年校园足球特色学校""江苏省智慧校园示范校""江苏省体育特色学校""淮安市模范职工之家""淮安市篮球训练基地学校""淮安市足球训练基地学校""涟水县教育工作先进集体""涟水县教育工作先进综合考评优秀单位""涟水县教育工作综合考评特别贡献奖""涟水县中考综合考评先进单位"等荣誉或称号。

【"涟享学"助学工程】 2021年9月,县教育体育局出台《关于进一步加强"涟享学"助学工程的实施意见》,由外国语小学7所城区优质小学分别与30所乡村小规模薄弱学校组建帮扶对子,牵手学校均有计划地到联盟体内小规模学校进行送教,向被帮扶学校捐赠物资,对老师们进行业务指导,为乡小规模学校提供同步教学资料,组织教师培训、跟岗学习。"涟享学"助学工程推动全县基础教育提质增效和优质均衡发展,提高教师教育教学能力和学科教学质量,改善小规模学校办学条件,优化乡村小规模学校布局,整合办学资源,提高办学水平。联盟体牵手学校每个月送教20余节课,10余次微型讲座。该工程被列为政府民生实事项目。

【"涟校连家"关爱工程】 2021年,涟水县启动实施"涟校连家"关爱工程,解决留守儿童和困境儿童上学难、难上学问题。全县小学12050名留守儿童和困境儿童中,约有930名儿童缺少长辈的照管,或者照管他们的祖辈年老多病。这些留守儿童和困境儿童有强烈的寄宿制愿望。选取涟水腹部,交通相对便捷的时码学校作为全县乡村寄宿制样板小学进行试点改造,融家入校,以校连家,把对留守儿童和困境儿童的关爱落细落实,积极承担好扶贫扶智的教育责任。2021年暑假,学校第一批准备的120张寄宿床位被分布在16个镇(街)中的留守儿童和困境儿童预定。开学初,第一批学生已顺利入时码学校就读。

【"涟心有光"心理关爱工程】 2021年,县教育体育局重点打造"涟心有光"品牌,建立心理健康教育、咨询的专业师资队伍,搭建通畅的师生公益心理咨询渠道,副县长马荣、县教育体育局局长汤胜国、县委教育工委副书记徐岩为"涟心有光"名誉顾问。建立起一支专业化的心理健康教育工作者队伍,有31名专业心理咨询师及心理健康教育相关人员,在师资培养上采取"涟心有光"公益服务队核心成员(持证咨询师)培训、校心理健康部门及专职心理健康辅导员培训、兼职心理健康教师培训等方式;加强各学校心理咨询室整修升级,建立教育体育局及学校两级渠道并向师生和家长公开。

【劳动教育】 2021年,县教育体育局深入贯彻《关于全面加强新时代大中小学劳动教育的意见》文件精神,制定出台《加强全县学校劳动教育的实施意见》,加强学生生活实践、劳动技术和职业体验教育,加强"专""兼"结合的劳动教育教师队伍建设。把劳动教育纳入人才培养全过程,贯通中小学各学段,贯穿家庭、学校、社会各方面。规范学校课程设置,开齐开好劳动教育课程,中小学每周不少于1课时。开发校本课程,鼓励学校利用好自身资源,积极开发劳动教育校本课程,涟水滨河外国语学校开发家校生活课程、田园体验课程等劳动课程。强化学科渗透融合,努力挖掘蕴含在语文、数学、科学、品德等学科课程中的劳动教育资源,在学科教学中引导学生树立劳动最光荣、劳动最崇高、劳动最伟大、劳动最美丽的观念。

【中小学课后延时服务】 2021年7月24日，中共中央办公厅、国务院办公厅颁布《关于进一步减轻义务教育阶段学生作业负担和校外培训负担的意见》，全县狠抓工作落实。学校作业布置趋向科学化、结构化，学生得到全面发展，义务教育学校课后服务水平和服务质量进一步提高。各中小学完善课后服务机制，丰富课后服务内容，调动学校教师参与积极性，提高学校课后服务水平，积极稳妥推进学校课后服务全覆盖。10月21日、22日，县教育体育局分别在军民小学和五港小学召开课后服务现场会，各小学负责人通过参观、学习和交流，汲取经验，根据学校实际制定一校一策，开展有特色的课后延时服务。军民小学多措并举，通过优化作业管理、设计多元课程、融合“五项管理”等渠道，不断创新课后服务形式，丰富课后服务内容，使“双减”工作落地生根。同时开展莲湘、跆拳道、足球、篮球、舞蹈、跳绳、泥塑、手工、水粉画、素描、电脑等数十种丰富多彩的课程丰富学生学习生活；五港小学开展“社团活动+作业辅导”的课后服务新模式。作业辅导采用语、数、英老师轮班，每个年级均有语文、数学、英语老师在班辅导，每20分钟轮换班级，避免学生作业辅导单一化。11月25日、26日对全县义务教育阶段公办学校课后服务工作开展为期一天半的专项检查，进一步推动课后服务工作规范、有序、高效开展。年内，全县共有76所中小学开展课后服务工作，受益学生将近10万人。

【科技教育】 2021年11月4日，江苏省委驻涟水县帮促工作队、江苏省广播电视总台教育频道、江苏省科技期刊学会、江苏省妇女儿童福利基金会走进涟水县外国语学校，开展“2021年涟水县中小学生科学素养提升计划”主题活动。活动中，名校长们围绕“未来科学家培养”主题，用视频方式与老师、同学们展开交流与分享；《大气科学学报》执行主编、省科协首席科技传播专家智协飞教授为同学们作《天气预报是怎么做出来的?》科普报告；江苏教育频道领导与县教育体育局进行中小学生科学素质提升学习资源交接；南通市海门区东洲中学滕玉英校长就“科学教师的历史责任和时代追求，学科教学智慧的理解与发展，‘融物理’课程的研发实践与思考”与全县义务教育学校教师代表进行分享、交流；省妇女儿童福利基金会为学校配置“爱心图书室”和赠送“安全爱心包”。该活动对鼓励和引导涟水县中小学教师深入研究科学教育的理论和实践问题，提高中小学教师从事科学教育的专业素养和能力，提高未成年人科学素质具有重要意义。

2021年5月，全市第七届中小学体育艺术文化节在涟水开幕　（嵇永新　吴　燹　摄）

【社团活动】 2021年，全县学生社团发展迅速，学生参与广泛，社团类型多样，活动丰富多彩，通过“学中玩”“玩中学”拓展学生知识视野、学会技能本领、熏陶道德情操。把社团活动作为学校课程，不断丰富内容、内涵。专心打造科技、体育、文艺等门类，充分彰显项目特质，精神文化、团队文化、管理文化、环境文化等得到全面提升。郑梁梅小学的乒乓球、外国语学校的科技教育、淮文外国语学校的足球、南集中心小学的淮剧、高沟中心小学的诗词、开发区实验学校的乡土园创意坊等特色项目立意新颖，规模适当，活动效果明显；灰墩中心小学的葫芦丝、郑梁梅小学的朗诵、幸福里实验小学的面塑、淮文外国语学校的合唱等社团活动训练扎实，组织有序，创意度高。在2021年的现场展示评比中，全县小学共有43个特色项目合格，69个社团被评为优秀学生社团，14所学校被评为社团活动先进单位。

【淮安市第七届中小学体育艺术文化节】 2021年5月16日，在涟水县第一中学开幕。副市长王红红，市政协副主席邱华康，市委教育工委书记、市教育局局长皇甫立同，县委副书记、县长洪然，副县长马荣等出席开幕式。该次体育艺术文化节主题是“阳光下成长”，共有84个文艺节目参加县级展演，198幅艺术作品参加县级展评，7个学生艺术实践工作坊参加视频展示，13个中小学美育改革优秀创新案例申报展评。部分优秀作品上报省、市，成绩显著，县教育体育局荣获淮安市第七届体育艺术文化节优秀组织奖。

（王　奔　王小成）

职业教育

【概况】 2021年，全县有中等职业学校2所，其中四星级中职1所(江苏省涟水中等专业学校)、普通民办职业学校1所(淮安市辅仁职业技术学校)。全县中等职业学校有在校生6431人。另有高职1所(炎黄职业技术学院)，在校生4500余人。

【炎黄职业技术学院】 是已故涟水籍台胞、教育家、爱国实业家蒋志平筹资创办、省政府批准建立、教育部核准正式备案的一所全日制民办普通高校。校园占地面积为20.6万平方米，校舍建筑面积近12万平方米，馆藏图书约23万册，中外文期刊600余种。设三年制专科和五年制专科，设有建筑工程系、机电信息工程系、经济管理系、时尚造型设计系、汽车工程系、休闲观光系、幼儿教育与保健系7个系和通识教育中心。开设汽车检测与维修、计算机应用与维护、电子信息工程、建筑工程技术、机电一体化技术、会计、旅游管理、应用英语、人物形象设计、空中乘务等36个专业，涵盖理、工、经、管、文五个学科门类，覆盖制造、土建、电子信息、财经、旅游、交通运输、教育七大类职业岗位群。2021年，学校共有班级100余个，学生4500余人，教职工304人，专兼职教师202人，其中高级职称59人，研究生学历39人，双师型（双师素质）62人。

炎黄职业学术学院　　　　（县教育体育局　供稿）

【江苏省涟水中等专业学校】　集开放本科、开放专科、中专、短期培训于一体，是江苏省四星级中等职业学校、省高水平示范性中等职业学校、省现代化示范性职业学校。新校区位于县城迎宾大道南侧、机场中路西侧，总投资3.99亿元，占地13.62公顷，建筑面积9.72万平方米。开设有加工制造、交通运输、信息技术、财经商贸、旅游服务、农林牧渔、土木水利、文化艺术等八大类16个专业，实训设备总值4332.662万元，建有11个五星级专业，5个三星级专业，2个省级现代化实训基地，3个省级现代化专业群，1个省级职业技能体验中心，2个市级职业技能体验中心。2021年，有全日制中职在校生4348人，教职员工287人，专任教师266人。先后荣获全国青少年五好小公民主题教育示范学校、全国创新名校联盟成员单位、全国青少年校园足球特色学校、江苏省职业教育先进集体、江苏省德育工作先进单位、江苏省和谐校园等称号。

【淮安市辅仁职业技术学校】　成立于2004年，学校占地面积约34350平方米。学校开设老年服务与管理、幼儿保育、航空服务、电子商务、计算机应用、汽车运用与维修6大专业。2021年，有在校生2083人，教职工120余人，专任教师101人。学校毕业生605人，升入高等院校427人，其中本科院校1人，直接就业178人，参军6人，自主创业2人。在市县举办的教学大赛、技能大赛及德育比赛项目中，共有50余人次获得奖项及表彰。　　　　（王小成　王　奔）

社会教育

【概况】　2021年，全县共有1143人参加成人高考，其中高升专579人、高升本8人、专升本556人。全年全县共有1829人参加自学考试。自考毕业72人，其中专科11人，本科61人。全县社会教育各级各类培训329712人，培训率66.18%，其中老年教育培训45312人次，参与率22.05%。

【江苏省涟水开放大学（涟水电大）】　创建于1979年，1999年涟水电大迁入江苏省涟水中等专业学校（原涟水县职业技术教育中心），实行一套班子、两块牌子，资源共享，2013年经江苏省政府批准成立江苏省涟水开放大学。学校占地面积20公顷、建筑面积6.4万平方米。2021年，有在校生2152人，专职管理人员13人，专兼职教师265人。本科开设专业有：学前教育、汉语言、计算机科学、工商管理、会计学、行政管理、土木工程、环境工程、艺术教育、文化产业管理、市场营销、工程造价、电子商务、影视摄影与制作、农业资源与环境、公共事业管理。专科开设专业有：婴幼儿托育服务与管理、计算机科学、工商管理、会计学；机电一体化、工程造价、大数据与会计、行政管理、工程管理、连锁经营与管理。实行注册入学、统一考核，灵活开放的学习制度和学分储存、转换、积累的学习成果认证制度。被江苏开放大学表彰为“全省招生先进单位”“全省网上教学先进集体”；与江苏开放大学、涟水县委联办的“乡村振兴（涟水千人计划）”为江苏省成人高等教育与乡村振兴相结合的典范；涟水开放大学的法学专业实习基地——涟水开大法律咨询室，常年为当地群众提高义务法律咨询服务、调解纠纷。

【涟水县老年大学】　成立于1990年6月，坐落在县城常青西路夕阳红文化中心内，为淮安市“老年大学示范校”“江苏省优秀老年学校”“江苏省示范老年大学”。2021年，学校有17个教学班，学员663人，兼职教师17人，管理人员9人。开设政史、文学、书法、绘画、电脑、摄影、剪纸、戏剧、舞蹈以及卫生保健等14门课程。有1个艺术团、1个诗社。全年学校举办中国共产党成立100周年书画展、迎新年庆元旦、自行车慢骑和掼蛋比赛等活动，主办多场新冠病毒疫情防控工作宣讲演出。　　　　（王　奔　王小成）

教育科研

【概况】 2021年,全县省级规划课题结题3个,省级规划课题立项6个,省级教研课题结题3个;市级课题开题12个,结题12个,市级规划课题立项29个,其中14个为重点课题;县级课题开题60个。组织全县近800名教师参加省、市教育教学论文评比活动。有6篇论文获省基础教育教学论文评比一等奖,9篇论文获二等奖;有41篇论文获市基础教育教科研论文评比一等奖,150篇论文获得二等奖;有1篇论文获得省"师陶杯"教科研论文评比一等奖,12篇论文获得二等奖;颜春红《小学数学结构化教学实践研究文集》获得省教科研成果三等奖。

【教学研究】 2021年,县教师发展中心围绕新高考、新课标、新教材研究,邀请市教研室教研员、淮中知名专家和省教研室的九科教研员为全县高中各科教师进行培训,了解国家高考改革政策,推进普通高中育人模式变革,提高高中教育教学质量。推进"融学课堂"改革。9月,开展初中各学科"融学课堂"教学研讨会,出台初中各科融学课堂评价标准,推进和引导全县初中校开展"融学课堂"教学改革。12月,举行初中各学科"融学课堂"优质课评比活动,推进和展示"融学课堂"改革成果。全年共开展研训讲坛33场,围绕"融学课堂"主题,通过集体备课、公开教学、同课异构、专家讲座等形式,深入实践"融学课堂"基本理念,形成评价标准。举行县级多层次各学科教学研讨、培训活动136次,高中24次、初中36次、小学62次、学前7次、全学段7次;依托区域"联盟",开展"联盟体"教研活动35次,受益老师1.5万余人次。

【教学竞赛】 2021年,县教师发展中心共组织2000余名教师分别参加省、市、县级教学基本功竞赛、优质课教学比赛、实验技能大赛、教学设计比赛、教学论文比赛、幼儿园教师案例分析比赛、课堂教学视频大赛等,其中有36名教师获省一等奖;65名教师获省二等奖;有129名教师获市一等奖,308名教师获市二等奖。年内,共有538人获得省市级各类教学竞赛奖,滨河高中杜红颖教师等101人获省一、二等奖。

【县教师发展中心】 2021年7月,经省教育厅组织评估,县教师发展中心被认定为省示范性县级教师发展中心。发展中心由县教学研究室、教师进修学校、电化教学中心、师资科4个部门融合而成。其占地面积1.05公顷,建筑面积1.1万余平方米,有网络中心、多媒体教室、多功能学术报告厅、心理咨询服务室、图书资料室、录播教室、名师工作室、各学科研训室等。坚持"发展教师,服务教学,提升质量"的工作理念,创新"三研四环"("三研"即"研读理论书籍,提升教师专业素养;研究教学问题,开展'订单式'教研诊断;研讨课堂教学,形成常态教学范式"。"四环"即围绕"课堂观摩、名师诊断、专家引领、自我提升"实现功能的一体化、资源的充裕化、绩效的最优化研训体系)的研训模式,使科研、培训、教研和信息技术融通生长,促进全县教师专业化发展。

【江淮名师讲坛】 2021年4月12日,县教师发展中心开展高中政治"江淮名师讲坛"研修活动,全县高中政治教师代表参加。活动着眼于学生思想活动的独立性、选择性、多变性、差异性和高中阶段成长的新特点,通过课例观摩等活动,为思政课教师研究实施开放式、辨析式的学习路径提供经验。江苏省特级教师王恒富,淮安市教研室政治教研员、高级教师董志作专题讲座。11月25日,以"寻找方法路径 培养策略意识"为主题的淮安市"江淮名师讲坛"第41期研修活动暨单广红教育名师工作室第8次研修活动在县郑梁梅小学举行。淮安市教师发展学院黄艳梅院长、南京市五老村小学校长吴玉国、江苏省特级教师单广红、江苏省特级教师颜春红、淮安市白鹭湖小学校长钱峰,以及单广红教育名师工作室的成员、涟水县各学校的小学数学教师参与活动,淮安市白鹭湖小学校长钱峰作《寻找方法路径、培养策略意识》专题报告。

(王 奔 王小成)

教 师

【概况】 2021年,全县有教职工10450人,其中高中1555人(公办1342人,民办213人)、初中1357人(公办)、小学2439人(公办2377人,民办62人)、九年一贯制学校2855人(公办1787人,民办1068人)、幼儿园1932人(含民办)、特殊教育学校25人、涟水中专287人。全年新招聘教师357人,其中幼儿园教师44人、特殊教育教师2人,小学教师105人,初中教师103人,高中教师95人,职中教师8人。全县共有省特级教师6人、正高级职称5人。县级及以上骨干教师比例24.18%。中职学校"双师型"教师比例82.30%。幼儿教师专科率97.45%、小学教师本科率98.72%、初中教师本科率99.74%、普通高中教师研究生率19.37%、中职教师研究生率21.67%。2021年,全县有2人获正高级教师职称,1人获评特级教师,1人获"新时代淮安好人"称号,2人获"淮安市优秀教育工作者"称号,2人获淮安市"功勋教师"称号,12人获"淮安市优秀教师"称号,47人获"淮安市优秀班主任"称号。

【乡村教师培育】 2021年,全县组建小学数学(颜春红)、小学语文(王春荣)2个乡村骨干教师培育站,每个培育站有导师2人、学员30人,培育站经申报、市局审批、省教育厅备案,均已正式开展活动,小学语文、小学数学、初中英语、初中政治、初中语文和初中数学等乡村骨干教师培育站均按照研修计划圆满完成各项研修工作。4月11日,40名来自高沟镇和岔庙镇5所村小的教师参加由外国语学校组织的教育教学业务知识培训,县教师发展中心小学语文、数学、英语三科研训员分别作专题讲座,县外国语学校部分优秀教师还和5所村小的部分教师结成帮扶对子。截至年底,共落实省市县培训项目30个,实施教师交流809名、骨干教师204人,交流比例分别为23.45%、25.20%。

【名师队伍建设】 2021年,全县新获评江苏省特级教师1人（县教师发展中心副主任、淮文外国语学校校长徐崇明），正高级教师2人（幸福里实验小学陈云宇，红窑实验学校刘吉勇），“名校长”“名班主任”“名教师”100人；朱码外国语学校刘玉庆老师家庭获评“全国最美家庭”，幸福里实验小学校长陈云宇获评淮安市第四批“新时代淮安好人”，86名教师申报淮安市第五批市学科带头人。全县已形成特级教师及正高级教师、市学科带头人、骨干教师、教坛新秀的四级优秀教师梯队。3月8日，县教师发展中心组织颜春红特级教师工作室成员及石湖、唐集、黄营、南禄、方渡等乡村学校的部分骨干教师，在石湖中心小学举行涟水县“爱在乡村教育”暨“颜春红特级教师工作室”名师送教活动。3月9日，县教育体育局公布第二批“名师工作室”名单，共组建7个“名师工作室”，分别是1个“特级教师工作室”和6个“学科名师工作室”。截至年底，全县累计有名师工作室13个。

【教育管理干部培训】 2021年10月15—19日，县教育体育局在苏州大学举办涟水县中小学德育骨干综合素养专题培训班。全县中小学的德育管理者和优秀班主任代表共96人，参加为期5天的封闭培训。12月10日，全县教育科研管理者业务培训活动在安东学校举行。全县各中小学分管教科研副校长、教科研主任等参加活动。市教学研究室康泉老师和市经济开发区教师发展中心王乃涛老师应邀参加活动，并分别作专题讲座。

【师德师风建设主题教育活动】 2021年，县教育体育局在全县教体系统开展“强师德、勇担当、讲奉献，办人民满意的教育”师德师风建设主题教育活动。组织全县7000余名教师参加师德师风纪法知识竞赛，评选出174名师德师风纪法学习先进个人和38个师德师风纪法学习先进集体。全县教师走访困难学生家庭5200余户，和家长面对面交流；结对帮扶学生3600余人；排查整改1000余条师德师风问题。1名教师家庭荣获“全国最美家庭”称号、1名校长荣获“新时代淮安好人”荣誉称号，1名教师被授予淮安市“我们身边的好青年”荣誉称号，7名教师获市教工委、县委组织部“两在两同”建新功“党员先锋”称号，101名教育工作者获评“涟尚名师”称号，10名教师被评为县“师德标兵”，60名教师获评县“师德先进个人”。

【“名校优生”招聘活动】 2021年12月20日，副县长马荣带领县教育体育局、县人社局及5所公办高中相关人员在天水市天水师范学院，开展2022年涟水县引进教育类“名校优生”招聘活动。推介会采用现场宣传和网络直播2种方式同时进行。会上，马荣向在座的同学们介绍涟水基本情况，诚邀广大学子加入涟水教师队伍，助力涟水教育高质量发展。涟水中学、郑梁梅高中、滨河高中、涟水一中、外国语高中5所学校，分别介绍各自的办学理念、办学特色和办学成果。县教育体育局局长汤胜国为4位同学颁发“校园引才使者”证书。截至报名结束，194人符合条件并完成报名，经过综合考核，88名学生进入体检环节。

【“涟尚名师”大讲坛】 2021年12月19日，2021“涟尚名师”大讲坛（校长篇）开讲。县教育体育局领导班子成员、局机关科室负责人，全县中小学副校级以上人员等参加大讲坛。讲坛主题为“五育并举，办有品位学校”，分为专题演讲和专家点评两个环节。6位学校管理者分别围绕学校办学主张、学校德育工作、教学质量提升、教师专业发展、美育行动研究、劳动教育思考等话题，谈学校的办学主张、经验做法，说个人的思考实践、得失取舍。全国十佳创新校长、江苏省教育家型校长培养对象、泰兴市洋思中学校长曹伟林，省中小学教师培训学会会长、教授、文学博士周成平还应邀在大讲坛上进行点评、作专题报告。（王小成　王　奔）

2021年12月20日，涟水“名校优生”招聘活动走进甘肃天水　（县教育体育局　供稿）

文　化

CULTURE

- 综　　述
- 文化场馆
- 文艺创作
- 图书发行
- 公共文化
- 大众传媒
- 文化市场管理
- 地 方 志
- 文化遗产保护
- 档　　案

编辑:周蓓蓓

综 述

【概况】 2021年，涟水县文化广电和旅游局围绕中国共产党成立百年和县委、县政府中心工作，认真组织开展“我们的中国梦” 迎新春文化惠民演出、“迎百年党庆，颂盛世华章”基层巡演、“奋斗百年路 启航新征程”涟水县庆祝中国共产党成立100周年红歌展演、综艺演出等系列文化活动；承办“学党史、传精神、跟党走”涟水县“中国曲艺之乡”授牌仪式暨“艺道馨声”曲艺名家名作专场演出等重大文化活动。结合党史学习教育活动，组织文化工作者到涟城街道东门、淮浦、莲花等社区开展党史学习教育专场演出；组织开展中秋文化惠民系列活动、涟水县第二届金秋文化月国庆七天乐系列活动、重阳节文化活动等。利用“幸福淮安”“阿累读书节”“结对子 种文化”等文化品牌组织开展多场文化活动；组织文化志愿者和文艺团队进社区、进基层开展送文化下乡活动；组织非遗传承人、戏曲艺术家开展非遗进校园、戏曲进校园活动；开展书香涟水“悦”读金秋——全民阅读进校园活动，助推阅读城市建设。县图书馆创新工作方式，打造“行走的图书馆”“文化志愿者送书公益行”等品牌活动，以开展全民阅读活动为抓手，举办形式多样、内容丰富的经典朗诵和社会实践活动，周周有宣传、月月有展览、季季有讲座；县文化活动中心强化内部管理，不断提高服务质量，圆满完成县“两会”等重大会务活动和省群文优秀作品巡演等重要演出；县文化馆充分发挥阵地优势和“中心馆”作用，强化群文辅导，开展公益培训、辅导讲座、文艺演出等服务，促进全县基层文化活动蓬勃开展；县淮剧团送戏下乡、扎根基层，创作的多部主旋律戏剧作品在省市获奖，被人社部、文化和旅游部联合表彰为2021年度全国文化和旅游系统先进集体。

（卜训东）

【文化设施建设】 2021年，县科技文化中心竣工，今世缘旅游景区配套度假项目完工；投资360万元开展五岛湖旅游区智能化改造，并通过省文旅厅AAAA级景区复核验收；投资3.5亿元的苏北“小延安”军旅小镇一期工程建成开放，申报创建国家AAA级景区；总投资600万元，占地面积1800平方米涟水高铁客运站游客集散中心装修工程完工并对外开放；投资92万余元完成17个镇(街道、园区)的公益放映厅、1个县级平台建设，公益放映厅全部对外开放；成集镇智慧广电乡镇建设通过省、市验收。投资30万元，新建占地面积58平方米，馆藏图书5000多册的24小时自助图书馆1座；全力推进图书馆总分馆建设，进一步完善公共文化服务体系，实现市县图书馆一卡通、通借通还工作；对基层图书馆(室)包括乡镇分馆、农家书屋开展业务指导工作，每个月在一个镇级分馆和学校分馆开展一场特色阅读活动，积极引导镇分馆及村(社区)综合文化服务中心开展全民阅读工作；对县曲艺馆内部装潢进行优化，更换升级灯光、雕刻等设备；投资8万余元，对县非遗馆外墙面和门窗进行刷新，对桌凳、电脑等设施进行升级改造。

（杨倩倩 陈怀远）

【“中国曲艺之乡”创建】 2021年，县文旅局在成功创成“中国曲艺之乡”的基础上，放大创建效应，承办第五期全国曲艺自由职业者优秀人才培训班，成功举办“中国曲艺之乡授牌仪式暨曲艺名家名作专场”演出。组织涟水布艺、涟水绳结参加苏州运博会展览，宣传推介涟水本土非遗资源。为庆祝中国共产党成立100周年，新创作《打卖打非》《少年强 中国强》《百年中国梦 扬帆再起航》《牢记先列志 冲刺百强县》20多件优秀曲艺作品。遴选《红船印象》《一大会址》《水浒108将》等剪纸作品参加淮安市“剪纸芳华——庆祝中国共产党成立100周年剪纸作品展”，其中苗福桂的《水浒108将》获得一等奖。《颂歌一曲唱给党》参加中国曲艺之乡(名城)第六届岳池杯展演。遴选涟水布艺、虎头鞋、华夏云锦织造技艺、高沟捆蹄技艺参加大运河文化带城市非遗展；组织剪纸、烙铁画、涟水布艺、涟水绳结、虎头鞋、郑氏骨伤热敷康复技艺等参加“‘4·23’全民阅读日及阿累读书节启动仪式”。整理《刘氏祖传推正骨地鳖虫外敷技艺》等县级非遗候选项目10余个；鼓励各级各类非遗传承人开展公益培训，开展“名师带徒”计划，进一步提升非遗影响力。

（张书亮）

【筑牢安全生产防火墙】 2021年，县文旅局深入贯彻落实习近平总书记关于安全生产的重要论述和指示批示精神，全面落实安全生产部门领导责任、行业监管责任和企业主体责任，先后签订安全生产目标责任制76份、安全生产承诺书136份；认真组织开展文旅行业安全生产大检查、打好文旅行业专项整治三年行动攻坚战，采取自查自改与督查巡

2021年6月17日，涟水县“中国曲艺之乡”授牌仪式举行 （县文旅局 供稿）

查相结合、全面排查与重点整治相结合、监督检查与严格执法相结合等形式，从严、从细、从实开展安全生产大检查、大排查、大整治，先后组建成立督查检查组368个、出动检查人员1656人次，对管辖的108个安全点位检查督导752家次，先后排查整改问题隐患21个、交办整改问题8个，对监管的466个消防栓、627只灭火器、15个特种设备、13本特岗证件、179块安全提示牌，44个救生圈、12个观光台等安全生产重点设施和关键部位，明确安全措施、责任落实到人；先后制定实施安全计划、岗位责任、检查制度、检查方案等31份、修改完善应急预案7篇，全年开展安全培训演练12次、培训演练466人次；举办五进宣讲活动3次、安全展览16次、安全专题演出42场、电子屏滚动展示安全标语216条、张贴安全宣传海报116张、发放旅客安全事项提醒等宣传资料1260多份，收到观后感56篇；开展安全生产联合执法检查12次（处罚1家），筑牢文旅安全生产工作防火墙，把安全隐患消除在萌芽状态。被县委、县政府授予2021年度全县安全生产工作先进集体称号，五岛湖旅游区、涟水县图书馆被县委、县政府评为2021年度全县落实安全生产主体责任先进集体，刘宁获2021年度全县安全生产工作先进个人称号。

（刘　宁）

【县领导慰问淮剧团】 2021年1月27日，县委书记时勇，县委常委、宣传部部长郎跃明，副县长马荣等县领导，在县文旅局领导的陪同下到县淮剧团，代表县委、县政府向坚守在工作岗位上全体演职员工，表示亲切的慰问和衷心的感谢。时勇等县领导对淮剧团2020年在剧目生产、进京展演、送戏下乡等方面取得的成绩表示祝贺，并勉励县淮剧团要牢记使命，再骄再躁、再接再厉，继续为宣传涟水、推介涟水再立新功、再作贡献。

【县淮剧团荣获多项表彰】 2021年，县淮剧团自觉践行“争当表率、争做示范、走在前列”的重要使命和责任担当，将全面小康、脱贫攻坚等现实题材作为文艺作品创作的主攻方向，先后打造大型现代淮剧《鸡村蛋事》《留守村长留守鹅》《村里来了花喜鹊》等“村官三部曲”，被誉为淮剧艺术的“涟水现象”，11月18日，涟水县淮剧团被人社部、文旅部联合表彰为2021年度全国文化和旅游系统先进集体。

（周洪明）

淮剧《村里来了花喜鹊》　　（县淮剧团　供稿）

文艺创作

【概况】 2021年，全县广大文艺工作者为庆祝中国共产党成立100周年，深入基层、深入生活，先后创作《礼赞中国共产党成立一百年》《好家风放飞中国梦》《我爱你母亲，我爱你中国》等音乐、舞蹈、美术、书画摄影、戏曲、曲艺主旋律文艺作品80多件，网上推送90多期；组织《守得林深听鸟鸣》《芡实采摘》《丰收的笑脸》等15幅书法美术摄影作品参加省《记录·辉煌——庆祝中国共产党成立100周年全省艺术摄影大赛》。杨加堂演唱的歌曲《国风》分获全省职工歌手大赛优秀奖、淮安市青年歌手大赛特等奖。

（左国香　周洪明）

【书画摄影创作】 2021年，涟水书画摄影工作者围绕庆祝中国共产党成立100周年，开展“翰墨丹青颂党恩”主题创作活动，用优秀的书画摄影作品喜迎党的百年华诞。先后组织并承办“红动涟水”百年党史图片展、“百年初心中国梦　盛世扬帆新征程”庆祝中国共产党成立100周年诗书画摄影作品展、江苏省庆祝中国共产党成立100周年“百年百场”优秀群众书法美术摄影作品淮安市巡展、涟水金湖书法联展、涟水县“职工书法奖”书法展等活动。查仿明创作的作品《武汉记忆·火神山之夜》入选中美协举办的百年辉煌·武汉记忆——庆祝中国共产党成立100周年全国美术作品展；吴慎民国画作品获“中国梦·劳动美”第七届全国职工书法美术作品展美术奖，第七届全国职工书画大赛江苏赛区（国画）一等奖；从正、查仿明、杨建球、刘保、张春等创作的书画作品入展中共淮安市委宣传部举办的“百年风华”庆祝中国共产党成立100周年书法美术摄影作品展；在省美协举办的第八届美术新人作品展中，王双华、魏生荣创作的以基层劳动者为题材的作品获提名奖，陈登平、许坚入展。严成刚创作的书法作品入展省书法家协会举办的首届篆隶书作品展。

（从　正　左国香）

【戏曲小品创作】 2021年，小淮戏《一只袖章》参加第三届“华东六省一市现代地方小戏大赛”，在26个剧种、32个优秀现代地方小戏作品竞赛中荣获大赛金奖榜首；相声《家有贤妻》参加第五届江苏省曲艺、喜剧小品邀请赛获优秀节目奖；曲艺《圆梦》参加“永远跟党走”——庆祝中国共产党成立100周年暨中国大运河曲艺文化联盟成立专题晚会,小品《彩礼风波》参加淮安市2021年群文新作调演,获优秀节目奖,县文化馆获组织奖。情景剧《有事您说话》《河网记忆》《灯》,小品《出礼》《安全员》《你真俊》《养犬风波》等曲艺精品在线上直播,受到观众们的好评。

(左国香 周洪明)

【音乐舞蹈创作】 2021年,全县文艺工作者深入生活、扎根基层、服务群众,坚持文艺创新,强化精品创作,先后创作歌曲《我爱你母亲,我爱你中国》《我是长江一滴水》,音乐快板《礼赞中国共产党成立一百年》被县委宣传部中国共产党成立100周年优秀文艺作品征集活动录用。快板说唱《消防宣传进万家》在"学习强国"发布。创编舞蹈《盛开》参加"向海而歌·逐梦未来"响水县第十七届文化艺术周开幕式暨"灌河情"第十三届"四市五县"文化联谊活动;创作的少儿群舞《新安少年》参加"两在两同"建新功——淮安市2021年群文新作调演,获最佳创作奖。 (左国香)

【创排大型现代淮剧《哎呀 我的憨哥哥》】 2021年,县淮剧团为庆祝中国共产党成立百年专题创排大型现代淮剧《哎呀 我的憨哥哥》,描写2020年疫情期间,苏北螺螺村一个普通党员王补丁,响应党中央号召,服从组织安排,担任村疫情防控工作领导小组副组长,向广大村民宣传疫情防控知识,带领村民共同抗击疫情的故事。展示一名农村普通党员在突发灾难到来时能挺身而出、勇于担当的优秀品质,歌颂共产党员永远是老百姓心目中的中流砥柱形象。该剧获批2021年度江苏省艺术基金舞台艺术资助项目和淮安市双名工程资助项目,同时获批中共淮安市委宣传部2021年重点签约作品。5月29日在涟水大剧院举行首演并邀请领导专家观摩审查,中共江苏省委宣传部副部长葛莱、江苏省文旅厅二级巡视员官天涛、中共淮安市委宣传部副部长曾业桃、县委书记时勇、宣传部部长郎跃明等领导及相关专家,在观看演出后对该剧进行研讨,省市县领导和专家在充分肯定的同时,也分别提出修改意见。县淮剧团根据领导、专家意见反复修改,及时对剧本进行完善整理,并加班加点、精心彩排、加工打磨,9月22日在盱眙参加2021年江苏省紫金文化艺术节展演活动暨2021年度江苏省艺术基金舞台艺术资助项目首演,反响强烈,领导专家以及现场观众给予高度评价。该剧荣获2021年江苏省紫金文化艺术节优秀剧目奖,翟永军荣获优秀表演奖。 (周洪明)

公共文化

【概况】 2021年,县文旅局围绕元旦、春节、中秋、国庆等传统节日,先后举办"我们的中国梦"迎新春文化惠民演出、"迎百年党庆·颂盛世华章"基层巡演、"奋斗百年路 启航新征程"涟水县庆祝中国共产党成立100周年红歌展演、综艺演出等系列文化活动;组织文化志愿服务者下乡村、进企业、到校园开展群众文化活动,丰富全县百万人民精神文化生活。全年完成送戏下乡120场次,开展传统文化惠民活动1500场、举办公益文化活动3761场次。

(杨加堂 左国香)

【群众文化活动】 2021年,县文旅局以"结对子·种文化"为抓手,积极开展"我的中国梦·文化进万家""奋斗百年路 启航新征程"主题文化活动;利用"幸福淮安""阿累读书节""结对子 种文化"等文化品牌组织开展多场群众文化活动;县文化馆针对未成年人开展"第二课堂",全年为空巢老人、留守儿童、残碍人士开展公益培训、讲座、辅导、演出等服务100余场,引导和带动基层群众文化活动蓬勃开展,丰富广大群众的文化生活;组织文化志愿者和文艺团队进社区、进基层开展送文化下乡活动;组织非遗传承人、戏曲艺术家开展非遗进校园、戏曲进校园活动。 (左国香)

【文化惠民活动】 2021年,县文旅局组织文艺小分队,深入社区、走进乡村开展"迎百年党庆·颂盛世华章"党史学习教育专题演出。县图书馆、博物馆、文化馆等"三馆一站",围绕"月月有主题,周周有活动",开展"涟图故事会""恰是青年风华""阿累读书节""唱响涟水"等主题文化活动;县博物馆开展"重温烽火岁月 踏寻红色印记""我在涟博修文物"等主题宣教活动;县淮剧团、县书画院、红日电影放映管理有限公司组织开展送戏、送展览、送电影下乡等文化惠民活动,丰富城乡业余文化生活,满足人民群众精神文化需求;应急广播充分发挥空中宣传优势,先后编制音频广播10多条,适时播出气象信息、疫情防控、秸秆禁烧、病虫害防治等音频2000余次;持续实施文化惠民项目,全年有8446家农村低保户实现"免费看电视"的愿望。 (杨倩倩 陈怀远)

【农村电影放映】 2021年,涟水县红日电影放映管理有限公司(江苏省新希望数字电影院线涟水服务站)围绕"每村每月放映一场电影"工作目标,实施"六进"工程,结合涟水农时、气候、天气等实际情况,科学调整月度放映计划,做好农村电影节目订购、设备维护、业务培训等服务,认真组织开展农村电影放映工作。全县20支农村电影放映队在319个乡村固定放映点巡回放映,紧扣中国共产党成立百年主题,讴歌党的光辉历程和丰功伟绩,营造良好的农村电影文化生态。全年放映电影3828场,观众68.1万人次。 (胡月华)

【举办美术作品系列展览】 2021年,县文化馆、书画院围绕庆祝中国共产党成立百年主题,先后举办"冲刺百强县"——迎新年美术作品展暨第二届美术双年展、"百花朝阳——涟水县首届花鸟画作品展""寅虎迎春"小幅水彩画作品展等;发挥自媒体优势举办"永远跟党走"涟水县西画作品、"山水有情"山水画作品等微展,形式多样,种类丰富,为党的百年华诞献礼。其中,第二届美术双年展共征集作品98幅,涵盖国画、油画、水粉、水彩、综合材料等多画种,作品主要表现抗疫、基层劳动者、全面阅读等主题,经专家评选,最后有38名画家的65幅作品入展。

【书画"三进"活动】 2021年,县书画院利用移动美术馆以送展览的形式,把

"盛世花开"——涟水县首届花鸟画作品展送到县外国语学校、南门小学、实验小学等学校,让孩子们接受艺术的熏陶,活动受到学校师生的欢迎。在春节到来之前,县书画院组织部分书画家深入企业园区、车站码头、乡镇社区开展写春联送祝福活动;2月4日,组织书画家走进军民社区举办"情暖万家"活动;2月9日到县开发区开展"爱心暖企过大年"送福送春联活动;适时组织书画家到学校、企业开展书画普及和交流,举办文化助残等活动。利用专业平台,发挥专业优势,先后邀请中美协会员、淮安市油画学会会长、淮阴师范学院美术学院原副院长孙宝林到涟水抗日第一枪鲁渡采风;邀请中美协会员、淮安市美协副主席陈生书、花鸟画家黄伟等到涟水举办最美五岛湖写生交流等活动,对县中青年书画家开展创作辅导,不断提高青年书画家的创作能力和绘画技巧。（从　正）

【举办文化艺术专业培训】 2021年,为培养基层文艺人才,县文化馆利用暑期举办夏季群众艺术免费培训班,开办少儿硬笔书法、青少年国画、少儿中国舞、青年爵士舞、成人民族舞、成人秧歌、成人声乐7个班,累计培训学员达1000余人次;县文化馆组织开展涟水县广场舞公益培训进乡村、进社区活动,组织文艺工作者先后走进涟城、高沟、成集、大东、梁岔、红窑等镇(街道)开展舞蹈培训,策应广大广场舞爱好者需求,发掘和培养更多基层文艺人才。（左国香）

【图书馆展览读书活动】 2021年,县图书馆协助举办第六届"阿累读书节",打造"行走的图书馆""文化志愿者送书公益行"等品牌活动;配合全市馆藏珍贵书目编辑工作,整理编辑汇总现有《四库全书》、李连庆图书馆、阿累读书室等馆藏书目,并积极面向社会征集地方文史、文献资料,同时接受社会各界捐赠,进一步充实馆藏阅读珍贵书目。常态化举办安东讲坛、涟图讲座、涟图主题展览、亲子时光·涟图故事绘、我是"爱阅少年"、涟图国学课堂等活动,全年举办各类讲座、培训、展览、亲子互动阅读等活动181场次。其中安东讲坛——周永隆"老北京人讲京城"、周秉建"感受伯父周恩来的人格风范"、大型阅读推广活动国家图书馆绘本音乐之旅、"书香六一 快乐起航"、"学史忆峥嵘 书香庆百年"、家庭教育类主题讲座、与作家对话系列讲座、《芥子园画谱》展、移动美术馆——"墨醉运都"庄辉书法作品巡回展等活动深受读者喜爱。

【红领巾读书征文活动】 2021年,县文旅局开展"我心向党庆百年"红领巾读书主题征文活动,向全县中小学广泛征集,共收到征文300余篇,筛选出20篇优秀作文上报省文旅厅和市文旅局参加评比。获得省二等奖1个、三等奖3个,市一等奖1个、二等奖1个、三等奖3个的好成绩。县外国语学校段简兮同学《听党话 跟党走 传承基因"红"动未来》参加市文旅局、市文明办、市教育局组织的演讲比赛,获三等奖;县图书馆获组织奖。（杨倩倩　朱　娟）

2021年9月20日,县图书馆开展"行走的图书馆——走进百悦广场"活动

（县图书馆　供稿）

【民间文化团队培育扶持】 2021年,县文旅局贯彻落实省"千支优秀群众文化团队培育计划",加强对民间文艺团队的培育和扶持,积极争取县委县政府的支持,加强与涟城街道的沟通协调,解决资金56万元,帮助百姓大舞台建立电子大屏,添置灯光音响,对其基础设施进行改造。涟水圆梦普法工作室、涟水一品梅健身俱乐部成功入选江苏省优秀文化团队。10月27日、11月17日,江苏文化志愿服务队专家志愿者团队来到涟水,对两支入选团队分别开展2轮现场辅导,鼓励团队在带动社会力量服务基层、繁荣群众文化中当主角,在丰富精神文化生活、提供优质公共文化服务中挑重担。（杨加堂　张书亮）

文化市场管理

【概况】 2021年,县文化市场综合执法大队认真抓好全县文旅市场行业管理、安全生产、疫情防控、文明创建等重点工作,努力当好"宣传员 守门员 监督员 安全员",全力以赴规范全县文化旅游市场经营秩序,提升文明服务水平。

【文化市场法律法规宣传】 2021年,县文化市场综合执法大队利用会议、集中培训、张贴标语等多种形式,加大行业管理、安全生产、文明创建等工作宣传力度。3月15日,在吾悦广场参加消费者权益保护者日法律法规宣传活动,散发宣传资料500余份,提高社会各界对文化市场的关注度;7月10日,组织行业经营业主开展文化市场法律法规专题培训,提高经营业主法治意识;及时将上级工作要求在业主工作群发布,在网吧、影院、歌舞厅等文化娱乐场所张

贴宣传标语，努力营造遵规守法、文明经营的社会氛围。

【文化娱乐场所消防安全专项整治】 2021年，县文化市场综合执法大队结合行业安全工作特点，制定全县文化市场安全生产整治工作实施方案，先后组织开展文化市场春季安全生产大检查和夏季消防安全大检查，举办全县文化旅游市场疫情防控、法律法规暨安全生产工作培训。将安全生产作为日常执法检查的必查内容，逐一检查各文化娱乐场所的消防栓、灭火器、安全通道等运行情况，发现问题立即整改，实现全年文化市场安全无事故。 （王惠娟）

【卫星电视地面接收设备市场专项整治】 2021年，县文旅局按照“谁主管，谁负责”和属地管理原则，细化工作责任，分解工作任务，开展集中整治行动，严厉打击非法卫星电视地面接收设施的使用行为。加大宣传力度，先后出动宣传人员20余人次，向星级宾馆、经营业主、群众发放宣传单100余份。并发挥职能作用，加大执法力度，对星级宾馆（酒店）、娱乐文化等场所等20余家开展拉网式执法检查，未发现非法使用卫星电视地面接收设备等行为。 （陈怀远）

【“不合理低价游”专项整治】 2021年4月中旬，县文旅局贯彻落实行业整治要求，组织开展全县“不合理低价游”专项整治行动。召开县内19家旅行社（分社、营业部）负责人“低价游”专项整治工作会议，要求各旅行社守好底线，诚信经营，合法经营，严禁组织开展“低价游”等未经许可经营旅行社业务，与各旅行社签订《涟水县旅行社诚信经营承诺书》；在全国旅游日、安全生产宣传月等街头集中宣传中，向咨询群众散发“低价游危害和选择出行旅行社”宣传资料980份，现场接受群众咨询350人次；同时开展专项执法检查，先后出动执法人员126人次，检查旅行社、营业部57家次，未发现有“不合理低价游”现象，全年未接到游客此类投诉。

【依法规范开展行政审批】 2021年，县文旅局以便捷服务群众、提供高效优质服务为目标，按照合法、合理、准确、必要的原则和“清单之外无权力”要求，对行政权力事项进行全面清理，梳理形成文广旅游局行政职权事项，共六类483项。其中，行政许可28项、行政处罚425项、行政强制4项、行政奖励5项、行政确认8项、其他行政权力事项13项，并在审批窗口和政府门户网站公布。全年共办理行政审批事项69件，均无超时办结和违规许可，所有行政审批事项信息和行政审批事项调整信息对群众实行一次性告知，全年行政审批零投诉。 （颜大文）

文化遗产保护

【概况】 2021年，全县公共文化遗产有不可移动文物点183个、各级文物保护单位32个（其中国家级文物保护点1个——月塔、省级2个——嵇安墓和高沟酒老窖池群、市县级29个）；非物质文化遗产保护项目86个（其中省级非遗项目5个，市级14个，县级非遗项目67个），各级非遗项目代表性传承人180人（其中省级传承人4人，市级非遗项目传承人39人，县级非遗传承人142人）。全县文化遗产保护工作贯彻“保护为主、抢救第一、合理利用、加强管理、传承发展”的方针，统筹规划、分类指导、抢抓机遇，实干担当，稳步推进；提请县政府出台《全面推进考古前置工作的实施意见》，自2022年1月1日起，开始实施；对华东师范大学涟水实验学校等4个重大项目，进行地表文物排查；国保单位月塔安全技术防范工程方案已获省文物局评审通过，其本体修缮保护计划书已呈报国家文物局审批；涟水抗日同盟会旧址西厢房修缮保护方案通过市文物局审核，并报省文物局备案；将全县14处市级文物保护单位信息纳入市文物安全实验区软件监管平台。县博物馆汪大鹏获评全市内保工作先进个人。 （张书亮）

【文物保护】 2021年，县文旅局对全县革命不可移动文物进行巡查，并会同县自然资源和规划局，完成对全县183处不可移动文物巡查并绘制地形图。对15处县级文保单位完成制作保护碑牌，提请县政府出台《涟水县考古前置工作实施意见》。抓住入选全国首批革命文物保护利用片区契机，认真做好革命文物资源调查研究，分类制定保护利用计划，遴选革命纪念文物参加“百年征程初心永恒——中国共产党在江苏历史展”，并受到省委宣传部、省委党史工作办公室联合表彰。加快实施省级文物专项补助资金项目，有序推进馆藏金属文物、革命纪念纸质文物修复保护，顺利通过省文物局结项验收，获批省级文物安全综合管理实验区项目专项保护经费75万元。加大革命纪念旧址——涟水抗日同盟会旧址险情排查力度，邀请资质单位编制抢救性修缮保护方案和外围环境整治方案，呈送省文物局审核。

【文化遗产活动】 2021年，县博物馆策展举办“恰是百年风华——庆祝中国共产党成立100周年”专题展，依托革命文物资源，充分展示近百年来中国共产党带领涟水人民革命、建设、改革的发展历史。全力服务党史学习教育，累计接待全县党政机关单位及周边市县区各单位参观60余批次，累计接待各级领导、观众49.12万余人次。

【考古调查勘探发掘】 2021年7月，前小街遗址考古发掘、淮安涟水机场改扩建工程文物资源评估调查工作通过省文物局专家组结项验收。

【文博品牌宣传教育】 2021年，县博物馆通过专题展览、讲座培训、举办活动等形式开展主题品牌宣传教育活动，做好“5·18”博物馆日和文化遗产日宣传活动，多渠道开展“重温烽火岁月 踏寻红色印记”“我在涟博修文物”等各类主题宣教品牌活动，充分放大博物馆公益性文化教育机构的功能载体职能，加大研发制作地方特色文化创意宣传品工作力度。 （汪大鹏）

【非物质文化传承基地建设】 2021年，县文旅局对曲艺馆内部装潢进行优化，充实曲艺资料，更换升级灯光、雕刻等设备。投资8万余元，对县非遗馆外墙面和门窗进行刷新,对水车、桌凳、电脑等设施进行升级改造。积极推动非遗项目进校园,在军民小学、前进中心小学、幸福里小学、外国语小学设立非遗传承基地,定期开展非遗技艺培训,不断加强非遗阵地建设。实施“名师带徒”计划,组织非遗传承人定期走进军民、高沟、幸福里、外国语等中小学校,开展苏北琴书、面塑、烙铁画等非遗技艺培训140多场。（张书亮）

文化场馆

【涟水县博物馆】 位于县城常青大道北、涟洲桥南,是主城区标志性文化设施,定位为地方综合性历史博物馆。博物馆按三级博物馆标准建设,整体地面两层,占地面积2580平方米,展陈面积3241平方米,其中一楼为常设展厅,分类展陈涟水历史文化,序厅以下分为五个展区,分别为淮浦人初、楚韵汉风、煮盐春秋、烽火岁月和治水改土,此外,一楼中庭还设有博苏堂、VR(虚拟现实)互动体验、观众休息区等公共服务区域;二楼为“崇教尚文”“佛光塔影”两个专题展厅和临时展厅;通过展览系统展现涟水境域的历史脉络、文化遗存,重点推介涟水鲜明的人文特点、民俗风貌。2021年,共接待行政视察团队、各单位党建活动60余次,累计接待各级领导、观众49.12万余人次。（汪大鹏）

【涟水县图书馆】 位于滨河新城机场路东北侧、郑梁梅大道西侧,总建筑面积16762平方米,占地面积1.5万余平方米,主体建筑地上4层,地下1层,建筑高度20.4米。馆藏纸质图书、电子图书共计40多万册,上架期刊、报纸共286种。一层以教育功能为主,重点服务在校学生,设有展厅、多功能厅、儿童活动室、启蒙阅览室、青少年借阅室、阿累书屋、视障人阅览室、24小时自助图书馆、少儿培训室等。二层、三层以服务社会为主,重点服务大众成人读者,设有接待大厅、文化展示区、多媒体播放室、公共电子阅览室、数字体验中心、综合借阅区、报刊阅览区、科技资源文献区、党员干部学习研讨区等。四层以主题教育为主,重点服务特殊人群,设有曲艺馆、培训室、地方史志文献室(涟水方志馆)、古籍书库及阅览室、李连庆图书室、涟水人作品室、专家研究室、名人工作室及行政用房等。负一层为机动车停车及设备用房(地下室面积3448.18平方米)。有馆藏纸质图书25万余册,电子图书20余万册,于2020年9月29日建成,正式对外开放。2021年,共举办各类展览、培训、讲座等活动181场次,办理读者证1.73万张,接待进馆读者50.53万人次,图书借阅38.62万册次,服务读者86.96万人次。（杨倩倩　朱　娟）

【涟水县非物质文化遗产馆】 位于五岛湖公园内,占地面积近500平方米,建筑面积1200平方米,展陈面积近500平方米,投资200万元。展馆突出“活态展示 传承发展”主题,分设安东味道、安东百俗、安东技艺、安东人家、博物堂、安东方言、安东书场等几个板块。突出“活态传承”——技艺演绎,引进当地剪纸、烙铁画、布艺等一批优秀非物质文化遗产代表性传承人以及民间手工艺人进行现场制作和展示、展演,对群众开展常态化现场技艺教学和观摩活动。2021年,共举办各类非遗展示展演活动140余场次,接待游客20.12万人次。（张书亮）

【涟水县文化馆】 创建于1929年,位于五岛湖旅游区内,建筑面积2880平方米,局部二层框架结构。一楼设有展览厅、剧场、舞蹈排练厅、书画培训厅、器乐室、声乐室、电子阅览室、阿累书屋、好人馆、儿童实境体验中心等;二楼有办公室、电子阅览室、女性社会组织服务中心等。2021年11月18日,县文化馆通过文化和旅游部第五次全国文化馆评估定级验收,获一级文化馆称号。县文化馆坚持“公益服务、免费开放、文化惠民、开门办馆”的宗旨,先后投入40余万元建设录音室,改建小剧场地面,提升完善全方位监控和无线网络覆盖功能,服务能力和水平进一步提升。全年参与接待和服务县内外会议、讲座、比赛等活动20余场次。常态化组织开展公益性培训、讲座、辅导、演出等服务,全年开展文艺活动156场、举办各种展览28场、开展公益性培训和讲座24场、举办其他活动18场,累计服务群众达56.2万人次,丰富了全县广大群众的文化生活。（左国香）

【毛广淞爨体艺术馆】 位于五岛湖公园内(原同乐堂),设展览厅和工作室,占地面积800平方米,是集书法作品创作、展示、交流等为一体的文化场所。毛广淞是涟水籍军旅书法家,潜心研习爨体书法,传承发扬传统文化。馆中主要展示的是其本人创作的书法作品以及其书法作品的艺术衍生品。2021年,共接待游客3500多人次。（从　正）

【涟水县园林绿化管理中心】 原为涟水县园林管理处,成立于1990年3月,原为隶属县住建局的正股级事业单位。主要职责为负责城市园林绿地系统规划、城市园林绿地建设、城市园林绿地管理与维护;承担五岛湖公园等景区的日常管理与旅游景区创建工作;对五岛湖公园绿地进行养护管理;负责五岛湖公园的古树名木、文物的保护管理工作;负责公园设施维护与管理。2016年4月,因五岛湖旅游区创建国家AAAA级景区需要,经县编办同意整建制划归原县旅游局管理。2019年机构改革文旅合并后整体转隶至涟水县文化广电和旅游局,10月经县编办同意更名为涟水县园林绿化管理中心。2021年,县园林绿化管理中心深入贯彻习近平新时代中国特色社会主义思想路线,紧紧围绕五岛湖旅游区AAAA复核这一工作总目标,统筹疫情防控,深入开展文明城市创建,扎实推进安全生产、党建等工作,圆满完成全年各项目标任务,2021年底,五岛湖旅游区顺利通过AAAA复核验收,游客中心班组被淮安市总工会授予淮安市工人先锋号称号,全年累计接待游客65.8万人次。（孙晓东　袁育州）

【涟水县文化活动中心】 成立于2007年6月,位于县城红日大道37号,建筑面积约1万平方米,拥有观众座位1356座,配备国内一流的升降舞台和乐池,

JBL音响设备，40台330光束灯、6台切割图案电脑灯、60台354LED灯及普通照明灯，高清LED大屏。主要负责承办县委、县人大、县政府、县政协、组纪宣重大会务和国庆、元旦、新年等全县重大庆典演出活动。2021年，先后承接县政协和人大召开的一年一次的“两会”，中国共产党涟水县第十二次代表大会、全县旅游发展暨省级全域旅游示范区创建动员大会、全县党建暨作风建设大会、庆祝“五一”国际劳动节大会、庆祝中国共产党成立100周年“七一”表彰大会、涟水文联第四次代表大会。成功承办中国共产党成立100周年“奋斗百年路 启航新征程”全县大合唱比赛、庆祝中国共产党成立100周年主题文艺晚会、党史学习教育庆祝中国共产党成立100周年专场音乐会、中国曲艺之乡授牌仪式暨“艺道馨声”曲艺名家专场演出、江苏省庆祝中国共产党成立100周年优秀舞台艺术作品展演柳琴戏《古城拉魂》及小型组台节目。积极配合淮剧团完成大型现代淮剧《哎呀 我的憨哥哥》首演，作为江苏紫金文化艺术节分会场，较好服务连云港市淮海剧团参评剧目儿童剧《寻找花果山》和淮安市文工团参评剧目舞剧《我的刘老庄》的演出工作，全年演出96场，人均服务达14万人次。 （戴 兵）

【涟水县曲艺展览馆】 位于县图书馆四楼，面积1230平方米，项目投资240万元，有曲协办公室、曲艺创作研讨室、曲艺之家、曲艺展示室、音视频观赏厅、曲艺培训厅等功能厅室，总体风格古典优雅、简约时尚，充分展示涟水曲艺的历史、特色、现状、传承、发展、展望，是集曲艺展示、曲艺研究、曲艺活动的综合馆。展览展示区主要包含前言、曲艺建设巡礼、曲艺历史沿革、曲艺雕塑、涟水曲艺曲种、淮海琴书详情、淮海锣鼓详情、涟湘详情、麒麟唱详情、清涟小调详情、其他曲种介绍、曲艺人才、曲艺团队、曲艺场馆、曲艺活动、曲艺交流等介绍展览板块，全息投影展示板块，视频欣赏板块，道具服装展示板块，古籍剧本展示板块，曲艺互动板块，场景沙盘板块。2021年，该馆接待参观约12万人次。 （张书亮）

图书发行

【概况】 江苏凤凰新华书店集团有限公司涟水分公司（简称“凤凰新华涟水分公司”）位于县城中山路12号，有1个县城中心门店（中山路门店），10个农村网点。2021年，购买县城红日大道46－13号的营业场所，共3100余平方米，作为新的中心门店运营，已进入装修设计阶段，预计投入5000万元。已连续43年做到“课前到书、人手一册”。年内，实现营业收入7547.4万元，占任务指标6300万元的119.87%；实现利润672.56万元，占任务指标560万元的120.1%。为全县300多家农家书屋配送图书，合计码洋60.2万元，平均每个行政村120册。全年共发行各类主题出版物、主旋律出版物、优秀大众出版物3.5万册，其中《习近平用典》《红船精神》等优秀读物发行约3500册，《祖国之恋——中国共产党历史小学生读本》《小康大美——小学版》《小康大美——中学版》全县小语阅读等近4万册。

【重要出版物发行】 2021年，凤凰新华涟水分公司积极做好党史学习教育指定学习用书及重要出版物等政治读物发行工作，专门制定销售方案，在门市设专架，公司全体员工实行分区划块，人人下达任务，确保发行区域全覆盖。《论中国共产党历史》《毛泽东 邓小平 江泽民 胡锦涛关于中国共产党历史论述摘编》《习近平新时代中国特色社会主义思想学习问答》《中国共产党简史》四本党史学习教育发行4.46万套，做到涟水县党员全覆盖；《中华人民共和国简史》《改革开放简史》《社会主义发展简史》《中共江苏地方简史》四简史合计发行4200余册，其中《中共江苏地方简史》占1200册，为全县党员干部学史明理、学史增信、学史崇德、学史力行提供学习支持。

【教材教辅及本簿发行】 2021年，凤凰新华涟水分公司共发行教材教辅714.6余万册。其中：免费教科书中小学共328种，共3479369册，享受的学生217973人；教辅发行107.3万多册；高中教材发行40余万册，高中教辅发行23余万册；发行幼儿教材2余万册。发行本簿252万余册，其中享受的学生139388人，中学78585人。

【主题朗读者活动】 2021年，凤凰新华涟水分公司凤凰悦读空间每月至少开展一次主题阅读活动。其中“书香迎新春朗诵”读书活动，共有13名小读者参加；与凤凰姐姐共读一本书——《鳄鱼爱上长颈鹿》，共有10名小读者参加；三八女神节“不惧时光 活出漂亮”阅读分享会，共有8名女性读者参加。“4·23”世界读书日“阅读，让生命更丰润”读书活动、“奋斗百年路 启航新征程”、“五一赞歌：致敬不凡 致敬平凡”、“童心向党 百年辉煌系列读书分享会：让历史的火炬，照亮未来”、“纪念七七事变红色经典图书分享会：勿忘国耻 爱国读书”活动、“情满中秋 诵读古诗”、“来自56个民族的家国故事”系列读书分享会、“我的梦 中国梦”国庆主题朗诵活动、胡学文《有生》读者见面会、纪念国家公祭日红色经典绘本分享会等20余项阅读活动受到读者的踊跃参与。“五一赞歌：致敬不凡 致敬平凡”读书活动、“纪念七七事变红色经典图书分享会：勿忘国耻 爱国读书”活动、“我的梦 中国梦”国庆主题朗诵活动等受到县电视台及微信公众号“醉美五岛湖”专题报道。

【全民阅读活动】 2021年，由县委宣传部牵头，凤凰新华涟水分公司联合县图书馆共同建设“淮安书房”涟水中央城店，于11月30日正式揭牌启用。“淮安书房”涟水中央城店位于县城中心，主体结构为上下两层，总建筑面积308平方米，藏书万余册，馆内环境整洁优雅、安静舒适，可同时容纳近百人阅读。该书房分24小时图书借阅区和图书售卖和活动展示区，集中图书销售、特殊人群阅读专区、咖啡茶饮、文创产品等多元化业态，为公共阅读设施赋予更丰富的内涵，构建书香涟水的文化地标。2021年凤凰新华涟水分公司开展“学百年党史 读红色经典 忆峥嵘岁月 建书香安东”——2021红色经典出版物展销暨“中国涟水·第六届阿累读书节”、“读经典 学四史”百场阅读推广活动及会演、“同心诵党恩 共筑中国梦”七一朗诵活动、“勿忘国耻 爱国读书”纪念“七七事变”红色经典图书分享会、“理论读物进校园”全民阅读主题推广系列活动、书香迎新春朗诵活动、“阅读·让生命更丰润”、第十一届江苏书展涟水分展场等近20项全民阅读主题活动;邀请作家胡学文携长篇小说《有生》到涟水与读者开展阅读分享活动。积极主动承办、参加各类项目活动。组织并参与由省委宣传部、江苏书展执委会、省教育厅、省新闻出版局等主办的“2021我心向党全省中小学生朗读大赛”活动,共组织全县17个镇(街道、园区)60余所中小学近300多名师生共同参与视频录制、选拔,对培育全县中小学学生“多读书 爱读书 读好书”的良好习惯,推进全民阅读起到良好作用。现代快报、ZAKER南京、凤凰大语文及凤凰出版集团主办“夏天的语文”中小学生优秀作品征集活动;全省“扫黄打非”办公室与新华书店联合开展“护苗2021”专项行动——绿书签优惠购书活动;凤凰新华集团发起“致敬优秀共产党员”图书惠购活动;凤凰新华集团与江苏省全民阅读基金会合作开展“江苏万名青少年助读计划”;集团公司统一部署开展“唱支山歌给党听——童唱未来·喜迎国庆”江苏万名学生传唱革命歌曲相关活动;与县图书馆联合开展“你选书 我买单”活动,这些活动均成功举办。

【社会公益活动】 2021年,凤凰新华涟水分公司始终牢记国有企业政治责任,积极参加社会公益活动。在淮安市“全民阅读·春风行动”暨“携手共读·阅读关爱”公益项目中,捐赠3万元;援建城南社区党建学习园地1个,并为其捐赠政治读物近200册;援建经济开发区派出所图书阅览室1个,并为其捐赠书架两排;出资对片区内3幢居民楼楼道都进行重新粉刷,对片区内小区楼道小广告清理、垃圾清扫、制作文明城市广告宣传牌和公益广告牌,共计3万余元。坚持扶真贫、真扶贫原则,积极参与脱贫攻坚,加强做好陈师街道蒋庵村结对帮扶工作。利用中秋、春节等重大节日,组织结对帮扶责任人走村入户开展走访慰问低收入农户活动,将慰问品送到163户低收入农户手中,价值3.3万元。 (任丹丹)

2021年4月23日,2021红色经典出版物展销暨“中国涟水·第六届阿累读书节”全媒启动仪式举行 (凤凰新华涟水分公司 供稿)

大众传媒

【概况】 涟水县融媒体中心为县委直属正科级事业单位,由原涟水县广播电视台和原涟水县新闻中心合并组成。2019年6月30日挂牌成立,于8月26日正式组建完成。2021年,涟水县融媒体中心在党史学习教育、庆祝中国共产党成立100周年、文明城市创建、省级全域旅游示范区创建、省级安全发展示范城市创建、项目攻坚、乡村振兴等方面圆满、出色地完成县委县政府布置的各项任务。4月,取得融媒建省级验收合格报告,电视外宣实现“六连冠”“学习强国”用稿实现“三连冠”。是月,中宣部新闻局到江苏调研融媒体中心建设,作为全省5家之一、全市唯一代表,涟水县融媒体中心到场汇报,获中宣部新闻局肯定。9月,江苏省委宣传部公布全省18个县级融媒体中心建设优秀案例,涟水县融媒体中心的《从“形融”向“心融”嬗变 催生“1+1>2”叠加效应》案例成功入选,全市唯一。

【新闻宣传】 2021年,县融媒体中心围绕庆祝中国共产党成立百年、党史学习教育、冲刺百强县、项目攻坚、文明创建等中心工作,开设专栏专题20余个,扎实开展“苏北小延安杯”现场短新闻、短视频大赛,为全县“苦干新五年 冲刺百强县”提供舆论支持。围绕庆祝中国共产党成立100周年这条主线策划宣传报道,以“奋斗百年路 启航新征程”为统揽,开设《学党史 悟思想 办实事 开新局》《同心奔小康》《为民办实事》《涟水红色记忆寻访行动》等子栏目,结合党史学习教育宣传,报纸、广播、电视、新媒体等宣传平台报道各类中国共产党成立百年新闻报道280余条。“醉美五岛湖”微信公众号、“涟天下”App开设《党史天天学》专栏,充分挖掘涟水的红色资源,推出的“涟水红色记忆寻访行动”10集短视频聚焦“苏北小延安”、抗日大饭店、涟水抗日同盟会旧址、五港交通站等10个红色地标,10个“涟水红色故事会”短视频通过“老革命”回忆当年烽火岁月战斗的经历,激发全县干群爱党爱国之情。抓好对外宣传,将优秀稿件向“学习强国”、新华网、荔枝新闻、我苏网等平台推介,不断扩大主流价值影响力版图,把党的声音传得更开、传得更广、传得更深入。借助“人民号”“百家号”“头条号”等平台宣传推介涟水,加快构建网上网下一体、内宣外宣联动的主流舆论格局。年内,《江苏涟水:打造“红日”党史学习新线路》等241篇稿件在“学习强国”平台刊播;《追寻红色足迹 汲取精神力量》《江苏涟水:推广反季节芦笋种植 助力农民增收》等8篇电视新闻在中央电视台播出，宣传全县党史学习教育、特色产业助力乡村振兴等亮点工作；省电视台播出71条，其中《增设施优服务填补“数字鸿沟” 智慧助老让老人共享智能生活》《学史力行化解“急难愁盼”》等稿件在《江苏新时空》栏目播出；市电视台播出258条，其中播出《特色产业描绘“锦绣李庄”小康画卷》等头条19个，为全县高质量跨越发展营造良好舆论氛围。

【广播电视】 2021年，县融媒体中心牢牢把握意识形态总要求和上级工作要求，定期播出《涟水新闻》，努力打造品牌节目《八点读书》《896生活风向标》《健康896》等节目，受到广大听众好评。完成创收任务近44万元。稿件创优获省三等奖1篇，市一等奖1篇，二等奖2篇，三等奖2篇。《八点读书》栏目获省全民阅读十佳平台。积极参与县应急广播建设，提供平台内容服务，应急广播尤其在疫情期间发挥积极作用。

【涟水日报】 2021年，《涟水日报》出刊253期，紧紧围绕县委、县政府中心工作和阶段性重点工作，开辟《创文明城 做文明人》《回眸“十三五”喜看新变化》《苦干新五年冲刺百强县》《安全生产专项整治在行动》《改善人居环境 建设美丽乡村》《奋斗百年路 启航新征程》等栏目，对于推动全县面上的工作发挥重要作用，也在全省同行内产生较好影响。报纸继续注重抓好稿件质量，多出精品力作。不断强化编委力量，每天召开编前会，加强策划编排，同时继续开展好“啄木鸟”行动，请读者挑错纠错，报纸质量持续提高。年内，全省市县报中心新闻评比中，中心有近20篇多类作品获奖。

【网络新媒体】 2021年，县融媒体中心精心打造“涟天下”App客户端，2020年7月正式运行，当月注册用户5万户，截至2021年底，注册用户近37.68万人，位列全市县区之首。“醉美五岛湖”微信公众号粉丝量突破39万，视频号共发布作品391个，涟水声音发布政务权威信息360条，推出抖音作品559个，抖音号、视频号、微博等一体融通的信息发布平台高效运行。全年播放量10万+的抖音作品共计100条，时长仅6秒的抖音短视频《涟水轮椅跑团参加淮安西游马拉松》刚推出就刷屏，一天时间播放量突破30万，爆款产品《省内低风险地区返淮人员持健康通行码即可》播放量225万次。

【媒体融合创新】 2021年，县融媒体中心按照“一次采集、多元生成、多端发布”要求，创新内容生产机制，优化策采编发流程，融媒建设顺利通过省级验收，前后有灌南、洪泽、东海等10余家融媒体中心前来取经交流，5月，成功拿到互联网新闻信息服务许可证。坚持新闻策划统揽一切，组织召开编前会对重大新闻、重大活动等进行策划，发挥主流媒体作用，把握主题报道重点，以新闻破题、宣传开道，探索指尖上的“媒体+政务+服务”全面融合之路，发挥媒体职能，拓展政务功能，提升服务效能，加快推动媒体深度融合发展。强化互联网思维，遵循新闻规律和互联网传播规律，进一步拓展宣传平台，放大传播效果，利用微博、微信、抖音、视频号等多种方式，宣传推介主题报道。形成电视、广播、报纸、杂志、微信、微博、App、新闻网及抖音、视频号等组成的融媒矩阵，各平台同频共振、立体联动，全方位传播。与县委网信办建立重大主题网上宣传发布联动机制，发挥“县—镇—村”三级网络作用，充分利用“朋友圈”传播广、辐射快的裂变效应，每天将社会正能量第一时间传播到每一个社会单元，以小“圈”带动大“圈”，形成辐射全域、影响全民的强大网络正面舆论场，实现二次传播，放大立体式传播，主力军作用日益凸显。《因缘而来 忘返留涟》的视频号播放量27万次。

【融媒体中心工程建设】 2021年，县融媒体中心新大楼和新发射塔建设，是中心成立以来最大的基建工程，新发射塔建设已通过五方主体验收。近1.1万平方米的滨河新城融媒体中心新大楼在县统一推动下进展顺利，完成普通装修，完成工艺用房、声学装修、广播电视设备方案深化设计工作，做好新建广播电视发射台节传、机房播出智能化以及智能化电源系统等招标准备工作。

滨河新城融媒体中心新大楼　　（县融媒体中心　供稿）

（高　莹）

地　方　志

【概况】 2021年，县地方志办认真贯彻落实省市地方志工作要求，围绕中心、服务大局，聚焦主职主业，积极作为，各项工作取得较好成绩。以重抓编纂质量、提高印刷质量、尽早公开发行为目标，不断在框架栏目、条目内容与随文图片编排等方面不断创新，12月，《涟水年鉴（2021）》出版发行，出版进度位居全市前列。认真编印《涟水大事记》《涟水县情》等地情书籍，综合展现涟水经济社会发展成就及广大干群精神风貌。县地方志办获全省方志文化宣传先进集体,方志科王梦真获评全省方志文化宣传工作先进个人。8月,《涟水年鉴(2020)》荣获全省年鉴质量评审三等奖。12月,《涟水年鉴(2020)》荣获第八届全国地方志优秀成果(年鉴类)三等年鉴,全市唯一。在2021年度全市县(区)地方志工作考评中以第一名的成绩荣获一等奖,连续7年蝉联一等奖。

【《涟水年鉴(2021)》出版发行】 2021年2月,县委办、县政府办下发《关于开展〈涟水年鉴(2021)〉组稿工作的通知》,《涟水年鉴(2021)》组稿工作正式启动。3月,组织编辑人员按照分工对各组稿单位报送的初稿,根据篇目进行汇总整合。同时,从《涟水大事记》、《涟水日报》、县政府网站、相关单位微信公众号等,收集整理有价值的条目线索,拓宽组稿渠道,提高组稿质效。9月,完成"一编三校"工作,报送出版社审核。12月,《涟水年鉴(2021)》出版发行。

【《高沟镇志》出版】 2021年,县地方志办为尽快完成《高沟镇志》出版任务,主动按照省志办编印全媒体志书的最新要求,进行文字删减与图片、视频补充。5月,省志办二级巡视员许善军、市志办主任周平到高沟调研时,肯定镇志编纂工作,要求加快出版进度。县地方志办通过联系高沟籍省级摄影家协会会员庞桂玲、查找其他积存资料,收集到相关高沟图片100余张。7月,根据省志办安排在印刷厂排好初稿。至10月底,按照省志办要求进一步完善相关图片与视频。12月,高沟镇与凯德公司签订印刷合同,《高沟镇志》顺利出版。

【《涟水大事记》编印】 2021年,县地方志办继续编纂《涟水大事记》季刊,详细记述全县"苦干新五年,冲刺百强县"过程中发生的大事、要事,图文并茂,内容分为重要会议、重要活动、项目建设、民生动态、荣誉之窗、媒体聚焦六个版块。到年底,完成4期大事记出版发行工作。

【镇(街道)志编纂工作】 2021年,县地方志办利用省志办网络培训的契机,将省志办培训的课件与视频下发到各镇(街道),安排各镇(街道)组织编纂人员观看学习,提高其业务能力与水平。10月,主动与具备修志基础的涟城街道沟通,启动《涟城街道志》编修工作,成立由党工委书记、街道办主任任组长的街道志编纂领导小组,领导小组下设办公室。到年底,《涟城街道志》完成到2011年度的初稿,收集整理其他年度材料,按照市志办提供篇目结合街道实际修改篇目,力争用1—2年时间完成初稿。

【方志文化宣传】 2021年,县地方志办全方位、多角度宣传方志文化。完善"涟水掌上方志馆"资源,新收录《涟水年鉴(2020)》与2021年出版的四期《涟水大事记》。在党史学习教育活动中,"涟水掌上方志馆"被纳入县党史学习教育"红色资源库"版块。开展方志文化六进活动。走进机关、镇街、社区、企业、校园、军营、小区等赠送《涟水县志》《涟水年鉴》《涟水大事记》等志鉴、地情书籍。坚持走进基层、贴近群众,让方志文化成果走出馆藏、走下书架。联合县残联开展"文化助残"书刊捐赠活动,向红窑、北集两个残疾人就业基地捐赠志鉴、地情书籍100余本。加强与镇街、社区、基层组织的沟通联动,发挥地方志以史鉴今、资政育人的作用。制定信息宣传激励政策,鼓励所有职工在完成本职工作的同时,积极撰写信息并投稿。全年在各级媒体上刊发信息报道31篇,其中江苏地情网9篇,淮安地情网15篇,《淮安日报》1篇,《涟水日报》4篇,《涟水信息》1篇,《涟水党史学习教育简报》1篇。积极推动涟水方志馆建设。不断丰富方志馆馆藏,及时入馆新出版的《涟水年鉴(2020)》《涟水大事记》《涟水县情》等图书。2月,联合县图书馆开展"年俗文化展",在方志馆展出多部志鉴书籍,让读者在志鉴书籍中感受年俗的传承。12月,及时将省方志馆寄来的《江苏历代方志全书》入馆。　(王梦真)

档　　案

【概况】 2021年,县档案馆在县委、县政府的正确领导和省、市档案部门的关心指导下,深入贯彻执行《中华人民共和国档案法》,严格按照《中华人民共和国档案法实施办法》的要求办事,坚持以业务建设为主线,科学谋划,扎实工作,全面履行档案工作职能,不断提升档案工作水平。先后征集《我的父亲》《淮安志史》《话说淮安　全面小康》《百年追梦　中国共产党在淮安》等书籍资料。全年为县委、县政府、纪委、公安局提供文件材料200余份,为企业改制办理职工养老保险、退休、退伍军人落实待遇等工作提供翔实的原始依据,全年共接待查档2100余人次,利用档案3200余卷(件)次。

【档案接收】 2021年,县档案馆指导全县新冠疫情档案资料的收集整理和接收进馆工作,确保疫情资料的齐全完整和妥善保管。指导全县出生医学证明档案的整理归档工作,全县出生医学证明档案已经全部数字化并接收进馆。主动介入县里重大建设项目,全程跟进,确保档案完整。4月,召开全县档案工作会议,部署档案工作任务;6月,利用"6·9"档案宣传日开展宣传活动;10月,开展全县电子档案归档移交工作。县档案馆申请的2015—2020年档案数字化年度项目到2021年10月全部实施结束。

【数字档案馆建设】 县档案馆新馆位于滨河新城文化中心,占地面积9324.8平方米,总建筑面积10170.57平方米,其中库房面积4600平方米。根据《档案法》和《数字档案馆建设规程》(DB32T/1892—2011)、《江苏省档案馆关于开展市县级国家综合档案馆业务建设评价工作的通知》等相关规范、文件规定,从档案馆、进馆单位和基层利用单位的核心业务范围着手,基于政务网、局域网、互联网、核心库,构建以数字资源为基础、安全管理为保障、远程利用为目标,服务于不同角色用户的涟水县国家级数字档案馆,主要包括档案智能化系统建设、库房密集柜采购和展厅、名人馆建设等。该项目已完成方案设计,计划2022年建成并投入使用。

(沈　悦)

卫生·体育

HEALTH AND SPORTS

- 卫生综述
- 疾病控制
- 妇幼保健
- 基层卫生
- 健康促进
- 卫生监督
- 医政管理
- 医疗机构
- 职业安全健康监管
- 体　　育

编辑：周蓓蓓

卫生综述

【概况】 2021年,涟水县有各级各类卫生健康机构490个,其中三级医院1个、二级医院4个,疾病预防控制、卫生监督执法以及120急救机构各1个,民营医院9个,卫生院31个,村卫生室373个,各类诊所、医务室71个。全县核定病床3393张,实际开放床位4758张。全系统共有职工4374人,其中卫技人员3717人;有执业(助理)医师2135人,执业护士2669人;有高级职称553人,中级职称631人;有博士研究生学历5人,硕士研究生学历83人,本科生2027人;注册乡村医生906人,在岗在职814人,中专以上学历的576人,乡村执业助理医师433人。

【深化体制改革】 2021年,县卫生健康委持续深化医药卫生体制改革,不断推动县级公立医院综合改革,深入推进现代医院管理制度建设,2020年度综合医改工作全省总评分第一,并受到省政府督查激励通报。积极推进紧密型县域医共体试点,印发《涟水县进一步加强紧密型县域医共体建设工作实施方案》,组建县人民医院、县中医院、县第三人民医院牵头的三个紧密型县域医共体,创新"重塑组织架构 优化资源布局""改革管理机制 提高运行效率""深化三医联动 增强内生动力"等三大模块15项举措,实现医共体内人事、财务、药械、医保、行政、业务、信息、公卫"八统一"管理,形成管理共同体、责任共同体、服务共同体、利益共同体、发展共同体,促进医疗资源卫生资源共享,提升基层服务能力。积极向市级申请医保基金总额打包支付改革等政策支持,探索人、财、物、技术等深度融合。积极开展卫生健康信息化建设,通过完善全民健康信息平台功能,推进医共体内医疗机构信息共享,实现医共体内远程诊断。二级以上医疗机构均实现电子病历系统应用水平均达到三级,其中县人民医院达到五级,县中医院达到四级。加强信息安全建设,县人民医院和基层医疗机构信息系统均通信息安全等保护三级。

【"涟岐健康"工程】 2021年,县卫生健康委创新开展"涟岐健康"工程,充分发挥中医药在防病治病、预防保健等方面优势,提高群众利用中医药防治慢病的意识和能力,促进中医医疗、康复、保健、文化"四位一体"全面发展,更好满足群众中医药服务需求。10月30日,在县公共卫生中心学术报告厅举行"涟岐健康"工程启动仪式。

【乡贤名医工作室】 2021年,县卫生健康委针对群众医疗服务需求热点、难点和医疗服务薄弱环节,不断充实完善乡贤名医专家库,持续放大乡贤名医工作室效应,新建黄建峰、张海军等7个乡贤名医工作室,累计签约涟水籍名医20人,完成门急诊诊疗860余人次,住院诊疗820余人次,带教查房100余次,疑难病例、危重病例讨论300余次,手术示教100余例次。

【医学教育与科研】 2021年,县卫生健康委大力发展科研项目,深入开展临床重点专科建设与管理。县人民医院申报科研项目15项,其中,检验科和胸外科获得省卫健委指导课题2项;普外科和中医科获得市科技局面上课题2项、消化内科项目和实验室项目获得市科技局指导性课题2项;骨科、肿瘤科、消化内科获得市卫健委科研课题3项;门诊部、麻醉科、骨科、妇科、心内科获得县科技局面上课题6项。获得各类奖项15项,其中,江苏省新技术引进奖二等奖1项;淮海科技奖二等奖1项、三等奖2项;淮安市新技术引进奖一等奖3项、二等奖7项;徐州市发明协会科学技术奖三等奖1项。完成2020年市科技局抗疫课题结题工作1项;2020年县科技局课题结题工作4项。全年卫技人员共发表期刊论文127篇。其中SCI论文57篇、统计源核心期刊23篇、中华期刊1篇、普通期刊46篇。

【医院建设】 2021年,县卫生健康委积极推进项目建设,完成县中医院迁建工程并投入运营,有序推进涟城街道社区卫生服务中心改造。争取省卫生健康委资金65万元,维修改造13个薄弱村卫生室。以农房改造为契机,推进成集镇法华村卫生室、高沟镇盐店村卫生室、红窑镇红窑村卫生室、保滩街道张渡村卫生室、唐集镇月塔村卫生室等5家村卫生室提档升级。 (嵇伟杰)

疾病控制

【概况】 2021年,涟水县累计接种免疫规划疫苗13.81万人次,新生儿建卡率达100%,适龄儿童免疫规划疫苗接种率和接种及时率全部达到省市目标要求,上报疑似预防接种异常反应180例。全面落实传染病防控措施,贯彻落实艾滋病"四免一关怀"政策、结核病"三位一体"防治模式。落实严重精神障碍患者救治工作,全县严重精神障碍患者管理率达90.36%。建档高血压80960人、糖尿病23517人,35岁以上门诊病人测血压率达100%。超额完成食源性疾病病例监测任务。城市及农村饮水监测覆盖率100%。规范开展上消化道癌早诊早治工作。圆满完成饮水型氟中毒、碘缺乏病防治"十三五"和三年攻坚行动评估工作。

【传染病防控】 2021年,县卫生健康委、县疾控中心扎实开展重点传染病防控,如期完成肠道病、禽流感、麻疹等呼吸道传染病、手足口病、布病监测等工作任务。全年累计报告乙类传染病6种1011例,比上年同期累计上升9.42%。积极推进结核病分级诊疗综合防治服务模式,全年查出活动性肺结核病人231例,病原学阴性和单纯结核性胸膜炎病人落实强化期督导;对20所学校共计12810名新入学学生开展结核病筛查工作,阴性10804人,阳性2006人;其中一般阳性1305人,中等阳性533人,强阳性178人;未发现活动性肺结核病例。大力做好腹泻病防治工作,全年共登记报告腹泻病人4144例,检索1948例,检索率达46.28%,未发现阳性病人。规范设置狂犬病免疫门诊,积极做好狂犬病防制工作。落实重点疾病病原监测与预警,共计送检肠道、呼吸道及自然疫源性疾病标本2257份，检测阳性标本11份。

【卫生应急】 2021年，县卫生健康委、县疾控中心建立健全卫生应急组织体系，完善应急响应机制，提高突发公共卫生事件应急处置能力。健全完善应急预案，扎实开展应急处置队伍培训，先后培训人员686人次。积极开展组织卫生应急演练，先后开展综合演练5次，演练参与人员约542人，进一步提升卫生应急处置能力。积极开展卫生应急“六进”活动，参与活动共计11217人次，其中进社区680人次、进企业1856人次、进机关490人次、进学校6200人次、进农村1564人次、进家庭427人次。扎实开展传染病和突发事件风险评估，突发公共卫生事件报告率和处置率达100%。强化应急物资储备，配备防护服2万余件、医用口罩30万个、N95口罩1.8万个。

【慢性非传染病防制】 2021年，县卫生健康委、县疾控中心进一步强化慢性病综合防控机制，巩固省级慢性病综合防控示范区创建成果。扎实抓好死因网络核报、肿瘤登记随访及心脑血管事件报告工作，报告死亡个案6628例，报告死亡率6.02‰；报告恶性肿瘤发病2884例，死亡1805例；报告心脑血管事件4527例。认真抓好高血压、糖尿病等主要慢病登记、建档和随访管理工作。落实35岁以上门诊病人测血压制度，35岁以上门诊测血压率100%，以控制危险因素和慢性病规范化管理为目标，指导社区定期开展慢病危险因素干预和慢病综合防治工作，累计管理高血压患者8.05万人、糖尿病患者2.34万人。圆满完成慢性病防控核心信息知晓情况调查及癌症防治核心知识知晓率调查，规范开展上消化道癌早诊早治工作，健康因素调查1973人，食管镜检查650人，发现病例11例，检出率1.69%。100%完成肿瘤综合筛查项目任务，防癌风险评估问卷调查2665人，生物学检测2665人，查出疑似肺癌4例、肝癌1例、食管癌3例、食管癌前病变8例、结直肠癌前病变12例。

【精神卫生】 2021年，县卫生健康委、县疾控中心全面加强精神卫生工作，严格按照国家《国家基本公共卫生服务规范》要求，定期组织人员深入村级开展患者摸排与随访管理，并根据病人不同情况进行分类干预和分级管理，基本实现“应管尽管，应收尽收，应治尽治”。截至年底，全县在册患者3974人，在管患者3806人，报告患病率4.64‰、管理率90.97%、规范管理率90.97%、服药率89.53%、规律服药率87.80%、精神分裂症服药率87.84%、精神分裂症规律服药率87.28%、面访率86.99%。 （嵇伟杰）

妇幼保健

【概况】 2021年，县卫生健康委坚持以保障母婴安全为根本，以实施妇幼公共卫生服务项目为抓手，以省妇幼健康信息系统为载体，努力为广大妇女儿童提供更加公平可及、系统连续的医疗保健服务。全县共有医疗保健机构38家，其中设有产科的医疗保健机构10家；持“母婴保健技术考核合格证书”186人，其中产科医师97人，助产士89人，全部持证上岗。

【出生缺陷三级预防】 2021年，县卫生健康委深入宣传贯彻《江苏省出生缺陷防治办法》，全面落实出生缺陷三级预防措施。实施婚姻登记、婚前医学检查、孕前优生检查“一站式”服务，扩大产前筛查和新生儿疾病筛查范围，对年龄超过35岁选择无创DNA检查的孕妇，以及进行先天性肾上腺皮质增生症疾病筛查的新生儿予以费用减免。全年为结婚登记青年提供婚前医学检查6463对，为符合政策计划怀孕夫妇提供孕前优生健康检查4005对，为孕前和孕早期妇女增补叶酸预防神经管缺陷5426人，完成产前筛查血清学标本采集送检2968例；新生儿遗传代谢性疾病筛查4384例、新生儿听力筛查4378例、新生儿先天性心脏病筛查4406例，对查出的高风险、异常或可疑、确诊病例均提出合理化建议，采取进一步检查、治疗、转诊等干预措施。

【农村妇女“两癌”筛查】 2021年，县卫生健康委积极开展妇女“两癌”筛查，扩大“两癌”检查覆盖面，将城镇未就业妇女纳入检查范围，成立项目领导小组和技术指导组，制订工作方案，加强督导质控，及时做好检查对象信息录入及阳性个案的追踪随访和全程管理。全年共完成宫颈癌检查28889人，乳腺癌检查28896人，其中城镇未就业妇女4106人。查出宫颈癌10人、宫颈癌前病变100人；乳腺癌13人，均给予进一步检查、治疗及转诊等服务。

【孕产妇和儿童保健】 2021年，县卫生健康委规范孕产妇健康管理，强化孕情早期监测、建册建档、孕期保健、妊娠风险筛查和评估、高危孕产妇专案管理、安全分娩和产后服务。为所有孕产妇提供艾滋病、梅毒、乙肝表面抗原检测，及时对感染的孕产妇及所生儿童提供预防母婴传播综合干预服务。规范儿童健康管理，结合不同年龄发育阶段特点，免费为儿童提供体格检查、生长和心理发育评估、听力和视力筛查等健康检查，为家长进行母乳喂养、常见病指导等健康指导。定期组织对辖区内注册托幼机构卫生保健管理开展督导，按时对全县注册幼儿园儿童进行体检，扎实开展幼儿园0—6岁儿童眼健康和视力筛查建档工作。辖区助产机构住院分娩产妇4380人，住院分娩活产4410人，共建立《孕产妇保健手册》和《母子健康手册》4517人，早孕建册率84.53%，产前检查率98.1%，高危管理率100%，高危孕妇住院分娩率达100%，产后访视率96.96%；完成孕产妇艾滋病、梅毒、乙肝表面抗原检测4517人，对感染孕产妇及所生儿童全部及时采取干预措施。7岁以下儿童健康管理率98.08%，3岁以下儿童系统管理率95.58%，婴儿死亡率2.24‰；组织对109家托幼机构卫生保健工作进行评审，举办保育员培训班4期，培训350余人次。全县注册幼儿园儿童“六一”体检32991人，入园体检9056人；0—6岁儿童眼健康和视力筛查建档33175人，检查覆盖率99.08%。

【母婴保健行业管理】 2021年，县卫生健康委组织专家对全县助产机构进行爱婴医院(卫生院)复评审暨助产技术服务质量评价。组织母婴保健专项技术人员考核,12人通过实践技能操作和理论考核,取得母婴保健技术考核合格证书。加强出生医学证明管理,共发放出生医学证明4843份,其中医疗保健机构内出生首次签发4433份、换发131份、补发272份,医疗保健机构外出生签发7份,真伪鉴定13份,完成1996年之前至2014年之前共207502人份的出生医学证明档案进档案馆工作,新生儿"出生一件事"办理2169人。

【基本避孕服务】 2021年,县卫生健康委全面落实免费基本避孕服务项目,印发项目实施方案,公布免费提供基本避孕药具网点,确立基本避孕手术定点服务机构、服务项目范围及补助标准,为育龄人群免费提供避孕药具以及八大类基本避孕手术服务。全县共设立免费避孕药具发放网点383个,发放短效避孕药195板、避孕栓272盒、避孕膜278本、避孕凝胶921盒、宫内节育器704套、避孕套25.13万只,医疗机构避孕药具自助发放机安装实现全覆盖。

(嵇伟杰)

基层卫生

【概况】 2021年,县卫生健康委创新人才招引方式,赴黑龙江医学院校开展高层次人才校园招聘,招录编内36人、编外85人。积极参加省组织的基层卫生人才统一招聘,共招录编内50人(其中定向培养毕业生27人);年内二次招聘21人,已完成拟聘人员体检;继续开展农村订单定向医学生免费培养工作,签约23名。有序开展全科医师转岗培训和基层卫生人才能力提升培训,共有9名医生参加全科转岗培训,10名骨干医生和20名乡村医生参加能力提升培训。深化乡村一体化管理,积极开展省农村区域性医疗中心、优质服务基层行、省基层特色科室和甲级村卫生室创建等工作。县五港中心卫生院建成涟水县第二家农村区域性医疗中心;县第二人民医院、五港中心卫生院和唐集中心卫生院达优质服务基层行推荐标准。县第二人民医院内分泌科顺利创建成省特色科室。梁岔镇费庄村卫生室、陈师街道水连村卫生室、陈师街道官荡村卫生室顺利创建成省甲级村卫生室。

【基本公共卫生】 2021年,县卫生健康委扎实做好原12类基本公共卫生服务项目工作,按88元每人进行配套预算。建立居民电子健康档案80.1万份,管理高血压患者7.89万人,糖尿病患者2.19万人;开展老年人中医体质辨识3.1万人,0—36月儿童中医药服务9804人。

【家庭医生签约服务】 2021年,县卫生健康委紧紧围绕群众需求设计供给,立足解决群众实际健康问题,出台《2021年涟水县家庭医生签约服务工作实施方案》《2021涟水县家庭医生签约服务绩效考核实施细则(试行)》,制定《关于开展残疾人精准康复家庭医生签约服务的通知》等文件,积极开展离休干部、低收入人口、残疾人、白血病儿童签约服务工作。成立196个家庭医生签约服务团队,不断优化服务模式,将医疗服务和公共卫生服务有机融合,推行个性化签约,提高签约服务吸引力,增强签约居民获得感。年内,全县常住人口84.84万人,签约34.92万人,常住人口签约率达41.16%,重点人群签约20.7万人,签约率67.09%,建档立卡低收入人口人口签约9.86万人,建档立卡低收入人口和计划生育特殊家庭签约实现全覆盖。全县16个镇(街道)均开展家庭医生签约服务工作,覆盖率达100%。

(嵇伟杰)

健康促进

【概况】 2021年,县卫生健康委、县爱卫办以第33个爱国卫生月和第25个健康教育宣传月活动为契机,积极实施健康促进工程,广泛开展健康促进与教育活动,大力倡导健康文明生活方式,居民健康素养水平得到不断提高。以卫生镇、村创建为抓手,把健康融入城乡规划、建设、治理的全过程,五港镇创成国家卫生镇;唐集镇、东胡集镇创成省卫生镇;陈师街道建成省级健康镇;陈师街道团结村,保滩街道厉渡村,高沟镇同心居委会,唐集镇周程村,五港镇三里村,梁岔镇双楼村,石湖镇楼庄村、方圩村、徐马村,岔庙镇荣锦村、濒河村、旋桥村、原种场村,东胡集镇复兴村、鲁渡村,成集镇杰勋村、朱庄村、条河村、法华村,黄营镇北集居委会、道行村、严港村创成省级卫生村;朱码街道桂生村、笪北村、河网居、花桥村、顺集村、万元村、军田村、薛大桥村、红星村、双路村、笪巷村、韩高村、鲁桥村、潘刘村,陈师街道同心村、寿延村、北荡村、悦来村、跨河村、尹荡村、头堡村,保滩街道周集村、洪荡村,高沟镇安伏村、扁担村、陈沟村、春华村、大胡村、大兴村、墩南村、高南村、高西村、高秀村、胡窑村、花园村、灰墩村、街南村、九里村、老堆村、麻垛居、马圩村、苗荡村、南元村、七里村、前进居、孙湾村、万圩村、新农村、兴哨村、严庄村、盐店村、尹荡村、张圩村、镇东村、镇西村,唐集镇丰河村、六舍村、联富村、兴旺村、大桥村、沈费村,大东镇镇南村、皇圩村、客堂村,五港镇前营居、桃园村、黄码村、南禄村、王杨村、埝口村,梁岔镇薛元居、何圩村、金码村、马棚村、陈溪村、洪码村,石湖镇石湖居、果园居、朱圩村、十七堡村、齐庄村、三旗村、东兴村、四兴居、淮泽村、张顾村,岔庙镇百子村、纪集村、路口村、岔河村,东胡集镇姜圩村、白果村、嵇码村、黄湾村、陈圩村、桥西村、胡南村,涟东新村、荷缘村、西蒋村、王湾村、上庄村、石庄村、红刘村、双码村、季安村、上营村,南集镇冯陈村、南营村、王圩村、下营村、新合村、镇兴村、直属村、朱陈村,成集镇余圩村、油坊村、三潘村、道明村、永锋村、朱前村、洋河村、六塘村、余何村、裕丰村、杨庙村、槐树村,红窑镇新灯塔村、张郑村、义兴村、施庵居、五房村,黄营镇曹墩村、旗杆村、新淮村、沈港村,开发区凌庄村、周庄村、文俊村、蒋老庄村创成市级卫生村。陈师街道合心村、红旗村、柿元村、沙河村创成省级健康村。同时,以农村无害化卫生改厕为重点,全力推进农村人居环境整治,圆满完成省市下达农村无害化卫生厕所存在问题的摸排和整改任务。

【健康教育】 2021年,县卫生健康委、县爱卫办、县疾控中心深入开展以提高全民健康素养为目标的健康教育活动,普及健康知识与技能,促进健康行为养成。全年共发放健康教育资料229种计761216份,其中,省下发9种计214411份,分别是健康知识挂历210749套(1264949张)、《健康之窗》墙报489份(11734张)、《江苏卫生保健》杂志481份(5772本)、《祝您健康》杂志264份(3168本)、《基本公共卫生系列光盘》29套、《江苏居民健康读本》2348份、《健康教育技术指南》127本、《健康教育处方集》285本、《常见慢病健教管理读本》348份;市印发10种计10162份;县印发14种计61820份;乡镇自印197种计476575份。县健康素养巡讲团举办巡讲16场,受众2208余人;镇(街道)举办巡讲和居民健康知识讲座404场,受众20928人次;村举办居民健康知识讲座2285场,受众132187人次;镇(街道)村两级组织播放健康教育影像资料时长计99008小时。县疾控中心组织卫生节日宣传11场,散发86种宣传资料16723份,接待咨询群众21124人次;镇(街道)开展卫生节日宣传454场,散发宣传资料188010份,接待咨询群众15155人次;举办健康素养知识展牌巡展504场次。年内全县上网测试健康素养人数191077人次,常住人口覆盖率达23.03%。扎实开展全民健康素养干预监测工作,在黄营、唐集、成集等三个镇15村6个监测点开展健康素养入户调查,最终获得合格的健康素养调查问卷267份,圆满完成市级健康素养监测点调查任务。

【禁烟控烟宣传】 2021年,县卫生健康委、县爱卫办充分利用广播、电视、网络、报纸等各类媒体以及学校、社区、街道等宣传栏,宣传普及烟草烟雾危害。组织相关职能部门对公共场所进行控烟工作专项检查,加大对无烟卫生健康系统建设的完善和巩固情况暗访和督导。发放控烟宣传画1.5万张、控烟宣传手册2600份。5月31日是第34个世界无烟日,县卫生健康委、县爱卫办、县疾控中心围绕“承诺戒烟·共享无烟环境”宣传主题,组织县第二人民医院、南园医院、开发区防保所、牌坊街道社区卫生服务中心相关人员,在五岛湖公园北广场,举办控烟专题宣传活动,活动中悬挂主题横幅1条,展出宣传展牌15块,散发“和烟瘾做个了断”宣传折页500余份。赠送面巾纸200余盒、围裙60条。同时,县爱卫办与县疾控中心联合下发文件,组织全县各地从控烟与家庭、学校、职场、环保、文化等多角度切入,充分利用直播、微信、报刊、广播、电视等多种平台开展控烟宣传。大力开展无烟党政机关创建活动,全年共建成无烟党政机关26个。

【病媒生物防制】 2021年,县卫生健康委、县爱卫办不断加强环境综合治理,清除“四害”孳生地,开展病媒生物监测。全面部署灭鼠、灭蝇等工作,针对性地开展灭鼠、灭蚊蝇、灭蟑活动。全县新建毒饵站1.2万余个,投放鼠药6.7吨,灭蝇剂2.3吨,蟑螂防制胶饵20千克,诱蝇笼5000套,粘鼠板4250块。各村(社区)深入开展夏季灭蚊蝇工作。县疾控中心认真做好病媒生物密度监测工作,及时网报相关数据,定期开展“四害”灭杀及效果评价工作,全县病媒生物密度控制在国家标准以内。

【水质监测】 2021年,全县集中式供水单位1家,为涟缘水务有限公司,设城区监测点8个,水样类型包括出厂水、末梢水、二次供水,全年采样32份,检测1088项次,检测合格率100%,设农村监测点60个,水样类型为末梢水,监测覆盖率100%。农村饮用水每季度一次,枯水期、丰水期监测点全覆盖,第二、第四季度监测覆盖50%,全年采样180份,合格180份,合格率达100%。城市及农村饮用水监测结果与上年同期相比,水质稳定。 (嵇伟杰)

卫生监督

【概况】 2021年,县卫生健康委、县卫生监督所扎实开展公共场所卫生、生活饮用水卫生、放射卫生、学校卫生、职业卫生、医疗服务监督和传染病防治监督等卫生监督执法工作。督查各级各类医疗机构360余户次,新冠疫苗集中接种点31个,公共场所1200余户次。在省市组织的行政处罚案卷评查中,县卫生监督所1份案卷获省三等奖,1份获市二等奖,1份获市三等奖。

【行政审批许可】 2021年,县卫生健康委严格许可程序,规范许可管理,在开展卫生许可审查时,坚持严把准入关,做到受理审查程序合法,审查许可有标准、有时限,受理许可无差错。全年共发放公共场所卫生许可证378份,放射诊疗许可证9份。

【医疗服务监督】 2021年,县卫生健康委、县卫生监督所开展医疗美容市场、人血白蛋白采购使用管理、冬病夏治穴位贴敷服务技术应用管理、非法行医、规范医疗机构执业行为、打击无证行医等专项检查6次,检查美容院62家,医疗机构100余家次,使用人血白蛋白的医疗机构2家,查处非法行医案件10起。全年立案实施行政处罚17起,罚款37万余元,没收药品及医疗器械50余箱。向公安部门移交涉嫌非法行医案件1起。

【公共卫生监督】 2021年,县卫生健康委、县卫生监督所完成各类公共场所单位卫生监督检查2000余户次,查处违法案件17起,罚款4.8万元。开展公共场所通风系统卫生、控烟专项检查4次,检查影剧院、录像厅(室)、游艺厅(室)、舞厅、音乐厅、公共浴室等空间密闭性高、人群密集度大的公共场所经营单位37户、住宿场所13户、游泳场所3户,公共场所及医院候诊室71户。开展量化分级管理工作,对362户公共场所经营单位进行量化分级信誉度评定。

【传染病防治监督】 2021年,县卫生健康委、县卫生监督所开展医疗废物处置专项检查,检查各级各类医疗卫生机构336家,下达卫生监督意见书37份,立案17件,罚款金额1.6万元。开展助产技术服务单位胎盘处置专项监督检查，检查医疗机构10家。

【学校卫生监督】 2021年，县卫生健康委、县卫生监督所开展学校卫监行动，检查各级各类学校166所，其中小学35所、初中38所、高中7所、高职校3所及幼托机构83所。对城区11所学校(含高考考点)饮用水(直饮水)现场抽检，经检测全部符合国家卫生标准。开展学校传染病防控监督检查，检查学校、托幼机构149所，其中小学35所、中学35所、托幼机构78所、高等学校1所，下达意见书120份。

【餐饮具集中消毒监督】 2021年，县卫生健康委、县卫生监督所开展餐饮具集中消毒服务单位监督检查，每季度开展监督检查1次，监督检查16户次，抽检消毒餐饮具1082件，检测4328项次；对检测不合格的2家单位进行公示，并作出警告行政处罚；对1家消毒餐具独立包装标识不规范的单位作出罚款的行政处罚。 (嵇伟杰)

医政管理

【概况】 2021年，县卫生健康委不断强化医政医管工作。加强发热门诊建设，县人民医院建成省示范发热门诊，有效提升全县疫情防控能力。加强县人民医院感染科建设，提升传染病救治能力，加强感染科医疗人才培养和重症医学科专科建设，努力提升重症救治能力。加强省市重点专科建设，县人民医院内分泌科、医学检验科通过市临床重点专科考核，骨科、胸外科建成市级临床重点专科。加强核酸检测能力建设，县内所有二级及以上综合医院、县疾控中心百分之百具备新冠病毒检测能力，县人民医院建成不低于1.4万管/日检测能力的核酸检测基地，全县拥有96孔PCR(聚合酶链式反应)扩增仪35台，核酸检测能力达2.448万管/天。加强医疗纠纷处置，建立健全医疗纠纷处置机制，实现医疗责任保险全覆盖，最大限度缓解医患矛盾，医疗纠纷案件数逐年下降。持续强化院感防控，压紧压实医疗机构主体责任，做到“院内零感染”“院感零容忍”，落实院感防控措施，加强业务培训，强化院感内控管理，开展工作自查督查，切实筑牢院感防线。完善院前急救体系，推进县急救站标准化建设，完成专用车库建设、调度中心改造及洗消场所建设，顺利通过标准化验收。提升全县新冠肺炎疫情处置能力，新购置负压救护车3台、普通救护车2台。切实加强救护车使用管理，做好非院前急救系统救护车警灯警报器和外观标识清理工作。提升民营医院服务能力和管理水平，印发《涟水县“民营医院管理年”活动实施方案》，在全县范围内组织开展为期3年的“民营医院管理年”活动。

【无偿献血工作】 2021年，县卫生健康委积极组织开展无偿献血工作，组织召开无偿献血领导小组工作会议，加大无偿献血工作的宣传、发动和组织，保证临床用血需要和安全。全县建成1处献血屋，无偿献血人数8729人次，采血量220.81万毫升，成分献血率达100%，临床用血合格率达100%，无偿献血占临床用血量达100%。

【中医药管理】 2021年，县卫生健康委全力开展基层医疗卫生机构中医馆服务能力等级评价工作，建成2家五级中医馆，5家四级中医馆，2家三级中医馆。积极开展中医药文化推广工作，举办中医药宣传月活动16场次、“中医药就在你身边”中医药文化科普巡讲活动6场次。举办中医经典大讲堂活动，培训医务人员200余名。

【药政管理】 2021年，县卫生健康委全面落实国家基本药物制度、大力保障基本用药需求，召开基本药物配备使用品种和金额占比双达标推进会，强化医务人员优先使用基本药物认识。落实抗菌药物、医用耗材等分级备案管理制度，建立覆盖药品、耗材采购、贮存、发放、调配、使用等全过程的监测体系，确保临床用药安全、有效。开展药品使用监测、合理用药考核、抗菌药物临床应用知识和规范化管理培训与考核、第二类精神药品管理自查自纠、家庭药师培训等工作。督促医疗机构按约定采购量采购和使用国家组织集中采购中选药品，做好药品不良反应和医疗器械不良事件监测及报告。 (嵇伟杰)

医疗机构

【涟水县人民医院】 成立于1950年9月，是一所集医疗、急救、教学、科研、保健、康复为一体的三级综合医院，国家电子病历应用水平五级医院。为南京医科大学康达学院附属医院、扬州大学医学院临床学院、江苏护理职业学院附属医院、徐州医科大学教学医院、东南大学附属中大医院和淮安市第二人民医院集团医院。先后成为江苏省人民医院技术支持医院，复旦大学附属华山医院、上海交通大学附属瑞金医院、江苏省肿瘤医院技术协作医院。医院获全国改善医疗服务创新医院、全国人文爱心医院、江苏省文明单位、江苏省卫生健康系统先进集体、江苏省平安示范医院、江苏省敬老文明号、江苏省公共机构节能示范单位、江苏省示范发热门诊等称号。医院占地面积13.33公顷，总建筑面积15万平方米。核定床位1200张，临床医技科室齐全，设有33个病区，其中，消化内科和肿瘤科为省级临床重点专科，内分泌科、检验科、胸外科、骨科为市级临床重点专科，另有县级临床重点专科17个。医院有职工1600余人，其中医技人员1453人，高级职称200余人，博士研究生17人(其中在读8人)、硕士生导师3人、硕士研究生90余人，省“333工程”培养对象12人、省资助双创博士3人，南京医科大学康达学院、扬州大学医学院临床学院、徐州医科大学副教授20余人。医院先后建立上海华山医院冷冰教授和省人民医院孙新臣教授等专家教授工作站(室)10余个。设立上海东方肝胆医院郑亚新教授和东南大学附属中大医院刘必成教授等沪宁“乡贤名医”工作室17个。医院建成国家标准版胸痛中心，省卒中防治中心，省首批创伤救治联盟成员单位，市级孕产妇和新生儿危急重症救治中心。医院拥有飞利浦磁共振2台、螺旋CT5台、DSA心血管造影机2台、瓦里安医用直线加速器、施乐辉关节镜、奥林巴斯电子胃镜肠镜、STORZ腹腔镜等一批高尖端医疗设备。

【涟水县中医院】 建于1983年,是一所以中医为特色、中西医协调发展的国家二级甲等中医医院、国家级爱婴医院。为江苏省中医院协作医院、南京都市圈中医医院合作发展联合体成员单位、南京中医药大学教学医院、江苏省诚信计量示范单位,江苏省健康促进医院,江苏省模范职工之家,淮安市第一人民医院医疗技术战略合作单位、淮安市中医院集团医院。医院先后荣获淮安市文明单位,淮安市消费维权先进集体。医院设置26个临床科室,15个医技科室,15个病区。设立江苏省中医院刘沈林、唐蜀华两位国家名老中医药专家传承工作室涟水县中医院工作站、韩如章全国基层名老中医药专家传承工作室。脑病科、骨伤科、推拿科为淮安市中医临床重点专科,心病科、肛肠科为江苏省基层医疗机构特色专科建设单位。医院拥有1.5T磁共振、64排螺旋CT、16排螺旋CT、DR影像处理系统、数字胃肠机、床边X光机、C型臂X光机、高清腹腔镜、关节镜、膀胱镜、超声刀、四维彩超、电子胃镜、电子肠镜、全自动生化分析仪、血培养仪等大中型医疗设备211台(件),拥有中医诊疗设备455台(件)。

【涟水县第二人民医院】 成立于1959年10月,是一所集医疗、预防、保健、康复、计划生育指导为一体的综合性医院,是"全国群众满意的乡镇卫生院"、江苏省社区医院、淮安市文明单位、淮安市首家"尘肺病工作站",口腔科为"江苏省基层口腔特色专科""江苏省基层口腔特色科室孵化点"。医院位于涟城街道城东路25号,负责涟城街道和开发区27个社区居委会基本医疗和公共卫生工作,辖区服务人口约20万人。医院业务用房11657平方米,病床140张。2021年,有职工182人,其中高级职称32人,中级职称16人,本科以上学历86人。设有预防保健科、内科、外科、妇产科、儿科、康复医学科、口腔科、皮肤科、肛肠科、中医科、眼科、耳鼻喉科等科室,其中,中医科为"淮安市市级特色科室""江苏省五级中医馆",超声科为县重点专科,内分泌科被确定为基层特色科室建设单位。医院配备16排32层螺旋CT、进口彩超、进口腹腔镜、C臂机、电子胃镜、口腔CBCT、进口口腔全景机、全自动生化分析仪、冲击波、威伐光、椎间盘复位机等诊疗设备。

【涟水县第三人民医院】 建于1946年3月,地处淮安、连云港、宿迁三市交界的高沟镇,是一所集医疗、教学、急救、预防、保健为一体的二级乙等综合医院,为江苏省首批农村区域性医疗卫生中心、淮安市高校毕业生就业见习基地、涟水县精神卫生防治中心、白内障复明手术定点医院。先后荣获省级健康促进医院、省级巾帼示范岗、市级示范产科、市县双十佳文明单位称号。医院占地10公顷,设置床位519张,设有内科、外科、妇科、产科、儿科、耳鼻喉、眼科、口腔科、血液净化中心等科室。2021年,有职工482人,其中,医生156人,护士245人;高级职称50人,中级职称70人;淮上英才3人。拥有1.5T核磁共振、128排螺旋CT、全自动生化免疫流水线、彩色多普勒超声诊断仪、高清腹腔镜、大型数字化X光机(DR)、多功能麻醉机、电子胃镜、电子肠镜、支气管镜、宫腔镜等医疗设备,建成生物安全实验室、核酸检测实验室、HIV初筛实验室等。

【涟水县妇幼保健院】 建于1953年,是集保健、临床、科教于一体的国有公立非营利性二级妇幼保健院,承担全县的妇幼保健技术指导、计划生育技术指导和业务培训工作。医院占地6.67公顷,总建筑面积20392平方米,设置床位101张。设有内科、外科、妇产科、儿科、计划生育科、群体保健、康复科、五官科、中医科、影像科、检验科、超声医学科、药剂科等科室。2021年,有职工181人,其中,医技人员143人;高级职称19人,中级职称22人;硕士1人,本科58人。拥有三星高端四维彩超机(专业妇产机型)XW-80A、日本日立3110全自动生化分析仪、美国通用GE16排32层多功能螺旋CT、珠海普利德PLD8800B DR、日本希森美康NX-500ix全自动血球分析仪、北京万东移动DR、康辉高端产待一体床、乳腺钼靶、电子阴道镜、LEEP刀、产后康复治疗仪等先进医疗设备。

【涟水县疾病预防控制中心】 成立于1956年5月,前身为涟水县卫生防疫站,承担全县疾病预防控制、突发公共卫生事件应急处置、疫情报告及健康相关因素信息管理、健康危害因素监测与干预、实验室检测分析与评价、健康教育与健康促进等多项业务职能,为全县卫生检测中心、农村饮水安全工程水质检测中心和食品安全风险监测中心。先后获得"全国肿瘤登记工作优秀奖""江苏省疾病预防控制工作先进集体""江苏省免疫规划(预防接种)工作先进集体""江苏省重点职业病监测与职业病风险评估先进单位""江苏省卫生科普工作先进集体"等多项荣誉或称号。中心设有办公室、财务科、总务科、健教科、急传科、慢传科、性艾科、慢非科、检验科、质管科、公共卫生科、综合业务办、项目办等13个科室。2021年,有职工105人,其中,专业技术人员93人;研究生1人、本科生83人、专科生15人;高级职称22人、中级职称18人。建有PCR(聚合酶链式反应)、理化、HIV筛查、净化、致病菌、寄生虫病、临检、职业卫生、地方病等多个功能齐备的专业实验室。拥有离子体发射光谱质谱仪、原子吸收光谱仪、气相色谱仪、离子色谱仪、流动注射分析仪、高效液相色谱仪、化学发光仪、荧光定量PCR仪、全自动细菌鉴定仪等高精端设备200余台件。

【涟水县卫生监督所】 成立于2004年12月,依法承担《中华人民共和国健康促进法》《中华人民共和国医师法》《中华人民共和国职业病防治法》《公共场所卫生管理条例》《学校卫生工作条例》《医疗机构管理条例》《生活饮用水卫生监督管理办法》等法律法规规章的监督执法任务,涵盖医疗卫生、公共场所卫生、学校卫生、生活饮用水卫生、职业卫生、放射卫生、传染病防治等领域。

(嵇伟杰)

职业安全健康监管

【概况】 2021年,县卫生健康委扎实开展粉尘危害专项整治,建立问题清单,坚持从严从快立查立改,形成闭环管理。开展职业病危害监测28家,排查化解职业健康领域重大风险2家,行政执法检查93户次,下达监督意见书90份,责令整改28户次,警告3个单位。扎实开展职业健康宣传培训,全年共开展企业职业健康管理人员培训900余人次、印发宣传材料1600份、宣传受众2400余人。

【尘肺病康复站建设】 2021年,县卫生健康委严格按照《江苏省尘肺病康复站建设管理运行考核评估方案》要求,全力推动县第二人民医院高标准建成总建筑面积2000余平方米(运动治疗康复大厅400平方米)的全市首家尘肺病康复站。康复站有医、护、技人员14人,有治疗床位20张,配有肺功能仪、膈肌起搏器、呼吸机、电动PT床仪器设备30台。完成尘肺病患者随防347人,建卡203人,建立档案108人。

【"江苏健康企业"建设】 2021年,县卫生健康委深入推进健康企业建设年行动、争做"职业健康达人"和职业健康传播作品征集活动,成功创成1家省级健康企业,全县规上企业全部按照健康企业的要求规范运营,择优推荐市级"职业健康达人"7人。 (嵇伟杰)

体　育

【概况】 2021年,县教育体育局以市对县民生实事考核工作为目标,以省对县体育重点工作督查为主线,凝心聚力、开拓创新,圆满完成省市县各项工作。群众体育、竞技体育工作被市体育局授予"先进县区"称号,刘卫林被国家体育总局授予群众体育"先进个人"称号。全县镇(街道)开展健身赛事活动64场,县级体育协会开展赛事活动96场,县教育体育局开展全民健身讲座16场,体育项目培训16场,参与人群约10万人次,建成2个体育公园、15千米健身步道,获得省青少年自行车锦标赛4金1银2铜的优异成绩,全年体育彩票销售额达6800万元,被授予全市群众体育和竞技体育"先进单位"称号。承办大运河自行车系列赛(涟水站)、淮安市幼儿竞技体育体适能暨快乐体操(花式篮球)锦标赛,培养各级各类社会体育指导员300余人,其中二级30余人、国家级4人。通过政府购买服务方式,全年拨付10余万元,委托羽毛球协会、乒乓球等协会承办"魅力江苏·最美体育"品牌系列赛事4个。按年度对县级体育社团工作进行评估考核,全年共资助体育社团15.6万元,进一步激发起基层体育组织活力。在国家、省、市级赛事中屡获殊荣,在全国广播操工间操云比赛中获得二等奖;在迎新春抗疫情江苏省健身气功(八段锦)网络视频赛上获得一等奖18人;在江苏省首届三棋棋王赛上获得团体第二名和个人第五名;在"恩来杯"市篮球比赛中获得第三名;在"大瓷坊杯"淮安市足球乙级联赛获得二、三名;在市老年人乒乓球比赛中获女子单打丙组冠、亚军;在市老年人象棋、掼蛋、乒乓球三项赛中获第三名;在市级健身气功、太极拳、广场舞等项目比赛上获得优胜奖、优秀奖等。

2021年10月24日,"新日杯"2021大运河自行车系列赛(涟水站)举行

(县教育体育局　供稿)

【职工体育】 2021年9月,县足球协会举办2021年涟水县第三届职工足球联赛;11月,县教育体育局成功举办2021年涟水县教体系统《国家体育锻炼标准》达标赛,共有68支代表队300余名职工参加两个组别14个年龄段的比赛。

【竞技体育】 2021年,江苏省青少年自行车锦标赛上涟水县自行车队获得1金1银2铜的好成绩。其中沈雅馨获17—18岁女子组山地越野赛第一名;王甜瑞、薛然文、王维才、王荣获15—16岁男女山地混合团体接力赛第二名;周杰、王程威、李浩、孙鑫获17—18岁组男子4千米团体追逐赛第三名;王程威、李浩、孙鑫获17—18岁组男子团体竞速赛第三名。

【体育设施建设】 2021年,全县建成两个体育公园、15千米健身步道、1个笼式5人制足球场,安装一套智能化健身路径,为18个农房改善点安装篮球架、健身路径、室外乒乓球台等体育设施。全年总计在镇(街道)村(社区)安装篮球架40副、健身路径38套、室内外乒乓球桌18张。

【涟水县老年人体育协会】 2021年县老年人体育协会以"踏上新征程,健身再出发"为主题,积极参加省、市组织的老年人健身展示交流活动,获得江苏省老年人桌上冰壶球俱乐部联赛优秀奖，市老年人乒乓球比赛女子单打丙组冠、亚军，市老年人象棋、掼蛋、乒乓球三项赛第三名等奖项。10月14日举办涟水县第三届“福彩杯”老年人运动会，设11个比赛项目共有600余名老年体育爱好者参与。承办健身气功，广场舞等市级培训。进一步提高老年人体育健身活动的覆盖面和参与率。

【涟水县太极拳协会】 2021年，涟水县太极拳协会有会员1500余人，健身站点37个，社会体育指导员近200人，其中国家级6人、一级18人，武术四至六段位16人。常年开展太极拳、木兰拳、气功、健身操及其他武术项目义务培训，参培人员近万人次。举办2021年涟水县集体太极拳(械)选择赛、2021“老淮安”杯集体太极拳网络视频赛、涟水县第三届“国缘”杯武术精英大赛。同时积极组队参加省市比赛，在淮安市第二届集体太极拳(械)比赛中，协会获优秀组织奖，5个站点队获优胜奖，2个站点获优秀奖，10人获优胜奖，3人获优秀奖，5人获优秀运动员奖；在淮安市逐梦杯(云)视频武术邀请赛中，协会获优秀组织奖，5队参赛均获优胜奖，8人获优胜奖，其余为优秀奖。

【涟水县广场健身舞运动协会】 2021年，县广场舞健身运动协会紧紧围绕“中国共产党成立100周年”主题，积极开展各级各类赛事活动和培训。3月，举行“没有共产党就没有新中国”广场舞培训；5月，举行“红心向党，党旗飘扬”献礼中国共产党成立百年广场舞百人快闪活动；11月，举行“永远跟党走幸福舞起来”2021“舞动江苏”广场舞联赛涟水海选赛；5—9月，在大东镇、高沟扁担村、涟城街道新涟社区等镇(街)村(居)开展庆党百年广场舞公益培训30余场次。在“永远跟党走幸福舞起来”淮安市文明广场舞总决赛中获二等奖；在“国信康复理疗杯”淮安市老年人广场舞比赛获二等奖；在“舞动江苏”广场舞联赛淮安选拔赛中获优秀奖。

长青健身广场 （刘爱君 摄）

【涟水县篮球协会】 2021年，涟水县篮球协会有会员639人。年内，分别组织3个年龄段篮球联赛，其中U16(6支队伍)，青年组(28支队伍)，壮年组(10支队伍)，赛期长达6个月，场次达257场。特别是第九届篮球联赛，国内外近40名优秀选手应邀参加涟水篮球联赛，吸引广大观众和球迷累计达20余万人次围观，创历史新高。12月，组织“迎冬奥美丽家园杯”篮球友谊赛。多次组队赴连云港，建湖，徐州等地参加友谊赛和邀请赛，在市篮协组织的“恩来杯”篮球比赛上涟水县代表队获得第三名。

【健身气功协会】 成立于2017年1月，有会员600余人。协会成立以来，紧紧围绕健身气功试点县工作部署，组织和带领会员积极开展健身气功普及活动，先后开展八锻锦、五禽戏、易筋经、六字诀、马王堆导引术、太极养生杖、十二功法、人舞等功法培训，并多次组织会员赴外参加省、市级健身气功培训。10月，成功举办2021年老年人健身气功六字诀比赛；11月，举办涟水县第四届健身气功视频赛。在“迎新春抗疫情”江苏省健身气功八段锦网络视频赛中，获得一等奖18人、二等奖48人、三等奖66人；在淮安市集体健身气功比赛中，获得2个集体优胜奖，1个优秀奖；在江苏疾控2021年淮安市网络视频比赛中，集体获得三等奖，个人获得2个三等奖，1个优秀奖。 （王小成 王 奔）

社会生活

SOCIAL LIFE

- 人口和计划生育
- 老龄事业
- 就业创业
- 社会保险
- 社会救助
- 住房保障
- 民政事务
- 退役军人事务
- 乡村振兴
- 民族宗教事务

编辑:周蓓蓓

人口和计划生育

【概况】 2021年，县卫生健康委以实施全面两孩政策和三孩生育政策及配套支持措施为主线，积极开展人口监测，优化生育登记服务，严格落实奖励扶助，落实特殊家庭关爱工作，建立托育服务体系，促进人口长期均衡发展。全年上报出生人口5571人，出生率为5.01‰，其中二孩2467人，二孩率为44.28%；出生女婴2701人，出生人口性别比为106.26。

【人口计生服务】 2021年，县卫生健康委加强三孩生育政策宣传咨询解释，提倡适龄婚育、优生优育，一对夫妻可以生育三个子女。对生育三个以内（含三个）孩子的，实行生育服务登记制度，由家庭自主安排生育。同时，推进“互联网+政务服务平台”应用，引导群众在线申请办理生育登记服务，进一步简化程序，优化流程，缩短时限，便民利民。全年共办理生育登记3535例，其中一孩1818例、二孩1492例、三孩225例。

【奖扶政策兑现】 2021年，县卫生健康委认真落实各项奖励扶助政策，为1327名50—59周岁农村独生女兑现计划生育奖励金81.99万元，为4133个农村60周岁计划生育家庭兑现奖励金397.2万元，为272个计划生育特殊家庭兑现特扶金255.61万元，为141名计划生育手术并发症人员兑现特扶金39.96万元，为321名县属企业持证退休职工和城镇非从业人员兑现计划生育一次性奖励金64.2万元。

【普惠托育机构创建】 2021年，县卫生健康委积极发展托育服务，推进托育机构改扩建，开展托育机构备案登记和普惠示范机构创建，提高婴幼儿家庭获得服务的可及性和公平性，创成市级普惠托育机构2个、市级普惠托育示范机构1个，新增托位150个，其中普惠托位70个，超额完成市下达的目标任务。

【计划生育特殊困难家庭扶助】 2021年，县卫生健康委积极开展计划生育特殊困难家庭扶助关爱工作，共慰问计划生育特殊家庭213户、困难家庭29户，慰问金达22.25万元；为184户计划生育特殊家庭购买综合保险，为每户每人购买500元的保费，投保14.2万元的综合保险，理赔43户，理赔金额13.77万元。做好6—14周岁独生子女父母奖励金发放工作，共兑现奖励金127.3万元；落实计生“全家福”保险投保19610户，保单发放率达100%，理赔764人，理赔金额170.7万元，理赔率74%。 （嵇伟杰）

老龄事业

【概况】 2021年，全县常住老年人口19.35万人，其中65周岁以上老人14.11万人。全县老龄工作牢牢把握“党政主导、社会参与、全民关怀”的老龄工作方针，紧紧围绕“老有所养、老有所医、老有所教、老有所学、老有所为、老有所乐”的工作目标，在落实老年人福利、提高为老服务质量、维护老年人权益等工作中发挥应有作用，被省老龄办评为2021年“安康关爱行动”先进单位。全县大力开展老年友善医疗机构创建活动，通过创建改善老年人就医方便程度，提高老年人幸福感和获得感，全县共建成老年友善医疗机构18个。

【敬老活动】 2021年，全县各单位深入开展尊老、爱老、敬老工作。组织志愿者服务队以及中国人寿涟水支公司开展系列服务，深入乡镇敬老院、县社会福利中心等养老服务机构义务为老人送上节日慰问礼品，帮助老人测量血压，提供医疗保健知识咨询、宣传养生常识等，为老人普及老年人权益保护法律知识，让广大老年人感受到社会对他们的关爱和重视。以维护老年人权益为重点，认真贯彻落实《中华人民共和国老年人权益保障法》，切实把各项惠老优待政策落到实处。镇（街道）夕阳红文艺宣传队常年活跃在各村组、街头、敬老院，丰富老年人的文化生活，营造全社会敬老爱老的氛围。

【老年人福利待遇】 2021年，县老龄事业发展中心共为全县60周岁以上老年人办理老年人优待证11份、发放尊老金27131人次，发放尊老金1799.58万元。

【“安康关爱”行动】 2021年，县老龄事业发展中心积极组织开展“安康关爱行动”，为全县79936名60周岁以上老年人办理人身意外伤害保险，参保率达41.3%。

【老年健康调查】 2021年，县卫生健康委认真组织开展中国老年健康和家庭幸福影响因素跟踪调查工作，共调查65周岁以上老年人39人，调查老人问卷39份，子女问卷调查23人，入户调查率达100%。 （嵇伟杰）

就业创业

【概况】 2021年，县人社局认真落实、全面贯彻县委、县政府就业工作部署，以只争朝夕干事劲头，锐意进取，真抓实干，全力做好“稳就业 包就业”各项工作。全县城镇新增就业6386人，城镇登记失业率2.48%，城乡就业困难人员就业4895人，城镇失业人员再就业5405人，社保补贴惠及6874人。总体就业形势保持稳定，为涟水冲刺百强县提供强劲动力。

【职业技能培训】 2021年，县人社局积极完善“政府主导、城乡联动、社会参与”的市场化培训机制，优中选优筛选6家培训机构，推动培训服务向镇街（园区）延伸，结合各类重点群体实际需求提供技能培训和创业普训，实行多点报名集中培训。全年开办美容、母婴护理员、老年（病员）护理等各类培训班45期，城乡劳动者就业技能培训5880人，新生代农民工技能提升培训3067人，为1152名符合条件的学员发放培训补贴112万元，重点群体技能培训工作稳步推进，提升为民办实事成效。

【职业技能鉴定】 2021年，县人社局充分发挥高技能人才政策的引领作用，从培养、评价、激励等各个环节加大企业自主认定力度,积极推进淮安源通制帽、新芳杰、淮安锦纶等企业实施企业自主认定,已获证4552人次(其中高级3680人、中级435人、初级437人),截至年底,全县高技能人才达23884人;多方宣传发动,积极推动技师和高级技师的申报认定工作,共认定产生技师、高级技师83人;推进今世缘、源通制帽等企业新型学徒制培训,完成新型学徒制培训343人。加强技能大师工作室建设,获批省级技能大师工作室4个,省级首席技师7人。

【创业孵化基地建设】 2021年,县人社局鼓励引导各镇、园区、街道办事处积极利用现有的工业集中区、创业点开展创业孵化基地建设。最大限度地为各类型创业者提供实践和发展平台。新创建"涟水县吾悦广场星悦大道步行街"县级创业孵化基地,筛选具有代表性的创业项目参加省、市级优秀项目的评选,兑现奖励补助奖金30.2万元。与团县委共同举办第二届青年创新创业大赛,鼓励返乡创业人员、科技创业团队、大学生创业群体、农村党员干部创业典型等参与,培植创业典型,挖掘优秀创业项目,造浓全县创业氛围。

【创业政策扶持】 2021年,县人社局持续保持近年全县富民创业贴息贷款大幅增长势头,不断加强与财政、银行等单位协调,提升富民创业贷款发放效率。全年发放富民创业担保贷款1264笔、1.78亿元;发放贷款贴息1012笔、926.87万元;扶持各类创业人员3200余人,带动就业1.1万人。对创业补贴等补贴标准进一步细化,大力筛查初创企业用工情况,兑现创业带动就业补贴40.4万元,引导创业者税务流程申报,兑现初始创业补贴18.4万元。

【劳动力就业服务】 2021年,县人社局积极开展"百人千企"大走访活动,依托"一企一表"制度,精细摸底企业用工情况,针对企业用工、培训、社保等方面实际需求,收集意见建议,做好就业服务,阶段性解决重大项目、规模企业用工问题。在涟水新闻网、社区广告、电视屏幕等宣传窗口,广泛播发企业招聘意向。同时抓好时间节点,利用重大节日,劳动力返乡高峰期,有针对性地开展返乡留工招聘活动。举办"春风送岗、暖心留涟"招聘会、"庆三·八广场招聘会"、"5·1"吾悦广场招聘会、"端午广场招聘会"、"残疾人专场招聘会"等线下专场招聘会14场。

【企业职工退休审批】 2021年,县人社局依托新上线的江苏省人社一体化平台,实现退休业务全部经由线上操作,及时受理企业职工各类退休审批工作。全年完成参保人员正常退休审批2045名,受理特殊工种人员提前退休申请54人,完成因病提前退休审批36人。

【工伤认定和劳动能力鉴定】 2021年,县人社局依据《工伤认定办法》严格规范操作程序,尽力将事实调查清楚,确保适用法律正确。全年外出调查工伤案件292件,共完成工伤认定322件,不予认定1件,不予受理4件,工伤认定终止4件。积极参加市组织的一体化平台系统上线前各项培训和测试及试运行工作,保证上线即能正常开展工伤业务。严格依法做好劳动能力鉴定,全年报送11批次166人,鉴定达到等级163人,不达级3人,复核鉴定9人,并及时送达《劳动能力鉴定结论通知书》。

【劳动争议仲裁】 2021年,县人社局接处劳动争议案件547件,其中案外调解156件,立案受理264件,不予受理127件。劳动人事争议仲裁结案率92.6%,仲裁终结率72.1%。在县经济开发区设立基层调解组织,加强与开发区调解组织工作人员之间的业务交流,从源头上化解矛盾,最大限度地发挥基层调解组织的优势。

【劳动执法监察】 2021年,县人社局以依法办案、严格执法为重点,不断加大劳动监察执法力度,全年深入90余家企业和20余个建筑工地进行劳动保障方面法律法规宣传,发放宣传资料6000余份,现场举办工程项目农民工政策宣讲10余场。开展农民工工资支付、社会保险、劳动用工及"双随机、一公开"等专项执法检查,检查各类用人单位700余家,涉及职工4.5万人,对271家用工不规范的企业下达改正指令书,对61家违法行为严重的单位给予行政处罚,向县人民法院移交强制执行案件11件,将2家企业的负责人以拒不支付劳动报酬罪名义移送公安部门处理。全年受理职工投诉举报680件,通过协商协调、责令整改、行政处理等方式,为2600余名农民工解决拖欠工资2200余万元。

(袁国丽)

社 会 保 险

【概况】 2021年,县人社局以保障企业发展为重点,扎实履行部门社会保障职责,全年全县三项社会保险基金总收入合计约10.7亿元。其中,企业职工基本养老保险基金收入约10.14亿元,失业保险基金收入约3268万元,工伤保险基金收入约2369万元。积极开展数据清理工作,梳理全县1900家单位组织机构代码情况,核查全县参保人员信息,确认合并5242人;梳理全县1267家单位历史欠费数据,欠费金额合计4920万元。对全县各困难企业职工、教育局补缴养老保险费进行核定,补缴金额共计约2.39亿元。帮助90家企业开展以工代训,参加以工代训人数4897人,累计发放以工代训补贴资金784.87万元。为今世缘等19家企业46名获得职业技能等级证书的企业职工发放技能提升补贴5.48万元,为全县818家企业累计发放稳岗返还资金376.73万元,惠及企业参保职工2.73万人。

【职工养老保险】 2021年,县人社局加强企业职工养老保险基金扩面征缴工作力度。全县企业职工基本养老保险参保人数77973人,新参保单位702家。落实国家继续调整企业退休人员待遇的重大决策,对养老金待遇连续十七年上调,为44102名退休人员调待补发3135.29万元。全年新增退休人员3186人,享受养老保险待遇45985人,发放离退休人员养老金113143万元,社会化发放率达100%。进一步规范稽核经办业务，继续做好养老待遇生存资格认证，定期核查待遇领取情况，追回违规领取养老金70.44万元。

【城乡居民基本养老保险】 2021年，县人社局积极整合多层级、多部门职能力量，全力破解被征地农民社会保障问题，全年为6200余名新被征地农民办理参保手续，纳入社会保障体系，超额完成市下达指标任务；城乡居民基本养老保险参保人数达25.56万人，完成率101.03%；完成为民办实事项目城乡居保基础养老金标准从每月160元提高到180元，获全市高质量跨越发展指标考核第三名。开展城乡居保基金风险排查工作，对全县385个村进行实地排查走访，初步完善镇、村工作台账。

【工伤保险】 2021年，县人社局认真落实企业特别是重点工程建设项目参保政策，全年工伤保险参保缴费人数71126人，工伤保险基金收入约2087万元，工伤保险基金支出2700余万元，领取工伤非定期待遇人数500人，领取非定期待遇1000余人次。全省一体化平台上线后，完成与定点医院的联网结算，增加涟水县人民医院作为工伤的定点康复医院，方便工伤职工康复。与人保财险公司开展工伤保险“政企合作”，充分利用专业力量实现低成本、高效率，开创更具实效、更加便民的工作新模式。

【失业保险】 2021年，县人社局为切实保障参保失业人员基本生活，支出失业保险金额1400.06万元，惠及1316人，失业保险待遇发放率达100%。持续开展阶段性失业补助金发放工作，共为15709名参保失业人员累计发放失业补助金6911.92万元。全面改进资格认证服务模式，积极推广使用手机App开展线上自助资格认证，全年共完成退休人员资格认证1.56万人，资格认证进度达到序时工作目标。

【社会保障卡管理】 2021年，县人社局做好镇、街道社保卡系统维护和业务指导工作，构建覆盖全县的社保卡服务网络，方便群众就近办卡。协调社保卡合作银行做好社保卡工作，遇到特殊人群及时提供上门服务。开通网办社保卡渠道，群众可通过江苏智慧人社App申请新办或补办社保卡。全年全县共新办社保卡14026张，补换卡17606张，截至年底，累计持卡数113.6万张。

（袁国丽）

【城镇职工和城乡居民基本医疗保险】 2021年，城镇职工基本医疗保险参保103818人。职工医保基金收入47012.21万元。住院报销21524人次18319.18万元，门诊刷卡179.41万人次15131.71万元（其中医保定点药店刷卡150.97万人次11316.73万元）。城乡居民基本医疗保险参保849393人。居民医保基金收入101636.38万元。享受居民住院待遇12.68万人次72769.59万元，享受居民门诊统筹待遇45.92万人次4288.95万元。九类困难人员免费参加城乡居民基本医疗保险122022人。 （陈小梦）

社会救助

【医疗救助】 2021年，全县重视医疗救助工作，全年医疗救助财政拨款7423.46万元，享受医疗救助住院待遇和门诊待遇的困难人员分别为37666人次、562735人次。 （陈小梦）

【残疾人救助】 2021年，县残联共发放生活补贴5732人、4157.77万元，护理补贴8801人、1832.85万元，低保内生活补贴3705人次、907.92万元。

（樊正中　王　萌）

【慈善救助】 2021年，县慈善总会募集善款731.11万元，实施儿童大病救助、成人大病救助、上海德汇公益基金会奖助学、慈善温暖百家春节慰问高中阶段低保家庭学生救助等慈善救助项目，救助支出612.8万元，救助困难群众1091人次，服务群众近2000人次。5月，县慈善总会被江苏省民政厅评为AAAAA级社会组织；9月，涟水县两人荣获第四届淮安慈善奖，受到淮安市政府表彰。

（徐曙光）

【红十字救助】 2021年，县红十字会针对全县范围内，因重大疾病导致贫困的困难群体实施大病人道救助，惠及超过30个家庭，为受大病困扰在贫困线上的人民群众送去人道的温暖。针对县内0—14周岁患有白血病的儿童，依托中国红十字总会小天使平台，实施专项补助，给患者家庭减轻负担。 （张雪林）

住房保障

【概况】 2021年涟水县公积金中心归集住房公积金6.24亿元，比上年增长22.96%，归集余额14.4亿元；新增住房公积金开户单位78个、新增职工6180人，新增职工开户率10.41%；发放贷款931户、3.63亿元，当期发放率58.18%，贷款余额8.73亿元；职工购建自住住房提取住房公积金6.2万人次、2.68亿元；上缴县政府廉租住房建设补充资金2170万元。

【住房公积金扩面】 2021年，县公积金中心坚持“科学布局、有序推进”的工作思路分层分类推进不同类型单位分批缴存，对应建未建企业重点突破。积极推动机关事业单位编外人员建制；对全县涉及编外人员的159家机关事业单位的社保与公积金的缴存人数进行比对，向县政府形成促进编外人员建制的专门报告，在县领导的支持下，先行覆盖县直机关事业单位缴纳社保的编外人员，明确财政部门要予以经费支持，到年底，县直机关事业单位303名编外人员已缴存到位。全力推进能建未建的非公企业建制；将32家百人以上重点应建制企业中同期社保缴存人数有所增加或同期相比开票规模处于正增长或盈利的企业共13家、2400人确定为首批重点催建单位。全年有8家百人以上非公企业、近2000人建立住房公积金制度。

【住房公积金贷款发放】 2021年，县公积金中心坚持“住房不炒”，保障“住有所居”，稳步推进商品房按揭贷款发放工作，对新开楼盘做到能签尽签，全年新增5家按揭合作楼盘，正在合作按揭合作楼盘24个。做好日常贷款受理及发放工作，全年未发生风险贷款，年底贷款逾期率为零。做好商转公贷款轮后发放及暂停受理的政策解释工作，未产生窗口激烈矛盾和违规受理现象。做好历年按揭贷款的他项权证清收工作，安排专人完善各按揭合作楼盘的他项权证台账，清点各楼盘应办未办他项权证名册，对正在合作的符合办证条件的楼盘，上门督促开发企业排出办证计划、限期办理到位，并直接联系借款人、了解情况、宣传政策、督促其配合开发企业尽快办证。加强贷款风险防范，定期对按揭合作企业进行检查，关注开发企业经营状况；关注逾期贷款，对1户长期习惯性逾期经多次多种方法催还都无效的借款人，请中心法律顾问参与并已立案诉讼。

【住房公积金跨省通办】 2021年，县公积金中心为满足异地职工享受住房公积金业务服务新需求，持续扩展住房公积金业务服务范围，成功实现个人住房公积金信息查询、正常退休提取住房公积金等8项“跨省通办”服务事项全程网办，其中单位登记开户、购房提取等6项高频业务接入长三角“一网通办”平台，异地职工线上即可享受住房公积金各项业务服务；线下设立“跨省通办”服务专窗，多渠道、立体式保障缴存单位和职工异地办事需求。 (谷伟伟)

民政事务

【概况】 2021年，县民政局坚持“民政为民、民政爱民”理念，全面落实兜底保障、养老服务、基层治理、儿童保障和项目建设等工作，着力推进民政事业高质量发展，实现“十四五”全县民政工作良好开局。全年累计为全县330户困难老年人家庭开展适老化改造，上门服务80周岁以上高龄老人2.6万人次。全县共有孤儿59人(机构养育13人、分散养育46人)，父母监护缺失、父母无力履行监护职责、重残、重病等各类困境儿童1090人。累计发放养育费961.54万元。1月开始全部实现农村低保按月发放低保金，每月及时对低保对象变化情况进行审核调整。会同公安、司法、财政、人社等11个部门联合出台《涟水县加强农村留守妇女关爱服务工作方案(试行)》，形成“以兜底发展为主线，解困帮扶为基础、赋能提升为重点、搭台引领为驱动”的关爱保护经验。在朱码街道、大东镇、黄营镇投入2000万元，新建、改建区域性养老服务中心3个，为特困老人提供服务，满足社会老人养老需求。

2021年12月16日，涟水县农村留守妇女关爱服务试点工作观摩会召开 (县民政局 供稿)

【社区建设】 2021年，完成全县372个村(居)民委员会(行政村312个，居委会33个，城市社区27个)换届工作，选举1585名村(居)委成员，联合县委组织部开展村(居)委会主任、委员岗前培训工作。改造提升高沟镇春华村，南集镇直属村、下营村等11个社区综合服务中心。在涟城街道城南社区开展专业社会工作服务示范项目，推行“社工+志愿者”服务管理模式，在涟城街道东门社区推行“六理”工作法，提升社区服务能力。落实16个镇(街道)社工站工作场所、办公设备，制定社工站工作制度，启动镇(街道)社工站。

【婚姻、收养登记】 2021年，县民政局共办理婚姻登记业务14524条，其中结婚6542对、离婚申请2674对、离婚登记1547对、补领1763对、查档1998人次。积极推进“跨省通办”，自2021年6月1日实行“跨省通办”试点以来，涟水县民政局婚姻登记处已开展登记25对。全年办理收养登记8例。

【殡葬管理】 2021年，县民政局大力宣传现代文明殡葬理念，遏制相互攀比、厚葬薄养、封建迷信等陈规陋习，引导群众树立正确丧葬观，倡导现代文明新风，累计为5841户减免基本殡葬费用493.85万元，为25例开展集中守灵户奖补资金3.75万元；为14例开展生态殡葬户奖补资金1.4万元。

【社会组织登记管理】 2021年，全县共建立社会组织党组织25个，委派党建指导员(联络员)10人。新成立登记23家、变更24家、注销34家。全县共有社会组织818家，其中社会团体305家，民办非企业513家。县民政局联合县教体局采取“双随机、一公开”，开展联合检查3次，社会组织参检率50.3%。与县公安局联合执法，取缔非法社会组织4家。

【城乡居民最低生活保障】 自2021年7月1日起，全面提高低保、困难残疾人生活补贴、特困供养标准。城乡低保标准提高到655元/月，困难残疾人生活补贴执行低保标准标准，农村特困人员供养标准提高到852元/月，城市“三无”人员供养标准提高到1145元/月。全县低保补差标准达436.8元，低保资金实现按月打卡发放。全县累计保障城乡低保对象9306户、17934人，累计发放低保金8704.38万元。县民政局落实农村特困供养对象4773人，其中集中供养817人，分散供养3956人，发放供养经费3138.4万元。为9144名困难残疾人发放生活补贴4606.15万元，为8812名重度残疾人发放护理补贴1675.65万元。开展城乡困难群众临时救助2087人次，发放临时救助金304.28万元。开展慈善救助2000人次，发放各类救助资金219.78万元，实现对社会救助的有益补充。支出型困难家庭临时救助实践工作被省民政厅列入2021年度全省社会救助领域创新实践试点项目，累计救助各类支出型困难家庭3450户，发放临时救助金459.39万元。

【地名管理】 2021年，县民政局共下发同意命名的批复10份。根据上级《关于坚决打好不规范地名"歼灭战"的函》的要求，在民政、公安、交通多部门协作、充分征求小区业主、物业、社区意见的基础上，对全县"巴黎春天""莱茵风情""剑桥印象"3个不规范小区名称进行更名。出台《关于创建平安边界建设工作的通知》《涟水县民政局边界纠纷事件应急处置预案的通知》《关于对行政区域界线和界桩实行委托管护工作的通知》等文件，对平安边界创建工作提出具体要求和详细安排，与淮阴区、淮安区、清江浦区、沭阳县、灌南县、响水县、滨海县签订平安边界创建协议书。 （县民政局）

退役军人事务

【概况】 2021年，县退役军人事务局坚持以退役军人为中心的工作理念，满腔热忱为退役军人服务，牢牢把握住服务保障这个核心，提升优待抚恤服务质能，不断拓宽就业安置渠道，推进县退役军人服务中心、16个镇街退役军人服务站按照"五有"（有编制、有人员、有机构、有经费、有保障）标准落实，创成全国示范型退役军人服务中心（站）11家。大力弘扬军爱民、民拥军的光荣传统，"苏北小延安"军旅小镇荣获"江苏省双拥示范基地"称号。

【拥军优属】 2021年，全县先后召开党委议军会议、军政座谈会、争创省十二届"双拥模范县"动员推进会、双拥联席会议、双拥工作会议和国防动员委员会议，推动拥军优属工作全面开展。制定下发《涟水县2021年双拥基础工作任务和军地互办实事计划》，投入资金落实军地互办实事46件，设立"伤残军人门诊"、发放"拥军绿卡"，协调现役、退役军人子女到优质学校就读，投入经费用于人武部改扩建民兵训练基地，春节、"八一"等重大节日期间为驻涟官兵送上慰问物资上千件。动员社会组织参与拥军，全县近1200人走入军营参与拥军。投入爱军拥军资金，为驻涟水部队官兵做好事100余件，举行"中秋话团圆""金秋联欢"等活动，增进军政军民联系。接待神木市、延安市和仪征市等双拥领导到涟水参观调研，全县社会化拥军工作被《新华日报》《中国双拥》等多家媒体报道，受到省市高度评价。

【优抚对象管理】 2021年，涟水县进一步完善优抚对象电子档案，加强各类优抚对象认定审查规范化建设，完成优抚对象的年度确认工作，为全县1086名伤残人员换取新证，新受理各类档案资料244份、伤残军人辅助器材资料7份，审批通过"三属"3人、老复员军人遗孀7人、带病回乡退伍军人8人、调评残23人。按照政策规定，完成各类优抚对象抚恤提标，并全部发放到位，全年累计发放各项生活补助金7376.7余万元，困难临时救济金35余万元，为普通义务兵、西藏地区服役的义务兵、消防员共发放家庭优待金915.7万元，为三等功军人、优秀士兵共发放奖励金11.6余万元，为大学生入伍士兵共发放奖励金98.4余万元。

【康复疗养】 2021年，县退役军人事务局为优抚对象办理发放体检卡共计80万元，发放医疗门诊费34.53万元、5—6级精神病类护理费64.08万元，协调省荣军医院医护人员到涟水，为石湖镇优抚对象进行体检；组织部分优抚对象到无锡荣军医院进行为期一周的疗养；协调省康复中心到涟水，为10名残疾军人修理假肢、矫正鞋、助听器等辅助器材，提高重点优抚对象的获得感、荣誉感。

【精神抚慰】 2021年，县四套班子主要领导坚持春节、"八一"等重大节日带头走访退役军人，对全县优抚对象进行普遍慰问，期间发放慰问金200余万元，慰问信、慰问年画8万余封（幅）。县退役军人事务局采用简朴庄重的庆祝方式，为二等功家庭、三等功家庭、优秀士兵家庭上门送上喜报、奖励金和慰问金；

2021年11月4日，开展"金秋进警营 军民共筑鱼水情——一品梅进警营"活动

（县退役军人事务局 供稿）

全年换发光荣牌3000余块，为入伍新兵全员悬挂光荣牌；在《涟水日报》、微信公众号、网络平台等媒体上宣传功臣事迹，利用榜样效应，激发全县适龄青年参军报国、现役军人建功军营，退役军人“退伍不褪色”。

【慰烈工程】 2021年，全县在“清明节”“烈士公祭日”期间，组织全县党政军民和各大中小学学生14万余人走进各烈士纪念场所，开展缅怀革命先烈祭扫活动。县退役军人事务局加大涟水红色资源保护力度，投入200余万元，对全县县级以下烈士陵园进行维修改造、提档升级，对零散烈士纪念碑的迁葬和整修进行科学合理的规划设计。

【公祭活动】 2021年9月30日，全县在涟水保卫战纪念广场组织烈士公祭活动。县四套班子领导和军烈属、复退军人及社会各界代表600余人出席，副县长吉海主持公祭活动。公祭活动在庄严肃穆的气氛中进行，全场奏唱中华人民共和国国歌，县委书记时勇宣读祭文，武警战士向烈士敬献花篮。县委书记时勇，县委副书记、县长洪然整理挽联，参加公祭活动的全体人员向革命先烈三鞠躬，并依次瞻仰涟水保卫战纪念碑，共同祭奠烈士英灵，缅怀英雄伟绩，表达凝聚涟水高质量跨越发展强大精神力量。

【退役士兵和转业军官安置】 2021年，县退役军人事务局严格落实安置政策，召开军转干部选岗会议，根据“岗位优先、积分优先”原则，为4名军转干部提供7个党政机关岗位进行选岗安置。制定《2021年退役士兵安置方案》，为自主就业退役士兵发放一次性经济补助。按照“积分选岗、阳光安置”政策落实，为符合政府安排工作条件退役士兵、消防员提供5个事业编制、44个国有企业岗位进行选岗安置，退役士兵安置率、满意率均达100%。

【退役士兵培训就业】 2021年，县退役军人事务局贯彻落实中央“六稳”“六保”工作要求，聚焦退役军人高素质就业创业，联合10余家企业开展“定向式”培训，推动退役军人参加补贴式教育培训复学和适应性培训，培训率达100%。4月，高标准开办特色农业促乡村振兴培训班，帮助在乡退役军人掌握过硬生产技术。遴选全县5家县级企业成为市就业创业示范基地联盟成员单位，拓宽全县退役军人就业渠道。发布10余次招聘信息，举办3次现场招聘会，联合100余家企业提供近2000个岗位，助力退役军人达成就业意向，促进退役军人成为全县经济发展的先头队、生力军。

【军休服务】 2021年，全县共有军休人员和遗属26人。全县发放军休干部各项待遇340余万元，集中组织全体离退休干部春季体检，办理军休干部医疗保险3余万元。“八一”期间，县委副书记李义翠，县委常委、县人武部政治委员滕金霞，县政府副县长吉海等领导一行，看望慰问军队离退休干部，与军休人员进行座谈，了解他们的生活，听取他们的意见建议。（徐坚源）

乡村振兴

【概况】 2021年，涟水县紧紧围绕中央、省、市关于巩固拓展脱贫攻坚成果同乡村振兴有效衔接以及开展富民强村帮促行动等相关要求，坚持巩固成果与打造亮点并举，奋力推进乡村振兴干在实处、走在前列，取得显著成效。连续两年荣获市高质量跨越发展考核一等奖；黄营镇朱桥村村民委员会、江苏今世缘酒业股份有限公司、省委驻涟水县帮扶工作队荣获全省脱贫攻坚暨对口帮扶支援合作先进集体称号。

【脱贫成果巩固拓展】 2021年，省、市定重点帮促村村均集体经营性收入和农村低收入人口人均可支配收入分别达45.34万元、28.97万元、1.42万元，增幅分别达22.52%、31.62%、19.81%，高于省市平均增幅。县乡村振兴局鼓励借助脱贫人口扶贫小额信贷政策创业致富，全年累计发放9642笔2.67亿元，增长36.8%，发放量全市第一；统筹带动项目收益助力村、户增收，分配到户888.79万元、到村1436.26万元；出台《涟水县防返贫保险试行方案》（简称“防贫保”），在全省率先扩大保险范围，实现城乡全覆盖，减少农户因病、因学、因灾等费用支出，筑牢防返贫底线。

【帮促项目增值增效】 2021年，县乡村振兴局整合上级财政衔接推进乡村振兴补助资金和县级配套资金8345万元实施南集镇新合村食用菌产业园、五港镇双体大棚芦笋种植等壮村项目13个，村集体增收势头强劲；放大扶贫资产管理系统监管作用，累计监管各类扶贫资产133个4.7亿元；60个村级光伏扶贫电站县级统一运维管理，进一步提升运行质效；在全省率先探索“扶贫资产+保险”模式，保费县补贴50%，累计投保37个项目1.31亿元，切实增强扶贫资产项目抗风险能力；探索开展村级集体经济收入保险试点，15个村率先投保。

【消费帮促提档升级】 2021年，县乡村振兴局做优中华特色馆·涟水馆，新建“涟水游礼”门店，在淮阴师范学院食堂和苏宁易购、京东商城等平台设立消费扶贫专区，开展“春季乡村行，芦笋报春来”“乡村振兴，遇虾有礼”等16场直播带货活动，参加省信用联社“乡村振兴E路新征程”等产品展销活动，推出“福礼”“伴手礼”“游礼”等系列套餐，不断提升“涟农优品”区域公共品牌影响力，全年累计销售各类农特产品2500余万元，销售量全市第一。

【扶志扶智持续深化】 2021年，在原“阳光扶贫超市”的基础上升级打造“涟水县富民超市”为民服务平台，提供项目查询、信息发布、小微创业证件办理等服务，有效解决低收入农户和经济薄弱村致富就业无门路、政策不清、办事分散等问题。6月8—10日，与省互联网协会联合开展“苏货直播”新农人电商培训120余人，提升新时期农民“直播+电商”专业技能和新农村管理者电商管理水平。（刘天广）

民族宗教事务

【概况】 2021年，县民宗局以习近平新时代中国特色社会主义思想为统领，围绕铸牢中华民族共同体意识和宗教中国化的主题主线，认真贯彻执行党的民族宗教工作基本方针，依法加强对民族宗教事务的管理，全力维护全县民族宗教领域的和谐稳定，为全县经济发展、社会和谐稳定做出积极贡献。向省民宗委争取资金96万元支持朱桥民族村建设，建成朱桥村等4处红石榴家园，其中朱桥村和莲花社区获评全省第二批红石榴家园。积极打造中华民族共同体意识培育试点学校。坚持引导宗教中国化方向，积极打造和谐宗教场所和中国化基地建设，县基督教中心教堂在全市评比中折桂。深入开展安全专项整治三年行动，全市民宗系统安全宣传月启动仪式和安全业务培训在涟水召开，不断提高民族宗教领域的安全防范意识和防范能力，确保安全稳定。

【少数民族事务管理】 2021年，县民宗局坚持发展民族产业项目。支持民族聚居村经济社会发展始终是做好民族团结工作的重点之一。全年向省民宗委争取专项资金96万元，经充分调研论证，按照专项资金管理要求，确定用于黄营镇朱桥村犇旺肉牛养殖项目中的光伏项目，协调发改委完成立项，乡村振兴局完成项目入库，年前完工发电。积极开展民族团结宣传教育“七进”活动。积极组织民族团结进步宣传活动。在县消防救援大队，开展民族团结进步宣讲和“端午安康粽叶香民族团结进消防”的包粽子活动，慰问消防队员；深入企业开展专题宣讲活动并散发宣传材料；组织镇村及有关单位开展全国民族工作会议精神学习贯彻。加强民族团结平台建设，积极开展红石榴家园创建，已建成朱桥村等4处红石榴家园，各级领导多次调研指导，经常开展群众活动，功能区建设不断完善，增强为民服务实效，其中朱桥村和莲花社区获评全省第二批红石榴家园。积极打造培育民族团结示范学校，民族团结进步创建相关活动持续开展。

【宗教事务管理】 2021年，县民宗局深入推进“六进”活动，在全县范围内开展国旗国歌、社会主义核心价值观、宪法法律法规宣传、中华优秀文化、反邪教宣传、民生服务进宗教场所活动，并结合和谐寺观教堂创建，开展“六进”活动提质增效专项行动，不断引导我国宗教中国化方向深入开展。积极开展学习教育，举办党史学习报告会，邀请县委党校副校长支伯生讲授涟水地方党史和革命史，学习中国共产党百年光辉历史。组织宗教团体集中收听收看全国“两会”、中国共产党成立100周年庆祝大会实况，聆听习近平总书记的重要讲话。多次组织宗教团体班子成员参观县烈士纪念碑、博物馆，赴淮安、淮阴、盱眙等县区参观学习周恩来纪念馆、刘老庄八十二烈士陵园、黄花塘新四军纪念馆等爱国主义教育基地，接受爱国主义教育，坚定感党恩、听党话、跟党走的决心。强化宗教教职人员队伍建设，对全县教职人员进行全面审核，实行超龄退出机制，一人一档，建立完善教职人员数据库。对全县拟按立教职人员进行爱国主义知识、宗教政策法规和基督教常识等内容的考试，不断强化宗教界人士和信教群众对伟大祖国、中华民族、中华文化、中国共产党和中国特色社会主义的认同。

（王　敏）

2021年11月，涟水县举办宗教领域培训班暨爱国主义学习班　（县民宗局　供稿）

公共安全

PUBLIC SAFETY

- 防灾减灾
- 农业安全
- 食品药品安全
- 交通安全
- 消防安全
- 安全生产
- 应急管理

编辑：彭亚君

防灾减灾

【气象防灾减灾】 2021年，县气象局进一步深化与生态环境、自然资源、农业农村、水利（防办）、应急管理、住房建设、文广旅游、融媒体中心等部门的合作机制，根据不同行业对不同气象要素的敏感程度，提高服务的针对性。发挥突发事件预警信息发布平台的作用，重要气象信息和预警信息能够及时通过应急广播和县融媒体中心的官方客户端、公众号、视频号等对公众发布。增加信息传输渠道，加入全县18个部门（行业）的工作群，第一时间转发气象信息。县委宣传部（县网信办）要求各镇街、各部门对重要天气信息进行“二次传播”，宣传气象预警信息，进一步提升气象信息的权威性和覆盖面。全年发布重要天气报告43期，预警信号（不含解除）共177次。（朱晓晓）

【防震减灾宣传】 2021年，县防震减灾服务中心在“5·12”防灾减灾日、“7·28”唐山地震纪念日、“10·13”国际减灾日等重大节日，组织开展防震减灾宣传活动，普及防灾减灾救灾知识，增强防范处置自然灾害的能力。在五岛湖景区一品梅广场举办全国防灾减灾日宣传活动，活动现场分为宣传科普、装备展示、应急救援演练三大区域，全县社会各界近2000人参加活动；在涟城街道淮浦路社区、中山路社区，为居民作防震减灾知识专题讲座；在新芳杰高科服装有限公司开展宣传活动，向企业职工赠送地震科普资料；在电信大楼、五岛湖景区，通过户外电子屏播放防灾减灾救灾宣传标语，推送公益短信800余条，增强公众的防震减灾意识和自救互救能力。

【地震监测预报】 2021年，县防震减灾服务中心做好强震、测震的监测及仪器的维护工作，每季度测量一次接地电阻。配合省市地震台网中心做好震情监测与短临跟踪工作。年强震观测数据连续率达到100%，测震观测数据连续率达到100%。截至年底，全县境内没有发生1.0级以上地震，县内地震宏观观测点没有发现可疑异常。“12322”地震信息网络畅通，上报测信息正常。

【地震灾害预防】 2021年，县防震减灾服务中心认真做好全县的地震灾害预防工作，在“4·22”地球日、“5·12”防灾减灾日、“7·28”唐山大地震纪念日等期间开展防震减灾科普知识宣传，提高民众的防震减灾意识。5月、9月，安装地震预警系统，确保全县人民的生命财产安全。

【地震应急演练】 2021年，县防震减灾服务中心开展多种形式地震应急演练。5月8日，县防震减灾服务中心在县实验小学发放防震减灾科普读物，开展应急知识主题讲座，组织师生地震应急疏散演练。10月12日，在淮文外国语学校播放地震科普宣传片，普及校园防灾减灾救灾知识，增强广大师生的灾害防范意识。（廖允超）

【防汛防旱】 2021年，县水利局坚持防汛防旱两手抓，科学合理调度，成功应对台风“烟花”，保障全县群众生命财产安全。根据省市防指要求，3月底，对全县河道堤防、涵闸、泵站等进行汛前检查，对县管的涵闸、水毁工程拿出27万元进行岁修；投入420万元对古淮河南集直属险工段雨淋沟问题进行整治；投入140余万元对一帆河闸、唐响河闸等中型涵闸进行维修养护；修订跨汛期工程安全度汛方案及相关应急预案，保证在建工程安全度汛。完善防汛防旱体系，对防汛防旱责任制和3个防汛预案进行修订和完善，召开防汛防旱工作会议，在《涟水快报》公示防汛责任人；投入85万元采购防汛抗旱设备21台套，投入104万元在陈师办事处建成县级防汛物资储备库；落实防汛抢险物资，新购置防汛木材15立方米、土工布2000平方米；全县共组建171支防汛抢险队伍，其中专业抢险队伍1支。开展“防汛抢险演练月”活动，拟订防洪抢险演练方案，加强与县人武部、应急局沟通联络，建立防汛联动机制；科学应对强降雨，坚持24小时值班，做好一帆河闸等6座中型涵闸的预排预降，将河道水位控制在警戒水位以下，成功应对台风“烟花”，保证全县安全度汛。做好灌溉供水服务，科学制定用水计划，合理调度水源，提前蓄水保水，及时处理用水矛盾，保证全县农作物用水需求。（徐 静）

农业安全

【森林病虫害防治】 2021年，县自然资源和规划局针对第一代美国白蛾疫情，组织开展车载式高扬程喷雾器喷防活动，重点围绕国道、省道、县道绿色通道

2021年5月18日，全县防汛防旱工作会议召开（县水利局 供稿）

等区域展开喷防，喷防时间1个月，喷防面积2000公顷；对河道、干渠的第二代美国白蛾开展飞机喷药防治，总防治面积2666.67公顷，经省市专家组对喷防效果进行验收，全部达到省定防治指标，被国家林草局林业工作站管理总站网站报道。积极开展生物防治工作，购买周氏啮小蜂2500头蛹、花绒寄甲2000管、肿腿蜂2000管等生物天敌，分别于6月、9月两次组织放飞。（袁正鲜）

【畜禽疾病防控】 2021年，县农业农村局采集无害化处理场、无害化收集点、屠宰场、养殖场、紧急检测等检测样品5300余份，配合部里采集样品360份，送省、市检测样品500余份。全年，共检测样品9273份，其中口蹄疫1394份，猪瘟645份，猪蓝耳病645份，禽流感H5/H7株1685/1685份，新城疫1485份，非洲猪瘟检测355份，布氏杆菌病600份，羊小反刍兽749份，牛结节病采样送样30份，检测结果全部合格。积极参加省、市组织的兽医实验室比对试验工作，圆满完成工作任务。

【农作物病虫草发生与防治】 2021年，县农业农村局坚持“科学植保、公共植保、绿色植保”的理念，围绕粮食稳定生产和农业绿色发展的要求，以绿色植保理念为指导，坚持分类指导、科学防控的原则，突出主要作物、重大病虫监测预警和科学防控，推进统防统治与绿色防控融合，努力实现农药减量使用与防病治虫有机统一，实现每年农药减量使用在0.5%以上。开展对农作物病虫草的系统调查和大田普查，及时进行病虫草数据分析上报，提高测报准确率、时效性。全年发布植保信息13期，向省、市汇报调查信息500余次，通过微信、“12316”、电视广播等渠道及时将防治信息发送给农户，科学掌握农药使用量，及时开展防治，实行农药减量使用。全年全县农作物病害发生面积204.6万亩次，防治面积645.2万亩次；虫害发生面积221.504万亩次，防治面积331.68万亩次；草害发生面积94.5万亩次，防除面积167.1万亩次。开展农作物病虫害防治条例宣传及检疫性有害生物查控，进行小麦赤霉病试验示范，通过试验示范，筛选出高效低毒低残留药剂，便于推广应用，开展农作物病虫草的统防统治，提高防控效果。建设绿色防控示范区5个(高沟镇建设水稻及高粱、五港镇建设芦笋、梁岔镇建设葡萄、朱码街道建设水稻病虫害)，辐射带动全县水稻、芦笋、葡萄及高粱病虫绿色防控技术应用，辐射面积2000余公顷，减少农药使用量，提高农产品质量安全，保护生态环境。

【水产品质量安全监管】 2021年，县农业农村局制定水产品质量、水产苗种产地检疫工作方案。与基层农技推广体系改革与补助项目相结合，将示范户纳入水产品质量监管平台。在苗种生产、鱼病高峰季节、产品集中上市等关键环节和时间节点，加强对禁用药物或有毒有害物质的宣传工作。每季度对全县水产品进行一次抽检，全年共配合省、市水产部门对涟水水产品进行例行抽检的样品共计72份，县单独组织1次，共10份样品的抽检，检测结果全部合格。

10月18日下午，省农业农村厅专家组到南集调研水稻新品种实验示范基地建设情况

（县农业农村局 供稿）

【农产品安全监管】 2021年，县农业农村局强化农产品质量安全监测工作，印发《关于开展2021年农产品质量安全例行监测和监督抽查工作的通知》，制定《涟水县食用农产品“治违禁 控药残促提升”三年行动方案》，针对11个品种规模生产主体，开展精准网格化监管。增加抽检频次，全年开展定量检测1346批次，开展县镇级巡查6253次，发现问题进行限期整改，并将有问题的生产主体纳入重点检查对象，有针对性地开展回头看活动，确保巡查效果。

【农产品品牌建设】 2021年，县农业农村局积极引导农业龙头企业、专业合作社、种养大户开展“二品一标”(绿色食品、有机农产品，农产品地理标志)认证，新获得绿色有机农产品品牌8个。新建26666.67公顷全国绿色食品原料标准化生产基地，建成省级绿色优质农产品基地3.76万公顷，新建省级绿色优质农产品基地5966.67公顷。全县种植业食用农产品耕地面积8.78万公顷，经过认定的绿色优质农产品生产基地7.27万公顷。

【农产品质量追溯管理体系建设】 2021年，县农业农村局开展入网行动，全县共有2061家农产品质量安全规模主体纳入江苏省农产品质量追溯管理平台，其中有效入网主体数2042家，有效入网主体数量覆盖率达99.08%，全年打印追溯标签和合格证93604张。

【畜产品质量监管】 2021年，县农业农村局以加大生猪产地检疫为重点的检疫出证核查力度，规范检疫出证。做好生猪产地检疫现场检查、资料查验、图片视频资料存档等工作，并加强其他动物检疫工作。杜绝隔山开证、倒卖票证现象出现。截至12月底，全县共出具生猪产地检疫证1800份，检疫生猪328032头；牛羊检疫证明347份，检疫牛羊2166头；家禽检疫证明3950份，检疫家禽2234万羽。做到出证资料备案可查，产地检疫规范化出证工作取得明显好转。紧盯畜产品质量安全，做好畜产品抽样送样及无害化处理工作。全年共抽检样品送检100余次，开展生猪、牛、羊瘦肉精检测工作近3000批次、近万头。

【农产品诚信体系建设】 2021年，县农业农村局加强农产品诚信体系建设。将规模以上种植业农产品生产主体及重点畜水产品(禽蛋、大口黑鲈、乌鳢、鳊鱼等)首先纳入省级农产品质量安全追溯平台监管，已有2061家生产主体加入江苏省农产品质量安全追溯平台，有效入网主体2061家。对重点监管对象建立电子档案，印发食用合格证30万份，农产品质量安全承诺书5万份，农产品质量安全告知书5万份，分发到各镇街道监管站，要求规模生产主体必须要签订农产品质量安全承诺书与责任告知书，并督促生产规模主体记录生产台账。 (宋华东)

食品药品安全

【食品安全监管】 2021年，县市场监管局聚焦白酒、肉制品、地方特色食品等重点对象以及问题多发区等重点区域，持续加强食品生产、经营、流通全过程监管，检查食品加工企业和餐饮单位1.2万家次，查处食品违法案件268件。突出抓好2件民生实事，创成省级名特优小作坊4家、市级示范小作坊3家；打造上海路、深圳路2条美食街，既有烟火气，又有文明味。全面加强疫情防控常态化冷链食品监管，排查冷链食品经营户1300余家、进口冷链食品经营户51家，完成76批次、1302.96吨进口冷链食品集中监管。全年新增获证食品生产企业9家，新登记小作坊23家，发放食品销售类食品经营许可证1100个、餐饮服务类食品经营许可证784个。经县疾控中心监测，无食源性疾病事件。全年无集体性食品中毒事故发生。

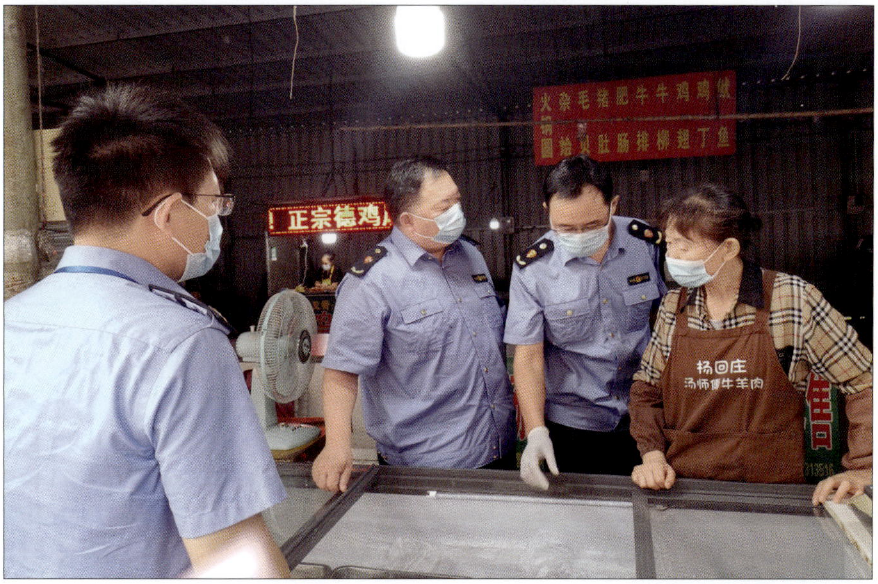

县市场监管局工作人员在城区菜场开展冷链食品监管 (县市场监管局 供稿)

【药品医疗器械监管】 2021年，全县共有药品生产企业1家，批发企业2家，零售企业301家，OTC(非处方药)药柜数1500余个；医疗器械生产企业1家，经营企业350家。县市场局扎实开展中药饮片、新冠病毒检测试剂等专项检查，围绕质量体系运行、制度文件执行、购销渠道、冷链管理等重点，持续加大监督检查和风险排查力度。全年检查药械经营企业409家、使用单位302家，计划内检查覆盖面达到100%。对全县1家疾控、30家新冠疫苗接种点和38家防保所进行联合督查，发现问题全部整改到位。药械经营使用监管和疫情防控工作在全市被通报表扬。

【保健品化妆品监管】 2021年，县市场监管局制定化妆品监管工作要点和化妆品经营监督检查计划、儿童化妆品专项检查方案、化妆品监管重点企业及检查方案。全年共出动检查人员635人次，检查化妆品经营单位175家次，发现问题单位9家次，责令整改6件，立案3件，约谈企业260余家。组织培训执法人员92人次、医疗机构80人次；上报化妆品不良反应144件。 (全 童)

【药品和医用耗材集中监管】 2021年，县市场监管局加强药品和医疗器械使用安全风险管控，积极开展医疗机构集采中选药品使用质量监督检查，重点检查集中采购药品和医疗器械质量安全、购进渠道、进货检查验收制度、供货企业资质、药品储存条件等内容。全年检查药品使用单位173家、器械使用单位212家。县医保局推进新版医保目录和国家谈判药落地，实施谈判药“双通道”管理，推进药品耗材集采结果在医院端落地，减轻医药费用负担。44种省特药纳入门特专项药品项目管理，办理特药审批500余人次，门特审批590余人次。组织全县38家医疗机构参加6轮国家药品集中采购，涉及219个品种，采购总金额为2178.86万元；组织6家医疗机构参加5轮耗材联盟带量采购，总金额668.68万元。 (全 童 陈小梦)

交通安全

【交通安全管理】 2021年，县公安局坚持以预防道路交通事故为中心，扎实开展“减量控大”专项行动，认真落实各项管理措施，狠抓队伍教育管理，交管工作质态明显提升，有力保障广大人民的生命财产安全。以“缓堵保畅”为目标，深入开展“大干一百天、实现开门红”集中攻坚行动、酒驾醉驾夏季夜查整治行动、全市重点车辆交通安全集中整治行动等专项行动,有力打击各类交通违法行为,有效遏制交通违法行为抬头趋势,维护涟水道路交通安全形势持续平稳。截至12月底,共现场处罚146362起,非现场237441起,无证576起,酒驾593起;行政拘留71人,移诉179人(危险驾驶99人,交通肇事80人)。对辖区道路的交通事故数据进行分析,并结合实地勘查,排查出道路安全隐患点,由道路主管部门及时进行整治,全面提升道路交通安全设施。全年,在城区新安装隔离护栏5700米,警示标志126个,亮化11处,划线3564平方米,划机动车位1836个,新增440个临时停车位。共查处货车违法行为24960起,其中超载1376起,有效遏制货车超限超载势头,进一步提升全县道路交通安全水平,县公安局交警大队因超限超载治理工作突出荣获省级表彰。

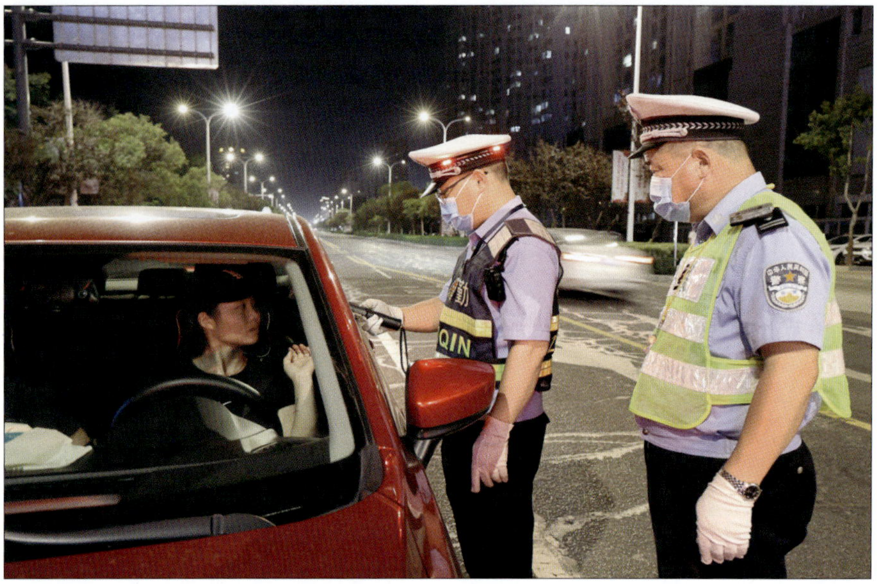

2021年8月25日,县公安局开展酒驾醉驾夏季夜查整治行动　　（县公安局　供稿）

【机动车及驾驶人管理】　2021年,县公安局持续深化公安交管"放管服"改革,助力营商环境,不断提升公安车管工作服务水平,群众满意率不断提高。通过实际体验、发放问卷调查等形式,了解群众办理业务的不便点,不断优化岗位设置和业务流程。实行车辆转籍信息网上转递,减少群众两地间往返;增加驾驶人考试场次,缓解驾考"小高峰"现象;落实机动车牌证办理一站式办理,驾考考试通过后场制证发证让群众"只跑一次腿"。全县共开通13个警邮合作业务站点,新增2个劝导站,群众可就近网上办理补换领驾驶证业务、机动车违章处理业务。全年共办理机动车业务97681笔,其中新车注册登记6782笔,转移登记4636笔;办理驾驶证业务24219笔。办理机动车驾驶员科目一考试139258人次,科目二考试24307人次,科目三考试14204人次。　（赖华军）

2021年涟水县交通事故统计一览表
表19

月份	次数（起）	死亡（人）	受伤（人）	经济损失（万元）
1	1	1	0	0.1
2	1	1	0	0.1
3	2	2	0	0.3
4	6	6	3	1.46
5	7	7	3	0.74
6	6	4	5	0.46
7	1	1	0	0.02
8	0	0	0	0
9	1	0	1	0.02
10	4	3	2	0.8
11	0	0	0	0
12	0	0	0	0
合计	29	25	14	4

消防安全

【概况】　2021年,县消防救援大队下辖1个消防站、3个政府专职队,共有消防员102人、政府专职队员77人、合同制消防文员12人,执勤消防车11辆,各类灭火救援器材1250余种,主要担负着全县1676平方千米内以防火监督和灭火救援为中心任务的各项工作。主动对标应急救援主力军和国家队的职能定位,狠抓"两严两准"("两严"指严肃的纪律、严密的组织;"两准"指准现役、准军事化)建队标准,强化履职担当、加快转型升级,全面实现队伍管理和火灾形势的"双稳定",党委政府和人民群众的"双满意"。大队被省政府表彰为文明单位,被命名为淮安市青年文明号,2名指战员被支队表彰为优秀共产党员,3名指战员被团县委表彰为优秀共青团员,2名指战员被省消防救援总队表彰为优秀干部;大队下辖红窑政府专职消防队被市消防救援支队评为先进政府专职消防队,4名消防员被市消防救援支队表彰为优秀消防员,3名政府专职队员被市消防救援支队评为优秀政府专职消防员,1名指战员先后被表彰为"涟水好人""淮安好人"。"火焰蓝、逆行者"形象深入人心,"主力军、国家队"风采充分彰显。

【火灾扑救】　2021年,县消防救援大队共接警出动1226起,出动车辆1641辆次,出动警力9657人次,抢救被困人员113人,抢救财产价值2458791元。火灾872起,直接财产损失2999924元,过火面积16154平方米,受灾户数195户,受灾人数29人,成功完成疫情防控阻击战、盱眙抗洪抢险等急难险重任务。

【消防设施建设】　2021年,县消防救援大队按照《涟水县"2+N"消防救援体系建设实施意见》通知要求,扎实推进县级、镇(街道)消防救援队伍和企业专职队等多种形式消防救援队伍建设。截至年底,消防救援指挥中心项目处于建设阶段,黄营镇、五港镇政府专职消防队处于施工阶段,高沟镇政府专职消防队完成主体建筑建设,红窑镇政府专职消防队、梁岔镇政府专职消防队、薛行政府专职队已经投入执勤。全年，共协调安装独立感烟报警器400个，电气火灾监控系统70个，电动车智能充电桩70个，简易喷淋55套；全县共新建市政消火栓122个，取水码头8个，超额完成市政府下发的建设任务；全年共组织开展应急演练35次，各类培训41次，培训各类人员1.7万人，有效提升消防安全素质和消防知晓率。

【消防监督执法】 2021年，县消防救援大队紧盯高层建筑、大型商业综合体、医院、学校等重点场所以及“三合一”场所、群租房等敏感场所，持续加大排查整治力度。全年共检查单位1650家，发现火灾隐患4673处，督促整改火灾隐患4660处，临时查封57家，罚款117.65万元，整改销案重大火灾隐患单位7家，责令停产停业17家，拘留8人。紧盯民生民意，持续开展“生命通道畅通工程”，排查小区103个，划定消防车通道标志、登高面2957处，设置禁停、警示标志2817块，消除各类隐患6000余处，社会面消防安全环境持续改善，人民群众安全感不断提升。（殷　伟）

2021年3月6日，涟水县消防救援大队进社区宣传消防知识　（县消防大队　供稿）

安全生产

【概况】 2021年，全县共发生各类生产安全事故11起，比上年减少5起，下降31.3%；死亡10人，比上年减少2人，下降16.7%，未发生较大以上事故。生产安全事故起数和死亡人数实现“双下降”，全县安全生产形势平稳可控。颁发危险化学品经营许可证15户。组织全县“三项岗位人员”考试共29次，其中13次在县考试点，16次在市应急管理局考试点，参加考试2446人，通过2026人，其中特种作业人员参加考试2038人，合格1710人，通过率83.91%；高危行业主要负责人和安全员参加考试408人，合格316人，通过率77.45%。

【安全生产责任制落实】 2021年，县应急管理局严格按照“党政同责、一岗双责、齐抓共管、失职追责”要求，层层压实安全责任。压实党政领导责任。县委常委会5次、县政府常务会6次专题听取安全生产工作开展情况汇报；县委换届后，及时制定调整《县委常委会成员、县政府领导班子成员2021年安全生产重点工作清单》，逐一明确县级领导安全工作职责。进一步推动党政领导干部落实安全生产责任制履责记实制度，层层压实属地党委政府领导责任。强化部门监管责任和属地责任。根据年初制定印发的《考核评价指标》《工作要点》等文件及签订的安全生产责任状，将安全生产工作纳入县对镇街、园区和机关单位季度考核扣分指标类别，加大考核分值，强化安全生产责任落实。压实企业安全生产主体责任。坚持以《企业主体责任重点工作清单》为抓手，严格落实工业企业安全生产风险报告制度，建立“安全风险清单”和“安全风险管控措施清单”，构建企业安全风险防控和隐患排查整治双重预防机制。开展“百团进百万企业千万员工”学习宣讲活动，提高企业主体责任意识。采取“四不两直”（不发通知、不打招呼、不听汇报、不用陪同接待，直奔基层、直插现场）督查检查、违法违规行为媒体曝光、刑行衔接等手段倒逼企业落实主体责任。

【安全生产大检查】 2021年，县应急管理局在元旦、春节、清明、国庆、中秋等时间节点，持续开展安全生产督查检查。累计派出检查组76个304人次，检查企业251家，发现隐患问题472条。全年围绕2个专题和8个专项整治牵头部门共成立357个检查组，开展督导检查次数802次，检查单位1816家，督导发现问题3605个，排查安全隐患3669个。32个专项整治工作组每月报送专项整治开展情况，共开展督导检查1811次，检查单位5712家，督导发现问题4077个，排查隐患6134条。

【安全隐患专项整治】 2021年，县应急管理局按照习近平总书记“两个不放松”“务必整出成效”的重要指示要求，持续巩固“一年小灶”成果，高质量转入“三年大灶”。持续深化三年专项整治。印发《关于进一步深化安全生产三年专项整治工作实施方案》和《关于全面落实国务院安委会深化江苏安全生产专项整治指导工作涟水实施方案》，对全县重点工作任务和工作举措进行明确，有力有序有效推动安全生产三年专项整治向纵深发展。全力推动省市13项重点任务落实。紧盯省市《关于进一步深化安全生产三年专项整治工作的实施意见》部署全县13项重点工作任务清单，逐条逐项推进落实，确保所有任务全部按序时完成。截至年底，应急指挥平台一期建设问题、危桥隐患整改任务已经完成，加油站点专项整治、“一年小灶”成果持续巩固、镇街工业集中区安全生产管控能力提升常态化开展，剩余8项重点工作正按照序时进度有力推进完成。重点行业领域专项整治不断推进。在全县范围内开展危险化学品安全生产排查整治专项行动、预防高处坠落百日专项整治行动、消防安全专项治理行动、燃气安全专项检查及既有建筑物安全隐患排查整治行动,持续开展粉尘涉爆专项整治、道路运输专项整治等,牵头部门共成立357个检查组,加大排查检查和隐患整改力度,累计开展督导检查次数802次,检查单位1816家,督导发现问题3605个,排查安全隐患3669个,已整改3338个,整改率90.98%,不断推进各项工作取得实效。

【安全生产执法检查】 2021年,县应急管理局强化事前执法,严厉打击安全生产非法违法行为,行政处罚470次,处罚金额148.98万元。通过全覆盖、无盲区、拉网式专项排查,有效防范化解重点区域重大安全风险。采取"四不两直"方式,突出查处危险化学品、冶金、有色、粉尘防爆、涉氨制冷、有限空间、厂中厂等重点行业领域安全生产违法行为,关闭取缔一批违法违规和不符合安全生产条件的企业,问责曝光一批责任不落实、措施不力的典型案例,达到"一企受重处、万厂受教育,一地有严查、全县受警示"的效果。年度执法计划完成率达到100%,全年行政诉讼案件没有败诉或经复议被撤销、变更,事故按期结案率100%。"12345"信访举报的各类安全生产事项做到事事有回复、件件有落实。

【危化品管理】 2021年,县应急管理局扎实开展循环经济产业园化工定位变更后续的各项处置工作,按照红、橙、黄、蓝风险等级分类,对循环经济产业园现有18家企业制定"一企一策"风险管控方案;建成"五位一体"信息化监测预警系统并投入使用,加强危化品生产、储存、运输、使用等环节全生命周期监管;全县涉及重大危险源和重点监管危险工艺11家企业全部完成本质安全诊断验收。组织全县危险化学品生产安全事故处置应急演练,通过模拟演练,进一步提高全县安全生产安全事故处置能力,得到市县领导的一致好评。加大隐患排查工作力度,累计排查88家(次)危化品生产企业,查出隐患615条,其中重大隐患8条;排查危化品使用单位2570次,立案查处29起,发现一般隐患1599条。

(廖允超)

【特种设备安全监管】 2021年,县市场局强化日常监管,组织检查特种设备使用单位600余家,排查整改隐患205条,立案查处8起,有力督促企业落实安全生产主体责任。聚焦涉及民生、危化品、人员密集场所的特种设备安全,扎实开展桥门式起重机、快开门压力容器等专项整治。建立气瓶电子档案,记录气瓶充装、检验过程等信息;通过"气瓶透明充装系统",公开气瓶充装作业流程,引入社会监督,营造共治格局。组织《淮安市住宅电梯安全条例》宣贯及电梯维保作业培训,创新电梯标准化管理,培育电梯安全管理示范典型。

(金　童)

【建筑工程质量监管】 2021年,全县新办理建筑工程质量监督登记项目558个,建筑面积218万平方米,报监工程监督覆盖率达98%以上。县住建局办理单体工程竣工项目260个 ,竣工面积135万平方米,分户验收覆盖率达100%,没有发生建筑工程质量事故,无越级上访事件,积极推荐申报淮安市优质结构工程评审155个,获市"翔宇杯"工程18个。

【建筑安全生产监管】 2021年,县住建局开展城镇建筑工程领域的检查整治力度安全生产检查406次,发现安全隐患1499条,均整改到位。发出整改通知书296份,停工单25份,抽查单67份,先后约谈42家企业,对25家企业移交处罚,处罚金额共51.87万元。

(汪志豪)

应急管理

【应急救援】 2021年,县应急管理局深入贯彻落实《中华人民共和国突发事件应对法》,以保障人民生命财产安全为核心,扎实推进指挥体系建设和应急救援队伍建设,不断提高应急处置能力。认真研究,充分论证,不断提高预案的合理性和可操作性,完善应急救援管理体制建设。建立健全综合值班值守和专业应急值守机制,严格落实领导带班和24小时值班值守制度,积极应对处置可能或已发生的安全生产、自然灾害事件,全年出动应急救援29次,参与人员163人次,避免次生灾害和二次伤害发生,挽回直接经济损失343.46万元。规范突发事件信息报送,拓宽信息获取渠道和手段。完善值班值守设施建设。强化应急管理装备技术支撑,优化整合各类科技资源,推进应急管理科技赋能。强化保障机制,抓好骨干队伍建设,加强应急救援队伍建设。切实保障人民群众的生命财产安全,维护社会和谐稳定。

(廖允超)

【卫生应急】 2021年,县卫生健康委、县疾控中心建立健全卫生应急组织体系,完善应急响应机制,提高突发公共卫生事件应急处置能力。健全完善应急预案,扎实开展应急处置队伍培训,先后培训人员686人次。积极开展组织卫生应急演练,先后开展综合演练5次,演练参与人员约542人,进一步提升卫生应急处置能力。积极开展卫生应急"六进"活动,参与活动共计11217人次,其中进社区680人次、进企业1856人次、进机关490人次、进学校6200人次、进农村1564人次、进家庭427人次。扎实开展传染病和突发事件风险评估,突发公共卫生事件报告率和处置率达100%。强化应急物资储备,配备防护服2万余件、医用口罩30万个、N95口罩1.8万个。 (嵇伟杰)

生态环境

ECOLOGICAL ENVIRONMENT

编辑:王梦真

环境质量

【空气环境质量】 2021年,县生态环境局坚持以"生态环境高质量"为目标,以"263"专项行动为抓手,解决突出环境问题,改善生态环境质量。全县$PM_{2.5}$平均浓度均值为32.2微克/立方米,比上年下降15%,首次达到国家空气质量二级标准;优良天数306天,优良率83.8%,增长5.9%。改善幅度在全市11个县区中位列第一。

【水环境质量】 2021年度,全县国省考断面调整为6条。国考盐河袁闸断面、南六塘河沈三圩断面,考核标准均为Ⅲ类水标准;省考废黄河幸福大桥断面考核标准为Ⅲ类水标准;省考一帆河方渡桥断面、唐响河后营桥断面、公兴河头圩渡口断面考核标准为Ⅳ类水标准。6个国省考断面均完成考核目标,其中幸福大桥断面年均水质数据提高一个类别达Ⅱ类水,唐响河后营桥断面年均水质数据提高一个类别达Ⅲ类水。

【声环境质量】 2021年,县生态环境局完成辖区内交通噪声、区域环境噪声和功能区噪声等环境质量例行监测任务。涟水县城区道路交通噪声昼间等效声级分布在60.0—71.7分贝,均值为65.8分贝,按照质量等级划分为好,所测达标路段总长75.81千米。功能区噪声监测共分为4类区,昼间和夜间等效声级年均值均达到国家标准;区域环境噪声等效声级均值为58.6分贝,昼间城市区域环境噪声总体水平质量等级为三级。 (易宏媛)

生态保护

【概况】 2021年,县自然资源和规划局坚持生态优先,以林木覆盖率、湿地保护率等指标为核心,做好绿化造林、野生动植物保护、湿地小区管理、土地资源管理等重点工作。全县完成成片造林967公顷,比上年增加567公顷;新建农田林网733公顷,更新和完善农田林网控制面积6333公顷;完成四旁植树(含珍贵树种栽植)100万株,全县林木覆盖率达24.18%。开展野生动物保护与人工驯养繁殖管理工作。全年出动巡查车辆40车次,参加检查160人次,封闭隔离野生动物养殖场11家,开展野外巡逻4200千米,查处违法捕猎野生动物案件5起,救护野生动物65只。组织县市场监管局、公安局等开展联合执法检查,对2个野生动物交易市场、饭店等场所检查4次。 (袁正鲜)

【城市绿化】 2021年,县住建局全面提升城市绿化品质,启动实施5个城市特色游园,总投资1430万元,占地面积约56110平方米,分别为军民休闲广场、城南融媒体中心、荣马大酒店西侧、实验小学西侧、首府国际西北侧、涟中闸北侧。实施龙腾大道、郑梁梅大道、清涟大道等道路沿线景观项目建设,推进涟水湖应急水源地项目建设,总投入约2.8亿元,新建绿地约53万平方米。实施城区绿化补植工程。总投资371万元,项目内容为清水路(郑梁梅大道至龙腾大道段)栽植行道树及沿路景观组团;海西路(龙腾大道至珠江路)、朝阳路(龙腾大道至晨曦路)、杭州路(红日大道至北京路)栽植街道树730株。实施进场路停车场及景观改造。总投资245万元,开工时间为6月初。项目内容为滨河教育中心西侧入口景观改造,在入口北侧建设生态停车场。 (汪志豪)

【湿地乡村(社区)管理】 2021年,县自然资源和规划局加强湿地保护小区和湿地乡村(社区)创建,建成西张河和公兴河湿地保护小区2个,新增湿地保护面积139.7公顷,完善编制方案、专家评审、树立界碑等工作,自然湿地保护率年提升至8.4%,综合提升至66.8%,为全市第一;完成五港镇五港居委会湿地社区和朱码街道笪巷村湿地乡村建设,投资150万元,整治黑臭水体,改善人居环境。根据《淮安市创建国际湿地城市工作方案》要求,开展编制《涟水县湿地保护规划(2021—2035)》。

【土地资源保护】 2021年,县自然资源和规划局认真贯彻落实中共中央关于加强耕地保护和改进占补平衡工作意见,深入推进耕地数量、质量、生态"三位一体"保护,建立耕地保护激励机制。规范省市土地整治实施,东胡集渠东、红窑李庄、梁岔费庄、东胡集小埝、黄营旗杆、红窑苗戴6个省投项目以及黄营徐跳、红窑白洼、唐集月塔、红窑颜下庄、高沟苗荡5个市投项目通过验收。强化耕地占补平衡管理,入库面积全市第一。截至年底,上级下达耕地保有量任务数为10.46万公顷,实际完成11.27公顷,永久基本农田划定任务数为9.06万公顷,完成划定永久基本农田9.07万公顷,实现耕地保有量及永久基本农田面积稳中有升,被省自然资源厅评为"耕地保护激励单位"。

(袁正鲜)

【水资源管理】 2021年,县水利局实行最严格水资源管理,严格控制超量开采和浪费水源现象。实行用水总量控制,出台用水计划文件,全县共审核批准用水计划申请203份。实行地下水"四个一"(一井一证、一井一卡、一井一牌、一井一表)管理,推进地下水压采,全年封填水井47眼。根据淮安市地下水动态报告(3季度),朱码节制闸国家级监测点水位比同期上升1.86米。严格取水许可,完成13本纸质取水证转换电子证工作,推进取水口规范化管理,年内完成涟缘水务有限公司取水口规范化建设任务。加强用水管理,对12家自备水源用水管理单位和191家公共供水管理单位进行重点监控,完成率100%;对1家企业开展用水审计,对3家企业、1家学校开展水平衡测试,对3家企业项目开展水资源论证,取缔非法使用浅层地下水洗车场10余家。推进节水型社会建设,开展涟水县国家级县域节水型社会达标县创建,已通过省级验收;江苏今世缘酒业股份有限公司等4家企业创成省级节水型企业,县外国语高级中学创成县级节水型学校,炎黄职业技术学院完成节水高校创建,并通过省市专家验收。依法征收各项规费,其中依法征收水资源费976万元、污水处理费28.3万元、河道占用补偿费40.1万元和农业水费735.7万元。2021年度,全县总用

涟水湖备用水源地　　（县水利局　供稿）

水量为58136万立方米，其中地下水为316万立方米，万元GDP用水量较上年下降8.4%，万元工业增加值用水量下降30.23%。

【水行政执法】 2021年，县水利局坚持有法必依、执法必严、违法必究，切实加大水行政执法力度。按照纵向到底、横向到边的管理要求，实行水政大队、中队及水政监察点联动机制，严格执行行政执法公示、执法过程全记录及重大执法决定法制审核制度。加强古淮河水源地巡查保护，坚持一级保护区内日巡查、二线保护区全线巡查，对4个水功能区定期巡查，饮用水源地水质经市水文局每月检测均为Ⅲ类，达标率100%。打击非法采砂行为，每月不少于4次对北六塘河进行专项执法检查，对古淮河47个遥测点定期实地检查，利用执法巡逻艇在古淮河、北六塘河进行重点巡查，全年累计查处各类水事案件20起，其中违规占用河道堤防案3起、取用地下水17起，维护正常的水事秩序。

【河长制工作】 2021年，县水利局持续推进河长制工作，全县631名县乡村三级河长履职尽职，15位县级河长巡河75人次，209位镇街级河长巡河4635次，408位村级河长巡河常态化。投入管护经费1250万元，落实管护人员261名，构建河道市场化、网格化管护模式。开展“三水”清除百日攻坚行动，对境内481条河道进行全面排查整治，先后投入资金600余万元，组建各型保洁队伍51支，出动人力2.5万余人次、船只320余台次、大型器械265台次，累计打捞“三水”38万余吨，做法被央视、省电视台宣传报道。开展河道“两违三乱”治理，实行清单销号式管理，问题全部整治完成。全面统筹河湖生态发展，积极打造河长制样本地区和样本河道，涟河、漪河连续两年被评为优秀生态河道，五岛湖被纳入国家幸福河湖建设样本。及时更新全县河湖长制公示牌1015块，健全完善公众参与机制，强化“河长+检长”等监管平台、河长制工作精准化、智能化等信息平台和无人机巡查、视频监控等科技平台利用，逐步实现河道智能化管理。

【节水宣传】 2021年，县水利局强化宣传工作，利用世界水日、中国水周、城市节水宣传周等契机，组织节水知识进校园3次、进机关2次、进企业3次、进社区2次、进乡村3次、进公共场所5次。在第二届全国节约用水知识大赛中，炎黄职业技术学院获全国学校组第六名。

（徐　静）

环境治理

【概况】 2021年，县生态环境局编制生态文明建设规划，建立污染防治项目库，加快生态保护与修复，改革完善生态环境治理体系，深入开展工业污染防治、农业面源治理、畜禽养殖污染治理、扬尘治理、机动车尾气治理等污染防治工作。实施河道整治、拉网式农村环境综合整治等重点工程项目，加大集中供热、乡村污水处理厂等基础设施建设力度，全面提升生态文明建设水平。

【大气污染防治】 2021年，全县坚定绿色发展理念，聚焦打好蓝天保卫战，坚持臭氧和$PM_{2.5}$防治协同、区域联防联控协同，区域环境空气质量持续改善。推进大气污染防治工程建设，25项重点治气工程全部提前完成；加大对建筑工地、渣土运输车辆等扬尘管控，采取扬尘防治日抽查、周检查、常通报机制，建立扬尘治理“红黑榜”；落实常态化道路清扫保洁模式，采用机扫与人工冲洗相结合的作业模式加以降尘，加强日常昼夜执法巡查监管，全年累计检查点位852个，出动检查人员2556人次。

【固体废弃物危险化学品处理】 2021年，县生态环境局持续推进危险废物专项整治工作，做好一年小灶总结与三年大灶衔接，修改完善县级方案，深入推进部门联合执法和专项执法工作，加强与市场监管、交通运输、农业农村、城市管理、自然资源等执法队伍的协同执法，建立完善联动联席机制，协同推进行业性突出环境问题解决。开展全县企业环境安全隐患排查治理，对14家较大以上环境风险源化工企业开展环境安全隐患“八查八改”工作，组织企业自查、自报，邀请专家现场核查，一企一策制定整治方案，逐企交办，限期整改，指导企业建立特征污染物产生、排放管理等制度，不断提升企业污染治理水平，截至年底，所有企业均已完成环境安全达标建设“查改”任务。

【区域水环境治理】 2021年，县生态环境局编制新增国省考断面水质达标方案，开展科学治污、精准治污、依法治污，加强地表水生态环境监督管理；开展入河排污口排查与整治，强化水质监测预警、溯源排查管控，累计对断面沿

整治后的涟西二干六支大沟　　（县水利局　供稿）

线重要点位采样监测近3000次。加快推进城镇污水处理提质增效，对城区内244千米雨污水管道全面开展排水管网普查，实施城区排水管网雨污分流及改造修复工程；累计完成排水管网测绘约55千米，完成管网清疏长度约32.7千米。按照“功能达标、水流通畅、水岸清洁、生态良好、管护到位”的农村生态河道建设标准，实施2021年度农村生态河道建设45条255千米。

【土壤污染防治】 2021年，县生态环境局加强对全县重点涉危废单位环境风险、核与辐射安全风险等监督管理，组织开展危险废物环境安全风险隐患排查整治行动，持续深化开展危险废物贮存设施清理整治工作，以危险废物管理系统中梳理出的单位为重点，不断完善危险废物贮存设施清单，采取“一库一策”“跟踪问效”等方式督促相关企业进行整治，印发《关于对危险废物贮存设施清理整治中手续办理的化解意见》，指导44家完善规划、住建、消防、安全、环保等手续不全遗留问题，推进历史遗留问题化解，其中32家企业5项手续整改到位，其余12家已提交整改资料。加强环境应急管理培训，共组织全县52家较大及以上环境风险等级企业环保负责人参加线上培训，并组织11家重大风险源企业参与环境应急线下培训。加强环境应急管理培训，组织全县重点园区较大及以上环境风险等级重点企业开展环境应急管理培训。实施“以案促进、提升环境应急能力”专项行动，提升环境应急响应能力。 （易宏媛）

环保监督

【概况】 2021年，县生态环境局聚焦治气、治水、治土三大战役，强化环保监督工作。按进度要求完成辖区内地表水、农村地下水和土壤、环境空气、酸雨、降尘、功能区噪声、区域环境噪声等环境质量例行监测任务。积极开展辖区内主要污染源的监督性监测，每季度完成国控污染源的监督监测和在线比对监测；对省控重点污染源进行半年一次的监测，对全县集中式污水处理厂，经济开发区印染企业、表面处理企业、涉重污染企业以及造纸、化工等企业开展监督监测。积极争取省级环保引导资金和减排专项资金，先后建成7个水质自动监测站、15个空气自动监测站。建成生态环保数字监控平台，逐步完善污染源一企一档，建立环境监管档案，实时监控重点企业、污水处理厂、水和大气自动监测站等数据，及时预警发现问题。

【企业环保信用评价】 2021年，县生态环境局在项目建设方面始终坚持“提前介入、主动服务、全程跟踪”的服务理念，简化环评审批、优化项目审批流程，实施环评审批正面清单和监督执法正面清单，积极帮助企业解决治污难题，全力保障项目建设。累计批复环境影响评价报告表98个、报告书8个，实施验收40个。开展年度企业环保信用评价工作，及时上报评价结果，并将企业环保信用情况纳入征信系统和社会诚信档案，适时向社会公开。全年累计对307家企业进行信用评价，初步评出绿色企业2家、蓝色企业303家、黄色企业2家，无红色、黑色企业。

【环保宣传教育】 2021年，县生态环境局利用“5·22”生物多样性日、“6·5”世界环境日、“6·10”全国低碳日等契机，组织开展宣传教育活动，联合零碳能源科技有限公司在五岛湖公园举办广场宣传活动，设立“人与自然和谐共生”“江苏生态文明20条”等宣传展板，配合利用户外咨询台、文艺节目、电视讲话、报刊版面等载体，广泛宣传习近平生态文明思想及环保科普知识、环保法律法规，动员引导全社会营造关心、支持和参与环境保护的良好氛围。全年共举办重大科普活动3次、专题展览14次，累计发放科普读物和资料2700余份。建成光大集团环保教育示范点，聘请法律专家，每周组织开展一次环保相关法律业务培训，进一步规范行政执法行为，提升执法效能。定期对全县重点企业负责人及环保工作分管人开展生态环境损害赔偿等法律知识普及宣讲会，通过知识讲解、问答解疑、具体案例分析等多种形式，进一步增强企业的环保意识，引导企业做好生态环境保护工作。 （易宏媛）

镇街

TOWN STREET

- 涟城街道
- 朱码街道
- 陈师街道
- 保滩街道
- 高沟镇
- 红窑镇
- 梁岔镇
- 成集镇
- 岔庙镇
- 五港镇
- 东胡集镇
- 大东镇
- 黄营镇
- 南集镇
- 石湖镇
- 唐集镇

编辑：周蓓蓓

涟城街道

【概况】 涟城街道为地处县委、县政府所在地的城关街道，是全县政治、经济、文化和商贸中心。东与南集镇为邻，南临古淮河与淮安区隔河相望，西与保滩街道、陈师街道相连，北与朱码街道交界。街道总面积132.27平方千米，下辖4个片区工作委员会、19个行政村、25个社区居委会，306个村(居)民组，8.08万户，23.83万人。2021年，实现财政公共预算总收入6734万元，位列全县镇(街道)高质量跨越发展第一方阵。

【农业】 2021年，涟城街道实现农业总产值9.97亿元，粮食作物播种面积8766.33公顷，总产量5.98万吨；油菜播种面积264.8公顷，总产量864吨。特色农业发展加速，围绕蔬菜、水产、家禽和稻虾养殖等主导产业，全年新增流转土地313.33公顷，新增高效农业面积420公顷，新增设施化种植面积213.33公顷，徐集泓澄豆丹产业园、张罗香果园、石庄果蔬标准园、左程葛根种植园、映佳菇业等农业经营合作组织不断涌现，规模化种养大户74户，新增注册家庭农场13个，新增市县级示范家庭农场和示范合作社3个，新增省级示范家庭农场2个，新增土地股份合作社6个，引进农业项目3个。全街道家禽家畜饲养量18万只(头)，成片林27.4公顷，其中新拓植13.2公顷，“四旁”植树6万株，农用林网133.33公顷。新架设乡村路灯72盏。农田水利建设不断加强，新建防渗渠道10.7千米，新建农桥、节制闸3座。发放各类支农补贴2000余万元。大力推广农业保险工作，覆盖率达99%。

【工业与招商引资】 2021年，涟城街道坚持“项目为王，环境是金”理念，大力开展招商引资和项目建设，全年成功签约欣乐康洗衣粉等亿元以上项目4个，军民农贸市场综合体等5个亿元以上项目竣工。加大工业集中新区和基础建设投入，完成二塘工业集中区“退二进三”，清理二塘、石庄两个工业集中区仓储用房近2万平方米。全街道实现规模以上工业应税开票18.458亿元，规模以上工业总产值25.26亿元，工业入库税金3871万元。

【第三产业】 2021年，涟城街道着力推动第三产业稳步发展，实现劳动力转移和回乡创业人员大逆转。实现第三产业增加值101亿元。举办各类劳动技能培训22场次，培训各类技能人员3607人。

【社会事业】 2021年，涟城街道结合创建全国文明城市，投入500余万元用于美丽乡村建设，打造徐集、上庄等人居环境示范点6个，实现城乡环境管理的规范化、精细化和长效化。卫生事业建设取得新进展，涟水二院新增康复中心面积近千平方米。社区卫生服务中心覆盖率达100%，群众就医条件得到进一步改善。民政优抚工作取得新进展，及时为优抚对象和低保户发放“两金”2000余万元。

【综合整治】 2021年，涟城街道以全国文明城市创建为契机，对全街道背街小巷进行综合整治和提升，补短板，上台阶。收到通过数字化平台交办案件13421件，并整治回复到位。出台《关于加强公共空间治理的实施意见》，围绕去存量、控增量的原则，明确责任，明确奖惩，有效遏制违建的高发、群发势头。年内，共组织大小拆违百余次，拆除各类违法建设9000平方米，开展公共空间治理，整治涟南羊路、三百工程路沿线板厂大棚等乱搭乱建。

【二塘工业集中区】 位于淮涟一级公路东侧、“三百”工程路北侧。2009年1月启动建设，先后被市委、市政府批准为首批“市级工业园区”“全市重点乡镇工业集中区”。被省评为“江苏省中小企业产业集聚示范区”。园区规划总面积3平方千米，截至2021年底，建成标准化厂房312幢，建设总面积约51万平方米；配套基础设施建设累计投入1亿余元，道路、亮化、绿化及管网建设基本到位。累计入驻企业304家，其中规模以上企业67家，初步形成以机械电子、服装纺织为主导的产业特色。

【石庄工业集中区】 位于徐集片区石庄村、涟南羊路东侧，规划面积5平方千米，建成区面积3平方千米，以纺织服装、农产品深加工为主导产业。2013年被江苏省经济和信息化委员会认定为江苏省重点培养小企业创业基地。2014年，被认定为江苏省小企业创业示范基地。入驻企业有江苏旺银特种纤维纺织有限公司、涟水恒逸织造有限公司、涟水县红旗木材加工厂、涟水龙祥木业有限公司、涟水大林木业有限公司、涟水艾丽家宝家纺有限公司、淮安涟缘铜业有限公司等企业共15家。年内，园区内企业开票销售1.9亿元，入库税金861万元。 (刘岳文)

朱码街道

【概况】 朱码街道地处涟水县城北部，成立于2018年12月，与经济开发区、涟城街道、黄营镇等接壤毗邻，盐河、公兴河、宁连路、235省道、327省道、涟新路等贯穿全境，辖区总面积达14227公顷，东西长30余千米，耕地面积8373.61公顷，辖5个社区，33个村，401个村民小组，7.68万人。2021年，实现地区生产总值53.39亿元，实现公共财政预算收入4545万元，增长25.6%。

【农业】 2021年，朱码街道粮食播种面积25952.8公顷，粮食总产量17.73万吨；蔬菜作物播种面积4861.87公顷，蔬菜总产量20.62万吨；肉类总产量3085吨，猪肉产量2230吨。实施重点农业项目16个，培育专业合作社43个，家庭农场72个，流转土地面积616.6公顷。新建高标准农田666.67公顷、农桥11座，铺设农路11千米、防渗渠道17千米，修建电灌站2座。建成草莓产业体系集成创新中心示范点，设施化农业、果蔬种植、有机稻米和特色养殖四大区域板块形成，并初具规模。新建高标准农田666.67公顷、农桥11座，铺设农路11千米、防渗渠道17千米，修建电灌站2座，群众生产生活条件显著改善。

【工业与招商引资】 2021年，朱码街道实现工业总产值18.38亿元。有规模以上企业13家，其中年开票销售超过亿元的企业有6家。新签约亿元以上项目3个、10亿元以上项目1个，正在洽谈亿元以上项目3个，完成市盘新开工项目3个，新竣工项目2个，并与中车集团达成意向合作协议，拟投资120亿元实施项目整体化搬迁。汉新工贸项目、稼穑化学技改项目厂房基本竣工，食品添加剂项目、乐器项目已经开工建设。

【第三产业】 2021年，朱码街道完成第三产业总产值22.89亿元。有限额以上贸易企业14家，限额以上贸易单位营业收入41494万元，增长40.9%；规上其他盈利性服务业企业8家，营业收入76954万元，增长142.3%。

【社会事业】 2021年，朱码街道完成年初编排的提升交通出行能力、提升城乡环境、改善农业生产条件、丰富群众文化生活等民生工程25项，投入300余万元为5所学校更新教学装备。朱码中心幼儿园建成投用；总投资900余万元集医养娱一体的河网区域化养老中心即将投入使用；新建李集防保所。积极推进近水楼台、畔水美庭、中天名人湾、薛行三期等问题楼盘矛盾化解。

【朱码工业集中区】 2021年，朱码街道完成民营经济产业园、孙徐工业集中区、双河工业集中区、河网工业集中区等“一园三区”格局。总规划面积80公顷，已启动建设36.67公顷，兴建厂房15万平方米，其中集体投资兴建厂房6万平方米，利用率达100%。园区入驻企业60家，以纺织服装、机械电子、木制品、塑料制品等产业为主。

【辖区调整】 2021年9月23日，涟水县召开经济开发区社会事务管理职能调整工作会议，原经济开发区所辖8个村（社区）张码、引北、陶码、桃柳、振丰、周庄、文俊、凌庄划归朱码街道。朱码街道迅速成立调整工作领导小组，积极配合县有关部门做好人财物的划分、移交等各项工作，做到依法办事、规范操作、严谨细致。认真做好舆论宣传和引导工作，为后续安全生产、信访稳定、社会管理、民生民计等各项工作的开展打下良好基础，切实做到有序交接、平稳过渡。

【“有事好商量”活动】 2021年，朱码街道积极推进政协“有事好商量”协商议事工作，注重氛围营造，形成“人人关心议事　人人参与议事”的良好氛围，遇事好商量、干群一盘棋。坚持一村一月一议事，就农村基础设施维修、政策解读与宣传、文明风尚树立以及关爱孤寡老人等常见问题展开热烈讨论，坚持把群众的利益放到第一位，最大限度地为居民群众排忧解难。9月，朱码街道河网社区“一码解百忧　清水润良田”案例、凌庄村修缮烈士陵园案例以及笪巷村建设省级特色田园乡村案例在县政协“有事好商量”精品分享会上进行汇报展示，收获一致好评。

【河网敬老院】 2021年，朱码街道率先探索区域性养老服务新模式。辖区内河网敬老院，是一家新建的集住养、医养、康养为一体的区域性养老服务中心，总投资1000万元，建筑面积3000平方米，设置床位160张，于年底投入使用，收纳原朱码街道、河网、小李集三家敬老院的五保老人统一集中供养，帮助周边有需求的社会老人解决住养、医疗、护理等难题。

【党员积分储蓄所】 2021年，朱码街道笪巷村成立全县首家党员积分“储蓄所”，通过网格化、数据库管理等方式，引入银行储蓄的概念，为每一名党员发放一本积分储蓄存折，从组织活动、志愿服务、示范引领、作用发挥四方面细化加分项12项，每月党员“固定学习日”采取党员自报与群众帮报相结合方式，填报积分采集表，采集当月积分情况。当季对党员申报的积分进行审核并公示，无异议后计入党员个人积分“储蓄”存折。党员根据积分情况，既可随时申请兑换相应分值的物品，也可在年底申请兑换相应分值的物品。党员积分储蓄所广泛调动党员履职尽责、无私奉献的积极性，在环境治理、疫情防控、志愿服务等各项工作发挥先锋模范作用。

【文明城市创建】 2021年，朱码街道深入推进全国文明城市创建“689行动”，围绕门前五包、流动摊点、小广告、背街小巷、飞线充电等方面开展专项整治，累计清除外溢摊点300余次，累计安排清洁人员200余人次，清理小广告8000余处，清理垃圾310吨。重抓城乡环境治理，加强街村道路、河塘、污水处理、垃圾分类等方面建设管理，累计投入资金150余万元，美化省道、高速、高铁等沿线墙体17.5万平方米，投资10余万元对东风花园整体环境进行改造提升，投入资金近20万元对涟新路南侧殷庄小区路边进行绿化，投入600余万元打造胡楼、笪巷、樊卜、王二庄、韩陈等5个农

初秋韩陈　　（县农房办　供稿）

村人居环境示范点。

【违建拆除】 2021年,朱码街道上下牢固树立源头管控意识,针对引北社区渠北西路近800平方米违章搭建情况,街道综合执法部门第一时间下现场调查取证。调查核实该处土地属于非法私自违规搭建,且属于危房。积极组织人员现场督办整改,历经半个月渠北西路违建房屋全部拆除完毕,环境卫生以及道路秩序得到改善。

【特色明星村笪巷村】 地处朱码街道东北部,距街道办事处约10千米。全村户数640户,人口共计2680人。笪巷村由10个村民小组构成,党员60人,村组干部7人,耕地面积共计155.13公顷,人均收入约8740元。2018年,笪巷村启动水美乡村建设项目,相继投入1100多万元,粉刷农户墙面5.8万平方米,铺设村内道路5.5千米,新建笪巷大桥1座,清障杂树万余株,疏浚渠道近万米,着力打造以观光、休闲、体验为主的特色乡村旅游。2019年,笪巷新建村部约600平方米,其中,党建活动中心会议室200平方米,文化活动室100平方米,村委办公活动室100平方米,图书阅览室80平方米,党群活动室80平方米。2020—2021年,实施"省级特色田园乡村"建设项目,建设生态宜居美丽新农村。已投入100余万元推动村容村貌改善,整治村内庄前屋后、主次干道200余处,疏浚沟渠1500余米,栽培绿植1000余株,拆除破败物体300余平方米,成功创成县级人居环境示范点。将废沟塘改造成10.67公顷的水产养殖中心,村集体经济增收3万元,带动周边群众20余人就业。评选"好儿媳"3人、"好婆媳"5人和优秀党员2人,帮助群众办实事40余件。

【特色明星村花桥村】 位于朱码街道西北部,东与军田村相连,西与陈师街道、梁岔镇接壤,南边与余庄村相邻,北邻岔庙镇,距离朱码街道办约15千米。村域面积4.3平方千米,有5个联组12个村民小组,共410户,全村总人口2102人,其中劳动力人数960人,村民人均收入1.5万元。村"两委"干部6人,党员33人。有耕地面积296.53公顷,合同面积169.82公顷,产业以种植业为主,养殖业为辅。其中,种植粮食作物以水稻和小麦为主(水稻约233.33公顷,小麦约266.67公顷),大豆、甘薯等经济作物为辅;养殖以家禽为主,有3户养鸡专业户,年净收益10万元。自开展脱贫攻坚工作以来,在帮扶单位的鼎力支持下,花桥村以产业脱贫为抓手,全力发展壮村富民项目,先后实施装机总容量86千伏光伏电站两座、13.33公顷瓜蒌种植项目、4.67公顷黄花菜种植项目、60立方米冷库等富民壮村产业项目。2021年,村集体经营性收入突破50万元。

(王子烨)

陈师街道

【概况】 陈师街道地处县城西南部,与淮阴区淮高镇接壤,受淮安市和涟水县两级开发区的辐射。街道东临宁连高速公路与涟水经济开发区、朱码街道相邻,西依张河与成集镇隔水相望,北与梁岔镇为邻,南与淮阴区淮高镇相接。盐河、西张河与刘洪河贯穿南北,346省道横穿东西、503省道连接南北,国家级航空开放口岸——淮安机场坐落于境内,苏北高铁大动脉——连淮扬镇城际高铁涟水站坐落于身旁,徐宿淮盐高铁穿境而过,构成陈师街道"水、陆、空、铁"现代化、多元化的立体、综合交通骨架。境内主要排水河有刘洪河、东张河、西张河、鲍营河,主要灌溉干渠有涟西二干渠、淮涟五干渠。街道总面积150.9平方千米,其中耕地面积5700公顷,共20个行政村,2个居委会,296个村民小组,13894户,总人口5.08万人。2021年,实现地区总产值20.62亿元,完成财政总收入5937万元,农民人均纯收入20350元,各项经济指标与上年相比均有所提升。

【农业】 2021年,陈师街道农业总产值4.41亿元。粮食播种面积6897.53公顷,粮食总产4.73万吨。油料作物播种面积1183.33公顷,产量0.48万吨。生猪饲养量3.1万头,家禽饲养量135万羽。围绕"产业兴旺、生态宜居、乡风文明、生活富裕、治理有效"基本要求,聚焦产业培强,下力气探索路径。锁定生态宜居,围绕农房改善经典线路建设,实施"搬、拆、提、整、融"等专项行动,打造"只能模仿、不能超越",有文化、有内涵、有品位的美丽涟水"第一廊"。在抓好"一二三"产农业项目强势招引、水污染防治等涉农资金项目全面争取这两个"牛鼻子"的基础上,重点聚焦中药材、优质米、粉丝等产业的链条式培育。"百药园"以种植标准化、产品认证化、市场品牌化、推广地标化的"四化"为切入点,推动品种更新换代。年内,"百药园"成功创成"江苏省标准化种植示范基地"。因材制宜,积极稳步推进土地流转,引导农业产业做大做强,建成农业产业合作社95个,朱楼蔬菜产业、同心大米粉丝产业、国民中药材产业已成为集体增收、群众致富的主引擎。积极向上争取,投资3000余万元,实施水连、寿延、国民等村农业开发片项目建设,共建涵洞12座、过路农桥31个,新建防渗渠道3.5千米,建电站5座,有效改善该片区农业种植条件。寿延村创成省级水稻绿色、优质、高效示范片区,引领街道农业产业做优做强。同时,第二批北荡、团结等村开发项目正在抓紧实施推进,第三批在规划之中。

【工业及招商引资】 2021年,陈师街道完成规模以上工业总产值9.55亿元。规模以上开票销售5.1亿元,比上年均有所增长;入库税金1800万元;工业用电量1890万千瓦时。牢固树立"项目为王、环境是金"理念不动摇,全力实施项目招引培优工程,充分发挥独特区位优势和资源禀赋,以项目建设为阵地,以招商引资为抓手,全力以赴抓落实,鼓足干劲增实效,为"十四五"规划开局奠定坚实的基础。全年共招引亿元以上项目7个,思慕纺织、鑫悦森家居、弘晟二期扩建等亿元项目推进有力有序。加大腾笼换鸟力度,腾换厂房近1万平方米。加大工业集中区提档升级,园区的整体水平得到极大提升。

【第三产业】 2021年,陈师街道实现第三产业增加值3.5亿元;全年新增个体工商户310户，新增私营企业70户，新增家庭农场24个，新增私营企业注册资本3.9亿元。以信息进村入户为抓手，以企业为龙头，以农民专业合作社、家庭农场为建设重点，全方位、多途径推动街道电子商务的发展。

【社会事业】 2021年，陈师街道牢固树立“抓民生就是抓发展”理念，坚持群众有所求、政府有所应，加大阳光惠民力度，推进巩固拓展脱贫攻坚成果同乡村振兴有效衔接，做好脱贫“后半篇文章”，全年共为低收入人群发放小额贷款80万元，帮助他们发展种植、养殖等各类项目20余个，为脱贫不返贫提供技术、资金、项目支持，不断拓宽增收渠道。加大实事兴办，着力解决一批过去遗留积存问题，想方设法解决过去想解决但没有得到落实的问题，实施一批群众“急难愁盼”事项。红旗村两座道路桥的建成，极大地解决陈师南片区群众出行难问题。围绕涟麻路、进场路、503省道、清涟大道等重点节点，启动综合廊道建设，改善街道主干道的卫生整洁环境。持续提升人居环境，围绕“外树颜值、内树品质”这一总要求，围绕“四清一治一改”常态化开展集镇和农村人居环境整治，把屋顶革命、厕所建设、污水治理、高铁延线整治、公共空间治理、防违治违、危房改造等工作融入环境整治的全过程。推进红旗、柿元、朱楼等5个示范点建设与提升，形成长效管护，柿元村被评为市人居环境综合整治示范村。认真落实“河长制”，对境内14条街道级河道、3条县级河道全面实行“河长制”，编制“一河一档”“一河一策”，投资80余万元，对河道内水葫芦、水浮萍、水花生等有害河道生物进行清理，对河道周边垃圾杂物进行常态化清理，基本达到水清岸绿。提升教育卫生质量，实施教育提升计划，陈师的教育质量、教师状态实现双改变，陈师小学陈志鹏同学被评为“市新时代好少年”，陈师中学郝茜米同学被评为“全国好少年”，陈师小学张元被评为“淮安市优秀科技工作者”。投资600余万元兴建卫生院病房楼、防保所的启用，提高群众的就医质量，创成江苏省健康镇。全年常态化开展安全生产隐患大排查达10余次。邀请第三方专家组对工业集中区企业进行拉网式摸底“会诊”，查出“九小场所”以及企业安全隐患达600余处，均及时交办整改，截至年底，基本得到整改。

【陈师工业集中区】 创建于2009年，总规划面积2平方千米。已开发使用土地面积40公顷，累计建成厂房约16万平方米，形成以纺织服装、机械五金、家居用品、电力设备、包装加工等为主导产业的新兴工业集中区。区位优势明显，工业集中区位于主城区西北部，毗邻县经济开发区，交通便捷，省道346横贯东西，东邻宁连高速涟水出口，西邻涟水高铁站、淮安涟水机场10分钟车程，是前承涟水产业转移、后启淮安空港开发的“桥头堡”。党建引领发展，成立非公企业联合支部，由亚太纺织、博士家笔业等5家龙头型企业组成。定期召开会议，解决企业在发展过程中遇到的问题，集思广益，赋能企业发展壮大。园区布局合理，配套设施完善，路网已形成“五纵三横”8条主次干道，集中区内道路、桥梁、绿化、硬化、亮化、美化、给排水、电力、电信网络、消防、监控等配套工程可满足企业入驻及生产生活需求。累计投资300余万元，建成300余平方米的工业集中区综合管理服务中心，实现企业日常管理服务一站式办理，并进一步完善消防设施及微型消防站，新安装与公安联网的技防城系统，实时监控工业集中区范围动态。服务中心实行24小时值班制度，消防志愿者队伍随时待命，有效保证工业集中区企业的安全生产。截至年底，集中区已入驻企业46家，完成工业总产值2.539亿元，入库税金515.39万元。

2021年1月27日，淮安市文化科技卫生“三下乡”活动暨全民阅读春风行动网络启动仪式在陈师街道举行　（陈师街道　供稿）

【市“三下乡”活动在陈师举行】 2021年1月27日，淮安市文化科技卫生“三下乡”活动暨全民阅读春风行动网络启动仪式在陈师街道举行。市委常委、宣传部部长周毅，副市长王红红，市委宣传部副部长、市新闻出版局局长杨静以及全市18家“三下乡”活动成员单位分管领导参加活动。网络启动仪式由副市长王红红主持，市委常委、宣传部部长周毅对活动的目的、意义发表讲话。活动期间，市、县领导捐赠“三下乡”款物、爱心书包等，向陈师街道农家书屋捐赠图书2000册。

【省“送科技下乡”活动在陈师】 2021年9月16日，省政协“送科技下乡”活动在陈师街道举行。省政协副主席、党组副书记阎立，省政协科技委副主任、南京邮电大学党委书记刘陈以及省政协科技委和各类农业专家，淮安市、涟水县主要负责人参加活动。县委书记时勇在活动仪式上致辞。活动期间，邀请中科院南京土壤所4名专家分别为陈师街道群众开展农业新技术讲座，并在陈师街道陈师居委会对农业科技、农业种植方面接受群众咨询。

【特色明星村朱楼村】 位于涟水县陈师街道西南部，全村有11个村民小组，2896口人，333.33公顷耕地。该村以种植旱谷为主，经济发展相对较为落后。2021年换届后新的村"两委"班子，与全村干群一道以乡村振兴为目标，创新实践，主动担责履职，积极实施"党建+"工程，全村面貌发生显著变化。新班子的活力、能力得到充分彰显。"党建+"助力产业转型，积极整合土地资源，利用本村群众有传统种植蔬菜的传统，大力实施土地流转，引导群众做大做优蔬菜产业，先后流转土地186.67公顷，成立"小乔创意"、成喜蔬菜等种植合作社8个，村党总支以"百菜园"为龙头，与淮安李龙食品有限公司联营，积极打造无公害蔬菜生产、市场销售、品牌建设等产业链。全村种植草莓、苹果、西红柿等蔬菜品种15种，种植面积达65.33公顷，仅蔬菜种植，群众人均增收入2000元以上。结合"万企联万村、共走振兴路"契机，与江苏盐业集团结对，投入52万元，建起联动钢架大棚0.67公顷，引进种植高效有机农产品，持续发展高效农业，扩大农产品种类。到年底已与天猫、拼多多等网络销售平台联营，实施网上推介销售，将特色农产品打入全国各地。力争利用1—2年时间，将朱楼村打造成苏北无公害农产品生产、销售、批发、研发集散地。"党建+"助推环境提升，以"拆、改、建"为突破口，组织群众共同治理，投入280万元，打造有故事、有文化、有内涵、有特色的朱庄组人居环境示范点。全村拆除破败物体近2000平方米，改拆厕所73户，新建公厕1座。对各组户家前屋后开展"三清"行动，即清理杂草、垃圾、杂物，推动村庄、河道、道路、绿化、垃圾和公共设施"五位一体"综合治理，逐步完善健全有制度、有标准、有队伍、有经费、有督查、有问责的人居环境长效管护机制。"党建+"推进三产融合，利用朱楼地处市区交界、交通便利的优势，村"两委"积极开展农旅产业招商。引进田憩农旅生态项目，该项目投资1.45亿元，占地5.33公顷，主要打造露天水上乐园、垂钓中心、跑马场等游乐项目，该项目已纳入市亿元项目考核盘子，项目建成后与"百菜园""百药园"融为一体的全产业链的特色田园乡村。"党建+"引领社会治理，把推进乡风文明作为新一届"两委"班子成员实施乡村振兴的主要抓手，通过发挥党组织的强力引领，党员干部的示范带动、乡贤文化的有效融合，以坚实的村组织基础为支撑，促进社会治理显实效。把打造好人文化作为引领乡风文明的"风向标"，通过成立矛盾调处、政策宣传、义工服务等6支志愿者队伍，弘扬"亲帮亲、邻帮邻"志愿精神，在村内实现化解"邻里事"、众议"大家事"、摆平"信访事"、守望"平安事"、引领"文明事"，不断化解新形势下农村存在的现实而突出的问题。强化"网格化"创新，夯实治理基础，推进全要素网格建设，持续提高社会文明程度，涌现出"江苏好人"1人。 (丁志强)

保滩街道

【概况】 保滩街道位于县城西南部，北与涟城街道接壤，南依淮安市区，东临古淮河与淮安区、淮安市经济开发区相望，西傍盐河与淮阴区淮高镇、新渡街道相连。保滩街道办事处作为连接涟水和市区发展的桥梁纽带，主动融入市、县城市建设规划和产业发展规划，着力打造"一轴两带"特色经济圈。区域狭长，南北长约21千米，东西宽约3千米，呈纺锤形。街道总面积45.08平方千米，耕地面积2133.25公顷，辖8个村、1个居委会，63个村民小组，7160户，25368人。2021年，实现地区生产总值31.46亿元，财政收入7180万元，公共预算收入3798万元，农民人均纯收入22617元。荣获国家卫生镇和淮安市农村环境长效管护示范乡镇称号。

【农业】 2021年，保滩街道完成农业生产总值2.6亿元，粮食播种面积2809.2公顷，粮食产量19386吨，油料播种面积184.47公顷，产量640吨，生猪饲养量约6000头，家禽饲养量100万只。以万亩花卉苗木基地为龙头，瞄准"珍贵化、彩色化、效益化"，调优种植结构，对各类农业观光园、精品展示园、休闲采摘园提档升级，拉长农业项目产业链，统筹推进洪荡厉渡片区现代农业产业园建设。

【工业与招商引资】 2021年，保滩街道完成规模以上工业总产值33.2亿元，规模以上工业总投资3.79亿元，规模以上企业应税开票销售收入16.7亿元，全部工业入库税金6440万元。全力以赴抓招商，以抓发展、强实力、增后劲，围绕"有效信息抓落地、在建项目抓竣工、竣工项目抓达效"，积极与大集团、大企业对接，多次赴外地招引洽谈项目，招商引资硕果累累，全年共接待外商考察20余批次，新签约浙江嘉善新顺公司投资5.2亿元的弹卡式连接预应力实心方桩项目、投资3亿元的汇杰塑料制品加工、投资1.2亿元的普特润精密机械等项目3个；新开工淮安颍益机械有限公司投资1.3亿元的机械零部件加工项目；新竣工鼎冠港口有限公司投资1.4亿元的预制构件和嘉如新型建材有限公司投资1.2亿元的新型建材加工项目，顺利通过市重大项目办考核验收；正在跟踪洽谈的深圳市兴和力精密机械、瑞邦国际控股有限公司投资5亿元的新能源电池、无锡天群雷射科技中兵北斗产业园等3个超亿元项目，被表彰为全县招商引资工作先进单位。

【第三产业】 2021年，保滩街道突出以乡村旅游为重点，加强对百花园、璞趣园、乐享果玩等乡村旅游景点提档升级，加快推动全域旅游进程，以百花园为旅游核心，稳步做优生态景观、休闲采摘、花卉观光。培植乐享果玩旅游新景点，在建设花卉旅游观赏区、休闲体验采摘区、旅游配套发展区、民俗民宿体验区四大板块上下足"绣花"功夫，年接待游客数量近10万人次。

【社会事业】 2021年，保滩街道服务滨河新城重点项目建设，扎实抓好26户搬迁扫尾工作，加快农房改善步伐，改善农房60户。完成肖渡谷嘴(东区)安置小区竣工验收。完成京沪高速拓宽农户搬迁和保滩变电所新建高压线路树木清障工作。按照相关政策，精准核实土地换社保对象，土地、社保、财政等多部门联合为2100名被征土地农民办理养老保障手续。持续巩固脱贫成果，跑好帮扶“接力赛”，落实“四个不摘”措施，严防低收入脱贫户返贫。突出问题导向，坚持问需于民，全年共兴办民生实事156件，让群众在环境整治、泵站维修、路灯架设、桥涵以及道路基础设施建设等民生实事中享有更多获得感。

【保滩街道工业集中区】 2021年，集中区入驻企业74家，总占地面积约153.33公顷。其中十堡工业园32家，占地约100公顷；周集工业园42家，占地约53.33公顷。园区现有列统企业14家，其中十堡工业园10家，周集工业园4家。园区共有标准厂房约51万平方米（其中十堡工业园约33万平方米，周集工业园约18万平方米），已利用厂房约49.2万平方米，利用率96.47%。年内，园区开票超亿元企业6家（通威饲料、东辰建材、三升食品、华石建材、美赞建材、东鹏建设），5000万元至1亿元企业2家（锐志建材、东顺建材），1000万元至5000万元企业2家（汇德建材、申御建材）。纳税额超1000万元企业1家（东辰建材），500万元至1000万元企业4家（东顺建材、华石建材、东鹏建设、美赞建材），100万元至500万元企业4家（锐志建材、申御建材、通威饲料、汇德建材）。

【安全底线夯实筑牢】 2021年，保滩街道组织企业负责人和党员干部培训学习达3000人次，利用短信平台发送安全知识3万余条。由领导班子带队按部门分条线开展经常性安全隐患排查和整治工作，通过安全专家赋能，智能化监管，高频次压茬式现场检查督查134家次，排查整治隐患280处，停产整改企业3家，关闭取缔企业1家。发挥智能化应急管理中心作用，开展综合演练4次，全年实现安全生产“零事故”“零伤害”目标。全面加强疫情防控，认真落实“精细化”摸排、“全面化”宣传、“网格化”管理、“一体化”防控等各项措施，持续做好“外防输入、内防反弹”防控工作，严格管控一切聚集性群众活动，接种疫苗1.34万剂次，疫苗接种覆盖面达98%，保障经济社会有序健康发展。

【街道环境整治】 2021年，保滩街道认真打好蓝天、碧水、净土三大保卫战，积极推进“污水革命”“厕所革命”“屋顶革命”，完成5个村污水设施建设，引导群众主动拆除各类畜禽圈舍和破败空心房316处，整治黑臭水体12处，完成户厕改造610座，新建公共厕所4座，出新墙面12.8万平方米，彩钢瓦顶棚喷涂5.3万平方米，强化对327省道沿线环境全面提档升级，完成老淮涟路复修工程，逐步加强对沿线环境整治。投入1200万元精心、精细打造十堡、洪荡、周集、肖渡等村人居环境示范点5个。压实长效管护责任，落实定人、定岗、定责、定区域“五包”责任制，充分展示保滩良好对外形象，扎实做好肖渡村境内的全县取水口周边水资源环境各项保护工作。

保滩周集工业园　　　　（保滩街道　供稿）

【街道社会治理】 2021年，保滩街道全面落实基层社会治理现代化的要求，编制方案、做实载体、搭建平台，建立“一村一辅警、一村一法律顾问、一村一专职网格员、一村一红色代办员”机制，纵深推进扫黑除恶专项斗争，加快推进基层治理走向智能化、精细化。注重从源头上排查化解各类矛盾纠纷，全年共调处各类矛盾纠纷426起，调解率100%，调解成功率99.6%，接待来信来访137批312人次，群众的安全感不断提升。强化资源整合，认真实施“智慧保滩”工程，依托公安内部的技防设施和社会视频外部监控资源，织密技防网络，实现隐患联治、纠纷联处、治安联防。投入180余万元，新增高清摄像头近100个，对各村内主要道路开展平安乡村补盲工程，全面升级完善公安技防网络。加强对接医院、学校、应急中心、重点企业等内部视频进行整合，落实安防责任，纵深推进平安法治保滩建设。

【特色明星村周集村】 东临古黄河，距西游乐园5千米，距涟水机场、高铁站8千米。有8个村民小组，共814户，全村总人口2825人。周集村党员63人，五保户27户27人，低保户38户83人。全村土地总面积245.33公顷，达4.96平方千米，其中苗木面积约为30.6公顷。土地流转面积51.87公顷，周集村综合服务中心面积约为310平方米，周集村文明实践站面积约为180平方米。周集村产业以农业为主，打造特色田园项目，其中具有代表性是童话森林项目，村级经营性集体资产192.7万元，村集体固定资产总额724.42万元。利用资源优势，将设施农业、村庄整治，向休闲旅游过渡，大力发展村特色经济，打造成集农产品采摘、农家食宿、农耕文化于一体的生态旅游乡村，探索生态发展与整体脱贫的相容共生新模式，周集村

将全力打造全县美丽宜居乡村样板区、示范区。（吴　恒）

高　沟　镇

【概况】 高沟镇地处淮安、连云港、宿迁三市交界处，是淮安市及涟水县北大门，镇区距市区50千米，距县城25千米，距涟水机场35千米，宁连高速、233国道、235省道、326省道贯穿全境，新326省道向西延伸与京沪高速相连，南北六塘河、公兴河穿境而过，连淮扬镇高铁也从这里经过。全镇总面积252平方千米，辖57个村(社区)，46577户，173695人，耕地面积15535公顷，镇区建成面积6.9平方千米，镇区人口7.6万人。2021年，完成规模以上固定资产投资14.66亿元，规模以上工业开票销售收入19.05亿元，公共财政一般预算收入9040万元，工业入库税金6175万元。先后获国家级重点中心镇、国家级生态镇等称号，被市县确立为新型城镇化先行区和县域副中心，被确定为淮安唯一的省级健康镇，连续多年获全县高质量跨越发展乡镇综合考评一等奖。

【农业】 2021年，高沟镇全力做好“六保”“六稳”工作，在保持粮食产量稳步提升的同时，大力发展特色种植、养殖。围绕农业增效、农民增收、农村增绿这一中心，按照高效农业规模化、产业化、服务社会化的要求，推进农业供给侧结构性改革，完成农业总产值12.07亿元。粮食作物播种面积4964.87公顷，总产量33915吨，蔬菜作物播种面积4413.4公顷，总产量187165吨，水产品产量3963吨，禽蛋产量6527吨，肉类总产量13745吨，其中猪肉产量8893吨。重视发展规模养殖业，比米农牧、正邦牧业2家大型生猪养殖场正常运营，2个区域性粮食烘干中心正常使用，延伸和强化瓜蒌、豆丹、蚕桑等特色农业产业链。围绕今世缘发展所需的优质有机稻麦、高粱等原料，谋篇布局，确定规模种植地块及品种，先期重点围绕今世缘大道沿线、四安庄等村加快土地流转工作，已落实备选土地233.33公顷，种植“辽杂19”高粱、“9108”水稻和“9308”水稻，其他村正在加快推进。规划建设高沟现代农业产业园，雨果瓜蒌加工、杉澜蚕桑、龙腾豆丹、鼎鼎食用菌、果蔬种植等农业产业建成投运。农业机械化水平不断提高，全年全镇机耕率达95.5%，机收率达91.6%，秸秆机械化还田1.59万公顷。培育38家县级示范合作社，传统农业不断提质增效。

【工业与招商引资】 2021年，高沟镇产业园和工业集中区内共有规模以上工业企业23家，园区外共有规模以上工业企业8家。经济发展行稳致远，生产经营秩序快速恢复，规模总量稳步提升，产城融合快速推进。全年完成规模以上固定资产投资14.66亿元，规模以上工业开票销售收入19.05亿元，工业入库税金6175万元。突出项目招引，充分发挥乡贤文化作用，促进以商招商。全年新签约3.2亿元的高义包装项目、1.5亿元的派素科技项目等亿元项目4个，新开工3.1亿元的卓隆建材项目、3.5亿元的盛发铝业项目等亿元以上市盘项目4个，新竣工欧雅食品、康诺克彩印包装和牧原农牧生猪养殖等项目6个。创新推进经济网格化服务管理，优化工业集中区投资环境和营商环境，统筹发展本土优势产业和新招引特色项目，“一园五区”呈现“错位发展、百花齐放”的局面。

【第三产业】 2021年，高沟镇在基础设施建设方面，以全国文明村镇创建为统领，加强城市文明秩序管理，改善镇区环境，加快道路建设，深入挖掘高沟“醉美”文化，为今世缘发展提升城镇形象，“十四五”规划提出根据需要分步改善镇区主要道路通行条件。在社会公共服务方面，教育医疗水平进一步提升，加快推进涟水第三人民医院异地新建后期工程，超市、宾馆、饭店等设施进一步丰富，为今世缘的员工和景区游客提供优质的社会公共服务资源。做好今世缘AAAA级工业旅游景区大文章，继续完善高沟古街建设，挖掘红色旅游资源，挖掘高沟传统手工业和传统民间曲艺，结合扁担特色田园乡村，提供新鲜农副产品采购、烧烤、农家乐等休闲娱乐，打造集美景、美食、艺术、文化于一体的全域旅游新路线。其中扁担村已建成以扁担河风光带为核心，集休闲观光、采摘垂钓、购物娱乐、游玩养心于一体的特色乡村旅游目的地，2020年，被评为省级特色田园乡村建设试点村庄。全镇规模以上四大服务业和限额以上贸易单位营业收入超77亿元，镇区商业业态日趋丰富，高沟第一街及周边商业区已成为集美食、购物、影院、银行于一体的商业中心，镇区快递外卖、农村淘宝等电商蓬勃发展，城镇集聚效应明显增强。

扁担村美景　　　　（高沟镇　供稿）

【社会事业】 2021年，高沟镇9个省市定经济薄弱村全部出列，建档立卡低收入户6422户、20098人全部脱贫。针对性进行精准帮扶，采取有效措施巩固拓展脱贫攻坚成果，防止出现“因疫致贫”“因疫返贫”现象。通过盘活土地资源、强化招商引资、规范资源管理多种途径，发展壮大村级集体经济，9个省、市定经济薄弱村和22个低收入村全部实现村集体经济稳定超过18万元。围绕“一镇四社区多节点”发展格局，因地制宜完善基础设施建设。加强街道秩序化和规范化管理，镇区主次干道辅路划定泊车区域，规划机动车停车位800个，清除街面各类违规广告、横幅约1450平方米。在广大农村地区实施乡村道路提档升级，新铺设道路17.25千米，新架设桥梁6座。坚持执政为民，以百姓需求为出发点大力兴办民生实事，市县安排的实事项目和镇年初确定的事项全部完成。抓住苏北农房改善政策机遇，以邻村共建为支撑，以社区为单位实施农村居住条件改善工程。陆续启动盐店社区、大胡社区、麻垛社区、同兴社区、苗荡社区、三丰社区、高沟社区7个农房项目建设。大胡社区、盐店社区、麻垛社区、同兴社区均已建成并交付使用，其中大胡社区142套、麻垛社区194套房屋已全部分房到户。盐店社区共建房屋258套，分房到户129套；同兴社区共建房屋276套，分房到户220套，正在动员社区周边村居农户申请进盐店、同兴社区改善住房条件。三丰社区、苗荡社区、高沟社区3个农房改善项目房屋主体均已竣工。大胡社区被定为省级农房改善示范社区。民生兜底保障更加有力。对全镇重大疾病患者加大救助力度，全年临时救助总金额30.82万元。做好低保对象出网渐退缓退工作，全年低保保障总金额1553.4万元。全面落实困境儿童及孤儿保障机制，加大困难独居老人等方面的排查救助力度，保障残疾人两项补贴发放，全年发放孤儿补助71.8万元，为15户老龄家庭实施无障碍改造。推行绿色生态殡葬，公益性公墓基本实现镇域全覆盖，入墓率全县领先。深入开农村人居环境整治工作，按照“以点穿线、以线织面”的工作方式，分档、分级推进全镇人居环境整治工作。将235省道、326省道（今世缘大道）、淮高路等国省干道沿线15个村庄围绕党建引领、产业发展、社会治理、规范管理等进行集中整治。通过媒介宣传、社会宣传及面向特定群体宣传，全镇张贴标语、横幅3万余条，绘制宣传墙约4万平方米，营造出环境综合整治的浓厚氛围。实施“保护高沟母亲河”行动，投入近400万元对徐窑河实施揭盖、清淤、堵漏、拆违、植绿和活水工程，河道已无黑臭水体，初步实现“水清、岸绿、河畅、景美”的目标。新建农村生活污水处理站5个，累计15个；加快推进污水处理项目，18个村分散式污水处理点已全部建成。对镇域内主干道沿线、农户家前院后、农贸市场等重点区域，通过拆违、拆破、拆旧等方式进行系统整治，部分村（居）主动拿出资金推进环境整治，镇上也投入大量资金用于全面整治。拆除包含233国道、235省道、高铁沿线等主要道路沿线在内的破败物体1300余处，治理无证废品收购点9个，清除违建彩钢棚等违建40余家、828平方米，拆除存在近40年的滨洪闸、三口桥共4家违建商店和房屋，完成墙体立面改造7万余平方米。完善镇村垃圾收运体系，新建垃圾中转站2座（全镇达7座），自购垃圾转运车1辆，配备保洁队伍62支，保洁员400余人，各村（社区）生活垃圾做到日产日清，日均清运处理生活垃圾约100吨。以全国文明村镇创建为统领，持续推进全镇域人居环境整治，助力全市域创成全国文明城市。6个为民点街道和农房改善社区新建污水管网并接入污水处理厂，5个村新建集中式污水处理设施，新建麻垛社区提升泵站并接入污水管网。项目全部投入使用后，全镇49个村建有污水处理设施，覆盖率由70.1%提升到86%，全镇覆盖居民达16151户，农户覆盖率由25.3%提升到36.5%，有效提升全镇污水处理水平。对乡村显眼处的墙体进行修整并绘制宣传墙画约2万平方米，美化乡村环境、宣传社会主义核心价值观、展示人文特色和历史文化。激励各村主动回收公共空间资源，引导群众自觉做到保护环境、爱护卫生，在重点道路两侧加强绿化美化，绿化总面积约4.2万平方米。

【高沟镇工业集中区】 包含“一园五区”，一园即涟水经济开发区食品产业园，五区即大胡工业集中区、常兴工业集中区、高秀工业集中区、高杨工业集中区、同兴工业集中区。其中，食品产业园规划占地面积10.73平方千米，已有5个亿元以上项目落户。五个工业集中区共占地171.82公顷，有厂房面积共49.13万平方米，已经入驻企业96家。五个集中区的水、电、气、雨污管网、公共消防等基础配套齐全，公共监控实时画面接入“智慧高沟”指挥中心，集中区已初步实现智能化管理。按照“错位发展、百花齐放”的思路对进入各个园区的项目进行统筹。食品产业园重点发展食品饮料、绿色休闲食品、仓储物流和文化休闲等配套产业。大胡工业集中区以茂杨木业为重点发展高档木材加工产业。常兴工业集中区以聚缘机械、索卡图鞋服为重点发展今世缘配套、品牌服饰产业。高秀工业集中区以华宇印务、鸿康磁业为重点发展彩印包装、高新电子产业。高杨工业集中区以创密密封、宇净新能源为重点发展电子电器产业。同兴工业集中区以引春机械、荣宇机械为重点发展机械制造产业，各集中区都呈现较好的发展势头。

【产镇融合发展】 2021年，高沟镇加快推进产镇融合发展步伐。一产方面，先期重点围绕今世缘大道沿线、四安庄等村加快土地流转工作，已落实备选土地186.67公顷，准备种植86.67公顷“辽杂19”高粱，86.67公顷“9108”水稻和13.33公顷“9308”水稻，其他村正在加快推进；围绕今世缘有机原料生产基地建设，加大土地流转力度和招引力度，动员和引导全镇的能人大户参与进来，扩大种植范围，形成优质有机植物的特供基地；精心包装、推介、销售高沟捆蹄、鸡糕、小豆饼、瓜蒌籽等地方农产品，积极打造地方品牌，让地方农产品加入“淮味千年”品牌，实现农副产品搭上今世缘的航空母舰，捆蹄每年销售额达1亿多元，省农科院经作所瓜蒌种植示范基地在胡窑揭牌。二产方面，围绕今世缘营收过百亿元，市值超千亿元的目标，高沟镇将继续举全镇之力支持今世缘做大做强做优，实现资源集聚、项目集中，安排专人专班加以推进，确保今世缘配套企业尽快落地，快投产、早达效，争取更大程度上享受到今世缘快速发展的红利。到年底，已与投资3.2亿元的配套企业高义包装印刷有限公司签约，项目需要用地6.67公顷，产值4亿元，税收2000万元，已开票400多万元；与今世缘配套的瓶盖子项目进行洽谈，等待县级研判，税收不低于500万元；洽谈引进恒欣科技公司酒糟综合项目，帮助今世缘解决酒糟去向难的问题，并能回收酒糟作为饲料，通过回收加工制作有机肥料产生效益；继续协助县开发区推进食品产业园的食品港建设进程。三产方面，教育医疗水平进一步提升，加快推进涟水第三人民医院异地新建后期工程，超市、宾馆、饭店等设施进一步丰富，为今世缘的员工和景区游客提供优质的社会公共服务资源。加大招引建设力度。紧盯“433”现代产业体系关键环节、薄弱环节，选拔专人参与全县项目建设工作，进一步落实招商引资激励政策，采取乡贤招商、以商招商、驻点招商等方式，及时捕捉项目信息，争取实现10亿元项目零的突破，确保年底完成签约5个、开工5个、竣工5个亿元以上项目。签约4个亿元以上项目(高义包装项目、君强模具项目、派素科技项目、玛瑞麦环保新材料项目)，开工4个亿元以上项目(卓隆建材项目、盛发铝业项目、鸿康磁业软磁铁氧体项目、澄缘彩印包装项目)，竣工3个亿元以上项目(欧雅食品、康诺克彩印包装、牧原农牧生猪养殖项目)。实行领导挂钩相关企业，努力推进签约项目开工、在建项目竣工，不断提高项目开工率、投产率、达效率，确保项目早投产、早达效。强化载体平台建设。加大资金投入力度，加强五个工业集中区管理，强化基础设施配套和功能提升；盘活现有资产资源，加快提升、清理工业集中区低质低效企业，盘活低效闲置土地厂房，力争早日实现腾笼换鸟。

【特色明星村大胡村】 位于著名酒乡高沟镇大胡村境内，是第二批省级示范创建项目。紧临连镇高铁、326省道，距宁连高速高沟出口仅500米。大胡村有7个村民小组，共649户、3224人。耕地433.33公顷。2021年，村集体经济收入达26.3万元。大胡村项目用地4.88公顷，建筑总面积为18058.07平方米，其中公共建筑面积829.72平方米，包括党群服务中心、文化大礼堂等公共服务设施。2020年7月开工，已竣工交付。新建一宅一院142户、4种户型(56平方米10户，81平方米22户，128平方米48户，142平方米62户)，同步完善公共服务设施，方便生产生活。近路而居临田傍水。村庄通过融合道路、水系、农田、庭院、公建、广场等空间组合设计，方便群众共享公共场地和公共设施，着力打造共享开放融合、绿色生态宜居、共商共建共治的特色田园新社区。产业富民就近就业，该村南侧为大胡工业集中区，以木材加工、玩具生产等产业为主导，有茂杨木业、澄欢玩具等工业企业7家，能带动近千人就业，大胡村有200人在村工业集中区就业，月收入可达3500元。 (朱玉港)

大胡村 (高沟镇 供稿)

红 窑 镇

【概况】 红窑镇地处涟水县域中心，东依盐河，西至宁连高速与岔庙镇、高沟镇为邻，南与朱码街道接壤，北与灌南县新安镇交界。镇域面积157.54平方千米，耕地1万公顷，辖34个行政村、3个居委会，221个村民组，8.54万人，是远近闻名的千年古镇、云锦之都、金鸡福地、红色热土。先后创成全国重点镇、国家级卫生镇、国家级生态镇、全国一村一品示范镇、国家农业产业强镇、国家芦笋设施栽培标准化示范区、国家典型供电模式试点镇、中华诗词之乡、省乡村振兴先进集体、省级文明镇、省级生态文明示范乡镇、省级水美乡镇、省级特色旅游名镇、省绿色蔬菜产业特色镇等。红窑镇素有“中国云锦之乡”美誉。金鸡坨生态农庄连续四年承办“农民丰收节”，获评“全国乡村旅游五星级示范区”。到2021年底，全镇已形成以万亩芦笋、万亩荷藕、万亩生态林、万吨双孢菇、万亩优质稻米基地“五大”产业为主导的现代农业，其中设施化芦笋种植面积达713.33公顷，年产量超2万吨、产值超2亿元。全年全镇实现地区生产总值40.77亿元、一般公共预算收入6147万元，农村居民人均可支配收入达2.35万元。

【农业】 2021年，红窑镇实现农业总产值5.4亿元。全年粮食播种面积8811.6公顷，粮食总产量6.09万吨。大豆、花生等油料面积537公顷，油料总产量1704吨。全镇家禽饲养量420万只，出栏330万只。生猪饲养量2.2万头，出栏1.67万头。依托省级现代农业园区，结合自身区位和自然禀赋优势，进一步优化产业发展方向，不断提升产业质态，综合效益日渐显现，获评江苏省乡村振兴先进单位。主导产业培优做强，通过不断拓展扩面，先后建成春雨、春华、春竺、春晖、春禾5个芦笋基地计713.33公顷，形成全省最大的芦笋设施化种植基地。先后创成国家农业产业强镇、全国一村一品示范镇、国家芦笋设施栽培标准化示范区，获评省绿色蔬菜产业特色镇。大力培育农村电商平台，着力提升自主营销水平，推动线上线下融合发展。以“庆丰收、感党恩”为主题的中国农民丰收节江苏分会场暨首届涟水芦笋节在金鸡坨生态农庄成功举办，中央电视台、人民网、《新华日报》、学习强国等各级媒体争相报道，极大提升红窑芦笋的品牌影响力和产品知名度，为乡村旅游、产业发展和品牌推介注入强劲动力。脱贫成果有效衔接，巩固拓展脱贫攻坚成果同乡村振兴有效衔接，全镇37个村（社区）集体经济收入全部达18万元，其中6个村超50万元，低收入人口年均收入1.21万元，比上年增长15.6%。借助工业、农业园区辐射效应，积极开展“家门口”就业项目，带动周边群众3000余人就近就业，年人均增收2万元以上。集体经济稳定增长，扎实推进集中流转、规模经营，全镇累计流转土地5733.33公顷，流转率达62%。通过收取流转服务费和溢出土地租金，带动村集体年增收达280万元。整合李庄、金城、苗戴等村资源，开展“飞地同创”产业模式，走强村弱村联合抱团发展路径。整合各级各类涉农资金，探索“公司+村集体+经营主体+贫困户”脱贫增收模式，撬动社会资本投入2亿元以上。全年涉农项目成交149项，成交总额5178万元，完成抵押贷款发放335万元。发展条件不断优化，建设高标准农田533.33公顷，涉及普安、龙兴、三村、钦北四个村。新增高效设施渔业面积233.33公顷，稻、虾、蟹综合种养面积40公顷。完成新型职业农民培训306人，培育科技示范户30户。发放农机购置补贴106万元，秸秆机械化还田补贴254.1万元，农机报废补贴14.5万元。

【工业与招商引资】 2021年，红窑镇克服疫情防控和能耗双控叠加影响，实现工业经济逆势增长，发展后劲持续增强。主要指标不断攀高。全年完成规模以上工业投资10.4亿元，比上年增长17%；完成规上工业总产值12.5亿元、应税开票销售10.3亿元、入库税金4674万元，分别比上年增长41.9%、39.09%、68.07%；新培育规模以上工业企业2家，分别是万顺木业、沃马肥业；新增规上批零住餐企业3家、规上服务业企业2家。全年新竣工市盘考核项目2个，分别是投资1.1亿元的春禾芦笋和投资1.5亿元的浩宇玻璃，其中浩宇玻璃当年实现工业开票销售380万元；新竣工3000万元以上农业项目1个，即茂轩生态农业项目。新签约亿元投资项目2个，分别是1.8亿元的诚瑞食品包装袋生产项目和投资1.5亿元的骏通木业集装箱托板生产项目。

【第三产业】 2021年，红窑镇实现第三产业增加值超8.3亿元。新增私营企业户数215户。全年举办各类劳动技能培训7次，培训各类技能人员3500人。驾校综合体项目蒸蒸日上，年接收科目二、科目三考生超过4.2万人次。振红商业街、金鸡坨商业圈运营质态稳步提升。新增全镇各类餐饮企业12家，围绕红窑主干道、红窑学校的商圈更加繁荣。

【社会事业】 2021年，红窑镇扎实推进农房改善，贯彻落实“苏北农房改善三年行动计划”，系统谋划、高位推进，高质量推动农房改善工作。全镇实施农房改善项目5个，总投资超10亿元，建筑面积32万平方米，计划改善农户2286户，投资总量、建设体量、改善数量全县领先。文卫事业稳步攀升，先后实施红窑实验学校外墙、义兴中学宿舍楼改造提升工程，教育教学条件进一步改善。四星级高中优生率达16.64%，合格率达94.42%，中考综合考评位列全县前列。新考取本科院校176人，发放助学奖励8.8万元。举办教师节表彰大会，表彰先进单位4个、优秀教师120人，发放奖励金26万元。积极开展全民阅读，全年组织主题阅读和农村少年儿童阅读实践活动196场，营造“爱读书、读好书、善读书”的浓厚氛围。丰富群众文化生活，以主办、承办、协办等形式编排文艺节目11个，演出32场，放映电影700余场，组织农民书法家书写春联1000余副，文化惠民10万余人次。投入80余万元对浅集卫生院进行改造，医疗条件进一步改善。常态化开展疫情防控，扎实做好疫苗接种和核酸检测预约登记工作，做到应种尽种，应登尽登，完成县级交办排查2986人，自排查354人，居家隔离348人，组织村民核酸检测应急演练，现场采集样本3000余人。生态建设成效明显，深化落实“河长制”“断面长制”，健全镇村两级河长、断面长工作制度，创成省级生态河道4条，盐河、公兴河水质稳定达标，顺利通过省级验收。行政村和自然村庄污水处理覆盖率均达100%，农户覆盖率达73%，超额完成县定任务。建成4个村级污水处理设施，疏通维护雨、污管道9.6千米。民生保障高效落实，全年累计发放低保金785.68万元，发放各类优抚对象抚恤补助380余万元。落实大病救助35人次，小额救助594人次，累计发放救助金52.92万元。先后解决残疾人就业68人，完成5处公益性公墓经营权回收。推进全省“15分钟医保服务圈”试点建设，顺利通过省级验收。为民服务中心服务办理群众事项累计超过2万件次，养老保险缴费率达95%以上，城乡居民基本医疗保险缴费比例位居全县第一。

【红窑镇工业集中区】 2021年，红窑镇有两大工业集中区，分别为红窑工业集中区（235省道西侧）与义兴工业集中区（五房村境内），于2005年启动建设，规划占地4平方千米，共占地100公顷，有厂房80幢，总计面积近22.8万平方米。先后完成工业集中区环境整治、污水管网接入、四周排灌系统翻修、消防设施改造以及云锦产业园外立面提升、厂房维修等多项工程，推动实现园区功能不断优化提升。年内，集中区进区企业总数52家、新入驻企业数8家，园区企业开票销售收入9.6亿元、入库税金1900余万元。拓展修建园区道路，维修、疏浚各类管道2千米，种植女贞、紫薇等各类苗木6000株。园区建设水平进一步优化，发展后劲持续增强。

【人居环境整治】 2021年，红窑镇坚持镇村融合发展理念，加大政府投入，强化功能配套,追求品质提升。全年投入1.3亿元,编排实施涉及农房配套、道路建设、绿化提升、污水处理、垃圾中转等重点工程40余项,功能配套日趋完善。集镇建设稳步推进。以文明创建为统揽,以后街背巷、老旧小区整治为重点,改善群众出行条件,全面提升镇容镇貌。新架设各类路灯634盏,维修改造集镇下水道4.8千米,补植沿街绿化3000余株,修缮公共厕所2座,改造集镇道路1.2万平方米,更新改造供水管网32千米,更换水表5000余只,实施金鸡坨大道、301县道绿化提档15千米。村庄环境明显改善。深入开展农村人居环境整治,扎实推进厕所、垃圾、污水、屋顶“四大革命”。新提档升级三斗路5.4千米,新建垃圾中转站1座,建成村级污水处理设施4个。以生态河道建设为重点,持续推进“三水”整治和“两违三乱”整治,疏浚各类河道超100千米。拆除破败物体5000余平方米,粉刷出新房屋25万余平方米,喷涂彩钢瓦顶棚4万余平方米,全面完成农村人居环境整治三年行动任务。落实村庄环境长效管护制度,美丽宜居乡村覆盖率达60%以上。先后创成夏楼村、苗戴村两个省级特色田园乡村,推动形成“点上精致、线上出彩、面上美丽”的人居环境整治工作新格局。

【特色明星村夏楼村】 位于镇域南侧,东临盐河、西临235省道,交通便利。全村共17个村民小组,耕地约333.33公顷,农户650户,人口2940人,村组干部共7人,党员65人。成功创成“江苏省水美村庄”,并列入“省特色田园乡村”建设试点。先后获得“全国乡村治理示范村”“淮安市文明村”等荣誉称号。依托原有村庄肌理,规划新建农房项目,根据群众意愿设计户型,共分两期建设。社区占地5.44公顷,建筑面积2.28万平方米,总投资约5500万元,改善187户群众居住条件,道路、路灯等配套设施齐全。其中一期143户,2019年7月开工,2019年12月建成;二期44户2019年9月开工,2020年5月完工。夏楼村的围墙、庭院、荷花荡、亭台等统一风格风貌,与金鸡坨生态农庄有机融合,该项目为全县农房改善示范项目。乡村旅游远近闻名。村内拥有金鸡坨生态旅游景区,该景区为“全国乡村旅游五星级示范区”。项目于2017年3月启动建设,2018年9月23日正式营业,总投入约2亿元,核心区占地近133.33公顷,打造以红色文化教育、爱国主义教育、乡村休闲观光、民俗文化传承等综合体验型农旅融合景区。景区游人如织,重要节假日更是火爆,连续四年承办“全县农民丰收节”,成功举办首届云锦文化艺术节,年内成功承办中国农民丰收节江苏分会场暨首届涟水芦笋节,打造乡村旅游的亮丽名片。人居环境持续改善,该村通过拆除畜禽圈舍、破旧房屋,改造户厕,新建院墙,清整塘渠,拓宽村道,架路灯、植绿化、整墙面,全村环境面貌焕然一新,尽量保留乡村原有地貌、自然形态、老建筑等,因地制宜使用本地乡土材料,将闲置建材以及旧农具、老物件等用于村庄建设,形成丰富多样的乡村景观。村口、道路、公共活动场地规模适宜,建设手法乡土生态,融入乡愁记忆,彰显自然淳朴的田园风光。注重村庄环境长效管护,坚持垃圾日产日清,并在夏楼村普及垃圾分类,引导村民源头减量、资源再利用。

夏楼村　　　　（红窑镇　供稿）

【特色明星村苗戴村】 位于镇域西北处,距离镇区大约10千米,总面积约2.6平方千米,东邻施庵居委会、南接老桃园村、北临张郑村、西通高沟镇,交通便利,环境秀美。全村共有农户416户,人口2057人,常住人口608人,归于12个村民小组管理。其中村“两委”共5人,党员人数44人。2021年12月,红窑镇苗戴村获评省特色田园乡村。村内龙头产业淮安裕淮菇业有限公司共投资2亿元,占地面积3.33公顷,运用现代化设备年产双孢菇超万吨,产值达8000余万元,带动附近200多名闲置劳动力就业,厂房租金直接为村集体经济带来年收益10万元。推广引导群众土地流转及公共空间治理服务,为村集体经济增收8.5万元;光伏发电项目建设100万元,年收益12万元。在土地使用上,耕地面积共245.33公顷,现有生态农业15.33公顷,采摘梨园5.33公顷,西瓜园5.33公顷,其余大部分土地种植一麦一稻。辖区内环境整治工作实行长效保洁,效果明显提升,得到各级部门的认可,村内道路改造铺设完成近300米,河道内清澈无漂浮物和白色垃圾,辖区内无集成垃圾田埂路道房前屋后无乱堆乱放现象。对人居环境点上,完成农户厕所入户改造58户,新建公共厕所1处。设农家书屋1处,为村民阅读提供多样化便利。建立农村网络文化站,配备电脑两台为村民提供农业技术信息,为党员干部及村民的学习培训提供方便。新增土地流转26.67余公顷,为村集体经济增收2万余元。　（沈科名）

梁岔镇

【概况】 梁岔镇位于县域西部，东与岔庙镇、陈师街道、朱码街道为邻，南与成集镇接壤，西、北与高沟镇相连。镇政府驻梁岔街，距淮安市区、涟水城区均约25千米。全镇总面积69平方千米，耕地面积3666.67公顷，辖2个居委会、13个村、115个村民组、7971户农户，总人口3.54万人。国道233穿镇而过，淮涟三干河、东西张河贯穿全镇。为县片区重点镇，镇区常住人口1.2万人，镇区面积2平方千米，呈三纵四横格局。2021年，实现一般公共预算收入1328万元、实际可用财力增长350万元，全部工业入库税金700万元，比上年分别增长66%、110%、150%，主要经济指标均好于预期，实现"十四五"规划良好开局。年内，荣获全县跨越发展质量考核"第一等次"及项目招引建设先进单位称号、"人民满意窗口"建设先进单位称号。

【农业】 2021年，梁岔镇围绕"农业增效、农民增收、农村稳定"总目标，加大工作力度，创新服务形式和内容，稳定粮食市场，完善产业结构、农业基础设施，推动农业现代化进程，保持农业生产健康稳步发展。不断完善农业基础，通过实施河道疏浚工程和"三水"整治百日攻坚，对东张河、三干七支大沟、三干八支大沟、三干新七支大沟、三干新八支大沟、五支二斗中沟、五支三斗中沟等中沟以上河道进行全面清障疏浚；新建和维修泵站各2座，新建农桥4座，新建涵闸15座，维修大沟闸1座，有效改善农业灌溉条件。产业特色更加彰显，围绕"创特色、增效益"主线，以创建省级农业园区为抓手，加大资金投入力度和项目带动，围绕费庄片区布局葡萄园、芦笋园、葫芦园等产业项目。现代农业高速发展，坚持规模化发展，新增家庭农场规模经营166.67公顷，创成示范合作社省级2个、市级2个、县级6个，创成示范家庭农场省级2个、市级4个、县级10个。积极向上争取资金实施土地整治项目，新增高标准农田133.33公顷。

【工业与招商引资】 2021年，梁岔镇树立"项目为王、环境是金"理念，全力开展项目招引"百日攻坚"活动。全年新签约亿元以上项目3个（飞铭光伏、复合管、钢结构）、新开工亿元以上项目2个（玖泰鸿、复合管）、新竣工亿元以上项目2个（兴飞包装、科琪教具）。工业质态显著提升。坚持"抓总量、盘存量、提质量"，坚持打好"服务牌"，主动服务精准帮扶，助推企业做大做强，新培植列统企业2家（伟昱电子、东祥电子）。电子信息、机械加工、纺织服装等产业集聚更具规模，经济运行稳中向好，跨越发展势头强劲。载体平台不断优化，新建标准化厂房5000平方米，改造铺设道路1000米，新铺设污水管网5000米，架设路灯50盏，新架400千伏安变压器3座，镇工业集中区基础设施得到改善，为承载更多更大的项目落户创造条件。

【社会事业】 2021年，梁岔镇加快新型城镇化进程，加大基础设施投入，注重集镇功能提升，镇村建设水平不断提高。集镇配套日趋完善，投入50余万元对小康东路路面及下水道进行改造升级、投入100余万元对梁薛路进行沥青路面改造、投入100余万元对昆周路进行改造，进一步优化镇区的交通环境；在镇区和工业集中区新架设太阳能路灯100余盏；投资300余万元实施三干渠截污纳管工程，将三干渠沿线的100余户生活污水纳入镇区污水管网；投入160余万元对镇区污水支管网进一步完善，新增污水处理设施9处，惠及5村1000余户村民。文明城市扎实推进，累计投入40余万元，在淮高路沿线醒目位置设置景观小品6座，投放公益性广告100余处，悬挂道旗200余面；在常青路科学规划停车位并加强管理。持续加大人居环境整治力度，对主干道沿线、房前屋后、河道沟塘等地段进行重点整治，农村环境显著改善。强化督查检查，坚持日督查、周交办、月通报，环境卫生整治实现常态化长效化。生态环境更加优美，全面实行秸秆"两禁一用"，镇域内27家规模养殖场全部达标；全面落实河长制，实行河道治理的网格化管理，扎实开展河道疏浚工程和"三水"（河道沟渠内常见的水葫芦、水浮萍、水花生等河道有害生物）整治百日攻坚，疏浚河道43千米，累计土方55万立方米，"三水"整治顺利通过市县验收。惠民实事成效显著，坚持办实事、惠民生，幸福指数稳步提高。牢固树立"以人民为中心"的发展思想，大力实施惠民利民工程，让群众共享发展成果。结合"我为群众办实事"和"两在两同"建新功活动兴办民生实事项目50余项。其中，新建公益影院1座，文化广场2000余平方米，丰富群众业余生活；新架设五支堆路灯100余盏，方便群众出行需求。社会事业全面进步，全面落实各项惠民政策，累计发放各类保障救助资金10余万元；城乡居民养老保险、医疗保险应保尽保；教育事业稳步发展，教育管理不断强化，硬件设施不断完善；卫生事业全面发展，服务水平不断提高，新建胜利、薛元、卜圩等村卫生室，方便群众在家门口就能享受到优质的医疗服务。脱贫成果有效衔接，全面贯彻落实习近平总书记关于巩固拓展脱贫攻坚成果同乡村振兴有效衔接重要指示精神，建立长效机制不断巩固提升脱贫攻坚成果、有效解决相对贫困。到年底全镇"阳光惠民"共结对帮扶237户，帮扶责任人按季度开展走访，走访率、信息完整率、准确率均达100%。高度重视信访工作，积极化解社会矛盾，累计化解各类矛盾600余起，社会大局总体平稳。

【芦笋设施种植项目】 2021年，梁岔镇现代农业产业园规划面积333公顷，到年底已建成200余公顷，初步形成葡萄园、葫芦园、果蔬园、瓜蒌园、芦笋园等"一区五园"新格局。芦笋设施种植项目由涟水县紫藤现代农业科技有限公司投资建设，总占地面积约66.67公顷，预计投资1.1亿元，一期建设芦笋大棚约26.67公顷，到年底已投产达效；二期规划建设芦笋大棚约40公顷，到年底主体已竣工（其中省级扶贫资金投入500万元）。共建设连栋大棚1万平方米，钢架大棚约40万平方米，建设仓储、冷库1200平方米，道路、沟渠等相关配套一应俱全。项目全部建成后预计年产芦笋约1500吨，年产值约3000万元，同时，可为村集体增收50余万元，其中扶

费庄葡萄园　　（梁岔镇　供稿）

贫资金预计可为村集体增收30万元，带动周边农户100余人就业，年人均增收1.8万元。

【梁岔工业园区】　创建于2006年，位于淮安市区北部，涟水县域西部，梁岔镇镇区南首，区位优越，交通便利，236省道穿境而过，紧邻京沪高速、宁连高速出入口，距淮安市区30千米，涟水县城20千米，连云港80千米。距淮安涟水机场10千米。工业集中区按照高起点规划、高标准建设、高强度投入、高速度发展的思路，本着“三区一体”的指导思想，由市规划设计院设计，将工业集中区、商贸配套区、农民集中居住区联动规划，规划总面积2平方千米，分四期发展。2007年9月通过工业集中区控制性详细规划批复，2009年3月通过区域环评专家评审。镇工业区已初具规模，区内实现道路、给水、排水、高压线路、通信光缆、有线电视、路灯照明等全部到位。近年来基础设施总投入1000余万元，新铺设水泥路4.1千米，形成“三纵四横”的道路网络，铺设自来水主管道3500米，下水道4100米，架设10千伏高压线路2100米，新建桥梁2座。由于梁岔资源丰富，镇区劳动力人口集中，进区企业已有19家，涉及阀门制造、陶瓷酒瓶生产、包装材料、电子产品生产、服装加工、精密注塑等行业，现有企业运行情况正常，普遍向好，固定资产总投资达5.2亿元，园区内已建成厂房共有5.95万平方米，均有企业入驻。

（刘　艺）

成　集　镇

【概况】　成集镇地处涟水县域西部，南与淮阴区淮高镇交界，西与淮阴区刘老庄镇、宿迁市沭阳县张圩乡相邻，北与高沟镇、梁岔镇接壤，东与陈师街道毗邻。成集镇交通便利，灌溉沟渠密布。涟古路（涟麻路）、国道233（淮高路）在镇区交会；向东离宁连高速出口15千米，向南距京沪高速出口6千米；距涟水县城20千米、淮安市区30千米；淮涟三干渠从镇内过境，是全镇的灌溉主河道，杰勋河、西张河、小洋河、六塘河为镇内的主要排水河道。全镇总面积77.79平方千米，耕地面积4686.36公顷，辖18个村（社区），125个村民小组，11515户，43026人。2021年，实现地区生产总值180521万元，财政收入5883万元，公共财政预算收入3189万元，农民人均纯收入20478元。

【农业】　2021年，成集镇实现农业总产值19860万元。粮食作物播种面积8974公顷，产量6.189万吨；蔬菜面积1301公顷，产量5.516万吨；生猪饲养量1.5万余头，家禽饲养量235万只。推广水稻、小麦、玉米等优良品种，其中优质水稻667公顷、小麦3500公顷。推广秸秆还田技术，还田面积3466公顷。优化和调整农业产业结构，全年土地流转103.49公顷，全年发展县级家庭农场6家，县级示范合作社12家，新增设施化高效农业100公顷。推动条河香菇、奕诺果蔬、永锋大米等产业提质扩模，在条河社区周围建成集生产、仓储、销售为一体的香菇基地。农业基础不断夯实，投入1295万元，在油坊、道明等村新建防渗渠23.72千米，拆新建电灌站3座，铺设田间水泥路4.8千米，新建三干三支渠节制闸1座，建成高标准农田533.33公顷。投入375万元，新建淮涟三干三支大沟节制闸。投入202万元，衬砌淮涟三干三支渠。投入188万元，疏浚各类河道8条，镇域河道排灌能力得到显著增强。发展种植业保险4718公顷。实施科技入户工程，培植科技示范户50余户，帮助解决农业技术疑难问题400个。

【工业与招商引资】　2021年，成集镇有各类企业38家，形成木业加工、机械制造、食品酿造等产业集群发展的良好态势。完成规模以上工业总产值1.74亿元；规模以上工业应税开票销售收入2.79亿元；全部工业入库税金1609万元，全口径工业用电量3751万千瓦时。苏北小延安文旅项目、奕诺农业和腾耀包装分别通过市盘服务业、农业和工业项目验收。支持小微企业转型发展、做大做强，浩远机械加大技改投入，荣获国家高新技术企业称号。天马纺织、霞客科技、腾耀包装等生产经营状况较好的企业开票销售、入库税金等重点指标实现稳步增长。全年开展外出招商活动30余次，跟踪对接重点信息10个。加大农业产业项目的招引力度，鼓励发展各类农村经营主体，不断增强农村经济活力。

【第三产业】　2021年，成集镇商贸、流通、运输、餐饮等行业规模、数量和服务质量均有大的提高。新注册私营企业54户，培训新型职业农民450人。全年实现第三产业增加值36724万元。

【社会事业】　2021年，成集镇围绕“净化、美化、绿化、亮化、秩序化”，深入开展宜居环境整治，集镇面貌得到有效改善。推进梁余路沟疏浚、保洁及生态修复工程。镇域河道日常巡查200余次，交办问题40个，整改率达90%。统筹推进农村生活污水处理设施建设，行政村覆盖率达100%。积极探索农房改善“后半篇文章”，围绕社区配产业，采用市场化运作，构建社区保洁管理新模式，全力打造特色宜居、产业配套、治理规范的新社区。投入40余万元，对镇区道路、绿化进行提档升级。实施镇区立面改造工程，对部分商铺的招牌进行统一出新，推进强弱电入地工程，消除部分路段空中“蜘蛛网”现象。全年拆除违规广告牌110个，清理杂物150余吨，小广告“牛皮癣”3000余处。送戏下乡、送影下乡30余场，全镇18个村（社区）农家书屋正常开放，新增图书1.5万余册。普及基本医疗服务，为当地60周岁以上老人免费提供体检服务。推动移风易俗，破除“大操大办”陋习。完成全镇范围内散葬坟墓整治，实现公益性公墓全覆盖，骨灰入墓率达95%以上。织牢社会保障网络。完成独生子女父母奖励金发放工作，享受对象1138人，奖励资金8.5万元。认真落实农村低保、特困供养、医疗救助等民生保障措施，全年发放各类救助金46.15万元，大病救助36人，残疾救助134人、困难补助222人，有效保障困难群众的基本生活水平。高标准建成儿童关爱之家，对全镇25名困境儿童实施精准救助。

【成集镇工业集中区】 位于国道233东侧的杰勋村境内，占地面积约10公顷，建有标准化厂房22幢，总面积约3万平方米，形成“两纵两横”的道路框架，供水、排水、电力、通信设施完备，绿化、亮化同步到位。入驻企业8家，实现用工200余人。园区内圣农禽业企业，从事苗鸡孵化、禽蛋加工，带动周边县区5000余户农户从事肉鸡养殖。金开耐磨材料企业加大技术创新，拥有各项专利发明20余项，中高级职称员工13人，拥有各类机械制造设备15台，是集研发、设计、制造、安装于一体的省级高新技术企业。集中区企业全年实现开票销售收入1.8亿元，入库税金420万元。

【成集镇条河村设施化果蔬园】 位于条河新型农村社区北侧，占地20公顷。采用“飞地同创”方式，整合各类扶贫资金950万元，建成高标准温室生产大棚15个和科普展示玻璃温室钢架大棚1个。大棚采用顶部防风、智能化水肥滴灌管理系统，严格执行农产品质量安全生产标准。采用“公司+村集体+农户”的生产模式实现了村集体得租金、农户得“基本工资+利润分红”的利益联结模式。到年底棚内种植的西红柿已经上市销售，亩产可达25—30吨，产品直供上海等城市生鲜超市。基地常年用工30人，人均年工资收入在1万元左右，村集体年收益大棚租金57万元。

成集镇条河村果蔬和食用菌产业园　　（县乡村振兴局　供稿）

【条河食用菌产业园】 位于条河村新型农村社区北侧，采用“飞地同创”模式，整合条河、六塘、余何等省、市定经济薄弱村帮扶资金和产业富民资金900万元，建成高标准香菇棚52个、2000平方米菇棒生产车间以及400平方米冷库等配套设施。项目建成后，省农科院选派人员担任村第一书记进行技术指导，筛选优质品种，优化种植模式，加强人才培养，积极引导村集体、低收入户参与到产业发展中来，逐步形成“公司+村集体+大户+低收入户”的抱团发展模式。到年底园区年产香菇390吨，带动周边87名低收入户入园务工，人均增加收入1.3万元，条河等村集体每年可增加收益54万元。

【苏北小延安军旅小镇】 占地241.33公顷，计划总投资约11.2亿元，分三期实施。一期占地63公顷，投资3.5亿元，主要建设小延安纪念馆、初心小院、朱家大院、胜利广场等设施，最终形成集爱国主义教育、红色文化展示、军旅体验、研学交流、农业休闲观光等为一体乡村红色旅游区。截至年底，项目一期工程已完工，顺利开园，成为当地教育实践的阵地、文化产业的基地、红色旅游的高地。（凌　介）

岔庙镇

【概况】 岔庙镇位于县域腹地，东隔公兴河与红窑镇相望，南与朱码镇为邻，西与梁岔镇、原前进镇毗连，北与高沟镇交界。全镇面积82.6平方千米，耕地面积4757.33公顷，辖17个村（社区），95个村民小组，10845户，39814人，农村实有劳动力22764人。2021年，财政总收入2436万元，其中一般公共财政预算收入1364万元。

【农业】 2021年，岔庙镇实现农业总产值49395万元。农作物播种面积10898.6公顷，其中，水稻4565.3公顷，小麦3990.27公顷，玉米509.33公顷，大豆

423.33公顷,粮食总产量66795吨;油料作物面积111.87公顷,产量407吨。全年实施重点农业项目2个,新增特色水产养殖77.2公顷、植树造林33.33公顷、高效设施农业面积40公顷,新建高标准农田800公顷、新认证绿色优质农产品基地2133.33公顷、新创建优质小麦基地2800公顷、完成秸秆还田2866.67公顷,粮食全程机械化率达82%。完成农村产权交易项目93个,总交易金额436.71万元,其中,土地流转总面积494.4公顷。新发展家庭农场19个、农民专业合作社1个、市级示范家庭农场3个、市级示范合作社1个,新申报省级示范家庭农场1个,培育考核高素质农民282人次,完成对全镇70个家庭农场和16个合作社的监测工作。新建西集村电灌站1座,完成投资约900万元的岔河、新河片区农业开发项目;全面完成乡级河道疏浚工程,对全镇共计37千米的3条大沟、7条中沟进行疏浚,完成土方37.7万立方米,解决农业用水和农田排涝问题;全面落实"三水"整治工作,对51条河道中的水葫芦、水花生、水浮萍以及其他阻水柴草、梗坝进行清理,并通过验收;打造省级生态河道7条,共22千米。

【工业与招商引资】 2021年,岔庙镇实现规模企业开票13821万元,增长12.1%;实现工业入库税金1077万元,增长12.1%。高技术产业投资9479万元,占制造业投资比重22.6%;规模以上工业总产值40948万元,增长56.7%。本土"明星"企业不断发展壮大,盛缘包装完成入库税收378.51万元,增长27.3%;建强纺织完成应税开票2251.28万元,增长284.3%。积极开展全员招商,通过召开乡贤座谈会、招商说明会、周一汇报会等形式共收集招商引资信息100余条,主要领导带队赶赴长三角、北京、云南等地招商,每月外出招商不少于2次,成功签约总投资3.2亿元的羊肚菌项目、总投资3.3亿元的珍稀食用菌项目、总投资4.6亿元的红日华府综合商业体项目、总投资10.15亿元的鹿茸菇菌种繁育及智能化生产加工项目。整合并盘活低绩效用地2.64公顷,吸引社会资本3000万元,在洪滨社区东南角新建岔庙中小企业园项目,全力打造集生产、生活、办公、研发为一体的综合性工业园。持续加强对市场主体特别是初创企业的扶持,通过主动加强与财政、银行等单位协调,全过程加强指导、多节点优化服务。

【第三产业】 2021年,岔庙镇实现第三产业增加值49061万元。新增个体工商户129户,私营企业103户。全镇交通物流、餐饮、洗浴、休闲娱乐等得到全面发展,新增普通饭店5个,实现营业额627万元。

【社会事业】 2021年,岔庙镇全面落实最低生活保障制度,实施动态管理,共发放低保保障金约351万元。全年为185名散居五保老人发放基本生活费约158万元,为1244名80周岁以上老人发放尊老金约86万元,为174名困难群众发放救助金约14万元,为19名支出型困难群众发放救助金约10万元,为重度残疾人发放补贴约317万元,为全镇149名困境儿童发放困境儿童和孤儿养育费约31万元。建设并完善退役军人服务保障体系,大力推进双拥工作,投资3万余元建立退役军人事务站,已经通过省级验收,为重点优抚对象发放优抚金约339万元。以"我为群众办实事"活动为抓手,结合岔庙镇实际和群众殷切期盼,完成镇级为民实事8件,村级为民实事51件。投资5万余元,在洪滨村新建镇街影院;投资60万元,在岔庙居委会三组和通和路之间铺设200米道路;争取上级资金10余万元,实施"梦想改造+"项目,改善9名孤儿住房条件;积极响应殡葬改革政策,配合县委巡察组开展殡葬改革巡察工作,围绕反馈问题积极推动整改,进一步规范公益性公墓运营。持续深化平安岔庙、法治岔庙建设,开展法治宣传活动8场,有奖竞答活动5场。完成12名犯罪嫌疑人的审前调查工作,接收8名社区矫正对象,解除社区矫正7人,到年底在册13人,无脱管漏管。调解矛盾纠纷案件65起,完成人民调解矛盾纠纷案件录入802件。进一步完善信访工作制度、进一步优化信访处置流程,压紧压实"三人稳控小组"职责,基本实现"积案逐步化解、新案一件不增",化解老案、积案10件,来信来访人员满意率达95%以上。每月至少召开1次安全生产会议,制定出台并严格执行各类安全生产检查方案、制度文件共计10份。由班子成员牵头组织安全生产检查,累计排查隐患106条,均已整改到位。聘请市安全生产专家团队对全镇工业企业开展安全生产检查10次,累计排查隐患325条,其中311条已整改完毕,剩余14条正在整改中。加强业务培训指导,邀请专家对企业主要负责人、安全员及部门负责人、各村(社区)主要干部开展安全生产专题宣讲2次、消防安全培训2次、燃气安全培训2次、集中教育培训5次、各类应急演练20余次。全镇13家企业均建立应急预案,全年无安全生产事故发生。

【农房改善】 2021年,岔庙镇全面贯彻落实上级决策部署,统筹推进洪滨社区项目,打造农村新型社区样板,建设"美丽乡村",用农房改善实际成效助力乡村全面振兴。全力推进洪滨社区项目建设,改善308户农户住房条件,到年底283户已完成分房手续;新申请进城入镇改善农户14户,上报危房改造户40户,审批通过30户,均已按序时改造完成。

【乡村振兴持续发力】 2021年,岔庙镇全面巩固脱贫成效,确保不返贫。发放扶贫小额贷款1138.9万元;积极开展低收入农户免费职业技能培训工作,累计培训132人。推进"万企联万村、共走振兴路",指导各村(社区)制定发展规划,全镇15个低收入村集体经营性收入全部超过18万元,顺利脱贫出列。

【羊肚菌项目】 总投资1.52亿元,占地68.93公顷,主要建设菌种培养车间、制袋车间、净化车间、配套功能用房等标准化厂房1.2万平方米,建设标准化大棚66.67公顷。项目建成后,可年产2000吨羊肚菌鲜菇,年产值可达1000万元,带动本地1500人灵活就业。计划追加投资1.5亿元,建设羊肚菌产业园区,着力打造羊肚菌特色品牌,扩大产业规模,延伸羊肚菌产业链,深度挖掘羊肚菌食用和保健价值,围绕羊肚菌有效成分提取、功能性食品、高端羊肚菌酒品等系列进行产品深加工，形成产业集聚效应，助力岔庙镇高质量发展。

【红日华府项目】 总投资4.6亿元、占地4.67公顷，位于县城吾悦广场西侧，红日大道南侧。商业建筑部分7.88万平方米、配备宾馆、幼儿园、服务中心、商超、商铺、地上地下车库车位等综合性设施。项目建成后，可带动近3000人就业，促进万人消费。增加地方财税收入，提升涟水整体形象。

【人居环境整治】 2021年，岔庙镇以生态文明建设为抓手，扎实推进"四清一治一改"，实行"日检查、月评比、季考核"制度，全力开展人居环境整治行动。对全镇厕所改造情况进行摸底排查，已完成改造3604座。对历史遗留下的居委会西侧大沟、纪集六支四斗中沟两条黑臭水体进行集中整治，大力开展河道清淤工作，对河道两侧进行生态化改造，塑造美好生活环境。持续加强大气污染管控，对辖区内21家企业定期检查和随机抽查，对重点企业进行分级管控。全年共出动2000余人次，检查点位1000余个，有效控制大气污染排放。

（刘秀莲）

五 港 镇

【概况】 五港镇位于涟水县域东北部，东与石湖镇毗邻，南与东胡集镇接壤，西与红窑镇隔盐河相望，北与连云港市灌南县新集镇交界，盐河和涟新路穿境而过，交通便利，是全县5个重点中心镇之一。全镇总面积111.92平方千米，耕地面积7181公顷，辖22个村（社区），256个村民小组，社会总人口5.63万人。2021年，五港镇实现地区生产总值20.85亿元，公共财政预算收入5889万元，农民人均纯收入2.6万元。

【农业】 2021年，五港镇实现农业总产值5.78亿元。全年粮食作物播种面积6013.47万公顷，粮食总产量4.1万吨，油料作物播种面积709.53公顷、产量2388吨。全镇家禽饲养量64万只，出栏17万只。全年累计流转土地达528.14公顷，成交总金额0.51亿元。全年共培育农民专业合作社127家、家庭农场（含申办中）36家，国家级示范合作社1家，省级示范家庭农场2家，创成省级绿色优质稻米生产基地，引导涟水硕丰稻麦合作社培育4.67公顷苗床机插秧秧苗。招引多个农业项目，其中思佰润木业、涟水丰宏米业有限公司、斗灯养殖场、港涟淡水养殖有限公司已竣工投产；无墙体芦笋大棚项目建设完毕，可为桃园村、韩鲁村、前营居委会年增加村集体经济收入3.6万元。

【工业与招商引资】 2021年，五港镇牢固树立"项目为王，环境是金"理念，聚焦全县四大主导产业、紧盯实体工业经济，精准招商方向，充实招商人员，完善招商政策，常态化开展苏州驻点招商，全力以赴招大引强。全年完成全部工业开票销售收入21.15亿元，工业入库税金8933万元、增长82%，工业用电量达10861万千瓦时。全年新签约亿元以上项目3个（其中工业项目1个，农业项目2个），市盘新开工亿元项目1个，通过市盘新竣工亿元项目2个。加快工业集中区提档升级和"腾笼换凤"，清退"僵尸企业"5家，腾出闲置厂房2万平方米，有力承载森澳纺织、飞雄复合肥技改等优质项目顺利落户。

【第三产业】 2021年，五港镇实现第三产业增加值6.18亿元，全年新发展个体商户370户，新增私营企业69家。认真落实就业创业扶持政策，举办3期新型职业农民培训班，累计培训286人次，开展劳动技能培训3260人次、创业培训620人次，实现劳动力转移近3万人。

【社会事业】 2021年，五港镇聚焦群众"急难愁盼"问题，不断完善水、路、污水管网等基础设施，增加优质公共服务供给。前营、五港农房改善精益求精，紧贴民心，打造江淮风格民居，组团装修争取优惠，干群共监确保质量；修补镇村、工业园区主要道路、桥梁，全面完成镇域供水改造、厕所革命、农村生活污水处理年度工程，深入推行"组保洁、村收集、镇转运"，垃圾集中收集率达100%；"十件民生实事"和党史学习教育"我为群众办实事"项目全部高质量完成。实施蔡工、港北农业开发片项目，新建电站1座，铺设防渗渠20余千米，桥涵闸等50余座，建成高标准农田333.33公顷。聚力污染防治攻坚战，落实节能减排工作，强化散乱污企业整治，依法对2家散乱污企业实施"两断三清"，整治畜禽养殖场10个，建设一帆河生态安全缓冲区，全面落实"河长制"，开展"三水"整治专项行动，疏浚三支七斗沟等沟渠共计5.1千米，投用农村污水处理设施7个，盐河、唐响河、一帆河等国省考断面水质稳定达标，唐响河后营桥断面成功"升Ⅲ"。认真落实"四不摘"政策，累计发放小额扶贫贷款1800余万元，实施扶贫产业项目5个，惠及17个村、117户低收入农户。投入30万元为方渡中小学加装空调33台，改造升级五港小学食堂，对22名优秀教师和96名高考优秀学子进行奖励表彰。积极做好社保筹收，城乡居民养老保险、医疗保险参保率分别达96%、95%以上，位居全县前列，五港中心卫生院成功创成省级农村区域性医疗卫生中心；引导组建村文化队，开展戏剧、小品等文娱活动，全年组织阅读、展览、文艺等活动共计179场次，总服务达122835人次。

【五港工业集中区】 位于镇区北侧，规划面积61.33公顷，建成区面积约12公顷，累计建成厂房约5万平方米，现入驻企业22户，其中规上企业3户，总用工670余人。2021年，工业集中区全部工业开票销售收入5.7亿元，入库税金2043万元。先后完成工业集中区环境整治、污水管网接入、四周排灌系统翻修等工程；年内工业集中区消防管道和消防栓总投入约53.3万元，建设消防管道2.44千米，消防栓21个。

【再生纸产业园】 位于平安村，规划面积160.8公顷，建成区面积约23.33公顷，累计建成厂房10万余平方米，入驻企业9家，其中规上工业企业6家，总用工720余人。2021年，园区实现全部工业开票销售收入15.5亿元，入库税金6572.5万元。投入78万元编写《涟水县五港镇工业集中区拓展区规划环境影响跟踪评价报告》,投入65万元进行园区绿化亮化,并安排专人管理,加强环境长效管护;投入212.5万元采购消防车、灭火器等消防装备、器材。

【国家卫生镇创建】 2021年,五港镇以创建国家卫生镇为引领,高标准推进镇村建设管理,新建成老街港河休闲栈道1500米、儿童乐园1处,健康主题公园3处、小微湿地公园1个,镇区绿化覆盖率达43%。新架设路灯248盏、新铺镇区沥青道路1500米,完成农贸市场升级、街道立面改造、店招店牌整治以及杆线入地工程,新购置洒水车2辆,城管巡逻车2辆,垃圾桶1300个,智能垃圾分类亭4座。投入近400万元铺设蔡工、港北农业开发片区水泥路8千米,投入50余万元对新港福居西侧道路进行黑化提档升级,开展涟新路、南环路、五方路两侧环境综合整治。聚力人居环境整治,拆除破败物体100余处,墙面出新2.6万平方米,墙面美化650平方米,修补完善涟新路、府前路绿化带4.7千米,全面完成户厕改造;12月,国家卫生镇创建高分通过现场验收。

【特色田园乡村前营村】 位于五港镇东域,区域面积758.5公顷,共有8个村民小组,956户,2021年村集体经营性收入达26万元,农民人均纯收入2.2万元,居民幸福感获得感安全感显著提升。聚焦产业培育,放大"涟硕富硒"大米品牌效应,积极拓展省内外市场;依托苏宁易购中华特色馆(涟水馆)搭建"涟农优品·鲜蔬直供"平台,借助直播推介"郑潭口"系列产品;流转土地140公顷,建设温室大棚36.67公顷,实施规模化优质稻麦、毛豆、辣椒种植,年增加村集体收入10万余元;招引酒店用品、服装生产等代加工企业11家,带动百余名群众就近就业;2021年除夕夜,社区居民、党员干部近200人欢聚一堂,自行组织前营村首届"村晚",现场欢声笑语、热闹非凡,受到县领导的高度评价,并被省市媒体报道推介。 (刘 鑫)

东胡集镇

【概况】 东胡集镇位于涟水县域东北部,东与石湖镇、唐集镇、黄营镇为邻,西依盐河和朱码街道、红窑镇相邻,南与大东镇、县经济开发区循环经济产业园接壤,北与五港镇毗邻,329省道穿境而过。东胡集镇历史悠久、民风淳朴,是江苏省卫生镇,"涟水抗日第一枪纪念碑"坐落鲁渡村境内。总面积114.87平方千米,有耕地6390.9公顷,23个村(社区),146个村民小组,15141户,5.32万人口。2021年,实现地区生产总值15.2亿元,财政收入6000万元,公共财政预算收入3391万元,农民人均可支配收入23519元。

【农业】 2021年,东胡集镇完成农业总产值7.1亿元。粮食作物播种面积5574.73公顷,粮食产量38633吨,油菜种植面积340.13公顷,油菜籽产量986吨。年养家禽50万只、湖羊养殖1000余只、生猪1.4万头。全镇亩纯收益2000元以上的高效种植业面积达1333公顷。推广水稻、小麦、玉米、油菜优良品种,良种覆盖率达95%以上;推广农作物病、虫、草防治新技术,把病虫损失降到最低限度。完成新型职业农民培育任务110人,发放技术资料450余份,做好培训后跟踪服务和技术指导工作。实施科技入户工程,培植科技示范户10户,带动农户200户。扎实做好农产品质量安全监管工作,定性检测农产品样品4800件,完成率102%。推广秸秆还田技术,落实秸秆机械还田面积4533.3公顷,申请还田补贴资金170万元;水稻机插秧千亩连片12个;完成农机购置补贴资金110.8万元,全面做好农机补贴服务和安全生产培训工作。累计流转土地3466.67公顷,申办家庭农场、合作社累计150余家,大力发展稻套虾、稻套蟹、稻套甲鱼、南美白对虾以及西瓜、葡萄等规模产业。积极创建示范家庭农场、合作社,培育市级示范家庭农场10个,县级示范家庭农场5个。完成水稻种植保险3479.7公顷、小麦种植保险3487.7公顷。全面开展社区股份制改革,明确集体资产产权归属,激活农村各类要素潜力,培养农业农村发展新动能。为实施亮化、美化工程,在主干道两侧安装路灯约3000盏。投资1300万元实施胡南村农业开发片工程、投资200万元实施鲁渡村农业开发工程,累计新铺水泥路8千米、新建防渗斗、农渠21千米、新建斗渠桥21座、农渠桥37座、配套建筑物130座。总投资2500万元的李圩、陈圩、姜圩、时码、老马等村的高标准农田建设项目工程有序实施中。

【工业与招商引资】 2021年,东胡集镇完成规模以上工业总产值1.2亿元,规模以上固定资产投资和工业投资35523万元,入库税金714万元。规模以上工业开票销售收入9052万元,工业用电量600万千瓦时。涟水小野木业、金易达包装和南控新能源已培植成规模企业,年开票分别为3800万元、3600万元和4800万元。加大招商引资力度,引进华水农业科技有限公司落户项目1个;县盘考核项目3个,分别为瑞新建材、溢邦制造、富轩电子;新签约1个。

【第三产业】 2021年,东胡集镇完成第三产业增加值6.8亿元。新增私营企业179家,新增私营企业注册资金35721万元,新发展个体工商户154户。劳动力转移3.2万人次,实现劳务收入8.1亿元。

【社会事业】 2021年,东胡集镇落实惠农政策,发放农业支持保护补贴(耕地地力保护)资金769.01万元。全镇居民参加医保33808人,上缴保费1149.72万元;参加居民养老保险13982人,年发放养老金2860余万元。全镇新增就业岗位465个,安排就业322人;参加"涟康保"6200人,上缴保费62万元;年报销"福村宝"1189人,报销金额126.6万元。农村低保有584户、1092人,年发放低保金495余万元。实施临时救助39人、发放救助金15.44万元;临时小额救助88户、4.8万元。全镇共有五保对象280户,供养经费全部打卡发放。补贴白内障患者82人,为80名残疾人发放相应辅助器具。全镇流动人口1.51万人，落实独生子女奖励政策302人。组织文艺宣传队，自编自演各类文艺节目100余场次；利用新时代文明实践所（站）开展道德讲堂、反邪教宣传、《民法典》等法律知识讲座20余场次。23个村（居）农家书屋正常对外开放，有效推进全民阅读和调研工作；举办“赞东胡、感党恩”“同创文明社区、共建美好家园”“中国共产党成立百年史、奋进新时代”等100余场文艺演出活动；开展“爱心播种希望、奉献点亮青春”“弘扬传统美德、培育优良风尚”“雷锋就在我身边”等宣讲活动10余场；组织参加“奋斗百年路 启航新征程”涟水县中国共产党成立100周年大合唱比赛；成功举办“铭记光辉历史、传承红色基因”东胡集镇爱国主义文艺摄影展进校园展览活动，丰富群众的业余文化生活。发扬党的优良传统，做好双拥工作，对参加过抗日战争、解放战争、抗美援朝战争的11名老复员军人，分别颁发荣誉证书和2000元慰问金。以“安全生产月”活动为契机，张贴安全生产宣传标语300余条，下发农户消防、电力等各类安全生产宣传单7500余份，悬挂宣传横幅50余条；邀请市、县消防等安全员进学校、去企业宣讲安全生产重要性。组织开展安全生产知识培训、消防安全演练活动，普及安全知识水平，构建安全生产“人人有责、层层负责”体系。美丽乡村提档升级。以“人居环境+生态文明”协同改善模式，围绕“四清一治一改”工作总要求，高标准、严要求、强落实，集中力量对破败物体、沟渠路旁杂草、杂物、农户房前屋后的环境卫生、公共场所“四边”以及集镇街道乱象统一清理。打造马老、时码、鲁渡、钦工等村人居环境示范点，累计拆除破败物体110余处、无害化改厕200余户、投资墙绘4500平方米、墙体刷白7.8万平方米、建户外大型宣传牌20个、清理黑臭水体2000余米、铺设道路7500米、建休闲广场4000平方米、栽植景观树2500余株、新建污水管网改造农户180余户。通过示范引领、点面结合，进一步推动镇村面貌持续改观。生态环境明显改善。加大环境污染综合治理力度，加强主干河流两侧畜禽养殖、“九小场所”污染源管控，坚持网格化管理，推进生态环保专项整治行动，全年累计检查70余次；全面落实河长制，扎实开展“三水”整治百日攻坚活动，对镇域范围内67条县、镇、村级河道共计10余万平方米的水葫芦、水花生、水浮萍进行集中整治，实现“河畅、水清、岸绿、景美”。积极组织动员全镇适龄群众接种疫苗，做到应接尽接，筑牢防疫屏障，已完成疫苗接种48966人，全镇12周岁以上人员接种率达97.02%；坚持守正创新，强化宣传引领，优化营商环境，营造舆论氛围，年累计在《新华日报》《人民与权力》《中国网》《中国江苏网》《淮安日报》《涟水日报》和“学习强国”等新闻媒体发表稿件200余篇。

【农房改善】 2021年，东胡集镇完成东胡集社区二期，总投资0.6亿元，占地8.27公顷，建筑总面积4.8万平方米，可安置村民192户；鲁渡社区总投资0.68亿元，占地7.02公顷，建筑面积1.7万平方米，可安置村民190户。

【东胡集镇政务服务中心】 共设立35个便民服务窗口，实现老百姓“进一个门、办所有事”。政务服务中心人员秉承101%的服务理念，以热情、便捷、细致的服务方式，让群众享受“保姆式”服务，全年累计接待咨询、办事群众近7万人次，为群众办理各类事项6.4万余件，调解各类矛盾纠纷150余起，让政务服务成为党委、政府密切联系群众的“直通车”和“连心桥”。

【网格化社会治理】 2021年，东胡集镇围绕“大数据+网格化+铁脚板”模式，分别为23个村（社区）足额配备专职网格员、辅警、法律顾问和红色代办员，各网格员“人在网格走、事在网中办”，走访易房肇事的各类人群1900余人、上报各类信息2000余条、调解矛盾纠纷1000多起、推广“金钟罩”App手机账号5983个；完善社会矛盾调处中心工作机制，构建镇村调解工作网络，共调解复杂矛盾纠纷1035起、调解率100%；落实社区矫正和安置帮教措施，组织12名矫正对象集中学习法律法规知识，参加公益劳动，强化管理教育；对169名帮教对象，按年度登记成册，建立个人档案，成立帮教网络，分级管理；镇派出所、联防队、网格员开展不间断夜间巡防，有效减少发案率，维护社会长治久安。

【社会治理指挥中心建设】 2021年，东胡集镇按照涟水县镇（街道）社会治理指挥中心标准化设置工作规范要求，进一步深化“党建+网格”载体建设，设立东胡集镇社会治理指挥中心80平方米，整合镇级综治中心、矛调中心、网格化服务管理中心3个中心，社会事业局、综合执法局、司法所3个单位，保证办公场所与政务服务中心使用同一个对外服务大厅，实现群众“进一个门、办所有事”。设立鲁渡社区、东胡社区2个社会治理工作站，进一步发挥引领作用，开创社会治理新局面。在胡谢、小埝等6个村设立11个网格党建工作站，充分发挥网格站点在党员教育、民情收集、民生议事、普法宣传、纠纷调解、治安联防等方面的功能作用，推进基层党建与社会治理的深度融合，着力打造共建共治共享的社会治理新格局。

【创省级卫生镇】 2021年7月起，全镇围绕创建目标、创建时间、实施步骤、推进措施、考核标准，成立省级卫生镇创建工作领导小组，制定实施方案，加大资金投入，实施“厕所”改造、镇区破损道路硬化、农房墙体出新、污水管网改造、设置标准化机动车位和非机动车位以及镇区重点区域绿化工程。围绕工作重点，突出“点、线、面”结合，成立10个工作小组，实现“点”的突破；捋出10条线，实现“线”的推动；划分5个片区，实现镇区创卫工作全覆盖。每小组、条线和片区都明确由一名班子领导具体负责，对照创建任务、工作清单和责任清单，将任务和责任压实到人，确保创建达标。认真梳理病媒生物防制工作内容，贯彻执行《公共场所卫生管理条例》，完善基层卫生管理组织和制度，建立健全疫情监测报告网，调研了解群众真实所需，确保各项指标全面达到省级卫生镇标准，实现创建工作的圆满完成。到年底，创成江苏省卫生镇。

【特色明星村鲁渡村】 位于东胡镇西部、涟新路及“涟水抗日第一枪”纪念碑

新建的东胡集镇鲁渡社区 （东胡集镇 供稿）

园东侧、有耕地面积264公顷、9个村民组、849户、3080人，2021年村集体经营性收入23.35万元。2020年起，实施鲁渡社区统筹联建农房项目，项目总投资0.68亿元，占地7.02公顷，建筑面积1.7万平方米，可安置村民190户。项目验收后，围绕讲好红色故事，弘扬乡土文化，坚持以创建省级特色田园乡村为抓手，在做好社区美化、亮化、净化、绿化的同时，布点多个富有红色文化气息的景观小品，在紧邻涟新路、"涟水抗日第一枪"纪念碑园旁设置港湾式公交台、园路、特色标线和红色文化墙等，着力打造成产业导入、文化植入、服务融入、资源注入的红色文化传承新高地，助推乡村红色文化旅游业的发展。2021年10月21日，淮安市住房和城乡建设局《关于命名2021年度市级美丽宜居村庄的通知》中，涟水县东胡集镇鲁渡村获得"2021年度市级美丽宜居村庄"称号。

【涟校连家】 2021年1—4月，通过走访调研、召开座谈会等形式，对农村留守儿童和困境儿童的学习、生活现状及需求进行摸底排查，并经过必要性和可行性论证，最终确定东胡集镇时码学校为"涟校连家"关爱工程试点校。7月16日，涟水县"涟校连家"启动仪式在东胡集镇时码学校成功举办。"涟校连家"是为全面贯彻落实国务院办公厅《关于全面加强乡村小规模学校和乡镇寄宿制学校建设的指导意见》文件精神，聚焦特殊群体和人民群众的教育期盼，健全完善留守儿童和困境儿童的关爱体系，促进县域内城乡教育一体化均衡推进而实施的一项民心工程。 （胡学元）

大东镇

【概况】 大东镇位于涟水县域中东部，东隔古盐河与黄营镇相望，南与朱码街道为邻，西、北与东胡集镇毗连，距县城6千米，镇域面积56平方千米、耕地面积3639公顷，总人口3.8万人，21个党支部，1019名党员，下辖11个村(社区)，1个场圃，87个村民小组，7858户。距淮安机场、连淮扬镇高铁、京沪高速均20千米以内，省道327、省道264经过境内，是环境优美、土地肥沃、民风淳朴、宜居宜游的美丽乡村。先后荣获省级卫生镇、市级文明镇、市级环境长效管护示范乡镇等殊荣，捧回省级绿色优质农产品基地"金字招牌"。2021年，大东镇实现总财政收入3019万元，其中一般公共财政预算收入1756万元，农民人均纯收入20482元。村居融合、耕地保护等多项工作均受到省、市表彰。

【绿色农业】 2021年，大东镇实现农业总产值1.59亿元。粮食作物播种面积6412.87公顷，总产量44222吨；油料作物播种面积69.53公顷，产量271吨。生猪饲养量2万余头，出栏1.5万余头；家禽饲养量100万只。持续推进土地流转。全镇已流转土地2704.62公顷，流转率为90%，全年可为全镇各村集体经济增收110余万元。整合施洼村家庭农场集聚区、有机稻米产业园、生态玫瑰产业园，大力打造大东镇现代农业产业园，新培育发展国家级农民专业合作社1个、省级示范合作社1个、市级示范合作社2个、县级示范合作社2个，市级示范家庭农场4个、县级示范家庭农场8个。开发马棚农场及周边养殖水产品133.33公顷，40公顷芡实种植基地，有效带动群众增收致富。持续提升耕地质量。年内，投资520万元客堂高标准农田改造项目，新建生态渠道1420米，防渗渠2478米，水泥路3600米，灌溉管道6370米，新拆建电灌站2座，农桥、机耕桥18座。争取农业水价综合改革水利工程管护资金35万元，新建千东小型电灌站3座、镇南小型电灌站1座、朝阳河节制闸1座。截至年底，全镇高标准农田面积达2733.33公顷，高标准农田占比达90.19%(确权面积3030.39公顷)。被省自然资源厅评为2021年省级耕地保护激励单位。

【工业与招商引资】 2021年，大东镇经济运行稳中向好。实现财政收入3019万元；一般公共财政预算收入1756万元，比上年增加191万元，增幅12.2%；规上工业应税开票20972万元，增加9317万元，增幅79.9%；全部工业入库税金997万元，增加281万元，增幅39.2%；规上制造业投资62523万元，增加27111万元，增幅76.6%；高技术投资19320万元，占制造业投资比重30.9%；规上工业用电量810万千瓦时，增幅28.3%；规上工业总产值35130万元，增加16993万元，增幅93.7%。新增私营企业122家，新增规模企业3家，规模以上固定资产投资7.3亿元，增幅83.2%；规模以上工业投资6.8亿元，增幅183.5%，各项经济指标稳步推进。招商引资亿元项目签约5个，千万元项目签约3个，分别为淮安超研投资1.5亿元的自动化设备加工项目、江苏绿金丰投资1.5亿元的生物质综合利用项目、江苏稳安投资1.26亿元生猪健康检测中心项目、波司登投资

9.5亿元的固废暂存项目、东正铝业投资1.5亿元的铝制品加工项目，中量仪表投资3000万元的流量仪表项目、金南农投资4000万元的猫砂项目、宝荣木材投资1000万元的木材加工项目。完成市盘重大项目新开工3个，分别是淮安超研自动化设备加工项目、江苏绿金丰生物质综合利用项目、江苏稳安生物检测中心项目，其中淮安超研自动化设备加工项目于12月通过市盘亿元工业项目竣工验收。波司登环保项目签约落地大东。

【第三产业】 2021年，大东镇新增私营企业122家，新增规模服务业企业1家，规模以上四大服务业和限额以上贸易单位营业收入35458万元。利用离县城主城区较近的地理优势，主动对接县城主导产业，按照县委"产业在县城，配套在镇街"的规划，积极做好服务业提档工作，以井然有序的秩序、干净卫生的环境为服务业的发展做好配套服务，让吃喝玩游娱购在大东都能有个好去处，不断增强集镇的吸引力，推进集镇繁荣，发挥集镇在乡村振兴中的重要作用。引导农业电商发展。镇团委将省级电子商务示范村瓦滩村与王老庄村、陈庄村等电商群联合，大力实施农产品电商营销战略，不断激发青年电商创业热情，鼓励镇电商创业青年在疫情特殊时期充分发挥电子商务优势。到年底，有电商7个，注册公司7个，带动22名青年就业创业，实现全镇农产品网络营销额超3000万元。

【社会事业】 2021年，大东镇累计发放优待金、生活补助318.8万余元，困境儿童、单亲特困母亲、留守妇女儿童各类救助12.2万元，临时救助金7.72万元。投入600万元新建一幢三层面积2000平方米的复合式寄居五老用房及对敬老院内环境和设施提档升级。对全镇退役军人、优抚对象开展信息采集，采集率100%。组织低收入女性培训260人次，开展家政技能专业培训78人次，促进38人再就业，省市"三全社区"现场会在大东举行，镇妇联杨海霞被授予"省三八红旗手"称号。优化专职红色代办员服务方式，关爱计生特殊群体，城乡居民养老保险和医疗保险缴纳工作有序推进。住房条件不断改善。施洼社区项目30套住房已全部安置。大东社区已有415户签订购房协议并缴纳安置保证金，292户已完成搬迁协议签订，已拆除195户。民生工程扎实推进。完成520万元的客堂高标准农田改造项目，新建生态渠道1420米，防渗渠2478米，水泥路3600米，灌溉管道6370米，新拆建电灌站2座，农桥、机耕桥18座。完成65万元的农桥项目，新改建危桥1座、涵洞1座。争取农业水价综合改革水利工程管护资金35万元，新建干东小型电灌站3座、镇南小型电灌站1座、朝阳河节制闸1座。镇村投资35万元，新建修渡槽3座、维修农门5座、新建涵洞1座、节制闸2座、过路涵1座、蓄水闸2座。

【公共空间治理】 2021年，大东镇在全市首家探索"公共空间治理"项目获省市县肯定，并在《人民日报》《淮安日报》和"学习强国"等媒体推广。到年底共清理出鱼塘水面97.33公顷、边角零地48公顷、路渠堆坡42公顷，以及逝世五保户宅基地、自留田和承包地2.53公顷，成功发包土地27.4公顷，水面28.2公顷，成交额151.71万元，在划清公私界限的同时，进一步促进村居集体经济增收。散坟整治不断推进，新建陈庄、场北、南严等公益性公墓，年入墓率在95%以上，建造大墓、豪华墓势头得到有效遏制。

【人居环境治理】 2021年，大东镇基础设施不断完善。投入200万元对街道部分破损严重路面进行硬化。投入350万元铺设居委会、瓦滩、南严、镇南、陈庄等乡村道路，补植绿化苗木12万株。投入210万元，铺设完成3000余米污水管网、新建农村小型集中式生活污水处理设施3座和提升泵站2座。投入20万元，铺设下水管道500米，修缮清理淤塞下水道300米。投入20余万元，建设路灯50余盏。投入80万元，进行厕所入室改造700余户、新建公共厕所1座。投入60万元，新建垃圾分类亭20个，投放垃圾桶5000个，维护垃圾中转站正常运行，垃圾清运率、无害化处理率达到95%。镇村环境不断美化。突出产业导入、文化植入，投入70余万元，喷涂蓝色彩钢瓦屋顶3万平方米，粉刷墙壁24.8万平方米；投入10余万元，补充墙绘100余幅；投入40余万元，设置人居环境整治道旗宣传广告800余条，文化长廊5处。以厕所革命为抓手，统筹推进"四清一治一改"，拆除10处400平方米亭棚；对村（社区）1000余处庄前屋后的猪圈、厕所等破败物体及树木等地上所有非农作物进行整治、清理废弃河塘20余处；统一将群众占道栽植后退1.5米，用竹篱笆或者砖砌矮墙对菜园进行按区域划分，提高通行率。长效管护不断强化。5月，打造瓦滩、镇南、陈庄、居委会、施洼5个人居环境示范点。

【平安创建】 2021年，大东镇按照中央、省市县关于安全生产工作重要指示精神，认真落实安全生产责任制，持续深化安全生产专项整治。全年开展安全生产综合大检查4次，联合市场监管局对大东学校食品安全工作进行检查1次，聘请市级安全专家对生产经营单位开展隐患排查11次，检查单位123家，发现隐患412条，现已全部整改到位。信访稳定紧盯不放，认真落实领导班子公开接访制度，全年共接待受理群众来信来访83件，落实相关领导包案处理23件，按期办结率达到100%。"12345"热线平台共受理各类信访件320件，全部办结到位，有效维护群众的合法权益和社会和谐稳定。

【文教医疗】 2021年，大东镇投入37万元，支持教育教学发展、优化校园周边环境，表彰大东中高考优生，促进教育事业持续健康发展。四星级高中优生率11.4%，合格率93.6%，中考综合考评不断攀升。卫生院积极开展公共卫生服务、走村入户"义诊"志愿服务，综合提供预防、保健和基本医疗等服务。全年门急诊接诊人次12834人，收治住院人次783人，累计为484名低收入人口垫付医疗费用164.8万元。科学精准做好疫情防控工作，抓细抓实常态化防控措施。共排查到风险地区来大东人员602人，县交办人数539人（重复104人，实际498人），自行排查人数63人，加大疫苗接种占比,已完成接种31524剂次,接种完成率110%。投入60万元,建成施洼村体育公园1座,改造瓦滩、镇南、大东等村(社区)的休闲公园4座。依托新时代文明实践所(站)开展春节送春联、阅读、宣讲等活动80余次,大型新时代文明实践活动20场次,参与者达500余人次,充分展现大东人阳光向上的精神面貌。

【特色明星村瓦滩村】 位于大东镇区东南,327省道97千米处南侧,距大东镇3千米左右,327省道从北侧穿过全村,风光优美交通便利。区域面积433.33公顷,耕地面积364公顷,共有村民小组15个,715户,户籍人口2532人。2021年村集体经营性收入达42万元,农民人均纯收入19820元。近年来,瓦滩村大力发展乡村旅游,结合产业基础及周边特色优势,带动集体经济和农民增收。成立"江苏省红日生态休闲农庄",初步建成林下复合采摘园,休闲垂钓中心,集休闲、休憩、娱乐、餐饮接待为一体的接待中心等。投入资金600余万元,架设路灯60盏,铺设道路35千米;投入资金261万元新建1700平方米村综合服务中心,两代表活动室、老年活动室、超市、休闲广场等功能齐全。村内设置宣传栏、墙体彩绘120余处,举办文艺演出、乡戏表演30余次,广泛开展核心价值观宣传教育。设立善行义举榜,开展"美丽家庭"、文明(示范)户创建活动,开展优秀家训、家风故事征集评比活动,开设道德讲堂20余次。成立志愿服务队伍,开展各类志愿服务50次,受益人数达2000余人。紧紧围绕"四清一治一改"工作要求,实现户厕入室170户,新建标准化公厕2座,新建微型公园3个、节点小品5个、拆除废弃猪圈、厕所等破败物体230余个,栽植景观绿化树木4万余株,新建双层标准化大棚90个5.5万平方米,种植草莓、西瓜、花菜等原生态有机绿色蔬菜,村集体年收益12万元。先后获得国家森林公园、江苏省民主法治示范社区、江苏省和谐社区建设示范社区、江苏省二星级乡村旅游示范点、江苏省水美乡村、淮安市2021年度美丽乡村等众多荣誉称号。 (邢子鸣)

黄营镇

【概况】 黄营镇位于涟水县域东部,距县城22千米,东隔古淮河与盐城市阜宁县羊寨镇、芦蒲镇相望,南与南集镇、涟城街道毗邻,西隔一帆河与大东镇、朱码街道为邻,北与东胡集镇、唐集镇交界,省道327穿境而过,交通便利,区位优势明显,是县五大重点中心镇之一。古淮河、西官河、米粮河、一帆河由南向北贯穿全境,水系畅通。全镇总面积111.4平方千米,辖15个行政村,2个居委会,166个村民小组,1.4万户,5.03万人,耕地面积6855公顷,镇区人口1.13万人。2021年,实现地区生产总值173247万元,完成公共财政预算收入2194万元,居民人均可支配收入20147元。

【农业】 2021年,黄营镇积极应对"三农"工作的新形势、新特点、新任务,始终坚持农业农村优先发展,牢牢守住保障粮食安全和不发生返贫两条底线,全面推进乡村振兴迈出坚实步伐。完成农业总产值27937万元。粮食作物播种面积10558.53公顷,总产量7.19万吨。油料作物播种面积422.87公顷,总产量1423吨、大豆播种面积695.6公顷,总产量156.5吨。饲养生猪2.1万头,出栏1.7万头,饲养家禽45.6万只,出栏40.8万只,禽蛋总产量7.2万吨。水产放养面积144.67公顷,水产品产量1250吨。聚焦农业重大项目招引与建设,依托镇级现代农业产业园,先后招引实施亿元以上农业项目2个、3000万元农业项目3个。全年新增高效设施农业133.33公顷,新建高标准农田80公顷,推广应用水稻优质基地1620公顷,实现粮食产量稳定增长和重要农产品稳产保供。新型主体培育有力推进。全年培训新型职业农民126人。着力改善农业生产条件。投入资金833.77余万元,实施祝贤、大飞片高标准农田建设项目,建设防渗渠道7.5千米,架设电灌站7座,铺设农路9.19千米,架设农桥13座,防渗渠桥57座、疏浚2条河道。积极开展农村产权制度改革扫尾工作,完成13007户股权证书发放工作,发放率达100%。村集体经济增收提速。全镇17个村集体经济年收入均超过18万元目标,祝贤村集体经济收入达66.85万元。17个村累计交易产权项目156个,交易额7300万元,流转土地11000亩,流转率达34.6%,新建家庭农场12个。

【工业与招商引资】 2021年,黄营镇牢固树立"项目为王、环境是金"发展理念,旗帜鲜明地把招商引资作为高质量跨越发展的"一号工程"、经济建设的"头版头条",先后选派精兵强将赴广州、苏州等珠三角、长三角地区开展驻点招商,参加上海、浙江、深圳等地招商推介活动10余场。投资1.52亿美元的稳盈农业、投资1.6亿元的福发户外用品、投资1.3亿元的羊山金属、投资1.3亿元的晋益农业等重大项目相继落地建设。完成规上工业总产值3.6亿元,比上年增长73.9%;完成工业应税开票2.18亿元,增长71.1%;全部工业入库税金593万元,增长62.9%;完成规上工业用电量1173万千瓦时,增长10.19%。新增规上工业企业2家,经济发展呈现稳中有进、稳中向好的良好态势。

【第三产业】 2021年,黄营镇完成第三产业增加值35464万元,完成服务业入库税收6315万元;新增个体工商户253户,私营企业88家,新增私营企业注册资金1.79亿元;输出劳动力24812人,培训劳动力1390人。

【社会事业】 2021年,黄营镇坚持以创建省级卫生镇为统揽,持续加大投入力度,切实加快镇村建设步伐,镇村建设亮点频现,品位不断提升,群众对镇村环境的满意度不断增强。着力扩大劳动保障覆盖面,新增城镇就业上报229人、城乡居民养老保险参保352人,新办理社保卡623人次、失地农民参保7人、4050灵活就业人员社保补贴176人。完成"涟康保"参保1625人、参保率4.46%、总保额16.25万元、基本医疗保险参保34160人、参保率94.72%、总保额1161.44万元,进一步精准兜住兜牢民生底线。发放新办理城乡低保、特困供养人群、困境儿童、重度残疾人"两项补贴”等217人补助金1428余万元。投资460万元，实施1300平方米区域性养老服务中心项目。开展送戏下乡等各类文化活动50余场，丰富广大群众文化生活。抓牢抓实疫情常态化防控，全镇18岁以上常住人口疫苗首针接种20845人、首针接种率94.33%。

【黄营镇工业集中区】 东有工业孵化园、西有家具产业园。工业孵化园有标准化厂房24幢，占地2.4万平方米，有企业13家正常开工生产，企业用工220余人，月工资平均2000元。家具产业园位于327省道与镇迎宾路连接处，占地66.67公顷，已入驻江苏汇丰木业和江苏群益木业。汇丰木业项目总投资10亿元，于2017年12月正式投产，一期占地24.67公顷，注册资本9000万元，新建厂房5万平方米，设备投资6亿元，年产刨花板60万立方米，年开票15亿元，税金8000万元，带动就业约400人。该项目属于国家产业政策鼓励的循环经济项目。2019年，引进江苏群益木业项目，总投资2.5亿元，生产厂房1.4万平方米，主要进行环保刨花板饰面，年产量30万立方米，年产值3.5亿元，全年实现利税1500万元，带动100余人就近就业。

黄营家具产业园 （黄营镇 供稿）

【省特色田园乡村朱桥村】 是全县唯一的民族村，全村9个村民组，410户，2170人，其中回民人口占总户数的60%以上，以牛羊养殖、贩运、屠宰、销售产业闻名于县内外。自2018年列入省级特色田园乡村建设试点单位以来，以乡村振兴战略“二十字”方针为指引，省市县镇四级投入近亿元，实施建成现代农业园区、朱桥社区、红石榴家园、文化大舞台、村史馆、民族风情街、休闲广场、道路建设、水系连通、污水处理、民居立面改造、人居环境提升等21项工程，成功打造省级特色田园乡村“朱桥样板”，于2021年4月顺利通过省级验收。

【稳盈生猪养殖项目】 总投资约10亿元，项目位于南洋村、六堡村，占地77.4公顷，建筑面积18万平方米（双层猪舍、仓库、员工宿舍、培训基地等），新增设备5300套。本项目一期工程于2020年4月开工，12月竣工。二期工程于2021年1月开工。到年底，公司固定员工200人，现存栏母猪2.01万头、公猪300头、仔猪1.6万头，全年出栏仔猪2万头以上，为全县生猪保供奠定坚实基础。

（严　胜）

南 集 镇

【概况】 南集镇位于涟水县域东南部，东依古淮河与阜宁县芦蒲镇、淮安区苏嘴镇隔河相望，西与涟城街道相连，北与黄营镇接壤，涟南羊公路纵穿南北。镇政府驻南集居委会，距县城23千米。南集历史悠久，民风淳朴，是黄河故道名镇，嵇安将军故里，绿色品牌基地，全国小戏之乡，江苏省文明镇，国家级卫生镇。总面积61.15平方千米，耕地面积3792.13公顷，辖12个村（社区），68个村民小组，8092户，2.86万人。2021年，全镇财政收入13885万元，农民人均纯收入20279元。

【农业】 2021年，南集镇完成农业总产值35415万元，粮食作物播种总面积6993.67公顷，粮食总产量4.72万吨。小麦等夏粮作物播种面积3562.47公顷，产量2.02万吨；水稻播种面积2354.93公顷，产量2.05万吨；玉米播种面积465.67公顷，产量2267吨；豆类播种面积227.33公顷，产量5110.5吨；薯类播种面积74.67公顷，产量392吨。生猪饲养量2万头、家禽饲养量120万只。全年新流转土地100公顷，新培育家庭农场7户、种植业科技示范户5户、完成新型职业农民培训140人，完成省级大户培训19人；江苏省“味稻小镇”申报工作顺利完成；农业物联网示范基地、农业科技示范展示基地正在申报创建。

【工业及招商引资】 2021年，南集镇规模以上工业开票销售收入1.42亿元、工业入库税金910万元、一般公共预算收入7514万元、规模以上固定资产投资4.5亿元、规模以上工业投资2.2亿元、限额以上贸易企业及大个体销售收入8.9亿元、规上服务业营业收入3.7亿元。全年主要领导外出招商达40余次，分管领导外出招商达80余次。

【第三产业】 2021年，南集镇完成第三产业增加值36048万元。新增个体工商户75户，新增私营企业52家，新增规模以上四大服务业和限额以上贸易单位营业收入2.92亿元。

【社会事业】 2021年，南集镇年人均9000元以下低收入农户已经降低至57户；省委扶贫工作队13个帮扶项目，共计637万元扶贫资金全面完成；社会保障更加完善，2021年新增低保24户、46人；特困供养人员8人；发放临时救助21

户;33名困境儿童享受了政府供养政策。全镇累计享受城乡居民养老保险2.5万人,新办社保卡550人次,完成城乡居民养老保险缴费8600人,涟康保筹资3000人。南集镇加强对镇村两级新时代文明实践站(所)基础设施建设,定期开展志愿服务、群众文化、文化挖掘、宣传推介等活动。全年举办各类读书专场活动、60余场各类文化惠民演出,服务人次高达8.96万人次。积极开展“我们的节日·庆国庆迎中秋”“迎百年党庆·颂盛世华章”等主题文艺演出,增强社会的文化气氛,满足群众的精神文化需求,丰富南集镇人民群众精神文明生活。

【人居环境】 2021年,南集镇深入推动“三水”整治攻坚行动,整治沟渠河道34条,持续加大对街道秩序、环境卫生的管护力度,严格落实长效机制,真正达到“水清岸绿景美”、垃圾基本日产日清、环境管护到位的效果。大力开展整治工作,发动群众、攻坚克难打造一批有亮点、有特色、有内涵的示范点,如范荡村“淮剧小戏”示范点、王圩村“乡贤好人”示范点、皂角村“党建文化”示范点、居委会“特色豆制品”示范点,以点带面,全面提升村庄整体风貌。

【农房改善】 2021年,南集镇全面贯彻落实上级决策部署,启动南集社区二期建设项目,规划设计76平方米、85平方米、110平方米三种户型共计154套住宅,已完成第一批83套住宅分房工作。

【网格化社会治理】 2021年,南集镇推行“大数据+网格化+铁脚板”的基层治理模式,全面加强网格化治理。压紧压实安全生产责任,对全镇各企业、集中开展专项安全生产检查13次,排查隐患41项,为全镇经济社会发展高质量发展筑牢安全屏障。矛盾化解更加细致,累计成功化解处置各类矛盾纠纷360起,化解信访积案7件,实现重要节点“五个不发生”目标,全镇信访稳定形势持续向好。

【循环农业产业园】 2021年,南集镇以循环农业、绿色农业、生态农业为产业发展特色,实施了优质稻米、高端食用菌、循环农业、生猪养殖、农产品展销等重点项目,进一步完善现代农业产业园产业布局,一、二、三产融合发展打下坚实基础。在京东、淘宝等电商平台开通直营店,利用电商直播、节日促销活动等方式推广销售优质稻米、特色豆制品等农产品,帮助和带动群众增收致富。南集镇新流转土地100公顷,新培育家庭农场7户、种植业科技示范户5户、完成新型职业农民培训140人,完成省级大户培训19人;江苏省“味稻小镇”申报工作顺利完成;农业物联网示范基地、农业科技示范展示基地正在申报创建;秸秆禁烧、农业保险、农田水利等工作顺利完成。

(谷海湖)

全稳循环农业产业示范园　　(南集镇　供稿)

石　湖　镇

【概况】 石湖镇地处三市五县交界处,东与盐城市响水县黄圩镇、滨海县天场镇、阜宁县羊寨镇接壤,南与唐集镇相邻,西与东胡集镇、五港镇交界,北与连云港市灌南县百禄镇毗邻。327省道横穿境内,东连沿海高速、西接宁连高速公路,交通十分便利,商贸繁荣,人杰地灵。全镇总面积84.3平方千米,耕地面积4833.33公顷,辖17个村(社区),总人口4.13万人。2021年,实现地区生产总值10.53亿元,财政收入7589万元,农民人均纯收入18862元。围绕“开放东大门,创业新高地”总体目标,全力攻坚招商引资和项目建设,不断加大农村基础设施建设力度,持续推进富民产业培育进程,全面协调发展社会各项事业,全镇经济和社会事业呈现出良好的发展态势。

【农业】 2021年,石湖镇完成农业总产值38207万元。粮食作物播种面积6732.13公顷,粮食产量45795吨,油料作物播种面积472.67公顷,产量1614吨,蔬菜面积2273.47公顷,产量9.6万吨。生猪饲养量73569头,家禽饲养量11万只。大力发展高效农业。强化农产品质量监管及品牌提升,积极做好本镇农产品监管巡查、检验检测、宣传培训等信息实时联网,完成全年抽检定性检测蔬菜样品4800个,市抽检合格率100%。加强农业经济管理。完善河塘整治配套设施,修建渠道1800米。认真贯彻落实河长制,开展“三乱”专项整治行动,年内发出交办单11件,清理垃圾固废2处,清理僵尸船1个,拆除违建1处,整治河道6条,长度4600米。实施乡村振兴战略,成功招引投资4302万元石湖镇鑫搏水产养殖项目、投资2亿元的年产50万头楼庄生猪养殖项目、投资1.6亿元的石湖镇四兴二期牧畜和饲料加工项目顺利竣工;以产业结构调整和土地流转为抓手,加快村集体经济经营性和群众收入可持续增收,新建家庭农场4个,评为市级示范合作社3个,新增农机专业合作社7家,开展各类农业职业技能培训4批次1100余人次。

【工业与招商引资】　2021年，石湖镇完成申报规模工业企业数4个；完成规模以上工业开票销售收入18588万元，增长13.1%；完成工业入库税金2190万元，增长19.9%；完成规模工业总产值46856万元，增长97%；完成规模以上工业用电量431万千瓦时，增长10.24%；完成规上制造业投资43100万元，增长103.9%；完成规上工业战略新兴产值20685万元，增长146.89%；实现市盘重大项目开工3个，分别是正邦楼庄二期生猪养殖项目、正邦四兴二期生猪养殖及饲料加工项目以及三盛塑胶塑料制品技改项目。市盘竣工项目2个，分别是正邦楼庄二期生猪养殖项目、正邦四兴二期生猪养殖及饲料加工项目。招引亿元项目3个，分别是投资1.2亿元的金盟机械实验室检测设备项目，投资1.6亿元的龙信达灭火器及应急照明集中电源加工项目，投资3亿元的业丰科技柔性线路板生产项目(与县经济开发区共同招引)。

【第三产业】　2021年，石湖镇商贸、流通、运输、餐饮等服务业发展较快，新增私营企业128家，新发展个体工商户289户，新增个体私营企业注册资本2.376亿元。输出劳动力20077人，其中有组织输出8038人。完成第三产业增加值18854万元。进一步打造花果湖生态旅游项目，努力促进桃花观光、果实采摘等特色项目和活动，积极拓展旅客体验，在已建景区公共厕所、停车场及知青宿舍装修等基础上，投入近10万元资金打造知青大讲堂、老物件展览馆等设施。

【社会事业】　2021年，石湖镇共受理“12345”政府服务热线381条，按时办结率100%，群众满意率98%以上，创立“市级人民满意窗口”。做好社会福利事务，发放低保金超408万元，其中，发放低保结对帮扶款百余万元，临救资金113380元，发放困难高龄老人慰问金7500余元，为89名群众办理社会保障卡。关注退役军人优抚安置，走访慰问老复员军人、伤残军人、参战军人及现役军人家属和现役特困家属等，发放慰问金。关心关爱残疾人，开展“全国助残日”活动及慰问残疾人之家等，爱心团体、个人捐款出资发放物资计0.52万元。社会事务不断进步。高度重视教育发展，不断加大教育投入，推动石湖镇教育实行实体化运作，到年底全镇二本以上录取人数83人。累计民生支出占财政支出的80%以上，完成为民办实事项目85个，逐年提高农村居民低保标准。新农合新农保参合率、参保率均达100%。

【石湖镇工业集中区】　分为瓦房、外口、东兴3个工业集中区。外口工业集中区位于外口村，涟石公路(老327省道)北侧，占地面积3.47公顷，累计建成标准化厂房7幢，厂房建筑面积6094平方米，入驻多家企业，其中规模以上工业企业1家，即淮安市三盛塑胶有限公司，2021年完成开票销售8200.32万元，入库税金407.69万元，吸纳就业38人，发放职工工资188万元。东兴工业集中区位于瓦房村，327省道西侧，占地面积5.44公顷，累计建有标准化厂房8幢，厂房及附属设施建筑面积7940平方米，入驻3家企业，分别为淮安市金盟机械有限公司、奥力润滑科技淮安有限公司，江苏腾旺化纤有限公司。2021年，东兴工业集中区完成开票销售2551万元，入库税金136万元，吸纳就业52人，发放职工薪酬169万元。东兴工业集中区位于东兴村，月(塔)四(兴)路西侧，占地面积1.33公顷，建有标准化厂房5幢，建筑面积4176平方米，入驻企业3家，分别为淮安早八点木制品加工厂、江苏中之创新材料科技有限公司和鑫辰鑫机械有限公司。2021年，东兴工业集中区完成开票销售4053万元，入库税金125万元，吸纳就业21人，职工薪酬93万元。

【特色明星村方圩村】　位于石湖镇政府西北方向11千米，占地面积7.5平方千米，耕地面积466公顷，共有8个村民小组，835户、3645人，2021年度人均纯收入1.9万元。村内有光伏发电站一座，流转土地约230公顷，其中种植特色产业马齿苋13.33公顷，红薯33.33公顷，1个家庭农场，7个合作社，110公顷水产养殖，每年转移用工约1500人，村集体年收入约31万元。村内为改善农户居住条件建设254户方圩社区，占地面积10.53公顷，2021年新建占地0.2公顷党群服务中心，配有村服务大厅、档案室、退役军人服务室、招商引资洽谈室、图书室、会议室、议事室、财务室、青少年辅导室等。

方圩社区　　(石湖镇　供稿)

【人居环境综合整治】　2021年，石湖镇大力实施街道景观提升工程，加快推进集镇亮化绿化项目。优化路网交通，完成石湖农贸市场提档升级。着力做好工业集中区配套道路等基础建设工作。提升镇村管理水平,推进集镇环境综合整治工作,完成集镇区、五湖小区、五里小区生活垃圾分类设施投放,新增分类垃圾桶500个,大力改善农村人居环境。开展农村人居环境整治,共投入200余万元,清理空间杂物1000余处,完成户侧改造401户、拆除破败墙体139处、更换垃圾桶800余只、粉白墙体近10万平方米、架设路灯382盏、整治沟塘89处、栽植绿化树近1600棵。完成危房改造92户,建成镇村公厕7座。镇容镇貌进一步靓化,新增农村道路11千米,停车位120余个。农村环境进一步优化,整治提升镇村主干道,全面完成165个村庄垃圾治理,创成美丽乡村7个。生态保护进一步强化,建成污水处理厂1座,建成污水微动力处理设施1个,建成小型污水处理设施22个,全镇村居覆盖率已达64.71%,农户覆盖率达17.37%,惠及2086户,承接2021年11月全县人居环境观摩活动。　(许璐璐)

唐 集 镇

【概况】 唐集镇位于涟水县域东部,东、北与石湖镇接壤,南与黄营镇相连,西隔西官河与东湖集镇毗邻,古黄河、唐响河、唐松河、一帆河及省道327、省道329、涟阜路构成便捷的水陆交通运输网络。境内地势平坦,一般高程3米左右。有宋代月塔一座,为仿木结构砖塔,高约16米,属国家级保护文物。全镇总面积68平方千米,耕地面积6373.63公顷,辖13个村(社区),122个村民小组,8583户,30787人。2021年实现地区生产总值130581万元,财政总收入3299万元,一般公共预算收入1765万元。

【农业】 2021年,唐集镇农作物播种面积10145.73公顷,其中,水稻4129公顷,小麦4260.73公顷,玉米436.67公顷,大豆179.33公顷,花生115.87公顷,油菜156.53公顷,粮食总产量6.38万吨;完成农业总产值5.74亿元。全镇所有水旱植物的良种普及率达100%。全镇新增大型农业机械35台,累计拥有各种农业机械3226台。全镇共植树8万余株,培育苗圃百余亩;蚯蚓特种养殖20公顷,生猪饲养量3.42万头,家禽饲养量57万只,全镇有养殖大户55户。

【工业与招商引资】 2021年,唐集镇规模工业总产值23100万元,工业开票销售收入12300万元,全部工业入库税金804万元。全年新签约亿元以上项目2个,分别是浙江嘉善新顺公司投资5.2亿元的弹卡式连接预应力实心方桩项目和南通双王手套投资1.5亿元的丁腈手套项目;新开工亿元以上项目3个,分别是投资1亿元的江苏嘉瑞智能设备加工项目,投资1亿元的淮安科领生态农业科技有限公司种养加一体化项目,和石湖镇共同引进投资3.2亿元的正邦牧业楼庄二期项目;新竣工亿元项目2个,分别是淮安科领生态农业科技有限公司种养加一体化项目,投资1.6亿元的江苏微电合兴智能化配电箱项目,超额完成全年重点项目指标任务。

月塔　(唐集镇　供稿)

【第三产业】 2021年,唐集镇新增个体工商户131户,新增从业人员267人,新增私营企业5家,新增私营企业注册资本1720万元。全镇初步形成餐饮业、服务业、运输业全面发展的势头。劳务输出16225人,在开展劳务输出的同时,建立全镇的劳动力档案,引导广大青年在本地就业,为县、镇内企业输送优秀人才1623人。新增家庭农场4个,新增各类经纪人336人。

【社会事业】 2021年,唐集镇深入开展党史学习教育,结合“我为群众办实事”,在镇中心卫生院建成550平方米发热门诊及附属用房等基础设施,打造县域医共体建设特色招牌。推动全民健身与全民健康深度融合,启动2000平方米全民健身公园建设。全力做好退役军人服务保障工作,按照“五有”标准建成退役军人服务站,发放优抚对象慰问金2万余元。继续对困难群体实施精准救助,全年小额临时救助164人,大病救助30人,累计发放救助资金23.4万元。突出保障改善民生,实现共建共治共享,开展养老、医疗保险政策宣传,积极配合税务部门做好保费筹收工作,引导群众及时从线上缴费,全年新增参保223人。用法治思维推动政府服务能力建设,确保权力运行透明规范,全镇各村(居)法律顾问累计接访咨询100余次,出具法律意见、审查意见6次,开展法治宣讲活动26次。培育文明乡风,深化精神文明建设,常态化开展志愿服务、理论宣讲等活动,全年送戏下乡、送影下乡20余场。全镇依托农家书屋广泛开展党史学习、红色经典诵读等全民阅读活动。在丰华、月塔、周程3个村进行“有事好商量”协商议事室示范打造,通过荐题选题、广泛调研、充分协商、有力落实,取得良好的协商效果。汇聚更多优质资源,强化教育教学质量,唐集学校2021年“小升初”质量调研位列全县第二，中考成绩取得历史最优，有24名教师被表彰为“优秀教师”“优秀德育工作者”“优秀班主任”。

【唐集镇工业集中区】 位于月塔村境内，规划面积20.1公顷，启动建设面积8.67公顷。标准厂房18幢，厂房面积29230平方米，办公用房955平方米，其他附属用房721平方米；标准厂房中，集体资金建设11幢，11480平方米。社会资金建设7幢，17750平方米；已利用标准厂房17幢，26430平方米，厂房利用率100%。集中区现有工业企业10家，其中，规上企业2家；集中区企业共提供就业岗位近350个，年累计发放职工工资1625万元，职工年平均工资4.64万元。

【省级卫生镇创建】 2021年，唐集镇按照“补短板、强管理、树形象”思路，以创建省级卫生镇为动力，全员发动，真抓实干，投入2000余万元加快推进路面修复、立面出新、店面规范、屋面整治，重点做好集镇农贸市场拆建、绿化亮化提升、节点打造等工程。对照“创卫”工作指标，重抓公共场所“五小”行业规范管理及车辆停放、经营秩序等整治提升，在集镇功能品质上抬升定位。

【人居环境改善】 2021年，唐集镇采取整治增绿、见缝插绿等措施，拓展镇区绿化空间，新建一批微绿地、绿廊道。全年全镇新增成片生态林53.33公顷，生态森林抚育33.33公顷，四旁植树5万余株，新建和完善生态农田林网66.67公顷。以治理农村垃圾和污水为重点，以镇为单位建立系统化污水排水系统，投入50余万元在丰河、费窑等6个村新增微动力污水处理设施15台；投入300余万元实施镇区污水“十必接”管网建设工程；投入400余万元实施唐响河周边及汤码小区接污工程。治水保水，助力水质改善。全面响应省考断面保Ⅲ增Ⅲ攻坚行动号召，落细落实“河长制”工作，对唐响河以及支流共76个排水口和排污口进行排查整治，投入25万元对唐响河及其支流中的水葫芦、水花生、水浮萍“三水”进行清理，不断修复河流生态，全年顺利实现后营桥唐响河断面水质升Ⅲ目标。深入推进实施人居环境整治提升行动，通过统筹规划、全面动员、加大投入，精致打造周程村、沈费村等5个农村人居环境整治提升示范点。以农房改善为抓手，以新型农村社区建设为载体，全力打造宜居宜业新型农村社区，全年累计改善农房306户，同时积极争创“省特色田园乡村”，群众的幸福感、获得感持续提升。做精做优基础配套，切实提高入住居民生活品质，月塔社区一二期、联富社区一期高标准通过省专家组考核验收，月塔八组被认定为全县唯一江苏省传统村落。

【社会治理】 2021年，唐集镇信访稳定形势向好。建立信访、综治、司法工作联动机制，按月开展拉网式矛盾排查摸底工作，及时掌控不稳定因素。全年共排查各类矛盾150起，解决143起，矛盾调处成功率达95%。强化首接负责制，提高办理质量，持续跟踪问效，“12345”市直派镇“三率”考核排名全县前列。全年对辖区内工业企业、“九小场所”等检查90余次，发现问题隐患148个，已落实整改132个。

【特色明星村周程村】 位于镇区南部4.5千米，境内省道327、涟阜路及唐周路等重点道路穿境而过，辖10个村民组，494户，2097人，党员56人，耕地面积293.33公顷。该村围绕“省级卫生村”创建标准，坚持重点整治和硬件建设并举，集中整治解决突出问题，加大硬件设施投入，改善村庄环境。凝心聚力打造优美环境。按照全力以赴、全民参与的原则，充分调动干群积极性。通过不懈努力，全村拓宽道路2100米，粉刷墙壁1.2万平方米，砖砌菜园围栏2300米，新建1640平方米“缘”文化广场，架设路灯220盏，增设生活污水处理设施6台，栽种绿化苗木1600余株，拆除破败物体233处，新增入室户厕76个。整合资源促进经济发展。积极对外推介，流转土地133.33公顷，发展优质稻米和绿色有机蔬菜种植。疏浚排水河道2700米，整治发包废塘6.8公顷。积极争取乡贤支持，利用道路交通优势，建设高炮广告2座，为村集体年增收16万元。开展新时代文明实践活动，培育文明乡风，评选出“文明户”149户、“党员中心户”4户。 （贾婷婷）

附　录

APPENDICES

- 组织机构与领导人名录
- 重要文献
- 先进集体
- 先进个人

编辑：彭亚君

组织机构与领导人名录

县四套班子

中共涟水县委员会

书　记　洪　然
副书记　朱永兴　李义翠
　　　　王道峰
常　委　李金平　刘永军　滕金霞
　　　　王　伟　刘双喜　郎跃明
　　　　孙以东　吴芳剑　张锦辉

涟水县人大常委会

主　任　张　超
副主任　刘泽年　吴建峰　孙　辉
　　　　周宏昌

涟水县人民政府

代县长　朱永兴
常务副县长　李金平
副县长　马　荣　姜井旭　马仁慧
　　　　吴　勇　吉　海　徐　勇
党组成员　张锦辉　邱可昌

政协涟水县委员会

主　席　姜　杰
副主席　姚　兵　朱金文　左　健
　　　　周建华

县纪委、监委、法院、检察院

中共涟水县纪律检查委员会

书　记　刘永军
常务副书记　张保军
副书记　左同喜
常　委　庄恒星　孙　泓　王文斌
　　　　丁　杰
纪检监察干部管理监督室
　主任　严莹莹
党风政风监督室主任　朱　伟
宣传教育室主任　徐　璐
案件监督管理室主任　李　敬
第一审查调查室主任　赵九伟
第二审查调查室主任　张光明
第四审查调查室主任　喻士荣
第六监督检查室主任　王　强
第七监督检查室主任　钟　祥
第九监督检查室主任　刘光宇
第十监督检查室主任　张催雷
第十一监督检查室主任　戴芸芸
监督审查技术室主任　尹　春
案件审理室主任　秦　松
信访室主任　张　昊
派驻第一纪检监察组组长　严　雪
派驻第二纪检监察组组长　谈　亦
派驻第三纪检监察组组长　纪　海
派驻第五纪检监察组组长　顾　威
派驻第六纪检监察组组长　王海东
派驻第七纪检监察组组长　梁俊峰
派驻第八纪检监察组组长　王达悦
派驻第九纪检监察组组长　朱静国
派驻第十纪检监察组组长　别同雷
派驻第十一纪检监察组组长　张晓波

县监察委员会

主　任　刘永军
副主任　张保军　左同喜
委　员　庄恒星　王　劼　王文斌
　　　　肖天义

县人民法院

党组书记、院长　刘　洋
党组副书记、副院长　王士贵
副院长　王保俊　王　君
党组成员　刘加翀　孙兆斌
政治部主任　孙兆斌
审判委员会
　专职委员　刘加翀　周从华
司法警察大队
　大队长　姜宇轩
　教导员　杨　军

县人民检察院

党组书记、检察长　龚怀军
党组副书记、副检察长　钮立祥
副检察长　胡海玲　郁文林
党组成员　陶书祥　徐建明
政治处主任　徐建明
检察委员会
　专职委员　陶书祥　邓新宇

县委工作部门及直属单位

县委办公室（挂县委研究室、县委机要局、县国家保密局、县国家密码管理局、县档案局牌子）

主　任　丁卫华
副主任　薛海华　黄　海　席　虎

县委机要局

副局长　王士兵

县国家保密局

副局长　马　林

县委改革办公室

副主任　吕修鹏

县委巡察办公室

主　任　庄恒星
副主任　孙青林　潘亚杰

县委巡察组

组　长　孙　泓　王　劼　徐志国
　　　　马　群　李亚亮
副组长　沈卫东　时　阳　郑东经
　　　　周其树　蔡建祥　周俊平
　　　　罗　廷　贾华丽　宋应飞

县委组织部（挂县委非公有制企业和社会组织工作委员会、县公务员局、县委党建工作办公室、县委机关工委牌子）

部　长　孙以东
常务副部长　刘光雨
副部长　纪　亮　徐　雷　季振华

县公务员局

局　长　刘光雨

县委党建工作领导小组办公室

主　任　徐　雷
副主任　杜长青

县委县级机关工作委员会

书　记　纪　亮
副书记　王中齐

县高层次人才发展中心

主　任　季振华
副主任　尤盼文

县委考核工作委员会办公室

副主任　季振华

县委宣传部［挂县精神文明建设指导委员会办公室、县政府新闻办公室、县新闻出版局（县版权局）、县互联网信息办公室牌子］

部　长　郎跃明
常务副部长　王　娟
副部长　马会东　王晓忠　李亮亮

县精神文明建设指导委员会办公室

主　任　王　娟
副主任　成　刚

县政府新闻办公室

主　任　李亮亮

县新闻出版局（县版权局）

局　长　马会东

县委网络安全和信息化委员会办公室

主　任　王晓忠
副主任　鲁家申

县互联网舆情中心

主　任　张新宁

县委统一战线工作部[挂县民族宗教事务局、台湾工作办公室(县政府台湾事务办公室)、县政府侨务办公室牌子]

部　长　刘双喜

常务副部长　李海蓉

副部长　徐　坚

　　　　姜　凯

县民族宗教事务局

局　长　徐　坚

副局长　王剑文

县委台湾工作办公室(县政府台湾事务办公室)、县政府侨务办公室

主　任　李海蓉

县委政法委员会

书　记　吴芳剑

常务副书记　别同政

副书记　陆士江

政治处主任　朱　伟

县社会治理指挥中心

主　任　薛青鹏

副主任　王亚伟　孙　近

县委机构编制委员会办公室(挂县事业单位登记管理局牌子)

主　任　纪　亮

副主任　姜　陶　徐畅海　郝翠翠

县机构编制电子政务中心

主　任　魏　强

县融媒体中心

党委书记、主任　李亮亮

总编辑　李卫兵

副主任　孙宁清　朱明智　宋运成

副总编辑　王海飞　汪曙明

　　　　刘奋武

县档案馆

馆　长　徐晓进

副馆长　徐艳丽　张　松

县委老干部局(挂县委离退休干部工作委员会办公室牌子)

局　长　徐　雷

副局长　杨　新　吴　鎏　高　飞

县老龄事业发展中心

副主任　郭　军

县委党校

校　长　孙以东

副校长　周大勇(主持日常工作)

　　　　于士春　李　祥

县委党史工作委员会

副主任　于进满　支伯生

县人大常委会工作机构

县人大常委会办公室

主　任　席隆之

副主任　黄　洁　王新建

财政经济工作委员会

主　任　卢建农

副主任　叶华兵

教科文卫工作委员会

副主任　李　焱

人事代表联络工作委员会

主　任　王　兵

副主任　张朝霞

内务司法工作委员会

主　任　胡建明

副主任　袁　军

农业农村工作委员会

主　任　刘宝泽

副主任　肖　悦

环境资源城乡建设工作委员会

主　任　陆红梅

副主任　谷　悲

县政府工作部门及直属机构

县政府办公室(挂县政府外事办公室、县政府研究室、县大数据管理局牌子)

党组书记、主任　李凌峰

副主任　张　鹏　马兆万　张祖鹏

　　　　刘光雪　于华军

县政府外事办公室

主　任　李凌峰

县政府研究室

主　任　李凌峰

县大数据管理局

局　长　李凌峰

县委外事委办公室

副主任　钱正军

县机关事务管理服务中心

主　任　王亚松

县乡村振兴服务中心

主　任　张建峰

副主任　黄义军

县信访局

党组书记、局长　于华军

副局长　穆厚亮　单从明　张庄晗

党组成员、信访督查专员　顾成山

县发展和改革委员会

党委书记、主任　黄吕军

副主任　李开明　李　华　徐礼文

　　　　苗增武

县粮食和物资储备局

局　长　黄吕军

县工业和信息化局

局　长　朱金文

副局长　刘苏安　刘　峰　杭　娟

县应急管理局

党委书记、局长　朱中明

副局长　周　进　任友文　杨　军

　　　　王　磊

党委委员　刘星星　秦东洲

总工程师　刘星星

县安全生产委员会办公室

主　任　朱中明

副主任　秦东洲

县防震减灾中心

主　任　杨士军

副主任　张海文

县教育体育局

党委书记、局长　汤胜国

副局长　刘卫林　朱金峰　刘　勇

党委委员　徐　岩　徐颖超

县教师发展中心

主　任　徐颖超

副主任　颜爱华　殷作模

　　　　徐崇明

县委教育工作委员会

书　记　汤胜国

副书记　徐　岩

委　员　刘卫林　徐颖超　朱金峰

　　　　刘　勇

县政府教育督导室

主　任　汤胜国

县人社局

党委书记、局长　徐　军

副局长　谷桂林　姬庆明　贾智为

党委委员　陈　中

县人才交流服务中心

主　任　陈　中

县社会保险基金管理中心

主　任　姬庆明

副主任　王　辉　嵇　娟

　　　　颜树林

县交通运输局

党委书记、局长　张　俊

副局长　李海东　万洪涛

党委委员　卢明磊　别大海
县港航事业发展中心
主　任　童全平
县交通运输综合行政执法大队
大队长　刘　伟
县公路事业发展中心
主　任　卢明磊
淮安新港建设有限公司
董事长、总经理　王秀夫
交通控股集团有限公司
董事长、总经理　周　辉

县财政局(挂县国有资产监督管理办公室牌子)

党委书记、局长　王庆山
副局长　张　宏　殷沐青
党委委员　陆卫国　黄　芹
县国有资产管理服务中心
主　任　陆卫国
县财政国库集中支付中心
主　任　黄　芹

县国有资产监督管理办公室

主　任　王庆山

县地方金融监管局(挂县政府金融工作办公室牌子)

局　长　郑志梅
党组书记　徐中成
副局长　王　锋　陈从友　陈　竞

县政府金融办公室

主　任　郑志梅

县审计局

党组书记、局长　徐承志
副局长　王新建　张永辉　王建华
党组成员、总审计师　周建生
党组成员　孙垂芳

县委审计委员会办公室

主　任　徐承志
副主任　孔垂芳

县统计局

党组书记、局长　顾云华
副局长　刘洪翔　季　军　刘桂玲
党组成员、总统计师　张云鹏
县统计调查中心主任　王建成

县商务局

党委书记、局长　王　飞
副局长　成　祥　马　克　李华强

县外资招商服务中心(外资招商局)

副主任(副局长)　马亚东

县农业农村局(挂县政府扶贫工作办公室牌子)

党委书记、局长　陆士国
副局长　谈井春　殷　骏　成东洲
党委委员　胡卫华　张建峰
总农艺师　胡卫华

县乡村振兴局

局　长　陆士国
副局长　吴亮亮

县委农村工作领导小组办公室

主　任　陆士国
副主任　潘　刚

县水利局

党委书记、局长　孙晓彪
副局长　孙　飞　潘峻岭　徐洪兵
党委委员　羊兆忠　罗会永
总工程师　罗会永
县水利科研站站长　羊兆忠

县住房和城乡建设局(挂县人民防空办公室牌子)

党委书记、局长　朱彦清
党委副书记　万明金
副局长　万明金　龚成建　王雪峰
冒旭建
党委委员　黄立新
总工程师　沈建亚
县房屋征收管理办公室
主　任　杨士勇
县建筑工程管理服务中心
主　任　黄立新

县人民防空办公室

主　任　朱彦清

县科学技术局

党组书记、局长　吉爱国
副局长　黄建国　池鹏飞　阳　源

县文旅局(挂县文物局牌子)

党委书记、局长　周军霞
副局长　梁春明　朱一晗　孙　林
党委委员　宋海亚
县文化市场综合执法大队
大队长　宋海亚
教导员　朱东红

县文物局

局　长　周军霞

县卫生健康委员会(挂县中医药管理局牌子)

党委书记、主任　沈建国
副主任　支向军　翟长青
党委委员　宋志洲
县卫生监督所所长　张雨成
县疾病预防控制中心主任　宋志洲

县医疗保障局

党组书记、局长　蒋惠琳
副局长　王吉生　刘海涛　付建文
县社会医疗保险基金管理中心
主　任　李　青

县民政局

党委书记、局长　薛必猛
副局长　贾奇志　骆海鸥　陈　梅

县退役军人事务局

党组书记、局长　葛　森
副局长　黄在良　陈　军　王芝国
县退役军人服务中心
主　任　袁　媛

县公安局

党委书记、局长　马仁慧
党委副书记、政委　张巍巍
副局长　高中华　秦书瑶　陈曙光
徐　辉　郑　科
党委委员　陈战天　王士兆
张亚军
政治处主任　张亚军
指挥中心
主　任　邱　明
教导员　李若振
政治安全保卫大队
大队长　周健峰
教导员　翟树权
治安警察大队
大队长　王士兆
教导员　嵇道远
刑警大队
大队长　陈战天
教导员　吕增亚
法制大队
大队长　王海洋
教导员　朱银华
经济犯罪侦查大队
大队长　何正清
教导员　朱安全
巡特警大队
大队长　汪克军
教导员　张国强
网安大队
大队长　胡伟威
交警大队
大队长　刘亚然
教导员　周效雨

警务督察大队
教导员　潘永兵
看守所
所　长　姜龙翔
教导员　黄　勇
涟城派出所
教导员　翟孝鹏
经济开发区派出所
所　长　颜留建
教导员　韩士勇
淮浦路派出所
教导员　丁曙宇
时码派出所
教导员　朱　军
朱码派出所
所　长　郭　辉
教导员　吴明成
唐集派出所
所　长　徐　骞
岔庙派出所
所　长　于　伟
灰墩派出所
所　长　桑　勇
教导员　吕国良
五港派出所
所　长　徐　杨
石湖派出所
所　长　于一水
方渡派出所
教导员　王晓飞
大东派出所
所　长　王洪笑
教导员　葛　军
高沟派出所
所　长　桑　勇
红窑派出所
所　长　王　正
黄营派出所
所　长　孙凤来
成集派出所
所　长　沈伯纯
梁岔派出所
所　长　刘笑然
徐集派出所
所　长　王前舟
教导员　周靖书
南集派出所
所　长　王祝迎
东胡集派出所
所　长　王海峰
义兴派出所
所　长　李红波
教导员　高亚洲
陈师派出所
所　长　钱卫峰
教导员　于　泳
小李集派出所
所　长　卜延红
教导员　徐红艳
开发新区派出所
所　长　吴　进

县司法局

党组书记、局长　陈秀龙
副局长　葛晓冬　刘　权　王万里
党组成员　别怀远　阚真平
政治处主任　别怀远

县委依法治县办公室

副主任　阚真平

县行政审批局(挂县政务服务管理办公室牌子)

党组书记、局长　蔡志峰
副局长　张　辉　胡锦祥　张佩佩
县投资项目代办服务中心
主　任　孙建祥
县12345民生服务中心
主　任　胡锦祥
副主任　王　虎　杨海燕

县地方志办公室

主　任　张　鹏
副主任　陈全昌　汪洪祥

县城市管理局(挂县综合行政执法局牌子)

党委书记、局长　刘　庆
副局长　季成俊　张　洋　刘庆卫

县综合行政执法局

局　长　刘　庆

县市场监管局(挂县知识产权局牌子)

党委书记、局长　黄　勇
副局长　张爱国　冯　刚　徐同兴
徐　鹏
党委委员、食品药品总监　王　跃
城区分局分局长　郭　波
梁岔分局分局长　沈　志
南集分局分局长　朱延峰
岔庙分局分局长　张连云
朱码分局分局长　贾淑成
高沟分局分局长　张旭生
石湖分局分局长　张　飞
县市场监督稽查大队
大队长　杨　飞
县市场局综合检验检测中心
主　任　万海波

县知识产权局

局　长　黄　勇

县经济开发区

党工委书记　王　伟
党工委副书记、主任　张溧翔
党工委副书记　沈　超
纪工委书记　严亚洲
党委委员、副主任　周　伟　别同文
魏玉国
财政局局长　徐敏华

涟水经济开发区循环经济产业园发展服务中心

主　任　魏玉国
副主任　王礼辉　胡中卫　傅　洲

县供销合作总社

党委书记、主任　张　旭
党委副书记　赵井洋
副主任　吴元康　马君海
党委委员、监事会主任　冯彬彬

江苏今世缘酒业股份有限公司

党委书记、董事长、总经理　顾祥悦
副董事长　吴建峰
党委副书记　鲁正波　倪从春
副总经理　吴建峰　倪从春
羊　栋　王卫东
方志华　胡跃吾
李维群　陈久权
周永和
监事会主席　倪从春
工会主席　鲁正波

今世缘集团有限公司

副总经理　禹成余

安东控股集团有限公司

董事长　禹成余
总经理　高正飞
副总经理　时　晨　徐亚盛
李伟伟
监事长　徐天林

财富担保有限公司

董事长、总经理　张昌东

县人民医院

党委书记　左扬松

院　长　濮　娟
党委副书记　周爱军
副院长　刘洪亮　卜延志
　　　　沈文沂　韩　峰
纪委书记　王大伟

县中医院

院　长　朱崇雁

涟水中学

党委副书记、副校长　胡恒进
　　　　　　　　　（负责日常工作）
副校长　茹跃华　水玉军　朱　飞
纪委书记　蔡卫国
教务处主任　李　祥
高一级部主任　胡大志
高二级部主任　贾正兵

郑梁梅高级中学

党委书记、校长　贾小飞
党委副书记　朱孝龙
副校长　王洪林　蒋　恒
　　　　潘银春　陈培根
纪委书记　王　静

滨河高中

校　长　李广军
党委副书记　徐爱中
副校长　张绍军　周　红
　　　　孙志军　郭　玲

县外国语高中

校　长　徐敏胄

涟水中等专业学校

校　长　王文林

郑梁梅中学

副校长　皇甫正青　俞军义
　　　　宋夕球

县政协工作机构

县政协秘书处

秘书长　庞　峰
副秘书长　王　猛　王玉峰

农业与农村委员会

主　任　嵇晓海
副主任　谷开中

经济科技委员会

主　任　郑小芹
副主任　严　丽

文化文史委员会

主　任　肖丽丽
副主任　徐兆军

提案工作委员会

主　任　江洪文
副主任　黄海浩

社会法制委员会

主　任　郭新来
副主任　高明琴

港澳台侨委员会

主　任　徐汉军
副主任　洪良涛

群众团体

县总工会

主　席　孙以东
党组书记　王靖江
副主席　汤晓波　全　鑫

共青团涟水县委员会

书　记　张　蕾
副书记　刘洪涛　姚　衍

县妇女联合会

党组书记、主席　徐秀琴
副主席　查爱霞　严玲红

县科学技术协会

主　席　薛成伟
副主席　季言成

县归国华侨联合会

主　席　徐大胜
副主席　杨兆克

县工商业联合会

党组书记　姜　凯
副主席　赵春国

县文化艺术界联合会

主　席　沈绍宏
副主席　周立异

县残疾人联合会

党组书记、理事长　刘小聪
副理事长　张晓永　彭　追

县红十字会

会　长　马　荣
专职副会长　席海翔

县社会科学界联合会

主　席　陈　晟
副主席　李艾红

市县共管单位

县自然资源和规划局（挂县林业局牌子）

党委书记、局长　陈永林
副局长　薛守贵　周红飞
　　　　徐建华　徐　锐
　　　　施晓玲　李　敏
　　　　邱建权
党委委员　施维宝

县林业局

局　长　陈永林

县生态环境局

党组书记、局长　童　智
党组副书记　刘从举
副局长　贾长年　朱文生
党组成员　赵　磊
县生态环境综合行政执法局
　局　长　赵　磊

县税务局

党委书记、局长　封　颖
副局长　曹红兵　邢海万　刘中洋
　　　　沈正一
党委委员、纪检组长　曹越东

国家统计局涟水调查队

队　长　许士平
副队长　卫　蔚
纪检组长　王　跃

县住房公积金管理中心

主　任　蒋亚娟

县邮政公司

总经理　丁　政
副总经理　王万成　吴广中
　　　　　徐亚运

县电信公司

总经理、党委书记　王志坚
副总经理、纪委书记　刘　送
副总经理、工会主席　朱二民

县联通公司

总经理　万永冲
副经理　王　伟　徐建国

县供电公司

总经理、党委副书记　李　峰
副总经理、党委书记　查丽丽
纪委书记、工会主席　贾　跃
副总经理　倪　波　卢　旻
　　　　　戴易见
五级职员　孙春华

江苏有线涟水分公司

总经理　羊兆宏
副总经理　范帮兵　王寿驰

县移动公司

总经理　徐东风

副总经理　张良和　殷日宁
纪检委员　殷日宁
工会主席　张良和

县新华书店

总经理　刘　冲
副总经理　胡　健

中国人民银行涟水县支行

副行长　施　勇(主持工作)
　　侯业宏　严　亮
党组副书记　施　勇
纪检组长　严　亮

中国工商银行涟水县支行

行长、党总支书记　蔡红兵
纪检员、党支部委员　潘国光
副行长　王　沛
行长助理　尤　衍

中国建设银行涟水县支行

行　长　蒯重存
副行长　黄永生　李　伟

中国农业银行涟水县支行

行长、党委书记　李东野
纪委书记　王宁宁
副行长　姚振宇　朱培根　殷信理

中国银行涟水县支行

行　长　朱爱菊
副行长　嵇友军　郑苏霞　冯颖波

中国农业发展银行涟水县支行

行　长　朱　彬
副行长　刘铁夫　顾　婧

县农村商业银行

董事长、党委书记　董建中
行长、党委副书记　徐　键
监事长、纪委书记　穆振乾
副行长　周　友　刘　亮　丁加亮
　　秦锐利　巩鹰健

南京银行涟水支行

行　长　周家逸
行长助理　朱晓雷

中国人民财产保险股份有限公司涟水县支公司

经　理　张浩然
副经理　罗　翔

中国人寿保险公司涟水县支公司

经　理　戴夕年
副经理　汪先忠
经理协理　陶建达

中华联合保险股份有限公司涟水县支公司

总经理　刘恩贤
副经理　曹　聪

县气象局

局　长　何　悦
副局长　顾维慧
纪检组长　吴春晓

县烟草专卖局(分公司)

局长、经理　王　扬
副局长　陈京伟
副经理　王亚军

县盐业公司

副经理　掌治国(主持工作)
　　许　飞

县消防大队

大队长　郭志明
政治教导员　邱小兵
副大队长　卢　团
指导员　殷　伟

县武警中队

中队长　惠学林
政治指导员　刘天阳

街道(镇)

涟城街道

党工委书记　谢正亚
党工委副书记、办事处主任　杨士勇
人大工委主任　栾海涛
党工委副书记　栾海涛　高　红
纪工委书记　钱向科
组织委员　梁海浪
宣统委员　尚　进
政法委员　胡智万
人大工委副主任　龚华国
党委委员　朱海平
办事处副主任　吴进祥　范学勇
　　薛奎华　曹　霞
　　朱兴宇

朱码街道

党工委书记　李　兵
党工委副书记、办事处主任　尚　伟
人大工委主任　孟庆霞
党工委副书记　林王琛　刘　雷
纪工委书记　杨　州
组织委员　陈　辰
宣统委员　陈洪喜
政法委员　宁桂龙
人大工委副主任　肖　彬
党委委员　许　永
办事处副主任　施慎勇　解耀斌
　　杨成林　朱延亮
　　李建国

陈师街道

党工委书记　孙以东
党工委副书记、办事处主任　华玉国
人大工委主任　李中芹
党工委副书记　尹希明
组织委员　严旭红
纪工委书记　翟孝猛
宣统委员　李　锐
政法委员　于　涛
人大工委副主任　薛三青
办事处副主任　夏劲松　李　珞
　　李　永　徐　祥
　　贾海龙

保滩街道

党工委书记　许志武
党工委副书记、办事处主任　朱立成
人大工委主任　沈士领
党工委副书记　郑曙荣
纪工委书记　刘　磊
政法委员　黄爱军
组织委员　袁　亮
宣统委员　王立新
人大工委副主任　乔明建
党委委员　石文勇
办事处副主任　顾海静　陆　祥
　　谷　虎　刘良山

高沟镇

党委书记　陈照耀
党委副书记、镇长　丁元中
人大主席　陈　泽
党委副书记　陈　标　薛卫锋
纪委书记　曾庆波
组织委员　胡蓉蓉
宣传委员　翟长颖
统战委员　陈立龙
政法委员　张云飞
人大副主席　陈　衍
党委委员　刘　明
副镇长　陈立龙　苗大鹏　王晓飞
　　孙中岩　张　静

红窑镇

党委书记　张　峰
党委副书记、镇长　魏加平

人大主席　丁天霄
党委副书记　高树森　王　波
纪委书记　许　乐
组织委员　王　波
统战委员　潘晓雷
宣传委员　秦朝霞
人大副主席　薛进军
党委委员　郭亚军
副镇长　姚永余　周双宁　成　文
　　曹武林　李芳芳

梁岔镇

党委书记　苍　凯
党委副书记、镇长　钟天凯
人大主席　孙　林
党委副书记　宗　平
纪委书记　徐　军
统战委员　谢观忠
组织委员　王　凯
宣传委员　郑媛媛
政法委员　朱金成
党委委员　李大可
副镇长　谢观忠　姜继红　左　建
　　姚　鹏

成集镇

党委书记　杨　帆
党委副书记、镇长　徐建军
人大主席　朱晓斌
党委副书记　朱礼峰
组织委员　李　芳
宣传委员　王　辉
统战委员　王　飞
政法委员　颜世飞
党委委员　张红旗
副镇长　李　芳　赵海杰　朱峰峰
　　周立刚

岔庙镇

党委书记　张建国
党委副书记、镇长　杨　东
人大主席　殷作梅
党委副书记　王付忠
纪委书记　余彬彬
组织委员　杨　阳
宣传委员　杨　阳
统战委员　王　永
政法委员　汤登辉
党委委员　唐流成
副镇长　王　永　陈　诚　吴　未
　　成　伟

五港镇

党委书记　张红梅
党委副书记、镇长　杨　彦
人大主席　孙国贵
党委副书记　王云毅
纪委书记　徐敏锋
统战委员　沈小新
组织委员　许顺成
宣传委员　胡　峰
政法委员　孙中健
党委委员　李超亮
副镇长　左庄岩　李　伟　许顺成
　　孙中健

东胡集镇

党委书记　程　亮
党委副书记、镇长　朱飞雷
人大主席　笪　勇
党委副书记　杨中兴
纪委书记　嵇玲玲
组织委员　张小文
宣传委员　贾文健
统战委员　任正刚
政法委员　潘　健
党委委员　仲一飞
副镇长　张　瑞　卢永辉　徐梅生
　　唐　轩

大东镇

党委书记　邱加文
党委副书记、镇长　李雷鸣
人大主席　徐　洋
党委副书记　徐少游
纪委书记　韩　文
组织委员　崔　立
宣传委员　卢志明
统战委员　王　永
政法委员　周　红
党委委员　朱　雷
副镇长　徐志鹏　闵红波　顾　晨
　　张文轩

黄营镇

党委书记　季　智
党委副书记、镇长　管昌凯
人大主席　王茂中
党委副书记　周健康
纪委书记　卜　杨
组织委员　刘凤丽
宣传委员　肖华杰
政法委员　苏海波
统战委员　邵　静
党委委员　马会超
副镇长　翟伟国　王　林　陈克平
　　丁　一

南集镇

党委书记　汪树安
党委副书记、镇长　刘向前
人大主席　汪海祥
党委副书记　周　雷
纪委书记　刘　程
组织委员　吴　昊
宣传委员　高晓慧
政法委员　潘效彬
统战委员　帅同海
党委委员　蒋根宇
副镇长　郑祥年　范加银　陈中华
　　王晓洁

石湖镇

党委书记　吴正超
党委副书记、镇长　王　坤
人大主席　胡玲玲
党委副书记　林　松
纪委书记　严书华
组织委员　林　松
宣传委员　高　扬
政法委员　谷通飞
统战委员　卢建军
党委委员　张德军
副镇长　张师勇　皇甫秀凯
　　陈秋丹　苗婷婷

唐集镇

党委书记　李义翠
党委副书记、镇长　洪　军
人大主席　朱延洋
党委副书记　汪海亮
纪委书记　王永振
组织委员　濮亚丰
宣传委员　颜建东
政法委员　徐春来
统战委员　陈　诚
党委委员　徐帮奎
副镇长　颜建东　嵇应斌　庞树发
　　朱青枚

重要文献

勇担光荣使命 奋力跨越赶超 以优异成绩迎接中共二十大胜利召开

——在县委十二届二次全会上的讲话

时　勇

(2021年12月30日)

这次全会的主要任务是,高举习近平新时代中国特色社会主义思想伟大旗帜,深入学习贯彻中共十九大和十九届历次全会精神,按照中央经济工作会议、省第十四次党代会、省委经济工作会议、市第八次党代会、市委八届二次全会部署要求,回顾总结今年工作,研究部署明年任务,动员全县上下勇担“申创国家级经开区,加快建成全国百强县”光荣使命,坚定信心、创新实干,奋力开创涟水高质量跨越发展新局面,努力以优异成绩迎接中共二十大胜利召开。

下面,根据县委常委会会议讨论的精神,我讲四个方面意见:

一、积极应对风险挑战,满怀信心开启高质量跨越发展新征程

今年是中国共产党成立100周年的大庆之年,是全面建设现代化的开局之年,也是涟水冲刺全国百强县的启航之年。一年来,我们坚持“开局就是决战、起跑即是冲刺”,突出重点抓推进,攻坚克难抓成效,用执着奋斗交上一份出色出彩的成绩单,“十四五”发展实现良好开局。

*一是基础底盘更为稳固。*牢牢抓住项目“牛鼻子”,努力挺起产业“硬脊梁”,发展后劲不断增强,县域经济综合竞争力上升到全国132名、进位38名。经济运行稳中有进。预计全年实现地区生产总值625亿元、增长10.5%,一般公共预算收入26.5亿元、增长10.5%,规上固定资产投资206.4亿元、增长15%,社会消费品零售总额234亿元、增长14%,城乡居民人均可支配收入分别达36580元、20448元,增长9.5%、11%。产业质态持续向好。规上工业总产值、规上工业增加值、规上工业投资、规上工业应税开票销售收入、全部工业入库税金分别增长38%、25%、35%、31%、22%,其中四大工业主导产业产值增长40%、占比56%,新培育规上工业企业45户、销售超亿元企业6户、税收超千万元企业4户;新增土地流转面积15万亩、高标准农田10万亩,创成中央农作物秸秆综合利用重点县,入选全国农业科技现代化先行县共建名单,红窑镇跻身国家级农业产业强镇,高沟胡窑获评全国“一村一品”示范村;五岛湖文旅区通过国家AAAA级景区复核验收,“苏北小延安”军旅小镇建成开园,滨河吾悦广场开工建设,实现服务业增加值151.3亿元,入选国家级电子商务进农村综合示范县创建名录。项目建设精彩纷呈。深入开展重特大项目攻坚拉练,按季评选“红旗单位”“红旗项目”和“蜗牛单位”“蜗牛项目”,新招引亿元以上项目75个,新开工、新竣工亿元以上项目均超60个,波司登智能服装生产等项目签约落地,今世缘智能化酿酒陈贮中心等项目进展顺利,国中芯封测等项目建成投产,连续3次荣获全市“重特大项目攻坚季度优胜县区”流动红旗。

*二是内生动力更显强劲。*坚持以改革破解难题,以创新集聚优势,以开放激发活力,发展动能加速释放。改革攻坚步步深入。持续深化“放管服”改革,新生儿出生“一件事”改革实现跨县域通办,财政奖补集成服务改革事项上线率、业务受理量和办结率全市第一;深入推进国企改革三年行动,国资监管制度及内控体系不断完善;稳步推进开发区去行政化和赋权制度改革,在全市首家成立产业招商公司并实体化运作;稳妥推进农村集体经营性建设用地入市试点,完成首宗土地挂牌交易。对外开放卓有成效。深入开展外资招商,注册外资实际到账1.4亿美元,其中台资7181万美元、连续6年位居全市第一;着力推动外经外贸稳定增长,完成货物贸易进出口总额3.68亿美元、增长38.3%,增速排名全市第二;充分激发园区活力,县经济开发区在全省考核中连续三年实现进位。创新能力有效增强。完成研发投入10.8亿元、增长21.9%,新培育国家高新技术企业17户,新认定省级工程技术研究中心1个、市级工程技术研究中心8个,实现专利授权1698件,新增注册商标企业439户,高新技术产业产值占比达20.1%,汉门电子等11户企业获得国家“两化融合”贯标;入选省“双创计划”5人,引进“名校优生”51人。营商环境显著优化。创新推出重大产业项目快落地“涟7条”,打造“企速立”等政务服务品牌30余个,“双随机、一公开”部门参与数、跨部门联合检查对象数等指标全市第一,首次荣登全国营商环境百强榜、全市唯一;认真落实国家减税降费政策,新增减税降费1.72亿元,兑现实体经济奖励资金4800万元;在全市率先建立“金融管家”机制,为290余家企业发放贷款4.5亿元。

*三是形象气质更富魅力。*围绕淮安中心城市副中心定位,积极开展全国文明城市创建,精心描绘城乡“美景图”。城市品质不断提升。实施重点城建交通项目51个,新建绿色小客厅6个,整治背街小巷5条,改造老旧小区10个,现代名流、银杏花园2个小区被评为省级宜居示范居住区;整治黑臭水体4条,全面消除建成区污水管网空白区;新开工棚户区改造1882套,交付安置房5400套,6个历史存量地块实现搬迁清零;涟水湖应急备用水源地通过验收,清水路等市政道路加快建设,科技文化中心入选省级美丽宜居城市建设试点项目,长深高速机场出口与进场路环境整治高标准完成;327省道涟水南环段建成通车,老淮涟路改造主体完工,涟水港二期即将投运,朱码节制闸拆建工程完成通水验收,城乡交通运输一体化发展水平获得全省5A等次,创成全省农村物流示范县。农村环境明显改观。滚动实施农房改善项目45个,惠及农户1.75万户,综合绩效全市第一;累计创成黄营朱桥、红窑苗戴等省级特色田园乡村5个,高沟大胡、五港前营等市级特色田园乡村9个,数量全市最多;建成朱码韩陈、高沟墩南、成集法华等绿美村庄8个、美丽宜居村庄85个,唐集月塔入选第四批省传统村落名录。生态本底愈发靓丽。大气污染防治综合考核全市第一,$PM_{2.5}$浓度下降15.8%,空气质量优

良天数上升6.7%；水污染防治超额完成任务，农村生活污水治理行政村、自然村、农户覆盖率分别达82.5%、38.8%、35.5%，6个国省考断面优Ⅲ比例达67%，其中幸福大桥断面首达Ⅱ类水体标准。

四是成果共享更暖人心。坚持以人民为中心的发展思想，统筹做好保障和改善民生工作，人民群众获得感幸福感安全感持续提升。底线民生扎实兜牢。全面落实援企稳岗政策，开展技能培训1.24万人次，发放创业贷款1.51亿元、稳岗补贴389.4万元；稳步推动社保提标扩面，城乡低保标准、城乡居民基础养老金标准实现"十连增"；不断加大困难家庭救助力度，支出型困难家庭临时救助纳入全省社会救助领域创新实践试点；新建各类养老服务中心9个、市级普惠托育机构1所，创成全国示范型退役军人服务中心11个。公共服务日益健全。投入6.1亿元实施教育建设项目72个，在全市率先出台普通高中高质量发展和县中振兴方案，认真落实"双减"政策，规范治理民办义务教育，中高考提优率、保优率位居全市前列；在全省率先试点全民健康补充医疗保险"涟康保"，入选省级公立医院综合改革示范县创建名单，县医院三级乙等医院创建完成省级评审，县中医院新院区投入使用，五港中心卫生院创成省农村区域医疗中心；"中国作家·红日文学奖"在南京举行新闻发布暨签约仪式，淮剧新作《哎呦 我的憨哥哥》荣获2021年江苏紫金文化艺术节优秀剧目奖，县淮剧团荣获全国文化和旅游系统先进集体，创成"中国曲艺之乡"；开展新时代文明实践活动400余场次，1人当选全国"新时代好少年"，2人当选"江苏好人"，6人当选"淮安好人"。社会治理纵深推进。全县大局和谐稳定，越级进京访批次、人次与2019年相比分别下降83.5%、86.8%，综合考核全市第一，信访工作"五项机制"经验做法被省信访联席办专刊推广；安全风险有效管控，生产安全事故起数、死亡人数同比分别下降31.3%、16.7%；法治涟水、平安涟水建设高质量推进，社会治安满意度达99.8%，县检察院荣获全国检察机关扫黑除恶专项斗争优秀集体，高沟司法所获评全国模范示范所，涟城街道东门社区创成全国民主法治示范社区。

五是党的建设更加坚强。深入学习宣传贯彻习近平新时代中国特色社会主义思想和中共十九届六中全会精神，举办庆祝中国共产党成立百年系列活动，不断增强捍卫"两个确立"、做到"两个维护"的思想自觉、政治自觉、行动自觉。精心组织党史学习教育，分层分类实施"我为群众办实事"项目1621件，帮助群众解决"急难愁盼"问题326个、代办各类事项4万多件。全面落实意识形态工作责任制，创新实施"网络'涟'心"工程，"打造云课堂·开展e学习"获评全省社科工作创新案例。牢固树立大抓基层导向，实施基层党组织建设"五个高质量"行动，推行村（社区）党组织"三色"分类定级管理，强化村（社区）干部队伍"双专"建设，启动"乡村振兴领跑者"培育计划，整顿转化后进党委1个、软弱涣散村（社区）党组织17个。胜利召开县第十二次党代会，顺利完成县镇党委和村（社区）"两委"换届，形成政通人和、心齐气顺的生动局面。全面压实"两个责任"，一体推进"三不"机制建设，扎实做好涉粮问题专项巡视巡察整改，集中整治形式主义、官僚主义，严肃查处群众身边腐败问题和作风问题，风清气正的政治生态得到新优化。积极支持人大、政府、政协履职尽责，全面加强党管武装、党校、史志、老干部、工会、共青团、妇联等工作，团结奋进的良好局面不断巩固。

同志们，艰难方显勇毅，磨砺始得玉成。2021年是极不平凡的一年，我们遇到的困难比预想多，但取得的成果比预期好。回顾一年工作，我们之所以取得一个个突破、实现一项项跨越，根本在于我们始终锚定目标不动摇。面对冲刺全国百强县光荣使命，全县上下确立领先追求，保持领跑姿态，大力发扬"四见"精神，主动在高质量发展的"坐标系"中谋局落子、对标找差、补短强特，干出了涟水高质量跨越发展的好成绩。始终狠抓进度不放松。面对经济下行压力加大、部分指标增长乏力的困境，全县上下紧盯重点工作、关键环节、核心指标，坚持问题导向、靶向发力、精准施策，不断加强运行监测、指标研判、督查考核，跑出了高质量跨越发展的加速度。始终攻坚克难不含糊。面对各项工作新要求、人民群众新期待，各级各部门正视问题不绕道、直面矛盾不回避，坚持向创新要动力，用改革解难题，精准破解发展要素瓶颈，实现了高质量跨越发展的新突破。始终凝心聚力不懈怠。面对大事要事的叠加交织、新事难事的重重考验，四套班子挂帅出征、攥指成拳，党员干部担难担责、超常付出，职能部门密切协作、各尽其能，区域板块融合并进、共克时艰，形成了高质量跨越发展的强磁场。一年拼搏奋进，我们深深感到，挫折磨灭不了涟水砥砺前行的意志，困难阻挡不住涟水跨越赶超的脚步，勤劳智慧、开放包容、团结奋进、崇德向善、爱家恋家的百万涟水人民完全有能力创造更加美好的未来！我们深深懂得，涟水每一点进步都得益于习近平新时代中国特色社会主义思想的正确指引，得益于省委省政府、市委市政府的坚强领导，归功于全县干群的同心共为，倾注了社会各界的关心厚爱！在此，我代表县委，向奋战在全县各条战线上的广大干部群众，向给予我们真诚理解、鼎力支持的老干部和社会各界人士，致以崇高的敬意和衷心的感谢！

二、深入学习贯彻中共十九届六中全会精神，坚定走好高质量跨越发展赶考路

中共十九届六中全会是在党百年华诞的重大时刻，在"两个百年"交汇、"两个大局"交织、"两个五年"交接的关键节点召开的一次承前启后、继往开来的大会。全会全面回顾了党的百年奋斗历程和重大成就，系统总结了党百年奋斗的历史意义，深刻阐述了党对中国人民、对中华民族、对马克思主义、对人类进步事业、对马克思主义政党建设所作的历史性贡献，具有强大的历史穿透力、思想引领力、政治动员力、时代感召力，为我们奋进新征程、建功新时代提供了方向指引和根本遵循。全县各级党组织和广大党员干部要把学习宣传贯彻中共十九届六中全会精神，作为当前和今后一个时期重要政治任务，把握核心要义，领会内涵实质，统一思想行动，凝聚智慧力量，致力在新的赶考路

上彰显更多涟水担当、赢得更大涟水荣光。

一要深刻把握“两个确立”，锤炼绝对忠诚的政治品格。山雄有脊，房固因梁。党的十八大以来，党和国家事业取得历史性成就、发生历史性变革，根本在于有以习近平同志为核心的党中央领航掌舵，有习近平新时代中国特色社会主义思想指引航向。党确立习近平同志党中央的核心、全党的核心地位，确立习近平新时代中国特色社会主义思想的指导地位，是深刻总结党的百年奋斗、党的十八大以来伟大实践得出的最大政治成果、最重要的历史结论，具有深厚的历史基础、民心基础和现实基础。我们要始终如一地把“两个确立”作为最深刻的政治领悟、政治信念，把“两个维护”作为最坚定的政治立场、政治忠诚，更加自觉坚定地忠诚核心、信赖核心、紧跟核心、维护核心，紧紧跟随习近平总书记夺取“第二个百年”新胜利。

二要认真领悟“十个明确”，强化引领实践的理论武装。船的力量在帆上，人的力量在思想。全会对马克思主义中国化进程的“三次历史性飞跃”作出了系统总结，用“十个明确”对习近平新时代中国特色社会主义思想的核心内容作了进一步概括，深刻回答了我们举什么旗、走什么路，是党对中国特色社会主义建设规律认识深化和理论创新的重大成果。我们要以高度的政治自觉、理论自信，深入学习、全面领会习近平新时代中国特色社会主义思想，反复体悟蕴含其中的共产党执政规律、社会主义建设规律、人类社会发展规律，做到真学真懂真信，善于运用这一伟大思想洞察大势、把握大局、指导实践、推动发展，不断提升运用党的创新理论分析问题、解决问题的能力，切实把学习成效转化为推进涟水现代化建设的强大动力和过硬成果。

三要传承弘扬“十个坚持”，激发勇毅前行的力量源泉。百年征程波澜壮阔，百年奋斗成就辉煌。全会把党百年奋斗的宝贵历史经验概括为具有根本性和长远指导意义的“十个坚持”，深刻揭示了党和人民事业不断成功的根本保证，揭示了党始终立于不败之地的力量源泉和始终掌握历史主动的根本原因。我们要倍加珍惜、长期坚持党的百年奋斗特别是十八大以来取得的重大成就、形成的历史经验，把“十个坚持”同习近平总书记“七一”重要讲话提出的“九个必须”结合起来，一体学习理解、一体贯彻落实，切实用党的光荣传统和优良作风坚定信念、凝聚力量，用党的实践创造和理论探索启迪智慧、砥砺品格，进一步认清历史方位、把握历史规律，增强工作的科学性、系统性、预见性、创造性，不断开创涟水高质量跨越发展新局面。

四要积极响应“伟大号召”，续写赶考路上的时代华章。胸怀千秋伟业，百年只是序章。全会强调全党要“以咬定青山不放松的执着奋力实现既定目标，以行百里者半九十的清醒不懈推进中华民族伟大复兴”，号召全党“勿忘昨天的苦难辉煌、无愧今天的使命担当、不负明天的伟大梦想”。回望党的百年征程，在中国革命、建设、改革的每一个历史阶段，涟水都为党和国家事业发展作出了重要贡献。迈进新征程，我们要深刻认识党百年奋斗的“四个伟大成就”推动中华民族伟大复兴进入不可逆转的历史进程，把涟水发展放到“两个大局”中去谋划，放到“国之大者”中去定位，主动扛起“申创国家级经开区，加快建成全国百强县”光荣使命，在严峻复杂的经济形势中保持定力，在艰巨繁重的发展任务中攻坚克难，在更为激烈的区域竞争中奋勇争先，不断固根基、扬优势、补短板、强弱项，全力走好全面建设社会主义现代化涟水赶考路。

三、勠力真抓实干，奋力推动高质量跨越发展实现新突破

明年是中共二十大召开之年，也是全面落实省市党代会精神的关键之年，做好明年工作事关全局、事关长远、意义重大。刚刚闭幕的市委八届二次全会，围绕省委对苏北提出的“跨越赶超”要求，着眼开辟淮安发展新境界、实现中心城市复兴梦，提出了“三个跨越赶超”的目标，激励我们向着更高水平、更大追求砥砺前行。我们要认真贯彻落实市委全会精神，进一步明晰思路、找准定位、抬高标杆，全面提升各项工作水平，努力为全市跨越赶超打好头阵、当好先锋。要以舍我其谁的责任心勇担光荣使命。市党代会赋予涟水“申创国家级经开区，加快建成全国百强县”的光荣使命，市委、市政府还专门出台了《关于支持涟水加快建设全国百强县的意见》，这既是对涟水的信任和期待，更是对我们的挑战和考验。我们必须强化政治担当、责任担当，鼓起十分精神、付出百倍努力，不断在高质量跨越发展新赛道上追赶超越、扛旗夺杯、争先进位，确保主要经济指标增幅高于全省平均水平、冲进苏北第一方阵、走在全市前列，用更为坚实丰厚的发展成果向党和人民交好答卷。要以时不我待的紧迫感抢抓战略机遇。通过近年来持续打基础、蓄后劲，涟水高质量跨越发展的根基越来越牢、势头越来越好、空间越来越大。尤为重要的是，随着新发展格局加快构建、长三角一体化纵深推进，淮河生态经济带、大运河文化带等重大战略叠加实施，多重政策效应在涟水周边加速释放，涟水“和合南北、连东接西、空铁水公”的区位优势、交通优势更加凸显，成为我们跨越赶超的“关键变量”。面对难得机遇，我们要积极主动承接，奋力抢抓用好，努力创造更多特色发展、错位竞争、后发先至的涟水经验。要以真抓实干的精气神补齐发展短板。尽管涟水高质量跨越发展态势良好，但对照新发展理念还有许多短板和不足，如先进制造业集聚不够，缺乏重大龙头项目支撑和引领，高新技术企业和科技创新人才偏少；城市功能品质有待提升，农村公共服务和基础配套体系不够完善，城乡融合水平还不高；污染防治压力依然较大，突出环境问题有待攻坚；融入长三角一体化发展战略不深，外资来源相对单一；历史积累的民生欠账较多，与创造群众高品质生活要求还有差距；少数党员干部创新求变意识跟不上发展步伐，抓落实促发展能力需要进一步提升；等等。我们要大力实施对标补短提质行动，精准发力，强力攻坚，真正以补齐践行新发展理念之“短”实现高质量跨越发展水平之“高”。

明年工作的总体要求是：坚持以习近平新时代中国特色社会主义思想为指导，深入学习贯彻中共十九大和十

九届历次全会精神，全面落实中央经济工作会议、省第十四次党代会、省委经济工作会议、市第八次党代会、市委八届二次全会决策部署，深刻把握“稳字当头、稳中求进”要求，聚焦“申创国家级经开区，加快建成全国百强县”奋斗目标，用好“对标找差、补短强特”科学方法，秉持“见第一就争、见奖杯就夺、见红旗就扛、见红榜就上”的“四见”精神，统筹疫情防控和经济社会发展，统筹发展和安全，扎实抓好稳增长、调结构、推改革、惠民生等各项工作，努力以优异成绩迎接中共二十大胜利召开。主要预期目标是：地区生产总值增长8%左右，一般公共预算收入增长7%左右，社会消费品零售总额增长10%左右，规上固定资产投资增长9%左右，全体居民人均可支配收入与经济增长基本同步，节能减排、空气质量等完成省市下达的刚性指标。确定这样的目标，既考虑了宏观形势影响，又紧扣跨越赶超要求，也体现了为全省全市发展大局作贡献的责任担当。在实际工作中，我们要努力争取更好结果。围绕上述要求和目标，重点抓好以下六方面工作：

（一）坚定不移打造产业集群。突出强龙头、补链条、聚企业，加快构建战略性新兴产业引领、先进制造业主导、现代服务业驱动的现代产业体系。一要突出工业主导。绿色食品产业要依托食品产业园，积极推动高端矿泉水、食品包装、特色农产品精深加工等上下游产业一体发展，力争产值突破150亿元，特别要抢抓市委市政府支持今世缘酒业发展的政策窗口期，加快南厂区“一库四中心”建设，全力冲刺百亿级企业。新一代电子信息产业要以建成全国电子元器件制造集散基地为目标，进一步抓好深圳、昆山等地产业转移承接工作，力争产值突破70亿元。高端装备制造产业要瞄准数控化、智能化、精密化方向，发挥大量科技、仲益电机等骨干企业带动作用，全面延伸拓展产业链条，不断提高占比份额，力争产值突破30亿元。纺织服装产业要鼓励引导锦纶化纤等企业加快智能升级，通过技术改造提高生产效率和盈利能力，同时积极招引更多像波司登这样自动化程度高的龙头企业，带动全县纺织服装产业整体转型升级，力争产值突破50亿元。二要放大农业特色。强化全产业链思维，积极推动优质食味稻米、芦笋、中药材、食用菌等特色优势产业“扩规模、延链条、强品牌”，新增优质食味稻米种植5万亩、芦笋种植3000亩、工厂化设施化食用菌种植10万平方米，新认证“两品一标”6个以上，涟水芦笋申报成为国家地理标志农产品和地理标志商标、入选国家农业品牌名录。秉承工业化理念，不断壮大农民合作社、家庭农场等新型经营主体，深入推动种植规模化、农田标准化、作业机械化，新增高标准农田10万亩，新培育省市级农业龙头企业2户、省级以上家庭农场和农民专业合作社各6个。坚持联动发展模式，有效整合红窑、高沟、南集农业园区平台，全面做好国家现代农业园创建准备工作。同时，加快实施涟中灌区节水改造等重点工程，不断提高农业综合生产能力，打造旱涝保收、高产稳产的“吨粮田”，稳住“米袋子”“菜篮子”。三要提升服务业品质。实施服务业提速增效计划，力争服务业增加值增长11%左右。依托“空铁水公”综合交通优势，深入推进机场空港、高铁站、盐河港口开发建设，加快贯通县镇村电子商务体系和快递物流配送体系，大力培育发展枢纽偏好型现代服务业，吸引枢纽核心产业龙头企业入驻，打造成新的经济增长极。积极培育医疗健康、养老托育、家政服务等消费热点，提升吾悦广场、大润发等商圈服务品质，拓展消费新场景，巩固扩大基础性消费和升级类消费。以创建省级全域旅游示范区为契机，启动今世缘旅游区国家5A级景区、“苏北小延安”军旅小镇和金鸡坨生态农庄国家AAAA级景区创建，完成智慧旅游平台建设，创成2个省级乡村旅游重点村，让更多的人走进涟水、感受涟水、常来涟水。

（二）全力以赴攻坚重大项目。把重大项目作为实现涟水高质发展、跨越赶超的关键一招，推动更多重特大产业项目落地开花结果。一要掀起项目招引新热潮。聚焦长三角、珠三角等重点区域，突出投资强度、税收额度、科技高度、链条长度、环保程度、能耗限度，综合运用产业链招商、以商招商、基金招商等方式，精准招引产业链优质项目、价值链转移项目，确保全年协议引资额超400亿元，新签约亿元以上工业项目60个，其中50亿元以上4个。坚持“一把手”带头招商，镇街和部门主要负责人每人每月外出招商不少于15天，全县招商小分队和招商人员常态化保持在20支、200人规模，每月专题招商推介活动不少于2场，形成县领导领衔、镇街园区主攻、部门单位协同的一体化招商格局。突出县级统筹调度，完善综合研判决策、关键要素调配、问题集中会办等机制，切实把资源和各方面注意力集中到带动能力强、税收贡献大、发展前景好的产业链项目上来。二要跑出项目建设新速度。把项目签约率、开工率、投产率、达效率贯穿全过程，全面推行“拿地即开工”，积极探索“承诺即开工”，抓牢审批、开工、投产等关键节点，强化“四色销号”管理，深化“月拉练、季评比”督查考核，精准解决项目落户慢、落地难、转化弱等突出问题。认真落实省《进一步推进工业用地提质增效实施细则》要求，切实做好土地、用能等要素保障，力促项目建设更高效、转化更充分。认真梳理已签约和已开工项目，按季组织项目集中竣工活动，推动今世缘智能化酿酒陈贮中心、滨河吾悦广场等项目建设步入快车道，确保新开工亿元以上项目60个，其中50亿元以上2个；新竣工亿元以上项目50个，其中10亿元以上2个。三要拓展项目落地新空间。经济开发区要以创建国家级经开区为引领，精心编制“一区三园”发展规划，积极争取电子产业园、食品产业园、空港产业园规划环评等上位规划批复，大力清理批而未供、供而未用和低效利用土地，加快推进PCB污水处理厂等政府投资类项目，尽快启动标准化厂房建设，持续提升综合配套、服务保障和要素集聚水平，实现考核位次再前移。镇街工业集中区要进一步明晰产业定位、完善功能布局、提升发展质态，加大低效用地、闲置土地和厂房回购盘活力度，形成与县经济开发区联动互补的发展格局。

（三）更大力度深化改革开放。发挥改革开放的突破和先导作用，推动更多创新成果向现实生产力转化。一要在推进综合改革上再发力。完善提升基层“三整合”改革，进一步理顺职责事权。深化综合行政执法改革，构建权责清晰、一体联动、运转高效的综合执法体系。深化国企改革，引导安东控股、交通控股、新港公司等企业聚拢资源、做强主业，增强抗风险能力。组建粮食集团，盘活存量资源，规范经营管理，提升经济效益。统筹推进农业农村、财税体制、产权制度等改革，稳步实施教育、卫生、文化、养老等社会事业改革，促进改革发展深度融合、高效联动。二要在扩大对外开放上求突破。抓好长三角一体化发展这个最全面、最重要也最现实的重大战略机遇，更有效地融入新发展格局，全力拓展发展空间，加快集聚高端资源。大力推进基础设施互联互通，超前谋划长深高速涟水出入口改扩建方案，过细做好淮涟路快速通道、329省道、盐河“三改二”等交通重点项目前期工作，不断强化与长三角中心区交通物流的快速链接，让要素流动更畅通、群众出行更方便。深入推动产业发展互融互补，按照分工协作、优势互补、协同发展的思路，聚焦四大工业主导产业，积极融入长三角协同创新产业体系建设，深度参与长三角先进制造业集群、战略性新兴产业集群产业分工，更好承接长三角中心区优势产业梯度转移。积极对接上海、南京等城市功能调整，精心组织专题推介，大力拓展长三角消费市场，提升农产品供应、文化旅游、休闲养老等领域承接能力。深化外资招商特别是对台招商，加强与昆山、厦门等地台协全方位交流合作，广泛吸引产业链优质台企落户涟水，确保注册外资实际到账1.6亿美元，其中台资6400万美元。大力发展外经外贸，用足用好出口退税、出口信贷、信用保险补贴等政策工具，支持外贸企业创新发展离岸贸易、数字贸易、跨境电商等外贸新业态新模式，确保外贸增幅8%以上。三要在增强创新能力上出实招。突出企业创新主体地位，实施高新技术企业培育“小升高”行动，放大淮阴工学院技术转移(涟水)中心示范效应，推进各类孵化器、众创空间、星创天地等创新载体建设，确保获批国家高新技术企业15家，建成省市级工程技术研究中心7个。加强知识产权创造、运用和保护，力争在全市率先创成知识产权强省建设示范县。用好“淮安人才8条”政策，力争新入选“双创计划”“淮上英才计划”等省市重点人才工程10人以上。加大科技企业信贷支持力度，推广“苏科贷”“高企贷”等融资方式，提升科技金融服务能级。四要在优化营商环境上下深功。巩固“互联网+政务服务”改革成果，加快“数字政府”建设，努力实现更多的“一网通办、一门全办、一站即成”。固化“项目长”“服务专班”等制度，拓展党政亲商会功能，丰富“红色代办”内涵，进一步优化“企业吹哨、部门报到、上下联动”的服务机制。认真落实新的减税降费政策，及时制定更多“合身”“解渴”“有感”的政策措施，更好帮助企业减负、注能、复元，着力提振市场主体信心。

（四）内外兼修推进城乡融合。坚持一体化导向，统筹推进城市、镇街和乡村建设，打造和谐宜居、充满活力的美丽涟水。一要发挥规划引领作用。立足“一主一副四中心”功能布局，加快全县国土空间总体规划论证和镇级国土空间规划编制，科学划定“三区三线”，不断优化城市空间格局。中心城区要以健全服务体系、增强服务功能、拓展服务内涵为核心，协同推进老城改造和新城繁荣，优化公共空间、公共设施、公共服务品质，塑造清朗有序亮丽的城市风貌。高沟、红窑要坚持现代小城市定位，进一步完善集镇配套、做深产城融合，提升综合实力和产业竞争力，更有力地发挥引领辐射带动作用。五港、梁岔、黄营要放大比较优势，依据各自资源禀赋、区位条件和产业特色，因地制宜打造工业重镇、农业强镇和文旅名镇。其他镇街要积极强基础、补短板、塑形象，形成各美其美、你追我赶的竞相发展局面。二要完善城市综合功能。系统推进老旧小区和棚户区改造，完善雨污分流、垃圾转运等基础设施配套，做好绿色小客厅、街头小游园增补工作，畅通城市道路“微循环”，加强智慧停车位布点，加快中山路片区更新改造，让老城区焕发新活力。大力推进滨河新城“一核五中心”建设，抓好高铁商务中心、滨河大厦等重点项目，科学布局医疗、教育、养老等配套设施，让新城区彰显新魅力。加强城市管理联合执法和源头治理，开展城区环境卫生、市容市貌、交通秩序等“十乱”整治行动，确保全国文明城市创建考核进入先进行列。强化小区物业管理，更好统筹“镇街、村居、物管企业、业委会”四方力量，不断提高群众满意度。三要提升美丽乡村内涵。加快高沟社区等4个农房改善项目扫尾，加大产业导入、文化植入、服务融入、资源注入和品牌嵌入力度，统筹抓好产业配套、党建引领、乡风文明和社会治理，打造一批乡村振兴集成示范点。深化农村人居环境整治提升五年行动，坚持“月拉练”制度，梯次推动全域整治，在乱堆乱放、农村垃圾、污水治理上做“减法”，在环境卫生、村容秩序、景观风貌上做“加法”，促进美丽乡村建设由“盆景”向“风景”升级。同步抓好危桥改造、农田水利和“美丽农村路”建设，不断提升乡村宜居水平。四要打造绿色生态环境。准确把握碳达峰、碳中和要求，在生产领域推进资源全面节约、集约、循环利用，在消费领域大力倡导简约适度、绿色低碳的生活方式，坚决遏制“两高”项目盲目发展，从源头和入口拧紧碳排放控制阀门。深入打好污染防治攻坚战，全力抓好中央和省市环保督察反馈问题整改，深化大气污染联防联控联治，确保$PM_{2.5}$浓度持续下降、空气质量优良天数稳步上升；推动“河长制”“断面长制”“林长制”走深做实见效，常态化开展古淮河、盐河等流域污染源巡防巡治，高标准组织城乡生活污水处理提质增效行动，确保国省考断面水质稳定达标，让优良生态环境成为涟水发展的“硬核竞争力”和涟水人民的“幸福不动产”。

（五）用心用情增进民生福祉。尽力而为、量力而行，大力兴办民生实事，加快补齐民生短板。一要健全高水平社会保障体系。强化就业优先政策，完善就业服务体系，切实保障好困难家庭、高校毕业生、退役军人等重点群体就业。积极有为促进共同富裕，拓展城乡居民经营性、财产性收入渠道，推动更多低收入人群迈入中等收入行列。做好巩固拓展脱贫攻坚成果与乡村振兴有效衔接，组织开展富民强村帮促行动，确保50%以上的行政村集体经济收入超30万元。统筹做好助残、救孤、济困、优抚等工作，大力支持慈善等社会公益事业发展，让惠民阳光普照在每一个人心田。深化医保支付方式改革，用好“涟康保”全民健康补充医疗保险，构建多层次医疗保障体系。坚持“房住不炒”定位，加强房地产市场预期引导，促进房地产业良性循环和健康发展。二要健全高品质公共服务体系。以提高教育教学质量为核心，全面落实“双减”政策，“一校一案”规范民办义务教育发展，深入推进县中振兴，积极支持涟水中学创建省级高品质示范性高中，高度重视学前教育和职业教育，为广大群众提供更加满意的教育服务。深化健康涟水建设，加强县医院临床重点专科建设，启动县中医院二期建设，支持县中医院创建三级中医院、县妇幼保健院创建二级甲等妇幼保健院、县三院创建二级甲等医院，创成省级公立医院综合改革示范县，打造“医在涟水”品牌。开展文艺品牌再造工程，启动“党员三部曲”第二部创作，推动《村里来了花喜鹊》冲刺省“五个一工程”奖、图书馆创成国家一级图书馆、文化馆通过国家评估定级。着力解决“一老一小”突出问题，健全普惠养老和托育服务体系，推动新的生育政策落地见效，让所有老人都能安享晚年。三要健全高效能社会治理体系。突出科技赋能，加快县社会治理指挥中心建设，搭建数据管理云平台，更加精准地预防化解社会矛盾、防范打击违法犯罪、服务管理特殊人群。突出多元共治，学好用活新时代“枫桥经验”，深化社区网格化治理，健全矛盾纠纷排查化解机制，完善三级公共法律服务平台，开展“八五”普法系列活动，激活基层治理源动力。突出特色塑造，围绕发挥政治引领、法治保障、德治教化、自治强基、智治支撑等作用，开展基层社会治理“一家一特色”创建活动，以“点上开花”促进“面上结果”，打造基层社会治理“涟水样板”。

（六）牢牢守住安全发展底线。全面贯彻落实总体国家安全观，坚决打好防范化解风险挑战的主动仗、主攻仗。一要科学精准做好疫情防控工作。坚持“外防输入、内防反弹”，扎紧扎牢疫情防控网，重点强化机场、高铁站等重要关口防控，全力堵住疫情输入“源头”，守护好群众健康和万家灯火。落细落实“四早”措施，确保关联病例在黄金24小时内迅速果断处置到位。完善公共卫生应急管理体系，加强能力建设、应急演练和疫苗接种，健全平战结合、平急转换的常态长效机制。二要毫不松懈抓好安全生产整治。紧紧围绕“巩固提升年”目标要求，持续深化安全生产专项整治，倒逼“三个责任”落实到位，着力把问题解决在萌芽之时、成灾之前。进一步充实基层应急管理队伍力量，加快县消防救援指挥中心和高沟等重点镇消防站建设，构建“2+N”消防救援体系。强化安全生产监测和监管监督执法，加强高素质产业工人和安全应急人才培养，不断提高安全管理和本质安全水平，力争早日创成省级安全发展示范城市。三要坚决维护社会和谐稳定。健全立体化、智能化社会治安防控体系，常态化开展扫黑除恶专项斗争，全力保证人民安居乐业、社会长治久安。以抓好中共二十大维稳安保为主线，密切关注房地产、金融、“双减”政策实施、商铺投资、征地拆迁等方面的风险，强化监测预警，完善工作预案，压实工作责任，切实避免小问题拖成大问题、一般性问题演变成信访突出问题。扎实开展“信访突出问题攻坚化解年”行动，推动各级各部门主要领导主动领办、亲自督办、“真包实办”信访案件，综合运用政治、经济、行政等手段化解信访积案，致力减存量、控增量、防变量。四要着力防范化解各类金融风险。积极稳妥推进政府性债务化解，确保按期完成全年化解任务。进一步规范县属国有企业投融资监管，谨防经营性债务无序增长。持续开展打击非法集资防控金融风险集中行动，推动非法金融活动早防早治、联防联治，坚决守住不发生系统性区域性金融风险的底线。

四、纵深推进全面从严治党，着力筑牢高质量跨越发展政治保障

党要管党、全面从严治党，是党的建设一贯要求和根本方针。要认真落实新时代党的建设总要求，大力弘扬伟大中国共产党成立精神，以永远在路上的执着，不断提升党的建设质量和水平。

一要突出立根铸魂，夯实理想信念根基。坚持把党的政治建设摆在首位，深入学习贯彻习近平新时代中国特色社会主义思想和习近平总书记视察江苏重要讲话指示精神，认真抓好中共十九届六中全会精神宣讲，不断提高政治判断力、政治领悟力、政治执行力，忠诚捍卫“两个确立”、坚决做到“两个维护”，始终在政治方向、政治原则、政治道路上同以习近平同志为核心的党中央保持高度一致。紧扣迎接、宣传、贯彻中共二十大主线，围绕“凝心聚力·冲刺百强”主题，统筹谋划、精心组织系列主题宣传教育活动，集中展示中共十九大以来全县经济社会发展取得的辉煌成就，充分凝聚全县干部群众为加快建成全国百强县奋发作为的磅礴力量。严格落实意识形态工作责任制，深入推进“两中心一平台”建设管理，不断完善意识形态领域风险排查评估、防范化解等机制，全面强化网络、教育、文化、民族宗教等领域管控，牢牢把握意识形态工作的领导权，为迎接中共二十大胜利召开营造团结奋进、安定和谐的舆论氛围。

二要注重强基固本，构筑坚强战斗堡垒。深入贯彻落实党的组织路线和组织工作条例，聚焦基层党组织建设“五个高质量”，统筹推进农村、城市社区、机关、“两新”等领域党组织建设，打造一批叫得响、可借鉴的基层党建示范点，推动基层党组织全面进步、全面过硬。制定基层党（工）委书记年度责任清单，建立党建“书记项目”实施标准，健全基层党建工作巡回督导制度，进一步压实基层党建主体责任。实施“融入式”党建工程，细化“抓党建促双增”计划和村级党群服务中心“双提双聚”行动，跨领域、跨行业组中国共产党成立建联盟，将组织优势转化为发展优势、基层治理优势。深化“乡村振兴领跑者”培育计划，加强村干部队伍专职化专业化和社区工作者职业化建设，注重培养发现村级后备干部，总结推广“导师帮带”机制，组织村党组织书记乡村振兴“擂台比武”，锻造本领过硬的基层党组织带头人队伍。严格执行党员发展“三级联审”机制，切实加强党员教育管理,全面增强广大党员的在党意识、责任意识和先锋意识。

三要坚持选育管用,打造过硬干部队伍。认真落实市委《关于加强新时代干部队伍建设锻造长三角北部现代化中心城市中坚力量的若干意见》,注重在急难险重一线磨砺干部、挑选良将,让敢于负责、勇于担当、善于作为、实绩突出的干部脱颖而出。加强换届后班子建设,建立健全日常了解、定期研判、常态优化机制,精确掌握班子运转、干部表现第一手资料,提升班子整体功能。大规模开展干部教育培训,重点抓好党政正职轮训、新进班子成员调训、各条线专业型干部专训,不断增强“八项本领”“七种能力”,锻造高素质专业化干部队伍。大力培养选拔优秀年轻干部,发现储备一批党外干部、女干部,统筹用好各类型、各年龄段干部,拓宽事业人员晋升渠道,加大紧缺专业型公务员招录力度,不断优化干部队伍结构。坚持严管与厚爱结合、激励和约束并重,用活用好“三项机制”,树好凭实绩晋升职级导向,真正让广大干部心无旁骛谋发展、尽心竭力惠民生。

四要持续正风肃纪,营造良好政治生态。认真履行“两个责任”,从严推进“一把手”和领导班子监督,严肃查处党的领导弱化、党的建设缺失、管党治党不力等问题。扎实开展十二届县委巡察工作,推进纪律监督、监察监督、派驻监督、巡察监督统筹衔接,构中国共产党成立内监督同依法监督、民主监督、审计监督、舆论监督、社会监督贯通融合的监督体系,增强监督合力,提升监督质效。严格落实中央八项规定精神,深入整治形式主义、官僚主义顽瘴痼疾,大力推动基层减负增效,严肃查处空泛表态、敷衍应付、弄虚作假和脱离实际过度建设、盲目建设、搞形象工程等行为。一体推进“三不”机制,坚持受贿行贿一起查,以“零容忍”态度深入查纠群众身边的腐败问题,始终保持惩治腐败高压态势。坚持抓早抓小、防微杜渐,深化分层分类警示教育,充分释放惩治震慑、惩戒挽救、教育警示的叠加效应,让新风正气、清廉文化浸润涟水大地。

同志们,光荣使命催人奋进,跨越赶超时不我待。让我们更加紧密地团结在以习近平同志为核心的党中央周围,高举习近平新时代中国特色社会主义思想伟大旗帜,一往无前、永不懈怠,朝着全国百强县阔步前行,奋力谱写新时代“强富美高”新涟水现代化建设的崭新篇章!

政府工作报告

——2022年1月11日在涟水县
第十七届人民代表大会第一次会议上
涟水县人民政府县长　洪　然

2021年及过去五年工作回顾

过去一年,我们坚持以习近平新时代中国特色社会主义思想为指引,在市委市政府和县委的正确领导下,在县人大、县政协的监督支持下,围绕冲刺全国百强县工作目标,全面贯彻新发展理念,加快推动高质量发展,统筹抓好发展和安全,政府各项工作取得新成绩。全年实现地区生产总值650.48亿元、增长13.2%,一般公共预算收入26.5亿元、增长10.5%,规上固定资产投资205.32亿元、增长14.4%,主要经济指标均好于预期,县域经济综合竞争力进位38名、上升至全国132位,实现了“十四五”良好开局。

一、发展后劲持续增强。通过大抓招商引资“一号工程”,一批规模大、质态好的重大产业项目签约落地,为涟水跨越发展注入新能量。招商体系日趋完善。全市首家成立开发区产业招商公司并实体化运行,组建开发区和镇街机关两支专业招商队伍。健全招商信息研判机制,完善产业招商图谱,制定招商正负面清单,围绕长三角、珠三角等重点区域,常态化开展精准招商。全年新引进亿元以上项目75个、协议投资额416亿元。项目推进有力有效。突出效率导向、过程推进,实施项目月拉练、“红旗单位”“红旗项目”“蜗牛单位”“蜗牛项目”季评选活动,倒逼项目早开工、快建设。建立产业主帅、产业链长等制度,成立重大项目攻坚和服务专班,实体化运行项目代办中心,及时化解“难点”“堵点”。全年新开工亿元以上项目66个、新竣工亿元以上项目63个,总投资120亿元的今世缘南厂区技改等重大项目快速推进;国中芯封测、冠铭制帽等重大项目竣工投产。新上1000万元以上技改项目50个,25个省市重大产业项目完成投资111.6亿元。新设外资项目12个,全年实际利用外资1.4亿美元。连续3次获得全市“重特大项目攻坚季度优秀县区”流动红旗。要素保障不断强化。及时编制国土空间总体规划近期实施方案、片区土地成片开发方案,争取用地计划7500亩,新征收土地5400亩,完成533亩低效用地再开发。全面评估调配县域环境容量,新增可用指标82.7吨。实现电力投资4亿元,全市率先实现“开门接电”。定期开展银企对接,为304家企业提供授信70.2亿元,新增企业贷款37.8亿元、增长24.5%。

二、工业经济态势向好。坚持总量、质态同步抓,加快工业经济高质量发展。主要指标较快增长。实现规上工业总产值391.84亿元、规上工业投资130.62亿元、规上工业应税开票322.68亿元,同比分别增长41.6%、34.7%、40.3%,指标增幅位居全市第一。完成全部工业入库税收21.67亿元,同比增加4.15亿元、增长23.71%,增量位居全市第一。产业培育重点突出。四大主导产业产值同比增长44.6%、占规上工业总产值比重达54.2%。实施十亿级工业企业培育行动,列入计划的13家企业应税开票同比增长28%。新培育规上工业企业45家,新增工业开票超亿元企业6家、入库税金超千万元企业4家。今世缘“清雅酱香型白酒”获得第二批“江苏精品”认证。园区建设步伐加快。推动“一区三园”融合发展,编制经济开发区区域环评、循环经济产业园产业规划,调整空港产业园、电子产业园控规,建成空港污水处理厂,项目承载基础不断夯实。持续完善镇街工业集中区安全、环保等基础设施,实施“腾笼换凤”项目16个。

三、改革创新取得实效。用改革推动发展,以创新激发活力,新旧动能转换不断加快。营商环境持续优化。深化“放管服”改革，出台《关于深化工业项目行政审批制度改革的若干措施》，实现“拿地即开工”，打造企业开办“企速立”等30余项政务服务品牌。拓展“贴管家”财政集成奖补平台，集成惠民惠企事项11类129项，发放奖补资金4.1亿元，审批环节、申报材料、发放时限均大幅下降。全面落实惠企政策，累计减税降费1.7亿元，兑现实体经济奖励资金4800万元、惠及企业186家。60家工业企业“不动产权证”办理遗留问题得到解决。跻身“全国营商环境百强县”。重点任务推进有力。实施经济开发区去行政化、薪酬制度改革，有效剥离社会事务管理职能，推动各类资源向招商一线集聚。扎实推进国企改革三年行动，完成64家全民所有制企业公司制改革，安东控股、交通控股、新港公司加快实体化转型。财富担保公司增资1亿元，在保余额、“过桥”资金分别增长49%、200%。新生儿出生“一件事”改革在全省推广，承办全市“淮上关爱一件事”改革现场会。科技创新成果丰硕。突出企业创新主体地位，实现专利授权1698件，新增注册商标企业439户，新培育国家高新技术企业17家，新认定省级企业研发机构3家，获批市级“科创综合体”1家，高新技术产业产值占比20.1%。引导企业开展智能化改造，今世缘酒业被评为省重点工业互联网平台企业，汉门电子、汇丰木业等11家企业通过国家级“两化融合”贯标评定。大力引进创新创业领军人才，入选省“双创计划”5人。

四、城市品质不断提升。以全国文明城市创建为目标，狠抓城市建设管理，推动城市集聚度不断增强。基础功能加快完善。实施重点城建交通类项目51个。聚力提升主城颜值，改造老旧小区10个，整治背街小巷5处，新建城市绿色小客厅6个，交付安置房5400套；整治黑臭水体4条，全面消除建成区污水管网空白区；开展征收扫尾攻坚，完成房屋征收605户，6个历史遗留地块实现“清零”。提速建设滨河新城，海西路建成通车，清水路、港口路、站后路、明月路等市政道路快速推进，应急备用水源地通过验收，科技文化街区体制机制创新项目获评美丽宜居城市建设省级试点项目。优化提升城市窗口面貌，老淮涟路整治提升主体完工，327省道涟水南环段建成通车、淮涟段完成改造，机场高速出入口、进场路、高铁沿线综合环境提档升级。城市商圈布局优化。高起点谋划城市中心商圈，滨河新城吾悦广场开工建设，以双吾悦广场为核心的东西商圈初步构建。金陵商业广场主体完工，上海路、深圳路美食街创成市级示范街区。实现电子商务营业额55亿元，入选国家级电子商务进农村综合示范县创建名录。新增规上服务业企业38户、限上批零住餐企业60户，实现社会消费品零售总额224.73亿元、增长9.7%。管理水平继续提升。加强市容秩序、环境卫生管理，拆除存量违法建筑面积1.8万平方米，新建智能化停车位115个，新改建公厕6个，机械化清扫率达92%。细化道路管护责任，做优涟水路、清涟大道等重点道路沿线环境。规范住宅小区公建配套设施移交，探索“街道社区、业委会、物业公司”三位一体物业管理新模式，建成省级垃圾分类示范小区32个，全县垃圾分类集中处理率达86%。

五、乡村振兴全面推进。开展富民强村帮促行动，严守耕地保护红线，遏制耕地“非农化”、防止“非粮化”，切实保障粮食安全。现代农业高效发展。坚持规模化发展，实施投资3000万元以上农业项目47个，新增高效设施农业1.3万亩、土地流转面积15万亩、高标准农田10万亩，新创省级示范家庭农场8家，全年粮食总产量19.3亿斤。坚持特色化发展，新增芦笋种植面积3000亩、优质食味稻米5万亩、绿色食品品牌5个，成功举办首届涟水芦笋节。入选全国农业科技现代化先行县创建名录，荣获中央农作物秸秆综合利用重点县、全国主要农作物生产全程机械化示范县，红窑镇获批国家农业产业强镇、省绿色蔬菜产业特色镇。镇村建设富有成效。实施乡村建设行动，开展新一轮农村人居环境整治，新创国家卫生镇1个，建成省级健康镇1个、卫生镇2个、特色田园乡村3个、绿美村庄8个。提档升级农村公路15公里，改造农桥16座，建设农路生命防护工程339公里。松林荡排涝站建成投用，朱码节制闸拆建工程完成通水验收。城乡交通运输一体化发展水平获得全省5A等次，创成省级农村物流示范县。脱贫成果巩固拓展。推动脱贫攻坚成果同乡村振兴有效衔接，升级打造富民超市，38个省定帮促村年均收入45.3万元、增长22.5%，低收入人口年均收入1.4万元、增长19.8%，成集镇条河村获评全国脱贫攻坚先进集体，红窑镇获评全省乡村振兴先进集体。

六、群众福祉日益增进。坚持尽力而为、量力而行，用政府“紧日子”换取群众“好日子”，着力解决一批群众“急难愁盼”问题。高质量完成十件实事。始终把保障和改善民生作为政府工作的出发点和落脚点，超前谋划项目，按月督查推进，高质高效完成10大类36项市县民生实事项目。实施农房改善项目18个、惠及农户6000户，综合绩效全市第一；新城学校建成投用，五港卫生院创成省级农村区域性医疗卫生中心，新建体育公园2个、健身步道15公里；发放城乡低保、困境儿童基本生活费、残疾人“两项”补贴等1.9亿元，创成全国示范型退役军人服务中心11家，培育省级“名特优”小作坊4家，慈善总会获评全市县区首家5A级社会组织。高标准推进“三项重点”。围绕群众高度关注的“教育、健康、文旅”三项民生关切，坚持系统谋划、提标提质。聚焦再创教育辉煌目标，投入6.1亿元实施郑梁梅小学综合楼等建设项目72个，全市率先出台普通高中高质量发展方案，创新实施“尚学涟水”特色教育品牌；认真落实“双减”政策，规范治理民办义务教育，大力实施“明眸工程”，改造学校食堂3个，营造更加健康安全校园环境。积极打造区域医疗高地，大力推进紧密型医共体建设，全市率先试点医保支付方式改革，成功入选省级公立医院综合改革示范县创建名单，新建“乡贤名医”工作室5个，中医院新院区投入使用。繁荣发展文旅事业，深入创建省级全域旅游示范区，设立“中国作家·红日文学奖”，全民阅读氛围日益浓厚，县淮剧团荣获全国文化和旅游系统先进集体。

高水平抓好生态环境。加强水污染治理,提标改造红窑、黄营污水处理厂,完成74个行政村、447个自然村生活污水治理任务,建成农村生态河道45条,古淮河幸福大桥、唐响河后营桥断面水质分别提升至Ⅱ类、Ⅲ类,沈三圩断面"增Ⅲ"攻坚任务顺利完成,6个国省考断面优Ⅲ比例达67%。加强大气污染治理,$PM_{2.5}$浓度下降15.6%,空气质量优良天数上升至306天,大气综合考核全市第一。加强土壤污染防治,落实"林长制",绿化造林1.4万亩,获评省"耕地保护先进县"。

七、社会大局平安稳定。统筹抓好发展和安全,把稳定放在突出位置,有效防范和化解各类风险隐患,政府债务规模、债务率实现"双下降"。安全生产形势保持平稳。紧扣"务必整出成效""两个不放松"要求,深入开展城镇燃气、既有建筑、建筑工地等专项整治,工业企业风险报告全覆盖,危化品使用安全专项治理、省级安全发展示范城市创建稳步推进,督导巡查交办问题整改率达100%。启动县级和高沟消防救援指挥中心建设,建成工业集中区和社区微型消防站130个,"2+N"消防救援体系不断健全。持续加强安全知识普及宣传,开展危化品、火灾事故等应急演练,全社会安全生产意识有效增强。疫情防控体系不断完善。建立平急结合常态化防控体系,建成标准化发热门诊8个、PCR实验室5个,全面完成11个方面180项应急处置能力建设。常住人口新冠疫苗接种实现"应接尽接"。组建涟水机场疫情防控专班,空地联动机制运行顺畅,全力守好空港大门。社会治理能力得到增强。建立基层共治维稳机制,提档升级新一代"雪亮工程",常态化推进扫黑除恶,社会治安满意度达99.8%。深化镇街行政执法体制、行政复议体制改革,建成全省领先智慧矫正中心,创成省市级基层"援法议事"示范社区3个,高沟司法所荣获"全国模范司法所",涟城街道东门社区创成国家级民主法治示范社区,司法局获评省行政复议先进集体。化解问题楼盘12个,取得阶段性成效。全力攻坚重点积案,信访综合考评位居全市前列。加强舆论引导、阵地建设、宗教场所管理,牢牢掌握意识形态工作主动权。

与此同时,人民武装、双拥、盐务、供销、气象、地方志、档案、融媒体、公积金等工作进一步加强,老龄、青少年、妇女儿童、残联、红十字、关心下一代等事业取得新进步。

各位代表,2021年是本届政府任期的最后一年,我们向全县人民交出了一份靓丽成绩单,既为实现"十四五"目标奠定了良好基础,也为本届政府履职画上了圆满句号。五年来,综合实力在转型升级中迈上新台阶。地区生产总值突破600亿元,是2016年的1.6倍。累计招引、开工、竣工亿元以上项目219个、211个、177个,今世缘南厂区技改项目开工建设,实现百亿级项目零的突破;国家高新技术企业数量是2016年的5.5倍;经济开发区在92个省级园区综合考评中跃升至第18位、苏北第4位。五年来,城乡面貌在统筹推进中展示新形象。县城建成区拓展到39.45平方公里,常住人口城镇化率比2016年提高6.37个百分点。首个城市综合体吾悦广场满铺运营,滨河新城初具规模,高铁涟水站建成投用,实现与上海、苏南等地高铁互通。实施农房改善项目45个,建成5个省级特色田园乡村。创成国家卫生县城、获评全国文明城市提名城市,创成2个国家AAAA级景区。五年来,民生事业在共建共享中得到新改善。全面建成小康社会,城乡居民人均可支配收入分别是2016年的1.45倍、1.53倍。创成"中华诗词之乡""中国曲艺之乡""中国矿泉水之乡"。通过"全国义务教育均衡发展县"认定。县人民医院三级乙等综合医院创建完成省级评审。图书馆、博物馆等一批标志性场馆相继投用。五年来,改革开放在持续深化中取得新成效。完成新型城镇化、"互联网+政务服务"两个国家级改革试点,10项创新工作获省政府督查激励。实现外贸进出口总额16.8亿美元,实际利用外资6.6亿美元,其中台资3.2亿美元、连续六年位居全市第一。五年来,政府效能在务实勤廉中实现新提升。认真落实中央八项规定精神,扎实开展"两学一做"学习教育、"不忘初心、牢记使命"主题教育、党史学习教育,进一步提高政治能力。加强法治政府建设,规范重大行政决策程序。人大代表建议和政协委员提案办理实效进一步增强。

各位代表,五年的发展步履坚实,取得的成绩来之不易,这得益于上级党委政府和县委的正确领导,凝聚着全县人民的智慧和汗水。在此,我代表县人民政府,向全县广大干部群众,向人大代表、政协委员和离退休老同志,向省市委帮促工作队,向各民主党派、工商联、无党派人士和人民团体,向驻涟武警官兵,向所有来涟投资创业的企业家、关心家乡建设的各位乡贤、支持涟水发展的各界人士,致以崇高的敬意和衷心的感谢!

在肯定成绩的同时,我们也清醒认识到决战决胜全国百强县的道路上还有不少困难和挑战。主要表现在:经济总量不强,重特大项目较少,产业集聚不够;安全生产、生态环保等工作仍需持久发力;公共服务供给不够优质均衡;作风效能、能力建设仍需进一步加强。对此,我们一定高度重视,采取有力措施,认真加以解决。

今后五年总体要求和主要目标任务

今后五年政府工作的指导思想是:高举习近平新时代中国特色社会主义思想伟大旗帜,深入贯彻中共十九大和十九届历次全会精神,全面落实省第十四次党代会、市第八次党代会、县第十二次党代会决策部署,坚持稳中求进工作总基调,统筹推进"五位一体"总体布局、协调推进"四个全面"战略布局,把握新发展阶段,贯彻新发展理念,服务构建新发展格局,以满足人民日益增长的美好生活需要为根本目的,聚焦"申创国家级经开区,加快建成全国百强县"工作目标,细化落实市委市政府支持涟水加快建设全国百强县政策意见,进一步对标找差、补短强特、创新实干,推动经济发展、城乡融合、民生事业、生态文明和政府自身建设迈上新台阶,奋力谱写高质量跨越发展新篇章。

今后五年全县经济社会发展的主

要目标是：

——在综合经济实力上实现跨越赶超。主要经济指标增幅高于全省平均水平、快于苏北、走在全市前列，实现地区生产总值1000亿元、一般公共预算收入40亿元、规上固定资产投资300亿元，科技进步对经济增长贡献率达50%以上，力争2023年、确保2025年跻身全国百强县。

——在现代产业培育上实现跨越赶超。坚持把工业经济作为强县之本，加速壮大主导产业千亿级集群，规上工业开票销售年均增长17%左右。大力发展枢纽经济，现代商贸、现代物流等生产性服务业体系加快形成，服务业增加值占GDP比重达48%左右。创建国家现代农业产业园，创成全国农业科技现代化先行县。

——在美丽涟水建设上实现跨越赶超。系统推进生态环境治理与修复，空气质量优良天数比率保持在81%以上，争创国家生态文明建设示范区。深入推进城市更新，实现主城能级提升、新城魅力凸显。加快实施乡村建设行动，五年建成省级特色田园乡村10个。创成全国文明城市。

——在扩大改革开放上实现跨越赶超。积极融入长三角一体化发展战略，加快完善"空铁水公"多式联运集疏运体系，对内对外开放格局基本形成。持续推进"放管服"集成改革，打造一流营商环境。加快开发园区体制机制创新，省级园区综合排名跃居苏北第一，创成国家级经济技术开发区。

——在共享发展水平上实现跨越赶超。推动共同富裕，全体居民人均可支配收入年均增长7.5%左右。就业、医疗、养老、住房等公共服务水平更好满足群众美好生活需求，教育教学水平位于全市前列。平安涟水、法治涟水建设有力推进，安全形势持续平稳，创成省级安全发展示范城市。

各位代表，新一届政府的发展蓝图已经绘就，我们坚信，经过全县人民的团结拼搏，跨越赶超一定能够跑出更快速度、奋斗目标一定能够实现、美好梦想一定能够成就！

2022年重点工作

2022年是中共二十大召开之年，是新一届政府开局之年，也是我县冲刺百强县攻坚之年，做好今年工作意义重大。我们将按照县委十二届二次全会部署，深刻把握"稳字当头、稳中求进"和"跨越赶超"要求，全面落实稳增长、调结构、促改革、惠民生、防风险工作，推动经济社会高质量发展。主要预期目标是：地区生产总值增长8%以上、一般公共预算收入增长7%左右、规上固定资产投资增长9%左右、社会消费品零售总额增长10%左右，全体居民人均可支配收入与经济增长基本同步，节能减排、环境质量完成省市下达目标。重点抓好七个方面工作。

一、坚定不移狠抓招商，打好项目建设攻坚战。更大力度推进招商"一号工程"，把产业项目作为经济工作"头版头条"，在全县形成"大抓招商、快上项目"的浓厚氛围。

*强化项目招引。*进一步健全完善招商体系，坚持县领导带头招商，强力推进镇街园区、主要经济部门"一把手"驻点招商，定期公布"一把手"外出招商情况，充分发挥"一号招商员"主力军作用；统筹经济部门、镇街专业队伍和市场化招商力量，强化以商引商、中介招商，推动全员招商。出台更加优惠招商政策，完善重大项目研判和决策机制，集中调配资源要素，保障重大项目快速落地。实施项目招引"5112"工程，确保协议引资额超500亿元，新签约亿元以上项目100个、其中10亿元以上12个。新引进1000万美元以上外资项目15个，其中台资项目9个，全年实际利用外资1.6亿美元。

*加快项目转化。*进一步发挥项目代办中心作用，强化招引、落地、建设全生命周期服务。健全"签约项目每周会办、开工项目每月推进、竣工项目每季度跟踪"机制，推动波司登智能服装生产、裕维电子等项目全面开工，雷华智能、欣乐康二期等项目加快建设，今世缘智能化包装物流中心等项目竣工投产，确保新开工亿元以上项目60个，其中50亿元以上2个；新竣工亿元以上项目50个，其中10亿元以上2个。

*做优项目平台。*出台开发区高质量跨越发展实施方案，加快淮昆合作产业园建设，推进园区环境面貌提档升级，实现全省综合考评再进位。深化开发区"干部能上能下、人员能进能出、待遇能高能低"工作机制，进一步激发园区发展活力。开工建设电子产业园污水处理厂二期、食品产业园污水处理厂，新建标准化厂房，提升园区项目承载能力。持续加大镇街工业集中区"腾笼换凤"力度，重点落户科技型项目、开发区配套项目。

二、坚定不移重抓工业，增强县域发展硬实力。坚持工业强县战略不动摇，牢固树立"重抓工业"鲜明导向，以工业经济快突破，带动促进农业、服务业同步发展，加快做大做强全县经济总量。

*强力推动产业集群。*落实省"产业强链"三年行动计划，链式发展绿色食品、新一代电子信息、高端装备制造、纺织服装四大主导产业，全年实现产值300亿元，应税开票260亿元、占规上工业应税开票比重达60%。实施工业项目建设"5432"工程，新开工亿元以上工业项目不低于50个，其中10亿元以上4个；新竣工亿元以上工业项目不低于30个，其中10亿元以上不低于2个。做大做强龙头企业、骨干企业，推动同类型企业横向联动、上下游企业纵向协调，引导支持"个转企、小升规"，新培育规上工业企业35家、应税开票超亿元企业8家、入库税金超千万元企业3家。

*大力实施技改扩能。*出台工业用地提质增效实施细则，大力推进"零地"招商，促进低效用地再利用。加快今世缘南厂区技改项目建设，支持今世缘酒业早日进入"营收百亿俱乐部"，争创"省长质量奖"。制定工业项目技改计划，"一企一策"支持中信华电子、立创商城、特创科技等企业增产扩能，推动快乐电源、锦纶化纤等企业智能化改造，新实施1000万元以上技改项目60个，完成技改投资50亿元。加快从一家居、中顺环保、永创医药等企业上市步伐。

全力支持科技创新。创成知识产权强省建设示范县,新增有效发明专利50件以上。放大淮阴工学院技术转移(涟水)中心效应,深化载体建设,新招引科技型项目20个,新增产学研合作项目12个。完善科技企业梯次培育机制,新培育省级企业研发机构3家,获批国家高新技术企业15家,全社会研发支出占GDP比重达1.75%。强化高层次人才引进和培育,新入选"双创计划""淮上英才计划"10人以上。

三、坚定不移建管并举,推进城市品质再提升。坚持系统化思维,实施城市更新行动,统筹城市规划、建设、管理,进一步提升中心城区集聚力。

坚持规划引领。高质量编制国土空间总体规划,进一步优化中心城市功能布局,加快形成国土空间开发保护利用"一张图"。启动城市更新专项规划编制,在有机更新中彰显涟水城市特色。持续优化涟水对外通道,积极开展淮涟快速通道、国省干道改造等交通路网研究,协助做好机场三期、京沪高速、宁连高速扩建工程,进一步提升综合交通枢纽功能。

建设宜居城市。高标准改造老旧小区9个,棚户区改造新开工1200套,完成北京路、晨曦路等提档工程和南京路、清水路等续建工程,推进中山路周边改造,提升西门片区整体环境面貌。推动城区部队土地资产整体置换,有效解决制约城市发展"老大难"。加快实施滨河新城功能性项目,启动建设体育中心,建成投用科技文化中心、滨河大厦。推动上海路美食街区、常青路商圈提标升级,滨河新城吾悦广场主体完工,进一步促进城市消费、繁荣城市经济。

提升管理水平。以全国文明城市创建为统领,推进数字城管建设,健全一体化、智慧化长效管护机制。继续完善公共设施,新增智能停车位100个,建成垃圾分类展示馆,新建压缩式垃圾中转站1座,改建城区公厕29个。加强户外广告、流动摊点管理,开展环境卫生、交通秩序、防违治违等整治行动。规范物业服务内容和标准,有效提升住宅小区物业管理水平,培育省级物业示范小区2个、垃圾分类达标小区32个。

四、坚定不移打造特色,开创乡村振兴新局面。巩固拓展脱贫攻坚成果同乡村振兴有机衔接,加快推动农业强、农村美、农民富。

加快农业产业升级。启动编制国家现代农业产业园创建规划,推动红窑园区创建省级现代农业产业示范园、南集园区通过省终期评估。重点打造以优质稻米、规模畜禽为主导,芦笋、食用菌、农旅休闲为优势的"两主三优"产业,新增食味稻米种植5万亩、芦笋种植面积3000亩、设施食用菌种植面积10万平方米、高标准农田10万亩,培育市级以上农业龙头企业2个、示范农民专业合作社20家、家庭农场20家,培育新型职业农民1000人。做好"农业+"文章,大力发展农产品精深加工,全年亿元以上农业项目新开工9个、新竣工5个。落实粮食安全责任制,守牢耕地保护红线,坚决遏制耕地"非农化"、防止"非粮化"。

实施镇村建设行动。推动高沟镇、红窑镇由重点中心镇向小城市发展,支持五港镇、梁岔镇、黄营镇做大产业、做出特色。扎实开展农村人居环境整治提升五年行动,升级改造镇街垃圾中转站25个,加大镇街生活垃圾收集力度,新创国家和省级卫生镇各1个。做好农房改善"后半篇文章",因地制宜推进33个新型社区产业配套、长效管护、社会治理等工作,新创省级特色田园乡村2个、市级美丽宜居乡村5个。进一步完善农村基础设施,持续推进美丽农村路建设,改造农路危桥11座,实施农路生命防护工程30公里。

拓宽强村富民渠道。发挥省市帮促引进资源作用,管好用好各类扶贫资产和扶贫项目,稳妥推进农村集体经营性建设用地入市,新增土地流转面积5万亩以上,多元促进村集体增收,集体经济收入超30万元的行政村占比达50%。落实农民收入十年倍增计划,引导培育"乡村工坊",借力"互联网+",综合运用直播带货、平台销售,推动农产品出村进城,带动群众共同致富。

五、坚定不移系统治理,推动生态建设上台阶。坚持生态优先、绿色发展,进一步改善环境质量、夯实生态本底,加快建设省级生态文明示范县。

持续改善环境质量。深入打好污染防治攻坚战,强化农业农村污染治理,常态化抓好中央和省市生态环境保护督察反馈问题整改。扎实开展大气质量综合环境治理,全面推进工业废气、机动车尾气、工地扬尘等重点污染源精细化管控,启动创建"中国天然氧吧"。深化落实"河长制""断面长制",治理6条重点河道,确保国省考断面水质稳定达标。强化危险废物监管,扎实推进农业面源污染防治、污染地块治理与修复,提升土壤治理实效。加强生态文明宣传,倡导绿色低碳生产生活方式,增强全社会绿色发展意识。

聚力完善基础设施。系统实施总投入9亿元的23项环境治理重点项目,加快补齐基础短板,完善综合治理体系。持续推进城区污水管网排查修复、镇街配套管网建设,提标改造成集、梁岔等5个镇街污水处理厂,精准建设农村生活污水处理项目,提高行政村生活污水处理设施覆盖率。实施高沟小流域综合治理项目,整治提升徐窑河、二干河,建成25条农村生态河道,长效改善河道综合环境。完成人工造林0.6万亩,新增农田林网1万亩。

加强监管保障服务。积极做好碳达峰、碳中和工作,稳妥落实能源消费总量和强度双控要求,坚决遏制"两高"项目盲目发展。强化预警监测能力建设,常态化、高质量运行空气自动监测站、污水处理厂,重点污染源在线监测实现全覆盖,进一步提升环境质量与污染源关联分析能力。健全规划环评和项目环评联动机制,推动排污许可与环境监测、总量控制等制度有机衔接,根据企业实际产能压降空占指标、释放排污指标,切实保障重大产业项目及时落地建设。

六、坚定不移改善民生,提升人民群众幸福感。坚持以人民为中心,尽力而为、量力而行,办好民生实事,提升社会治理能力和水平。

健全社会保障体系。拓宽就业创业渠道,新增城镇就业5500人,扶持1200名城乡劳动者自主创业,打造创业孵化基地3个，新增富民创业担保贷款2200万元。统筹救助资源、提升服务能力、增强兜底功能，有效衔接居民医保、大病保险、医疗救助、全民健康补充保险、临时救助、防返贫保险，推动养老保险、住房公积金扩面增缴，稳步提高低保、残疾人“两项补贴”等发放标准。健全“一老一小”服务体系，发展健康养老事业，落实新的生育政策，启动建设高沟、涟城2个区域性养老服务中心，升级改造20个敬老院，创建2个市级普惠托幼机构。

提供优质公共服务。坚持教育优先发展，加快打造品牌学校，投资4.2亿元新建高沟二小等18个基建项目，积极落实“双减”政策，稳妥推进民办义务教育规范治理，聚力提升普通高中办学质量，全力支持涟水中学创建省级高品质示范性高中，建成投用涟水中等专业学校。健全完善城乡医疗服务体系，纵深推进紧密型医共体建设，深化医保支付方式改革试点，创建省级公立医院综合改革示范县。深入开展“涟岐健康”工程，启动中医院二期建设，推动中医特色发展。持续推进文化惠民工程，县图书馆创成国家一级图书馆。打造2个省级乡村旅游重点村，创成省级全域旅游示范区。

增强社会治理实效。以中共二十大安保为主线，巩固深化“平安涟水、法治涟水”建设，坚持和发展新时代“枫桥经验”，常态化开展扫黑除恶专项斗争，严厉打击各类违法犯罪；新改建红窑、石湖等基层派出所，建成警体训练中心。深入开展“八五”普法，加大法治宣传投入，健全公共法律服务体系，创新司法所、派出所、律师事务所“三所联动”调解机制，提升智慧矫正实战化水平。持续开展“12345”诉接速办，积极化解社会矛盾，创建省级信访工作示范县，促进社会和谐稳定。

七、坚定不移严守底线，筑牢高质发展防火墙。突出抓源头强基础，科学精准发力，防范化解各类风险隐患，更好统筹高质量发展和高水平安全。

抓牢抓实安全发展。以打好“三年大灶”收官战、创建省级安全发展示范城市为抓手，聚焦危化品、道路运输、建筑施工等重点行业领域，开展全覆盖拉网式大排查、大整治，坚决预防和遏制各类安全事故。强化专业治理、基础保障能力建设，建成启用县级和高沟消防救援指挥中心，加快完善“2+N”消防救援体系，引导燃气企业优化整合，不断提高安全管理和本质安全水平。完善应急管理体系，建立自然灾害监测预警机制，增强突发公共事件应急处置能力。实行最严格的食品药品安全监管制度，构建从源头到消费全过程监管格局，切实让群众吃得安心、吃得放心。

慎终如始防控疫情。坚决贯彻“外防输入、内防反弹”工作要求，完善平急结合防控机制，保持疫情防控指挥系统始终处于激活状态。落实“人、物、环境”同防要求，持续推进新冠疫苗加强针接种，做好重点领域和场所防控，常态化实现重点人群核酸检测应检尽检。压实属地、部门、单位、个人四方责任，引导公众养成良好卫生习惯，坚决守护人民群众生命健康安全。

防范化解重大风险。强化政府性债务管理，完成政府隐性债务化解年度工作任务，加强政府投资项目管理，规范融资行为，确保财政平稳运行。完成国企改革三年行动，组建粮食集团，完善国有公司法人治理结构，大力推进实体化转型发展，增强自身“造血”功能。健全金融风险监测预警机制，深入开展非法金融活动专项治理，坚决守住不发生系统性金融风险底线。

各位代表，今年我们还将投入10.8亿元，办好优化教育资源供给、优化公共卫生服务、优化公共文体服务、优化群众出行条件、优化政务便民服务、提升法律援助水平、提升安全保障水平、提升人居环境水平、提升就业创业水平、提升特殊关爱水平等民生实事，切实解决好“民之所忧、民之所盼”。

加强政府自身建设

各位代表，站在新起点，开启新征程，发展的重任、竞争的态势、人民的期盼对政府自身建设提出了更高要求。我们将踔厉奋发、笃行不怠，用实干追逐梦想，用奋斗诠释担当，全力打造为民务实清廉政府。

始终坚持讲政治、强定力。深学笃用习近平新时代中国特色社会主义思想，不断提高政治判断力、政治领悟力、政治执行力，增强“四个意识”，坚定“四个自信”，捍卫“两个确立”，做到“两个维护”。严肃党内政治生活，严格落实意识形态工作责任制，确保上级党委政府和县委各项决策部署落地落实、见力见效。

始终坚持快节奏、高效率。立足申创国家级经开区、冲刺全国百强县谋发展、争进位，全面增强政策理解、专业招商、服务帮办、责任落实、对上争取“五种能力”。牢固树立“一抓到底、抓出成效”工作理念，对议定的工作、敲定的事项，一线落实、务求必成，推进涟水各项事业跨越赶超。

始终坚持严规范、重法治。落实重大行政决策法定程序，加强行政复议、应诉、执法监督和争议纾解等工作，不断提升依法行政能力。自觉接受县人大、县政协监督，认真办理人大代表建议和政协委员提案，高度重视社会舆论监督、群众监督，深入推进政务公开，让行政权力始终在法治轨道上阳光运行。

始终坚持知敬畏、守清廉。认真履行县政府党组全面从严治党主体责任，始终把纪律和规矩挺在前面，以制度管权管人管事。健全公共工程、公共资源交易、国资国企等监管制度，提升审计、财政监督实效。坚持政府过“紧日子”，严控“三公”经费，提高资金使用效率，把更多财力用于保民生、补短板、促发展。

各位代表，道阻且长，行则将至；行而不辍，未来可期。让我们高举习近平新时代中国特色社会主义思想伟大旗帜，在县委的坚强领导下，同心同德、顽强拼搏，苦干实干、勇毅前行，奋力冲刺全国百强县，全力推动高质量跨越发展，以优异成绩向中共二十大献礼！

先 进 集 体

2021年度国家和国家条线表彰的先进集体一览表

表20

单位	荣誉称号	命名机关
涟水县	中国曲艺之乡	中国曲艺家协会
涟水县	全国主要农作物生产全程机械化示范县	农业农村部办公厅
涟水县	入选全国农业科技现代化先行县共建名单	农业农村部科教司
涟水县	2021年全国营商环境百强县	中国社会科学院
涟水县幸福里实验小学	第三批全国优秀传统文化传承学校	教育部办公厅
涟水县实验幼儿园	全国“家园共育”示范幼儿园	国家教育行政学院家庭教育研究中心
涟水滨河外国语学校	全国青少年足球特色学校	教育部办公厅
涟水县淮剧团	2021年度全国文旅系统先进集体	文化和旅游部、人社部
涟水红日电力实业开发有限公司	2019—2021年省管产业施工企业能力建设达标单位	国网产业部
江苏今世缘酒业股份有限公司	“十三五”中国酒业科技进步特别奖中国酒业科技进步优秀企业奖	中国酒业协会科学技术奖奖励委员会
江苏今世缘酒业股份有限公司	中国轻工业二百强企业	中国轻工业联合会
江苏今世缘酒业股份有限公司	中国轻工业科技百强企业	中国轻工业联合会
江苏今世缘酒业股份有限公司	中国轻工业食品行业五十强企业	中国轻工业联合会
江苏今世缘酒业股份有限公司	中国轻工业科技百强企业总排名70	中国轻工业联合会
江苏今世缘酒业股份有限公司	第十五届中国上市公司价值评选中国主板上市公司价值百强	证券时报
江苏今世缘酒业股份有限公司	2020年度金牛奖·投资者关系管理奖金牛奖	中国证券报
江苏今世缘酒业股份有限公司	2021中国酒业金樽奖最佳投资回报上市公司	每日经济新闻
红窑镇	国家农业产业强镇	农业农村部
高沟镇胡窑村	第十一批全国“一村一品”示范村镇	农业农村部
成集镇条河村	全国脱贫攻坚先进集体	中共中央、国务院
涟水县第二人民医院	2021年度中国糖网筛防工程评审认定及授牌工作站	中国微循环学会
涟水县第二人民医院	国家级优质服务基层行推荐单位	国家卫生健康委员会
涟水县第三人民医院	优质服务基层行达国家推荐标准	国家卫生健康委办公厅、国家中医药管理局办公室
高沟镇司法所	全国模范司法所	司法部
红窑镇	全国一村一品示范镇	农业农村部办公厅
红窑镇	国家级农业强镇	农业农村部、财政部
五港镇	国家卫生镇	全国爱卫办

续表20

单位	荣誉称号	命名机关
高沟司法所	全国模范司法所	司法部
涟水县涟城街道东门社区	全国民主法治示范社区	司法部、民政部
淮安市涟水县人大常委会办公室	节约型机关	国家机关事务管理局、中共中央直属机关事务管理局、中华人民共和国国家发展和改革委员会、中华人民共和国财政部
县纪委监委	查处农村经济合作社案例入选《纪检监察信息》	中纪委

2021年度省和省条线表彰的先进集体一览表

表21

单位	荣誉称号	命名机关
涟水县	中央农作物秸秆综合利用重点县	省农业农村厅
涟水县烟草专卖局	职工书屋示范点	江苏省总工会、江苏省全民阅读办
淮安市烟草公司涟水分公司	2019—2021年度江苏省文明单位	江苏省精神文明建设指导委员会
中国电信涟水分公司	2019—2021年江苏省文明单位	江苏省文明委
涟水县气象局	表扬信	江苏省人工影响天气办公室
涟水县气象局	2019—2021年度江苏省文明单位	江苏省精神文明建设指导委员会
中国人民银行涟水县支行	2019—2021年度江苏省文明单位	江苏省精神文明建设指导委员会
涟水县幸福里实验小学	江苏省第七届中小学生艺术展演活动学生艺术实践工作坊展评一等奖	江苏省教育厅
涟水县教育关工委	2021年主题教育读书征文优秀组织奖	江苏省教育系统关心下一代工作委员会
涟水县教育关工委	“童心永向党　筑梦新辉煌”创作演讲比赛先进单位	江苏省教育系统关心下一代工作委员会
涟水县郑梁梅中学	2021年江苏省教育系统先进集体	江苏省教育厅、江苏省人力与资源和社会保障厅
涟水县郑梁梅中学	2021江苏省“童声齐颂建党百年”主题征文“优秀组织奖”	江苏省关工委、江苏省中华诗学研究会
涟水县幸福里实验小学	江苏省文明校园	江苏省文明委
涟水县军民小学	全省“童声齐颂建党百年”征稿“优秀组织奖”	江苏省关心下一代工作委员会
涟水县军民小学	第十四届“小数报杯·小小数学家”优秀团体奖	江苏省教育厅
涟水县军民小学	江苏省中小学生金钥匙科技竞赛“青少年科技教育先进学校”	江苏省教育厅、科技厅、科协
涟水县实验幼儿园	“我为国旗点个赞”网络活动“优秀组织奖”	江苏省关心下一代工作委员会办公室
涟水县徐集中学	2021年“五好乡村教工之家”	江苏省教育厅、江苏省教育科技工会
江苏省涟水中等专业学校	优秀社区教育省级名师工作室	江苏省社会教育服务指导中心
淮阴中学滨河高级中学	江苏省五四红旗团委(团工委)	共青团江苏省委
江苏省郑梁梅高级中学	全省教育系统关心下一代工作先进集体	江苏省教育系统关工委
涟水县外国语学校	江苏省中小学生金钥匙科技竞赛“青少年科技教育先进学校”	江苏省教育厅
涟水滨河外国语学校	江苏省体育特色学校	江苏省教育厅

续表21

单位	荣誉称号	命名机关
涟水滨河外国语学校	江苏省智慧校园示范校	江苏省教育厅
涟水县义兴中心小学	江苏省中小学生金钥匙科技竞赛“青少年科技教育先进学校”	江苏省教育厅
杨口小学	江苏省中小学生金钥匙科技竞赛“青少年科技教育先进学校”	江苏省教育厅
涟水联通	淮安市文明单位	中共淮安市委
涟水县文化广电和旅游局	中国农民丰收节突出单位	江苏省农业农村厅
涟水县图书馆	全省红领巾征文比赛组织奖	江苏省文化和旅游厅
涟水县图书馆	长三角公共图书馆阅读马拉松大赛优秀组织奖	上海图书馆、南京图书馆、浙江图书馆、安徽省图书馆
涟水县博物馆	中国共产党在江苏历史展“百年征程 初心永恒”参展	江苏省委宣传部、江苏省委党史工作办公室
涟水县城市管理局	城乡运行保障劳动竞赛先进单位	省建设工会工作委员会
涟水县城市管理局	2019—2021年度省级文明单位	省文明办
涟水县城市管理执法大队	先进基层党组织	中共江苏省住房和城乡建设行业委员会
涟水县美达环卫有限公司	江苏省住房和城乡建设系统“安康杯”竞赛优胜班组	中共江苏省住房和城乡建设行业委员会
国网涟水县供电公司市场营销部党支部	电网先锋党支部	中共国网江苏省电力有限公司委员会
国网涟水县供电公司工会	模范职工之家	国网江苏省电力有限公司工会
国网涟水县供电公司融媒体工作站	融媒体工作站示范点	中共国网江苏省电力有限公司委员会宣传部
国网涟水县供电公司机关团支部	2019—2020年度“五四红旗团支部”	共青团国网江苏省电力有限公司委员会
国网涟水县供电公司	江苏省优秀“戎耀之家”	江苏省退役军人事务厅、江苏省总工会
国网涟水县供电公司	2019—2021年度江苏省文明单位	江苏省文明委员会
国网涟水县供电公司配电运检班	质量信得过班组	江苏省质量管理协会
涟水县支行	清收铁军奖	中国邮政储蓄银行股份有限公司江苏省分行
涟水县支行营业部	“百亿迎百年”优秀二级支行	中国邮政储蓄银行股份有限公司江苏省分行
涟水县安东路支行	“百亿迎百年”优秀二级支行	中国邮政储蓄银行股份有限公司江苏省分行
涟水县住房和城乡建设	局离退休党支部入选江苏省离退休干部党支部和党员“双百佳”名单	中共江苏省委老干部局、中共江苏省委离退休干部工作委员会
涟水县住房和城乡建设局	涟水县黄营镇朱桥村河边、汤马、南庄、前进组被命名为江苏省第六批次特色田园乡村	江苏省特色田园乡村建设工作联席会议
涟水县住房和城乡建设局	涟水县红窑镇夏楼村徐老庄、时庄、南元、时徐、西兴庄被命名为江苏省第七批次特色田园乡村	江苏省特色田园乡村建设工作联席会议
涟水县住房和城乡建设局	涟水县红窑镇苗戴村苗戴被命名江苏省第八批次特色田园乡村	江苏省特色田园乡村建设工作联席会议
涟水县住房和城乡建设局	县(市、区)2021年省平台应用年终考核排名第26名,位列淮安市第一	江苏省住房城乡建设厅
涟水县住房和城乡建设局	龙源国际南区被命名为2021年度党建引领物业管理服务工作省级示范点	江苏省委组织部、江苏省住房和城乡省和省条线以上表彰建设厅党组
涟水县住房和城乡建设局	涟水县银杏花园入选适老住区、老旧小区、宜居住区和宜居街区更新改造案例项目建议名单	江苏省住房城乡建设厅
涟水县住房和城乡建设局	涟水县吾悦广场9号楼入选2021年省建筑产业现代化示范目录(装配化装修示范工程),淮安市唯一	江苏省住房城乡建设厅

续表21

单位	荣誉称号	命名机关
涟水县住房和城乡建设局	涟水县科技文化街区共建共享共管体制机制创新入选江苏省美丽宜居城市建设第二批试点名单(试点项目专项类)	江苏省美丽宜居城市建设工作领导小组办公室
涟水县涟缘水务有限公司	2021年江苏省优秀劳动关系和谐企业	江苏省协调劳动关系三方委员会
涟水县涟缘水务有限公司	2019—2021年度江苏省文明单位	江苏省精神文明建设指导委员会
涟水县涟缘水务有限公司	2021年度江苏省健康企业	江苏省卫生健康委员会、江苏省爱国卫生运动委员会办公室
涟水县水利局	2019—2021年度江苏省文明单位	江苏省精神文明建设指导委员会
江苏今世缘酒业股份有限公司	全省脱贫攻坚暨对口帮扶支援合作先进集体	中共江苏省委、江苏省人民政府
江苏今世缘酒业股份有限公司	江苏省食品生产监管实训合作企业	江苏省市场监督管理局
江苏今世缘酒业股份有限公司	守合同重信用企业	江苏省企业信用管理协会
红窑镇	乡村振兴先进集体	省委、省政府
中共江苏省委驻涟水县帮扶工作队、江苏今世缘酒业股份有限公司、黄营镇朱桥村村民委员会	全省脱贫攻坚暨对口帮扶支援合作先进集体	省委、省政府
县农业农村局(种植业管理科)	省农技推广信息报送工作先进单位	江苏省农技推广总站
红窑镇	省绿色蔬菜产业特色镇	省农业农村厅
大东镇	省级耕地保护激励单位	省自然资源厅
邮政公司	江苏省文明单位	省文明办
涟水县驰宝城市公交公司	省级优秀劳动关系和谐企业、	江苏省人社厅
涟水县公路事业发展中心	“2021年度全省公路系统争先创优工作成绩突出单位”	江苏省交通运输厅
涟水县市场监管局	2019—2021年度江苏省文明单位	江苏省精神文明建设指导委员会
涟水县市场监管局食品安全协调与应急处置科	全省市场监管系统先进集体	江苏省人力资源社会保障厅、江苏省市场监督管理局
涟水县	省级耕地保护激励单位	省自然资源厅
涟水县自然资源和规划局	七五普法先进单位	省自然资源厅
黄营镇朱桥村村民委员会	江苏省脱贫攻坚暨对口帮扶支援合作先进集体	中共江苏省委、江苏省人民政府
省委驻涟水县帮扶工作队	江苏省脱贫攻坚暨对口帮扶支援合作先进集体	中共江苏省委、江苏省人民政府
涟水县退役军人服务中心	全国示范型退役军人服务中心	江苏省退役军人服务中心
涟水县地方志办公室	全省方志文化宣传工作先进集体	江苏省地方志办公室
涟水县档案馆	2021年度档案宣传工作三等奖	江苏省档案馆
江苏凤凰新华书店集团有限公司涟水分公司	凤凰新华2021年度先进单位	江苏凤凰新华书店集团有限公司
江苏凤凰新华书店集团有限公司涟水分公司	凤凰新华2021年度教材教辅发行突出业绩奖	江苏凤凰新华书店集团有限公司
江苏凤凰新华书店集团有限公司涟水分公司	凤凰新华2021年度多元销售突出业绩奖	江苏凤凰新华书店集团有限公司
江苏凤凰新华书店集团有限公司涟水分公司	江苏省优秀管理先进单位	江苏省广播电视总台
涟水县疾病预防控制中心	江苏省文明单位	江苏省精神文明建设委员会
涟水县疾病预防控制中心	卫生科普工作先进集体	江苏省健康教育协会

续表 21

单位	荣誉称号	命名机关
涟水县第二人民医院	江苏省老年友好医疗机构	江苏省卫生健康委员会、江苏省中医药管理局
涟水县	县级公立医院综合改革成效明显	省政府
涟水县卫生健康委员会	全省计生协工作成绩突出单位	省计生协会
涟水县卫生健康委员会	2020年全省家庭健康保险工作三等奖	省计生协会
涟水县人民医院	江苏省文明单位	江苏省精神文明建设指导委员会
涟水县人民医院	江苏省老年友善医疗机构	江苏省卫生健康委员会
涟水县人民医院	江苏省药品不良反应监测评价优秀单位	江苏省药品不良反应监测中心
涟水县人民医院	江苏省平安示范医院	江苏省平安医院建设工作小组办公室
涟水住房公积金管理中心	模范职工小家	江苏省住房和城乡建设厅
涟城街道关工委	全省关心下一代工作先进集体	江苏省文明办、江苏省关工委
高沟镇关工委	全省关心下一代工作先进集体	江苏省文明办、江苏省关工委
红窑镇关工委	全省关心下一代工作先进集体	江苏省文明办、江苏省关工委
唐集镇	江苏省卫生镇	江苏省爱国卫生运动委员会
周程村	江苏省卫生村	江苏省爱国卫生运动委员会
月塔村八组	江苏省传统村落	江苏省农业农村局
周程村	江苏省“民主法治示范村”	江苏省司法厅
六舍村	江苏省“民主法治示范村”	江苏省司法厅
涟洲路社区	省文明村	省文明委
莲花社区	省民主法治示范社区	省法制办
东门社区	省文明村	省文明委
高沟镇	江苏省五四红旗团委	共青团江苏省委
陈师街道	江苏省健康镇	江苏省卫生健康委员会
陈师中心小学	少年科学院在2021年度工作考核中,被评为“优秀”	江苏省少年儿童研究会
蒋庵中心小学	结伴前行友好学校	江苏省妇女儿童基金会
东胡集镇	江苏省卫生镇	江苏省爱国卫生运动委员
东胡集镇鲁渡村	江苏省卫生村	江苏省爱国卫生运动委员
东胡集镇复兴村	江苏省卫生村	江苏省爱国卫生运动委员
大东镇	2021年省级耕地保护激励单位	江苏省自然资源厅
红窑镇苗戴村	省特色田园乡村	江苏省特色田园乡村建设工作联席会议
红窑镇夏楼村	省特色田园乡村	江苏省特色田园乡村建设工作联席会议
红窑镇第七次全国人口普查领导小组办公室	省工作成绩显著集体名单	江苏省第七次全国人口普查领导小组办公室
红窑镇计划生育协会	省计生协工作成绩突出单位	江苏省计划生育协会
红窑镇	承办2021中共农民丰收节江苏分会场暨首届涟水芦笋节	江苏省农业农村厅
涟水县红窑镇产权交易服务中心	省农业农村厅表彰	江苏省农业农村厅
红窑镇	江苏省绿色蔬菜产业特色镇	江苏省农业技术推广总站
红窑镇	全省乡村振兴先进集体	中共江苏省委、江苏省人民政府
红窑镇	全省基层党员冬训工作示范乡镇	江苏省委宣传部、江苏省委组织部

续表21

单位	荣誉称号	命名机关
红窑镇夏楼村	省级放心消费创建先进、示范单位	江苏省市场监督管理局
红窑镇委员会	全省关心下一代工作优秀集体	江苏省关心下一代工作委员会
五港镇港南村	2019—2021年度江苏省文明村	江苏省文明办
五港镇港北村	江苏省卫生村	江苏省爱国卫生运动委员会
五港镇五港社区	江苏省民主法治示范社区	省委依法治省办、江苏省司法厅、江苏省民政厅
五港镇前营社区	江苏省民主法治示范社区	省委依法治省办、江苏省司法厅、江苏省民政厅
淮浦路派出所	全省公安机关成绩突出党员集体通报表扬	江苏省公安厅
看守所	全省公安机关抗击新冠肺炎疫情集体二等功	江苏省公安厅
涟城司法所	江苏省优秀司法所	江苏省司法厅
涟水县司法局公共法律服务管理科(法律援助中心)	全省法律援助工作先进集体	江苏省司法厅
淮安市涟水县司法局公共法律服务管理科	全省公共法律服务工作成绩突出集体	江苏省司法厅
涟水县统计局	江苏省第七次人口普查工作成绩显著集体	江苏省统计局
涟水县妇女联合会	“第三届江苏女性融媒体创意大赛全国邀请赛”优秀组织奖	江苏省妇女联合会
涟水县消防救援大队	文明单位	江苏省文明办
涟水县台办	2021年度全省台办系统创新创优项目入围奖	省委台办
涟水县财政局	江苏省文明单位	江苏省文明建设指导委员会
涟水县财政局	江苏省财政监督工作全面先进单位	江苏省财政厅
涟水县财政局	江苏省信息宣传工作优秀单位	江苏省财政厅
涟水县财政局	江苏省采购贫困地区农副产品先进单位	江苏省财政厅
涟水县委组织部	全省组织部门2021年度信息报送先进单位	江苏省委组织部
县纪委监委	全省传家风书画故事大赛特等奖	党的生活杂志社
共青团涟水县委员会	2021年度全省团属报刊宣传工作先进典型	共青团江苏省委
涟水县审计局	文明单位	江苏省文明办
涟水县信访局	2021年度全省信访工作先进县	江苏省信访工作联席会议
中共涟水县委宣传部	江苏省文化科技卫生“三下乡”先进集体	中共江苏省委宣传部
涟水县社科联	江苏省第十八届社会科学普及宣传周主题知识竞答活动最佳组织奖	江苏省哲学社会科学界联合会
南集镇	文明镇	江苏省文明办

2021年度市和市条线表彰的先进集体一览表

表22

单　　位	荣誉称号	命名机关
中国人寿保险涟水支公司	“安康关爱行动”优秀奖	淮安市老龄工作委员会办公室、中国人寿保险股份有限公司淮安市分公司
中国工商银行股份有限公司涟水支行	中国工商银行淮安分行先进基层党组织	中国工商银行淮安分行

续表22

单　位	荣誉称号	命名机关
中国工商银行股份有限公司涟水支行	中国工商银行股份有限公司淮安分行2021年一季度“奋斗奖”集体	中国工商银行淮安分行
涟水县烟草专卖局专卖管理科	工人先锋号	淮安市总工会
淮安市烟草公司涟水分公司	市安康杯竞赛优胜单位	淮安市总工会 淮安市应急管理局 淮安市卫生健康委员会
淮安市烟草公司涟水分公司	2021年度淮安市放心消费创建先进单位	淮安市放心消费创建活动办公室
中国电信涟水分公司	全面从严治党工作先进单位	中国电信淮安分公司
中国电信涟水分公司	市场经营先进单位	中国电信淮安分公司
中国电信涟水分公司	5G建设突出贡献集体奖	中国电信淮安分公司
中国电信涟水分公司	产业数字化发展先锋奖	中国电信淮安分公司
涟水县气象局	全市气象部门2020年度综合考评优秀单位	淮安市气象局
涟水县气象局	2020年度全市气象部门创新工作奖	淮安市气象局
涟水县气象局	淮安市气象局重大气象服务先进集体	淮安市气象局
涟水县气象局	淮安市气象行业职业技能竞赛 团体第二	淮安市气象局、淮安市级机关工委、淮安市人社局、淮安市总工会
涟水县气象局	2020年度学会工作优秀集体	淮安市气象学会
涟水县气象局	廉政文化建设征文优秀组织奖	市气象局
涟水县气象局	2018—2020年度淮安市文明单位	市委、市政府
涟水县教育体育局	创建全国双拥模范城“五连冠”先进单位	市委、市政府、淮安军分区
涟水县教育体育局	淮安市第七届中小学体育艺术文化节“优秀组织奖”	淮安市教育局
涟水县郑梁梅中学	2021年淮安市先进基层党组织	中共淮安市委教育工委
涟水县郑梁梅中学	2020—2021学年度淮安市初中教育教学工作先进单位	淮安市教育局
涟水县郑梁梅中学	淮安市禁毒工作先进集体	淮安市教育局、淮安市公安局、淮安市禁毒办
涟水县大东学校	先进基层党组织	中共淮安市委教育工委
涟水县幸福里实验小学	淮安市“优秀少先队大队”	团市委、市教育局、市少工委
涟水县幸福里实验小学	淮安市第四届“十佳风采少年”暨少儿才艺大赛优秀组织奖	淮安市文明办、团市委、市教育局、市少工委
涟水县灰墩中心小学	淮安市单位内部安全保卫工作先进集体	淮安市公安局
涟水县军民小学	淮安市平安校园建设示范校	市委政法委、市公安局、市教育局
涟水县军民小学	校务公开先进单位	淮安市教育局
涟水县实验幼儿园	先进基层党组织	中共淮安市委教育工委
涟水县五港中学	淮安市平安校园建设示范校	市委政法委、市公安局、市教育局
涟水县徐集中学	淮安平安校园建设示范校(园)	市委政法委、市公安局、市教育局
江苏省涟水中等专业学校	第八届“市长杯”青少年校园足球赛(高中组)第六名	淮安市教育局、淮安市体育局
江苏省涟水中等专业学校	第五届淮安市中等职业学校模拟法庭大赛二等奖	共青团淮安市委、淮安市教育局
江苏省涟水中等专业学校	2021年淮安市职业学校“青春铸魂匠心逐梦”优秀社团评选为精品社团	淮安市教育局、共青团淮安市委

续表22

单　　位	荣誉称号	命名机关
江苏省涟水中等专业学校	淮安市37届中学生田径运动会乙组团体总分第四名	淮安市教育局、淮安市体育局
涟水县义兴中学	2020年校务公开工作先进单位	淮安市教育局、淮安市教育工会
涟水县郑梁梅小学	2021年度全市教育系统关心下一代工作先进集体	中共淮安市委教育工委
涟水县郑梁梅小学	《蝴蝶蝴蝶，你飞吧》在淮安市“中国人寿”杯2021年“百年征程　风华正茂”红色经典诵读大赛小学组二等奖	淮安市语言文字工作委员会、淮安市教育局
涟水经济开发区实验学校	淮安市平安校园建设示范校	市委政法委、市公安局、市教育局
涟水经济开发区实验学校	淮安市青少年校园足球特色学校	淮安市教育局
淮阴中学滨河高级中学	2020—2021学年度普通高中综合考评优秀单位	淮安市教育局
淮阴中学滨河高级中学	淮安市教育系统先进集体	淮安市教育局
淮阴中学滨河高级中学	第二批市级教师发展示范基地校	淮安市教育局
江苏省郑梁梅高级中学	2020—2021学年度普通高中综合考评优秀单位	淮安市教育局
江苏省郑梁梅高级中学	淮安市平安校园建设示范校	市委政法委、市公安局、市教育局
江苏省郑梁梅高级中学	淮安市37届中学生田径运动会体育道德风尚奖	淮安市教育局
江苏省郑梁梅高级中学	淮安市五四红旗团委	共青团淮安市委员会
涟水县第一中学	2020—2021学年度普通高中综合考评优良单位	淮安市教育局
江苏省涟水中学	2020—2021学年度普通高中综合考评优秀单位	淮安市教育局
涟水县高沟中心小学	淮安市教育系统先进集体	淮安市教育局
涟水县外国语学校	2021年度全市教育系统关心下一代工作先进集体	中共淮安市教育工委
涟水县外国语学校	2020—2021学年度淮安市初中教育教学工作先进单位	淮安市教育局
涟水县外国语学校	淮安市第六届青少年水利与气象科普知识大赛团体特等奖	淮安市教育局
涟水县实验小学	淮安市教育系统先进集体	淮安市教育局
涟水县实验小学	先进基层党组织	中共淮安市教育工委
涟水县石湖中心小学	淮安市中小学篮球比赛道德风尚奖	淮安市教育局
涟水县东胡集学校	先进基层党组织	中共淮安市教育工委
涟水县实验中学	先进基层党组织	中共淮安市教育工委
涟水县南门小学	2020年校务公开工作先进单位	淮安市教育局、淮安市教育工会
涟水县义兴中心小学	淮安市科普教育基地	淮安市教育局
涟水县义兴中心小学	淮安市单位内部安全保卫工作先进集体	淮安市公安局
涟水县五港中心小学	先进基层党组织	中共淮安市教育工委
涟水县红日中学	2020—2021学年度淮安市初中教育教学工作先进单位	淮安市教育局
涟水县文成双语学校	2020—2021学年度淮安市初中教育教学工作先进单位	淮安市教育局
涟水县淮文外国语学校	江苏省教科研先进集体	淮安市教育局
涟水县淮文外国语学校	2020—2021学年度淮安市初中教育教学工作先进单位	淮安市教育局
涟水县陈师中心小学	淮安市科普教育基地	淮安市科学技术协会

续表22

单　　位	荣誉称号	命名机关
涟水县陈师中心小学	2021年度全市教育系统关心下一代工作先进集体	中共淮安市委教育工委
涟水县陈师中心小学	淮安市平安校园建设示范校	市委政法委、市公安局、市教育局
朱码外国语学校	《中华瓯绣文化艺术的传承,泥塑艺术金校园后的传承与守望》美育改革创新优秀案例获第七届中小学体育艺术文化节一等奖	淮安市教育局
朱码外国语学校	课本剧《皇帝的新装》获淮安市第七届中小学体育艺术文化节二等奖	淮安市教育局
涟水县教育体育局	2021年淮安市教师国家通用语言文字教学能力大赛优秀组织单位	市语委、市教育局、市人力资源和社会保障局、市总工会、市广电台
涟水县教育体育局	淮安市"中国人寿"杯2021年"百年征程 风华茂"红色经典诵读大赛优秀组织奖	市语委、市教育局、市全民阅读活动领导小组办公室、市广电台、市文化建设研究会
涟水县电化教育中心	淮安市教育信息化工作先进集体	淮安市教育局
涟水县教育体育局职社科	"建党100周年"市2021年社区书画大赛优秀组织奖	市社会教育服务指导中心
涟水县教育体育局职社科	"建党100周年"市2021年社区摄影大赛优秀组织奖	市社会教育服务指导中心
涟水太商村镇银行	安全保卫先进集体	淮安市公安局
涟水太商村镇银行	文明规范服务创建工作先进单位	淮安市银行业协会
涟水太商村镇银行营业部	文明规范服务适老网点	淮安市银行业协会
涟水县淮剧团党支部	淮安市先进基层党组织	中共淮安市委
涟水县书画院	中国梦美术作品展获最佳组织奖	淮安市总工会
涟水县文化馆	"两在两同"建新功——淮安市2021年群文新作调演组织奖	淮安市文化广电和旅游局
南京银行涟水支行	2021年淮安市银行业"3·15"消费者权益保护教育宣传周活动优秀组织奖	淮安市银行业协会
国网涟水县供电公司办公室党支部、淮安三新公司涟水分公司红窖岔庙义兴业务所党支部	电网先锋党支部	中共国网淮安供电公司委员会
国网涟水县供电公司团委	2019—2020年度"五四红旗团委"	共青团国网淮安供电公司委员会
淮安三新供电服务有限公司涟水分公司	2021年度先进集体	国网淮安供电公司
国网涟水县供电公司运维检修部(检修工区、项目管理分中心)配电运检班、	2021年度工人先锋号	国网淮安供电公司
淮安三新供电服务有限公司涟水分公司红窖业务所营业班	2021年度工人先锋号	国网淮安供电公司
国网涟水县供电公司运维检修部	配网不停电作业技能竞赛团体二等奖	淮安市人力资源和社会保障局、淮安市总工会
国网涟水县供电公司变电运维班	变电运维专业110千伏组别团体二等奖	淮安市质量管理协会
国网涟水县供电公司配电运检班	淮安市青年安全生产示范岗	淮安市应急管理局、共青团淮安市委员会
涟水县住房和城乡建设局党委	淮安市先进基层党组织	中共淮安市委
涟水县住房和城乡建设局	丽晶首府、龙源国际南区入选淮安市2021年度"红色物业示范点"名单	中共淮安市委企业和社会组织工作委员会、中共淮安市住房和城乡建设局委员会
涟水县住房和城乡建设局	郑梁梅小学宿舍、常青小区、仙居小区、桃园小区西区入选2021年度市级宜居示范居住区名单	淮安市住房和城乡建设局

续表22

单　　位	荣誉称号	命名机关
涟水县住房和城乡建设局	保障农民工工资支付工作获得淮安市住房和城乡建设局高度认可	淮安市住房和城乡建设局
涟水县住房和城乡建设局	涟水县施工图审查分中心获选2021年度淮安市施工图审查工作先进集体	淮安市住房和城乡建设局
涟水县住房和城乡建设局	涟水县滨河新城龙腾大道(二标段)新建工程(涟水路—清涟大道)和涟水县滨河新城青松路新建工程(龙腾大道—郑梁梅大道)入选2021年度淮安市"翔宇杯(市政)"优质建设工程名单	淮安市住房和城乡建设局
涟水县住房和城乡建设局	涟水县住房与城乡建设局张芳莉工匠创新工作室入选淮安市女劳模(女职工)创新工作室名单,全县唯一	淮安市总工会
涟水县住房和城乡建设局	2021年淮安市"99公益日"活动爱心组织、爱心企业	淮安市妇女联合会
涟水县涟缘水务有限公司	2021年度全市单位内部安全保卫工作先进集体	淮安市公安局
江苏今世缘酒业股份有限公司	2020年度淮安市50强企业	淮安市人民政府
江苏今世缘酒业股份有限公司	2020年度开票销售首超50亿元工业企业	淮安市人民政府
中共江苏今世缘酒业股份有限公司委员会	淮安市先进基层党组织	中共淮安市委
江苏今世缘酒业股份有限公司	第四届"淮安慈善奖"最具爱心慈善捐赠企业	淮安市人民政府
江苏今世缘酒业股份有限公司	全市人大代表"千百万扶贫济困大行动"优秀组织奖	淮安市人大常委会
江苏今世缘酒业股份有限公司	志愿服务爱心工作站	淮安市翔宇妇女儿童发展基金会
江苏今世缘酒业股份有限公司	淮安市食品安全优秀单位	淮安市食品药品安全协会
涟水县	全市乡村振兴考核工作一等次	市委、市政府
涟水县港航事业发展中心	淮安市港航事业发展"优秀单位"	淮安市港航事业发展中心
涟水县驰宝城市公交公司	集体协商三星级企业	淮安市人社局
涟水县车辆综合检测站	淮安市模范职工之家	淮安市总工会
涟水县市场监管局	淮安市抗击新冠肺炎疫情先进集体	中共淮安市委、淮安市人民政府
涟水县市场监管局	党史知识竞赛特等奖	淮安市关心下一代工作委员会、淮安市市场监督管理局、淮安市民营经济关心下一代工作委员会
涟水县市场监管局	淮安市"99公益日"爱心组织	淮安市妇女联合会
涟水县退役军人事务局	2021年度全市退役军人事务工作先进单位	中共淮安市退役军人事务工作领导小组办公室
江苏凤凰新华书店集团有限公司涟水分公司	淮安市放心消费创建"先进单位"	淮安市放心消费创建活动办公室
江苏凤凰新华书店集团有限公司涟水分公司	2021年淮安市出版物发行行业职工职业技能竞赛"优秀团队奖"	淮安市新闻出版局、淮安市总工会
江苏凤凰新华书店集团有限公司涟水分公司	2021年淮安市出版物发行行业职工职业技能竞赛"短视频介绍主题展台"三等奖	淮安市新闻出版局、淮安市总工会
江苏凤凰新华书店集团有限公司涟水分公司	2019—2020年"文明店堂"	淮安市出版物发行行业协会
涟水县疾病预防控制中心	八段锦线上视频赛优秀组织奖	淮安市预防医学会、淮安市疾病预防控制中心

续表22

单　　位	荣誉称号	命名机关
涟水县疾病预防控制中心	健步走比赛优秀团队奖	淮安市预防医学会、淮安市疾病预防控制中心
涟水县疾病预防控制中心	艾滋病防治技能竞赛二等奖	淮安市卫生健康委、淮安市总工会
涟水县第三人民医院	2021年度质量控制工作被淮安市临床中心评为优秀	淮安市临床检验中心
涟水县卫生健康委员会	淮安市抗击新冠肺炎疫情先进集体	市委、市政府
涟水县卫生健康委员会	2020年全市家庭健康保险工作县区级典型单位一等奖	市计生会
涟水县卫生健康委员会	2021年度淮安市文化科技卫生"三下乡"活动先进集体	市委宣传部
涟水住房公积金管理中心	先进部门	淮安市住房公积金管理中心
涟城街道关工委	全市镇街道关工委先进集体	市关工委
高沟镇关工委	全市镇街道关工委先进集体	市关工委
红窑镇关工委	全市镇街道关工委先进集体	市关工委
朱码街道关工委	全市镇街道关工委先进集体	市关工委
陈师街道关工委	全市镇街道关工委先进集体	市关工委
岔庙镇关工委	全市镇街道关工委先进集体	市关工委
保滩街道	信访稳定工作先进镇街	淮安市信访工作联席会议
保滩街道	全市安全生产先进单位	市委市政府
保滩街道武装部	基层武装部建设示范样板单位	淮安军分区
金城路社区	社区离退休干部党建工作先进单位	市委组织部
涟洲路社区	村务公开示范村	市村务公开办
中山路社区	淮安市文明社区	市文明委
新涟社区	村务公开示范村	市村务公开办
东门社区	村务公开示范村	市村务公开办
东门社区	社区离退休干部党建工作先进单位	市委组织部
新涟社区	社区离退休干部党建工作先进单位	市委组织部
陈师中心小学	淮安市第六届青少年水利与气象科普知识大赛中，荣获优秀组织奖	淮安市教育局、科协等六部门
陈师街道党工委	党员冬训先进集体	淮安市委宣传部
陈师中心小学	淮安市机器人大赛二等奖	淮安市科学技术协会
陈师中心小学	陈师小学科普馆被命名为淮安市科普教育基地	淮安市科学技术协会
陈师中心小学	2021年度全市教育系统关心下一代工作先进集体	中共淮安市委教育工委
陈师中心小学	乡村少年宫协同发展联盟试点学校	淮安市文明办、教育局等部门
陈师居委会	百优协商议事室	政协淮安市委员会
东胡集镇鲁渡社区	淮安市"美丽宜居村庄"	淮安市住房和城乡建设局
东胡集镇工会委员会	淮安市"安康杯"竞赛组织工作优秀单位	淮安市总工会、淮安市应急管理局、淮安市卫生健康委员会
大东居委会	淮安市家庭工作先进集体	淮安市妇女联合会
大东学校	先进基层党组织	中共淮安市委教育工委
瓦滩村	淮安市2021年度市级美丽乡村	淮安市住房和城乡建设局

续表22

单　　位	荣誉称号	命名机关
梁岔镇人民政府	2021年度“人民满意窗口”先进单位	淮安市信访局
红窑镇人大	全市人大代表“千百万扶贫济困大行动”优秀组织奖	淮安市人大常委会
石湖镇人民政府	信访工作先进镇街	淮安市信访工作联席会议
五港镇人民政府	2021年度“人民满意窗口”建设先进单位	淮安市信访工作联席会议办公室
五港镇人民政府	淮安市第七次全国人口普查市级优秀集体	淮安市第七次全国人口普查领导小组办公室、淮安市统计局
涟水县公安局	淮安市五一劳动奖集体表彰	淮安市人民政府
淮浦路派出所	全市先进基层党组织	中共淮安市委员会
禁毒大队	全国青少年禁毒知识竞赛活动先进集体	淮安市禁毒委员会办公室、淮安市公安局、淮安市教育局、淮安市人力资源和社会保障局
经侦大队	全市公安机关“猎狐行动”先进集体	淮安市公安局
涟水县公安局	2020年度全市公安机关思想政治工作先进集体	淮安市公安局
淮浦路派出所	2020年度全市公安机关基础工作“优秀派出所”先进集体	淮安市公安局
巡特警大队	全市公安机关系列重大安保维稳工作集体三等功	淮安市公安局
保滩派出所	全市公安机关系列重大安保维稳工作集体三等功	淮安市公安局
交警大队五中队	全市公安机关系列重大安保维稳工作通报表扬	淮安市公安局
五港派出所	全市公安机关系列重大安保维稳工作通报表扬	淮安市公安局
国家税务总局涟水县税务局	淮安市五一劳动奖状	淮安市人民政府
国家税务总局涟水县税务局财务管理股	淮安市五一巾帼标兵岗	淮安市总工会
国家税务总局涟水县税务局办公室	先进基层党组织	中共国家税务总局淮安市税务局委员会
国家税务总局涟水县税务局纳税服务股	先进基层党组织	中共国家税务总局淮安市税务局委员会
国家税务总局涟水县税务局党建工作股	先进基层党组织	中共国家税务总局淮安市税务局委员会
国家税务总局涟水县税务局朱码税务分局	先进基层党组织	中共国家税务总局淮安市税务局委员会
国家税务总局涟水县税务局五港税务分局	先进基层党组织	中共国家税务总局淮安市税务局委员会
国家税务总局涟水县税务局第一税务分局	先进基层党组织	中共国家税务总局淮安市税务局委员会
国家税务总局涟水县税务局五港税务分局	示范党支部	中共国家税务总局淮安市税务局委员会
国家税务总局涟水县税务局纪检组	示范党支部	中共国家税务总局淮安市税务局委员会
涟水县法律援助中心	淮安市工人先锋号	淮安市总工会
中共江苏捍华律师事务所支部委员会	先进党支部	中共淮安市律师协会委员会
中共江苏捍华律师事务所支部委员会	四星级党支部	中共淮安市律师协会委员会
涟水县妇女联合会	2021年度全市妇联系统重点工作优秀集体	淮安市妇女联合会
涟水县消防救援大队	青年文明号	淮安市文明办
涟水县委政法委员	全市社会治理先进集体	中共淮安市委政法委员会
涟水县台办	2021年度全市重特大项目攻坚先进单位	市委市政府
涟水县财政局	全市重特大项目攻坚先进集体	淮安市委市政府
涟水县财政局	全市社保基金报表编制工作二等奖	淮安市财政局
县纪委监委	“学党史　明法纪　尚廉洁　忠职守”知识竞赛三等奖	市纪委监委

续表22

单　　位	荣誉称号	命名机关
县纪委监委	“学党史 明法纪 尚廉洁 忠职守”知识竞赛优秀组织奖	市纪委监委
县纪委监委	“强素质、比作风、促融合”乒乓球团体赛三等奖	市纪委监委
涟水县地方金融监督管理局	2021年度全市地方金融工作优秀单位	淮安市地方金融监督管理局
涟水县地方金融监督管理局	2021年度地方金融监管系统优秀单位	淮安市地方金融监督管理局
共青团涟水县委员会	2021年度全市共青团工作先进单位	共青团淮安市委
共青团涟水县委员会	2021年度青年志愿服务工作先进单位	共青团淮安市委
共青团涟水县委员会	“小青涟”志愿者服务队——优秀志愿服务组织	淮安市文明办
涟水县信访局	2021年度网上信访工作优秀县区	淮安市信访工作联席会议办公室
涟水县信访局	2021年度网上信访工作特殊贡献县区	淮安市信访工作联席会议办公室
涟水县信访局	2021年度办信工作标兵县区	淮安市信访工作联席会议办公室

2021年度高质量跨越发展考核成绩突出单位名单

一、镇(街道)

第一等次

涟城街道　高沟镇　梁岔镇

第二等次

保滩街道　五港镇　陈师街道　朱码街道

第三等次

大东镇　成集镇　唐集镇　红窑镇　石湖镇

二、县直单位

第一等次

县委办　县人大办　县政府办　县政协秘书处　县纪委监委机关
县委组织部　县委宣传部　县委统战部　县委政法委　县法院
县检察院　县发改委　县教育体育局　县工信局　县公安局
县民政局　县财政局　县人社局　县交通局　县农业农村局
县商务局　县卫生健康委　县行政审批局　县统计局　涟水生态环境局
县气象局　国家统计局涟水调查队　国网涟水县供电公司　江苏有线涟水分公司　人行涟水支行
中国银行涟水支行　涟水农商行　江苏银行涟水支行　县住房公积金中心

第二等次

县委党校　县委编办　县委老干局　县总工会　县妇联
县党史委　县志办　县司法局　县住建局　县城管局
县水利局　县乡村振兴局　县文广旅游局　县退役军人事务局　县应急管理局
县审计局　县市场监管局　县医保局　县信访局　县金融监管局
县融媒体中心　县自然资源和规划局　烟草局涟水分局　电信公司涟水分公司　农业银行涟水支行
工商银行涟水支行　苏州银行涟水支行　涟水太商村镇银行　农发行涟水支行

2021年度推进高质量跨越发展特别贡献单位名单(集体)

推进"放管服"、商事制度等改革工作组
推进开发区转型升级创新发展工作组
高标准农田及高效节水灌溉建设工作组
推进脱贫致富奔小康工作组
县卫生健康委医改办
推进农村人居环境整治工作组
"中国曲艺之乡"创建工作组
县淮剧团
县房屋征收办
红窑镇国家农业产业强镇创建工作组
县自然资源和规划局耕地保护监督科和大东镇耕地保护推进组
苏北小延安军旅小镇服务组
县检察院第四检察部
县公安局"4·18"组织、领导传销案专案组
县法院民二庭
县司法局行政复议应诉科
县新冠肺炎防控指挥部办公室
财税增收集体(财政局、税务局)
县统计局、国调队
县人民医院
涟康保项目组
县信访局驻京工作专班
县志办年鉴科
涟城街道东门社区
县交通运输综合行政执法大队
县商务局电子商务科
县台商服务中心
县农房办

先 进 个 人

2021年度国家和国家条线表彰的先进个人一览表

表23

姓　名	性别	单位及职务	荣誉称号	表彰单位
吴建峰	男	江苏今世缘酒业股份有限公司副董事长、副总经理	科学技术进步奖三等奖	中国轻工业联合会
方志华	男	江苏今世缘酒业股份有限公司副总经理兼设备和安全部经理、技改办主任	科学技术进步奖三等奖	中国轻工业联合会
左文霞	女	江苏今世缘酒业股份有限公司质量总监、质量管理部经理	科学技术进步奖三等奖	中国轻工业联合会
费志刚	男	江苏今世缘酒业股份有限公司勾储中心酒体设计员	科学技术进步奖三等奖	中国轻工业联合会
季　方	女	江苏今世缘酒业股份有限公司研究院常务副院长	科学技术进步奖三等奖	中国轻工业联合会
唐群勇	男	江苏今世缘酒业股份有限公司研究院副院长	科学技术进步奖三等奖	中国轻工业联合会
左文霞	女	江苏今世缘酒业股份有限公司质量总监、质量管理部经理	中国酒业科技领军人才	中国酒业协会科学技术奖奖励委员会
杨婷婷	女	涟水联通校园中心主任	"K12智慧校园"优秀项目经理	中国联合网络通信集团有限公司
李士飞	男	涟水联通公司渠道中心主任	江苏省联通好员工	中国联合网络通信集团有限公司
乔林中	男	高素质农民协会会长	农业农村系统抗击新冠肺炎疫情突出贡献农民	农业农村部

续表23

姓　名	性别	单位及职务	荣誉称号	表彰单位
孙风平	女	涟水县疾病预防控制中心工作人员	健康科普评比优秀作品奖	中国疾病预防控制中心
桂婷婷	女	涟水县疾病预防控制中心工作人员	先进个人	国家碘缺乏病参照实验室
郝茜米	女	陈师中学学生	全国新时代好少年	中央文明办、教育部
哈　图	男	涟水县公安局网安大队副大队长	打击跨境网络赌博专项行动通报表扬	公安部网络安全保卫局
王　洪	男	国家税务总局涟水县税务局原局长	2021中国税官论税制改革征文三等奖	中国税制改革与发展编辑部
邢海万	男	国家税务总局涟水县税务局党委委员、副局长	2021中国税官论税制改革征文三等奖	中国税制改革与发展编辑部
王　星	男	国家税务总局涟水县税务局法制股一级行政执法员	2021中国税官论税制改革征文三等奖	中国税制改革与发展编辑部
张雪林	女	涟水县红十字会秘书长	全国优秀人体器官捐献协调员	中国人体器官捐献管理中心

2021年度省和省条线表彰的先进个人一览表

表24

姓　名	性别	单位及职务	荣誉称号	表彰单位
陈登华	男	中国人寿保险涟水支公司帮扶工作队员	全省脱贫攻坚暨对口帮扶支援合作先进个人	中共江苏省委、江苏省人民政府
蔡红兵	男	涟水工行行长	第十五届全国现代金融优秀论文及调研报告评选 优秀调研报告	中国工商银行股份有限公司(总行)
蔡红兵	男	涟水工行行长	江苏省金融学会关于第二十四届金融理论与实务征文评选二等奖	江苏省金融学会
蔡红兵	男	涟水工行行长	2021年上半年“大数据驱动——精准营销劳动竞赛”优秀营销案例奖一等奖	中国工商银行股份有限公司江苏省分行
蔡红兵	男	涟水工行行长	2021年下半年“大数据驱动-精准营销劳动竞赛”优秀营销案例奖一等奖	中国工商银行股份有限公司江苏省分行
颜建华	男	中国电信涟水分公司维护安装部主任	优秀共产党员	中国电信江苏公司
周腊成	男	中国电信涟水分公司新兴业务中心副主任	脱贫攻坚先进个人	中国电信江苏公司
何　悦	男	涟水县气象局	全国气象部门县级气象局局长任职培训班优秀学员	中国气象局气象干部培训学院四川分院
朱晓晓	女	涟水县气象局	获气象专业工程师资格	江苏省气象局
刘　同	男	涟水县文广旅游局办事员	中国农民丰收节突出个人	江苏省农业农村厅
马郡泽	女	江苏涟水经济开发区经济发展局副局长	2021年度全省开发区统计工作先进个人	江苏省商务厅
樊江玲	女	江苏涟水经济开发区投资促进局局长	江苏省第七次全国人口普查先进个人	江苏省人普办
马郡泽	女	江苏涟水经济开发区经济发展局副局长	江苏省第七次全国人口普查先进个人	江苏省人普办
濮万跃	男	江苏涟水经济开发区管委会招商八部招商专员	江苏省第七次全国人口普查先进个人	江苏省人普办
许　轲	男	江苏涟水经济开发区经济发展局办事员	江苏省第七次全国人口普查先进个人	江苏省人普办

续表24

姓　名	性别	单位及职务	荣誉称号	表彰单位
卜玉祥	男	涟水县美达环卫有限公司总经理	全省市容环卫先进个人表彰	省住建厅
汪　洋	男	国网涟水县供电公司七级职员	江苏省优秀共产党员	中共江苏省委
周铁夫	男	涟水红日电力实业开发有限公司总经理	优秀党务工作者	中共国网江苏省电力有限公司委员会
丁大伟	男	国网涟水县供电公司办公室主任	2020—2021年度优秀帮扶工作者	国网西藏电力有限公司
丁大伟	男	国网涟水县供电公司办公室主任	2021年度劳动模范	国网江苏省电力有限公司
张　军	男	国网涟水县供电公司专职	2021年度安全生产先进个人	国网江苏省电力有限公司安全生产委员会
杨　婧	女	国网涟水县供电公司员工	2021年首届江苏省保密技能竞赛二等奖	江苏省保密局 江苏省总工会
皇立颖	女	理财经理	先进个人	中国邮政储蓄银行股份有限公司江苏省分行
刘　艳	女	苏州银行涟水支行柜员	2021总行先进工作者	苏州银行
皇珊珊	女	苏州银行涟水支行理财经理	2021总行先进工作者	苏州银行
季　方	女	江苏今世缘酒业股份有限公司　研究院常务副院长	“江苏省劳动模范”	中共江苏省委、江苏省人民政府
周振苏	男	江苏今世缘酒业股份有限公司制曲中心副主任	江苏省企业首席技师	江苏省人力资源和社会保障厅
薛大忠	男	农业农村局农产品质量安全监管科科长	全省乡村振兴先进个人	省委、省政府
张中亚	男	农业农村局办公室副主任、招商办主任	2021年中国农民丰收节江苏活动组织实施工作突出个人	江苏省农业农村厅
徐晓进	男	县委研究室副主任	2021年中国农民丰收节江苏活动组织实施工作突出个人	江苏省农业农村厅
马　克	男	商务局副局长	2021年中国农民丰收节江苏活动组织实施工作突出个人	江苏省农业农村厅
刘　同	男	文旅局艺术科科员	2021年中国农民丰收节江苏活动组织实施工作突出个人	江苏省农业农村厅
丁天霄	男	红窑镇人大主席	2021年中国农民丰收节江苏活动组织实施工作突出个人	江苏省农业农村厅
张　俊	男	交通运输局党委书记、局长	2021年度民兵工作先进个人	江苏省淮安军分区
胡　湖	男	交通运输局离退休干部党支部书记	优秀特约记者	中国交通报社
贾淑成	男	朱码分局分局长	全省关心下一代工作优秀个人	江苏省关心下一代工作委员会、江苏省精神文明建设指导委员会办公室
张　乐	男	岔庙分局副分局长	第二届全省市场监管系统法律知识竞赛决赛三等奖	江苏省市场监督管理局
杨丽娟	女	法规科副科长	第二届全省市场监管系统法律知识竞赛决赛三等奖	江苏省市场监督管理局
王文斌	男	县监委委员	江苏省脱贫攻坚暨对口帮扶支援合作先进个人	江苏省委、江苏省人民政府
吉　海	男	县红窑镇党委书记	江苏省脱贫攻坚暨对口帮扶支援合作先进个人	江苏省委、江苏省人民政府
席　虎	男	农业农村局党委委员、副局长，乡村振兴局负责人	江苏省脱贫攻坚暨对口帮扶支援合作先进个人	江苏省委、江苏省人民政府
王梦真	女	涟水县地方志办公室方志科一级科员	全省方志文化宣传工作先进个人	江苏省地方志办公室

续表24

姓　名	性别	单位及职务	荣誉称号	表彰单位
左扬松	男	涟水县人民医院党委书记	江苏省先进工作者	省委省政府
张军成	男	涟水县疾病预防控制中心	卫生科普先进个人	省健康教育协会
高　杰	男	涟水县疾病预防控制中心	江苏省职业病监测与尘肺病项目先进个人	江苏省疾病预防控制中心
马亚平	女	涟水县第二人民医院护师	2021年度优秀基层糖尿病并发症筛查工作站遴选活动三等奖	江苏省基层内分泌科特色科室孵化中心、江苏省基本公共卫生服务指导中心
李亚洲	女	涟水县第二人民医院副主任医师	2021年度优秀基层糖尿病并发症筛查工作站遴选活动三等奖	江苏省基层内分泌科特色科室孵化中心、江苏省基本公共卫生服务指导中心
张学明	男	县关工委主任	全省关心下一代工作先进个人	江苏省文明办、江苏省关工委
赵子华	男	涟城街道关工委常务副主任	全省关心下一代工作先进个人	江苏省文明办、江苏省关工委
王士宾	男	高沟镇杨口小学老师	全省关心下一代工作先进个人	江苏省文明办、江苏省关工委
孙义桥	男	红窑镇义兴关工委常务副主任	全省关心下一代工作先进个人	江苏省文明办、江苏省关工委
孙井忠	男	高沟镇前进关工委常务副主任	全省关心下一代工作先进个人	江苏省文明办、江苏省关工委
杨子贵	男	石湖镇关工委原常务副主任	全省关心下一代工作先进个人	江苏省文明办、江苏省关工委
周祝君	男	南集镇中心小学	全省关心下一代工作先进个人	江苏省文明办、江苏省关工委
朱延洋	男	唐集人大主席	江苏省第七次全国人口普查优秀个人	江苏省统计局
李宣乐	男	唐集镇经济发展和建设局副局长	江苏省第七次全国人口普查优秀个人	江苏省统计局
顾金凤	女	涟城街道东门社区	最美基层妇联干部	省妇联
朱未末	男	朱码街道孙徐社区工作人员	江苏省第七次全国人口普查工作成绩显著个人	江苏省第七次全国人口普查领导小组办公室、省统计局
尤洛阳	男	朱码街道柴市村会计	江苏省第七次全国人口普查工作成绩显著个人	江苏省第七次全国人口普查领导小组办公室、省统计局
方明星	男	朱码街道军田村工作人员	江苏省第七次全国人口普查工作成绩显著个人	江苏省第七次全国人口普查领导小组办公室、省统计局
殷松柏	男	朱码街道党政办主任	江苏省第七次全国人口普查工作成绩显著个人	江苏省第七次全国人口普查领导小组办公室、省统计局
熊卫群	女	朱码街道统计办副主任	江苏省第七次全国人口普查工作成绩显著个人	江苏省第七次全国人口普查领导小组办公室、省统计局
刘小倩	女	朱码街道统计办办事员	江苏省第七次全国人口普查工作成绩显著个人	江苏省第七次全国人口普查领导小组办公室、省统计局
洪明正	男	朱码街道殷庄村党总支书记	江苏省第七次全国人口普查工作成绩显著个人	江苏省第七次全国人口普查领导小组办公室、省统计局
张　伟	男	朱码街道河网居委会党总支书记	江苏省第七次全国人口普查工作成绩显著个人	江苏省第七次全国人口普查领导小组办公室、省统计局
朱延亮	男	朱码街道办事处副主任	江苏省第七次全国人口普查工作成绩显著个人	江苏省第七次全国人口普查领导小组办公室、省统计局
李中芹	女	涟水县陈师街道办事处	第七次全国人口普查工作成绩显著个人	江苏省第七次全国人口普查领导小组办公室、省统计局
严旭红	女	涟水县陈师街道办事处	第七次全国人口普查工作成绩显著个人	江苏省第七次全国人口普查领导小组办公室、省统计局
卢　美	女	涟水县陈师街道办事处	第七次全国人口普查工作成绩显著个人	江苏省第七次全国人口普查领导小组办公室、省统计局
王晓洁	女	涟水县陈师街道办事处	第七次全国人口普查工作成绩显著个人	江苏省第七次全国人口普查领导小组办公室、省统计局

续表24

姓　名	性别	单位及职务	荣誉称号	表彰单位
左　峰	男	涟水县陈师街道办事处	第七次全国人口普查工作成绩显著个人	江苏省第七次全国人口普查领导小组办公室、省统计局
朱爱云	女	涟水县陈师街道办事处	第七次全国人口普查工作成绩显著个人	江苏省第七次全国人口普查领导小组办公室、省统计局
张嘉萱	女	陈师中心小学	“小小科普讲解员”一等奖	江苏省科普服务中心
周禹含	女	陈师中心小学	江苏好少年	江苏省少工委
石芷涵	女	陈师中心小学	江苏好少年	江苏省少工委
陈志鹏	男	陈师中心小学	江苏好少年	江苏省少工委
单丽娟	女	东胡集镇党政办主任	第七次全国人口普查先进个人	江苏省第七次全国人口普查领导小组办公室、省统计局
杨　飞	男	东胡集镇统计站长	第七次全国人口普查先进个人	江苏省第七次全国人口普查领导小组办公室、省统计局
沈小燕	女	东胡集镇统计员	第七次全国人口普查先进个人	江苏省第七次全国人口普查领导小组办公室、省统计局
王连英	女	东胡集镇网格员	第七次全国人口普查先进个人	江苏省第七次全国人口普查领导小组办公室、省统计局
吴京霖	男	东胡集镇网格员	第七次全国人口普查先进个人	江苏省第七次全国人口普查领导小组办公室、省统计局
杨海霞	女	涟水县大东镇妇联	江苏省三八红旗手	江苏省妇女联合会
顾爱梅	女	涟水县大东镇统计办	第七次全国人口普查工作成绩显著个人	江苏省第七次全国人口普查领导小组办公室
刘博雅	女	涟水县大东镇扶贫办	第七次全国人口普查工作成绩显著个人	江苏省第七次全国人口普查领导小组办公室
彭晓彤	女	涟水县大东镇大东居委会	第七次全国人口普查工作成绩显著个人	江苏省第七次全国人口普查领导小组办公室
贾　艺	女	涟水县大东镇客堂村	第七次全国人口普查工作成绩显著个人	江苏省第七次全国人口普查领导小组办公室
王海洋	男	五港镇社会事业局局长	2021年度先进工作者	江苏省计划生育协会
张红梅	女	五港镇党委书记	省第七次全国人口普查先进个人	江苏省统计局
杨　彦	男	五港镇党委副书记、镇长	省第七次全国人口普查先进个人	江苏省统计局
左庄岩	男	五港镇副镇长	省第七次全国人口普查先进个人	江苏省统计局
马素红	女	五港镇统计办主任	省第七次全国人口普查先进个人	江苏省统计局
王　清	女	五港镇经济建设和发展局科员	省第七次全国人口普查先进个人	江苏省统计局
顾　丹	女	五港镇统计办办事员	省第七次全国人口普查先进个人	江苏省统计局
陈天良	男	五港镇五里村网格员	省第七次全国人口普查先进个人	江苏省统计局
闫双磊	男	涟水县公安局刑警大队副大队长	江苏公安“百优刑警”	江苏省公安厅
周培雷	男	涟水县公安局政治处宣传中心副主任	江苏省县市新闻中心系统评比三等奖	江苏省县市融媒研究会、江苏省县市新闻中心工委
吕增亚	男	涟水县公安局刑警大队教导员	2020年度全省公安机关命案积案攻坚行动个人二等功	江苏省公安厅
潘永兵	男	涟水县公安局警务保障室主任	江苏公安警务保障“十佳民警”通报表扬	江苏省公安厅政治部
卫　蔚	女	国调队副队长	嘉奖	国家统计局江苏调查总队
沈建宇	男	国调队办公室主任	嘉奖	国家统计局江苏调查总队

续表24

姓　名	性别	单位及职务	荣誉称号	表彰单位
王士清	男	国家税务总局涟水县税务局风险管理股副股长	通报表扬	中共国家税务总局江苏省税务局税收大数据和风险管理工作领导小组办公室
徐高峰	男	国家税务总局涟水县税务局收入核算股三级主办	通报表扬	江苏省税务局督察内审处
李　捷	女	国家税务总局涟水县税务局第一税务分局一级行政执法员	全省政务服务系统"最美政务人"	江苏省政务服务管理办公室
颜　军	男	涟水县司法局岔庙司法所所长	江苏省优秀司法所长	江苏省司法厅
汪海雷	男	江苏文通律师事务所律师	全省法律援助工作先进个人	江苏省司法厅
黄吕军	男	涟水县统计局局长	江苏省第七次人口普查工作成绩显著个人	江苏省统计局
季　军	男	涟水县统计局副局长	江苏省第七次人口普查工作成绩显著个人	江苏省统计局
王建成	男	涟水县统计局统计调查中心主任	江苏省第七次人口普查工作成绩显著个人	江苏省统计局
桑友文	男	涟水县统计局科长	江苏省第七次人口普查工作成绩显著个人	江苏省统计局
张　宁	女	涟水县统计局统计调查中心办事员	江苏省第七次人口普查工作成绩显著个人	江苏省统计局
卢　团	男	涟水县消防大队初级专业技术	优秀干部	江苏省消防救援总队
殷　伟	男	安东消防救援站站长	优秀干部	江苏省消防救援总队
陈　辰	男	县委组织部办公室(研究室)主任	江苏省机关党建工作先进工作者	江苏省委省级机关工委
刘　勇	男	县委组织部党管科科长	全省组织部门2021年度信息工作先进个人	江苏省委组织部
刘永军	男	县委常委　县纪委书记 县监委主任	全省纪检监察系统先进工作者	省纪委 省监委 省人社厅
刘永军	男	县委常委　县纪委书记　县监委主任	"学恩来精神、守初心使命"主题征文二等奖	省纪委
王文斌	男	县监委委员	全省脱贫攻坚暨对口帮扶支援合作先进个人	省委 省政府
张雪林	女	涟水县红十字会　秘书长	江苏省优秀人体器官捐献协调员	江苏省人体器官捐献工作办公室
陈　睿	女	中共涟水县委宣传部宣教科科长	江苏省文化科技卫生"三下乡"先进个人	中国共产党江苏省委宣传部
陈　睿	女	中共涟水县委宣传部宣教科科长	江苏省第七次全国人口普查工作成绩显著个人	江苏省统计局

2021年度市和市条线表彰的先进个人一览表

表25

姓　名	性别	单位及职务	荣誉称号	表彰单位
王　扬	男	涟水县烟草专卖局(分公司)党支部书记、局长、经理	先进工作者	淮安市烟草专卖局(公司)
陈京伟	男	涟水县烟草专卖局(分公司)党支部纪检委员、副局长	先进工作者	淮安市烟草专卖局(公司)
胡寿祥	男	涟水县烟草专卖局(分公司)客户服务科科长	先进工作者	淮安市烟草专卖局(公司)

续表25

姓　名	性别	单位及职务	荣誉称号	表彰单位
陈爱民	男	涟水县烟草专卖局(分公司)稽查队员	服务明星	淮安市烟草专卖局(公司)
纪明辉	男	涟水县烟草专卖局(分公司)客户服务科综合管理员	服务明星	淮安市烟草专卖局(公司)
刘海霞	女	涟水县烟草专卖局(分公司)法规科(监察科)考评员	服务明星	淮安市烟草专卖局(公司)
薛　年	男	涟水县烟草专卖局(分公司)办公室行政管理员	服务明星	淮安市烟草专卖局(公司)
汤海林	男	涟水县烟草专卖局(分公司)专卖管理科稽查中队长	金叶先锋岗	淮安市烟草专卖局(公司)
吴炳洋	男	涟水县烟草专卖局(分公司)专卖管理科稽查队员	稽查标兵	淮安市烟草专卖局(公司)
高天才	男	涟水县烟草专卖局(分公司)专卖管理科稽查队员	稽查标兵	淮安市烟草专卖局(公司)
汪二建	男	涟水县烟草专卖局(分公司)专卖管理科稽查队员	稽查标兵	淮安市烟草专卖局(公司)
刘金兵	男	涟水县烟草专卖局(分公司)专卖管理科稽查队员	稽查标兵	淮安市烟草专卖局(公司)
潘　运	男	涟水县烟草专卖局(分公司)客户服务科客户经理	业务标兵	淮安市烟草专卖局(公司)
王明召	男	涟水县烟草专卖局(分公司)客户服务科客户经理	业务标兵	淮安市烟草专卖局(公司)
熊大江	男	涟水县烟草专卖局(分公司)客户服务科客户经理	业务标兵	淮安市烟草专卖局(公司)
薛　涛	男	涟水县烟草专卖局(分公司)客户服务科客户经理	业务标兵	淮安市烟草专卖局(公司)
周海峰	男	涟水县烟草专卖局(分公司)客户服务科客户经理	业务标兵	淮安市烟草专卖局(公司)
何　悦	男	涟水县气象局	廉政文化建设征文一等奖	中共淮安市气象局党组纪检组
顾维慧	女	涟水县气象局	全市气象部门“青年学习标兵”	中共淮安市气象局党组党建与党风廉政建设工作领导小组办公室
吴春晓	男	涟水县气象局	廉政文化建设征文优秀奖	中共淮安市气象局党组纪检组
陈　磊	男	涟水县气象局	2019—2020年度学会优秀科技工作者	淮安市气象学会
陈　磊	男	涟水县气象局	廉政文化建设征文三等奖	中共淮安市气象局党组纪检组
陈　磊	男	涟水县气象局	2021年度重大气象服务先进个人	淮安市气象局
李国成	男	涟水县气象局	2020年度淮安市气象部门考核优秀个人	淮安市气象局
张成杰	男	涟水县气象局	2020年度学会工作优秀会员	淮安市气象学会
朱晓晓	女	涟水县气象局	2020年度优秀预报员	淮安市气象局
朱晓晓	女	涟水县气象局	2020年度学会工作优秀会员	淮安市气象学会
吴建军	男	人民银行涟水县支行金融服务二部　主任	中心支行级优秀共产党员	人民银行淮安市中心支行
徐龙宝	男	江苏省郑梁梅高级中学教师	淮安市功勋教师	淮安市教育局
段　玲	女	涟水县幸福里实验小学教师	淮安市功勋教师	淮安市教育局
王　旭	男	涟水县实验小学副校长	淮安市优秀教师	淮安市教育局

续表25

姓　名	性别	单位及职务	荣誉称号	表彰单位
岳喜龙	男	涟水县杨口中心小学教师	淮安市优秀教师	淮安市教育局
汪灵敏	女	涟水县五港镇中心小学副校长	淮安市优秀教师	淮安市教育局
汪祝东	男	涟水县淮文外国语学校副校长	淮安市优秀教师	淮安市教育局
胡　猛	男	涟水县红窑中学教师	淮安市优秀教师	淮安市教育局
李留苹	女	涟水县郑梁梅中学教师	淮安市优秀教师	淮安市教育局
杨红飞	男	涟水县外国语学校教师	淮安市优秀教师	淮安市教育局
刘　静	女	江苏省郑梁梅高级中学教师	淮安市优秀教师	淮安市教育局
陈　程	男	江苏省淮阴中学教育集团涟水滨河高级中学教师	淮安市优秀教师	淮安市教育局
缪艳红	女	江苏省涟水中学教师	淮安市优秀教师	淮安市教育局
宋亚军	男	江苏省涟水中等专业学校教师	淮安市优秀教师	淮安市教育局
黄文华	男	南集中学教师	淮安市优秀教师	淮安市教育局
蒋　恒	男	江苏省郑梁梅高级中学副校长	淮安市优秀教育工作者	淮安市教育局
贾正兵	男	江苏省涟水中学主任	淮安市优秀教育工作者	淮安市教育局
笪玉云	女	涟水县实验幼儿园工会主席	淮安市优秀班主任	淮安市教育局
李武修	男	涟水县军民小学教师	淮安市优秀班主任	淮安市教育局
朱梅玲	女	涟水县涟城镇中心小学教师	淮安市优秀班主任	淮安市教育局
陈立云	女	涟水县灰墩中心小学教师	淮安市优秀班主任	淮安市教育局
周　利	女	涟水县岔庙镇中心小学教师	淮安市优秀班主任	淮安市教育局
郑毛毛	女	涟水县幸福里实验小学教师	淮安市优秀班主任	淮安市教育局
张　会	女	涟水县五港镇中心小学教师	淮安市优秀班主任	淮安市教育局
杨会敏	女	涟水县南门小学教师	淮安市优秀班主任	淮安市教育局
华以伦	男	涟水县杨口中心小学教师	淮安市优秀班主任	淮安市教育局
徐蓝溪	女	涟水县安东学校教师	淮安市优秀班主任	淮安市教育局
汪　青	女	涟水县高沟镇中心小学教师	淮安市优秀班主任	淮安市教育局
朱　敏	女	涟水县陈师镇中心小学教师	淮安市优秀班主任	淮安市教育局
余　敏	女	涟水县麻垛中心小学教师	淮安市优秀班主任	淮安市教育局
刘素红	女	涟水县实验小学教师	淮安市优秀班主任	淮安市教育局
缪婷婷	女	涟水县石湖中心小学教师	淮安市优秀班主任	淮安市教育局
郑红梅	女	涟水县蒋庵中心小学教师	淮安市优秀班主任	淮安市教育局
朱叶芹	女	涟水县红窑镇中心小学教师	淮安市优秀班主任	淮安市教育局
潘德芹	女	涟水县郑梁梅小学教师	淮安市优秀班主任	淮安市教育局
徐晓玲	女	涟水县向阳小学校教师	淮安市优秀班主任	淮安市教育局
陈晓刚	男	涟水县义兴中心小学教师	淮安市优秀班主任	淮安市教育局
孙静静	女	涟水县特殊教育学校教师	淮安市优秀班主任	淮安市教育局
王爱霞	女	涟水县朱码外国语学校教师	淮安市优秀班主任	淮安市教育局
李　月	女	涟水县红日中学教师	淮安市优秀班主任	淮安市教育局
周小艳	女	涟水县义兴中学教师	淮安市优秀班主任	淮安市教育局
蒋　挺	男	涟水县徐集中学教师	淮安市优秀班主任	淮安市教育局

续表25

姓　名	性别	单位及职务	荣誉称号	表彰单位
严晶晶	女	涟水县高沟中学教师	淮安市优秀班主任	淮安市教育局
杨春霞	女	涟水县大东学校教师	淮安市优秀班主任	淮安市教育局
朱言明	男	涟水县淮文外国语学校教师	淮安市优秀班主任	淮安市教育局
谢正军	男	涟水县南集中学教师	淮安市优秀班主任	淮安市教育局
王　敏	女	涟水滨河外国语学校教师	淮安市优秀班主任	淮安市教育局
朱爱勤	男	涟水县陈师中学副校长	淮安市优秀班主任	淮安市教育局
朱昭荣	男	涟水县河网中学副校长	淮安市优秀班主任	淮安市教育局
谷敬之	男	涟水县杨口中学教师	淮安市优秀班主任	淮安市教育局
黄培兵	男	涟水县实验中学教师	淮安市优秀班主任	淮安市教育局
范加才	男	涟水县第四中学教师	淮安市优秀班主任	淮安市教育局
张　昊	男	涟水县五港中学教师	淮安市优秀班主任	淮安市教育局
贾海华	男	涟水县郑梁梅中学教师	淮安市优秀班主任	淮安市教育局
张东波	男	涟水县涟西(南)中学教师	淮安市优秀班主任	淮安市教育局
张锦红	男	涟水县外国语高级中学教师	淮安市优秀班主任	淮安市教育局
蒋其雷	男	涟水县第一中学教师	淮安市优秀班主任	淮安市教育局
李明跃	男	江苏省淮阴中学教育集团涟水滨河高级中学教师	淮安市优秀班主任	淮安市教育局
刘海菊	女	江苏省淮阴中学教育集团涟水滨河高级中学教师	淮安市优秀班主任	淮安市教育局
朱广林	男	江苏省郑梁梅高级中学教师	淮安市优秀班主任	淮安市教育局
朱延权	男	江苏省郑梁梅高级中学教师	淮安市优秀班主任	淮安市教育局
潘登俊	男	江苏省涟水中学教师	淮安市优秀班主任	淮安市教育局
颜　磊	男	江苏省涟水中学教师	淮安市优秀班主任	淮安市教育局
沈丽达	男	江苏省涟水中等专业学校教师	淮安市优秀班主任	淮安市教育局
贾士生	男	涟水县教师发展中心	普通高中教育教学工作先进个人	淮安市教育局
朱　彬	男	中国农业发展银行涟水县支行行长	市行优秀共产党员	中国农业发展银行淮安市分行
刘铁夫	男	中国农业发展银行涟水县支行副行长兼客户部主管	市行优秀共产党员	中国农业发展银行淮安市分行
王　淼	男	中国农业发展银行涟水县支行综合部坐班主任	市行先进个人	中国农业发展银行淮安市分行
黄育松	男	中国农业发展银行涟水县支行客户部经理	市行先进个人	中国农业发展银行淮安市分行
高　静	女	运营管理部科员	2021年度金融统计工作先进个人	中国人民银行淮安市中心支行
屈国祥	男	综合管理部科员	2021年度全市银行保险机构安保工作先进个人	中国银保监会淮安监管分局
左国香	男	涟水县文化馆支部书记	“文旅先锋”党员	淮安市文化广电和旅游局
汪大鹏	男	涟水县博物馆馆长	2021年度淮安市单位内部安全保卫工作先进个人	淮安市公安局
赵银涛	男	客户经理	工会积极分子	中国邮政储蓄银行工会淮安市分行委员会

续表25

姓　名	性别	单位及职务	荣誉称号	表彰单位
孟海荣	男	客户经理	工会积极分子	中国邮政储蓄银行工会淮安市分行委员会
陈　芮	女	柜员	工会积极分子	中国邮政储蓄银行工会淮安市分行委员会
沈　伟	男	支行长	先进个人	中国邮政储蓄银行股份有限公司淮安市分行
裘婷婷	女	理财经理	先进个人	中国邮政储蓄银行股份有限公司淮安市分行
马晓璐	女	客户经理	先进个人	中国邮政储蓄银行股份有限公司淮安市分行
刘庆卫	男	江苏涟水经济开发区管委会副主任	淮安市第七次全国人口普查先进个人	淮安市统计局
刘东升	男	江苏涟水经济开发区管委会经济发展局局长	淮安市第七次全国人口普查先进个人	淮安市统计局
薛　猛	男	江苏涟水经济开发区管委会党政办公室主任	爱岗敬业好青年	淮安市文明办、共青团淮安市委员会、淮安市广播电视台
薛　猛	男	江苏涟水经济开发区管委会党政办公室主任	淮安市重特大项目攻坚招商尖兵	中共淮安市委 淮安市人民政府
濮万跃	男	江苏涟水经济开发区管委会 招商八部　招商专员	淮安市第七次全国人口普查先进个人	淮安市统计局
谷　海	男	江苏涟水经济开发区党政办副主任	淮安市抗击新冠肺炎疫情先进个人	中共淮安市委 淮安市人民政府
李　冲	男	涟水经济开发区招商六部部长	淮安市重特大项目攻坚工作先进个人	中共淮安市委 淮安市人民政府
卢海洋	男	国网涟水县供电公司专职	淮安市优秀共产党员	中共淮安市委
谈玉庆	男	国网涟水县供电公司运检部党支部书记	淮安市五一劳动奖章	淮安市人民政府
魏　冲	男	国网涟水县供电公司七级职员	优秀共产党员	中共国网淮安供电公司委员会
邵春生	男	淮安三新供电服务有限公司涟水分公司五港供电所所长	优秀共产党员	中共国网淮安供电公司委员会
翟豪杰	男	国网涟水县供电公司党建部副主任	优秀党务工作者	中共国网淮安供电公司委员会
张伟林	男	淮安三新供电服务有限公司涟水分公司管控中心党支部书记	优秀党务工作者	中共国网淮安供电公司委员会
曾明杰	男	国网涟水县供电公司员工	庆祝中国共产党成立100周年党史知识竞赛二等奖	中共国网淮安供电公司委员会
李士洲	男	国网涟水县供电公司员工	庆祝中国共产党成立100周年党史知识竞赛二等奖	中共国网淮安供电公司委员会
丁　威	男	淮安三新供电服务有限公司员工	庆祝中国共产党成立100周年党史知识竞赛二等奖	中共国网淮安供电公司委员会
李　峰	男	国网涟水县供电公司总经理、党委副书记	2021年度优秀经营管理者	国网淮安供电公司
徐　军	男	涟水红日电力实业开发有限公司副经理	2021年度先进工作者	国网淮安供电公司
王　锐	男	国网涟水县供电公司专职	2021年度先进工作者	国网淮安供电公司
王　成	男	国网涟水县供电公司员工	2021年度先进工作者	国网淮安供电公司
胡　水	男	国网涟水县供电公司党建部副主任	2021年度先进工作者	国网淮安供电公司

续表25

姓　名	性别	单位及职务	荣誉称号	表彰单位
王宇星	男	淮安三新供电服务有限公司员工	“学习强国　淮安答卷”知识竞赛二等奖	中共淮安市委宣传部
陈　浩	男	国网涟水县供电公司变电运检班班长	淮安市电力施工企业变电运维专业技能比武110千伏组个人二等奖	淮安市质量管理协会
徐文奇	男	国网涟水县供电公司员工	淮安市电力施工企业变电运维专业技能比武110千伏组个人二等奖	淮安市质量管理协会
倪诗文	男	国网涟水县供电公司员工	淮安市电力施工企业变电修试专业技能比武个人三等奖	淮安市质量管理协会
曾明杰	男	国网涟水县供电公司员工	配网不停电作业技能竞赛二等奖	淮安市人力资源和社会保障局　淮安市总工会
高运昌	男	国网涟水县供电公司员工	配网不停电作业技能竞赛二等奖	淮安市人力资源和社会保障局　淮安市总工会
韩　翔	男	国网涟水县供电公司员工	“安全隐患随手拍”二等奖	淮安市“安康杯”竞赛活动领导小组办公室
王汉中	男	市政排水有限公司　经理	十佳市人大代表	淮安市人大常委会
王汉中	男	市政排水有限公司　经理	全市住建系统十佳“住建先锋”	中共淮安市住房和城乡建设局委员会
周鑫鑫	男	涟水县住房和城乡建设局信访　副科长	办信工作标兵	淮安市信访工作联席会议办公室
朱剑涛	男	涟水县建筑工程质量监督站　总工程师	淮安市建设工程质量协会“先进个人”	淮安市建设工程质量协会
高　明	男	涟水县节约用水管理服务中心主任	节水工作先进个人	淮安市水利局、发改委、工信局、机关事务管理局、教育局
周素明	男	江苏今世缘酒业股份有限公司党委书记、董事长	2020淮安年度经济人物	淮安市人民政府
孙　莹	女	江苏今世缘酒业股份有限公司　勾储中心主任	淮安市“巾帼匠星”	中共淮安市委组织部、淮安市人才工作领导小组办公室、淮安市妇女联合会
季　方	女	江苏今世缘酒业股份有限公司　研究院常务副院长	淮安市“巾帼匠星”	中共淮安市委组织部、淮安市人才工作领导小组办公室、淮安市妇女联合会
季　方	女	江苏今世缘酒业股份有限公司　研究院常务副院长	淮安市第三届“科技之星”	中共淮安市委组织部、中共淮安市委宣传部、淮安市人力资源和社会保障局、淮安市科学技术局、淮安市科学技术协会
许　飞	男	涟水县盐业有限公司副经理	优秀党员	淮安市盐业有限公司
禹继兵	男	涟水县盐业有限公司主管	先进个人	淮安市盐业有限公司
徐　艇	男	邮政公司投递员	诚信道德模范	中共淮安市委
许　震	男	邮政公司营销员	淮安第九届学雷锋志愿服务先进典型推选活动“优秀志愿者”	中共淮安市委
黄克前	男	涟水县交通景观绿化建设养护有限公司总经理	市优秀共产党员	中共淮安市委
周　辉	男	涟水县交通控股集团总经理	淮安市2021年“诚信个人”	淮安市文明委、市社会信用体系建设办、市场监督管理局、共青团淮安市委、市总工会、市妇联
颜　刚	男	涟水县港航事业发展中心职工	全市港航系统工作“先进个人”	淮安市港航事业发展中心

续表25

姓　名	性别	单位及职务	荣誉称号	表彰单位
梅　萍	女	涟水县港航事业发展中心职工	全市港航系统工作"先进个人"	淮安市港航事业发展中心
朱　亮	男	涟水县交通行政综合执法大队中队长	2021年安全生产先进个人	淮安市交通运输局
张　兵	男	涟水县交通行政综合执法大队中队长	2021年安全生产先进个人	淮安市交通运输局
张务芳	女	人教科科长	淮安市优秀共产党员	中共淮安市委
刘怀远	男	县自然资源和规划局耕地保护监督科科长	市年度高质量跨越发展先进个人	市委市政府
嵇金成	男	县自然资源和规划局组织人事科科长	全市自然资源系统优秀党务工作者	市自然资源和规划局党委
袁正鲜	男	县自然资源和规划局党风办主任	全市自然资源系统优秀共产党员	市自然资源和规划局党委
王芝国	男	县退役军人事务局副局长	淮安市全国双拥模范城创建工作先进个人	中共淮安市委、淮安市政府、淮安市军分区
王芝国	男	县退役军人事务局副局长	2021年度退役军人事务工作先进个人	中共淮安市委退役军人事务工作领导小组办公室
袁　媛	女	县退役军人服务中心主任	2021年度退役军人事务工作先进个人	中共淮安市委退役军人事务工作领导小组办公室
张　银	男	人社局办公室副主任,法规科副科长	"全市网上信访工作标兵"	淮安市信访工作联席会议办公室
刘治军	男	社保中心社会化管理服务科副科长	"全市人社系统三年行动计划"先进个人	淮安市人社局
徐　克	男	涟水新华书店财务部主任	2021年度淮安市文化科技卫生"三下乡"活动先进个人	中共淮安市委宣传部
宋志洲	男	涟水县疾病预防控制中心	淮安市抗击新冠肺炎疫情先进个人	淮安市委、市政府
卜延志	男	涟水县人民医院副院长	淮安市抗击新冠肺炎先进个人	市委市政府
姜　辉	男	涟水县疾病预防控制中心	淮安市抗击新冠肺炎疫情先进个人	淮安市委、市政府
王丽菊	女	涟水县人民医院公共卫生科科长	淮安市抗击新冠肺炎先进个人	市委市政府
朱月娥	女	涟水县人民医院护理部主任	淮安市抗击新冠肺炎先进个人	市委市政府
韩　刚	男	涟水县人民医院医患办副主任	淮安市抗击新冠肺炎先进个人	市委市政府
何孝兵	男	涟水县疾病预防控制中心	团体优秀奖	淮安市预防医学会、淮安市疾病预防控制中心
孙维新	男	涟水县疾病预防控制中心	淮安市优秀公卫医师	淮安市卫生健康委员会
陈　玲	女	涟水县疾病预防控制中心	艾滋病防治岗位能手	淮安市卫生健康委
陈　玲	女	涟水县疾病预防控制中心	艾滋病防治技能竞赛二等奖	淮安市卫生健康委、淮安市总工会
陈雅丽	女	涟水县疾病预防控制中心	艾滋病防治技能竞赛优秀奖	淮安市卫生健康委、淮安市总工会
褚　楚	女	涟水县疾病预防控制中心	艾滋病防治技能竞赛优秀奖	淮安市卫生健康委、淮安市总工会
何　霞	女	涟水县疾病预防控制中心	艾滋病防治技能竞赛优秀奖	淮安市卫生健康委、淮安市总工会
余元怀	男	涟水县第二人民医院院长	淮安市抗击新冠肺炎疫情先进个人	淮安市委、淮安市人民政府
胡海梅	女	涟水三院党总支书记、院主要负责人	淮安市抗击新冠肺炎疫情先进个人	淮安市委市政府
卜海娟	女	涟水县中医院护理部主任	优秀护理管理者	淮安市卫生健康委员会办公室
吴春梅	女	涟水三院护士长	百佳护士	淮安市卫健康委员会办公室
王　悦	女	涟水三院护士长	百佳护士	淮安市卫健康委员会办公室
闵会芹	女	涟水三院护理部副主任	抗疫表彰	南京市新冠病毒肺炎疫情联防联控工作指挥部办公室

续表25

姓　名	性别	单位及职务	荣誉称号	表彰单位
闵会芹	女	涟水三院护理部副主任	抗疫表彰	南京市雨花台区新冠病毒肺炎疫情联防联控工作指挥部办公室
丁华胜	男	涟水县梁岔中心卫生院支部书记、院长	淮安市五一劳动奖章	淮安人民政府
孙中浩	男	岔庙镇卫生院专职防保所长	淮安市优秀公卫医师	淮安市卫生健康委员会
谷伟伟	女	涟水公积金中心办事员	先进个人	淮安市住房公积金管理中心
朱　珠	女	涟水公积金中心办事员	先进个人	淮安市住房公积金管理中心
濮　雅	男	涟水公积金中心办事员	先进个人	淮安市住房公积金管理中心
黄小雷	男	唐集镇经济发展和建设局一级科员	淮安市第七次全国人口普查优秀个人	淮安市统计局
武友飞	男	唐集镇农村工作局一级科员	淮安市第七次全国人口普查优秀个人	淮安市统计局
王　凯	男	涟城街道	扫黑除恶先进个人	市扫黑除恶领导小组
付　凯	男	涟城街道	军事训练先进个人	淮安市军分区
李　兵	男	朱码街道党工委书记	淮安市优秀党务工作者	淮安市委
陈洪喜	男	朱码街道党工委宣统委员	市"有事好商量——码上议"百优召集人	淮安市政协
成小成	男	朱码街道笪巷村党总支书记	市"有事好商量——码上议"百优召集人	淮安市政协
徐亚军	男	朱码街道凌庄村党总支书记	市"有事好商量——码上议"百优召集人	淮安市政协
陈志鹏	男	陈师中心小学	淮安市新时代好少年	市文明办等部门
薛　亚	男	东胡集镇小埝村党总支书记、村委会主任	优秀党务工作者	中共淮安市委
韦　韬	女	东胡集镇经济发展和建设局一级科员	"梦想小屋"建设工作先进个人	共青团淮安市委员会、淮安市民政局
朱延东	男	大东镇社会事务局	淮安市优秀党务工作者	中共淮安市委
孙海洲	男	五港镇租田村网格员	市第七次全国人口普查优秀个人	淮安市第七次全国人口普查领导小组办公室、淮安市统计局
马晶晶	女	五港镇港南村网格员	市第七次全国人口普查优秀个人	淮安市第七次全国人口普查领导小组办公室、淮安市统计局
李　璐	女	五港镇平安村网格员	市第七次全国人口普查优秀个人	淮安市第七次全国人口普查领导小组办公室、淮安市统计局
张冬平	女	五港镇韩鲁村网格员	市第七次全国人口普查优秀个人	淮安市第七次全国人口普查领导小组办公室、淮安市统计局
季　倩	女	五港镇埝口村网格员	市第七次全国人口普查优秀个人	淮安市第七次全国人口普查领导小组办公室、淮安市统计局
薛　勤	男	五港镇前营村网格员	市第七次全国人口普查优秀个人	淮安市第七次全国人口普查领导小组办公室、淮安市统计局
周培雷	男	涟水县公安局政治处宣传中心副主任	全市见义勇为工作先进工作者	淮安市人民政府
王士兆	男	涟水县公安局党委委员、治安大队大队长	淮安市抗击新冠肺炎疫情先进个人	中共淮安市委员会、淮安市人民政府
张　言	男	涟水县公安局政治处组教科科长	全市优秀党务工作者	中共淮安市委员会
郑　科	男	涟水县公安局淮浦路派出所所长	第四届"淮安最美警察"个人三等功	淮安市公安局
郭　辉	男	涟水县公安局同兴集派出所教导员	第四届"淮安最美警察"个人嘉奖	淮安市公安局

续表25

姓　名	性别	单位及职务	荣誉称号	表彰单位
李玉清	男	涟水县公安局经侦大队一中队二级警长	2020年度重大活动安保工作成绩突出个人嘉奖	淮安市公安局
何正清	男	涟水县公安局经侦大队大队长	全市公安机关"猎狐行动"个人嘉奖	淮安市公安局
陈英聪	男	涟水县公安局义兴所社区警务队副队长	个人嘉奖	淮安市公安局
韩梅花	女	涟水县公安局行政审批科科长	2020年度全市公安机关营商环境建设个人嘉奖	淮安市公安局
徐红艳	女	涟水县公安局政治处副主任	2020年度全市公安机关优秀政工干部个人嘉奖	淮安市公安局
夏　洪	男	涟水县公安局同兴集所罗堆警务区民警	2020年度全市公安机关"优秀社区民警"个人嘉奖	淮安市公安局
周凤芹	女	涟水县公安局经济开发区所电商产业园警务区民警	2020年度全市公安机关"优秀社区民警"个人嘉奖	淮安市公安局
杨　杰	男	涟水县公安局经济开发新区所麻垛警务区民警	2020年度全市公安机关"优秀社区民警"个人嘉奖	淮安市公安局
汪万万	男	涟水县公安局石湖所副教导员兼外口警务区民警	2020年度全市公安机关"优秀社区民警"个人嘉奖	淮安市公安局
王永强	男	涟水县公安局涟城所二塘警务区民警	2020年度全市公安机关"优秀社区民警"个人嘉奖	淮安市公安局
陈英聪	男	涟水县公安局义兴所社区警务队副队长兼五房警务区民警	2020年度全市公安机关连续三年"优秀社区民警"个人三等功	淮安市公安局
邱梦婷	女	涟水县公安局徐集派出所石庄警务区民警	2020年度全市公安机关连续三年"优秀社区民警"个人三等功	淮安市公安局
高亚洲	男	涟水县公安局指挥中心	2021年度"'四心合一'智慧共治平台"等项目三等奖	淮安市公安局、淮安市总工会
王　军	男	涟水县公安局刑警大队情报中队副中队长	个人三等功	淮安市公安局
张云普	男	涟水县公安局涟城所警情处置队队长	个人三等功	淮安市公安局
徐　辉	男	涟水县公安局涟城派出所所长	2020年度刑事犯罪打防质效工作个人嘉奖	淮安市公安局
郭　辉	男	涟水县公安局同兴集所教导员	2020年度刑事犯罪打防质效工作通报表扬	淮安市公安局
周效雨	男	涟水县公安局徐集所所长	2020年度刑事犯罪打防质效工作通报表扬	淮安市公安局
刘　程	男	涟水县公安局涟城所警情处置队副队长	全市公安机关基层派出所打击处理工作个人三等功	淮安市公安局
周效雨	男	涟水县公安局徐集所所长	全市公安机关基层派出所打击处理工作个人三等功	淮安市公安局
郭　辉	男	涟水县公安局同兴集所教导员	全市公安机关基层派出所打击处理工作个人三等功	淮安市公安局
张茂山	男	涟水县公安局淮浦路所警情处置队队长	2020年度刑事犯罪打防质效工作个人嘉奖	淮安市公安局
胡高伟	男	涟水县公安局经济开发区所处警办案队副队长	全市公安机关基层派出所打击处理工作个人嘉奖	淮安市公安局
张宏炀	男	黄营所一级警员	全市公安机关基层派出所打击处理工作个人嘉奖	淮安市公安局
杨　杰	男	经济开发新区所一级警员	全市公安机关基层派出所打击处理工作个人嘉奖	淮安市公安局

续表25

姓　名	性别	单位及职务	荣誉称号	表彰单位
彭　钦	男	石湖所见习警员	全市公安机关基层派出所打击处理工作个人嘉奖	淮安市公安局
朱　维	男	唐集所四级警长	全市公安机关基层派出所打击处理工作个人嘉奖	淮安市公安局
宋长军	男	巡特警大队三中队副中队长	2021年度全市公安机关优秀教官通报表扬	淮安市公安局
张枭枭	男	五港派出所四级警长	2021年度全市公安机关优秀教官通报表扬	淮安市公安局
张　言	男	政治处组织教育科科长	2021年度全市公安机关优秀教育工作者通报表扬	淮安市公安局
姚晓翔	男	红窑所副所长	个人三等功	淮安市公安局
冯前程	男	涟城所综合指挥室主任	个人三等功	淮安市公安局
周培雷	男	政治处宣传中心副主任	个人三等功	淮安市公安局
卢方田	男	巡特警大队二中队中队长	全市公安机关系列重大安保维稳工作个人三等功	淮安市公安局
罗时举	男	涟城派出所警情处置队副队长	全市公安机关系列重大安保维稳工作个人三等功	淮安市公安局
张春煦	男	治安大队案件查处中队副中队长	全市公安机关系列重大安保维稳工作个人嘉奖	淮安市公安局
陈志越	男	刑警大队一中队一级警员	全市公安机关系列重大安保维稳工作个人嘉奖	淮安市公安局
余向中	男	治安大队维稳处置中队中队长	全市公安机关系列重大安保维稳工作个人嘉奖	淮安市公安局
吴国静	女	国家税务总局涟水县税务局朱码税务分局副局长	淮安市优秀共产党员	中共淮安市委员会
安志言	男	国家税务总局涟水县税务局社会保险费和非税收入股四级主办	“学习强国　淮安答卷”知识竞赛一等奖	中共市委宣传部
李　捷	女	国家税务总局涟水县税务局第一税务分局一级行政执法员	淮安市“五一创新能手”	淮安市总工会
贾　静	女	国家税务总局涟水县税务局第一税务分局一级行政执法员	优秀共产党员	中共国家税务总局淮安市税务局委员会
庄洪光	男	国家税务总局涟水县税务局　原党委委员、副局长	优秀共产党员	中共国家税务总局淮安市税务局委员会
何连君	男	国家税务总局涟水县税务局　原党委委员、副局长	优秀共产党员	中共国家税务总局淮安市税务局委员会
宗义军	男	国家税务总局涟水县税务局税政一股四级主办	优秀共产党员	中共国家税务总局淮安市税务局委员会
邓　颖	女	国家税务总局涟水县税务局收入核算股一级行政执法员	优秀共产党员	中共国家税务总局淮安市税务局委员会
罗　淼	女	国家税务总局涟水县税务局征收管理股一级行政执法员	优秀共产党员	中共国家税务总局淮安市税务局委员会
卜　云	女	国家税务总局涟水县税务局高沟税务分局原一级行政执法员	优秀共产党员	中共国家税务总局淮安市税务局委员会
蓝　宁	女	国家税务总局涟水县税务局第一税务分局副局长	优秀党务工作者	中共国家税务总局淮安市税务局委员会

续表25

姓　名	性别	单位及职务	荣誉称号	表彰单位
顾春霞	女	国家税务总局涟水县税务局第二税务分局局长	优秀党务工作者	中共国家税务总局淮安市税务局委员会
吕寿安	男	国家税务总局涟水县税务局经济开发区分局原局长	优秀党务工作者	中共国家税务总局淮安市税务局委员会
薛　胜	男	国家税务总局涟水县税务局陈师税务分局局长	优秀党务工作者	中共国家税务总局淮安市税务局委员会
翟卫清	男	国家税务总局涟水县税务局唐集税务分局一级行政执法员	优秀党务工作者	中共国家税务总局淮安市税务局委员会
张如松	男	国家税务总局涟水县税务局税政二股 四级主办	优秀党务工作者	中共国家税务总局淮安市税务局委员会
周　刘	男	国家税务总局涟水县税务局党建工作股 四级主办	优秀党务工作者	中共国家税务总局淮安市税务局委员会
赵　晨	女	江苏捍华律师事务所律师	优秀党员律师	淮安市律师协会委员会
刘大海	男	江苏捍华律师事务所律师	优秀党务工作者	淮安市律师协会委员会
水燕平	女	江苏捍华律师事务所副主任	江苏省三八红旗手标兵	江苏省妇女联合会
史秋月	女	涟水县司法局	淮安市政法先进典型	淮安市政法委
李树栋	男	涟水县司法局一级科员	全市文化科技卫生“三下乡”先进个人	市委宣传部
刘洪翔	男	涟水县统计局副局长	淮安市第七次人口普查工作成绩显著个人	淮安市统计局
刘桂玲	女	涟水县统计局副局长	淮安市第七次人口普查工作成绩显著个人	淮安市统计局
吴彭俊	男	安东消防救援站三级消防士	优秀消防员	淮安市消防救援支队
刘后泽	男	安东消防救援站四级消防士	优秀消防员	淮安市消防救援支队
李峰峰	男	安东消防救援站四级消防士	优秀消防员	淮安市消防救援支队
徐咏健	男	安东消防救援站四级消防士	优秀消防员	淮安市消防救援支队
杨　明	男	涟水县薛行政府专职队专职消防员	优秀政府专职消防员	淮安市消防救援支队
郑　理	男	涟水县安东消防救援站专职消防员	优秀政府专职消防员	淮安市消防救援支队
杨华康	男	中共涟水县委政法委员会副书记	全市社会治理先进个人	中共淮安市委政法委员会
马　林	男	县国家保密局局长	淮安市抗击新冠肺炎疫情先进个人	市委、市政府
李海蓉	女	县委统战部常务副部长、县委台办(县政府台办)主任	淮安市优秀共产党员	淮安市委
胡成杰	男	县委组织部组织科科长	优秀党务工作者	市委、市政府
刘光雨	男	县委组织部常务副部长、县公务员局局长	抗击新冠肺炎疫情先进个人	市委、市政府
赵　梅	女	县纪委监委一级科员	“强素质、比作风、促融合”乒乓球团体赛三等奖	市纪委监委
张　蕾	女	共青团涟水县委员会副书记	2021年淮安市“梦想小屋”建设工作先进个人	共青团淮安市委员会、淮安市民政局
李　力	男	涟水县共青团委员会希望办负责人	2021年淮安市“梦想小屋”建设工作先进个人	共青团淮安市委员会、淮安市民政局
曹壮壮	男	涟水县共青团委员会苏北计划志愿者	2021年度淮安市优秀青年志愿者	共青团淮安市委员会、淮安市文明办
苗亚青	女	涟水县审计局科长	淮安市“审计之星”	淮安市审计局

续表25

姓　名	性别	单位及职务	荣誉称号	表彰单位
苗亚青	女	涟水县审计局科长	淮安市技术能手称号	淮安市人力资源与社会保障局
潘孝东	男	涟水县审计局副科长	淮安市“审计之星”	淮安市审计局
单怀香	女	涟水县审计局科长	淮安市“审计之星”	淮安市审计局
陈　飞	男	涟水县审计局副科长	淮安市“审计之星”	淮安市审计局
穆厚亮	男	涟水县信访局副局长	全市信访工作先进个人	淮安市信访工作联席会议
于香红	女	涟水县电子网络信访服务中心副主任	淮安市“最美信访干部”	淮安市信访工作联席会议
范　鹰	男	涟水县信访局综合科办事员	淮安市“优秀信访干部”	淮安市信访工作联席会议
牟文凯	男	涟水县电子网络信访服务中心主任	全市信访工作先进个人	淮安市信访工作联席会议
张　驰	男	涟水县信访局办信科办事员	2021年度网上信访工作标兵	淮安市信访工作联席会议办公室
于　峰	男	涟水县信访局办信科办事员	2021年度办信工作标兵	淮安市信访工作联席会议办公室
井　奇	男	中共涟水县委宣传部宣教科一级科员	淮安市“优秀共青团员”	共青团淮安市委员会

2021年度推进高质量跨越发展特别贡献奖名单(个人)

丁大伟　丁伟　丁杰　卜士
于广龙　于海峰　马仁柳　马兆万
马克　马林　马明　马犇
王万兵　王小东　王从琳　王文芝
王刚　王旭东　王劼　王建成
王玲艳　王晓霞　王慧敏　王磊
文向军　亢盼文　方志华　尹侯铨
左文霞　左扬松　左凯　左雷
龙翔　卢耀辉　宁柱龙　成大伟
成东洲　吕良贺　吕修鹏　朱井峰
朱午　朱立成　朱伟　朱延亮
朱海鹏　朱曼曼　朱新宇　乔珍珍
任慧　刘东升　刘庆卫　刘何斌
刘伯婷　刘良山　刘政　刘锦国
汤同荣　许轲　许鹤军　孙国柱
孙战军　孙贵府　孙淮中　孙鹏
孙震　严旭红　严莹莹　杜长青

杜金龙　李中芹　李世伟　李宁
李华　李华强　李冲　李敏
李锐　李想　杨士军　杨士勇
杨小波　杨中兴　杨骥　肖天义
肖军　肖述猛　吴冬芹　吴强
吴镇　吴鎏　何正清　汪玉刚
沈春霞　张云鹏　张亚运　张成林
张师勇　张驰　张秀青　张宏
张昕　张建华　张经　张科研
张祖鹏　张振　张健　张益坤
张静扬　张睿　陆士国　陆祥
陈达　陈丽旭　陈青　陈诚
陈标　陈素伟　陈特
陈瑞(县政府办)　陈瑞(红窑镇)
陈雷　范加银　范磊　林兰兰
林彩红　罗永　周政旭　周辉
庞峰　单兵兵　孟庆霞　赵九伟

胡飞　胡建飞　胡智万　胡蓉蓉
胡锦祥　胡新江　查宝华　查爱君
钟祥　姜雪松　姚光晖　姚衍
秦丽文　袁育云　耿敬坤　夏劲松
顾玉瑞　顾锦华　徐开前　徐少游
徐亚盛　徐霞　殷东　殷海静
栾海涛　高中伟　高书专　高旭
高红　高昂　高树森　高继成
郭波　席虎　黄立新　黄志刚
黄洁　黄爱军　龚成建　崔曦
葛云雷　葛青原　董一男　蒋刚初
韩少昌　嵇永富　嵇伟杰　嵇杰
嵇翱犇　程亮　鲁明　解耀斌
翟大伟　翟春花　熊卫群　樊江玲
潘峻岭　薛卫峰　薛必文　穆佳佳
戴芸芸　戴强

说　　明

一、本索引采取分析索引方法编制,按标引词第一字汉语拼音字母(同音字按声调)的音序排列,如第一字相同,按第二字的音序排列,依次类推。部分首字符为特殊字符或符号的,未按音序排列,而是单独置于前面。

二、索引名称一般采用主题词、中心词或简称。标引词后的阿拉伯数字表示内容所在页码。

三、索引包括条目索引、表格索引两部分,随文图片、彩页插页等未作索引。

C

D

J

K

L

M

N

P

Q

R

S

T

W